汽车拖拉机底盘构造与理论

主编　聂佳梅　耿国庆
参编　车华军　王志鹏　鲍林晓

机 械 工 业 出 版 社

本书系统讲解了汽车拖拉机的底盘构造及工作原理，分析了汽车拖拉机行驶原理及性能。全书主要内容共分七章，分别是汽车拖拉机的传动系统（离合器、变速器、万向传动装置、驱动桥的构造和原理）、行驶系统（车架、车桥、车轮、悬架的结构和工作原理）、转向系统（轮式车辆及履带式车辆转向系统的结构和工作原理）、制动系统（制动器、制动传动系统、制动力调节装置、电控制动系统的结构和工作原理）、拖拉机工作装置（牵引及拖挂装置、动力输出装置、悬挂装置和液压举倾装置的结构和工作原理）、电动拖拉机及无人驾驶拖拉机技术，以及汽车拖拉机行驶原理及性能。

本书可作为高等院校农业工程类专业教材，也可供机械类、交通运输类等专业的学生使用，还可供从事汽车、拖拉机、工程机械的教学、研究、设计、制造、使用、修理等工作的工程技术人员参考。

图书在版编目（CIP）数据

汽车拖拉机底盘构造与理论 / 聂佳梅，耿国庆主编.
北京 : 机械工业出版社，2024. 8. -- ISBN 978-7-111
-76295-9

Ⅰ. U463；S219. 03

中国国家版本馆 CIP 数据核字第 20246H4S76 号

机械工业出版社（北京市百万庄大街 22 号　邮政编码 100037）
策划编辑：孙　鹏　　　　责任编辑：孙　鹏　王　良
责任校对：贾海霞　李　婷　　封面设计：鞠　杨
责任印制：常天培
北京机工印刷厂有限公司印刷
2024 年 10 月第 1 版第 1 次印刷
184mm×260mm · 19. 25 印张 · 476 千字
标准书号：ISBN 978-7-111-76295-9
定价：69. 90 元

电话服务　　　　　　　　　　网络服务
客服电话：010-88361066　　机　工　官　网：www. cmpbook. com
　　　　　010-88379833　　机　工　官　博：weibo. com/cmp1952
　　　　　010-68326294　　金　　书　　网：www. golden-book. com
封底无防伪标均为盗版　　机工教育服务网：www. cmpedu. com

前 言

我国是农业大国，农业装备直接为农业、农村、农民服务，新型农业装备是实现农业现代化和全面建设小康社会目标的物质基础。作为农业机械主要动力装置的汽车拖拉机近年来发展迅速，依靠国家产业政策的支持，我国拖拉机市场逐步升级，走向高端化、智能化、绿色化，在这个过程中，诸多新技术、新材料、新能源、新工艺得以快速发展。与之相应，高校教材也必须及时更新，紧跟新技术发展方向，体现日新月异的汽车拖拉机领域的技术发展水平。

汽车拖拉机结构类型繁多、复杂，本书在编写过程中注重结构与工作原理相结合，详细阐述整体功能要求，以及各组成部件之间在结构和功能上的有机联系，采用构造与理论相互融合的方式编写，便于知识的系统理解与掌握。为了适应汽车拖拉机电动化、智能化的发展趋势，书中加入了汽车拖拉机新型传动系统、转向系统和制动系统的相关知识，并对电动拖拉机和无人驾驶拖拉机技术进行了阐述。本书分别讲解了汽车和拖拉机的行驶原理及其各种性能，既体现了汽车与拖拉机之间的共性，又兼顾了它们之间的不同之处。

本书由江苏大学的聂佳梅、耿国庆担任主编，江苏大学的车华军、洛阳拖拉机研究所的王志鹏和鲍林晓参与编写。本书的编写分工为：聂佳梅编写绪论、第一章、第二章，耿国庆编写第三章、第四章，鲍林晓编写第五章，王志鹏编写第六章，车华军编写第七章，全书由聂佳梅统稿。研究生郑家毫、黄明珠、张盼在资料收集整理过程中做了大量的工作，江苏农林职业技术学院的赵梦龙、张东凤，江苏大学车辆工程系的韩江义在全书的成稿过程中给予了建设性建议和修改意见。

本书在编写过程中参考了大量的相关资料，在此向所有有关资料的作者和书稿处理过程中提供帮助的老师、同学表示衷心的感谢。

由于编者水平有限，经验不足，虽认真谨慎，纰漏与不当之处仍在所难免，恳请使用本书的广大读者批评指正，并请致信编者邮箱（niejm@ujs.edu.cn），编者将认真对待，并加以完善。

编　者

目录

绪论

一、汽车与拖拉机发展概况

1. 汽车发展概况

1885年，德国工程师卡尔·本茨制造了一辆装有汽油发动机的三轮汽车（图0-1），被认为是世界上第一辆汽车。1886年10月，卡尔·本茨的三轮机动车获得了德意志专利权（专利号：37435a）。同年，德国另一位工程师戈特利布·戴姆勒也制造出一辆用汽油发动机作为动力的四轮汽车（图0-2）。因此，人们一般都把1886年作为汽车元年。

图0-1　卡尔·本茨的三轮汽车

图0-2　戈特利布·戴姆勒的四轮汽车

1908年8月，著名的福特T型车问世，并于1913年推出了世界上第一条汽车流水装配线，汽车开始大批量生产，使成本大幅度下降，汽车逐渐成为大众化商品。第一次世界大战促进了汽车的发展，使汽车类型逐渐完善，趋于多样化，同时各种汽车新技术也是层出不穷。随着高新技术的不断融入，汽车的动力性、经济性、安全性和舒适性等都有了全方位的提高。

1920年，杜森伯格公司在四个车轮上全部采用液压制动器。1939年，通用汽车公司给Oldsmobiles和Cadillac两个品牌的车型提供一款名为“Hydra-Matic Drive”的液压耦合式四前速自动变速器。同年，美国豪华汽车品牌Packard第一次将空调装在汽车上使用。20世纪50年代，林肯Capri Convertible首次搭载了机械式ABS。1959年8月，世界上第一辆装备有三点式安全带的汽车——沃尔沃PV544交付使用。1962年，奥兹莫比尔Cutlass Jetfire成为世界上首款搭载涡轮增压发动机的车型。1967年，博世发动机电控系统被装备到大众Type 3 1600TL/E车型上，发动机由此开启了电控时代。1974年，通用汽车公司开始大范围为旗下车型配备安全气囊。1978 年，日本不断强化的汽车法规迫使日本汽车工业转型经济、实用的汽车风格。1981 年，本田公司推出了首台行车导航系统。1995 年，奔驰 S600 Coupe（C140）成为第一台搭载电子稳定控制系统的车型。1997 年，丰田推出油电混合普锐斯，成为第一款大规模生产的油电混动车型。2018 年，各大汽车品牌陆续发布公告将有计划性地停产停售燃油车，加大投入新能源车型。

我国汽车工业开始起步的标志是 1953 年 7 月 15 日第一汽车制造厂在长春市动工兴建。1956 年，我国第一台“解放牌”汽车（图 0-3）从第一汽车制造厂流水装配线上开出。1958 年，该厂又制造了我国第一辆轿车——东风牌轿车，接着又开始小批量生产红旗 CA770 轿车，汽车的生产规模迅速扩大。20 世纪 50 年代后期和 60 年代，我国各地一批汽车修配企业相继改成汽车制造厂，此外城建和交通部门也设立了一批公交车辆厂，使我国汽车的品种和产量进一步提高。这批工厂及其产品主要有南京汽车制造厂生产的跃进 NJ130 轻型货车、上海汽车制造厂生产的黄河牌重型货车、北京汽车制造厂生产的 BJ212 轻型越野车、北京第二汽车制造厂生产的 BJ130 轻型货车、上海汽车制造厂生产的 SH760 中级轿车、上海客车厂生产的 SK640 和 SK660 客车等。我国规模最大的第二汽车制造厂于 1975 年建成投产，EQ240 越野汽车和东风 EQ140 货车相继正式批量投产。

图 0-3　中国第一台“解放牌”汽车

20 世纪 80 年代以来，在改革开放的正确方针指导下，我国汽车工业又以更高的速度发展。在加速我国汽车产品更新换代和新产品开发、进一步提高产品产量、增加品种的同时，积极、有重点、有选择地引进国外先进技术，合资生产汽车，并使汽车零部件国产化。2009 年，我国成为全球最大的汽车市场。据统计，我国汽车产量至 1992 年底首次突破百万，2013 年，汽车行业产销量双双破 2000 万。之后，我国汽车产销量连续多年位居世界第一。

2. 拖拉机发展概况

1851 年，法国的阿拉巴尔特发明了世界上第一台蒸汽拖拉机，由于蒸汽机太重，会把土压紧，最早的拖拉机是不能进田的。1889 年，美国造出了世界上第一台使用汽油内燃机的农用拖拉机。由于内燃机比较轻便，易于操作，而且工作效率高，故它的出现为拖拉机的推广应用打下了基础。1906 年，霍尔特创办的拖拉机制造公司又制造出世界上最早的以汽油内燃机为动力的履带式拖拉机，这种拖拉机是当时最成功的拖拉机。1920 年，开始大幅度提高拖拉机功率和效率并加装动力输出轴扩大其应用范围。1930 年开始使用轮胎，1940 年起应用电起动及液压技术，包括液压悬挂、液压增重、负载换挡等，从此具备了现代拖拉机的全部特征。1960 年开始采用增压内燃机，1970 年开始重视加强安全性、舒适性研究及制造。目前拖拉机正在向大功率、多档位、高速度、四轮驱动、自动控制、负载变速和驾驶舒适、安全等方向发展，特别是不断将液压、电子、监控及计算机技术广泛应用于拖拉机，使得拖拉机的操纵、控制、调节及监视等逐步趋于自动化。在拖拉机制造方面逐步采用了新材料、新技术，提高了零部件的工作性能和拖拉机的可靠性，延长了使用寿命，而且动力性和经济性好。

我国第一台真正意义上的拖拉机应属东方红拖拉机。1954 年，新中国第一个拖拉机厂——中国第一拖拉机制造厂定在河南洛阳，1958 年 7 月 20 日，第一台东方红拖拉机（图 0-4）诞生。1959 年 11 月，我国建设的第一拖拉机制造厂正式投产，开启了我国批量生产拖拉机的历史。此后，全国各地先后建成一批拖拉机厂，生产各种型号的拖拉机。现在我国主要的拖拉机品牌有中国一拖、潍柴雷沃、常林沭河、东风、五征、常发等，可生产各种大、中、小型拖拉机，并远销海外。由于我国国情的原因，过去 50 年我国生产的拖拉机一直是以中小型为主，大型拖拉机比例较小，轮式拖拉机主要是两轮驱动。据国家统计局数据显示，自 2015 年以来我国小型拖拉机产量不断下滑，大中型拖拉机产量占比不断增长，大中型拖拉机逐步实现了对小型拖拉机的替代。这使得我国拖拉机整体产量呈逐渐下滑趋势，但仍具有很大的发展空间。近年来我国生产的拖拉机的功率范围更宽，拖拉机的总体设计制造水平普遍提高，新材料、新技术普遍开始应用于拖拉机产品。

图 0-4　第一台东方红拖拉机

二、汽车与拖拉机类型

（一）汽车类型

汽车是由自身的动力装置驱动，具有 4 个或 4 个以上车轮的非轨道承载车辆，主要用途是载运人员或货物、牵引载运人员或货物。汽车可以按其用途、动力装置类型、行驶道路条件、行驶机构特征、发动机位置及驱动形式、乘客座位数及汽车总质量等进行分类。

1. 按国家标准分类

国家标准《汽车和挂车类型的术语和定义》（GB/T 3730.1—2022）将汽车分为乘用车和商用车。

乘用车是指在设计和技术特征上主要用于运载乘客及其随行行李或者临时物品的车辆，包括驾驶员座位在内最多不超过 9 个座位，它也可以牵引一辆挂车。乘用车又细分为基本型乘用车（轿车）、多用途车（MPV）、运动型多用途车（SUV）、专用乘用车和交叉型乘用车。

商用车是指在设计和技术特征上用于运送人员和货物的汽车，并且可以牵引挂车。商用车包含了所有的载货汽车和 9 座以上的客车，分为客车、货车、半挂牵引车、客车非完整车辆和货车非完整车辆五类。

2. 按动力装置类型分类

（1）内燃机汽车　活塞式内燃机汽车占绝大多数，主要以汽油和柴油为燃料。为解决石油资源不足的能源问题，各种代用燃料的开发方兴未艾，例如：合成液体石油、液化石油气、压缩天然气、醇类燃料及氢燃料等。活塞式内燃机还可按其活塞的运动方式分为往复活塞式和旋转活塞式内燃机等类型。

燃气轮机汽车使用的是燃气轮机，与活塞式内燃机相比，燃气轮机功率大、质量小，转矩特性好，所使用的燃油无严格限制，但其耗油量大、噪声较大，制造成本也较高。

（2）电动汽车　电动汽车是指汽车行驶的动力全部或部分来自电机驱动系统的汽车。根据《电动汽车术语》（GB/T 19596—2017）电动车分为三类。

纯电动汽车（BEV），是指利用动力电池作为储能动力源，通过电池向电机提供电能，驱动电机运转，从而推动汽车前进的一种新能源汽车。其最大特点就是行驶过程中零排放、零污染、噪声小、结构简单、维修方便。相对于燃油汽车和其他类型的电动汽车，纯电动汽车能量利用效率高，而且电力价格便宜，使用成本低。

混合动力汽车（HEV），是指车辆驱动系统由两个或多个能同时运转的单个驱动系统联合组成的车辆，车辆的行驶功率依据实际的车辆行驶状态由单个驱动系统单独或共同提供。混合动力车辆的节能、低排放等特点引起了汽车界的极大关注并成为汽车研究与开发的一个重点。混合动力装置既发挥了发动机持续工作时间长，动力性好的优点，又可以发挥电机无污染、低噪声的优点。

燃料电池汽车（FCEV），是指以燃料电池作为动力电源的汽车，其电池的能量是通过氢气和氧气的化学作用，而不是经过燃烧，直接变成电能的。燃料电池的化学反应过程不会产生有害产物，因此燃料电池车辆是无污染汽车，燃料电池的能量转换效率比内燃机要高2~3倍，因此从能源的利用和环境保护方面，燃料电池汽车是一种理想的车辆。

3. 按行驶道路条件分类

（1）公路用汽车　公路用汽车指主要行驶于公路和城市道路的汽车。公路用车的长度、宽度、高度、单轴负荷等均受交通法规的限制。

（2）非公路用汽车　非公路用汽车主要有两类：一类是本身的外廓尺寸、单轴负荷等参数超出了法规限制而不适于公路行驶，只能在矿山、机场和工地内的无路地区或专用道路上行驶的汽车；另一类是能在无路地面上行驶的高通过性汽车，称为越野汽车。越野汽车可以是乘用车、客车，也可以是货车或其他用途的汽车。

4. 按行驶机构的特征分类

（1）轮式汽车　通常可分为非全轮驱动和全轮驱动两种形式。汽车的驱动形式一般用符号“$n\times m$”表示，其中 n 为车轮总数（在 1 个轮毂上安装双轮辋和轮胎仍算 1 个车轮），m 为驱动轮数。

（2）其他形式的车辆　如履带式车辆、雪橇式车辆、气垫式车辆、步行机械式车辆等。

（二）拖拉机类型

拖拉机用于牵引和驱动作业机械完成各项移动式作业，也可作固定作业动力，由发动机、传动、行走、转向、液压悬挂、动力输出、电器仪表、驾驶操纵及牵引等系统或装置组成。按照不同的分类标准，拖拉机可以分成不同的类型。

1. 按用途分类

按用途不同，拖拉机可分为工业拖拉机、林业拖拉机和农业拖拉机。

工业拖拉机主要用于筑路、矿山、水利、石油和建筑等工程上，也可用于农田基本建设作业。

林业拖拉机主要用于林区集材，配带专用机具也可进行植树、造林和伐木作业，一般带有绞盘、搭载板和清除障碍装置等。

农业拖拉机主要用于农业生产，按其用途不同又可分为：

（1）普通拖拉机　主要用于一般条件下的农田移动作业、固定作业和运输作业等，应用范围广。

（2）中耕拖拉机　主要适于中耕作业，也兼用于其他作业，特点是拖拉机离地间隙较大，轮胎较窄。

（3）园艺拖拉机　主要适于果园、菜地、茶林等地作业，特点是体积小、机动灵活、功率小。

（4）特种形式拖拉机　适于在特殊工作环境下作业或适应某种特殊需要的拖拉机，如船形拖拉机、山地拖拉机、水田拖拉机等。

2. 按结构特点分类

拖拉机按结构，主要是行走装置结构的不同，可分为轮式、履带式、手扶式、船形四种（图 0-5）。

轮式拖拉机应用最为广泛，其行走轮轴有两根，轮轴上有三个车轮的称为三轮拖拉机；有四个车轮的称为四轮拖拉机。我们通常所说的轮式拖拉机是指双轴三轮和四轮这两种形式的拖拉机，我国目前生产和应用最广泛的是四轮拖拉机。按驱动形式不同可分为两轮驱动轮式拖拉机和四轮驱动轮式拖拉机。

履带式拖拉机的行走装置是履带，它主要适用于土质黏重、潮湿地块田间作业，农田水利、土方工程等农田基本建设工作。

手扶拖拉机行走轮轴只有一根，轮轴上有一个车轮或两个车轮，在农田作业时操作者多为步行，用手扶持操纵拖拉机工作。有些手扶拖拉机安装有用于支撑及辅助转向的尾轮。

船形拖拉机是我国创造的一种水田用的拖拉机，它的特点是用船体支承整机重量，适于湖田、深泥脚水田作业。

轮式拖拉机　履带式拖拉机　手扶拖拉机　船形拖拉机

图 0-5　常见拖拉机类型

3. 按功率大小分类

（1）大型拖拉机　功率为 73.6kW（100 马力，1 马力=735.499W）以上。

（2）中型拖拉机　功率 14.7~73.6kW（20~100 马力）。

（3）小型拖拉机　功率为 14.7kW（20 马力）以下。

三、汽车与拖拉机总体构造

1. 汽车总体构造

汽车的类型虽然很多，各类汽车的总体构造有所不同，但它们的基本组成是一致的，都由发动机、底盘、车身和电气设备四大部分组成，如图 0-6 所示。

（1）发动机　发动机是汽车的动力装置，其作用是使燃料燃烧后产生动力，然后通过

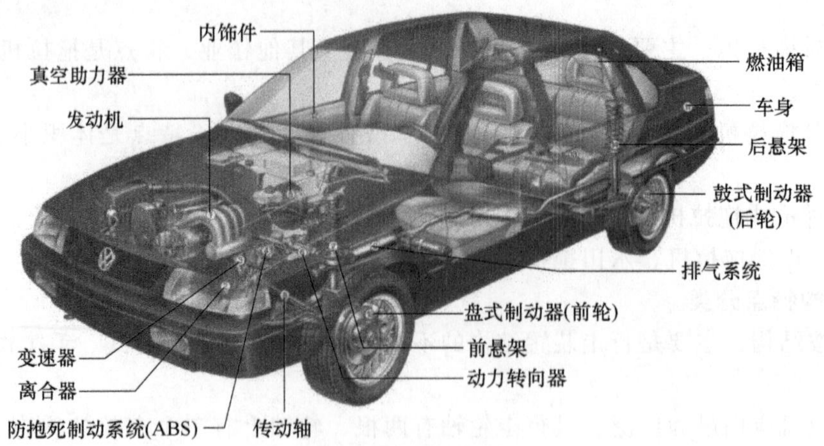

图 0-6　汽车总体构造

底盘的传动系统驱动汽车行驶。汽车发动机由曲柄连杆机构、配气机构、燃料供给系统、冷却系统、润滑系统、点火系统和起动系统，即"两大机构、五大系统"组成。

（2）底盘　底盘是汽车的基础，其作用是接受发动机的动力，使汽车产生运动，并保证正常行驶；同时支撑、安装汽车其他各部件、总成。底盘由传动系统、行驶系统、转向系统和制动系统等四大系统组成。

（3）车身　车身是汽车的载体，用以装载驾驶员操纵装置、载客或载货。货车车身由驾驶室和货厢组成；轿车和客车车身是一个整体，有承载式车身和非承载式车身两种。

（4）电气设备　电气设备由电源（发电机和蓄电池）、汽油发动机点火系统、起动系统、照明与信号装置、空调、仪表等组成。汽车电子设备主要有电控燃油喷射系统及微型计算机控制点火系统、电控自动变速器、电控防抱死制动系统（ABS）、电控门锁、自动防盗报警装置、车辆网络系统和汽车音响等。

2. 拖拉机总体构造

拖拉机总体上由发动机、底盘、电气设备和工作装置四大部分组成，如图 0-7 所示。

（1）发动机　发动机是整个拖拉机的动力装置，一般采用柴油机，其作用是将供入气缸的燃料燃烧产生的热能转变成机械能，通过底盘的传动系统和行走系统驱动拖拉机行驶。拖拉机柴油机的结构与汽车柴油机基本相同，但拖拉机采用低速大转矩柴油机，汽车采用高速柴油机。

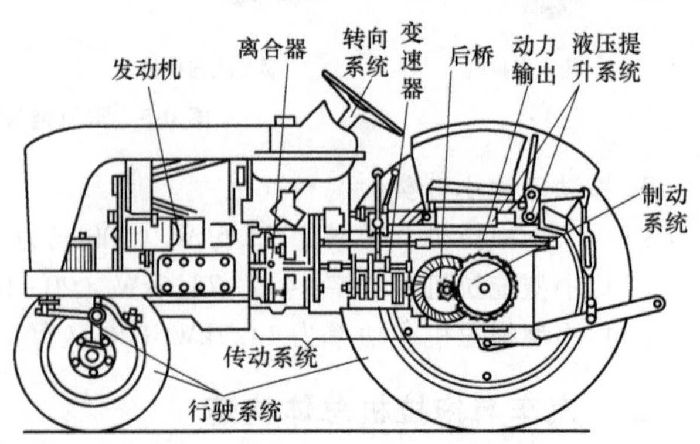

图 0-7　轮式拖拉机总体构造图

（2）底盘　底盘是拖拉机的骨架或支撑，是拖拉机上除发动机和电气设备以外的所有装置的总称。底盘将发动机动力变为拖拉机移动的驱动力，它主要由传动系统、行驶系统、转向系统、制动系统等组成。

传动系统将发动机发出的动力传给驱动轮，由离合器、变速器、中央传动和最终传动等组成。

行走系统将拖拉机各总成连成一体，支撑全车的重量并保证拖拉机行驶，由车架、车桥、车轮或履带等组成。

转向系统操纵拖拉机的行驶方向，由转向操纵机构、转向传动机构和差速器（轮式拖拉机）或转向离合器（履带或手扶拖拉机）等组成。

制动系统用来迅速降低拖拉机的行驶速度以至停车，由制动器和制动传动机构等组成。

（3）电气设备　拖拉机电气设备的原理和结构特点与汽车上的基本相同，主要由蓄电池、发电机、灯光系统、仪表系统、空调系统和导航系统等组成。

（4）工作装置　拖拉机工作装置用以连接农机具并控制其工作状态，完成各种作业，由牵引装置、液压控制系统和动力输出装置等组成。牵引装置和液压控制系统用来把农具挂接在拖拉机上进行各种田间作业。液压控制系统可以使农机具升降或自动调节耕深。动力输出装置是将拖拉机的动力输出，带动其他机械进行固定作业或驱动农机具的某些工作部件进行田间作业。

思　考　题

1. 汽车是如何分类的？
2. 汽车的总体构造包括哪些部分？各部分的作用是什么？
3. 我国自主汽车品牌有哪些？
4. 你对我国汽车工业发展的前景有什么看法？
5. 简述我国拖拉机的发展现状。
6. 拖拉机按照行走装置结构不同可以分为哪几种？各有何特点？
7. 分析我国拖拉机技术落后的原因。
8. 为什么要重视拖拉机高新技术的发展？

第一章

传动系统

第一节　传动系统概述

一、传动系统的组成和功能

汽车拖拉机传动系统是位于发动机和驱动轮之间的动力传动装置，其基本功用是将发动机发出的动力传给驱动车轮。

现代汽车拖拉机普遍采用活塞式内燃机，与之匹配的传动系统大多属于机械式或液力机械式。目前得到广泛应用的是发动机前置后驱的机械式传动系统，其组成及布置形式如图1-1所示。发动机发出的动力经离合器1、变速器2、万向联轴器3传到驱动桥4。在驱动桥处，动力经过主减速器7、差速器5和半轴6传给驱动车轮。

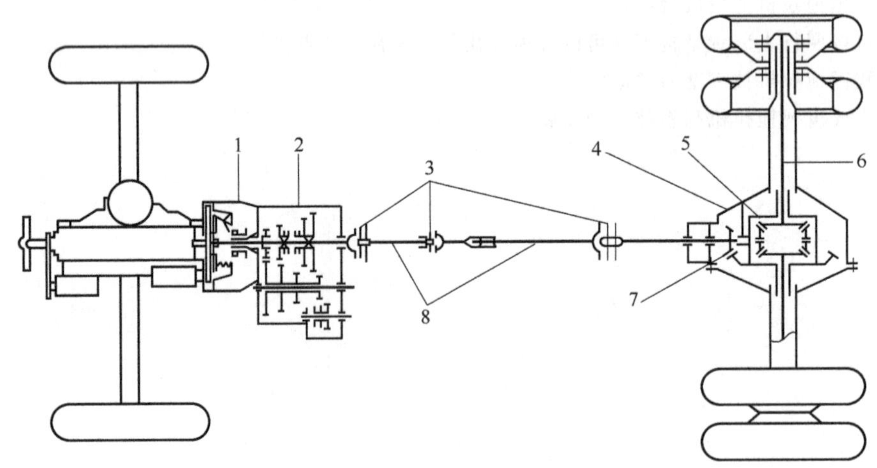

图1-1　机械式传动系统的组成及布置示意图

1—离合器　2—变速器　3—万向联轴器　4—驱动桥　5—差速器　6—半轴　7—主减速器　8—传动轴

由于发动机具有转速高、输出转矩变化范围小、不能反转、带负荷起动困难等特点，而汽车拖拉机工作时要求车速和驱动力能在较大范围内变化，能倒向行驶、平稳起步和停车，因此，为使汽车拖拉机在不同使用条件下都能正常工作，并具有良好的动力性和燃油经济性，必须在发动机和驱动轮之间设置传动系统，与发动机协同工作。为此，任何形式的传动系统都必须具有以下功能：减速增矩、变速变矩、倒车、必要时中断动力传递。

二、传动系统的类型

根据汽车拖拉机传动系统中传动元件的特征，传动系统可以分为机械式、液力式和电力式等类型。

1. 机械式传动系统

机械式传动系统因效率高、结构简单、工作可靠、成本较低而被广泛应用于汽车拖拉机。传动系统的布置方案与汽车拖拉机总体布置方案是相适应的，可以归纳为以下几种。

发动机前置后轮驱动（FR）方案（图 1-1），主要应用在载货汽车上，部分轿车和客车也有应用，优点是维修发动机方便，离合器、变速器的操纵机构简单，前后轮的轴荷分配较为合理。缺点是需要一根较长的传动轴，会增加整车质量，影响汽车传动系统的效率。

发动机前置前轮驱动（FF）方案（图 1-2），是将发动机 1、离合器 2、变速器 3、与主减速器 5、差速器 6 等都装配在一起，固定在汽车前面的车架或车身底架上，前轮为驱动轮。这种布置广泛应用于微型和中型轿车，中高级轿车上应用也日益增多。优点是省去了前置后驱方案中变速器和驱动桥之间的万向联轴器和传动轴，使车身底板高度降低，有助于提高乘坐舒适性和高速行驶的稳定性；因整个传动系统集中在汽车前部，其操纵机构比较简单。缺点是结构较为复杂，前轮的轮胎寿命较短，爬坡能力相对较差。

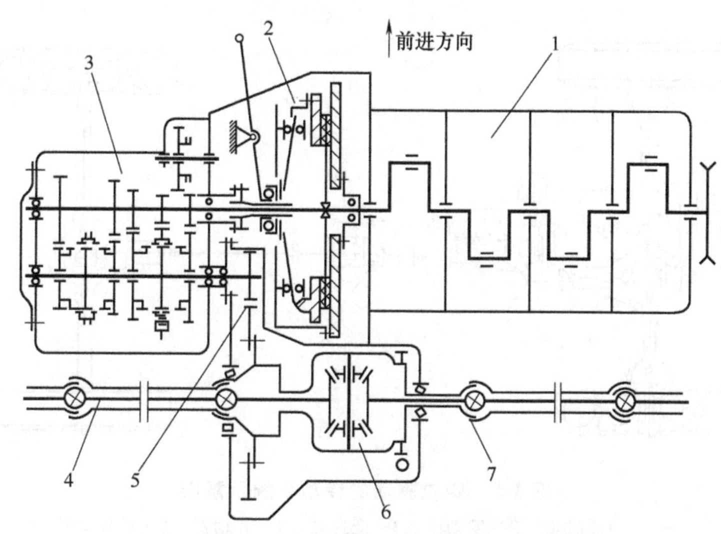

图 1-2 发动机前置前轮驱动的传动系统示意图

1—发动机 2—离合器 3—变速器 4—半轴 5—主减速器 6—差速器 7—万向联轴器

发动机后置后轮驱动（RR）方案（图 1-3），是将发动机、离合器、变速器都横向布置于驱动桥（后桥）之后，大、中型客车中较多使用这种布置方案，因为这样会使其前后轴获得合理的载荷分配；车内噪声也会因此降低。缺点是发动机冷却条件较差，发动机和离合器、变速器的操纵机构较为复杂。

发动机中置后轮驱动（MR）方案（图 1-4），是将发动机置于驾驶室后面的汽车中部，由后轮驱动。这种布置能实现前后轴载荷理想的分配，是大多数运动型轿车和方程式赛车所采用的形式。此外，某些大、中型客车也采用该形式，但采用该形式的货车很少。优点是轴荷分配均匀，具有很中性的操控特性。缺点是发动机占去了座舱的空间，降低了空间利用率和实用性。

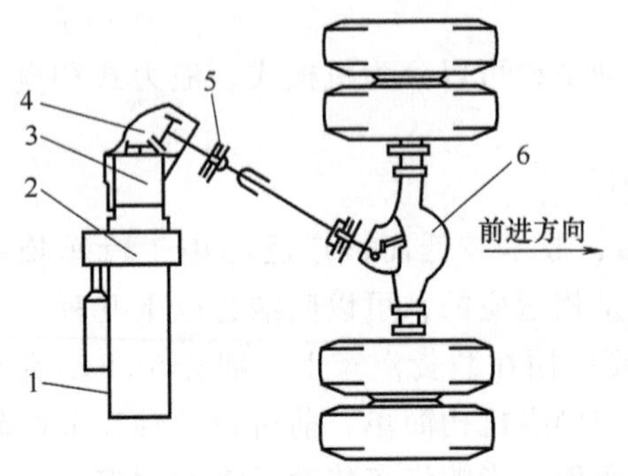

图 1-3　发动机后置后轮驱动的传动系统示意图

1—发动机　2—离合器　3—变速器　4—角传动装置　5—万向传动装置　6—后驱动桥

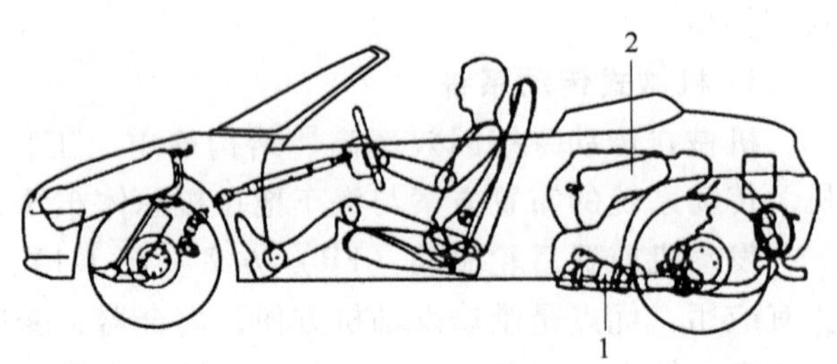

图 1-4　发动机中置后轮驱动的传动系统示意图

1—传动系统　2—发动机

四轮驱动，又称全轮驱动（AWD），是指全部车轮都可作为驱动轮的布置方案（图 1-5）。与前置前驱汽车的传动系统相比，它的特点主要是在变速器与后驱动桥之间增设了分动器，可按行驶路面状态不同而将发动机输出转矩按不同比例分布在前后所有的轮子上，以提高汽车的行驶能力。

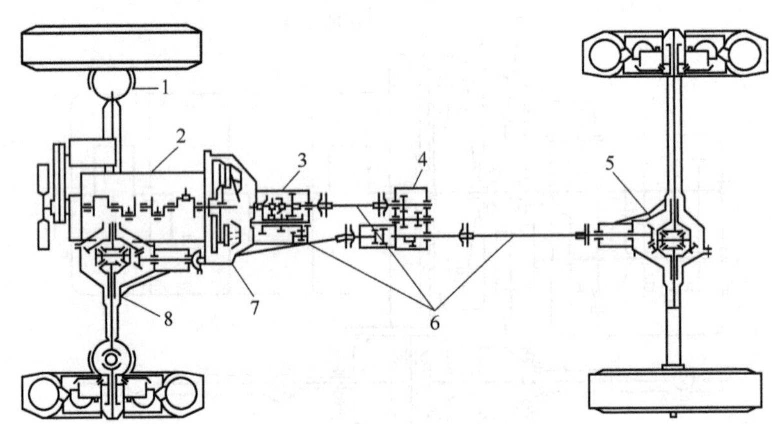

图 1-5　四轮驱动的传动系统示意图

1—万向联轴器　2—发动机　3—变速器　4—分动器　5—后驱动桥　6—传动轴　7—离合器　8—转向驱动桥

轮式拖拉机传动系统最常见的一种布置形式如图 1-6 所示，发动机纵向安装在拖拉机前部，后轮为驱动轮。拖拉机的主减速装置通常由两部分组成，分别称为中央传动（相当于汽车的主减速器）和最终传动（相当于中型货车的轮边减速器）。在变速器和驱动桥之间没有万向传动装置。

履带式拖拉机传动系统如图 1-7 所示，与轮式拖拉机相比，履带式拖拉机传动系统的后桥中没有差速器，离合器与变速器之间采用传动轴连接，中央传动与最终传动之间设有左右转向离合器。

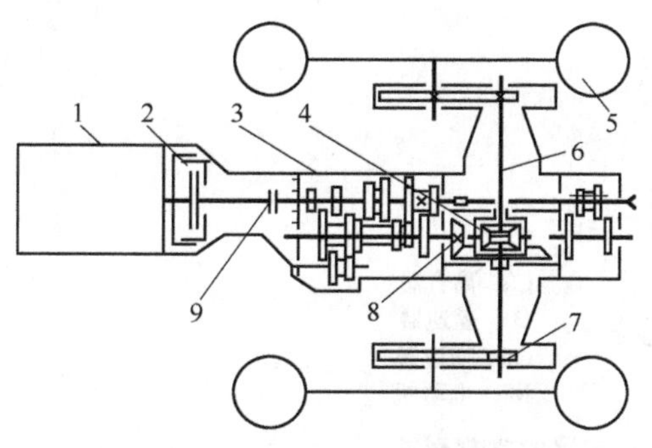

图 1-6 轮式拖拉机传动系统示意图

1—发动机 2—离合器 3—变速器 4—差速器
5—驱动轮 6—半轴 7—最终传动
8—中央传动 9—联轴器

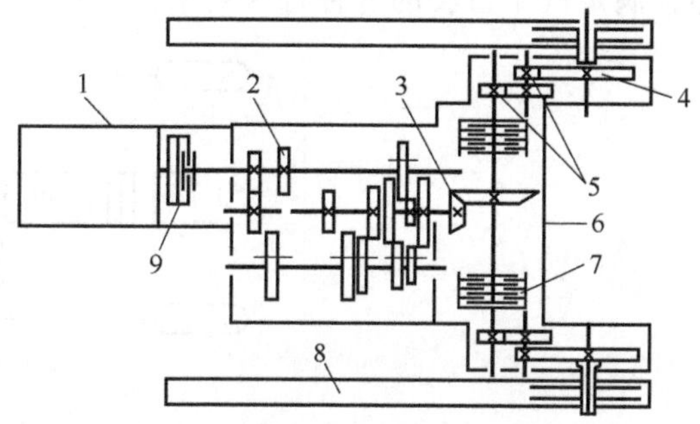

图 1-7 履带式拖拉机传动系统

1—发动机 2—变速器 3—中央传动 4—驱动轮
5—最终传动 6—后桥 7—转向离合器
8—履带 9—离合器

2. 液力式传动系统

液力式传动系统又分为动液式和静液式。

动液式传动系统（图 1-8）以液体为传动介质，利用液体在主动元件和从动元件之间循环流动过程中动能的变化来传递或改变能量。其特点是组合运用液力传动和机械传动，液力传动装置串联一个有级式机械变速器。它的缺点是结构复杂，造价较高，机械效率较低，主要用于中高级轿车和部分重型货车。

静液式传动系统（图 1-9）是以液体介质压能的变化来传递或者变换能量。主要由发动机驱动的液压泵、液压马达和控制装置等组成。它的造价高，使用寿命短，但仍广泛应用于工程机械和军用车辆。

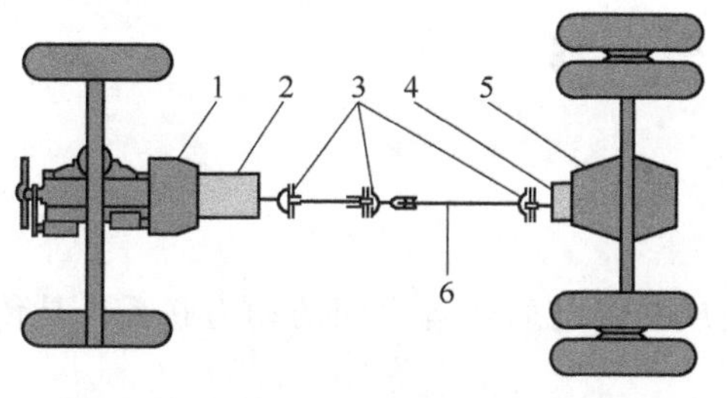

图 1-8 液力机械式传动系统示意图

1—液力变矩器 2—自动变速器 3—万向传动
4—驱动桥 5—主减速器 6—传动轴

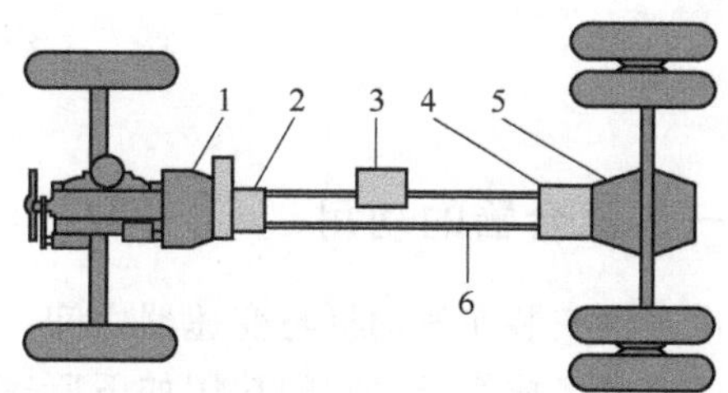

图 1-9 液压式传动系统示意图

1—离合器 2—液压泵 3—控制阀
4—液压马达 5—驱动桥 6—油管

3. 电力式传动系统

电力式传动系统是指由电动机或其他动力源作为驱动装置的一种驱动形式，可由电动机单独驱动，也可与其他动力源共同驱动车辆行驶。电力式传动系统可使汽车拖拉机的总体布置简化，起动及变速平稳，冲击小，污染少。

电力式传动系统可分为纯电动式、混合动力式和燃料电池式等多种类型。

常规纯电动驱动形式（图 1-10）是指采用电机作为整车驱动装置，沿用传统的机械传动方式，将电机输出的力矩传递到车轮驱动汽车行驶。混合动力传动系统（图 1-11）是指同时装备两种动力来源，通过适当的控制实现它们的最佳组合，可充分发挥各种能量源的优势，满足汽车行驶的各种特殊要求。

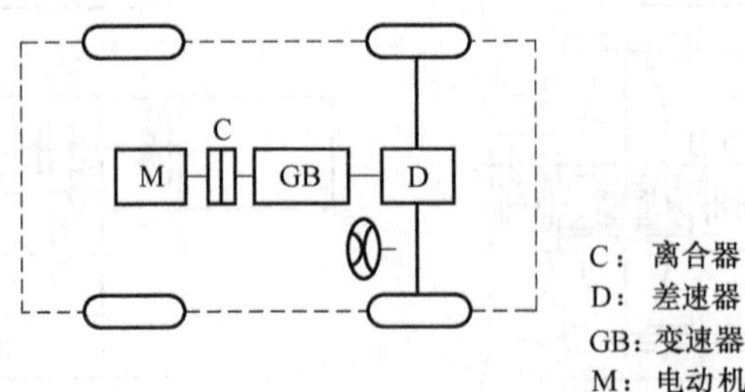

图 1-10　纯电动汽车传动系统布置的常规形式

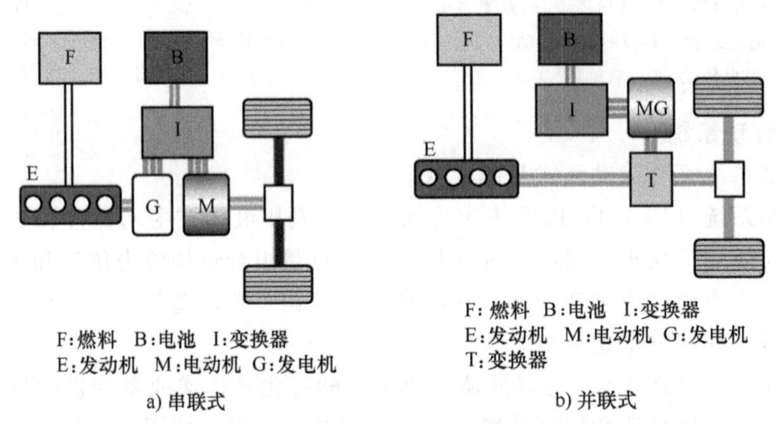

图 1-11　混合动力汽车传动系统示意图

第二节　离　合　器

一、离合器的功用

离合器安装在发动机与变速器之间，用来分离或接合前后两者之间的动力联系，是传动系统的重要组成部分。它的功用如下所述。

1. 保证汽车平稳起步

汽车和拖拉机起步前，首先要起动发动机，使变速器处于空档位置，断开发动机与驱动车轮之间的联系。待发动机正常怠速运转后，驾驶员踩下离合器踏板，将变速器挂档，然后逐渐松开离合器踏板，使离合器逐渐结合，同时逐渐踩下加速踏板，逐步增加对发动机的燃油供给量，使发动机转速始终保持在最低稳定转速以上，不致熄火。由于离合器的接合紧密程度逐渐增大，发动机经传动系统传给驱动车轮的转矩便逐渐增加，直至驱动力足以克服起步阻力时，汽车拖拉机即从静止开始运动并逐渐加速。因此，离合器保证了车辆平稳起步。

2. 保证传动系统换档时过程平顺

汽车和拖拉机在工作过程中，为了适应不断变化的行驶条件和工作要求，变速器经常需要换用不同档位工作。齿轮式变速器的换档一般是通过换档机构拨动齿轮使不同的齿轮副进入工作状态。因此，在换档前也必须踩下离合器踏板，中断动力传递，避免换档时齿轮进入啮合产生的冲击力，使换档过程平顺。分离离合器还可以使车辆短时间停车。

3. 防止传动系统过载

汽车和拖拉机工作中，当运动阻力急剧增加，超过了离合器所能传递的转矩时，离合器主动部分与从动部分之间产生相对滑动，可以减少传动系统的冲击载荷，保护传动系统零件不致因超载而损坏。

为保证离合器具有上述工作性能，同时考虑对整个传动系统的影响与可靠性等其他因素，离合器的主动部分和从动部分可以暂时分离，又可以逐渐接合，并且在传动过程中还能相对转动。所以，离合器的主动件和从动件之间不可采用刚性联接，而是借二者接触面之间的摩擦作用来传递转矩（摩擦离合器），或利用液体作为传动的介质（液力耦合器），或利用磁力传动（电磁离合器）。在摩擦离合器中为产生摩擦所需的压紧力，可以是弹簧力、液压作用力或电磁吸力。目前汽车拖拉机上应用比较广泛的是用弹簧压紧的摩擦离合器。

二、摩擦式离合器的工作原理

摩擦式离合器主要由主动部分、从动部分、压紧机构和分离操纵机构四部分组成，如图 1-12 所示。离合器的主动部分和从动部分经常处于接合状态，在停车、换档或制动时，才会暂时处于分离状态。

在不踩下离合器踏板时，离合器处于接合状态，如图 1-12a 所示。由于压紧弹簧的作用，通过压盘和飞轮将从动盘压紧，使从动盘随主动部分一起旋转，依靠主动部分和从动部分摩擦表面之间的摩擦作用将发动机的转矩传递到离合器轴。此时，离合器处于接合状态，分离杠杆头部与分离轴承端面之间留有间隙 Δ，称为自由间隙。

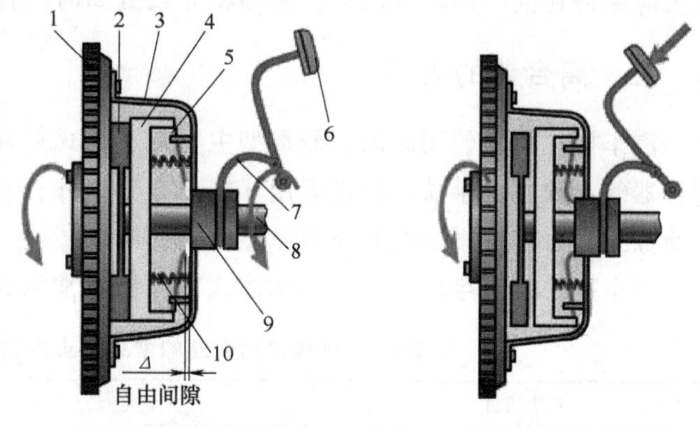

图 1-12 摩擦式离合器结构原理图

1—飞轮 2—从动盘 3—离合器盖 4—压盘 5—分离杠杆 6—踏板 7—分离拨叉 8—离合器轴 9—分离轴承 10—离合器弹簧

当踩下离合器踏板时，离合器处于分离状态，如图 1-12b 所示。分离轴承在拨叉的拨动下向左移动，首先消除分离轴承端面与分离杠杆头部的自由间隙，然后推压分离杠杆头部，使分离杠杆绕支点摆动，分离杠杆的另一端带动压盘右移离开飞轮，并进一步压缩离合器弹簧，这时飞轮与从动盘摩擦表面、压盘与从动盘摩擦表面之间分离，切断了发动机与变速器之间的动力传递，离合器处于分离状态。

需要重新恢复动力传递时，慢慢松开踏板，被压紧的弹簧随之逐渐伸展，通过压盘又将从动盘压紧在飞轮表面上，离合器又恢复到接合状态。离合器的接合应允许有一个过程，随着弹簧对压盘压力的逐渐加大，摩擦表面间的摩擦力矩也逐渐加大。当摩擦力矩尚未达到车辆机组构成的阻力矩之前，从动部分仍然不动，并迫使主动部分的转速下降，此时，主动部分与从动部分不同步旋转，即摩擦副之间存在着相对滑摩，离合器处于打滑状态；当离合器的摩擦力矩增大到能克服车辆构成的阻力矩时，从动部分开始转动，主动部分转速还会进一步下降，从动部分与主动部分转速渐趋相等，但这个过程中摩擦副之间继续相对滑摩；当摩擦力矩继续增大到超过阻力矩时，从动部分增速，直到主、从动部分转速一致，滑摩过程才完全结束，离合器完全结合，这时离合器传递的转矩等于车辆的阻力矩。

离合器所能传递的最大转矩取决于摩擦面之间的最大静摩擦力矩，对于一定结构和材料的离合器而言，静摩擦力矩是一个定值。当输入转矩达到该值时，离合器将打滑，因而可防止传动系统过载。在保证可靠传递发动机最大转矩的前提下，离合器的具体结构应能满足主、从动部分分离彻底，接合柔和，从动部分的转动惯量要尽可能小，散热良好，操纵轻便，具有良好的动平衡等基本性能要求。

离合器分离过程中，踏板总行程为自由行程与工作行程之和。踏板自由行程用以消除各连接杆件运动副间隙和自由间隙；踏板工作行程与离合器分离间隙对应。当从动盘摩擦片磨损变薄时，自由间隙变小，踏板自由行程也随之变小。若自由间隙过小或等于零，则摩擦片再稍有磨损，分离杠杆的端头会顶住分离轴承端面，使弹簧压紧力减小，造成离合器打滑；若自由间隙过大，则踏板自由行程增加，使工作行程减小，造成离合器分离不彻底。为了保证适当和均匀的自由间隙，离合器上设有相应调整机构。此外，在安装时，各个分离杠杆的端头应保持在同一回转平面上，否则将导致分离时压盘倾斜而影响离合器彻底分离。

三、离合器的类型

汽车拖拉机上使用的离合器类型主要有摩擦式离合器、液力耦合器、电磁离合器和牙嵌离合器等。除部分手扶拖拉机采用牙嵌离合器以外，一般汽车、拖拉机和工程车辆上广泛采用摩擦式离合器。本节主要介绍摩擦式离合器。

汽车拖拉机至今广泛采用的摩擦式离合器，常见分类方式及类型和结构特点见表 1-1。

表 1-1　摩擦式离合器的常见分类方式及类型和结构特点

分类方式	类型	结构特点
从动盘数目	单片式	从动盘为单片
	双片式	从动盘为双片
	多片式	从动盘为多片
压紧方式	弹簧压紧	膜片弹簧或螺旋弹簧压紧
	杠杆压紧	用杠杆施加压紧力
	液压压紧	用活塞或液压缸来施加压紧力
	电磁力压紧	用电磁力施加压紧力
压紧弹簧的形式	膜片弹簧式	压紧弹簧为膜片弹簧
	螺旋弹簧式	压紧弹簧为螺旋弹簧
压紧弹簧的布置位置	周布弹簧式	压紧弹簧沿从动盘圆周布置
	中央弹簧式	压紧弹簧布置在离合器中央
	斜置弹簧式	压紧弹簧沿从动盘斜向布置
摩擦表面工作条件	干式	摩擦片不与油液接触
	湿式	摩擦片浸入油液中

（续）

分类方式	类型	结构特点
离合器的作用	单作用式	一个离合器
	双作用式	两个离合器
操纵机构形式	人力式	依靠驾驶员操纵
	自动式	不依靠驾驶员操纵

1. 膜片弹簧离合器

目前，汽车拖拉机上广泛采用膜片弹簧作为压紧机构的离合器，称为膜片弹簧离合器。膜片弹簧是一个用薄弹簧钢板制成的带有锥度的碟形弹簧。在靠近中心的小端部分均匀地开有许多径向切口，以形成分离指，起分离杠杆的作用，大端部分起压紧弹簧的作用。图 1-13a 所示为一种膜片弹簧离合器结构简图，膜片弹簧的形状如图 1-13b 所示。其靠中心部分开有 18 个径向切口，形成弹性杠杆。膜片弹簧两侧由钢丝支承圈 6 借膜片弹簧固定铆钉将其安装在离合器盖 4 上。

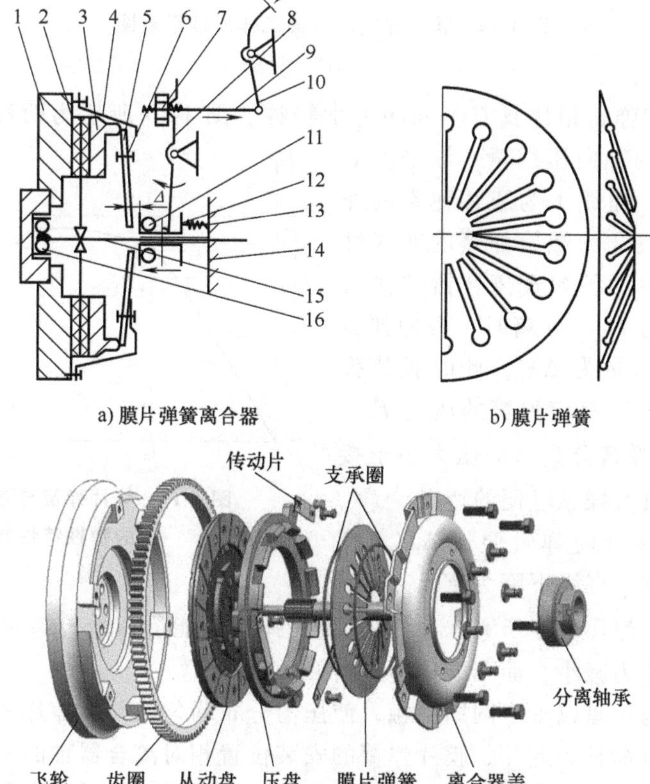

c) 膜片弹簧离合器零件分解图

图 1-13 膜片弹簧离合器

1—飞轮 2—从动盘 3—压盘 4—离合器盖 5—膜片弹簧 6—膜片弹簧钢丝支承圈 7—调整螺母 8—分离拨叉 9—拉杆 10—离合器踏板 11—分离轴承 12—分离套筒 13—回位弹簧 14—支架 15—离合器轴 16—离合器轴承

在离合器盖未固定到飞轮 1 上时，膜片弹簧处于自由状态，如图 1-14a 所示。当将离合器盖用螺钉固定到飞轮上时，如图 1-14b 所示，由于离合器盖靠近飞轮，钢丝支承圈压迫膜片弹簧 5 使之发生弹性变形，膜片弹簧圆锥角变小。同时膜片弹簧外端对压盘 3 产生压紧力，使离合器处于接合状态。当分离离合器时，分离轴承 11 左移，如图 1-14c 所示，膜片弹簧被压在钢丝支承圈上，其径向截面以支承圈为支点转动，膜片弹簧成反锥形，导致膜片弹簧外端右移，并通过分离钩拉动压盘使离合器分离。

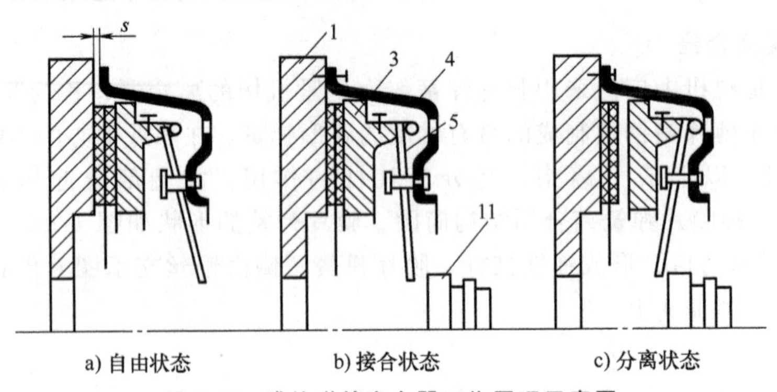

图 1-14 膜片弹簧离合器工作原理示意图

（图注同图 1-13）

膜片弹簧与螺旋弹簧相比具有不同的力学特性。图 1-15 所示为两种弹簧的特性曲线，其横坐标代表弹簧的轴向压缩量，纵坐标表示弹簧的轴向压力。曲线 1 为膜片弹簧的非线性特性曲线，曲线 2 为螺旋弹簧的非线性特性曲线。A 点表示两种弹簧离合器的接合状态，其压紧力都为 F_A。分离时，两种弹簧都会再次压缩，变形量为 $\Delta\lambda''$，此时膜片弹簧的压力 F_{C_1} 显然小于螺旋弹簧的压力 F_{C_2}，且 $F_{C_1}<F_A$，即膜片弹簧分离时的压力小于接合时的压力，因而具有操纵轻便的特点。

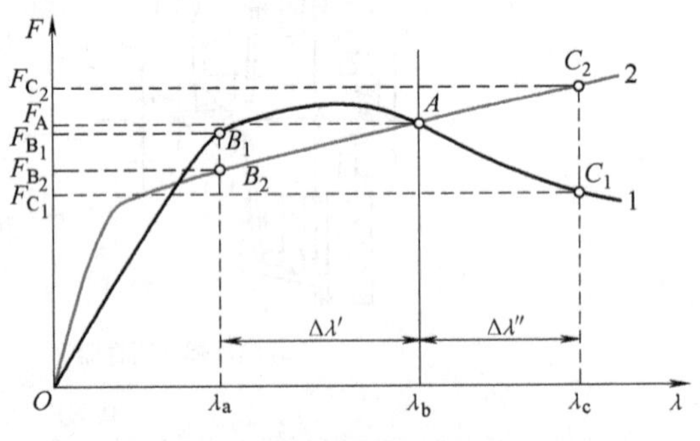

图 1-15 膜片弹簧与圆柱螺旋弹簧的弹性特性曲线

当摩擦片磨损变薄时弹簧伸长 $\Delta\lambda'$，螺旋弹簧的压紧力由 F_A 直线下降为 F_{B_2}，而膜片弹簧的压紧力 F_{B_1} 却几乎等于 F_A。因此，膜片弹簧尚能可靠地传递转矩，而螺旋弹簧则因摩擦片磨损，压紧力减小，而不能传递所需要的转矩。

由于膜片弹簧与压盘以整个圆周接触，使压力分布均匀，与摩擦片的接触良好，磨损均匀，摩擦片的使用寿命长；此外，膜片弹簧的安装位置相对离合器轴的中心线是对称的，其压力不受离心力的影响，具有高速性能好、平衡性好、操纵运转时冲击和噪声小等优点。因此，膜片弹簧离合器不仅在轿车和轻型、中型汽车上应用越来越广泛，而且在重型汽车上也得到了应用。

2. 单盘螺旋弹簧离合器

对于发动机最大转矩不是很大的汽车拖拉机，在总体布置尺寸允许的条件下，离合器中通常只设有一片从动盘，其前后两面都装有摩擦片，因而具有两个摩擦表面。这种离合器称为单盘离合器。

图 1-16 所示为一个典型的单盘螺旋弹簧离合器，采用若干个螺旋弹簧作为压紧弹簧，并沿从动盘圆周分布，这种离合器称为周布弹簧离合器。

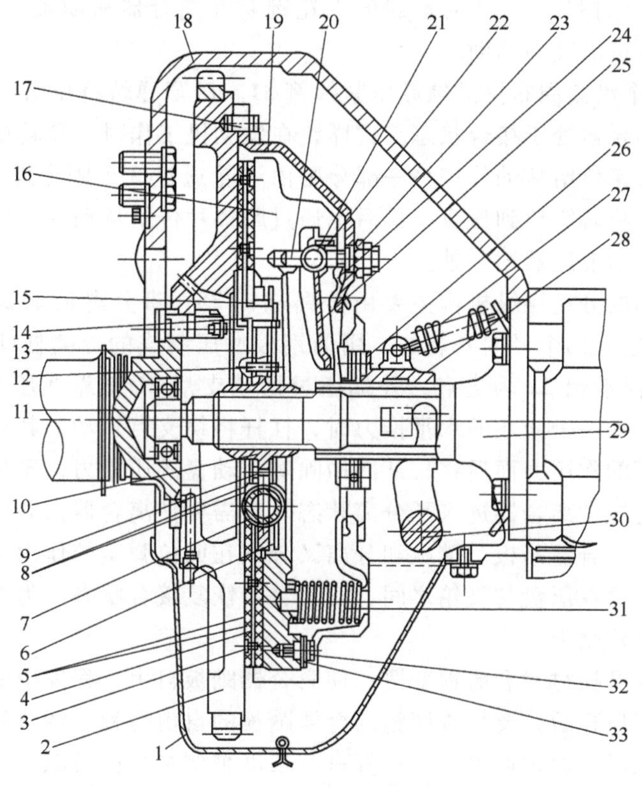

图 1-16 单盘螺旋弹簧离合器

1—飞轮壳底盖 2—飞轮 3—摩擦片铆钉 4—从动片 5—摩擦片 6—减振器盘 7—减振器弹簧 8—减振器阻尼片 9—阻尼片铆钉 10—从动盘毂 11—变速器第一轴（离合器轴） 12—阻尼弹簧铆钉 13—减振器阻尼弹簧 14—从动盘铆钉 15—从动盘铆钉隔套 16—压盘 17—离合器盖定位销 18—离合器壳（飞轮壳） 19—离合器盖 20—分离杠杆支承柱 21—摆动支片 22—浮动销 23—分离杠杆调整螺母 24—分离杠杆弹簧 25—分离杠杆 26—分离轴承 27—分离套筒回位弹簧 28—分离套筒 29—变速器第一轴轴承盖 30—分离叉 31—压紧弹簧 32—传动片铆钉 33—传动片

离合器的主动部分由发动机的飞轮 2、压盘 16 和离合器盖 19 组成。离合器盖用螺钉固定在发动机的飞轮上，压盘和离合器盖之间通过四组沿圆周方向均匀分布的具有弹性的传动片 33 连接。因此，飞轮、压盘和离合器盖始终随发动机曲轴一起旋转。为减轻质量，提高刚度，一般中、轻型汽车和拖拉机的离合器盖常用厚度为 3～5mm 的低碳钢冲压成比较复杂的形状。在重型汽车上，离合器盖要求承受更为强大的压紧弹簧的张力，为获得足够的刚度，常用铸铁制成。为了散热，离合器盖上开有许多通风口。当离合器旋转时，热空气就由此抽出，以加强通风。也有的机型在离合器盖上制有散热叶片。离合器必须与飞轮同轴，这是由离合器盖固定在飞轮上的定位装置来保证的。常用的固定装置有固定螺栓本身的光杆部分和定位销两种，铸造的离合器盖以外圆与飞轮上的内圆止口对中。传动片用弹簧钢片制成，每组两片，其一端用传动片铆钉 32 铆接在离合器盖上，另一端则用传动片固定螺钉与压盘连接。离合器分离时，四组传动片两端沿离合器轴向做相对位移，产生弯曲变形。为使离合器分离时不至于破坏压盘的对中和离合器的平衡，四组传动片是相隔 90°沿圆周切向均匀分布的。

带有扭转减振器的从动盘装在飞轮和压盘之间。从动片 4 铆接在从动盘毂 10 上，从动片的两面各铆接一片摩擦片 5。从动盘毂的内花键套在离合器从动轴（变速器第一轴）11 前端的外花键上，并可沿轴向移动。

压紧装置为 16 个沿圆周布置的螺旋压紧弹簧 31。压紧弹簧将压盘压向飞轮，并将从动盘夹紧在中间，使离合器处于接合状态。这样，在发动机工作时，其转矩一部分将由飞轮经与之接触的摩擦片直接传给从动片；另一部分则由飞轮通过 8 个固定螺钉传到离合器盖上，并由此经四组传动片将转矩传到压盘，最后也通过摩擦片传给从动片；从动片再将转矩通过从动盘毂的内花键传给变速器第一轴。

位于离合器内部的分离操纵机构主要由分离杠杆 25、带分离轴承 26 的分离套筒 28 和分离叉 30 等组成。它有四个径向安装的、用薄钢板冲压制成的分离杠杆，其中部以分离杠杆支承柱 20 孔中的浮动销 22 为支点，外端通过摆动支片 21 抵靠在压盘的钩状凸起部位。当在分离杠杆内端施加一个向左的水平推力时，杠杆将绕支点转动，其外端通过摆动支片推动压盘克服压紧弹簧的作用力而后移，从而撤除对从动盘的压紧力，于是摩擦作用消失，离合器不再传递任何转矩，离合器进入了分离状态。当需要使离合器由分离状态恢复到接合状态时，驾驶员可松开离合器踏板，踏板和分离叉分别在回位弹簧的作用下退回原位，压紧弹簧又重新将从动盘压紧在压盘与飞轮之间，使离合器恢复接合状态。为使接合柔和，驾驶员应该逐渐地放松离合器踏板。

使用中，从动盘摩擦衬片会磨损变薄，使离合器踏板自由行程发生变化。根据规定，汽车拖拉机每行驶一定里程后，要检查调整离合器踏板的自由行程。调整的方法是：拧动分离拉杆上的球形调整螺母，通过调整分离拉杆有效长度来调整自由间隙，从而使自由行程恢复到标准值。

为保证离合器分离彻底，在调整离合器踏板自由行程之前，必须先将四个分离杠杆内端的后端面调整到与飞轮端面平行的同一平面内。调整方法是：拧动支承柱上的分离杠杆调整螺母 23。

3. 双盘螺旋弹簧离合器

有些吨位较大的中、重型汽车要求离合器传递的转矩非常大，为了满足要求，通常采取的措施是将摩擦面数增加一倍，即增加一片从动盘，称为双盘离合器。

图 1-17 所示的离合器是一个中央弹簧双盘离合器。中央弹簧离合器仅采用一个或两个轴线重合、刚度较大的内外螺旋弹簧作压紧弹簧，且压紧弹簧位于离合器中央。

该离合器的主动部分由飞轮 6、离合器盖 10、压盘 8 和中间压盘 2 组成。发动机动力一部分从飞轮经传动销传给中间压盘 2，另一部分由飞轮经离合器盖传递给压盘 8。离合器的从动部分包括前、后从动盘 5 和 4（故称为双盘离合器）及离合器轴。主、从动部分通过中央（压紧）弹簧 13 压紧。中央（压紧）弹簧的前端通过一个用钢板冲压制成的支承座支承于离合器盖上，其后端压紧在分离套筒 14 上。轴向安装在分离套筒上的三根传动杆 12 分别与三根压紧杠杆 17 的内端相连。压紧杠杆以固定在离合器盖上的支承销 16 为支点，其外端通过压块与压盘相接触，中央弹簧的压紧力通过分离套筒 14、传动杆和压紧杠杆，将离合器的主动和从动部分压紧。

当离合器分离时，操纵机构中的分离叉将分离套筒推向前方，进一步压缩中央弹簧，同时通过传动杆将压紧杠杆内端向前推移，使压紧杠杆外端后移而与压盘脱离。压盘在分离弹簧9的拉力作用下离开后从动盘4。为保证各摩擦面彻底分离，装有分离摆杆7，其上装有扭转弹簧。压盘后移时，分离摆杆便在扭转弹簧的作用下转动，使中间压盘后移，并保证中间压盘在飞轮和压盘工作端面之间的正中位置，从而使两个从动盘具有相同的轴向移动间隙。

为了获得尽可能大的杠杆比，该离合器的三根压紧杠杆是沿压盘内圆的切线方向布置的。为使中央弹簧的压力均匀分配到三根压紧杠杆上，该离合器上设有自动平衡机构。如图1-17所示，支承销顶住平衡盘15，平衡盘与调整环11以球面相配合，调整环通过螺纹固定在离合器盖上。假如三个压紧杠杆传递的压紧力不相等，则通过三个支承销作用在平衡盘上的力也不平衡，使平衡盘沿球面转动，直至三个杠杆传递的压紧力相等为止。

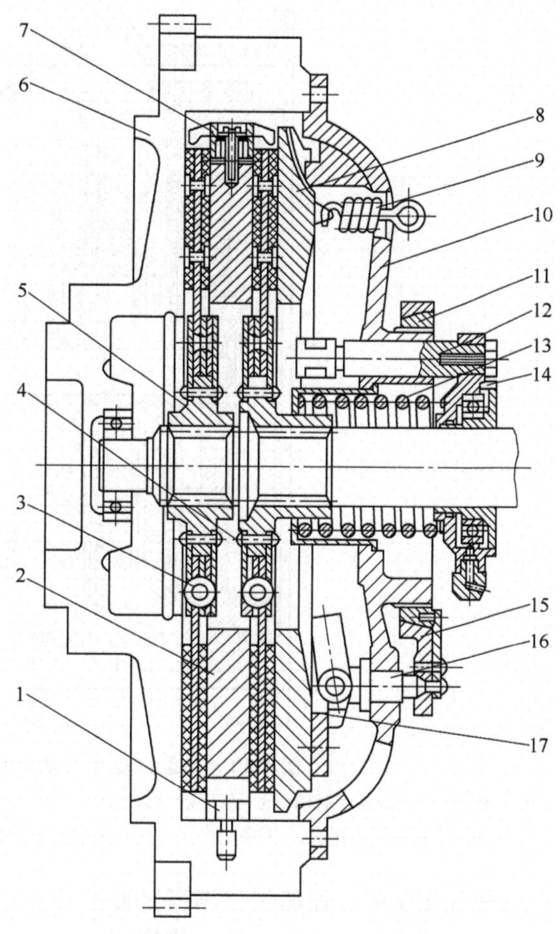

图1-17 中央弹簧双盘离合器

1—传动销 2—中间压盘 3—扭转减振器 4、5—从动盘 6—飞轮 7—分离摆杆 8—压盘 9—分离弹簧 10—离合器盖 11—调整环 12—传动杆 13—中央（压紧）弹簧 14—分离套筒 15—平衡盘 16—支承销 17—压紧杠杆

4. 双作用离合器

双作用离合器是指将两个离合器装在一起，其中一个离合器将动力传给驱动轮，使拖拉机行驶，称为主离合器；另一个离合器将动力传给动力输出轴，为农机具提供动力，称为副离合器或动力输出离合器。汽车和一般的工程车辆不使用双作用离合器，而拖拉机特别是大中型拖拉机上广泛采用双作用离合器。

图1-18所示为某型拖拉机的双作用弹簧压紧式摩擦离合器。主离合器与副离合器通过隔板6分开，副离合器在前，主离合器在后。副离合器用碟形弹簧1压紧，主离合器用双螺旋弹簧11压紧。前、后压盘上有凸台，分别由隔板和离合器盖驱动。分离杠杆的外端与后压盘驱动销上的孔铰接，并以调整螺钉9的可变支点摆动进行运动补偿。联动销13将前、后压盘活动地连在一起，并在后压盘与限位螺母12之间留有2mm分离间隙。当分离杠杆拉动后压盘向后移动时，首先使主离合器分离。主离合器彻底分离后，若继续踩下踏板，消除后压盘与限位螺母之间的间隙后，后压盘即通过联动销13拉动前压盘，使副离合器分离。

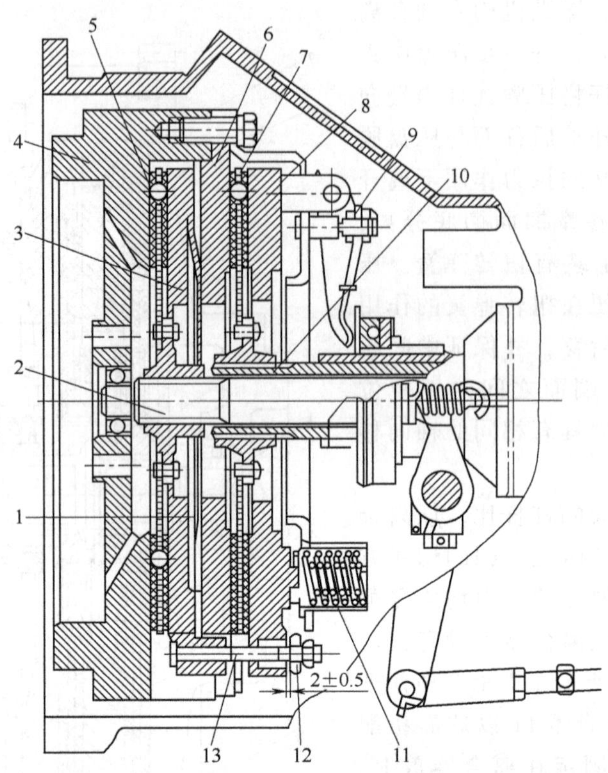

图 1-18　某型拖拉机的双作用弹簧压紧式摩擦离合器

1—碟形弹簧　2—副离合器轴　3—前压盘（副压盘）　4—飞轮　5—副离合器从动盘　6—隔板　7—主离合器从动盘
8—后压盘（主压盘）　9—调整螺钉　10—主离合器轴　11—双螺旋弹簧　12—限位螺母　13—联动销

这种双作用离合器的主、副离合器不是同时分离或接合的，而是有一个先后次序。在分离过程中，首先分离主离合器，使拖拉机停车，然后分离副离合器使动力输出轴及农机具工作部件停止转动。接合过程则相反，先接合副离合器，后接合主离合器，即农机具工作部件先运转，拖拉机后起步。这种先后依次分离和接合的特点，在生产使用中是十分必要的。例如，拖拉机配合收割机作业，要求收割机割刀先运转，然后拖拉机起步前进，以免起步时机组惯性矩过大，起步困难。在收割过程中，有时割刀部分堵塞，要求拖拉机停驶，而割刀不停止运转，以便清除堵塞物。

有些双作用离合器没有图 1-18 中所示的隔板，前压盘（副压盘）位于主、副从动盘之间，两压盘之间设有螺旋弹簧压紧副压盘，其他构造与原理同上述双作用离合器。

有些拖拉机采用独立操纵的双联离合器，其特点在于采用两套完全独立的操纵机构，分别独立操纵主离合器和副离合器。这种离合器给配带的农机具作业带来更大方便，有利于改善拖拉机的综合利用性能和提高生产率。

四、离合器的主要构件与结构

摩擦式离合器主要由主动部分、从动部分、压紧机构和分离操纵机构四部分组成。

1. 主动部分

离合器的主动部分与发动机曲轴一起旋转，主要包括飞轮、离合器盖和压盘。离合器盖用螺钉固定在飞轮上，压盘一般通过凸台或传动片与离合器盖连接，由飞轮通过离合器盖带动旋转。压盘可做少量轴向运动。主动部分是动力输入部件。

2. 从动部分

离合器从动部分包括从动盘和离合器轴。从动盘安装在飞轮和压盘之间，通过花键与离合器轴（从动轴）连接，双面带有摩擦衬片，可做少量轴向运动。离合器轴通常与变速器输入轴做成一体。从动部分是动力输出部件。

从动盘是离合器重要部件，分为带扭转减振器的从动盘和不带扭转减振器的从动盘两种，不带扭转减振器的从动盘结构如图 1-19 所示，主要由从动片、摩擦片和从动盘毂三个基本部分组成，其从动片直接铆在从动盘毂上。带扭转减振器的从动盘（图 1-23），其从动片与从动盘毂之间通过减振弹簧弹性地连接在一起。

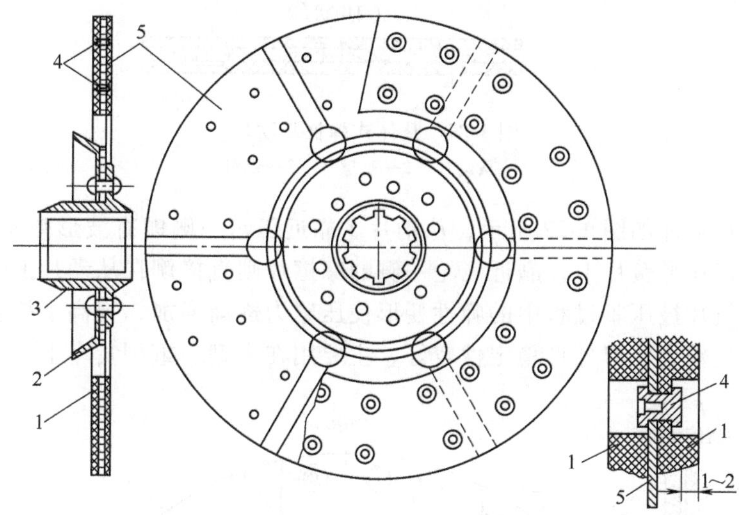

图 1-19 从动盘结构

1—摩擦片 2—甩油盘 3—从动盘毂 4—铆钉 5—从动片

1）从动片。从动片通常用 1.3~2.0mm 薄弹簧钢板冲压而成，为提高摩擦系数，从动片两面铆有摩擦衬片。从动盘质量应尽量小，质心尽可能靠近旋转中心，以获得最小的转动惯量，减小从动盘转速变化时引起的惯性力，从而降低换档时齿轮之间产生的冲击载荷。为了使单片离合器接合柔和、起步平稳，从动片通常都做成具有轴向弹性的结构。具有轴向弹性的从动片结构形式有整体式、分开式和组合式三种。

整体式弹性从动片如图 1-20 所示，在从动片沿半径方向上开有 T 形槽，外部形成许多扇形，将它们依次沿圆周向弯曲成波浪形，两边的摩擦片分别与其波峰和波谷部分铆接在一起，接合时依靠波状扇形的弯曲来获得柔和性。

分开式弹性从动片如图 1-21 所示，波形弹簧片 2 与从动片 5 分开做成两件，然后用铆钉铆在一起。由于分开的波形弹簧片是由同一模具冲压而成，故刚度一致。此外，波形弹簧片较薄，一般为 0.7~0.8mm，使从动片的转动惯量减小，弹性更好，主要应用在轿车和轻型货车上。

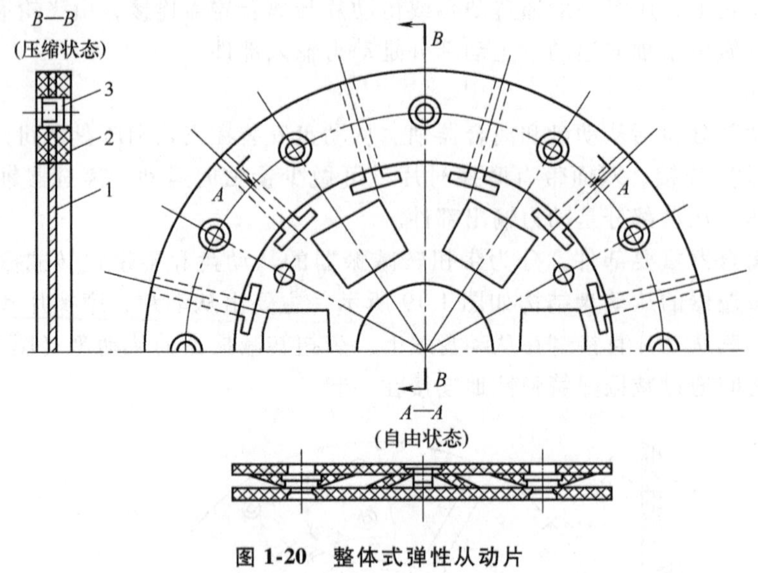

图 1-20　整体式弹性从动片

1—从动片　2—摩擦片　3—铆钉

组合式弹性从动片如图 1-22 所示，从动片 1 靠近压盘一侧铆有波形弹簧片 5，摩擦片 4 用摩擦片铆钉 2 铆在弹簧片上，靠近飞轮一侧的摩擦片则直接铆在从动片上。在离合器接合时，利用波形弹簧片被压紧过程中的弹性变形使压紧力逐渐增加，提高了接合的柔和性。这种从动片转动惯量较大，但外形稳定性较好，主要用在中型、重型货车上。

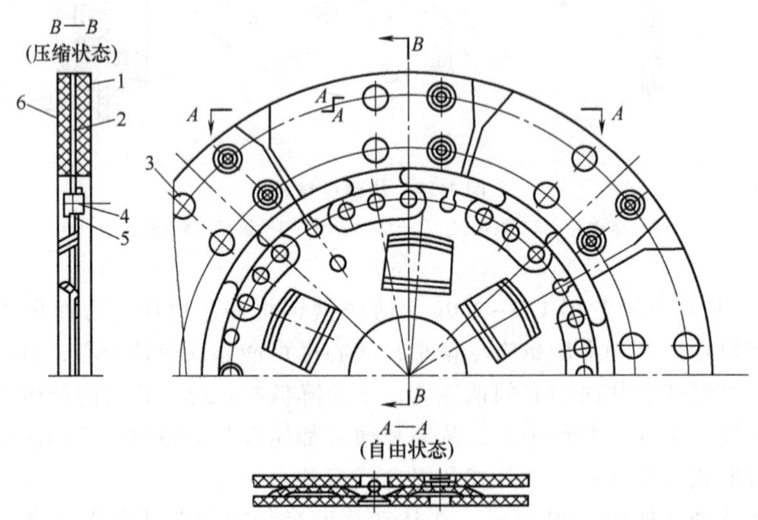

图 1-21　分开式弹性从动片

1、6—摩擦片　2—波形弹簧片　3—铆钉　4—从动片铆钉　5—从动片

2）摩擦片。摩擦片因所用材料及其成分的差异，分为石棉塑料摩擦片、粉末冶金摩擦片等多种。目前采用具有导热性好、强度高、耐高温、耐磨和摩擦系数较高的粉末冶金摩擦材料已成为发展趋势。为了通风散热、分离迅速和自动清除滑磨下的磨屑，有些衬片上刻有深 0.5mm 辐射状的沟槽。

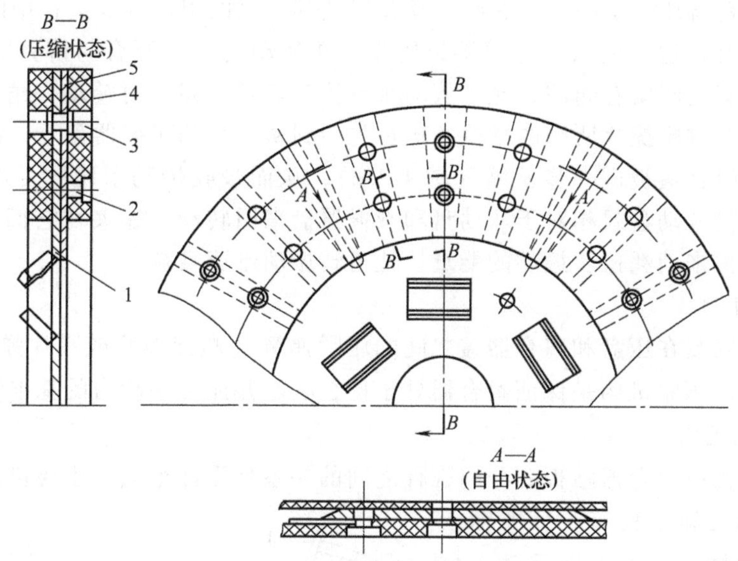

图 1-22　组合式弹性从动片

1—从动片　2—摩擦片铆钉　3—波形弹簧片铆钉　4—摩擦片　5—波形弹簧片

摩擦片和从动片之间可以铆接，也可以粘接。铆接的铆钉采用铜或铝等较软的金属制造，其优点是连接可靠，更换摩擦片方便，适用于在从动片上安装波形弹簧片，但摩擦面积利用率小，使用寿命短；粘接可以增加摩擦面积，且摩擦片的厚度利用也较好，但更换摩擦片困难，无法在从动片上安装波形弹簧片，使从动盘不具有轴向弹性。

3）从动盘毂和扭转减振器。发动机传到传动系统的转矩有周期性，使得传动系统中产生扭转振动，可能产生传动系统的共振，而影响零部件的寿命或者损坏零部件。为了避免共振，缓和传动系统所受的冲击，使汽车拖拉机起步平稳，通常在传动系统中采用带有扭转减振器的从动盘，其结构如图 1-23a 所示。

从动片 12、从动盘毂 6 和减振器盘 7 都开有六个矩形窗孔，在每个窗孔中装有一个减振器弹簧 11，从动盘与从动盘毂之间在圆周方向上通过减振器弹簧形成弹性联系。减振器

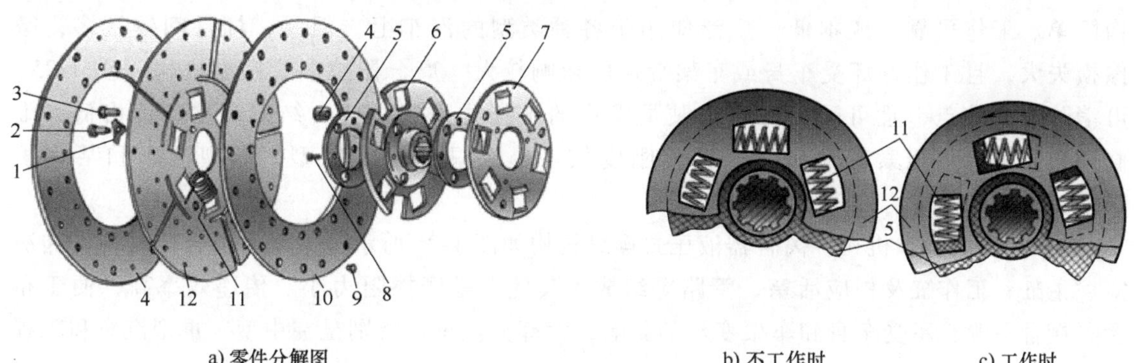

a) 零件分解图　　b) 不工作时　　c) 工作时

图 1-23　扭转减振器的组成及工作示意图

1—减振器阻尼弹簧　2—阻尼弹簧铆钉　3—从动盘铆钉　4—从动盘铆钉隔套　5—减振器阻尼片　6—从动盘毂　7—减振器盘　8—阻尼器铆钉　9—摩擦片铆钉　10—摩擦片　11—减振器弹簧　12—从动片

盘与从动盘用铆钉铆成一个整体，并将从动盘毂及其两侧的阻尼片 5 夹在中间。从动盘及减振器盘上的窗孔有翻边，使六个弹簧不致脱出。在从动盘毂上开有与铆钉隔套 4 相对的缺口，在缺口与隔套之间留有间隙，允许从动盘与从动盘毂之间相对转动一角度（图 1-23b）。从动盘工作时，两侧摩擦片所受的摩擦力矩首先传到从动盘和减振器盘上，再经六个弹簧传给从动盘毂，这时弹簧被进一步压缩（图 1-23c），从而吸收传动系统所受冲击。传动系统中的扭转振动会使从动盘毂相对于从动盘和减振器盘来回转动，靠夹在它们之间的阻尼片 5 与上述三者的摩擦来消耗扭转振动的能量，使扭转振动迅速衰减。

3. 压紧机构

压紧机构是安装在压盘和离合器盖之间的压紧弹簧（螺旋弹簧或膜片弹簧），把压盘和从动盘压向飞轮。压紧机构是保证离合器处于接合状态并能传递动力的基本结构。

4. 分离操纵机构

分离操纵机构由离合器踏板到分离杠杆之间的一系列零件组成，主要包括分离杠杆、分离轴承、分离拨叉和踏板等。分离轴承座活套在离合器轴上，可轴向移动。分离杠杆中部与离合器盖铰接，其外端与压盘铰接。分离杠杆沿压盘圆周均匀分布。分离操纵机构是使离合器分离或接合的装置。常用的离合器操纵机构主要有机械式、液压式和气压助力式等。

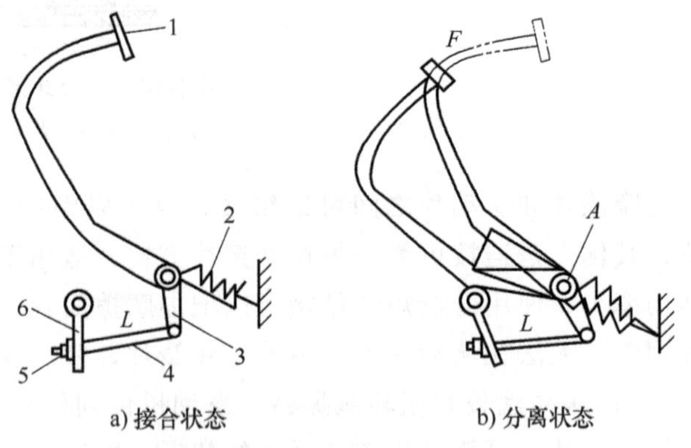

a) 接合状态　　b) 分离状态

图 1-24　离合器杆式操纵机构

1—踏板　2—回位弹簧　3—拉臂　4—拉杆　5—调整螺母　6—分离叉臂　A—铰接中心　L—回位弹簧中心与 A 点之间距离　F—分离时踏板位置

1）机械式操纵机构。机械式操纵机构又分为杆式操纵机构和拉索式操纵机构。

离合器杆式操纵机构如图 1-24 所示，当踩下离合器踏板时，通过拉臂 3 拉动拉杆 4 和分离叉臂 6，使离合器分离轴承移动，离合器分离。其特点是结构简单、工作可靠、成本低，广泛应用于各种类型的汽车上。但是，杆件间铰接多，摩擦损失大，且工作好坏受车身或车架变形的影响较大。离合器拉索式操纵机构（图 1-25）可消除这些缺点，且可采用便于驾驶员操作的吊挂式踏板结构。结构简单、价格低，维修调整方便，但绳索寿命较短，拉伸刚度较小，故只适用于轻型、微型汽车和某些轿车上。

2）液压式操纵机构。离合器液压式操纵机构如图 1-26 所示，主要由离合器踏板、储液室、主缸、工作缸及相应活塞、管路等组成。其优点是摩擦阻力小、传递效率高、便于布置、接合平顺，不受车身和车架变形的影响，大部分汽车，特别是在中型、重型汽车和工程车辆上广泛使用。

离合器液压式操纵机构工作原理：踩下踏板时，主缸推杆 5 推动主缸活塞 3，使主缸中的油液压力升高，并通过管路进入工作缸 10 推动工作缸活塞 9，再通过推杆推动分离叉使离合器分离轴承移动，经推力轴承推压分离杠杆或膜片弹簧锥部，使离合器分离。

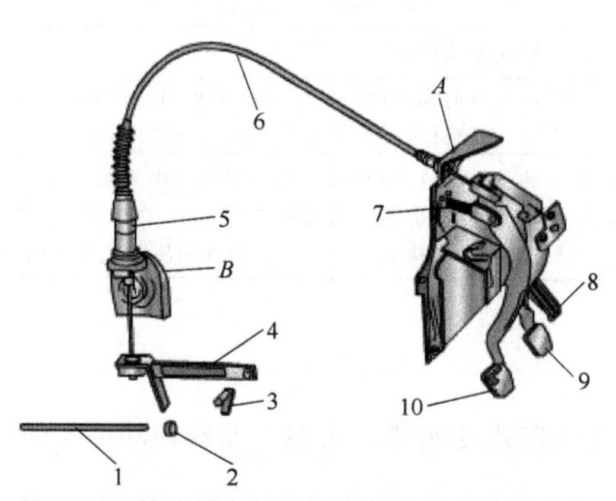

图 1-25 捷达轿车钢丝离合器拉索式操纵机构

1—离合器分离推杆 2—分离轴承 3—分离臂 4—离合器操纵臂 5—绳索自动调整装置 6—绳索总成 7—弹簧 8—加速踏板 9—制动踏板 10—离合器踏板 A、B—支承点

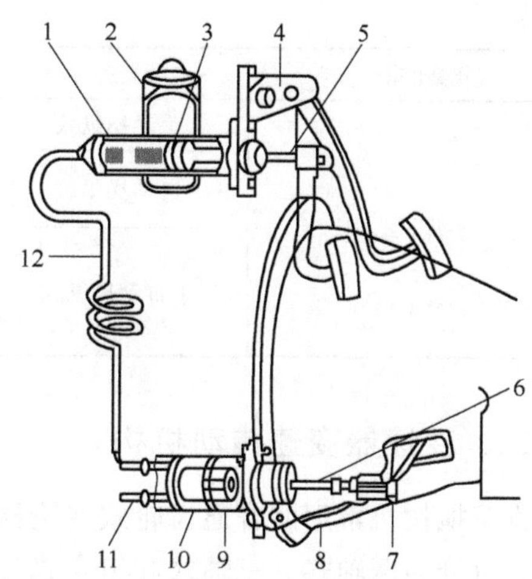

图 1-26 离合器液压式操纵机构结构

1—主缸 2—储液室 3—主缸活塞 4—踏板支座 5—主缸推杆 6—工作缸推杆 7—分离叉 8—分离叉回位弹簧 9—工作缸活塞 10—工作缸 11—放气塞 12—管路

第三节 手动变速器和分动器

一、变速器的功用和类型

现代汽车拖拉机上广泛采用活塞式内燃机作为动力源，其转矩和转速变化范围小，而汽车拖拉机的驱动力和车速则根据使用条件需要在相当大的范围内变化，为解决这一矛盾，在传动系统中设置了变速器。变速器的功用如下：

1）在保持发动机转矩和转速不变的情况下，改变传动比，扩大驱动轮的转矩和转速的变化范围，以适应经常变化的行驶条件，使发动机发挥最大性能。

2）在发动机曲轴旋转方向不变的前提下，使汽车能倒退行驶。

3）在发动机不停机的情况下，利用空档，中断动力传递，实现汽车拖拉机较长时间停车，并便于变速器的换档或进行动力输出。

变速器由变速传动机构和操纵机构组成，根据需要还可加装动力输出器。在多轴驱动的汽车上，变速器之后一般还装有分动器，以便把转矩分别输送给各驱动桥。变速器的分类见表 1-2。

表 1-2 变速器的分类

分类依据	类型	特点
传动比变化方式	有级式	具有若干个定值传动比，分为轴线固定式变速器和轴线旋转式变速器。传动部件为齿轮
	无级式	传动比在一定的范围内可以按无限多级变化，常见的有电力式和液力式（动液式）两种。传动部件为串励直流电动机和液力变矩器
	综合式	在间断的范围内做无级变化，传动部件为液力变矩器和齿轮式有级变速器

（续）

分类依据	类型	特点
操纵方式	手动操纵式	驾驶员直接操纵变速杆换档
	自动操纵式	借助反映发动机负荷和车速的信号系统来控制换档系统的执行元件实现换档，驾驶员只需操纵加速踏板即可控制车速
	半自动操纵式	一种是常见的几个档位自动操纵，其余的档位由驾驶员操纵；另一种是预选式，即驾驶员预先用按钮选定档位，在踩下离合器踏板或松开加速踏板时，接通一个电磁装置或液压装置来换档

二、变速器变速传动机构

汽车拖拉机常用的普通齿轮式变速器也称轴线固定式变速器，按照变速器传动齿轮轴的数目，可分为两轴式、三轴式和组合式三种。

1. 两轴式变速器

两轴式变速器主要利用相互平行的输入轴和输出轴进行动力传递，另外，还有一根比较短的倒档轴来帮助汽车拖拉机实现倒退行驶。图 1-27 所示为某五档变速器传动示意图，它具有五个前进档和一个倒档，采用锁环式同步器换档，输入轴 1 与输出轴 12 平行。动力由输入轴（第一轴）输入，经一对齿轮传动后，直接由输出轴（第二轴）输出。输入轴前端通过离合器与发动机曲轴相连，输入轴一档齿轮 2 和输入轴二档齿轮 3 直接加工在输入轴 1 上。输入轴三档齿轮 4 和四档齿轮 9 通过滚针轴承空套在输入轴上，三、四档花键毂 7 以其内花键与输入轴上的外花键紧配合。输入轴五档齿轮 10 和输入轴倒档齿轮 11 用花键与输入轴连接。输出轴与主减速器主动锥齿轮 29 制成一体，经主减速器将动力转给驱动轮。输出轴上装有从动齿轮 28、23、22、21、20 和 13。其中齿轮 28、23、20 和 13 均通过滚针轴承

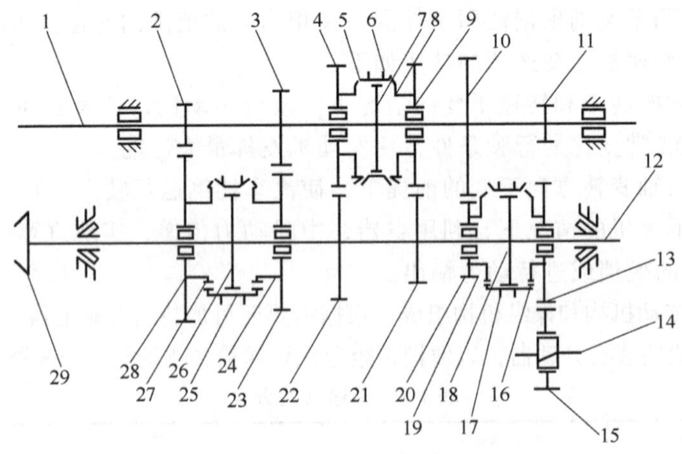

图 1-27　五档变速器传动示意图

1—输入轴　2—第一轴一档齿轮　3—第一轴二档齿轮　4—第一轴三档齿轮　5—同步器锁环　6—同步器接合套　7—同步器花键毂　8—四档齿轮接合齿圈　9—第一轴四档齿轮　10—第一轴五档齿轮　11—第一轴倒档齿轮　12—输出轴　13—输出轴倒档齿轮　14—倒档轴　15—倒档中间齿轮　16—同步器锁环　17—同步器接合套　18—同步器花键毂　19—五档齿轮接合齿圈　20—输出轴五档齿轮　21—输出轴四档齿轮　22—输出轴三档齿轮　23—输出轴二档齿轮　24—二档齿轮接合齿圈　25—同步器接合套　26—同步器花键毂　27—同步器锁环　28—输出轴一档齿轮　29—主减速器主动锥齿轮

空套在输出轴上，三、四档从动齿轮 22、21 以花键与输出轴紧配合。一档、二档花键毂 26 和五档、倒档花键毂 18 以其内花键与输出轴上的外花键紧配合。倒档主动齿轮 11、倒档中间齿轮 15 和倒档从动齿轮 13 位于同一回转平面内。

该变速器处于空档状态时，三个同步器接合套都位于同步器花键毂中央。输入轴转动将带动该轴上的齿轮 2、3、10、11 转动，在输出轴上相应的常啮合齿轮 28、23、20、13 在轴上空转。由于三、四档主动齿轮空套在输入轴上，因此三、四档主动齿轮都不转动，这时输出轴也不转动。当通过变速操纵机构移动某一个档位的接合套与空套在该轴上该档位齿轮的齿圈相接合时，则通过该档齿轮副将动力传给输出轴使之转动，即挂入这一档位。

各档传动比：$i_1=z_{28}/z_2$；$i_2=z_{23}/z_3$；$i_3=z_{22}/z_4$；$i_4=z_{21}/z_9$；$i_5=z_{20}/z_{10}$；$i_R=(z_{15}/z_{11})(z_{13}/z_{15})$。式中 i 表示传动比，z 表示齿轮齿数，下标数字表示各齿轮在图 1-27 中的标号。

两轴式变速器结构简单，前进时从输入轴到输出轴只有一对齿轮啮合传递动力；倒档传递路线中也只有一个中间齿轮，因而机械传动效率高，噪声小。同步器既可装在输入轴上，也可装在输出轴上，整体结构紧凑，适应于发动机前置前驱或后置后驱的布置形式。

前置发动机又有横向布置和纵向布置两种类型，与其配用的两轴式变速器结构形式也有差异。图 1-27 所示为一款与前置发动机纵向布置形式相配用的两轴式变速器，图 1-28 所示

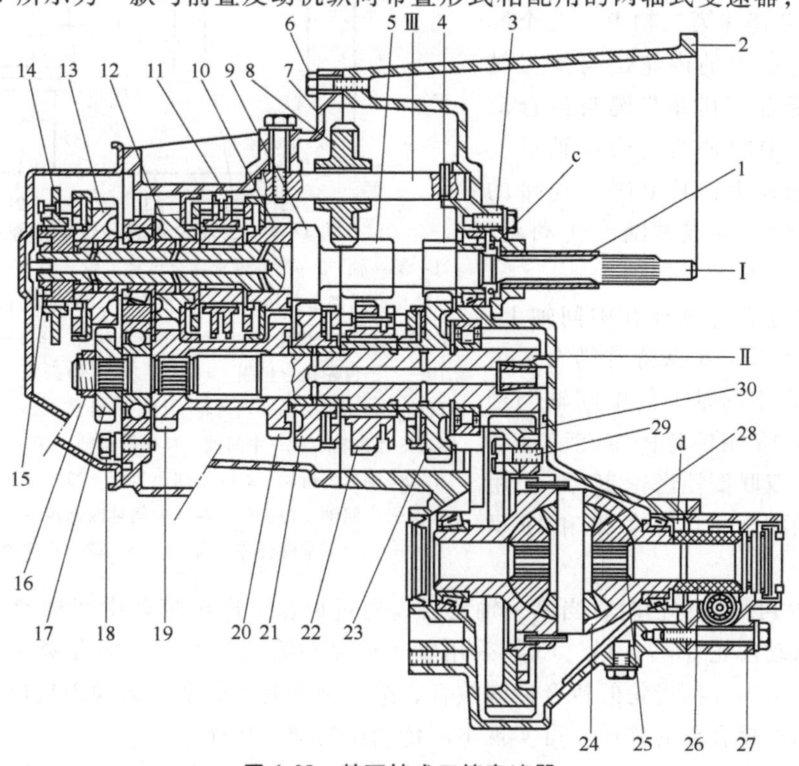

图 1-28 某两轴式五档变速器

1—导向套 2—离合器壳体 3—导向块 4—一档主动齿轮 5—倒档主动齿轮 6—离合器壳体螺栓 7—变速器壳体 8—倒档齿轮 9—二档主动齿轮 10—三档主动齿轮 11—三、四档同步器 12—四档主动齿轮 13—五档主动齿轮 14—五档同步器 15—第一轴螺母 16—第二轴螺母 17—五档从动齿轮 18—卡环定位螺栓 19—四档从动齿轮 20—三档从动齿轮 21—二档从动齿轮 22—一、二档同步器和倒档从动齿轮 23—一档从动齿轮 24—差速器壳体 25—半轴齿轮 26—里程表主动齿轮 27—里程表从动齿轮 28—行星齿轮 29—主减速器齿轮螺栓 30—主减速器主动齿轮 c、d—调节垫片

是一款与前置发动机横向布置形式相配用的两轴式变速器。

2. 三轴式变速器

三轴式变速器有三根主要轴：第一轴（输入轴），第二轴（输出轴）和中间轴，也称为中间轴式变速器。图 1-29 所示为某三轴式变速器传动示意图，它具有 5 个前进档、一个倒档。输入轴与输出轴的轴线在同一条直线上，中间轴的轴线与输入轴轴线平行。前进档的每个档位采用两对齿轮传动，输出轴的转动方向与输入轴转动方向相同。

该变速器具有第一轴 1（输入轴）、中间轴 17 和第二轴 15（输出轴）。第一轴前端用深沟球轴承支承在飞轮的中心孔中，后端用深沟球轴承支承在变速器前壳体的轴承孔中，齿轮 2 与此轴制成一体。第二轴前端用滚针轴承支承在第一轴后端孔内，后端用深沟球轴承支承于变速器壳体上；一、二、三、四档从动齿轮 13、11、7、6 和倒档齿轮 12 均空套在第二轴上，三个同步器以其花键毂上的内花键与第二轴上的外花键配合，其外花键与接合套内花键连接。中间轴两端均用轴承支承在变速器壳体上，其上固定连接的齿轮 25 与齿轮 2 构成常啮合传动副，齿轮 16、22、23、24 分别为一、二、三、四档主动齿轮并固连在中间轴上，与齿轮 13、11、7、6 保持常啮合；齿轮 19 为固连在中间轴上的中间轴倒档齿轮。倒档轴 18 用锁片固定在变速器壳体上，其上双联倒档齿轮 20 和 21 用滚针轴承与轴配合，且齿轮 20 和 19 呈常啮合。

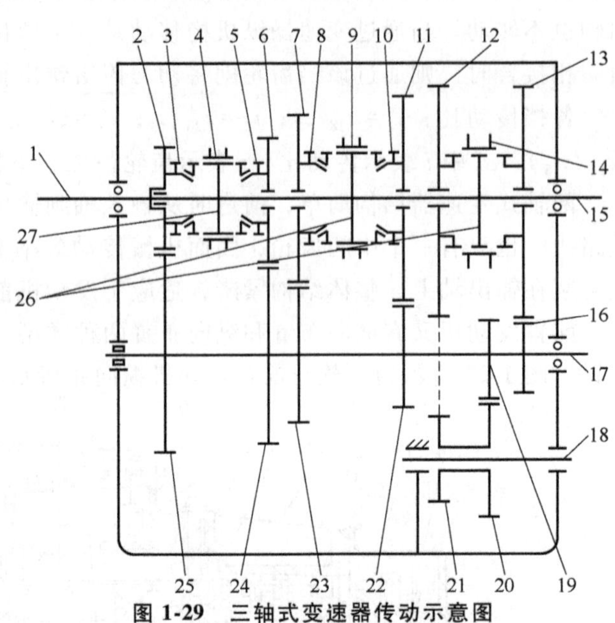

图 1-29　三轴式变速器传动示意图

1—第一轴　2—第一轴常啮合传动齿轮　3—第一轴常啮合齿轮接合齿圈　4、9—同步器接合套　5—四档齿轮接合齿圈　6—第二轴四档齿轮　7—第二轴三档齿轮　8—三档齿轮接合齿圈　10—二档齿轮接合齿圈　11—第二轴二档齿轮　12—第二轴倒档齿轮　13—第二轴一档齿轮　14—接合套　15—第二轴　16—中间轴一档齿轮　17—中间轴　18—倒档轴　19—中间轴倒档齿轮　20—倒档大齿轮　21—倒档小齿轮　22—中间轴二档齿轮　23—中间轴三档齿轮　24—中间轴四档齿轮　25—中间轴常啮合传动齿轮　26、27—花键毂

由图 1-29 可见，空档时，当第一轴旋转，通过齿轮 2 即可带动中间轴及其上所有齿轮旋转。但因从动齿轮 6、7、11、13 均采用轴承空套在第二轴上，且接合套 4、9 和 14 均处于中间位置，不与任何齿轮的接合齿圈接合，第二轴不能被驱动，无动力输出。使用变速器操纵机构，通过接合套的移动，可实现不同传动比的动力传递。

以挂二档为例，同步器接合套 9 右移，动力传递路线为：第一轴 1→齿轮 2→齿轮 25→中间轴 17→齿轮 22→齿轮 11→同步器接合套 9→第二轴 15。

挂倒档时，同步器接合套 14 左移，动力传递路线为：第一轴 1→齿轮 2→齿轮 25→中间轴 17→齿轮 19→齿轮 20→齿轮 21→齿轮 12→同步器接合套 14→第二轴 15。由于增加了一个倒档中间齿轮，故第二轴的旋转方向与第一轴相反，使车辆倒退行驶。

该三轴式变速器第五档为直接档，即第一轴动力不经中间轴而直接传到第二轴，其传动比为 1，传动效率最高，亦可获得最高车速。但其他前进档需经两对齿轮传动，倒档需经三对齿轮传动，因而传动效率低，噪声大。三轴式变速器适用于传统的发动机前置后轮驱动的布置形式。

为提高车辆的燃油经济性，有些变速器会设置超速档，主要用于在良好路面上轻载或空载行驶的场合。但如果发动机功率不高，则超速档使用率很低，节油效果不明显，甚至影响汽车的动力性。超速档的传动比一般为 0.7~0.85。

3. 组合式变速器

重型货车的装载质量大，使用条件复杂，为保证重型货车有良好的动力性、经济性和加速性，必须扩大传动比范围并增多档数。为避免变速器结构过于复杂和便于系列化生产，多采用组合式变速器。现代农业生产的发展，也要求拖拉机能进行越来越多的作业类型，为保证各作业项目的作业质量和适应不同的作业条件，要求拖拉机前进档数越来越多，一般采用组合式变速器来避免拖拉机变速器变得庞大而笨重。组合式变速器一般以 4 档或 5 档变速器为主体，通过更换齿轮副和配置不同变速器（一般为两档）的方法，使变速器获得更多的档数和更宽广的传动比变化范围。副变速器传动比较大时，多置于主变速器之后，以利于减小主变速器的质量和尺寸。当副变速器传动比较小时，也可布置在主变速器之前。

图 1-30 所示为常见的一种组合式变速器传动机构示意图。它是由四档主变速器 Ⅰ 和串联安装在主变速器之后的两档（高速档和低速档）副变速器 Ⅱ 组成（副变速器输入轴 19 同时也是主变速器输出轴），这样可得到 8 个前进档。组合式变速器的传动比为主变速器和副变速器的传动比之积。主变速器各档传动比间隔较小，而副变速器的低速档传动比较大。在换档时，当变速器接合套 17 右移并与齿轮 18 的接合齿圈接合，副变速器即挂入高速档。当接合套 17 左移并与齿轮 16 的接合齿圈接合时，副变速器便挂入低速档。这种由副变速器高、低速两档传动比分别与主变速器各档传动比搭配而组成高、低两段传动比范围的配合方式，称为分段式配档。它仅在四、五档间换档时，才需要操纵副变速器。

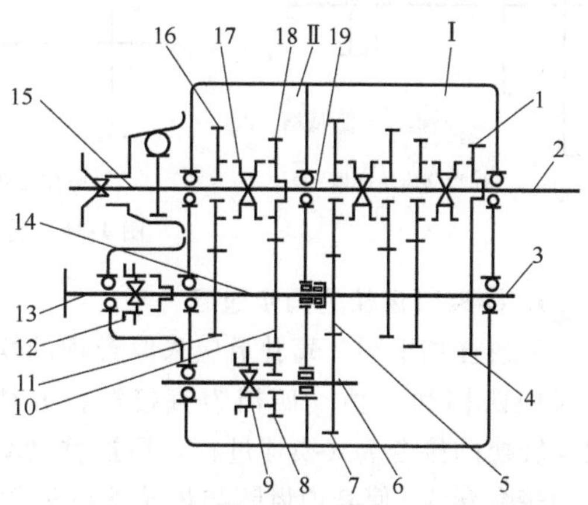

图 1-30 组合式变速器传动机构示意图

1—输入轴四档齿轮 2—输入轴 3—第一中间轴 4—第一中间轴四档齿轮 5—第一中间轴一档齿轮 6—倒档轴 7—倒档传动齿轮 8—倒档空套齿轮 9、17—接合套 10—第二中间轴高速档齿轮 11—第二中间轴低速档齿轮 12—动力输出接合套 13—动力输出轴 14—第二中间轴 15—输出轴 16—副变速器低速档齿轮 18—副变速器高速档齿轮 19—副变速器输入轴

倒档轴 6 上有两个齿轮，其中，倒档传动齿轮 7 与第一中间轴一档齿轮 5 啮合，从而保证倒档轴跟随输入轴 2 一起旋转；另一倒档齿轮 8 空套在倒档轴上，与副变速器高速档齿轮 18 常啮合。欲将组合式变速器挂入倒档，应先将主变速器置于空档，再将接合套 9 右移，使之与齿轮 8 的接合齿圈接合，动力便可从输入轴 2 依次经齿轮 1、4、5、7，倒档轴 6，接合套 9，齿轮 8 传到齿轮 18。此时，若将接合套 17 右移，便得高速倒档，左移便得低速倒档。为了保证倒车安全，常用低速倒档。动力输出轴 13 与第二中间轴 14 的接合与分离，由动力输出接合套 12 操纵。

当主变速器各档传动比间隔较大，而副变速器低档传动比又较小时，组合得到的传动比均匀地插入主变速器各档传动比之间，这称为插入式配档。它需要主、副变速器交替换档，故换档操作比分段式复杂。

三、变速器换档方式

目前汽车拖拉机的齿轮变速器换档方式有三种：滑移齿轮式、接合套式和同步器式，如图 1-31 所示。采用滑移齿轮和接合套换档时，必须等到将要啮合的一对齿轮的圆周速度相等，才能平顺地进入啮合而挂上档。如果两齿轮不同步而强行挂档，则会因两齿轮存在速度差而产生冲击和噪声，容易损坏齿轮，且不易挂档。

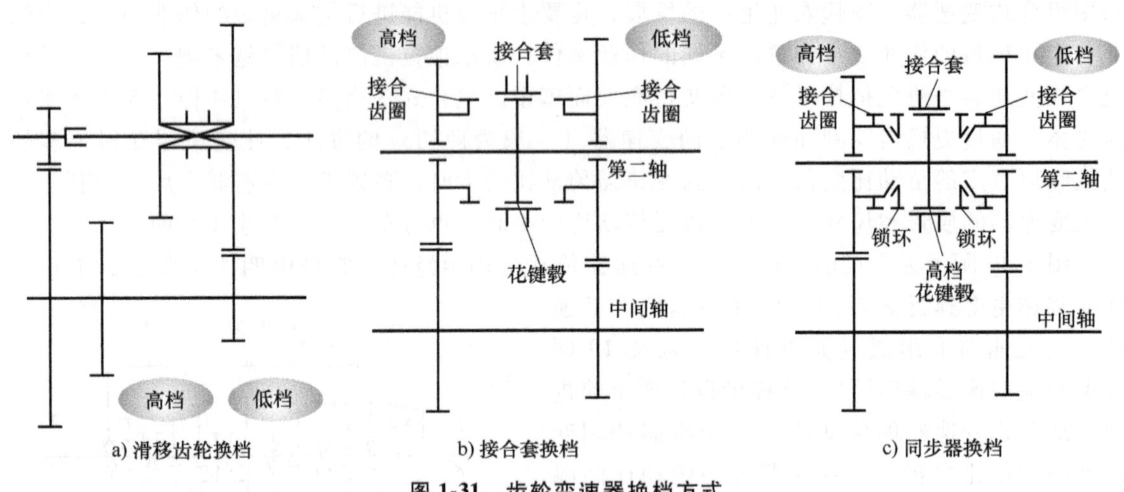

图 1-31　齿轮变速器换档方式

1. 换档时齿轮的同步过程

为使挂档平顺，驾驶员应采取合理的换档操作步骤。图 1-32 所示为无同步器的五档变速器中四档和五档（四档为直接档，五档为超速档）相互转换的接合套式换档过程。通过移动套在花键毂 4 上的接合套 3，使其内齿圈与齿轮 5 或齿轮 2 的外接合齿圈啮合，从而获得高速档或低速档。

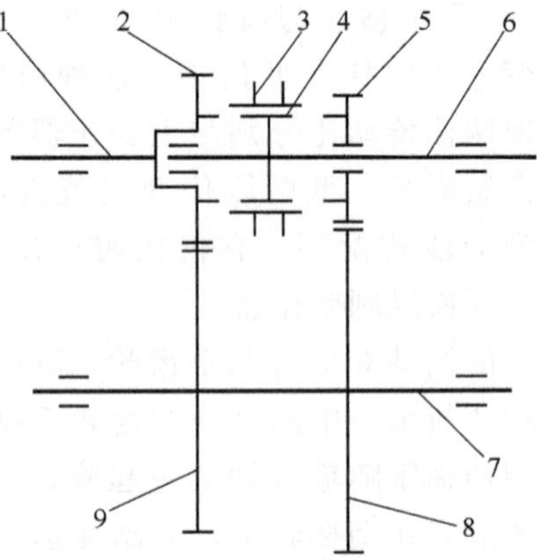

图 1-32　接合套式换档装置简图

1—第一轴　2—第一轴四档齿轮　3—接合套　4—花键毂　5—第二轴五档齿轮　6—第二轴　7—中间轴　8—中间轴五档齿轮　9—中间轴四档齿轮

1）从低速档（四档）换入高速档（五档）：变速器在低速档工作时，接合套 3 与齿轮 2 上的接合齿圈啮合，二者啮合齿的圆周速度 $v_3=v_2$。若从此低速档换入高速档，应先使离合器分离，接着将接合套右移，使其处在空档位置。当接合套 3 与齿轮 2 上的接合齿圈刚刚脱离啮合时，视 v_3 与 v_2 仍相等。由于齿轮 2 的转速小于齿轮 5 的转速，所以圆周速度 $v_2<v_5$，即由低速档换入空档的瞬间 $v_3<v_5$。为使轮齿免受冲击，此时不应立即将接合套右移至与齿轮 5 上的接合齿圈啮合而挂上高速档，需让空档短时保留。此时，因离合器分离而使变速器第一轴上传动件与发动机中断了动力传递，加上与

第二轴相比，第一轴乃至相关传动件转动惯量很小，所以 v_5 下降较快；接合套通过花键毂和第二轴直至与整个车辆联系在一起，转动惯量很大，所以 v_3 下降很慢。因 v_5 和 v_3 下降速率不等，随着空档停留时间的推移，v_5 和 v_3 终将在时刻 t_0 达到相等，此交点即为自然同步状态。此时通过操纵机构将接合套 3 右移至与齿轮 5 上的接合齿圈啮合而挂入高速档，则不会产生轮齿间冲击。因此，由低速档换入高速档时，驾驶员把握最佳时机尤为重要。

2）从高速档（五档）换入低速档（四档）：变速器在高速档工作时，接合套 3 与齿轮 5 上的接合齿圈啮合，因此有 $v_3=v_5$。又因 $v_5>v_2$，所以 $v_3>v_2$，此时同样不宜立刻由空档换入低速档。但在空档停留时，由于 v_2 下降比 v_3 快，不可能出现 $v_3=v_2$ 的情况，且空档停留时间越长，v_3 与 v_2 的差距越大，根本不可能达到自然同步状态，表明在任何时刻换档都会产生冲击。对此，驾驶员应采用“两脚离合器”的换档步骤。即第一次踩下离合器踏板，切断发动机动力，将高速档换入空档；接着松开离合器踏板，接合动力并踩节气门加油，使发动机转速提高时，齿轮 2 及其接合齿圈的转速相应得以提高，直至 $v_2>v_3$。至此再踩下离合器踏板切断动力，迫使 v_2 迅速下降至 $v_2=v_3$，与此对应的时刻 t_0'，即是由空档换入低速档的最佳时机。

采用滑移齿轮换档和接合套换档，最佳换档时机不易掌握，在实际中不能完全做到无冲击换档。对此，汽车拖拉机变速器中采用了便于换档的同步器换档机构。

2. 同步器的构造及工作原理

同步器是在接合套换档机构基础上发展起来的，其基本结构不仅包括接合套、花键毂、对应齿轮上的接合齿圈等接合装置，还增设了使接合套与对应接合齿圈的圆周速度迅速达到并保持一致（同步）的机构，以及阻止两者在达到同步之前接合以防止冲击的结构。

同步器可以分为常压式、惯性式和自行增力式等多种类型，其工作原理是相同的，都是依靠锥面的摩擦作用，使主、从动件的转速达到同步。目前，汽车拖拉机变速器中应用最广泛的是惯性式同步器。根据所采用的锁止机构的不同，常见的惯性式同步器又可分为锁环式和锁销式两种。轿车、轻型和中型货车的变速器广泛采用了锁环式惯性同步器，其构造如图 1-33 所示。

（1）锁环式惯性同步器结构　同步器花键毂以其内花键套装在第二轴的外花键上，并用卡环轴向定位；花键毂的外花键与接合套的内花键滑动配合，接合套可轴向移动。两个锁环分别安装在花键毂的两端及六档接合齿圈和五档接合齿圈之间。锁环内锥面与接合齿圈端部外锥面保持接触，并且在锁环内锥面上加工了细密的螺纹槽，可以破坏配合锥面间的润滑油膜，提高锥面摩擦系数，增加配合锥面间的摩擦力。锁环外缘上有非连续的花键齿，其齿的断面形状和尺寸与接合齿圈、花键毂外缘上的花键齿均相同，并且接合齿圈和锁环上的花键齿与接合套面对的一端均有倒角（锁止角），该倒角与接合套内花键齿端倒角相同。锁环端部沿圆周均布了三个缺口 c 和三个凸起。在花键毂外缘上均布的三个轴向槽内，分别安装沿槽移动的三个滑块 5。滑块中部的通孔中安插的定位销在压缩弹簧的作用下，将定位销推向接合套，并使其球头部分嵌入接合套内缘的凹槽中，以保证在空档时接合套处于正中位置。滑块两端伸入锁环缺口，锁环上的凸起伸入花键毂上的通槽，通槽宽度为锁环凸起部分的宽度加上接合套的一个齿厚 A，如图 1-34 所示，凸起沿圆周方向的宽度小于通槽的宽度，且只有凸起位于通槽的中央位置时，接合套的齿才有可能与锁环的齿进入啮合。

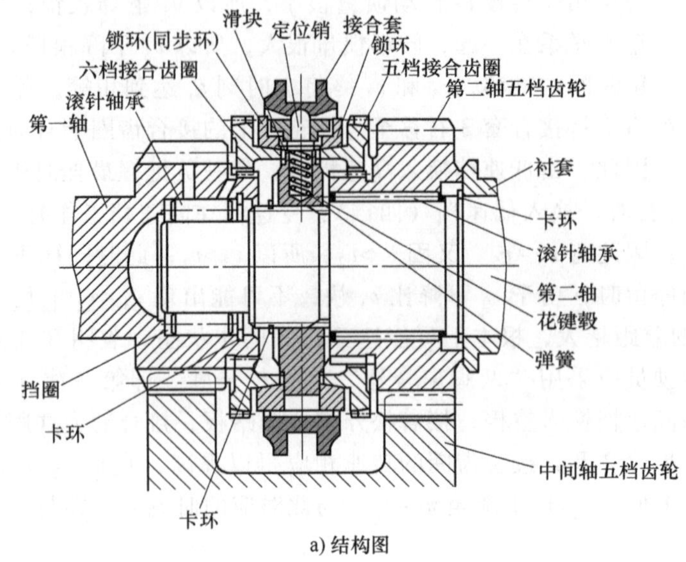

a) 结构图

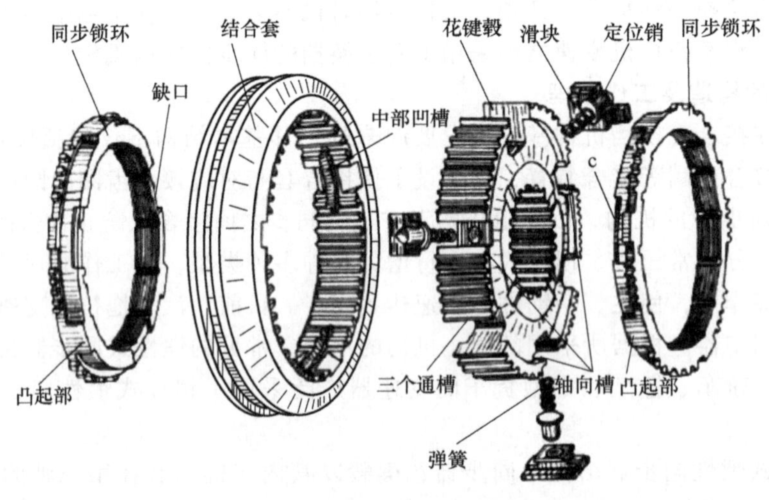

b) 零件分解图

图 1-33　锁环式惯性同步器

（2）工作原理　图 1-34 所示为变速器由低档换入高档（五档换入六档）时，该同步器的工作过程。

如图 1-34a 所示，当接合套刚从五档换入空档时，它与滑块均处于中间位置，并靠定位销定位。此时锁环与接合齿圈之间的配合锥面并不接触，即锁环具有轴向自由度。由于锁环上凸起的一侧与花键毂上通槽的一侧相互靠合，故花键毂推动锁环同步旋转。可见，与第二轴相关的花键毂及锁环、接合套，与第一轴相关的六档接合齿圈，均在自身及其所联系的一系列运动件的惯性作用下，继续按原方向旋转。设接合齿圈、锁环和接合套的转速分别为 n_1、n_2 和 n_3，此时 $n_2=n_3$，$n_1>n_3$，则 $n_1>n_2$。

若要挂入六档，可向左拨动接合套，通过定位销带动滑块向左移动。当滑块左端面与锁环缺口端面接触时，便推动锁环移向接合齿圈，促使具有转速差（$n_1>n_2$）的两锥面一经接

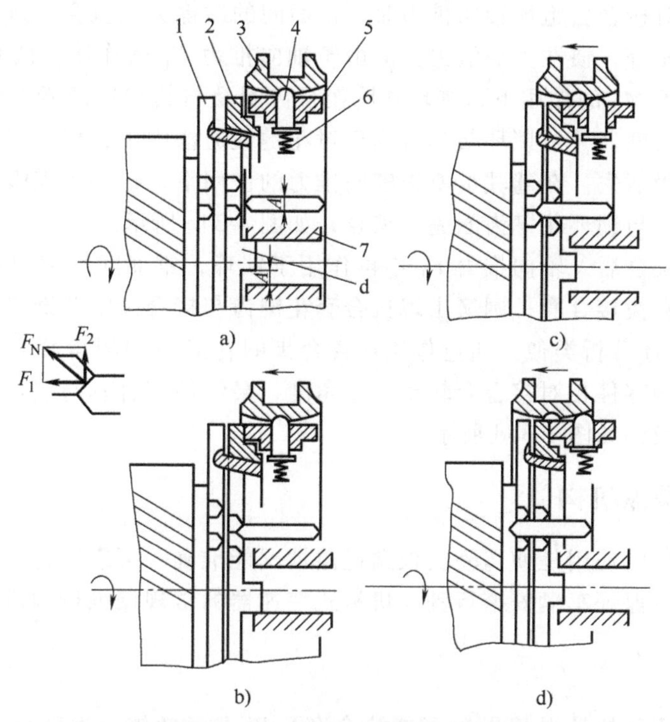

图 1-34 锁环式惯性同步器工作过程

1—六档接合齿圈 2—锁环 3—接合套 4—定位销 5—滑块 6—弹簧 7—花键毂

触便产生摩擦力矩 M_f。此时接合齿圈通过 M_f 带动锁环相对于接合套和花键毂超前转过一个角度，直至锁环凸起与花键毂通槽的另一侧接触时，锁环又开始与花键毂和接合套同步旋转。同时，接合套的齿与锁环的齿相互错开约半个齿厚，从而使接合套齿端倒角和锁环齿端倒角正好相互抵触，导致接合套不能继续向左移动进入啮合。

显然，如要接合齿圈与锁环齿圈实现接合，务必要求锁环相对接合套后退一定角度。由于驾驶员始终对接合套施加了向左的轴向推力 F_1，致使作用在锁环倒角面上的法向力 F_N 产生了切向分力 F_2，如图 1-34b 左上方受力图所示。F_2 形成了使锁环相对接合套向后倒转的拨环力矩 M_b。由于 F_1 使锁环与接合齿圈配合锥面的持续压紧，M_f 迫使接合齿圈迅速减速，以尽快与锁环同步。因接合齿圈做减速旋转，根据惯性原理所产生的惯性力矩的方向与旋转方向相同，且通过摩擦锥面作用在锁环上，阻碍锁环相对接合套向后倒转。

由此可见，接合齿圈与锁环以及接合套在未达到同步之前，两个方向相反的力矩作用在锁环上，即拨环力矩 M_b 和惯性力矩（摩擦力矩）M_f。若 $M_b>M_f$，则锁环即可相对接合套向后倒转一定角度，以便接合套进入啮合；若 $M_b<M_f$，则锁环阻止接合套进入啮合。正是因为待接合齿圈及与其联系的一系列零件的惯性力矩的大小决定锁环的锁止作用，故称其为惯性式同步器。

基于一定的轴向推力 F，惯性力矩 M_f 的大小取决于接合齿圈与锁环配合锥面圆锥角的大小，拨环力矩 M_b 的大小取决于锁环和接合套齿端倒角（锁止角）的大小。因此，进行同步器设计时，需要适当选择圆锥角和锁止角，以保证达到同步之前始终是 $M_f>M_b$。这样，驾驶员施加在接合套上的轴向推力 F，无论有多大，锁环都能有效阻止接合套进入啮合。

当驾驶员继续对接合套施加轴向推力时，锥面间的摩擦力矩就会迅速使接合齿圈的转速降到与锁环的转速相等，惯性力矩消失。但由于轴向推力 F_1 的作用，两摩擦锥面仍紧密结合，此时在拨环力矩 M_b 的作用下，锁环连同接合齿圈及与其相连的所有零件一起相对于接合套向后倒转一定角度，导致锁环凸起转到正对花键毂通槽中央，接合套与锁环的花键齿不再抵触，即锁止作用消失。在驾驶员所施轴向推力的作用下，接合套克服弹簧阻力，压下定位销继续左移，直至与锁环花键齿圈完全啮合，如图 1-34c 所示。

接合套与锁环接合后，轴向推力 F_1 不再作用于锁环，锥面间摩擦力矩随之消失。如果此时驾驶员持续向左拨接合套，则又出现接合套花键齿与接合齿圈花键齿抵触的情况，如图 1-34c 所示，则与上述分析类似，通过作用在接合齿圈花键齿端倒角面上的切向分力，使接合齿圈及其相连接的零件相对接合套转动一定角度，最终使接合套与接合齿圈完全啮合，完成低档向高档的转换，如图 1-34d 所示。

四、变速器操纵机构

变速器操纵机构的功用是使驾驶员根据道路情况能准确、可靠地将变速器摘下或挂上所需要的某个档位，以保证车辆安全行驶。机械式变速器的常规操纵机构通常由换档机构和安全装置两大部分组成。

1. 换档机构

换档机构的功用是拨动滑移齿轮（或接合套）以进行换档。大部分汽车拖拉机变速器的换档机构都采用球支座式，主要由变速杆、拨块、拨叉和拨叉轴以及相应的安全装置等组成，如图 1-35 所示。

变速杆 12 上的球节坐落在变速器盖顶部的支承球座内，可前后左右灵活运动，并用弹簧绷紧，防止其上下移动。拨叉轴 7、8、9、10 的两端分别支承在变速器盖的相应孔中，通过其间隙配合保证拨叉轴均可轴向移动。各拨叉和各拨块均采用弹性销固连在相应的拨叉轴上。拨叉 2 的上端和拨块 3、4、14 的顶部有形状和尺寸相同的凹槽，变速器处于空档时，各凹槽在横向平面内连通对齐，叉形拨杆 13 下端的球头则可以伸入这些凹槽中。选档时，驾驶员使变速杆绕球支点横向摆动，使其下端推动叉形拨杆绕换档轴 11 转动，当叉形拨杆下端球头对准所选档位的相应拨块凹槽时，再使变速杆纵向摆动，带动拨叉轴及拨叉向前或向后移动，从而实现换档。

不同变速器的档数和操纵机构的结构和布置都有所不同，因而档位排列也不相同。因此，汽车驾驶室仪表板上（或操纵手柄上）应该有该车变速器档位排列图。

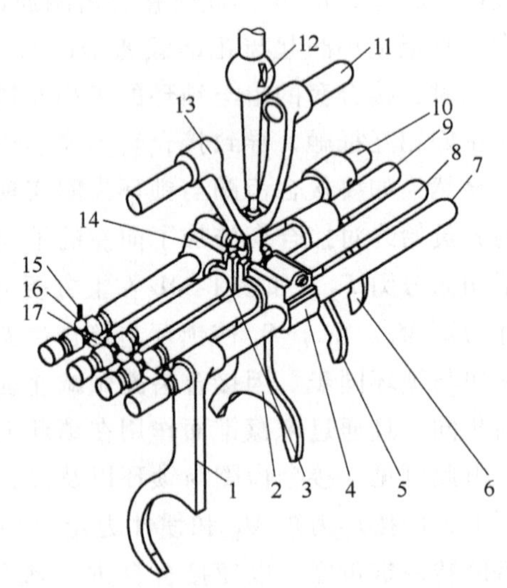

图 1-35　六档变速器操纵机构示意图

1—五、六档拨叉　2—三、四档拨叉　3—一、二档拨块　4—五、六档拨块　5—一、二档拨叉　6—倒档拨叉　7—五、六档拨叉轴　8—三、四档拨叉轴　9—一、二档拨叉轴　10—倒档拨叉轴　11—换档轴　12—变速杆　13—叉形拨杆　14—倒档拨块　15—自锁弹簧　16—自锁钢球　17—互锁柱销

2. 操纵机构的安全装置

为了保证变速器在任何情况下都能准确、安全、可靠的工作，其操纵机构必须设置安全装置。

（1）自锁装置　该机构的功用是将拨叉轴定位，保证工作的齿轮副以全齿宽啮合，不工作的齿轮副处于完全脱离啮合的位置，并使汽车拖拉机在工作中不产生自动挂档或脱档现象。

如图 1-36 所示，多数变速器的自锁装置由自锁钢球 1 和自锁弹簧 2 组成。每根拨叉轴上表面沿轴向分布三个能与自锁钢球嵌合的凹槽（图 1-36b），中间槽对应空档，前后两槽各对应一个档位；钢球在自锁弹簧的作用下嵌入某一槽内，将拨叉轴连同拨叉的轴向位置锁定，从而起到定位作用。当需要挂档或换档时，驾驶员必须通过变速杆对拨叉轴施加一定的作用力，首先克服自锁弹簧的压力，将自锁钢球从凹槽中挤出，然后才能使拨叉轴连同拨叉移动到所需位置，这样既保证了工作齿轮副恰好全齿宽啮合，又防止了拨叉轴因振动等原因移动而发生自行脱档现象。拨叉轴上相邻凹槽之间的距离，等于保证全齿宽啮合或完全退出啮合所需的拨叉轴应该移动的距离。

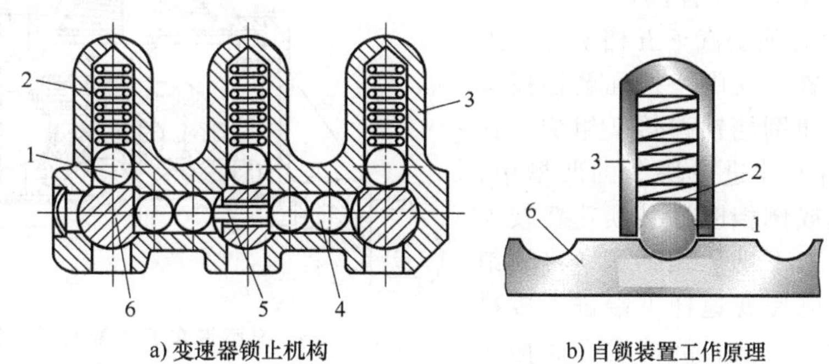

a) 变速器锁止机构　　b) 自锁装置工作原理

图 1-36　变速器锁止机构

1—自锁钢球　2—自锁弹簧　3—变速器盖（前端）　4—互锁销　5—互锁钢球　6—拨叉轴

（2）互锁装置　该机构的功用是防止变速器同时挂上两个档位，造成齿轮传动间的干涉，导致变速器无法工作甚至严重损坏。

互锁装置由互锁钢球和互锁销组成，如图 1-37 所示。每根拨叉轴相对于自锁凹槽的侧表面均有一个深度相等的凹槽，当任何一根拨叉轴处于空档位置时，该凹槽正好对准互锁钢球。两个钢球直径之和正好等于相邻两拨叉轴间距加上一个凹槽的深度。中间的拨叉轴上两个侧面凹槽以孔贯通，该孔内放置一根可左右移动的互锁销，其长度为拨叉轴直径减去一个

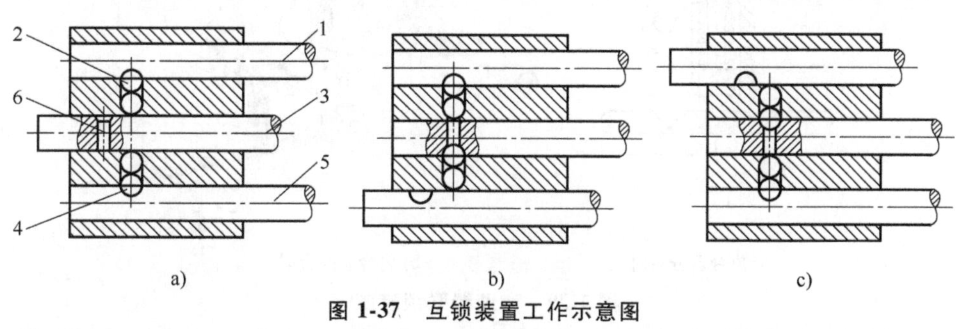

a)　　b)　　c)

图 1-37　互锁装置工作示意图

1、3、5—拨叉轴　2、4—互锁钢球　6—互锁销

凹槽的深度。

当变速器处于空档位置时，所有拨叉轴的侧面凹槽与互锁钢球、互锁销位于同一直线上。当移动中间拨叉轴时（图 1-37a），轴 3 两侧的内钢球从其侧面凹槽中被挤出，而外钢球 2 和 4 分别嵌入拨叉轴 1 和 5 的侧面凹槽中，因而将轴 1 和 5 锁定在空档位置。若要移动拨叉轴 5，应先将拨叉轴 3 退回到空档位置（图 1-37b）。在移动拨叉轴 5 时，钢球 4 便从拨叉轴 5 的凹槽中挤出，同时通过互锁销 6 和其他钢球将拨叉轴 3 和 1 锁定在各自的空档位置。同理，当移动拨叉轴 1 时，拨叉轴 3 和 5 被锁定在空档位置（图 1-37c）。由此可见，当驾驶员用变速杆移动某一拨叉轴挂档时，互锁装置便自动将其他所有的拨叉轴锁定在空档位置，从而保证只能挂上一个档位。

（3）倒档锁止机构　该机构的功用是使驾驶员必须对变速杆施加更大的力方能挂入倒档，起到提醒的作用，避免车辆在起步时或在前进行驶中误挂倒档。

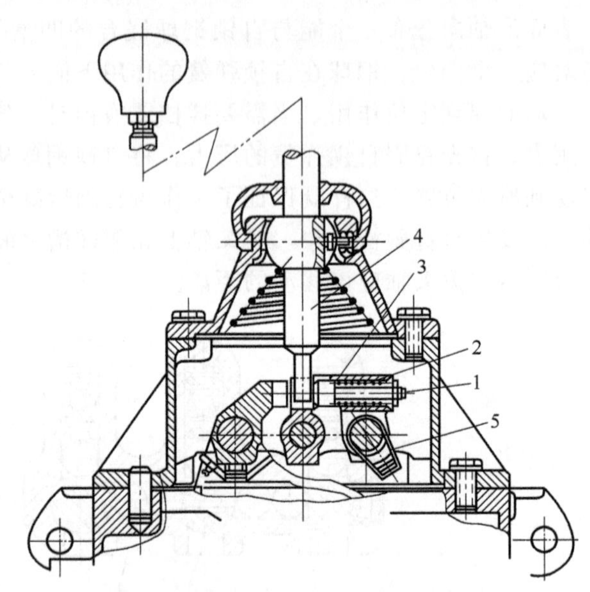

图 1-38　某型汽车五档变速器倒档锁装置

1—倒档锁销　2—倒档锁弹簧　3—换档拨块　4—变速杆　5—倒档轴

图 1-38 所示为某型汽车五档变速器中常用的倒档锁装置，它由一档和倒档拨块中的倒档锁销 1 和倒档锁弹簧 2 组成。锁销在弹簧的作用下伸进拨块 3 的凹槽中，驾驶员要挂一档或倒档时，必须花费较大的力使变速杆 4 的下端压缩弹簧，将锁销推向右方后，才能使变速杆下端进入拨块的凹槽中，以拨动一档、倒档拨叉而挂入一档或倒档。

（4）联锁机构　联锁机构的作用是保证只有当离合器彻底分离时才允许拨叉轴移动以进行换档，并可防止脱档。

图 1-39 所示为某拖拉机变速器的联锁机构。在离合器踏板（或操纵杆）4 上用拉杆 3

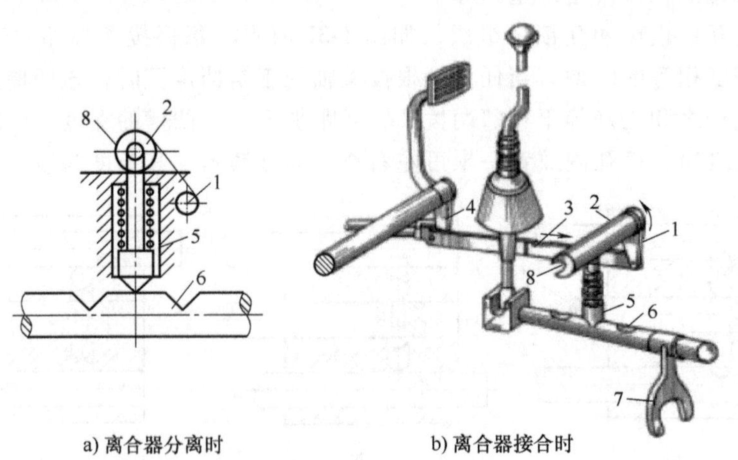

a) 离合器分离时　　b) 离合器接合时

图 1-39　变速器联锁装置

1—摆动杠杆　2—联锁轴　3—拉杆　4—离合器踏板　5—锁定销　6—拨叉轴　7—拨叉　8—锁定槽

连接着摆动杠杆 1，摆动杠杆固定在可以转动的联锁轴 2 上，联锁轴上沿轴向制有锁定槽 8。当踩下离合器踏板使离合器彻底分离时，通过拉杆推动联锁轴转动一定角度，使其上的锁定槽正好对准锁定销 5 的上端。此时扳动变速杆以移动拨叉轴 6，才能将锁定销 5 顶起进行换档（图 1-39a）。当离合器接合时，联锁轴上的锁定槽转到图 1-39b 所示位置，联锁轴的圆柱面顶住锁定销的上端，使插入拨叉轴上 V 形槽的锁定销不能向上移动，这时拨叉轴连同拨叉也就不能被拨动，不能换档。

五、分动器

分动器俗称分动箱，用于多轴驱动汽车或拖拉机上。分动器的功用是将变速器输出的动力分配到各驱动桥，当分动器有两个档位时，兼起副变速器的作用。

分动器是一个齿轮传动系统，它单独固定在车架上，其输入轴与变速器的输出轴用万向传动装置连接，分动器的输出轴有若干根，分别经万向传动装置与各驱动桥相连。图 1-40 所示为某型三输出轴式分动器的传动简图。

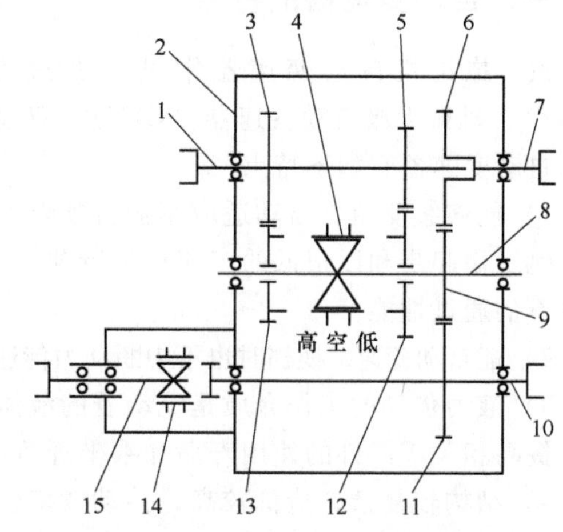

图 1-40 三输出轴式分动器传动简图

1—输入轴 2—分动器壳 3、5、6、9、11、12、13—齿轮 4—换档接合套 7—后桥输出轴 8—中间轴 10—中桥输出轴 14—前桥接合套 15—前桥输出轴

图 1-40 表示的是具有三个输出轴的分动器的空档位置。将换档接合套 4 左移与齿轮 13 的接合齿圈接合时，分动器处于高档，从输入轴 1 传来的动力，经齿轮 3、13 和中间轴 8 传到齿轮 9，然后再分别经齿轮 6 和 11 传到输出轴 7 和 10，若前桥接合套 14 与轴 10 接合，则动力可从轴 10 传给前桥输出轴 15；将换档接合套 4 右移与齿轮 12 的接合齿圈接合时，分动器处于低档，即从输入轴 1 传来的动力，经齿轮 5、12 和中间轴 8 传到齿轮 9，然后再分别经齿轮 6 和 11 传到输出轴 7、10 和 15。

当分动器处于低档工作时，其输出转矩较大，为避免中桥和后桥超载，此时前桥必须分担一部分载荷，即前桥必须参与驱动，为此，分动器的操作机构必须保证：先挂前桥，后挂低档；先摘低档，后摘前桥。

分动器的操纵机构一般由操纵杆、杠杆机构、拨叉、自锁及互锁装置等组成。

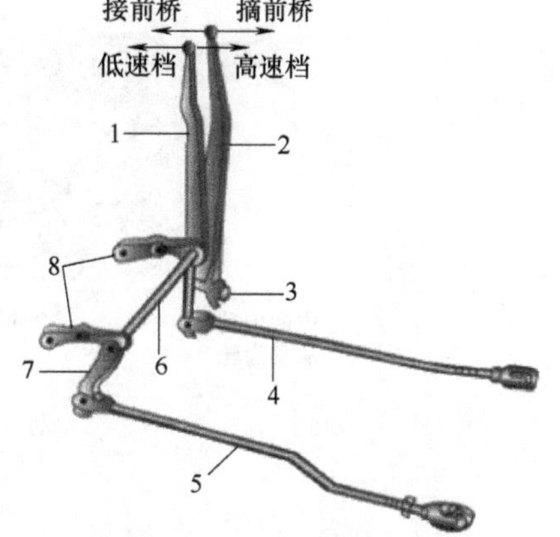

图 1-41 分动器的操纵机构

1—换档操纵杆 2—前桥操纵杆 3—螺钉 4、5—传动杆 6—轴 7—摇臂 8—支承臂

图 1-41 所示为一种越野汽车分动器的操纵机构。其通过两个支承臂 8 固定在变速器盖上。换档操纵杆 1 和前桥操纵杆 2 位于变速器变速杆的右侧。换档操纵杆 1 以其中部的孔松套在轴 6 上，其下端经传动杆 4 与分动器内换档拨叉轴相连，直至带动换档拨叉。前桥操纵杆 2 的中部固定在轴 6 的一端，其下端装有一螺

钉 3。摇臂 7 固定在轴 6 的另一端，其下部经传动杆 5 与前桥接合套的拨叉轴相连。

将换档操纵杆 1 的上端推向前方，挂入低速档时，换档操纵杆 1 绕轴 6 逆时针转动，使得其下臂推压螺钉 3，带动前桥操纵杆向接前桥的方向转动，实现挂入低档时，前桥已接上；将前桥操纵杆 2 的上端拉向后方以便摘下前桥时，螺钉 3 则向前推压换档操纵轩 1 使之先退出低速档位置。

第四节　自动变速器

一、自动变速器的特点

汽车拖拉机自动变速器常见的有液力自动变速器（AT）、电控机械自动变速器（AMT）、机械无级自动变速器（CVT）、双离合器自动变速器（DCT）等。

自动变速器有如下特点：

1）能连续变矩，自动适应车辆行驶阻力的变化，避免发动机因过载而熄火。同时，能使车辆平稳起步和以很低的车速稳定行驶，从而提高了车辆起步时的加速性能和在不良工作条件下的通过性能。

2）能自动变速，换档时也不中断动力传递，从而使车辆驾驶操纵简单轻便，行驶平稳安全。

3）液力传动的工作介质是流动着的液体，能吸收和衰减发动机及传动机构的振动和冲击，提高相关零部件的使用寿命和乘坐舒适性。

4）结构较复杂，造价较高，传动效率较低。

二、液力机械变速器

液力机械变速器主要由液力传动系统、机械式齿轮变速系统和自动操纵系统等组成，通过液力传递和齿轮组合的方式来达到变速变矩。图 1-42 所示为一典型液力机械变速器。

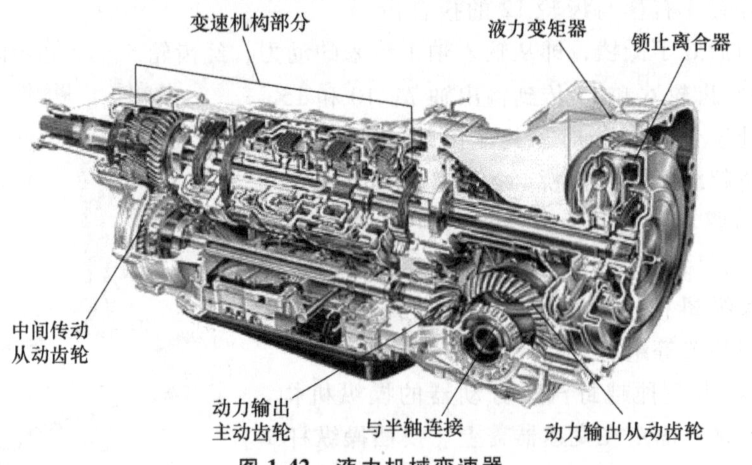

图 1-42　液力机械变速器

（一）液力变矩器

1. 液力变矩器的结构和工作原理

常见的液力变矩器主要由可旋转的泵轮和涡轮，以及固定不动的导轮组成，如图 1-43

所示。液力变矩器的作用是将发动机的动力输出传递到变速机构。它里面充满了传动油，当与动力输入轴相连接的泵轮转动时，它会通过传动油带动与输出轴相连的涡轮一起转动，从而将发动机动力传递出去。

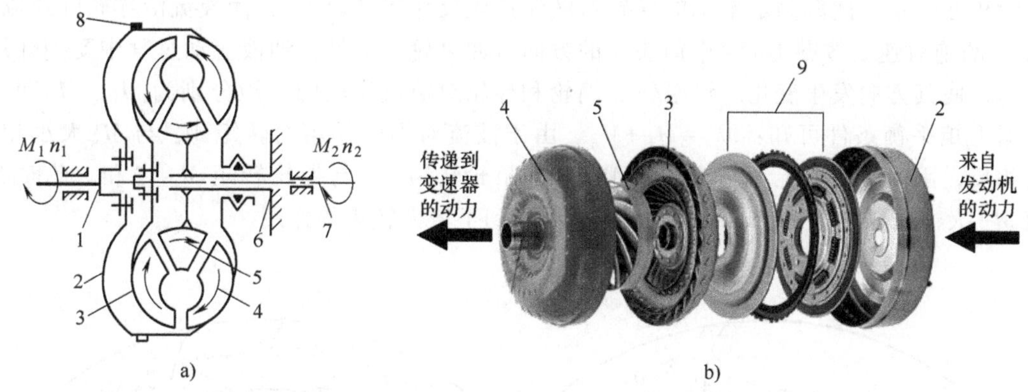

图 1-43 三元件液力变矩器结构示意图

1—发动机曲轴 2—变矩器壳 3—涡轮 4—泵轮 5—导轮 6—导轮固定套管 7—从动轴 8—起动齿圈 9—锁止离合器

变矩器的三个工作轮用铝合金精密铸造，或用钢板冲压焊接而成。军用车辆和工程机械通常采用铸造叶轮，轿车因批量大，所以变矩器通常采用钢板冲压焊接而成。导轮沿周向均布了许多弧形叶片，它通过固定套管 6 固定在变速器壳体上，导轮与固定套管之间还装有单向离合器。泵轮随变矩器壳体 2 固定在发动机曲轴 1 后端凸缘上，涡轮通过轴承支承在变矩器壳体上并与自动变速器输入轴相连。变矩器壳体做成前后两半后常用螺钉装配成密闭的整体，壳体前部外缘上有起动齿圈 8。组装完成后的液力变矩器，导轮分别与泵轮和涡轮保持一定的轴向间距，三轮的轴向纵断面构成环状空腔，亦称循环圆，工作油液可在循环圆中做环流运动。

液力变矩器正常工作时，环形空腔中的工作油液不仅绕变矩器轴做圆周运动，而且在循环圆内沿图 1-43a 中箭头所示方向循环流动，故能将发动机的转矩经泵轮传到涡轮直至输出轴。

液力变矩器不仅能传递转矩，而且由于增加了导轮，使得在泵轮转矩不变的情况下，随着涡轮转速的变化而自动改变涡轮输出转矩的大小，满足车辆不同运行条件下的要求。

下面通过图 1-44 所示的液力变矩器工作轮展开图来说明液力变矩器的工作原理。将循环圆上的中间流线（中间流线将油液环流通道断面分成了内外面积相等的两部分）展开成一直线，各循环圆中间流线均在同一平面上展开，泵轮 B、涡轮 W 和导轮 D 依次被展开为三个环形平面。

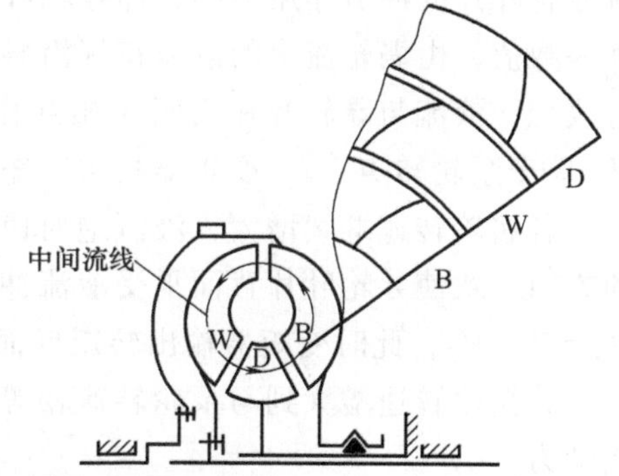

图 1-44 液力变矩器工作轮展开示意图

B—泵轮 W—涡轮 D—导轮

为了便于分析，首先设发动机的转速及负荷恒定，即变矩器泵轮的转速 n_b 和转矩 M_b 为常数。

起步时，车辆先静止不动，因此变矩器涡轮转

速 n_w 为零，如图 1-45a 所示。工作油液在泵轮叶片带动下，以 v_1 的绝对速度沿图中箭头 1 的方向冲向涡轮叶片。由于此时涡轮转速为零，涡轮叶片给液流施加的转矩使液流沿涡轮叶片流出，并以 v_2 的绝对速度按图中箭头 2 的方向冲向导轮叶片，因单向离合器将导轮与固定套管相互锁定，此刻固定不动的导轮对液流产生反作用转矩 M_d，使液流沿导轮叶片流出，并以 v_3 的绝对速度按图 1-45a 中箭头 3 的方向流回泵轮。可见，油液流动过程中受到叶片的作用力，使其方向发生变化。设泵轮、涡轮和导轮对液流作用的转矩分别为 M_b、M'_w和 M_d，则根据力矩平衡条件可知：$M'_w=M_b+M_d$。由于液流对涡轮作用的转矩 M_w 与 M'_w大小相等、方向相反，因而在数值上，涡轮转矩 M_w 等于泵轮转矩 M_b 与导轮转矩 M_d 之和。此时涡轮转矩 M_w 大于泵轮转矩 M_b，说明液力变矩器起到了增大转矩的作用。

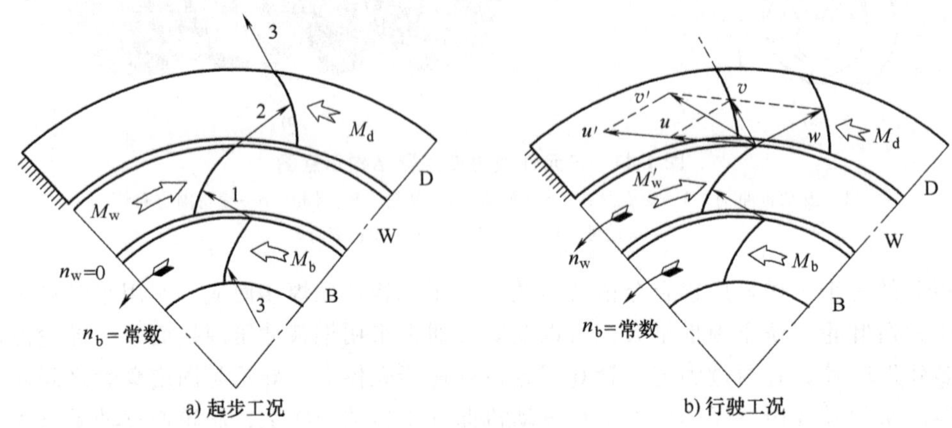

图 1-45　液力变矩器工作原理图

当车辆起步并加速行驶时，涡轮转速 n_w 也从零逐渐增大，如图 1-45b 所示。涡轮叶片间液流不仅沿循环圆做循环流动，具有沿叶片方向的相对速度 ω，而且随涡轮绕轴线做圆周运动，具有沿涡轮圆周切线方向的牵连速度 u。此两种运动的合成速度即为涡轮出口液流冲向导轮叶片的绝对速度 v，其方向亦是液流的实际运动方向。根据原假设泵轮转速 n_b 恒定，当涡轮转速变化时，涡轮出口液流的相对速度不变，只是牵连速度 u 发生相应变化。可见，随着涡轮转速的升高，其出口牵连速度 u 相应增高，绝对速度 v 则随之向左逐渐偏斜，液流对导轮叶片的冲击作用渐小，即导轮叶片对液流的反作用转矩 M_d 渐小。当涡轮转速增大到某一数值，由涡轮流出的液流正好沿导轮出口方向冲向导轮时，工作液流经过导轮时方向没有改变，液流与导轮叶片之间无相互作用力，此时导轮对液流的转矩 $M_d=0$，则涡轮转矩 M_w 等于泵轮转矩 M_b，变矩器失去变矩作用。

若涡轮转速继续增大，液流绝对速度 v 的方向将进一步向左倾斜，如图 1-45b 中 v'所示的方向。致使导轮叶片背面承受液流冲击，导轮转矩方向与泵轮转矩方向相反，则涡轮转矩 $M_w=M_b-M_d$，此时变矩器输出转矩反而比输入转矩小。

若涡轮转速增大到与泵轮转速相等时，由于循环圆中的油液停止流动，则变矩器不能传递动力。

2. 液力变矩器特性参数

① 传动比 i：涡轮转速 n_w 与泵轮转速 n_b 之比称为变矩器的传动比。即

$$i=\frac{n_w}{n_b}\leqslant 1 \tag{1-1}$$

② 变矩比 k：涡轮输出转矩 M_w 与泵轮输入转矩 M_b 之比称为变矩器的变矩比。即

$$k=\frac{M_w}{M_b}=\frac{M_b+M_d}{M_b}=1+\frac{M_d}{M_b} \tag{1-2}$$

③ 传动效率 η：涡轮轴上输出功率 N_w 与泵轮轴上输入功率 N_b 之比称为变矩器的传动效率。即

$$\eta=\frac{N_w}{N_b}=\frac{M_w n_w}{M_b n_b}=ki \tag{1-3}$$

综上所述，在发动机转速和转矩一定的情况下，变矩器涡轮输出转速和转矩能随车辆行驶阻力的变化而变化；即行驶阻力增大时，转速自动降低，转矩相应增大。因此，液力变矩器是在一定范围内能随车辆行驶阻力的不同而自动地、无级地改变输出转矩和转速的一种无级变速装置。

3. 液力变矩器离合装置

针对液力变矩器的综合功能，为了实现其自动变矩和自动耦合的相互转换，在导轮上还设有单向离合器或锁止离合器，保证变矩器在低速区段时导轮被锁住，在高速区段时导轮自由空转，以提高液力变矩器的工作效率。

（1）单向离合器　常见的单向离合器有滚柱式和楔块式两种，安装在导轮固定内圈和转动外圈之间，此两种单向离合器的工作原理相同。

图 1-46 所示为滚柱式单向离合器，它由内座圈 1、外座圈 2、滚柱 5 和叠片弹簧 6 等组成。导轮 3 和外座圈用铆钉 4 相互铆接，内座圈通过花键与导轮固定套管固定连接。外座圈的内表面均布若干偏心圆弧面，保证其与内座圈共同构成若干楔形槽，滚柱和弹簧装入槽内。滚柱则经常被弹簧压向楔形槽较窄的一端，以将内外座圈楔紧。

当涡轮转速较低且与泵轮转速差较大时，由涡轮流出的工作油液冲击导轮叶片凹面，并力图使导轮顺时针方向转动（图 1-46 中虚线箭头所示）。此时因滚柱被紧卡在楔形槽的窄端，因此导轮无法转动而对液流产生反作用转矩，使涡轮转矩增大，液力变矩器则发挥增大转矩的作用。当涡轮转速增高到一定程度时，涡轮出口液流冲击导轮叶片背面，导轮逆时针方向转动（图 1-46 中实线箭头所示）。此时外座圈与内座圈松脱，因此导轮连同外座圈一起绕内座圈自由转动，液力变矩器转入耦合状态工作。

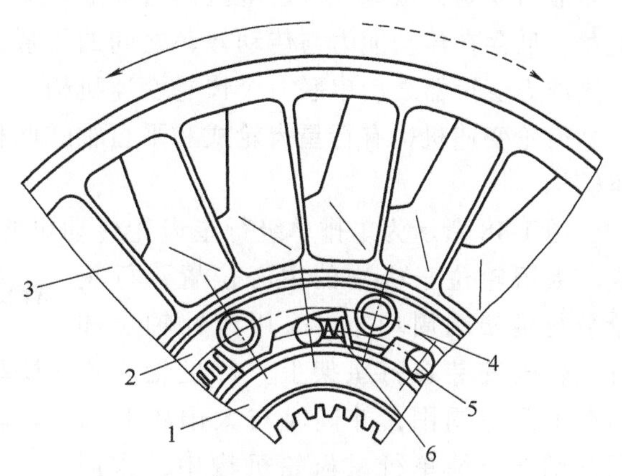

图 1-46　滚柱式单向离合器工作过程

1—内座圈　2—外座圈　3—导轮
4—铆钉　5—滚柱　6—叠片弹簧

（2）锁止离合器　在液力变矩器的涡轮左面加装锁止离合器，以便在高速工况下将泵轮和涡轮锁定在一起，提高传动系统的工作效率，如图 1-47 所示。该离合器由锁止活塞 4、减振盘 5 和涡轮传动板 6 等组成。锁止活塞左边和前盖 1 的里面均以摩擦材料覆盖，可左右

移动的锁止活塞用键与减振盘连接，涡轮传动板和减振盘靠弹簧传力，以减轻离合器接合时的扭转振动，涡轮传动板铆接在涡轮壳上。

当工作油液经液压控制装置由变矩器输入轴中心油道进入锁止活塞左边时，油压力使活塞向右移，如图 1-47a 所示，则因锁止离合器的分离使变矩器起变矩作用。当工作油液经导轮轴套上油道流入变矩器内部，由变矩器输入轴中心油道排出时，锁止活塞左右两侧压力差使其向左移动并压靠在前盖上，如图 1-47b 所示，则因锁止离合器的接合使泵轮和涡轮锁成一体而失去变矩作用。

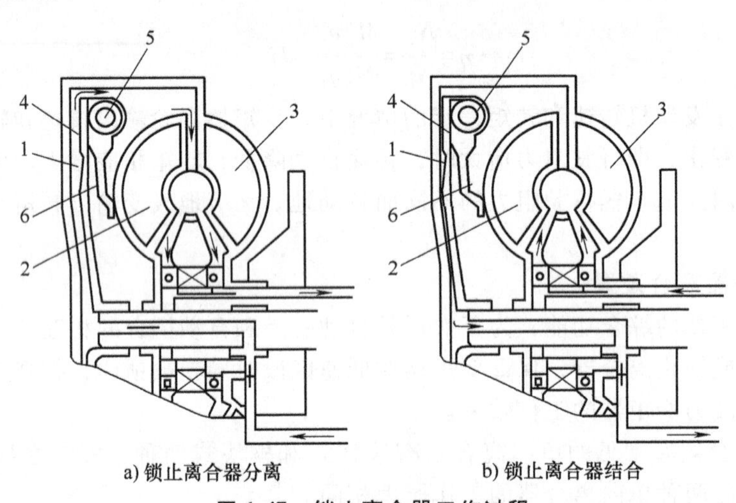

图 1-47　锁止离合器工作过程

1—前盖　2—涡轮　3—泵轮　4—锁止活塞　5—减振盘　6—涡轮传动板

（二）行星齿轮变速机构

液力变矩器虽能在一定范围内自动地、无级地改变传动比和转矩比，但变速和变矩范围不宽，且存在传动能力与传动效率之间的矛盾，难以满足车辆所需工况的使用要求。对此，紧接液力变矩器之后串联一个齿轮变速机构，已成为当今自动变速器的主要特征。

齿轮变速机构有行星齿轮式和平行轴式两种，目前绝大多数自动变速器采用行星齿轮变速机构。

图 1-48 所示为单排单级行星齿轮传动机构，它由太阳轮、齿圈、行星架和行星轮等组成。太阳轮位于机构的中心位置，行星轮沿行星架圆周均布，采用滚针轴承和行星轮轴安装在行星架上。行星轮亦均布在太阳轮周围，并同时与太阳轮和齿圈常啮合。简单行星齿轮机构中，太阳轮齿数最少，行星架等效齿数最多，齿圈齿数居中。

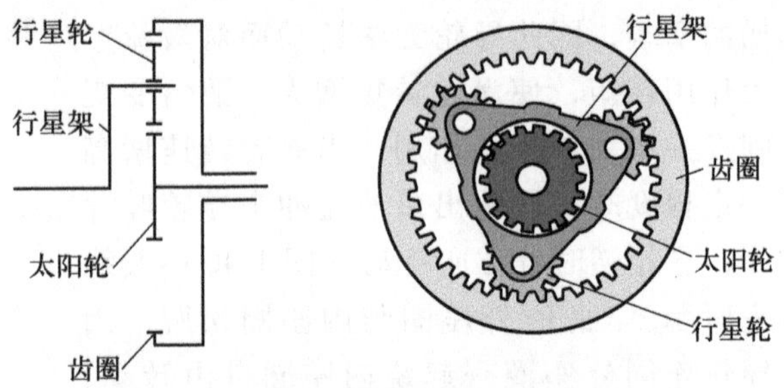

图 1-48　单排单级行星齿轮传动机构

设太阳轮、齿圈和行星架的转速分别为 n_1、n_2、n_3，齿数分别为 z_1、z_2、z_3；齿圈与太阳轮的齿数比为 α。则根据能量守恒定律，由作用在该机构各元件上的力矩和结构参数可导出表示单排行星齿轮机构一般运动规律的特性方程式：

$$n_1+\alpha n_2-(1+\alpha)n_3=0 \tag{1-4}$$

由式（1-4）可以看出，在太阳轮、齿圈和行星架三个基本构件中，任选两个分别作为主动件和从动件，第三个元件固定或使其运动受一定的约束，则整个轮系以一定的传动比传递动力。图 1-49 所示为简单行星齿轮机构各种运动情况。

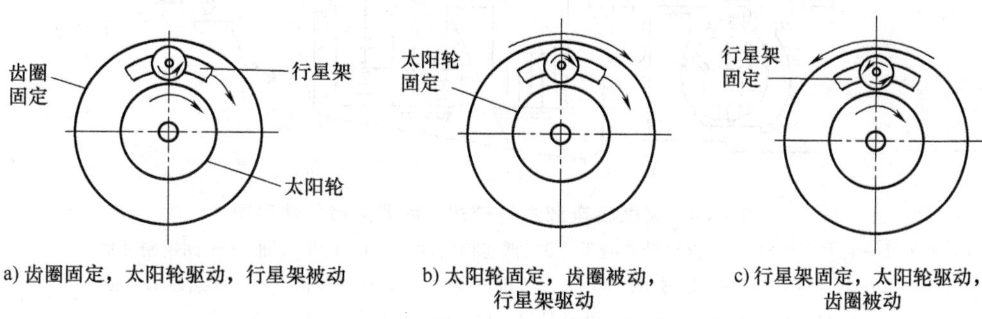

图 1-49 简单行星齿轮机构旋转方向

简单行星齿轮机构的运动特性可以概括为以下几点：

① 当行星架固定时，主动件和从动件的运动方向相反，可设置为倒档。

② 当齿圈或太阳轮固定时，主动件和从动件的运动方向相同，可设置为前进档。

③ 小齿轮驱动大齿轮时，输出转矩增大，输出速度降低。

④ 大齿轮驱动小齿轮时，输出转矩减小，输出速度增大。

⑤ 若行星齿轮机构中的任意两个元件同速同方向旋转，则第三个元件的转速和方向必然与前两者相同，即机构锁止，成为直接档。

⑥ 当所有元件都不受约束，可以自由转动时，则行星齿轮机构失去传动作用，此种状态相当于空档。

实际使用的行星齿轮变速器还装有必要的几组换档离合器和制动器。通过换档离合器控制行星齿轮传动机构某些基本构件与输入轴的接合或分离；通过制动器对传动机构某些基本构件的制动，使各行星排的运动关系得到有效控制，以获得所需的不同档位。不同形式的行星齿轮变速器所采用的行星排、离合器和制动器的数目及组合方式各不相同。

（三）液力机械式变速器工作原理

图 1-50 所示为某型高级轿车的液力机械式自动变速器传动简图，其行星齿轮变速器由前、后两排行星齿轮传动机构组成。前排齿圈 4 和后排太阳轮 11 制成一体，并用花键与第一轴 14 连接，为变速器主动部分。后排齿圈 8 和第二轴 10 通过花键连接，为变速器从动部分。前、后排行星架 12 和 7 均采用花键与倒档制动器 5 的制动鼓连接，必要时可通过制动器 5 将其制动。前、后排行星架上各压装三根松套着行星轮 6 和 9 的轴。前排太阳轮 13 松套在第一轴上，并以其前端凸缘盘外圈上的花键与低速档制动器 3 的制动鼓连接，必要时可通过制动器 3 将其制动。直接档离合器 2 的主动部分与第一轴连接，从动部分与前排太阳轮连接，离合器接合时，两排行星齿轮机构连成一体，实现直接档传动。

该轿车的双排行星齿轮变速器共有两个前进档和一个倒档，图 1-51 所示为该轿车变速器的各档传动路线。

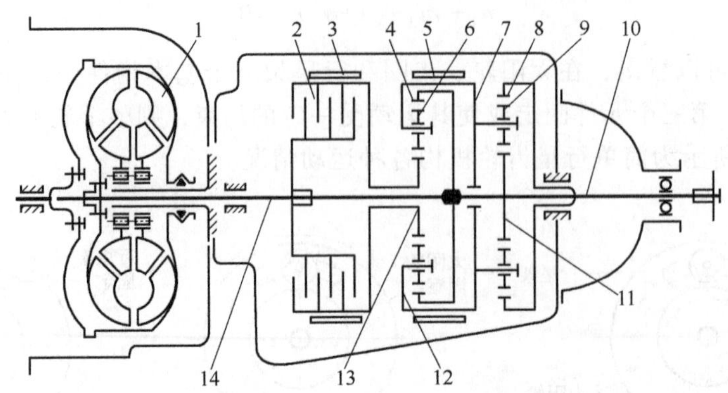

图 1-50　某型轿车液力机械式自动变速器传动简图

1—液力变矩器　2—直接档离合器　3—低速档制动器　4—前排齿圈　5—倒档制动器
6—前排行星轮　7—后排行星架　8—后排齿圈　9—后排行星轮　10—变速器第二轴
11—后排太阳轮　12—前排行星架　13—前排太阳轮　14—变速器第一轴

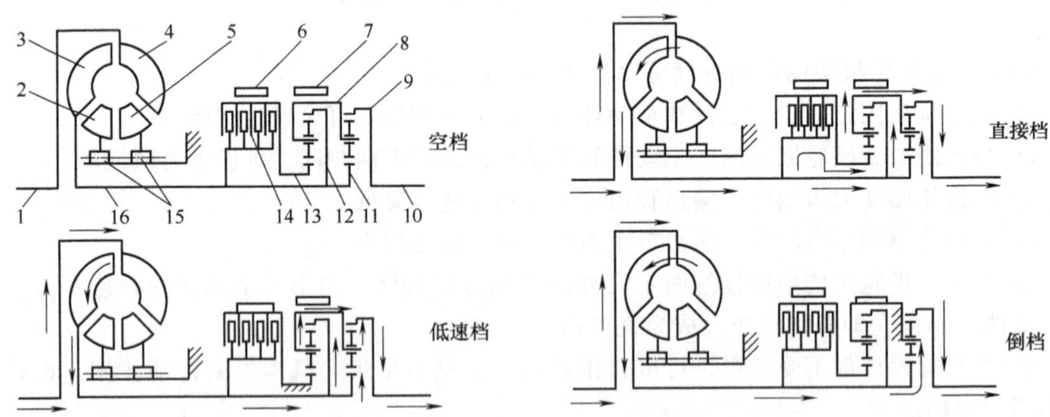

图 1-51　某型轿车各档传动路线示意图

1—发动机曲轴　2—第一导轮　3—涡轮　4—泵轮　5—第二导轮　6—低速档制动器
7—倒档制动器　8—行星架　9—后排齿圈　10—变速器第二轴　11—后排太阳轮　12—前排齿圈
13—前排太阳轮　14—直接档离合器　15—单向离合器　16—变速器第一轴

1. 空档

直接档离合器 14 处于分离状态，低速档制动器 6 和倒档制动器 7 均处于非制动状态。此时两排行星齿轮的各基本构件均可以自由转动，故行星齿轮变速器不能传递动力，处于空档位置。

2. 低速档

直接档离合器 14 处于分离状态，倒档制动器 7 松开，低速档制动器将制动鼓制动，使前排太阳轮 13 固定不动。液力变矩器输出的动力，一部分从前排齿圈 12 经行星架传给后排行星轮，另一部分直接经后排太阳轮 11 传到后排行星轮，两部分动力合二为一后，由后排齿圈 9 传递给变速器第二轴 10。

3. 高速档（直接档）

因制动器 6 和 7 均处于放松状态，离合器 14 处于接合状态，前排太阳轮 13 与前排齿圈和第一轴连成一体，故 $n_{12}=n_{13}=n_8$。又因行星架 8 为两行星齿轮传动机构所共有，故 $n_9=n_{11}=n_8$。同时，变速器第二轴与后排内齿圈以花键连接，则第一轴与第二轴拥有相同转速，故其传动比为 1。

4. 倒档

倒档制动器 7 处于制动状态，行星架被固定。同时，低速档制动器放松，离合器 14 仍分离。此时，前排太阳轮可以自由转动。动力由第一轴直接传给后排太阳轮，经后排齿圈输出，且旋转方向与后排太阳轮相反，即实现倒档运行。故后排齿圈齿数与后排太阳轮齿数之比，即为倒档传动比。

可见，该液力机械式变速器总传动比为行星齿轮变速器第二轴输出转矩与液力变矩器泵轮转矩之比，亦即液力变矩器变矩系数 k 与行星齿轮变速器传动比 i 的乘积。

（四）液力机械变速器自动操纵系统

自动变速器的操纵是自动操纵系统。所谓自动操纵，是指汽车前进行驶过程中驾驶员按行驶需要控制加速踏板，变速器即可根据发动机负荷和汽车速度的变化，自动地换入不同档位工作。自动操纵可使驾驶操作大为简化和轻便，有利于安全行驶，并使换档过程中速度变化平顺，从而提高了汽车的加速性和舒适性。

自动变速器的操纵系统可分为液控式操纵系统和电控式操纵系统两种。

1. 液控液压自动操纵系统

自动变速器的液控操纵系统包括动力源（供油系统）、执行装置、控制装置和换档品质控制装置等。图 1-52 为某型轿车液力机械传动的液控液压式自动操纵系统。

（1）动力源　动力源是装在变矩器 1 与前阀体之间，由变矩器泵轮驱动的内啮合齿轮式液压泵 7。它向控制机构、执行机构供应液压油，向液力变矩器供应工作油液，向行星齿轮变速器供应润滑油。

（2）执行装置　执行装置包括换档离合器、换档制动器和单向离合器。它有三个基本作用，即连接、固定和锁止。换档执行机构各执行元件通过按一定规律对行星齿轮机构的某些基本元件进行连接、固定或锁止，让行星齿轮机构获得不同的传动比，从而实现档位变换。

换档离合器可以将行星齿轮机构中的某一组件与输入部分相连或将行星齿轮机构中任意两组件连锁为一体，使三个组件具有相同的转速，这时行星齿轮机构作为一个刚性整体，实现直接传动。换档离合器为湿式多片离合器。

换档制动器是一种起制动约束作用的机构，它将行星齿轮机构中的太阳轮、齿圈和行星架这三个基本元件之一与变速器壳体相连，使该元件被约束固定而不能旋转。制动器的结构型式较多，目前最常见的是带式制动器和片式制动器两种。

单向离合器是依靠单向锁止原理来起固定或连接作用的。当与之相连接元件的受力方向与锁止方向相同时，该元件即被固定或连接；当受力方向与锁止方向相反时，该元件即脱离连接，不传递转矩。单向离合器目前在自动变速器中应用的有滚珠式单向离合器和楔块式单向离合器。

（3）控制装置　控制装置包括主油路系统、换档信号系统、换档阀系统等。其作用是按照来自驾驶员和各传感器发出的控制信号，将液压泵输出压力加以精确调节，并输入执行机构。此外，还能保证换档过程的正常进行和改善换档过程的平顺性。

主油路系统包括主油路调压阀及高压油管路部分；换档信号系统由节气门阀和离心调速

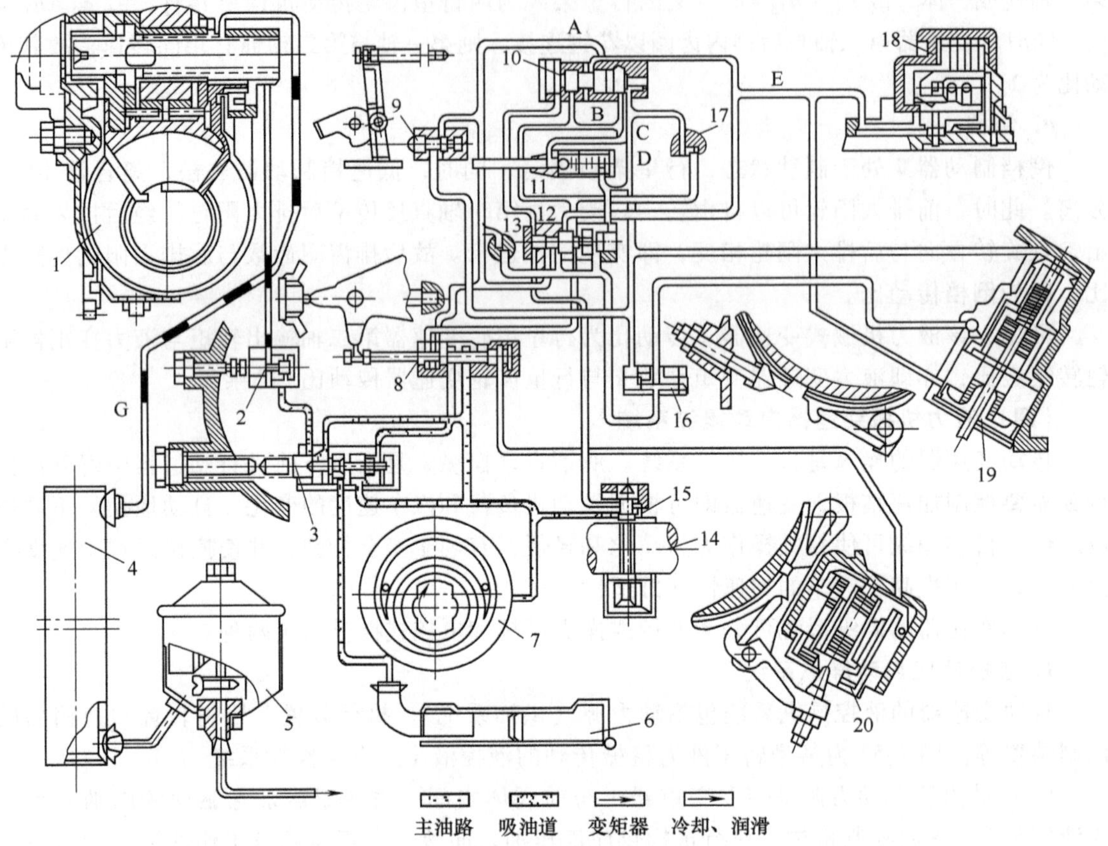

主油路　吸油道　变矩器　冷却、润滑

图 1-52　某型轿车液力机械传动的液控液压式自动操纵系统（空档油路）

1—变矩器　2—变矩器阀　3—主油路调压阀　4—油液冷却器　5—油液细滤器　6—油液集滤器　7—液压泵　8—手控制阀　9—节气门阀　10—换档阀　11—强制低档阀　12—缓冲阀　13—低档阀片　14—变速器输出轴　15—离心调速器阀　16—低档限流阀　17—低档单向阀　18—直接档离合器　19—低档制动器　20—倒档制动器

器阀组成；换档阀系统包括换档阀、手控制阀和强制低档阀。主油路调压阀和变矩器阀装在前阀体内，而前阀体则位于液压泵与行星齿轮变速器壳体之间。上述液压系统中，除主油路调压阀、变矩器阀和离心调速器阀外，其他各阀均装在控制阀体内。

（4）换档品质控制装置　换档品质控制装置的作用是保证换档过程平顺柔和、无冲击。主要包括油路中的缓冲阀、限流阀、断流解锁阀、单向节流阀和节流孔等。

2. 电控操纵系统

自动变速器的电子控制系统包括传感器、电控单元（ECU）、执行器和各种控制开关。

电子控制单元（ECU）根据传感器传来的电信号（车速和发动机负荷等参数转变的信号），按照设定的换档程序对这些信号进行比较计算，做出是否需要换档的判断。当需要换档时，通过电磁阀操纵液压的换档阀控制执行装置（换档离合器和换档制动器等）的油路，实现换档。

传感器把各个非电量参数转换成电信号，送至 ECU。传感器主要包括节气门位置传感器、车速传感器等。

执行器是指电子控制系统中的各种电磁阀。常用的电磁阀有开关式电磁阀和线性脉冲式电磁阀。

三、机械式无级自动变速器

液力机械式无级变速器虽然得到广泛的应用，但由于其结构复杂、质量较大、成本高、传动效率低等缺点，使其应用受到一定的限制。因此，一种连续换档的机械式无级传动变速器（CVT）得到了应用。CVT 是根据车速和节气门开度来改变主、从动轮和金属带的接触半径（即工作半径），实现无级变速。目前机械式无级自动变速器以金属带式无级变速器为主。

1. CVT 构成和工作原理

金属带式无级变速器的构成和工作原理示意图如图 1-53 所示，它是由金属带、主动工作轮、从动工作轮、液压泵、起步离合器和控制系统等构成。

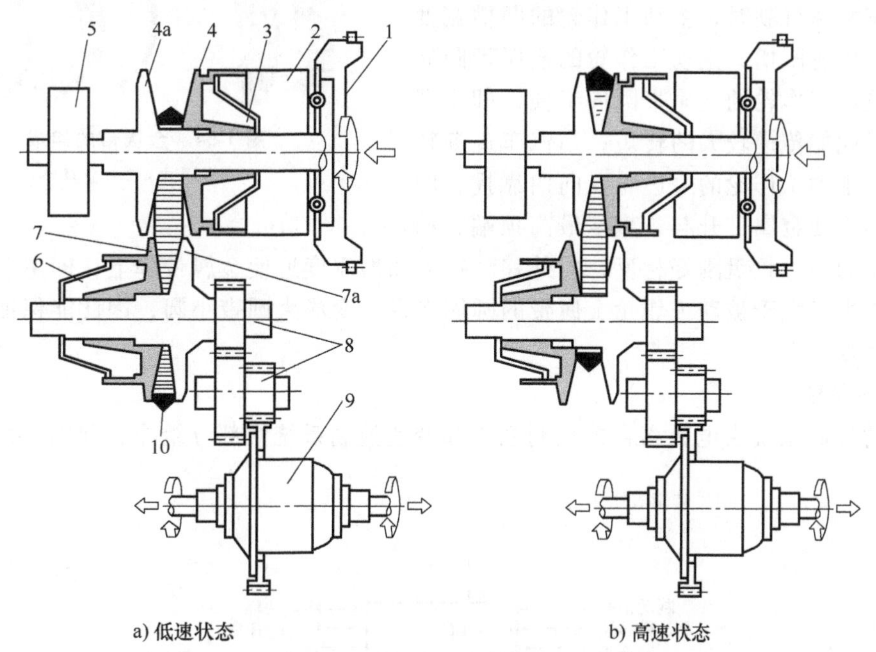

图 1-53 金属带式无级变速器的构成和工作原理示意图

1—发动机飞轮 2—离合器 3—主动工作缸液压控制缸 4—主动工作轮可动部分 4a—主动工作轮固定部分 5—液压泵 6—从动工作轮液压控制缸 7—从动工作轮可动部分 7a—从动工作轮固定部分 8—中间减速器 9—主减速器与差速器 10—金属带

其动力传递路线是：发动机发出的动力经飞轮 1、离合器 2、主动工作轮 4 和 4a、金属带 10、从动工作轮 7 和 7a 后，传给中间减速器 8，再经主减速器与差速器 9，最后传给驱动车轮。

该变速传动系统中的主、从动工作轮是由固定部分 4a、7a 和可动部分 4、7 构成。工作轮的固定部分和可动部分中之间形成 V 形槽，其中一边的轮盘由液压控制机构控制，可以根据不同的发动机转速，进行分开与拉近的动作，V 形凹槽也随之变宽或变窄，将金属带升高或降低，从而改变金属带与工作轮接触的直径，相当于齿轮变速中切换不同直径的齿轮。

两个工作轮呈反向调节，即其中一个带轮凹槽逐渐变宽时，另一个带轮凹槽就会逐渐变窄，从而迅速加大传动比的变化，可实现无级变速传动。

2. 金属带

CVT 使用的金属传动带是由多个金属片和两组金属环构成，如图 1-54 所示。金属片是用厚为 1.5~1.7mm 的工具钢片制成。每组金属环是由数片厚度约为 0.18mm 的带环叠合而成，它对金属片起导向作用。金属带是在两侧工作轮挤压力的作用下而实现动力传递的。

3. 工作轮

工作轮的工作表面一般为直线锥面体，工作轮的可动部分是在液力控制系统的作用下，依靠钢球滑道结构做轴向移动，使主、从动工作轮可连续地改变传动带（金属带）的工作半径，以实现无级变速传动。

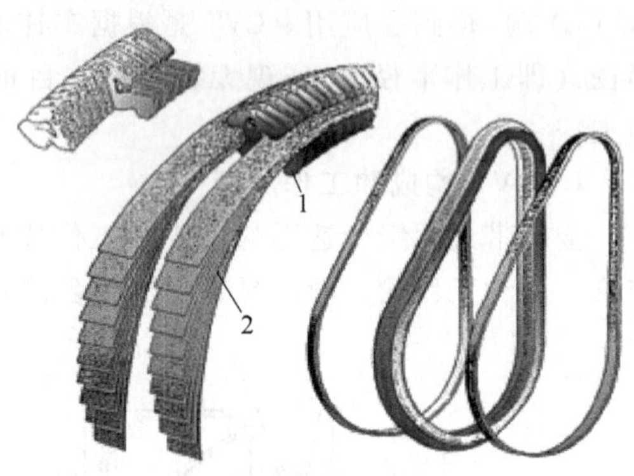

图 1-54　金属带的组成

1—金属片　2—金属环

当汽车慢速行驶时，主动工作轮的凹槽宽度大于被动工作轮凹槽，主动工作轮的金属带圆周半径小于被动工作轮的金属带圆周半径，即小圆带大圆，因此能传递较大的转矩；当汽车逐渐转为高速时，主动工作轮的一边轮盘向内靠拢，凹槽宽度变小迫使金属带升起，直至最高顶端，而被动工作轮的一边轮盘刚好相反，向外移动拉大凹槽宽度迫使金属带降下，即主动工作轮金属带的圆周半径大于被动工作轮金属带的圆周半径，变成大圆带小圆，因此能保证汽车高速行驶时的速度要求。

4. 控制原理

CVT 的控制系统由电磁离合器控制系统和变速控制系统两部分组成，如图 1-55 所示。

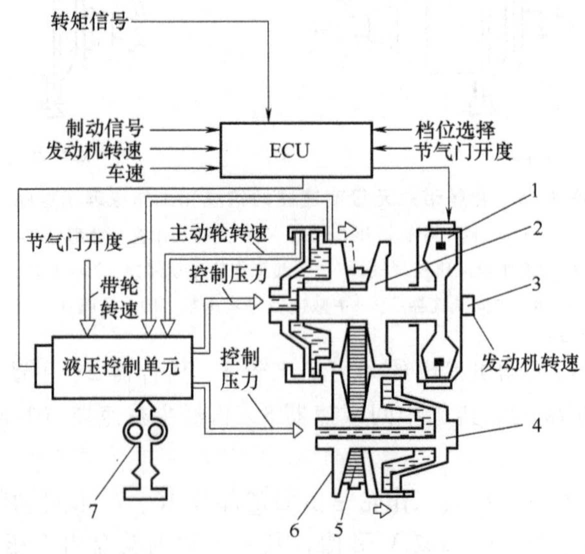

图 1-55　CVT 控制系统原理

1—电磁离合器　2—主动带轮　3—输入轴　4—输出轴　5—金属传动带　6—从动带轮　7—液压泵

电磁离合器控制是将发动机转速、车速、变速杆位置、加速踏板位置等信息输入ECU，经过运算处理后，可以确定当前所处的运行工况，然后从ECU中读取相应的控制参数，输出给电磁离合器，使之处于预先设定的工作状态。电子控制系统还具有失效保险和故障自诊断等功能。

变速控制是采用液压系统控制金属传动带传动机构，即通过主动带轮和从动带轮V形槽宽度的变化，来控制带轮可动锥面盘的轴向位置。液压控制系统根据发动机节气门开度、发动机转速、传动比等信号来控制供给主从动带轮液压室的油压，分别用换档控制阀和压力调节阀来调整液压室油压。

四、双离合变速器

手动档汽车在换档时，离合器在分离和接合之间存在动力传递暂时中断的现象。这对于一般的民用车影响不大，但对于争分夺秒的赛车来说，会极大地影响成绩。双离合变速器（Dual Clutch Transmission，DCT）能够消除换档时动力传递的中断现象，缩短换档时间，同时换档更加平顺。DCT的产生及其在车上的应用，兼顾了AMT和AT的优点，实现了动力换档，具有较好的起步品质和换档质量，满足车辆平顺性的同时又保证了燃油经济性。

双离合式变速器主要由双离合器、机械部分变速器、自动换档机构、电液控制系统组成。其中在传统变速器上创新的部分是双离合器和机械部分变速器中的两轴式输入轴。两个输入轴分别与两个离合器相连，这两个输入轴为一个空心轴套在一个实心轴外面，两轴上分别分布着奇数档和偶数档齿轮，相邻两档换档即为两输入轴交替工作。这种精巧的结构分开了奇数档和偶数档，实现了换档过程动力不中断，减小了换档冲击，大大提高了换档品质及乘坐舒适性。

双离合变速器工作时，车辆先以某个与一个离合器相连的档位运行，车辆自动变速器电控单元可以根据相关传感器的信号判断即将进入工作的与另一个离合器相连的下一档位，因该档位还未传递动力，故控制指令十分方便地控制换档执行机构，预先啮合这一档位，在车辆运行达到换档点时，只需要将正在工作的离合器分离，同时将另一个离合器接合，就使汽车以下一个档位行驶。在换档过程中，发动机的动力始终不断地被传递到车轮，所以这样完成的换档过程为动力换档。车辆实现动力换档过程，将大大提高换档舒适性，同时也保证车辆具有良好的燃油经济性，使车辆油耗和排放等方面得到改善。

双离合变速器按照离合器的类型分为湿式双离合变速器（图1-56）和干式双离合变速器，两者的不同之处在于离合器的冷却方式，湿式双离合变速器的两组离合器片安装在封闭的油腔中，通过油液冷却散热，而干式双离合变速器的两组离合器片暴露在空气中，通过风冷

图1-56 双离合自动变速器

散热。

1. 双离合变速器的两种主流双离合器结构

（1）干式双离合器　干式双离合器是将两个简单膜片弹簧离合器组合在一起，如图 1-57 所示。离合器的驱动盘通过支承环和双质量飞轮连接在一起。离合器 K1 和离合器 K2 位于驱动盘两侧。其中离合器 K1 过花键和输入轴 1 连接，用来选择奇数档，离合器 K2 通过花键和输入轴 2 连接，用来选择偶数档和倒档。两个膜片弹簧离合器的分离杠杆支点位置不同，离合器 K1 的分离杠杆支点位于杠杆的中部，而离合器 K2 的支点位于分离杠杆的外端。虽然双离合器的机械部分和膜片弹簧离合器相同，但其接合与分类是由电控单元控制的。

干式离合器由于没有油腔，动力是靠摩擦片之间的摩擦力来传递的，因此被称为干式双离合器，同时也由于这个原因，与湿式离合器相比，它传递的最大转矩要小很多，但是它又同时具有结构简单和效率高的优点。

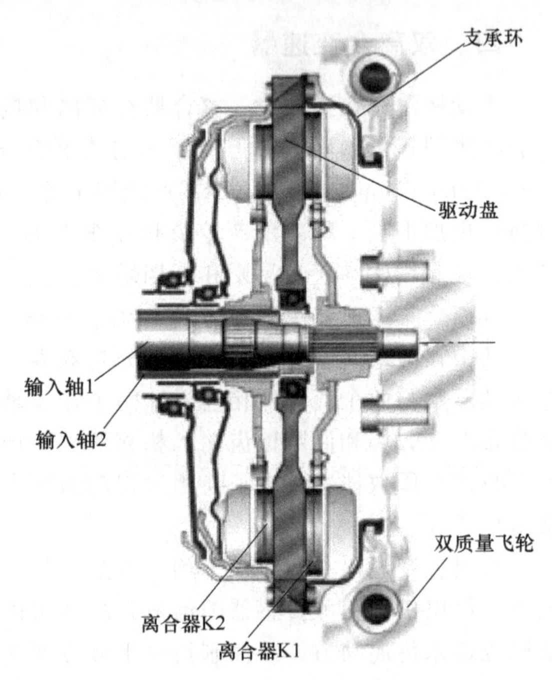

图 1-57　干式双离合器

干式离合器的飞轮和压盘可以吸收大量的热，但由于空气散热很慢，如果长时间的结合就会导致热量散不出去，使离合器温度大幅升高，所以干式离合器在滑摩时间短的情况下，产生的热量少，可以很好地工作。干式离合器的径向尺寸很大，总体布置有难度，要根据液压系统、离合操纵机构和 DCT 结构的整体情况来确定干式离合器的位置。

（2）湿式双离合器　湿式双离合器由嵌套式的离合器组成，介于双质量飞轮和变速器输入轴间，通过花键连接，其双离合器全部浸入在液压油中，处在密闭的环境当中。这种离合器共有 2 组多片式离合器，但其中一个稍大一点，它们一个控制奇数档及倒档，另一个控制偶数档。湿式离合器有 2 个优点，首先是它浸在油中，利用摩擦片的黏性力去传输动力，这样就不用担心摩擦产生的热量扩散问题，因为油液具有很好的传热性，能够很好地导热、散热，另一个是它通过油压来推动活塞运动区传递动力，因此可以传递很大转矩的力。与干式离合器比较起来，其主要有如下特点：由于强制冷却，摩擦系数受影响不大，工作性能比较稳定，而且在冷却油的作用下，降低了湿式多片离合器间的磨损，大大延长了使用寿命，一般可以比干式离合器的磨损率降低 2~3 个数量级；采用多片大面积摩擦副工作，可以在不增加单位面积压力的情况下产生较高的摩擦转矩；传递转矩平稳，结构紧凑但复杂；在控制离合器结合分离执行单元方面，可采用多种方式，如液压、电液多种控制方式；液压油的加入可以对摩擦片间的间隙有很大的包容性，无须调整；湿式多片离合器可以通过改变摩擦副的个数来得到不同容量的离合器，为生产加工带来了很大的方便。但湿式双离合器空转损失比较严重，尤其是摩擦片较多时。图 1-58 所示为 DCT 中两个湿式离合器结构示意图。

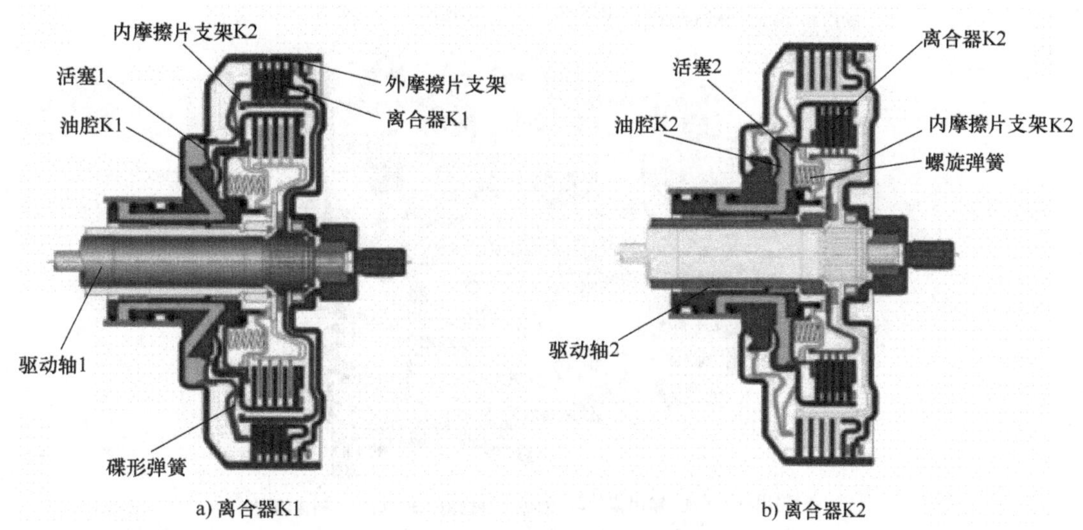

图 1-58 DCT 湿式离合器结构示意图

离合器 K1 是多片式离合器，是外部离合器，将转矩传递到 1/3/5 档和倒档的驱动轴上。在离合器闭合时，油液被压入离合器 K1 的油腔。移动活塞 1 使离合器 K1 上的摩擦片压缩到一起。转矩通过内摩擦片支架传递给驱动轴 1。当离合器脱开后，碟形弹簧将活塞推回到原始位置。离合器 K2 也是多片式离合器，为内部离合器，将转矩传递到 2/4/6 档。在离合器闭合时，油液被压入离合器 K2 的油腔。活塞 2 使力流经过摩擦片的结合传递给驱动轴 2。在离合器脱开时，螺旋弹簧再将活塞 2 推回到原始位置。

2. 双离合变速器机械传动系统

双离合变速器是在手动变速器 MT 的基础上添加了自动化控制模块，具有传统变速器的输入轴、输出轴和倒档轴，同步器和离合器，只是少了一个离合器踏板，多了执行换档的变速器控制器、电磁阀和液压单元。因此可根据 MT 结构的灵活性对 DCT 的机械传动系统进行改动设计。嵌套的两个离合器分别与相套的两个输入轴相连，两个输入轴分别负责奇数档、偶数档的动力传递。

图 1-59 所示是一个双离合变速器的变速传动机构，两个离合器与变速器装配在同一机构内。输入轴 2 做成中空的，与离合器 2 相连，为 2、4、6 档提供动力；输入轴 1 嵌套在输入轴 2 内部，与离合器 1 相连，为 1、3、5 档和倒档提供动力。1、2、3、4 档从动齿轮空套在输出轴 2 上，且分别与固定设置在输出轴 2 上的相应换档同步器相邻；5、6、R 档从动齿轮空套在输出轴 1 上，且分别与固定设置在输出轴 1 上的相应换档同步器相邻；输出轴 1、2 分别通过固定连接在其轴上的输出齿轮 1、2 与差速器壳体齿轮啮合，实现动力输出。

双离合变速器在当前运行的状态下，变速器的电控单元会通过其相应的传感器得到有关车辆运行状态数据，然后把这些数据和已存储的换档规律进行比对，当车辆的状态即将达到换档规律所要求的换档条件时，车辆就预先啮合要进入下一个档位的齿轮，当条件完全达到换档点要求时，则将相应的离合器结合，车辆以换档后的状态行驶。例如当起步用 1 档的时候，换档拨叉同时挂上 1 档和 2 档，但离合器 1 结合，离合器 2 分离，动力通过 1 档的齿轮

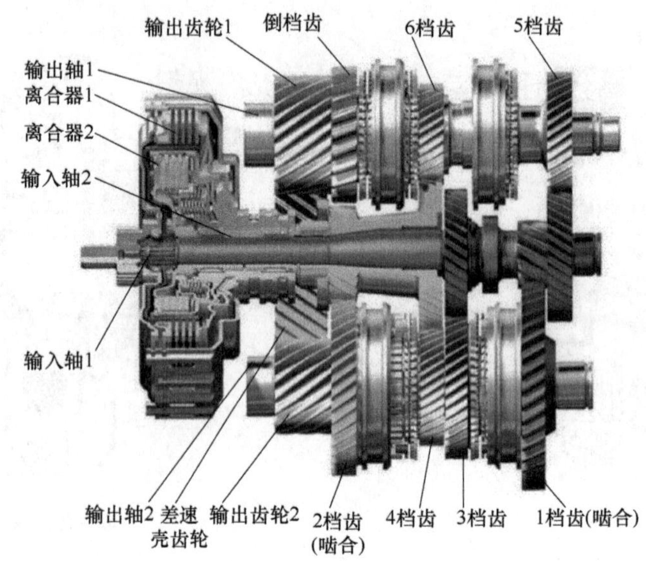

图 1-59 双离合变速器变速传动机构

输出动力，2 档齿轮空转，为挂入 2 档做准备。当驾驶员换到 2 档时，换档拨叉同时挂上 2 档和 3 档，离合器 1 分离的同时离合器 2 结合，动力通过 2 档齿轮输出，3 档齿轮空转，为挂入 3 档做准备。因此，双离合变速器在运行的时候会有一个档位是在工作的档位，但还会有另一个档位处在结合状态，它是为了当需要换档时能够迅速地换档。

同样，双离合变速器在降档过程中也会有两个档位是结合的，如果上一档正在工作，则下一档就会预先进入结合状态。双离合变速器的升档或降档的核心控制部件是变速器控制器，当驾驶员踩加速踏板时，变速器控制器判定为升档过程，会发出升档信号来控制换档执行机构进行升档；当驾驶员踩制动踏板时，变速器控制器判定为降档过程，发出降档信号控制换档执行机构进行降档。

3. 双离合变速器的液压控制系统

双离合变速器的液压控制系统主要包括离合器压力控制系统、换档控制系统和冷却润滑系统。液压控制系统采用发动机直接驱动油泵，为整个系统供油，利用油路压力调节阀来控制供油流量和压力，从而控制换档执行机构进行换档操作。所用调节阀属于 PWM（脉冲调制）比例阀，由电控单元操作发出电信号，经过功率放大电路和信号处理电路的处理，实现比例阀的电流控制。

离合器压力控制系统及换档控制系统，主要由离合器压力调节阀、多路换向控制阀、档位开关阀来控制油路实现。由控制单元管理，通过调整档位开关阀的占空比，从而控制进入多路换向控制阀左端的压力，达到产生适合两个离合器结合的离合器压力调节阀压力，从而实现汽车的前进和倒退。另一路液压油经过安全阀流向档位开关阀，通过多路转换器的控制进入各个换档执行机构的液压缸，从而实现各个档位的切换。图 1-60 所示为双离合变速器的液压控制系统，是主要换档执行装置，通过接收控制器信号，控制不同的电磁阀开度组合来改变主油路压力，进而实现换档，由上、下阀体，机械阀芯、电磁阀、蓄能器等元件组成。电磁阀主要起换档、离合器控制、安全控制、主压力控制等功能。

冷却系统由冷却全损耗系统用油调节阀和离合器压力控制阀组成。离合器压力控制阀根据离合器温度传感器测量的温度来增加和减少冷却油滑阀的压力。然后冷却油滑阀根据油压来控制通向多片离合器的油道的接通和关闭。

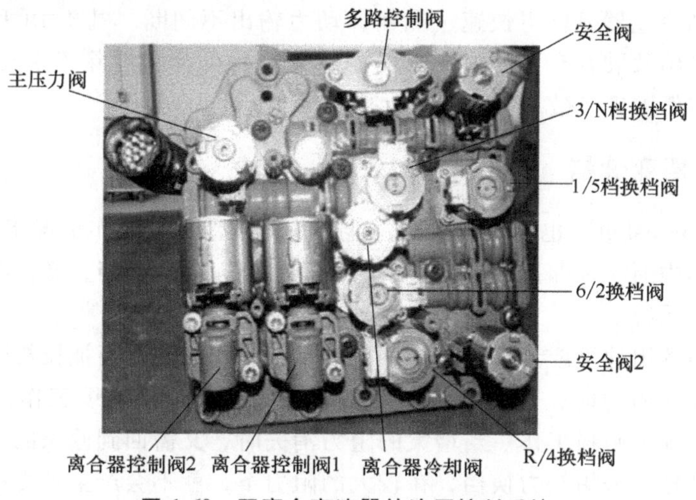

图 1-60 双离合变速器的液压控制系统

4. 双离合变速器的电控系统

变速器中的机电控制装置由一个电控仪和一个电液控制装置组成，利用各种传感器控制各个档位调节器、压力控制阀以及开关阀等。所有的传感器和控制仪的信号都能够进入机电控制装置中，监测所有元件的运行状况，因此，机电控制装置的结构很复杂，工作时产生的热量也很大，需要用 DCT 油进行冷却。该机电装置虽然内部结构复杂，控制的元件众多，但其能够利用较少的信号进行控制，能够简单、快速地对元件的状况做出反应。图 1-61 所示为双离合变速器工作原理图。

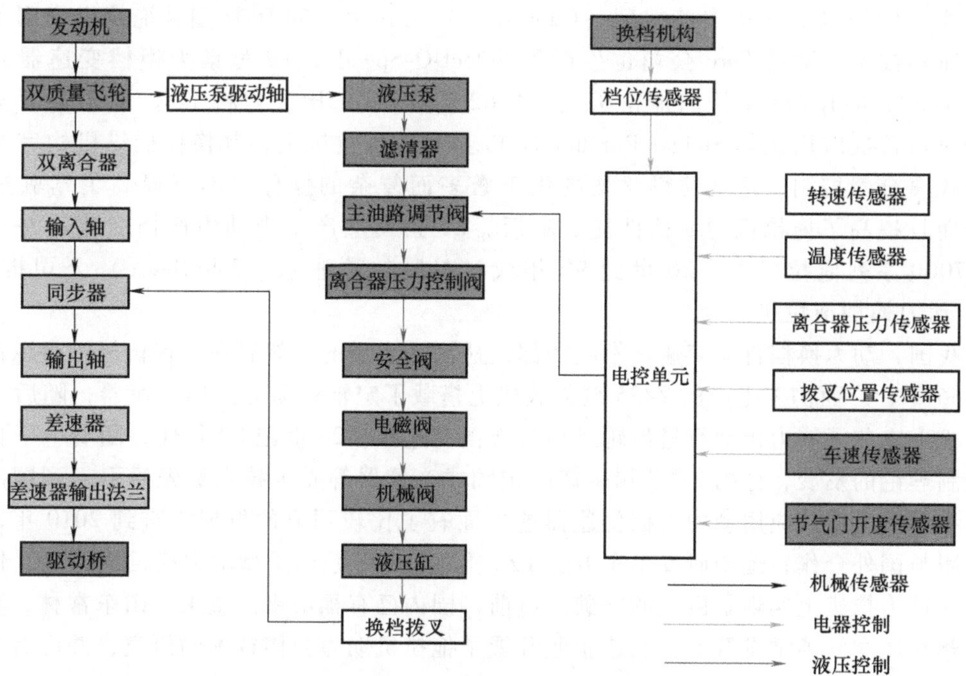

图 1-61 双离合变速器工作原理

与传统的手动变速器相比，DCT 使用更方便，因为说到底，它还是一个手动变速器，只是使用了 DCT 的新技术，使得手动变速器具备自动性能，同时大大改善了汽车的燃油经济性，DCT 比手动变速器换档更快速、顺畅，动力输出不间断。基于 DCT 的特性及操作模式，DCT 系统能带给驾驶者有如驾驶赛车般的感受。另外，它消除了手动变速器在换档时的转矩中断感，使驾驶更灵敏。

五、动力换档变速器

动力换档（Powershift）也称负载换档，能在拖拉机带负载工作情况下变换不同的档位，换档过程中动力不中断。也即拖拉机带着载荷一边工作、一边换档，换档时动力不中断的一种机械变速的传动系统。

在质地不均匀的田地里或者从事阻力多变的牵引工作场合，当拖拉机阻力增加而发动机动力不能克服增大的阻力时，就需换到牵引力较大的工作档位继续工作，否则发动机将熄火，或在不佳的工况下勉强工作。当增大的阻力消失时，又需回到原来的工作档位以维持原有的生产率和经济性。采用动力换档，在较大的阻力下，就不会产生动力中断造成拖拉机熄火或停车等现象，从而导致拖拉机重新起步和加速。所以，与普通有级机械式换档相比，动力换档的生产效率比普通有级机械式换档机构高 10%~20%。

动力换档变速器通过驾驶员操纵加速踏板、换档手柄等机构向变速器控制单元（TCU）传达意图，并将发动机转速、作业速度、档位、节气门开度等传感器监测信号输入到 TCU，TCU 按照存储在其中的设定程序模拟驾驶员的驾驶规律，通过选、换档液压执行机构对换档离合器的结合及分离进行控制，以实现发动机和变速器的最佳匹配，从而获得良好的作业性能和迅速换档能力。

动力换挡变速器最早出现在 20 世纪 50 年代。1954 年，美国 Case 公司最先推出两速动力换档。1959 年，美国卡特彼勒（Caterpillar）公司生产的 D9D 型号拖拉机应用了动力换档变速器技术，随后 Ford 公司也生产了 Select-O-Speed 10+2 型动力换档变速器并搭载在其 671/771/871/971 型号的拖拉机上。1982 年，Case IH 公司将 12 档电子控制全动力换档变速器首次应用在其 Steiger Panther 1000 型号的拖拉机上，其换档操纵机构完全由多片式湿式离合器控制，这就使得驾驶员免于繁多而复杂的操作，不仅提高了驾驶过程的便利性而且提高了拖拉机的换档性能。随后，ZF 公司生产了半动力换档变速器并且应用在了 T7000 系列拖拉机上。20 世纪 90 年代，美国约翰迪尔（JohnDeere）公司推出 8R 16/5 全动力换档拖拉机。

在我国，动力换档自动变速技术起初都是从国外引进的，然后在工程机械上得以最先应用。1966 年，广西柳工生产的 Z435 型装载机上搭载了定轴式动力换档变速器；随后，ZL50 型装载机上安装了液力传动行星齿轮式动力换档变速器。20 世纪 80 年代，随着电子技术与液压控制理论的发展，德国 ZF 公司生产的定轴式变速器等先进技术被先后引入到国内，我国在工程机械上搭载应用动力换档变速器这方面有了比较明显的发展。直到 2010 年，中国一拖集团与国外合作，逐步研发出东方红 LZ、LA、LF 等系列重型动力换档拖拉机，使我国在动力换档拖拉机上实现了巨大的突破。目前，国内已有福田雷沃重工、山东常林、五征集团、常州东风和江苏常发等农机制造企业开展了拖拉机动力换档技术的研究，并已有部分产品进入农机市场。

1. 动力换档变速器的组成

动力换档变速器一般由以下三类基本元件构成。

1）形成排档的元件，即齿轮组。按齿轮组运动方式的不同，可分为定轴齿轮式和行星齿轮式两种。定轴齿轮式结构简单，所需传动比容易实现。行星齿轮式有单级式和多级式，行星机构具有以下特点：结构紧凑，轴向尺寸小，质量轻、轮齿受力小，总成没有径向载荷，但加工较复杂，安装较困难，有时速比选择受结构限制。

2）换档执行元件——湿式离合器。通过两个离合器的接合与分离，实现两档动力传动的交替，从而实现动力换档，由于在交替过程中必然存在摩擦副打滑，所以多采用湿式离合器和粉末冶金或纸基摩擦材料，以提高工作寿命。纸基摩擦材料的性能和寿命较为理想。

3）换档操纵元件。操纵元件用来操纵执行元件，使执行元件接合或分离，完成动力换档过程。操纵元件通常采用液压操纵元件，有液压泵、操纵阀、控制阀、活塞、液压缸和油管等。

2. 动力换档变速器的工作原理

以某型采用动力换档变速器的拖拉机为例，图 1-62 所示为其动力换档变速传动系统的基本工作原理。驾驶员通过对自动换档按钮、节气门开度以及制动踏板的操纵向变速器控制模块（TCU）发出行驶意图，拖拉机的工况则实时受到发动机转速、节气门开度、作业车速以及当前所处档位等传感器的监测，并将获得的相应的电信号传递到 TCU，TCU 再通过驱动液压执行元件，对多片湿式离合器的接合与分离进行控制，以达到控制选、换档位的目的，从而实现发动机和变速器的协调工作，如此便可以获得优良的便捷换档性能，以及良好的作业性能和行驶性能。

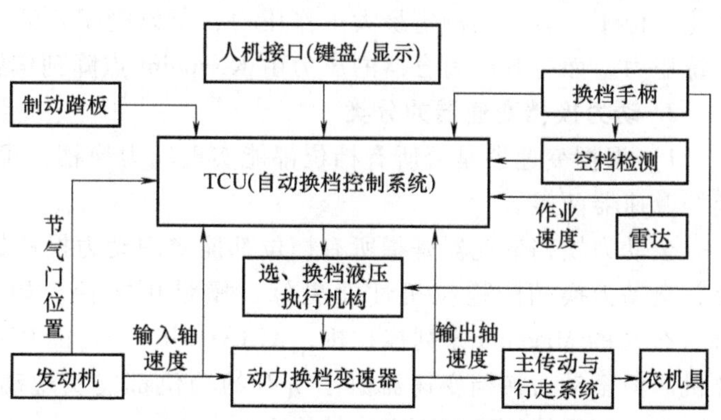

图 1-62　动力换档变速器控制原理图

目前广泛使用的动力换档传动系统中，都是通过多个离合器来实现换档过程中动力不中断的功能。典型的两档动力换档示意图如图 1-63 所示，Ⅰ、Ⅱ为两对齿轮副，C1、C2 为摩擦离合器。当离合器 C2 接合，C1 分离，动力由输入轴经齿轮副Ⅱ传递，形成高速档；当离合器 C1 接合，C2 分离，动力由输入轴经齿轮副Ⅰ传递，形成低速档。如果两个离合器互相协调地接合和分离，则动力可由一齿轮副平顺地转由另一齿轮副传递，转换过程中动力不中断，或仅稍有波动，拖拉机在换档过程中继续正常工作，在换档过程中，两个离合器都是既传力又打滑。

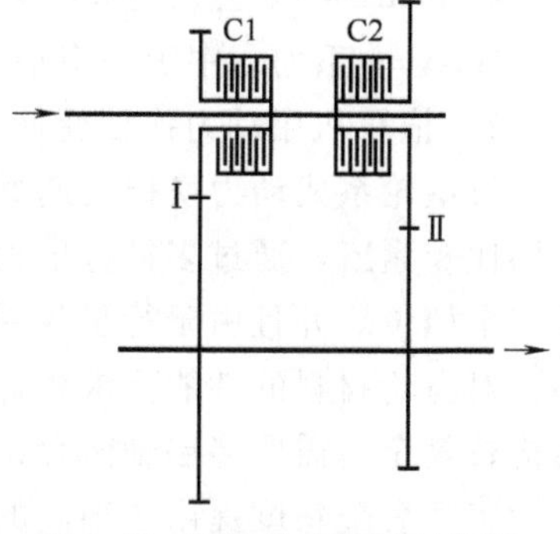

图 1-63　两档动力换档示意图

湿式多片离合器的换档过程可以分为三个阶段，如图 1-64 所示。

（1）充油阶段　该阶段比例阀的电流达到较大值，阀芯开口迅速增大，液压油迅速地充满离合器油腔，活塞逐渐达到最大行程，摩擦片与摩擦盘之间的间隙逐渐消除，油腔压力值平稳上升，逐渐接近接触点——Kisspoint 点（指离合器摩擦片间隙刚好为零，但并未传递转矩时的活塞位置）；待分离的离合器压力同时下降至刚好不打滑时的压力。

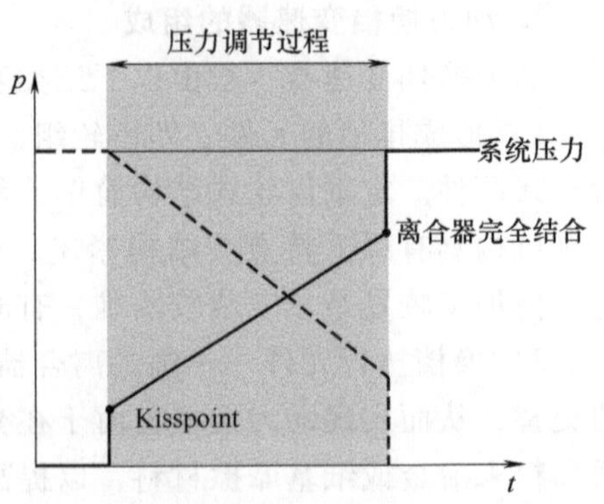

图 1-64　动力换档离合器压力变化过程

（2）滑摩阶段　也称压力调节阶段。该阶段活塞达到最大行程，油压值迅速上升越过 Kisspoint 点，压迫摩擦片和摩擦盘开始传递转矩，由于两端速度差的存在，离合器进入滑摩状态，直至能够传递的转矩超过负载，打滑停止；与此同时待分离离合器压力也沿一定斜率下降，离合器也开始打滑直至压力下降至 Kisspoint 点时停止打滑，滑摩阶段结束。根据拖拉机换档时载荷的大小，滑摩过程长短不一。

（3）保持阶段　该阶段离合器两端的速度差已经消除，此时各离合器的传递转矩不再变化。由于没有达到额定最大工作压力，所以刚闭合的离合器需要再次充油，压力迅速升到系统压力，而打开的离合器的压力由 Kisspoint 点降到偏置压力或零。

3. 动力换档变速器的分类

1）根据变速器是否所有档位都能实现动力换档，可分为全动力换档变速器和部分动力换档变速器两类。

全动力换档变速器是指所有档位都能实现动力换档的变速器。与部分动力换档变速器相比，全动力换档的拖拉机性能更好，操纵更方便。如 John Deere 公司的 9620 型拖拉机，Case 公司的 Magnum 系列拖拉机，AGCO Allis 公司的 9745 型拖拉机，Ford 公司的 8770 型拖拉机。但全动力换档变速器由于所有的档位都能实现动力换档，需要安装的湿式离合器更多，对控制系统的要求更高，结构也更复杂。

部分动力换档是由全动力换档变速器与非动力换档变速器串联组成，只有部分档位采用动力换档。根据农业生产的具体需求，在同一区段内采用动力换档，不同区段之间采用传统的同步器换档。在进行动力换档时，非动力换档变速器的离合器保持接合状态，通过控制动力换档变速器的离合器的接合与分离，保证动力不中断。部分动力换档变速器不如全动力换档操作方便，但具有结构简单、可靠性高、成本低等优点，因此在拖拉机上的使用也很广泛。如 John Deere 公司的 6000/7000 系列，Landini 公司的 Legend 系列，Case 公司的 CX 系列、Maxxum 系列，中国一拖集团的东方红 200hp 系列等。

2）拖拉机用动力换档变速器按照齿轮系的结构可分为行星轮系式和定轴式两类。

行星轮系式动力换档变速器利用了行星轮系的优点，能够同轴布置，因此径向尺寸小，结构比较紧凑。通过多排行星轮系与多个湿式离合器的组合，能够在很宽的传动比范围内设置多个档位。并且由于行星轮系的转矩通过多个行星轮传递，单个行星轮上承受的转矩较小，对齿轮材料的性能要求较低。从图 1-65 可以看出，由于采用了同轴布置，换档机构的结构较复杂，需要多层轴嵌套，零部件轴向定位困难。为了获得较好的换档性能，对零部件的加工和装配精度提出了很高的要求。

与行星轮系式动力换档变速器相比，定轴式动力换档变速器具有结构简单，对零部件加

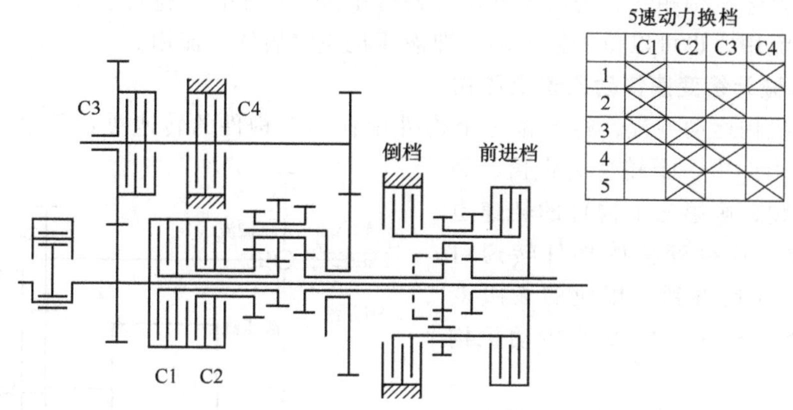

5速动力换档

	C1	C2	C3	C4
1	✕			✕
2	✕		✕	
3	✕	✕		
4		✕	✕	
5		✕		✕

图 1-65　5 速行星轮系式动力换档变速器

工和装配的精度要求低，维修方便等特点。目前市场上的拖拉机动力换档变速器大部分都采用了这种结构，图 1-66 所示为 New Holland 公司生产的 TG 系列拖拉机定轴式全动力换档变速器的结构简图。该变速器由一个主变速器和一个副变速器串联组成，共有 24 个前进档和 6 个倒档，还带有爬行档。主副变速器的换档操作均通过摩擦式离合器实现。由于其由多级传动串联组成，传动比范围大，同样传动比范围下变速器的尺寸和质量较小。缺点是变速器横向尺寸大，由于传动比为多级分配，每级传动都有能量损失，总传动效率较低。从动力换档变速器的传动结构来看，其能够保持换档过程中动力不中断的主要原因是采用了多个摩擦元件，即离合器与制动器。通过电液控制系统控制摩擦元件的接合与断开，大大缩短了换档的时间。

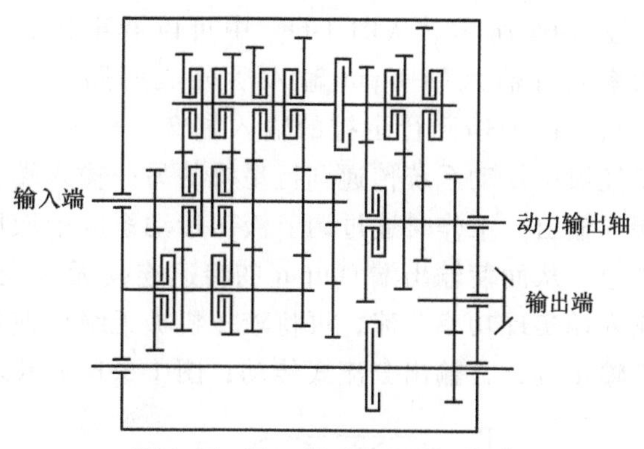

图 1-66　New Holland TG 系列拖拉机动力换档变速器

六、液压机械无级变速器

液压机械无级变速器（Hydro-Mechanical Continuously Variable Transmission，HMCVT）是由液压元件和机械元件分流传递功率的一种双流传动系统，由液压调速机构和机械变速机构及分、汇流机构组成，是一种液压功率流和机械功率流并联的传动形式。液压机械无级变速传动综合了机械传动高效率和液压传动可控无级调速的优点。液压机械无级变速传动与纯液压无级变速传动相比，不但具有较高的效率，而且传递功率与质量之比也较高；与液力传动或液力机械传动相比，除传动效率较高外，突出的优点就是其传动比可以人为地独立进行控制；与纯机械有级传动相比，它最大的优点是其传动比的连续可调性。因此，将液压机械无级变速传动应用于汽车拖拉机传动系统，能够有效地改善行驶阻力与发动机特性的匹配，从而提高车辆的动力性和经济性。

在液压机械无级变速传动系中，液压功率流是变速的，机械功率流是定速的，两路之间需要应用一个差速机构相连，为简便常用普通行星排。这个行星排可以位于输入端，即液压机组之前作分流用，也可以位于输出端，即液压机组之后作汇流用。

1. 液压机械无级变速传动原理及形式

根据行星机构运动方程，行星排三个构件中任两个构件的转速决定了第三个构件的转速。若任两个构件中一个转速为定值，另一个可连续变化，则第三个构件的转速也相应连续变化。连续变化的构件转速可通过液压传动方式得到，相应的无级变速机构就是液压机械无级变速传动机构（图 1-67）。

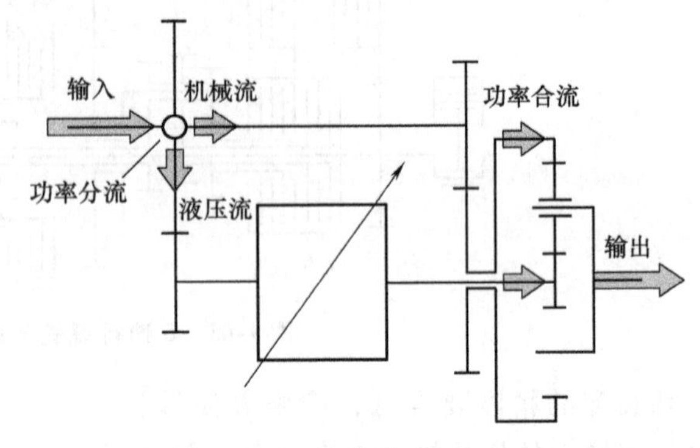

图 1-67　液压机械无级变速原理示意图

液压机械无级变速传动机构主要由行星排 D 及液压泵 P 和液压马达 M 组成，如图 1-68 所示。从图 1-68a 中可以看出，功率流自输入端 Input 输入后分成两路，一路直接传递到行星排的输入端 2，另一路经液压传动系统传递到行星排的另一输入端 1，两路功率流经行星排汇流后由行星排输出端 3 输出。工作时通过调节液压传动系统中液压元件的排量比来改变液压传动系统输出端的转速，从而使输出端 Output 的转速连续无级变化。根据行星排在输出端实现功率汇流和在输入端实现功率分流，可将液压机械无级变速传动分为两大类。图 1-68a 所示系统行星排位于输出端，为输出分流式传动；图 1-68b 所示系统行星排位于输入端，为输入分流式传动。

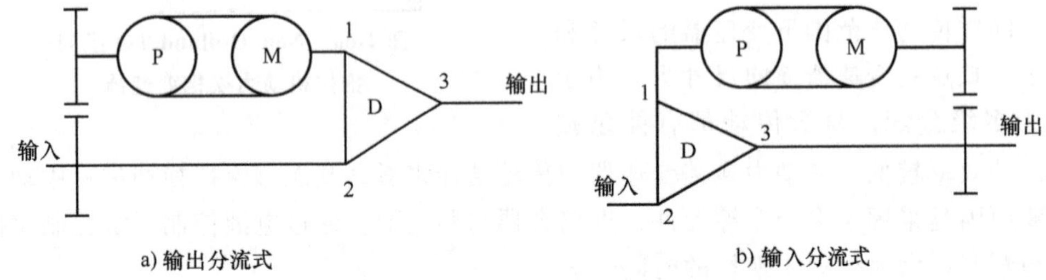

图 1-68　液压机械无级变速传动简图

2. 液压调速机构方案选择

在液压机械无级变速传动系统中，液压调速机构是系统实现无级传动的关键，调速机构的性能将直接影响系统的性能。液压调速机构的设计应满足调速范围大、功率高、系统效率高、响应快的基本要求。

目前液压调速系统主要有：节流调速系统、容积调速系统和容积节流调速系统。

（1）节流调速系统　节流调速系统是一种常见的液压调速控制系统，它是在液压动力元件和执行元件之间，通过加入流量控制阀（节流阀、调速阀等）来调节系统流量，通过溢流阀来控制系统压力，从而实现调速功能，具有调速稳定，但能量损失较大的特点。

（2）容积调速系统　容积调速系统由液压泵和液压马达组成，系统的压力可随负载变化而自适应调整，通过对变量泵或变量马达的排量的调节，来改变执行元件的运动速度。由于排量调节是连续的，因此可以实现无级调速。容积调速系统中没有溢流损失，效率较节流调速系统高，且可以传递较大功率，因此已广泛应用于车辆传动系统。根据液压泵和液压马达排量变化的不同组合方式，分为变量泵-定量马达系统、定量泵-变量马达系统和变量泵-变量马达系统。

变量泵-定量马达系统，即通过对动力元件变量泵排量的调节，来实现系统的调速，结构简图如图 1-69 所示。

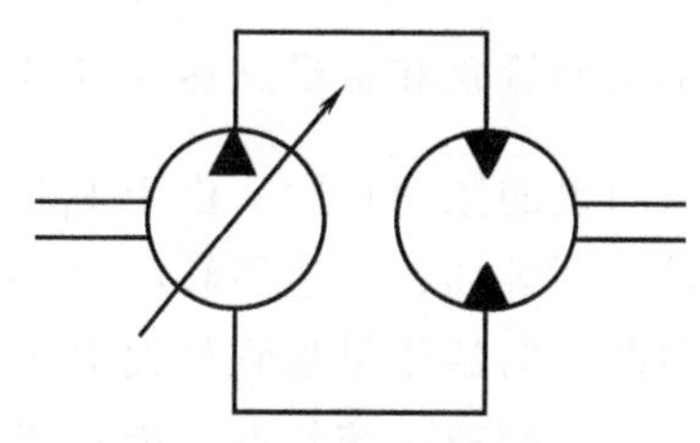

图 1-69 变量泵-定量马达调速系统

不考虑系统泄漏，各系统参数之间有如下关系：

$$n_M = \frac{q_P}{V_M} \tag{1-5}$$

$$T_M = \frac{pV_M}{2\pi} \tag{1-6}$$

式中，q_P 为液压泵输出流量；V_M 为液压马达排量；T_M 为液压马达转矩；p 为系统工作压力。

由于 V_M 为定值，只需调节 q_P 即可调节输出转速，即改变变量泵排量来实现转速调节。当系统压力 p 一定时，马达转矩 T_M 为定值，因此变量泵-定量马达系统又称为恒转矩容积调速系统。在实际使用中，变量泵-定量马达调速系统较为常见，且泵的最大排量与马达的排量相等。

定量泵-变量马达系统，即通过对执行元件变量马达排量的调节来实现系统的调速，结构简图如图 1-70 所示。由上述公式可知，q_P 为定值，通过调节 V_M 实现调速，且 n_M 与 V_M 成反比，T_M 与 V_M 成正比，当马达排量变大时，转速减小，转矩增大，不利于驱动负载，容易使马达自锁，故这种回路很少单独使用。

变量泵-变量马达系统如图 1-71 所示。变量泵-变量马达容积调速系统分为两个阶段，第一阶段相当于变量泵-定量马达调节，即先将马达排量调至最大，再逐渐调节泵排量，第二阶段相当于定量泵-变量马达调节，即当泵调至最大排量时，再逐渐调节马达排量由最大调至 0。这种调速系统具有低速时输出转矩大，高速时保持恒功率输出的优点，是理想的容积调速系统回路。

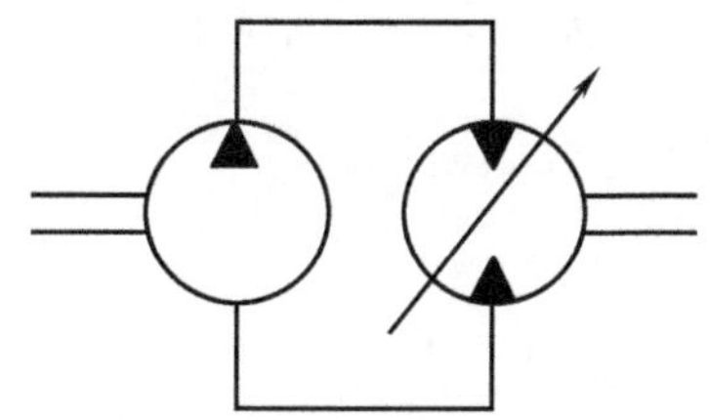

图 1-70 定量泵-变量马达调速系统

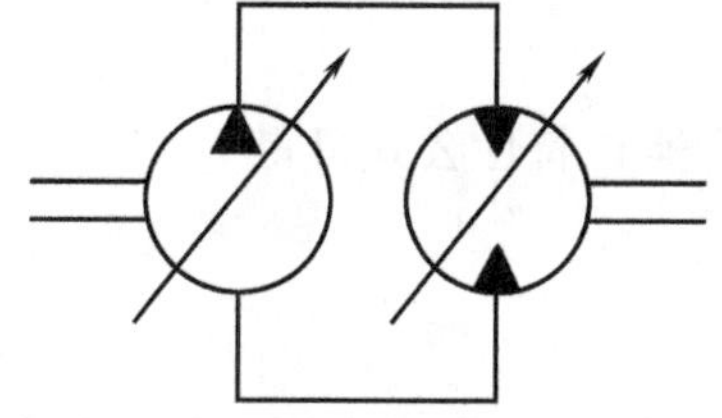

图 1-71 变量泵-变量马达调速系统

（3）容积节流调速系统　容积节流调速系统是由容积调速系统和节流调速系统串联而成。执行元件的输出端与泵的输入端连接，效率介于容积调速回路和节流调速回路，系统的速度负载特性较软，一般用于低速和小功率场合。

3. 液压调速系统特性

下面以实际常用的变量泵-定量马达调速系统为例，对系统特性进行分析。设 V_P、V_M

分别为变量泵和定量马达的排量，则变量泵与定量马达排量比 e 可表示为 $e=\dfrac{V_P}{V_M}$，它表示变量泵斜盘的倾斜程度，由于 $V_{Pmax}=V_M$，因此 e 取值为 $-1\leqslant e\leqslant 1$。当 $e=0$ 时，斜盘倾角为零，变量泵不排油，马达不转。当 $e=-1$ 或 $+1$ 时，斜盘倾角达到负向或正向的最大值，使变量泵向两方向的排量达到最大值，从而推动定量马达以负向或正向最大转速转动。

液压调速系统特性是指其速比（传动比的倒数）i_H、转矩比 K_H 及效率 η_H 随变量泵与定量马达排量比 e 变化的特性。

（1）速比特性　液压调速系统的速比 $i_H=\pm\dfrac{n_M}{n_P}$，n_P、n_M 分别为泵和马达的转速；泵和马达同向旋转时取正号，反向旋转时取负号。

在液压调速系统中，马达的转速 $n_M=V_P n_P \eta_V/V_M$，η_V 为液压调速系统的容积效率。

所以

$$i_H=\frac{n_M}{n_P}=\eta_V e \tag{1-7}$$

（2）转矩比特性　液压传动系统转矩比为马达输出转矩 M_M 与泵输入转矩 M_P 之比，即

$$K_H=-\frac{M_M}{M_P} \tag{1-8}$$

将 $M_P=V_P p_P/(2\pi\eta_{mP})$ 及 $M_M=V_M\Delta p_M\eta_{mM}/(2\pi)$ 代入式（1-8）得

$$K_H=-\frac{V_M\Delta p_M\eta_{mP}\eta_{mM}}{V_P p_P} \tag{1-9}$$

式中，p_P 为泵的工作压力；Δp_M 为马达进、出油口的压力差；η_{mP}、η_{mM} 分别为泵和马达的机械效率。

由于 $\Delta p_M/p_P$ 可近似看作液压调速系统的压力效率 η_p，而液压系统的总机械效率 $\eta_m=\eta_p\eta_{mP}\eta_{mM}$，因此

$$K_H=\frac{V_M\eta_m}{V_P}=\eta_m/e \tag{1-10}$$

结合速比特性公式可得

$$K_H=\frac{\eta_V\eta_m}{i_H}=\frac{\eta_H}{i_H} \tag{1-11}$$

式中，$\eta_H=\eta_V\eta_m$ 为液压传动系统的总效率。上式说明，在容积调速液压系统中，转矩比 K_H 是速比 i_H 的函数。

（3）效率特性　液压传动系统的总效率为马达的输出功率与泵输入功率之比，即：

$$\eta_H=\frac{P_M}{P_P}=\frac{M_M n_M}{M_P n_P}=K_H i_H \tag{1-12}$$

以上所述速比 i_H、转矩比 K_H 和效率 η_H 表达了液压调速系统的基本特性。它们分别代表运动（调速）特性、动力（转矩）特性和经济性（效率）。

4. 液压机械无级变速传动系统结构

图 1-72 所示为简单的液压机械无级变速传动系统结构，其主要部件由换档元件、变量泵-定量马达组成的液压传动系统和差动轮系动力合成机构三大部分组成。差动轮系动力合成机构既有单行星排传动，也有多行星排传动构成的差动轮系。发动机输出的动力分成两路，一路作为机械动力通过离合器 C 直接传给太阳轮 s，另一路作为液压动力，经传动齿轮后，通过液压传动系将动力传给齿圈 r，最后动力经差动轮系合成后由行星架 c 输出。当离合器 C 脱开、制动器 B 接合时，发动机的动力全部经液压传动输出，随着变量泵与定量马达排量比 e 从 0~+1 变化，输出转速 n_b 从零逐渐增大，其关系如图 1-73 中的 H 段所示。当离合器 C 接合、制动器 B 脱开时，机械动力和液压动力经差动轮系合成后输出，此时随着排量比 e 从+1~-1 变化，输出转速 n_b 在一定范围内连续无级变化，如图 1-73 中的 HM 段所示。若通过电液伺服阀控制变量泵的斜盘倾角，使定量马达的转速为零，则发动机的动力全部由机械动力传递，此时传动效率最高。

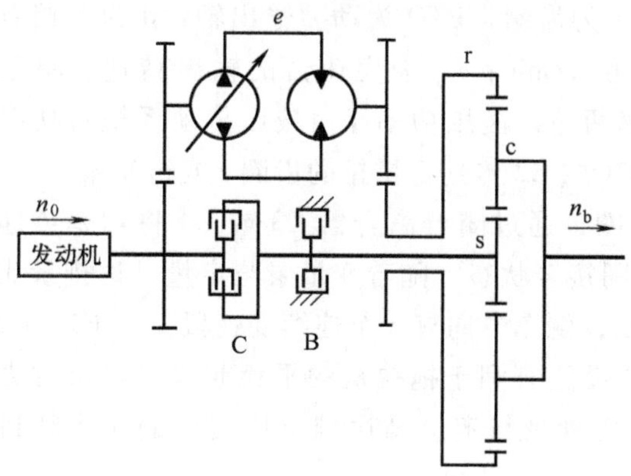

图 1-72 简单的液压机械无级变速传动系统

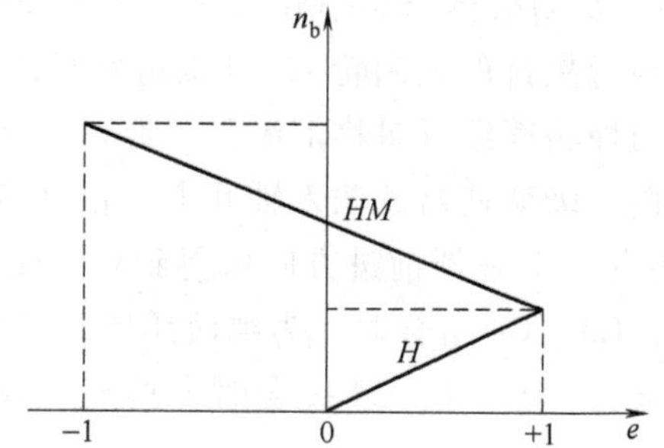

图 1-73 输出转速与 e 的关系

ZF 公司的 S-matic 传动系统，2000 年首次在 Styre 拖拉机上应用，它可在 4 个不同速度区段（0~8km/h、8~14km/h、14~30km/h、30~40/50km/h）内实现无级变速，最高传动效率达到 90%，如图 1-74 所示。

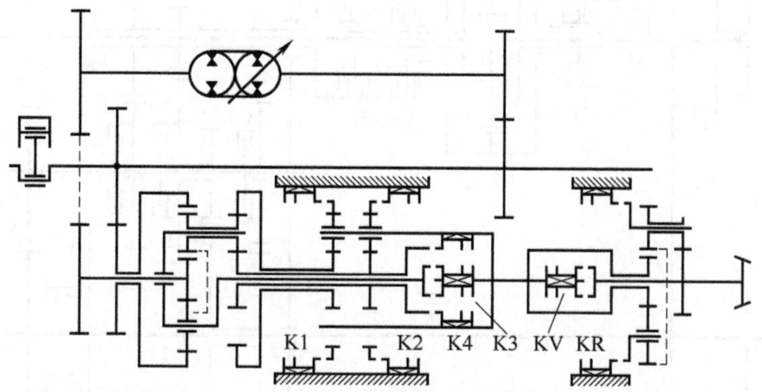

图 1-74 ZF 公司输出分流式液压机械无级变速结构

Fendt 公司的 Vario，1995 年首次在 Vario 926 拖拉机上应用。目前有从 Vario 200 到 Vario 1000 共 7 个产品系列，功率覆盖 65~550 马力（1 马力 = 735.499W）。分为 0.02~

34km/h 及 0.02～50km/h（60km/h）两个区段。MF 公司的 MF7400 和 MF8400 拖拉机上使用的 Dyna-VT、JCB 公司 8250 Fastrac 拖拉机上使用的 V-Tronic 及 Valtra 公司 S 系列拖拉机上的无级变速传动系统均来源于 Vario 系统，如图 1-75 所示。

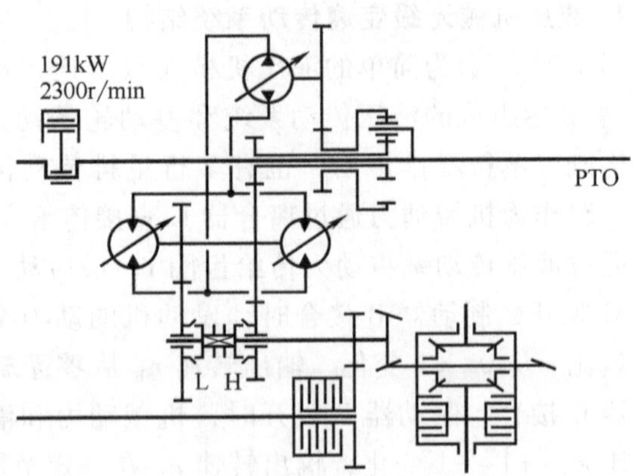

图 1-75　Fendt 公司的 Vario 输入分流式液压机械无级变速结构

图 1-76 所示为某拖拉机的液压机械无级变速传动系统，它采用较少的行星排，可实现 0～30km/h 之间的无级变速。图中 e 为变量泵和定量马达排量比；C1、C2、…、C8 为换档离合器；i_1、i_2、…、i_9 为各齿轮副传动比；s 为太阳轮，c 为行星架，r 为齿圈；PTO 为动力输出轴：d 为多档有级变速器输入轴；n_e 为变速器的输入转速，单位 r/min；n_b 为变速器的输出转速，单位 r/min。发动机输出功率分成液压功率和机械功率两路，液压功率经由液压传动系统将功率传递给行星排的太阳轮 s，机械功率通过离合器 C1 或 C2 传到行星排的齿圈 r 或行星架 c 上，然后两种功率经行星排汇流后，经由行星架或齿圈，通过闭合离合器 C3 或 C4 将功率传递到多档有级变速器的输入轴 d 上。根据离合器不同接合状态，随着变量泵与定量马达排量比 e 的变化，变速器前进方向可得到 6 个连续变速段，倒车方向有 3 个连续变速段。当 C1、C2 脱开，C3、C4 接合时，为纯液压段，纯液压段的设置有利于拖拉机的平稳起步，且可省去主离合器。当 C1、C4 接合时，构成变速比不随变量泵与定量马达排量比变化的 4 个纯机械档。

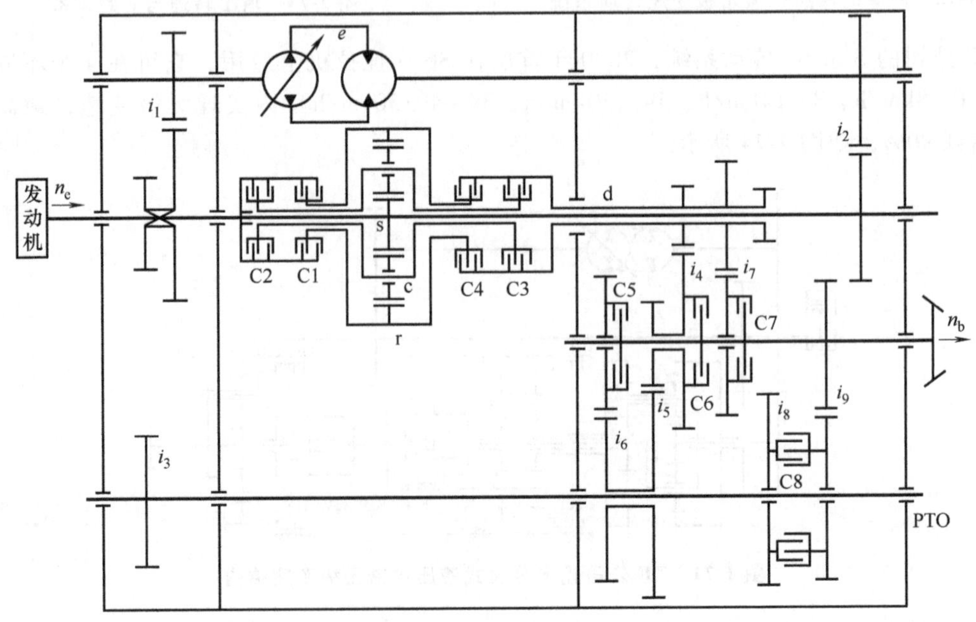

图 1-76　某拖拉机的液压机械无级变速传动系统

第五节 万向传动装置

一、万向传动装置的应用

万向传动装置主要由万向联轴器和传动轴组成，有时还需要加装中间支承。它的功用是实现汽车和拖拉机上任何一对轴线相交且相对位置经常变化的转轴间的动力传递。

在汽车和拖拉机上需要采用万向传动装置传递动力的场合主要有：变速器与驱动桥之间（图 1-77a）、变速器与分动器之间（图 1-77b）、分动器与驱动桥之间（图 1-77b）、离合器与变速器之间（图 1-77c）、驱动轮与驱动桥之间（图 1-77e）、转向驱动桥内外两段半轴之间（图 1-77d）、转向操纵机构等（图 1-77f）。万向传动装置在拖拉机上还用于动力输出轴与农机具（如旋耕机、开沟机、割草机等）之间进行动力传递。

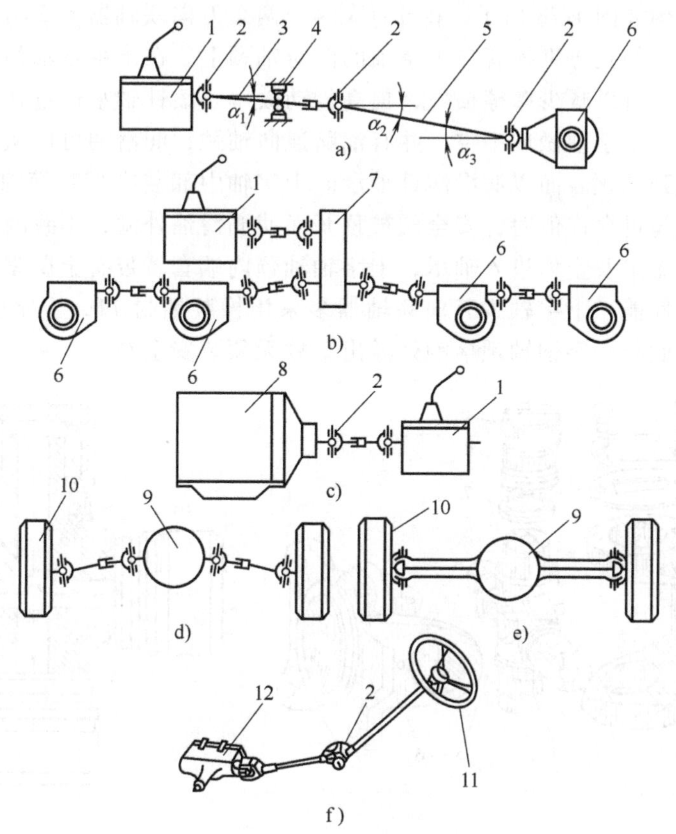

图 1-77 万向传动装置的应用

1—变速器 2—万向传动装置 3—中间传动轴 4—中间支承 5—传动轴 6—驱动桥 7—分动器 8—离合器 9—驱动桥 10—驱动轮 11—转向盘 12—转向器

二、万向联轴器

万向联轴器是转轴与转轴之间实现变角度传递动力的基本部件，按扭转方向上是否有明显的弹性，可将万向联轴器分为刚性万向联轴器和挠性万向联轴器。刚性万向联轴器靠零件的铰链式连接传递动力，挠性万向联轴器靠具有缓冲减振作用的弹性零件参与传递动力。刚性万向联轴器按其速度特性分为不等速万向联轴器、准等速万向联轴器和等速万向联轴器。不等速万向联轴器是指万向联轴器连接的两轴存在夹角时，输出轴与输入轴之间以变化的瞬时角速度比传递动力，但平均角速度相等的万向联轴器，如十字轴式万向联轴器。准等速万向联轴器是指在一定的工作角度范围内输出轴与输入轴之间以相等的瞬时角速度传递动力，而在其他角度下以近似相等的瞬时角速度传递动力的万向联轴器，如双联式万向联轴器、凸块式万向联轴器、三销轴式万向联轴器等。等速万向联轴器是指输出轴与输入轴之间始终以相等的瞬时角速度传递动力的万向联轴器，如球叉式万向联轴器、球笼式万向联轴器等。

1. 十字轴式万向联轴器

十字轴式刚性万向联轴器普遍应用于各类车辆的传动系统中，结构简单，工作可靠，传动效率高，生产成本低，允许相邻两轴的最大交角为15°~20°。车辆上常用的十字轴式刚性万向联轴器基本结构如图1-78所示，由十字轴4、两个万向联轴器叉2与6和滚针轴承等组成。万向联轴器叉上的孔分别松套在十字轴的两对轴颈上。在十字轴轴颈和万向联轴器叉孔之间装有滚针轴承，可以减少摩擦损失，提高传动效率。滚针轴承通过轴承盖1和螺钉固定在万向联轴器叉上。十字轴做成中空，并有油路通向轴颈，润滑油可以从注油嘴3注入，经过十字轴的内腔流到轴颈表面以润滑滚针轴承。十字轴中部装有带弹簧的安全阀5，当十字轴内腔润滑油压力超过允许值时，安全阀被顶开而使润滑油外溢，不致因油压过高而损坏油封。为避免润滑油流出及尘垢进入轴承，十字轴轴颈内端套着带有金属座圈的毛毡油封。目前，为了提高密封性能，十字轴式万向联轴器多采用橡胶油封11，十字轴内腔多余的润滑脂会从油封内圆表面与十字轴轴颈接触处溢出，故无须装安全阀。

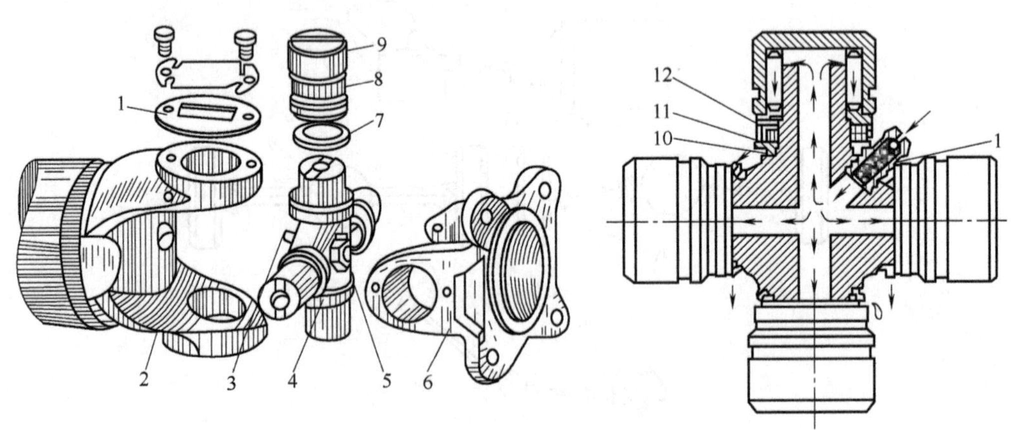

图1-78　十字轴式万向联轴器

1—轴承盖　2、6—万向联轴器叉　3—注油嘴　4—十字轴　5—安全阀　7—油封
8—滚针　9—套筒　10—油封挡盘　11—油封　12—油封座

单个十字轴式万向联轴器在输入轴和输出轴之间有夹角的情况下，输入轴旋转一圈，输出轴也随之旋转一圈，但其瞬时传动比是随输入轴与输出轴相对位置的变化而变化，即两转轴的角速度是不相等的。这种不等速性会使从动轴及与其相连的传动件产生扭转振动，从而

产生附加的交变载荷，影响零部件寿命。

为实现等角速度传动，将两个十字轴万向联轴器按图 1-79 所示的方式安装：使第一个万向联轴器两轴间夹角 α_1 与第二个万向联轴器两轴间夹角 α_2 相等；第一个万向联轴器从动叉与第二个万向联轴器主动叉处于同一平面内。这样有可能使第一个万向联轴器的不等速效应被第二个万向联轴器的不等速效应所抵消，从而实现输入轴和输出轴之间的等角速传动。

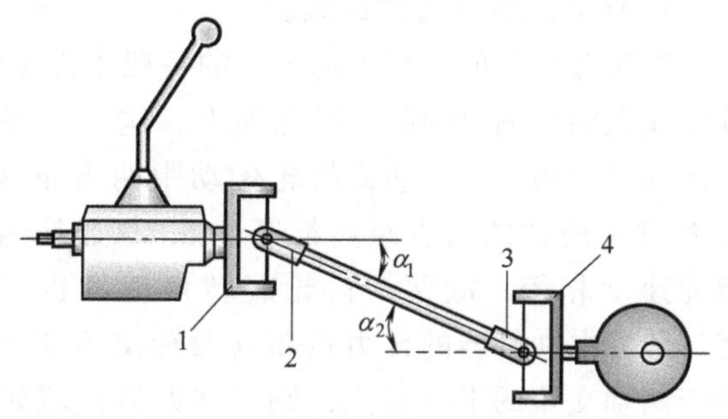

图 1-79 双十字轴式万向联轴器等速传动布置

1、3—主动叉 2、4—从动叉

在车辆驱动轮采用非独立悬架时，由于弹性悬架的振动，驱动桥输入轴与变速器输出轴的相对位置是不断变化的，不可能在任何时候都能保证 α_1 与 α_2 相等，因而只能使两部件间传动的不等速性近似相等。但在某些情况下，如转向驱动桥的分段半轴间，由于轴向尺寸的限制，难以布置双十字轴式刚性万向联轴器传动装置，而需要能单独实现等角速传动的万向联轴器。

2. 双联式准等速万向联轴器

双联式准等速万向联轴器是将双十字轴式万向联轴器中的传动轴长度缩短至最小而得到的一种万向联轴器，如图 1-80 所示。双联叉 3 即相当于处于同一平面上的两个万向联轴器叉及传动轴。欲使主动轴 1 和从动轴 2 的角速度相等，应保证 $\alpha_1=\alpha_2$。为此，有的双联式万向联轴器装有分度机构，使双联叉的对称线平分所连两轴的夹角。

图 1-81 所示为带分度机构的双联万向联轴器。万向联轴器叉 1 的内端有球头，与球碗 6 的内圆面配合，球碗座镶嵌在万向联轴器叉 4 的内端。球头与球碗的中心与十字轴中心的连线中点重合，当万向联轴器叉 1 相对万向联轴器叉 4 在一定角度范围内摆动时，双联叉 7 也被带动偏转相应的角度，使两十字轴中心连线与万向联轴器叉 1 和 4 的轴线交角差值很小，从而保证两轴角速度接近相等，因而双联式万向联轴器具有准等速性。

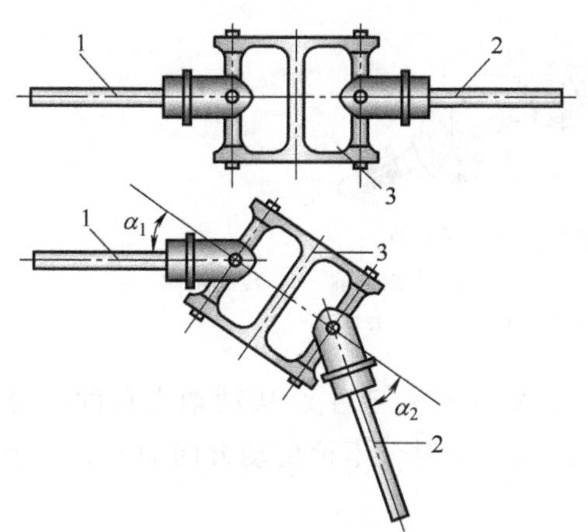

图 1-80 双联式万向联轴器示意图

1、2—轴 3—双联叉

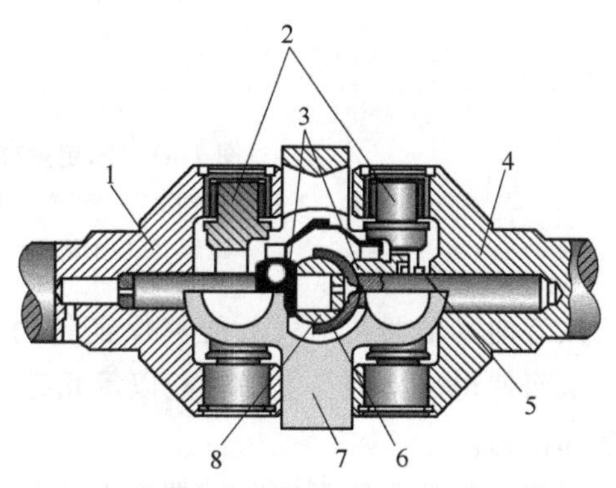

图 1-81 双联式万向联轴器

1、4—万向节叉 2—十字轴 3—油封 5—弹簧 6—球碗 7—双联叉 8—球头

双联式万向联轴器允许有较大的轴间夹角，一般可达50°，效率高，制造方便，工作可靠，但外形尺寸大，零件数目多。

3. 球笼式等速万向联轴器

等速万向节能实现等速传动的一般条件是输入轴与输出轴之间的动力传递接触点始终保持在输入轴与输出轴的角平分面上，这一原理可以通过图1-82所示的一对大小相等的锥齿轮传动来说明。由于两锥齿轮传动中两齿轮接触点 P 位于两齿轮轴线交角 α 的平分面上，由 P 点到两轴的垂直距离都等于 r，P 点处两齿轮的圆周速度相等，故两个齿轮旋转角速度也相等。同理，若万向联轴器的传力点在其两轴交角变化时始终位于两轴交角的平分面上，则可使两万向联轴器叉保持相等的角速度，实现等速传动。目前广泛应用的球笼式万向联轴器就是根据这一原理制成的。

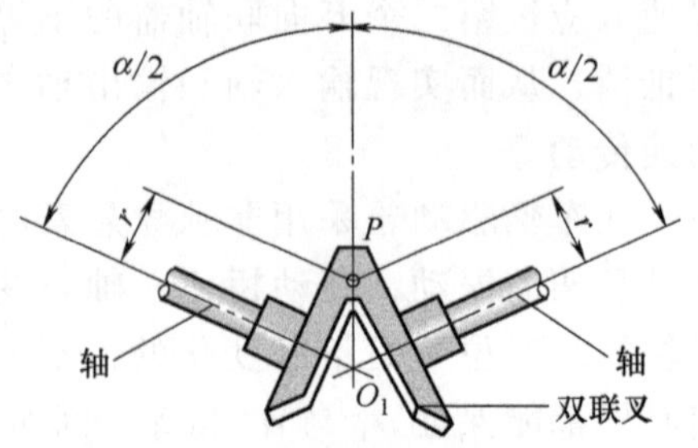

图1-82 等速万向联轴器的基本工作原理

球笼式万向联轴器根据主、从动叉在传递转矩过程中轴向是否产生位移，分为固定型球笼式万向联轴器（RF节）和伸缩型球笼式万向联轴器（VL节）。

图1-83所示为固定型球笼式万向联轴器结构，主要由保持架4、钢球6、星形套7和球形壳8等组成。星形套以内花键与主动轴1相连接，其外表面有六条凹槽，形成内滚道。球形壳的内表面有相应的六条凹槽，形成外滚道。六个传力钢球分别装在各条凹槽中，由保持架（球笼）使之保持在一个平面内。动力由主动轴经钢球、球形壳输出传给驱动轮。

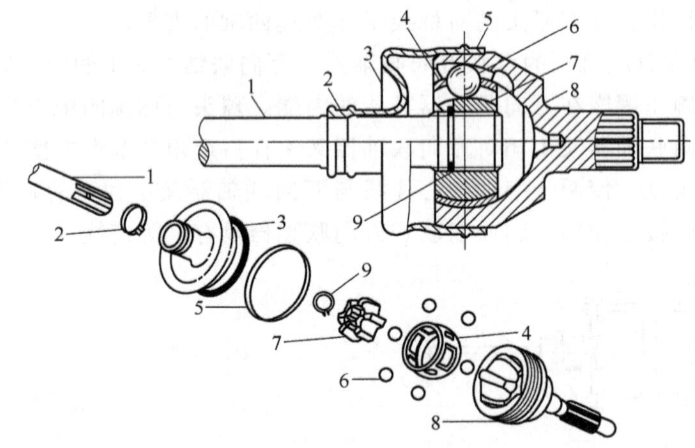

图1-83 固定型球笼式万向联轴器（RF节）

1—主动轴 2—小钢带箍 3—外罩 4—保持架（球笼） 5—大钢带箍 6—传力钢球 7—星形套（内滚道） 8—球形壳（外滚道） 9—卡环

该万向联轴器在结构上能够保证传力钢球在工作时始终位于主、从动轴交角的平分面上，从而使得从动轴与主动轴能以等角速度旋转。而且工作时，不论传动方向如何，六个钢球全部传力。

球笼式等角速度万向联轴器在两轴最大交角达47°的情况下仍可传递转矩，与球叉式万向联轴器相比，其承载能力强，结构紧凑，拆装方便，因此应用越来越广泛。

图1-84所示为伸缩型球笼式万向联轴器，主要由星形套3、保持架2、钢球5和筒形壳

1 等组成。其内、外滚道是圆筒形，星形套与筒形壳之间通过传力钢球沿内、外滚道的滚动实现轴向相对移动，滑动阻力小，适用于断开式驱动桥。因内、外滚道可做轴向移动，使其前轮跳动时的轴向长度补偿量可达 45mm。

RF 节和 VL 节广泛应用于采用独立悬架的轿车转向驱动桥中，RF 节布置在靠近车轮处（外侧），VL 节布置在靠近主减速器一侧（内侧）。

4. 挠性万向联轴器

挠性万向联轴器（图 1-85）依靠其中弹性元件的弹性变形来保证在相交两轴间传动时不发生机械干涉。常用的弹性元件有橡胶盘、橡胶金属套筒、六边形橡胶圈等多种结构形式。由于弹性元件的弹性变形量有限，因此，挠性万向联轴器通常只允许被连接的两轴间的横向偏移量为 3~5mm，倾斜角 3°~4°。在车辆上常用来连接都安装在车架或车身上的两个部件，以消除安装误差和车架变形对传动的影响。挠性万向联轴器还具有缓冲、减振的作用，其结构简单，无须润滑。

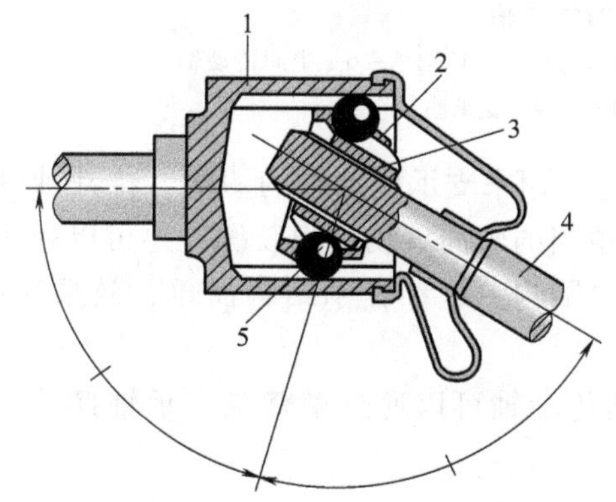

图 1-84 伸缩型球笼式万向联轴器（VL 节）

1—筒形壳（外滚道） 2—保持架（球笼） 3—星形套（内滚道） 4—主动轴 5—钢球

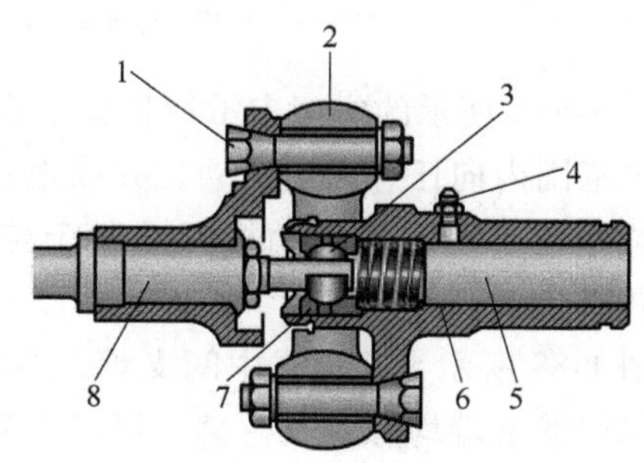

图 1-85 挠性万向联轴器

1—连接螺栓 2—橡胶件 3—定心钢球 4—润滑脂加注孔 5—主动轴 6—传动凸缘 7—球座 8—从动轴

三、传动轴和中间支承

1. 传动轴

传动轴是万向传动装置中的主要传力部件，通常是一壁厚均匀的轴管。为了减轻传动轴的质量，提高轴的强度和刚度，传动轴多制成空心的，一般用厚度为 1.5~3.0mm 的薄钢板卷焊而成，超重型货车的传动轴则直接采用无缝钢管。在转向驱动桥、断开式驱动桥或微型汽车的万向传动装置中，常把传动轴做成实心轴。

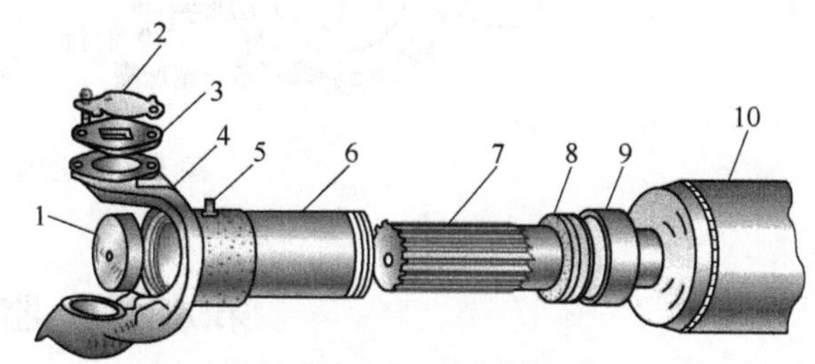

图 1-86 传动轴滑动花键连接

1—盖子 2—盖板 3—盖垫 4—万向联轴器叉 5—注油嘴 6—伸缩套 7—滑动花键轴 8—油封 9—油封盖 10—传动轴管

在工作中，万向传动装置所连接的两部件间距离通常会发生变化，为避免运动干涉，传动轴中设有滑动花键连接部分，如图 1-86 所示，伸缩套 6 套装在传动轴的花键轴 7 上，两者可相对滑动。滑动部位用润滑脂润滑，以减少磨损。

2. 传动轴的中间支承

传动轴过长时，自振频率降低，易产生共振，故常将其分为两段并加中间支承，如图 1-87a 所示。前段称为中间传动轴，后段称为主传动轴。通常中间支承安装在车架的横梁上，不同的车辆采用不同的中间支承方式。中间支承应能补偿传动轴轴向和角度方向的安装误差及车辆行驶过程中由于发动机窜动或车架变形所引起的位移。

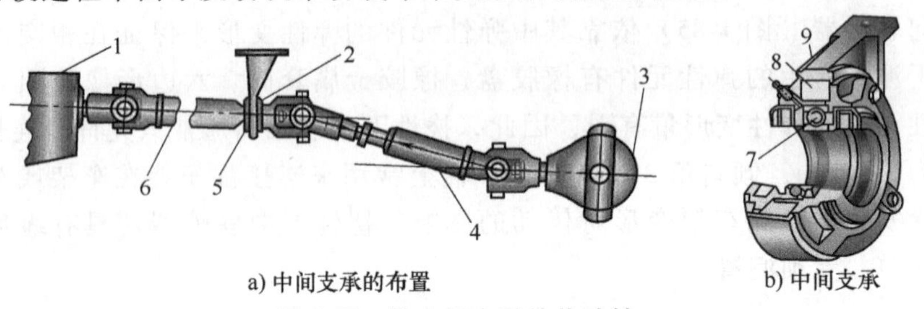

a) 中间支承的布置　　b) 中间支承

图 1-87　带中间支承的传动轴

1—变速器　2—中间支承　3—后驱动桥　4—主传动轴　5—球轴承　6—中间传动轴　7—球轴承　8—中间轴承缓冲垫　9—支承座

图 1-87b 所示的中间支承结构固定在车架横梁上，用来支承传动轴的一端。传动轴可以在一定范围内向任意方向摆动，并能随轴承一起做适当的轴向移动，橡胶缓冲垫可以补偿车身（或车架）变形和发动机振动对于传动轴位置的影响。这种支承结构简单，效果良好，应用较广泛。

图 1-88 所示为摆动式中间支承，其特点是中间传动轴可以通过摆臂绕支承轴摆动；支承轴和摆臂下端均有橡胶衬套，可以改善轴承受力。

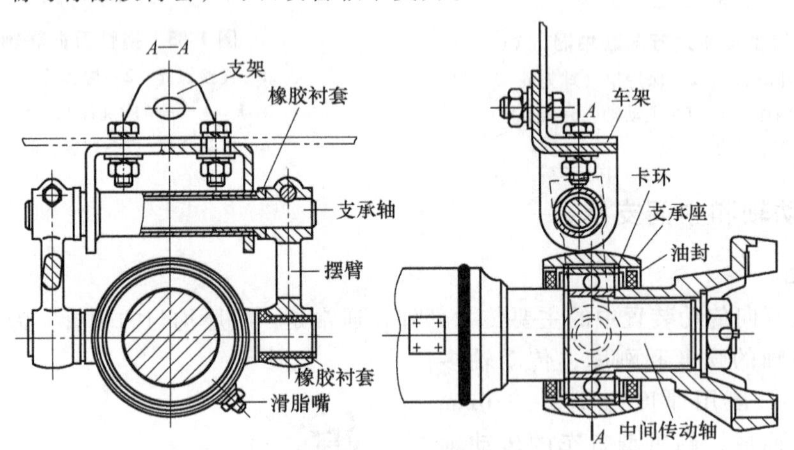

图 1-88　摆动式中间支承

第六节　驱　动　桥

一、驱动桥的功用及类型

驱动桥是汽车传动系统中的最后一个总成，由主减速器、差速器、半轴和驱动桥壳等构成。驱动桥的主要功用是：将传动装置传来的发动机转矩通过主减速器、差速器、半轴等传到驱动车轮，进一步降速增矩；通过主减速器圆锥齿轮副改变转矩的传递方向；通过差速器实现两侧车轮差速作用，保证内、外侧车轮以不同转速转向；通过桥壳体和车轮实现承载及传力作用。

根据传动方案不同，驱动桥可分为普通驱动桥、转向驱动桥、变速驱动桥等。按结构不同，驱动桥可分为非断开式驱动桥与断开式驱动桥。

非断开式驱动桥如图 1-89 所示，与非独立悬架配合使用。变速器输出的动力经万向传动装置首先传给主减速器 2，再经差速器 3 分配给左右半轴 4，最后传至驱动车轮的轮毂 5。其驱动桥壳 1 由主减速器壳和半轴套管组成，轮毂 5 借助轴承支承在半轴套管上。驱动桥两端通过悬架与车架连接，左右半轴始终在一条直线上，左右驱动轮不能相互独立地跳动。

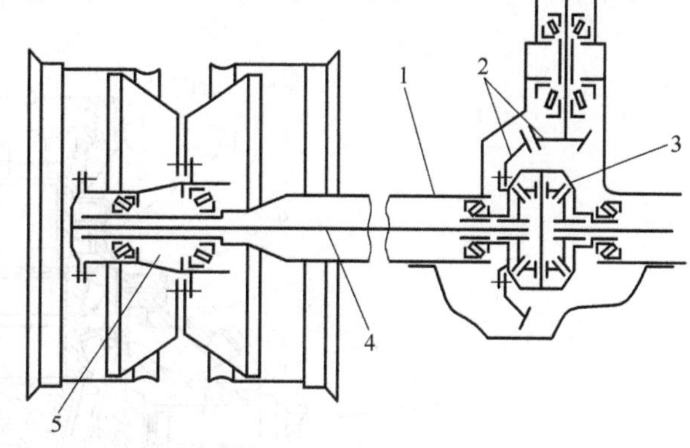

图 1-89 非断开式驱动桥

1—驱动桥壳 2—主减速器 3—差速器 4—半轴 5—轮毂

为提高车辆行驶的平顺性和通过性，有些轿车和越野车全部或部分驱动轮采用独立悬架，将两侧的驱动轮分别通过悬架与车架相连，两驱动轮可以独立地相对于车架上下跳动。与此对应的驱动桥壳制成分段式并通过铰链连接，主减速器 1 固定在车架上，这种驱动桥称为断开式驱动桥，如图 1-90 所示。两侧车轮 5 分别通过各自的弹性元件 3、减振器 4 和摆臂 6 组成的弹性悬架与车架相连。为适应车轮绕摆臂轴 7 上下跳动的需要，差速器与轮毂之间的半轴 2 两端用万向联轴器连接。

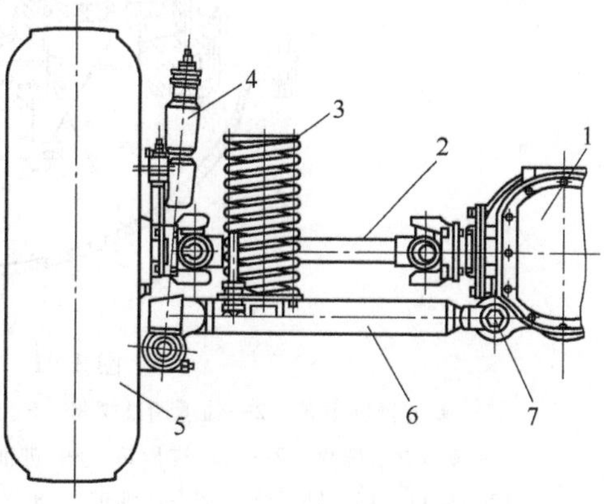

图 1-90 断开式驱动桥

1—主减速器 2—半轴 3—弹性元件 4—减振器 5—车轮 6—摆臂 7—摆臂轴

二、主减速器

主减速器（在拖拉机上被称为中央传动）的功用是将输入转矩增大并相应降低其转速。对于纵向布置的发动机，还需通过其改变转矩的方向，满足车辆行驶要求。根据不同的使用要求，主减速器有不同的结构形式。

按齿轮传动副的数目分，有单级式和双级式。在双级式主减速器中，若第二级减速器齿轮有两副，并分置于两侧车轮附近，构成实际独立部件，则称其为轮边减速器。

按主减速器齿轮传动比档数分，有单速式和双速式。单速式的传动比是固定的；双速式有供驾驶员选择的两个传动比，以适应不同工作条件。

按齿轮传动副的结构形式分，有圆柱齿轮式（又可分为轴线固定式和轴线旋转式）、弧齿锥齿轮式、准双曲面齿轮式和蜗轮蜗杆式等。

1. 单级主减速器

图 1-91 所示为某汽车单级主减速器总成，由一对准双曲面齿轮 18、7 及其支承调整装置、主减速器壳 4 等组成。主、从动锥齿轮必须保证正确的相对位置，以减少磨损、提高效率、降低噪声。单级主减速器具有结构简单、体积小、质量轻和传动效率高等优点。轿车、轻型与中型货车（包括拖拉机）采用单级主减速器即可满足汽车动力性要求。

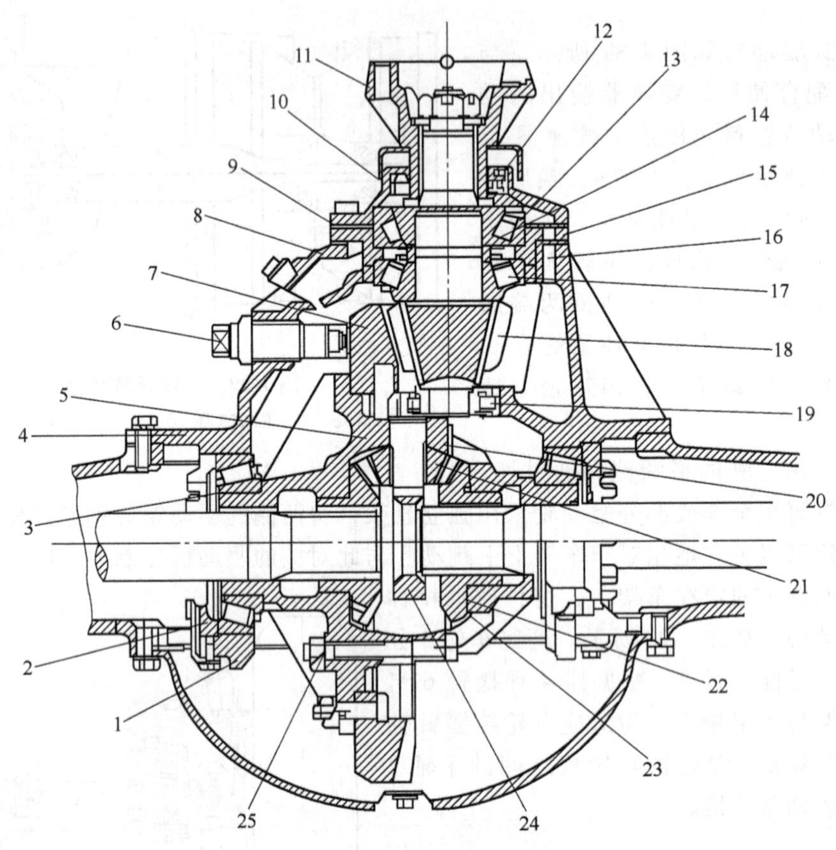

图 1-91　某汽车单级主减速器

1—差速器轴承盖　2—轴承调整螺母　3、13、17—圆锥滚子轴承　4—主减速器壳　5—差速器壳　6—支承螺栓　7—从动锥齿轮　8—进油道　9、14—调整垫片　10—防尘罩　11—叉形凸缘　12—油封　15—轴承座　16—回油道　18—主动锥齿轮　19—圆柱滚子轴承　20—行星齿轮球面垫片　21—行星齿轮　22—半轴齿轮推力垫片　23—半轴齿轮　24—行星齿轮轴（十字轴）　25—螺栓

为保证锥齿轮有足够的支承刚度，主动锥齿轮与输入轴制成一体，其前端支承在相互贴近且小端相向的两个圆锥滚子轴承 13 和 17 上；后端支承在圆柱滚子轴承 19 上，形成可靠的跨置式支承。环形从动锥齿轮齿圈通过螺栓固连在差速器壳 5 上，而差速器壳利用两个圆锥滚子轴承支承在主减速器壳上的轴承座孔中。

圆锥滚子轴承装配时应使其具有一定的预紧度。为此，在轴承 13 和 17 之间装有调整垫片 14，通过增减垫片厚度来改变轴承预紧度大小。支承差速器壳的圆锥滚子轴承 3 的预紧度，是利用其两侧轴承调整螺母 2 分别调整，若拧入调整螺母则轴承预紧度增加，拧出调整螺母，预紧度减小。

锥齿轮啮合的调整包括啮合印痕和齿侧间隙两个方面。啮合印痕可以通过增减主减速器壳 4 与主动锥齿轮轴承座 15 之间的调整垫片 9 的厚度来调整，若增加垫片厚度，主动锥齿轮轴前移，减少垫片厚度，则主动锥齿轮后移。齿侧间隙通过拧动两端调整螺母 2 来实现，当一端螺母拧入时，另一端螺母应拧出。此时，若使从动锥齿轮靠近主动锥齿轮，则啮合间隙减小，远离主动锥齿轮，则啮合间隙增大。值得注意的是，调整齿侧间隙时，为保证已调好的轴承预紧度不变，应使一端螺母拧入的圈数等于另一端螺母拧出的圈数。

为限制从动锥齿轮因过度变形而影响正常啮合，在其背面装配了可调支承螺栓 6，并使该螺栓与齿轮背面间隙为 0.3~0.5mm。

2. 双级主减速器

根据发动机特性和汽车使用条件，若采用减速比较大的单级主减速器，则由于结构尺寸增大，不能保证足够的离地间隙而影响车辆的通过性。因此，需要采用两对齿轮减速的双级主减速器。

图 1-92 所示为某汽车双级主减速器。第一级减速比由弧齿锥齿轮 11 和 16 构成；第二级减速比由斜齿圆柱齿轮 5 和 1 构成。

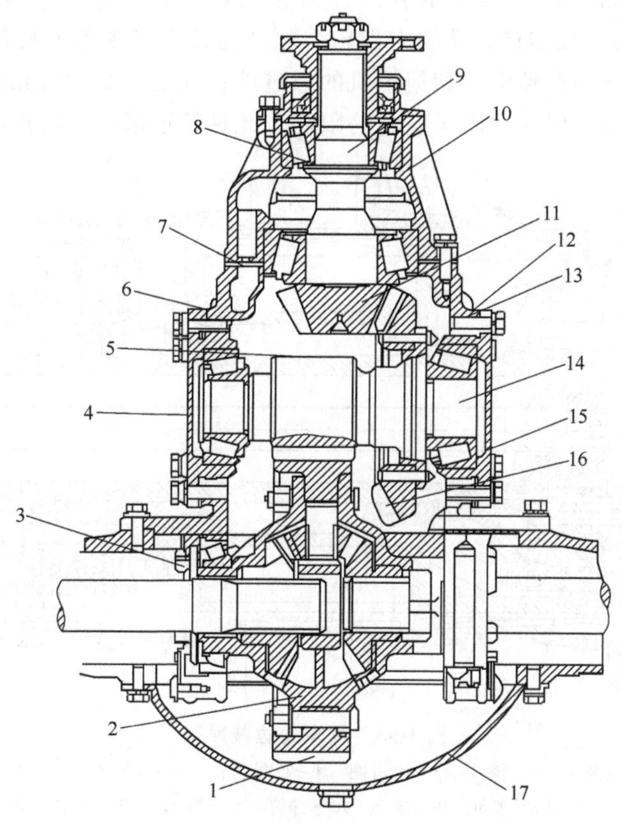

图 1-92　某汽车双级主减速器

1—第二级从动齿轮　2—差速器壳　3—调整螺母　4、15—轴承盖　5—第二级主动齿轮
6、7、8、13—调整垫片　9—第一级主动锥齿轮轴　10—轴承座　11—第一级主动锥齿轮
12—主减速器壳　14—中间轴　16—第一级从动锥齿轮　17—后盖

第一级主动锥齿轮 11 与主动轴 9 制成一体，依靠相距尽可能远的两个圆锥滚子轴承支承在轴承座 10 内；环状从动锥齿轮齿圈用铆钉固连在中间轴 14 的凸缘上。第二级主动圆柱齿轮与中间轴制成一体，轴两端分别采用圆锥滚子轴承支承在主减速器壳 12 两侧的轴承盖 4 和 15 内；从动圆柱齿轮采用螺栓固连在差速器壳 2 上。

主动锥齿轮轴轴承预紧度通过增减调整垫片 8 的厚度来实现。中间轴圆锥滚子轴承预紧度则分别靠增减两侧轴承盖与主减速器壳之间的调整垫片 6 和 13 的厚度来实现。支承差速器壳的圆锥滚子轴承的预紧度通过拧动调整螺母 3 来实现。

为便于进行锥齿轮副的啮合调整，两锥齿轮的轴向位置均可适当移动。增减轴承座和主减速器壳之间调整垫片 7 的厚度，可改变主动锥齿轮的轴向位置。对于从动锥齿轮，若将部分左轴承盖处的调整垫片移到右轴承盖处的调整垫片中，则使从动锥齿轮右移，反之则左移。若左右两组垫片的减量和增量不等，必将破坏事先调好的中间轴轴承的预紧度。

3. 轮边减速器

有的重型汽车、越野车和大型客车，不仅要求有较大的主传动比，而且要求有较大的离地间隙。为此，将双级主减速器中的第二级减速齿轮机构做成同样两套，分设在车辆两侧驱动轮的近旁，称为轮边减速器（图 1-93）。第一级仍称为主减速器。在同级越野车、大型客车和拖拉机上，还经常采用一对外啮合圆柱齿轮组成轮边减速器（拖拉机中称为最终传动）。其主动小齿轮与半轴连接，从动大齿轮与轮毂连接。当主动齿轮位于上方时，驱动桥离地间隙增大，有利于提高越野车和拖拉机的通过性；反之，驱动桥壳离地高度降低，有利于降低客车地板的高度，但往往由于空间的限制，此种轮边减速器的传动比是有限的。

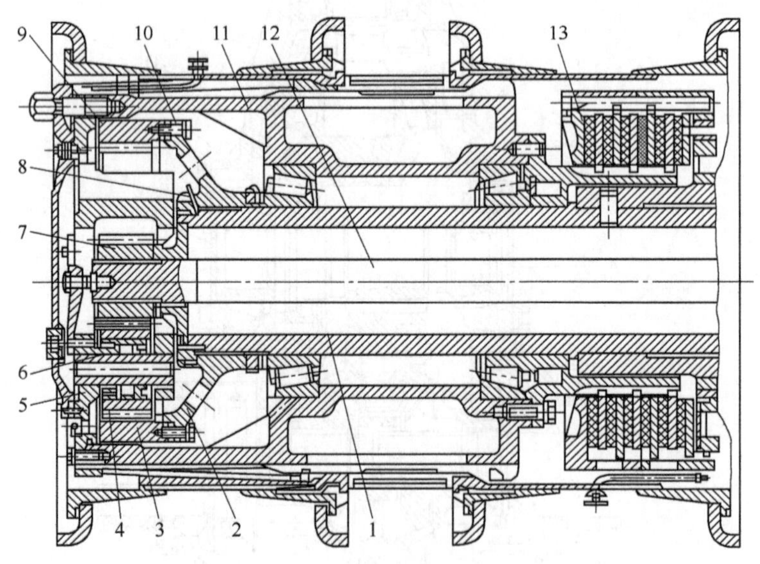

图 1-93 汽车轮边减速器

1—半轴套管 2—齿圈座 3—内齿圈 4—行星齿轮 5—行星架 6—行星齿轮轴 7—太阳轮 8—锁紧螺母 9—螺栓 10—螺钉 11—轮毂 12—半轴 13—制动器

4. 双速主减速器

有些汽车为了充分提高动力性和经济性，采用的主减速器具有可供驾驶员选用的两档传动比，称为双速主减速器（图 1-94）。双速主减速器与普通变速器相配合，可得到双倍于变速器的档位。双速主减速器的高低档减速比是根据汽车的使用条件、发动机功率及变速器各档速比的大小来选定的。大的主减速比用于车辆满载行驶或在困难道路上行驶，以克服较大的行驶阻力并减少变速器中间档位的变换次数；小的主减速比则用于车辆空载、半载行驶或在良好路面上行驶，以改善车辆的燃料经济性和提高平均车速。

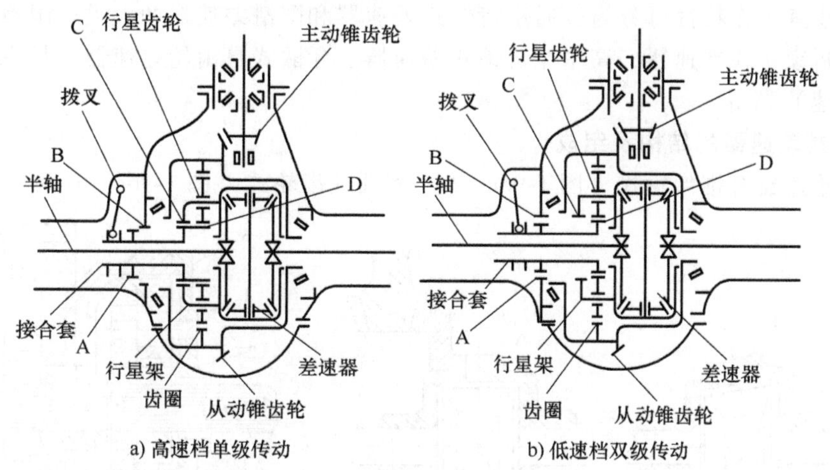

图 1-94 双速主减速器

A—接合套短齿接合齿圈 B—固定在全减速器壳上的接合齿圈 C—行星架的内齿圈 D—接合套长齿接合齿圈

5. 贯通式主减速器

有些多轴驱动的越野汽车，为使结构简化，增大离地间隙，分动器到同一方向的两驱动桥之间只用一套万向传动装置。这样，传动轴须从距离分动器较近的驱动桥中穿过，再通向距离分动器较远的驱动桥，这种被传动轴穿过的驱动桥称为贯通式驱动桥（图 1-95）。

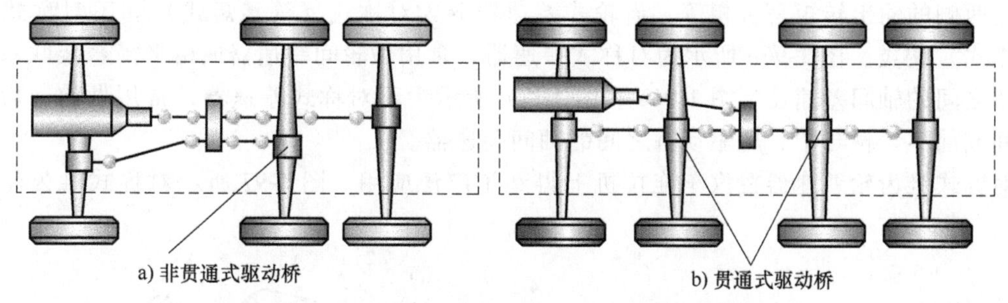

图 1-95 非贯通式驱动桥与贯通式驱动桥的布置简图

三、差速器

差速器的功用是使左右驱动轮能以不同的转速转动并传递动力。

汽车拖拉机转向行驶时，两侧驱动轮在同一时间内驶过的距离是不相等的，外侧车轮驶过的距离比内侧车轮长。若两侧驱动轮用一根轴刚性连接，则两轮只能以相同的角速度旋转，此时外侧车轮必然是边滚动边滑移，内侧车轮是边滚动边滑转。车辆即使是直线行驶，也会因路面不平或轮胎滚动半径不等而引起车轮滑动。车轮对路面的滑动不仅会加剧轮胎的磨损，增加功率和燃料消耗，而且可能导致转向和制动性能变差，所以在车辆行驶中应尽量减少车轮的滑动。为此，将两侧驱动轮分别与左右半轴连接，左右半轴则用差速器连接。这种装在同一驱动桥两侧驱动轮之间的差速器称为轮间差速器。在某些多轴驱动的越野汽车上，为使各驱动桥能以不同的角速度旋转，以消除各桥上驱动轮的滑动现象，在两驱动桥之间装有轴间差速器。

差速器按其工作特性可分为普通锥齿轮式差速器和限滑差速器两大类。限滑差速器常见的形式有强制锁止式差速器、高摩擦自锁式差速器、牙嵌式自由轮差速器、托森差速器、黏性联轴（差速）器等。

1. 齿轮式差速器的结构及组成

齿轮式差速器有锥齿轮式（图 1-96a、b）和圆柱齿轮式（图 1-96c）两种。

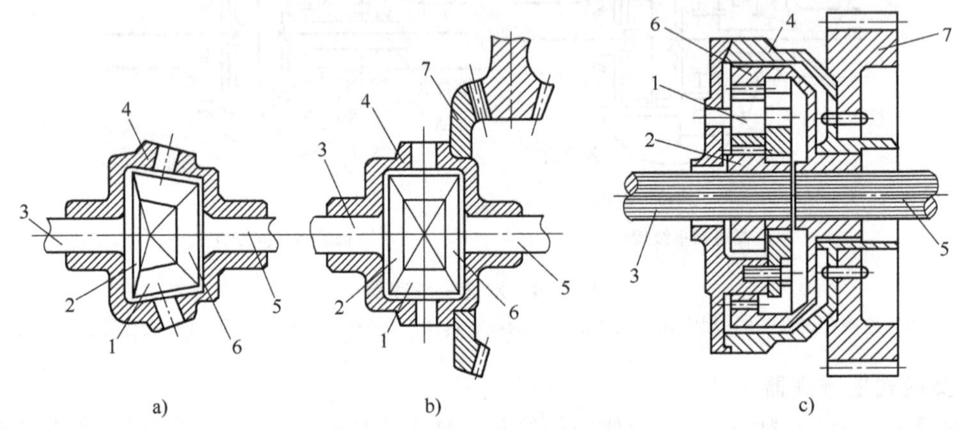

图 1-96　齿轮式差速器

1—行星齿轮　2、6—半轴齿轮　3、5—半轴　4—差速器壳（行星架）　7—动力输入齿轮

按两侧的输出转矩是否相等，齿轮式差速器分为对称式（等转矩式）和不对称式（不等转矩式）两类。图 1-96b 所示为对称式差速器，常用做轮间差速器或由平衡悬架联系的两驱动桥之间的轴间差速器。图 1-96a 和图 1-96c 所示为不对称式差速器，常用做前、后驱动桥之间或前驱动桥与中、后驱动桥之间的轴间差速器。

对称式锥齿轮差速器在汽车拖拉机上得到了广泛应用。图 1-97 所示对称式锥齿轮差速

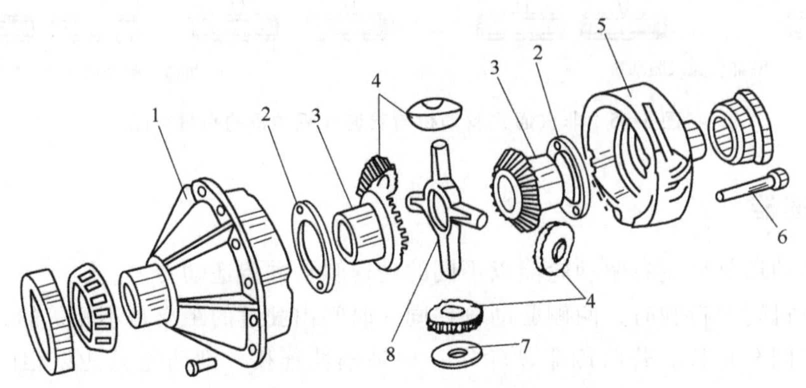

图 1-97　十字轴式对称式锥齿轮差速器零件分解图

1—差速器左壳　2—半轴齿轮推力垫片　3—半轴齿轮（2 个）　4—行星轮（4 个）

5—差速器右壳　6—螺栓　7—行星齿轮球面垫片　8—行星齿轮轴（十字轴）

器主要由四个行星轮、行星齿轮轴、两个半轴齿轮和差速器壳等组成。差速器壳分为左壳和右壳，用螺栓紧固在一起。主减速器从动齿轮用铆钉或螺栓固定在差速器右壳的凸缘上。行星齿轮轴的四个轴颈装在差速器两半壳端面上相应的凹槽所形成的孔内，每个轴颈上松套着一个直齿圆锥行星齿轮，四个行星轮与两个直齿圆锥半轴齿轮常啮合。半轴齿轮以其轴颈支撑在差速器壳相应的孔中，并通过内花键与半轴相连。为使行星齿轮更好地对正中心，以利于半轴齿轮正确啮合，行星齿轮背面和差速器壳相应位置的内表面均做成球面。在各齿轮与差速器壳之间都装有减摩垫片。

工作时，动力通过主减速器的从动齿轮依次经差速器壳、十字轴、行星轮、半轴齿轮和半轴传至驱动轮。

微型及部分轻型载货汽车和大部分轿车的车桥，因主减速器输出的转矩不大，所以可用两个行星齿轮，如图 1-98 所示。因此，行星齿轮轴相应为一根直销轴，差速器壳制成整体式的，在其前后两侧开有大窗口，便于拆装行星齿轮和半轴齿轮。

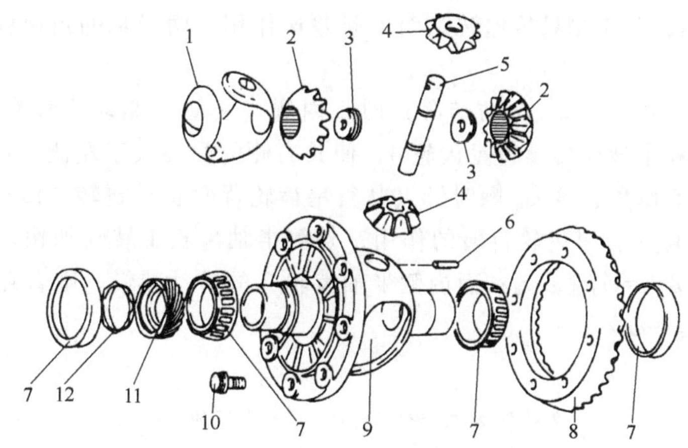

图 1-98　一字轴式对称式锥齿轮差速器零件分解图

1—球形耐磨垫片　2—半轴齿轮　3—防转螺母　4—行星轮　5—行星齿轮轴　6—锁销　7—圆锥滚子轴承　8—从动锥齿轮　9—差速器壳　10—螺栓　11—里程表主动齿轮　12—里程表主动齿轮衬套

2. 普通锥齿轮差速器的差速原理

锥齿轮差速器是一种行星齿轮机构，车辆在行驶中，行星齿轮一般存在两种运动状态：当两侧驱动轮所受阻力相等时，行星齿轮只随十字轴及差速器壳绕半轴轴线转动，即公转，并通过半轴齿轮和半轴带动两侧驱动轮以相同的转速转动，此时差速器只传递转矩而不起差速作用；当两侧驱动轮所受阻力不等时，行星齿轮在做公转的同时，还绕自身轴线转动，即在公转的同时又自转，从而使一侧驱动轮转速增加，另一侧驱动轮转速减小，即两侧驱动轮以不同的转速转动，此时差速器在传递转矩的同时还起差速作用。

下面通过图 1-99 来说明差速器的差速原理。差速器壳 3 与行星齿轮轴 5 连成一体，形成行星架，是差速器的主动件。半轴齿轮 1、2 为从动件。设差速器壳的角速度为 ω_0，两半轴齿轮的角速度分别为 ω_1 和 ω_2，行星齿轮自转角速度为 ω_4。A，B 两点分别为行星齿轮 4 与两半轴齿轮的啮合点。行星齿轮的中心点为 C；A、B、C 三点到差速器旋转轴线的距离为 r。

1）当车辆直线行驶时，两侧驱动轮受的阻力相同，此阻力通过车轮、半轴反传到行星

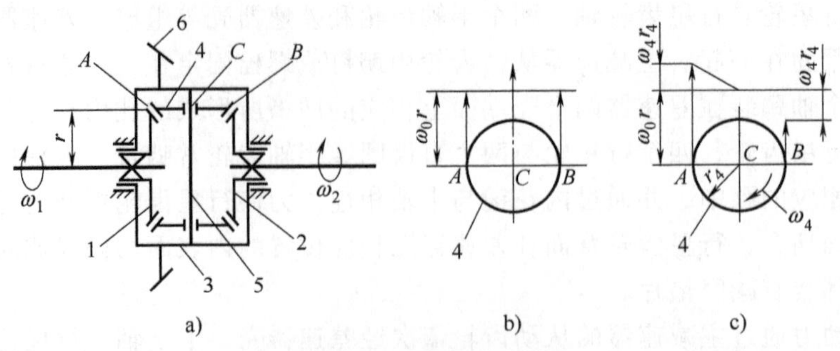

图 1-99　差速器差速原理

1、2—半轴齿轮　3—差速器壳　4—行星齿轮　5—行星齿轮轴　6—主减速器从动齿轮

齿轮上，行星齿轮受力平衡而不自转，只随行星架绕差速器的旋转轴线公转。此时处在同一半径 r 上的 A、B、C 三点的圆周速度都相等（图 1-99b），其值为 $\omega_0 r$。于是 $\omega_1=\omega_2=\omega_0$，也可写成 $\omega_1+\omega_2=2\omega_0$，差速器只传递转矩而不起差速作用，两半轴的角速度等于差速器壳的角速度。

2）当车辆转弯行驶（假设为右转弯）时，内侧（右侧）驱动轮所受的阻力大于外侧，两轮的阻力经车轮和半轴反传至行星齿轮 4，使其右侧的受力大于左侧，行星齿轮受力不平衡而绕行星齿轮轴 5 以角速度 ω_4 顺时针（从行星齿轮背面看）自转，即行星齿轮既公转又自转（图 1-99c）。由于行星齿轮自转的作用，外侧半轴齿轮 1 转动加快，啮合点 A 的圆周速度增加，其值为 $\omega_1 r=\omega_0 r+\omega_4 r_4$；而内侧半轴齿轮 2 的转动减慢，啮合点 B 的圆周速度减小，其值为 $\omega_2 r=\omega_0 r-\omega_4 r_4$。

于是

$$\omega_1 r+\omega_2 r=(\omega_0 r+\omega_4 r_4)+(\omega_0 r-\omega_4 r_4) \tag{1-13}$$

即

$$\omega_1+\omega_2=2\omega_0 \tag{1-14}$$

若角速度以每分钟的转速 n 表示，则有

$$n_1+n_2=2n_0 \tag{1-15}$$

此即两半轴齿轮直径相等的锥齿轮差速器的运动特性方程式。它表明：左右两侧半轴齿轮的转速之和等于差速器壳转速的两倍。

由这一运动特性可知：

1）当任一侧半轴齿轮的转速为零时，另一侧半轴齿轮的转速为差速器壳转速的两倍。这种情况相当于车辆原地滑转时，处于良好路面的一侧车轮不转，而处于泥泞松软路面的另一侧车轮必然以两倍于差速器壳的转速滑转。

2）当差速器壳转速为零时，若一侧半轴齿轮受其他外来力矩而转动，则另一侧半轴齿轮即以相同的转速反向转动。

3. 普通锥齿轮差速器的转矩均分特性

在普通锥齿轮差速器中，由主减速器传来的转矩 M_0 经差速器壳、行星齿轮轴和行星齿轮传给两侧半轴齿轮。行星齿轮相当于一个等臂杠杆，而两半轴齿轮半径也相等。因此，当行星齿轮没有自转时，总是将转矩 M_0 平均分配给左右两半轴齿轮，即

$$M_1=M_2=\frac{1}{2}M_0 \tag{1-16}$$

当两半轴齿轮以不同的转速朝相同的方向转动时，设左半轴转速 n_1 大于右半轴转速 n_2 则行星齿轮将按图 1-100 上顺时针箭头 n_4 方向绕行星齿轮轴自转，此时行星齿轮孔与行星齿轮轴颈间以及齿轮背部与差速器壳之间都产生摩擦。行星齿轮所受的摩擦力矩 M_4 的方向与其自转方向相反，此摩擦力矩使行星齿轮分别对左右半轴齿轮附加作用了大小相等而方向相反的两个圆周力 F_1 和 F_2。F_1 使传到转得快的左半轴上的转矩 M_1 减小，而 F_2 却使传到转得慢的右半轴上的转矩 M_2 增加。因此，当左右驱动轮存在转速差时，差速器分配给两侧驱动轮的转矩为

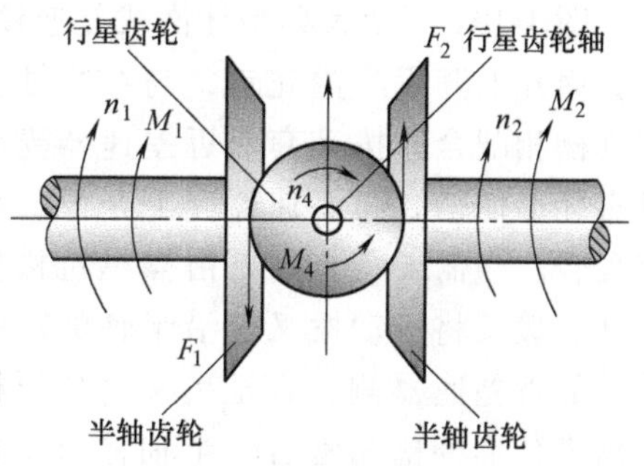

图 1-100 差速器转矩分配

$$M_1=\frac{1}{2}(M_0-M_r) \tag{1-17}$$

$$M_2=\frac{1}{2}(M_0+M_r) \tag{1-18}$$

左右驱动轮上的转矩之差等于差速器的内摩擦力矩 M_r。

差速器内摩擦力矩 M_4 与其输入力矩 M_0 之比定义为差速器锁紧系数 K，可以用来衡量差速器内摩擦力矩的大小及转矩分配特性。

$$K=M_r/M_0 \tag{1-19}$$

普通锥齿轮差速器的内摩擦力矩很小，其锁紧系数 K 仅为 0.05~0.15。故可以认为，无论左右驱动轮的转速是否相等，而转矩总是平均分配的。此即普通锥齿轮差速器的转矩均分特性。

普通锥齿轮差速器平均分配转矩的特性对车辆在不良路面上的行驶带来不利的影响。例如当车辆的一个驱动轮接触到泥泞或冰雪路面时，即使另一驱动轮在良好路面上，车辆往往仍不能前进。此时在泥泞路面上的驱动轮原地滑转，而在好路面上的驱动轮却静止不动。这是因为在泥泞路面上的车轮与路面之间的附着力很小，路面只能对半轴作用很小的反作用转矩，故差速器分配给此车轮的转矩也很小，尽管另一驱动轮与良好路面间的附着力较大，但因普通差速器平均分配转矩的特点，使这一驱动轮也只能分到与滑转驱动轮等量的转矩，以致总的驱动力不足以克服行驶阻力，车辆便不能前进。为提高车辆在不良路面的通过能力，可采用差速锁或限滑差速器。

4. 差速锁

差速锁指的是当一个驱动轮打滑时，将差速器壳与半轴锁紧成一体，使差速器失去差速作用，可以把全部转矩转移到另一侧驱动轮上。强制锁止式差速锁的结构简单、易于制造、工作可靠、性能良好，所以在越野车辆中得到了较广泛的应用。但其操纵不便，一般要在停车时进行，特别是由于驾驶员难以掌握锁止或解锁的恰当时机，从而可能给汽车性能带来不利影响。如果锁止过早或解锁过迟，容易造成传动系统的功率循环，增加油耗，并造成传动部件超载，加速机件和轮胎的磨损；如果锁止过迟或解锁过早，又将使越野车辆的通过性降

低，无法发挥差速锁的优点。而限滑差速器起动时更柔和，有较好的稳定性和舒适性，所以被广泛应用在不少城市 SUV 和轿车上。随着汽车技术的不断发展，电子限滑差速器也越来越多。

图 1-101 所示为典型牙嵌式差速锁结构，该差速锁主要由拨叉总成、拨叉套等组成，拨叉套内孔上开设有内花键，与在半轴上开设的花键槽相配合；拨叉套靠近差速器壳侧端面开设有牙形榫槽，与差速器壳上开设的牙形榫槽相配合。当需要锁止时，由操纵机构操纵拨叉运动，拨叉将推动拨叉套沿半轴的轴线方向运动并靠近差速器侧，直至拨叉套牙形榫槽与差速器壳牙形榫槽相啮合，半轴将与差速器壳完成锁止，也即实现差速器左、右半轴将与差速器壳同步旋转，差速器将失去差速作用而进入锁止状态。当不需要锁止时，由操纵机构操纵拨叉反向运动，拨叉套牙形榫槽与差速器壳牙形榫槽脱离啮合，半轴与差速器壳随之脱离锁止，差速器恢复差速状态。

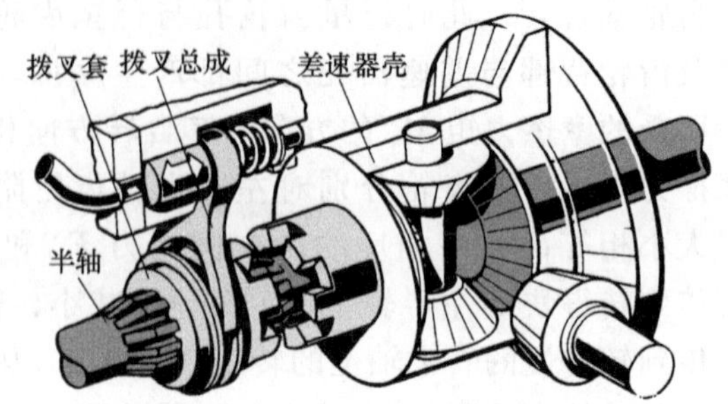

图 1-101　典型牙嵌式差速锁结构

5. 限滑差速器

限滑差速器是一种能根据路面情况自动改变或控制驱动轮间转矩分配的差速器，其特点是当一侧驱动轮在不良路面上滑转时，能使大部分甚至全部转矩传给在良好路面上的驱动轮，以充分利用这一驱动轮的附着力来产生足够的驱动力，使车辆能继续行驶。

限滑差速器按其工作原理可分为转矩敏感式、转速敏感式和主动控制式三大类。

转矩敏感式限滑差速器指差速器的限滑转矩主要与差速器壳的输入转矩密切相关联，简称转矩式限滑差速器。转速敏感式限滑差速器指差速器的限滑转矩主要与差速器左、右半轴的转速差密切相关联，简称转速式限滑差速器。主动控制式限滑差速器也就是电子限滑差速器，是在电子车身稳定系统的基础上改进而来的。电子系统会对四个车轮的转速进行检测，当发现有轮胎因为打滑，从而转速明显比其他轮子转速快得多的时候，系统会控制制动对打滑轮进行制动，使动力不会继续流失，从而让有附着力的车轮得到动力，驱动车辆脱困，能使两侧驱动轮实时获得更好的驱动附着效果，简称主动式限滑差速器。

转矩式限滑差速器因具有性能优越、价格适中等优点而获得市场的青睐；而转速式限滑差速器一般是借助于液体的黏摩擦特性或是特殊齿形来实现对差动速度的感知。随着科技发展和电子技术的突破，主动控制式限滑差速器将有更好的发展空间。

（1）转矩限滑式差速器　托森差速器是一种转矩限滑式差速器，根据在汽车中应用部位的不同，可分为中央差速器和轮间差速器两种。它利用蜗轮蜗杆传动的不可逆性原理和齿面高摩擦条件，使差速器根据其内部差动转矩（即差速器的内摩擦转矩）的大小而自动锁死或松开，即当差速器内差动转矩较小时起差速作用，而当差速器内差动转矩过大时差速器将自动锁死，这样可以有效地提高汽车的通过能力。

托森中央差速器（轴间差速器）的结构如图 1-102 所示，由差速器壳、蜗轮轴（6 个）、前轴蜗杆、后轴蜗杆和直齿圆柱齿轮（12 个）、蜗轮（6 个）等组成。空心轴和差速器外壳通过花键相连而一同转动。每个蜗轮轴上的中间有一个蜗轮和两个尺寸相同的直齿圆柱齿轮（也叫作行星齿轮）。蜗轮和直齿圆柱齿轮通过蜗轮轴安装在差速器外壳上。其中三个蜗轮与前轴蜗杆啮合，另外三个蜗轮与后轴的蜗杆相啮合。与前、后轴蜗杆相啮合的蜗轮彼此通过直齿圆柱齿轮相啮合，前轴蜗杆和驱动前桥的差速器前齿轮轴为一体，后轴蜗杆和驱动后桥的差速器后齿轮轴为一体。

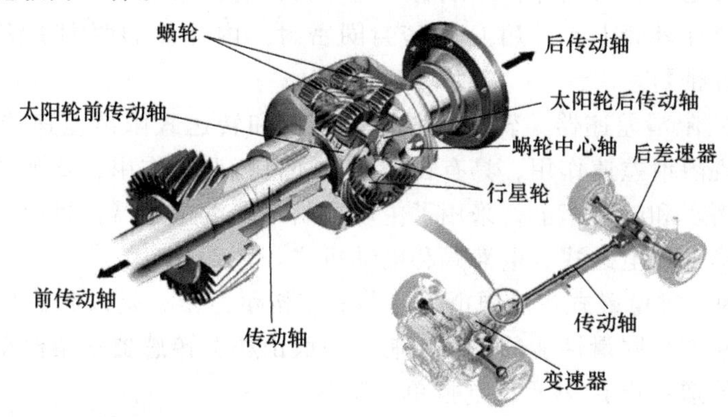

图 1-102 托森轴间差速器

托森轮间差速器的结构如图 1-103 所示。托森轮间差速器与托森中央差速器的区别仅在于前者的输入转矩是经主减速器从动齿轮直接传给差速器壳体，而不需要托森轴间差速器所具有的空心驱动轴，除此以外，其他结构完全相同。每个蜗轮-齿轮轴的中间有一个蜗轮，其两侧各有 1 个尺寸完全相同的直齿圆柱齿轮，而蜗轮-齿轮轴则安装在差速器壳体上。左半轴蜗杆与左边 3 个蜗轮相啮合，右边 3 个蜗轮与右半轴蜗杆相啮合，而与左、右半轴蜗杆相啮合的成对的蜗轮彼此之间则通过其两侧相互啮合的圆柱齿轮发生联系。左半轴蜗杆与左半轴为一体，右半轴蜗杆与右半轴为一体。差速器壳与主减速器从动齿轮盘相连，是差速器的动力输入元件。差速器壳又带动蜗轮-齿轮轴及蜗轮绕半轴蜗杆转动，实现动力从差速器壳体到蜗杆轴进而到车轮的传递。

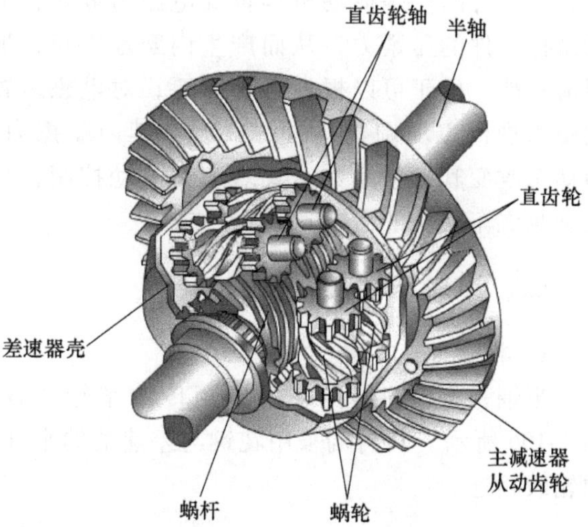

图 1-103 托森轮间差速器

（2）转速限滑式差速器 最典型的转速限滑式差速器为黏性式差速器，它是一种利用液体的黏性摩擦特性来实现限滑的差速器，其限滑功能取决于前后轴（轴间差速器）或左右轮（轮间差速器）转速之差。

黏性式差速器很像一个密封在壳体中的多片离合器，其基本结构如图 1-104 所示。

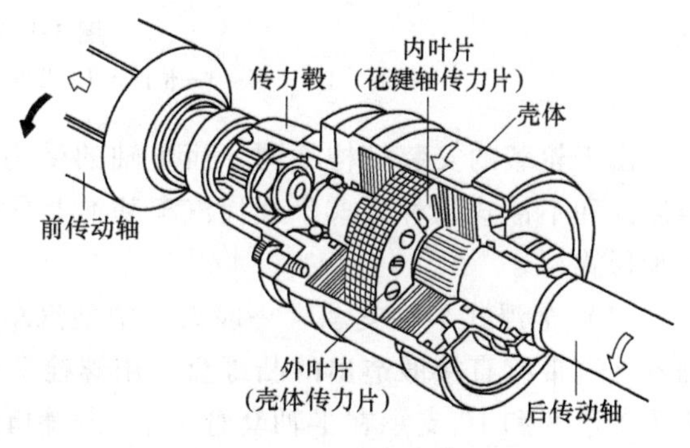

图 1-104 黏性式差速器

它是由壳体，前、后传动轴和交替排列的内叶片（花键轴传力片），外叶片（壳体传力片）及隔环构成。内叶片通过内花键与后传动轴上的外花键连接，外叶片通过外花键与壳体上的内花键连接，外叶片之间置有隔环，以限制外叶片的轴向移动。隔环厚度决定内、外叶片间的间隙。端盖压配合在外壳上，并用 O 形密封圈密封。内叶片的两端由滚子轴承支承，轴端用两个橡胶密封件密封。

（3）主动控制式限滑差速器　转矩式限滑差速器和转速式限滑差速器分别根据对转矩和转速差的感知实现限滑差速作用，具有自动适应和自行调节作用，驾驶员无法进行主动控制。为此，在有些轿车和越野车上，采用了主动控制式限滑差速器。目前，主动控制式限滑差速器有三种结构形式：电磁式、电液式和电动机式。

图 1-105 所示为一种电磁式主动限滑差速器的结构示意图，是以摩擦片式差速器为基础结构，利用电磁力来实现限滑性能的主动控制。一般由相关传感器采集汽车运行工况和路面工作状态等信息，传递给电控单元，电控单元对这些信息进行分析、判断及相关处理，进而根据内设的控制程序对电磁装置进行电磁力大小的调整与控制，并通过凸轮等促动机构将此电磁力放大，形成对摩擦元件的压紧力，从而产生内摩擦力矩，形成限滑功能。由于可以根据工况需要，对电磁装置的电磁力进行主动调整，故可以改变其内摩擦力矩，即动态改变其锁紧系数，实现实时主动控制，更好地满足汽车使用的需求。

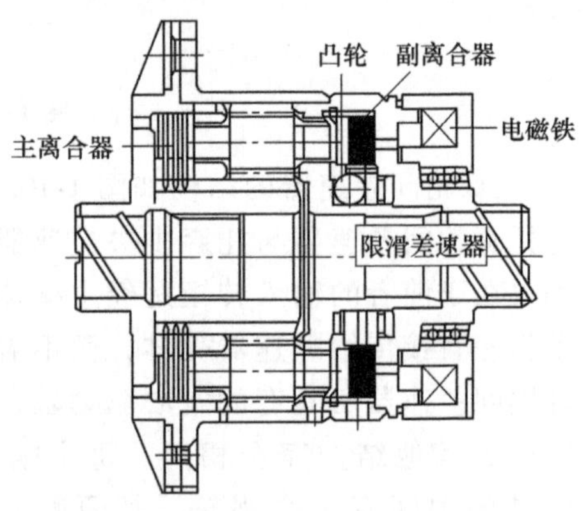

图 1-105　电磁主动控制限滑差速器

四、半轴与桥壳

1. 半轴

半轴是将差速器传来的转矩传给车轮，驱动车轮旋转，推动汽车行驶的实心轴，如图 1-106 所示。其内端采用花键与差速器的半轴齿轮连接，外端通过凸缘盘等方式与驱动轮的轮毂相连。

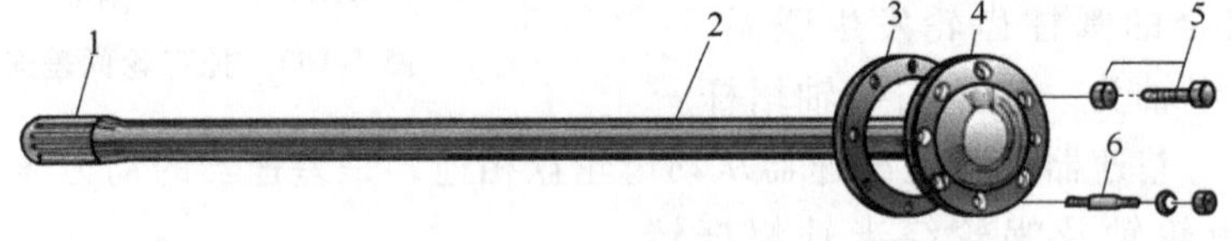

图 1-106　半轴

1—花键　2—杆部　3—垫圈　4—凸缘　5—半轴起拔螺栓　6—半轴紧固螺栓

由于轮毂的安装结构不同，而半轴的受力情况也不同。半轴可分为全浮式、3/4 浮式、半浮式和不浮式几种型式。现代汽车基本上采用全浮式半轴支承和半浮式半轴支承两种主要支承形式。

（1）全浮式半轴支承　一般大、中型汽车均采用全浮式半轴支承，如图 1-107 所示。半轴 6 外端带有直接锻造出的凸缘盘，用螺栓 7 与轮毂 9 连接，轮毂通过两个相距较远的圆锥滚子轴承 8 和 10 支承在半轴套管 1 上，半轴套管与驱动桥壳 12 压配成一体。半轴与桥壳无直接联系，使半轴只承受两端驱动转矩而不承受任何弯矩，这种半轴称为全浮式半轴。所谓

"浮"意即半轴不受弯曲载荷。

（2）半浮式半轴支承 图 1-108 所示为半浮式半轴支撑，其半轴 2 内端不受力及弯矩，外端呈锥形面并有纵向键槽，最外端有螺纹。轮毂 6 有相应的锥形孔与半轴配合，用键 5 连接，并用锁紧螺母 4 固紧。半轴 2 用圆锥滚子轴承 3 直接支承在桥壳凸缘 7 内。显然，此时作用在车轮上的各反力都必须经过半轴传给驱动桥壳。因这种支承形式只能使半轴内端免受弯矩，而外端却承受全部弯矩，故称为半浮式支承。

半轴结构除上述两种最常见的形式外，由于其还受到驱动轿结构形式的影响，所以在转向驱动桥中，半轴应断开并以等角速万向联轴器连接；在断开式驱动轿中，半轴也应分段并用万向联轴器和滑动花键或伸缩型等角速万向联轴器连接。

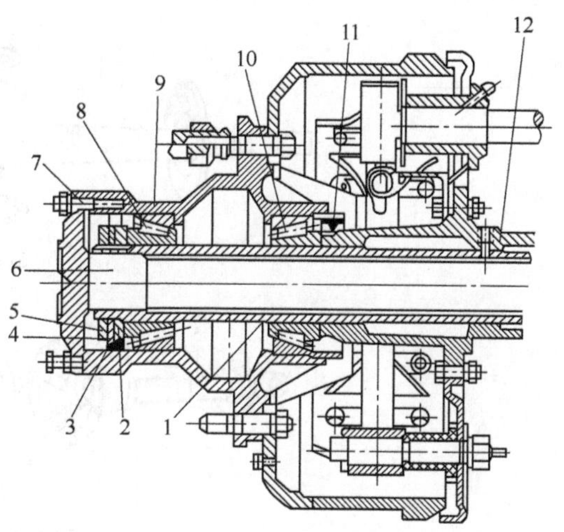

图 1-107 全浮式半轴支承

1—半轴套管 2—调整螺母 3、11—油封 4—锁紧垫圈 5—锁紧螺母 6—半轴 7—轮毂螺栓 8、10—圆锥滚子轴承 9—轮毂 12—驱动桥壳

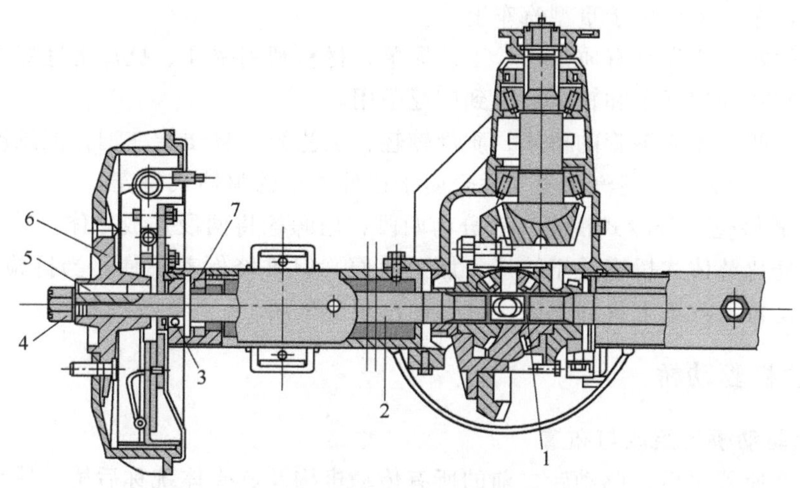

图 1-108 半浮式半轴支承

1—止推块 2—半轴 3—圆锥滚子轴承 4—锁紧螺母 5—键 6—轮毂 7—桥壳凸缘

2. 桥壳

桥壳是安装主减速器、差速器、半轴、轮毂和悬架的基础件，主要作用是支承并保护主减速器、差速器和半轴等，使左、右驱动车轮相对位置固定，并与从动桥一起支承车架及其上各总成的质量；汽车行驶时，承受由车轮传来的路面反作用力和力矩，并经悬架传给车架。

驱动桥壳应有足够的强度和刚度，质量小，并便于主减速器的拆装和调整。驱动桥壳从结构上可分为整体式桥壳和分段式桥壳两类，如图 1-109 所示。

（1）整体式桥壳 整体式桥壳具有较大的强度和刚度，且便于主减速器的装配、调整

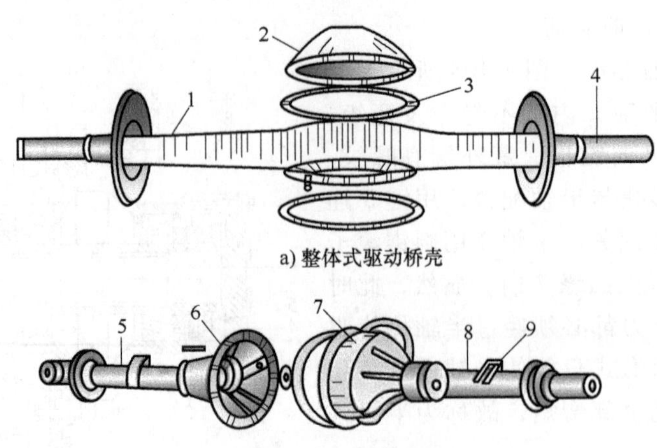

a) 整体式驱动桥壳

b) 分段式驱动桥壳

图 1-109　驱动桥壳

1—后桥壳　2—后盖　3—垫片　4—半轴套管　5、8—半轴壳　6—左半桥壳　7—右半桥壳　9—钢板弹簧座

和维修，因此普遍应用于各类汽车上。整体式桥壳因制造方法不同又有多种形式，常见的有整体铸造、钢板冲压焊接、中段铸造压入钢管（管式）等形式。

整体铸造桥壳具有刚度大、强度高、易铸成等特点，但质量大、铸造质量不易保证，适用于中、重型汽车，主要用于重型汽车上。

钢板冲压焊接式桥壳具有质量小、工艺简单、材料利用率高、抗冲击性好以及成本低等优点。目前，它在轻型货车和轿车上得到广泛采用。

中段铸造、两端压入钢管的桥壳，质量较轻，工艺简单且便于变型，但刚度较差，适用于批量生产。北京 BJ2020 型汽车驱动桥壳属于这种类型的整体式桥壳。

（2）分段式桥壳　分段式桥壳一般分为两段，用螺栓将两段连成一体。

分段式桥壳比整体式桥壳易于铸造，加工简便，但维修保养不便。当拆检主减速器时，必须把整个驱动桥从汽车上拆卸下来，故目前已很少采用。

五、拖拉机驱动桥

1. 拖拉机驱动桥的组成与布置

在拖拉机变速器之后，驱动轮之前的所有传动机构及其壳体统称后桥。后桥的功用是传递转矩并改变其传递方向、增大转矩及降低转速等。后桥壳体还要承受轮胎传来的，推动拖拉机整体前进的力。

轮式拖拉机后桥由中央传动、差速器和最终传动等主要部件组成。为满足不同的使用需求，后桥布置有最终传动内置式和外置式两种。最终传动靠近主减速器并装在同一壳体内的称为内置式最终传动（图 1-110a）；最终传动靠近驱动轮并有单独壳体的称为外置式最终传动（图 1-110b）。

履带式拖拉机的后桥由中央传动、转向机构和最终传动等主要部件组成（图 1-111）。后桥的布置形式通常是中央传动和转向机构在同一壳体内，而最终传动在两侧。

2. 中央传动

中央传动是指变速器之后，转向机构之前的传动机构。在发动机纵向布置的拖拉机上，

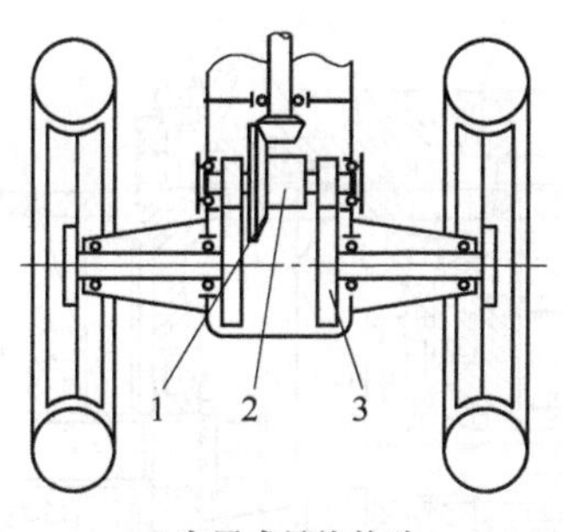

a) 内置式最终传动

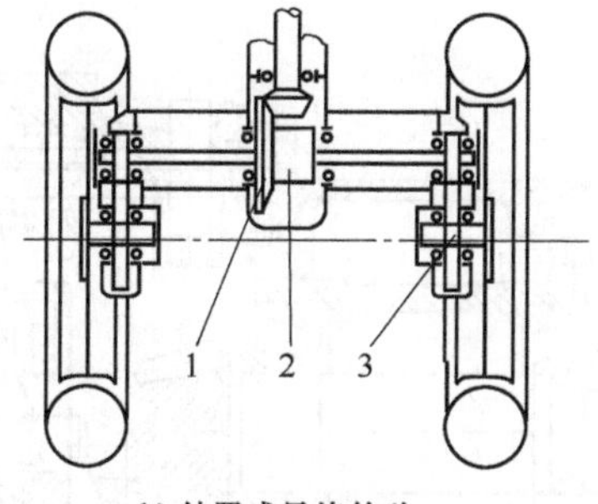

b) 外置式最终传动

图 1-110 轮式拖拉机后桥简图

1—中央传动大齿轮 2—差速器 3—最终传动

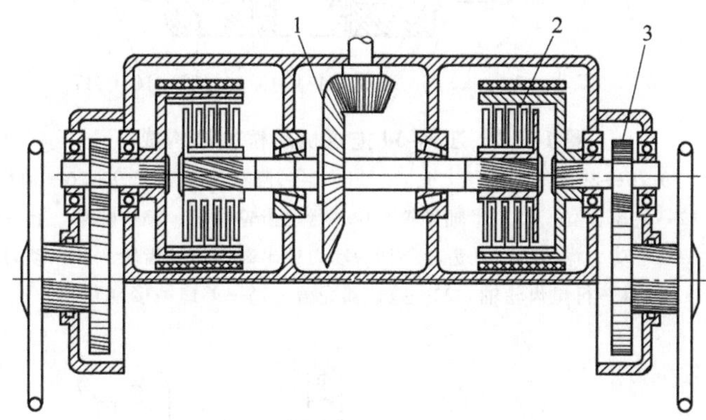

图 1-111 履带拖拉机后桥结构简图

1—中央传动 2—转向离合器 3—最终传动

中央传动由一对圆锥齿轮组成。它的功用是增矩减速和改变转矩的传递方向。

中央传动所承受的载荷比较大，且锥齿轮传动受力情况较复杂，不仅有切向力、径向力还有轴向力，要求中央齿轮有较高的承载能力。此外，中央传动的结构尺寸对拖拉机后桥的尺寸、离地间隙等影响较大，所以要求在强度允许的条件下尽量减小中央传动主动锥齿轮的齿数，以在结构尺寸较小的情况下获得较大的传动比，这与采用的齿轮形式有关。目前，拖拉机上应用较多的中央传动齿轮有：直齿锥齿轮、弧齿锥齿轮和零度弧齿锥齿轮。

图 1-112 所示为江苏-50 拖拉机后桥主体构成，其小锥齿轮与轴通常加工成一体，小锥齿轮轴 8 支承在两个圆锥滚子轴承上，用锁紧螺母 1 锁紧，并调整轴承预紧度。在轴承座 5 与壳体之间有调整垫片 4，通过增减垫片调整主动小齿轮的轴向位置。从动大锥齿轮 10 由螺栓固定在差速器壳体上。差速器盖与差速器壳也用螺栓紧固成一体而支承在两个圆锥滚子轴承上。左、右轴承盖与轴承外圈间有用以调整从动大锥齿轮轴向位置和轴承预紧度的调整垫片 11。差速器壳 12 内有左右半轴齿轮 13 和两对相互啮合的行星齿轮 14，半轴齿轮通过花键与半轴相连。变速器输出的动力经小锥齿轮轴传递给从动大锥齿轮 10 及差速器壳 12，然后经行星齿轮将动力分配给左、右半轴齿轮及半轴。

图 1-113 所示为东方红-802 型拖拉机中央传动（主减速器），由一对弧齿锥齿轮构成。主动小锥齿轮与变速器第二轴加工成一体，第二轴前端支承在一对圆锥滚子轴承上，主动锥

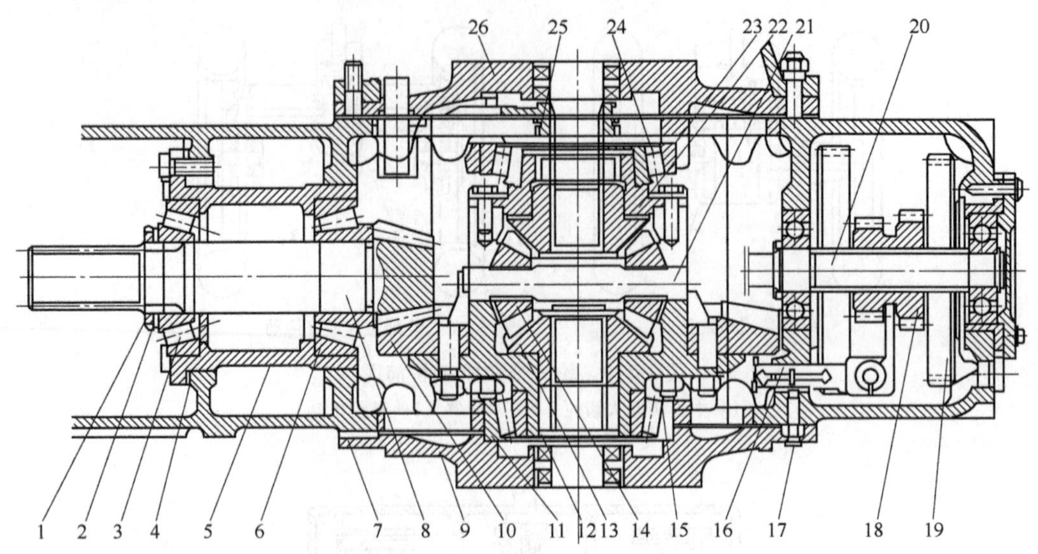

图 1-112　江苏-50 拖拉机后桥主体构成

1—锁紧螺母　2—垫片　3、6—圆锥滚子轴承　4、7、11、24—调整垫片　5、9、26—轴承座　8—小锥齿轮轴　10—从动大锥齿轮　12—差速器壳　13—半轴齿轮　14—行星齿轮　15、23—轴承　16—动力输出轴变速杆　17—限位螺钉　18—动力输出轴滑动齿轮　19—动力输出高档从动齿轮　20—动力输出传动轴　21—行星齿轮轴　22—差速器壳盖　25—差速锁接合套

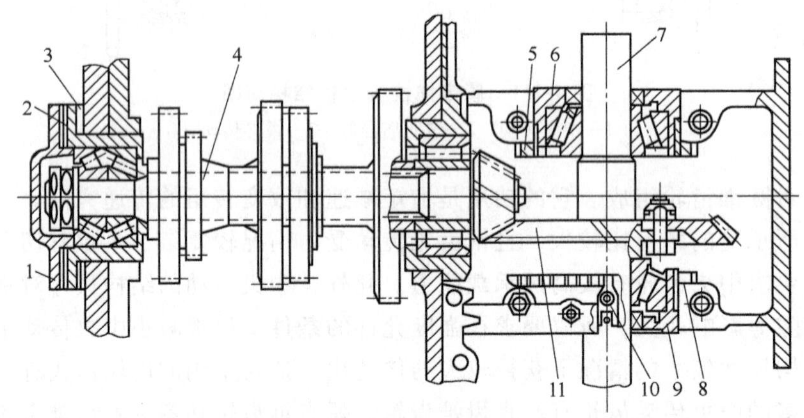

图 1-113　东方红-802 型拖拉机中央传动

1—轴承盖　2、3—调整垫片　4—变速器第二轴　5、8—调整螺母　6、9—轴承座　7—后桥轴　10—锁片　11—中央传动大锥齿轮

齿轮属于悬臂式支承。调整垫片 2 用来调整圆锥滚子轴承的预紧度，调整垫片 3 可调整主动锥齿轮的轴向位置，即调整齿轮副的啮合印痕或齿侧间隙。中央传动大锥齿轮 11 用螺栓直接固定在后桥轴 7 的连接盘上，后桥轴两端用圆锥滚子轴承支承。轴承座 6 和 9 上的调整螺母 5、8 用来调整圆锥滚子轴承间隙和锥齿轮 11 的轴向位置。调整螺母的外缘有许多槽，有锁片卡在槽中以防螺母松退。支承后桥轴的隔板将中央传动和转向机构隔开。为了方便地拆装后桥轴，将隔板沿轴承直径处做成上下可拆的两部分，上下隔板间有带状毡垫，上隔板用螺栓紧固在下隔板上。轴承座上有自紧油封和回油道，该油道和下隔板上相应的回油孔相

通，防止中央传动室内的润滑油进入转向机构。中央传动锥齿轮及圆锥滚子轴承都靠飞溅润滑。

3. 最终传动

最终传动的功用是进一步增矩减速，以满足拖拉机的使用要求。在某些中耕拖拉机上，常采用传动比不大的几对外啮合齿轮最终传动，以增大拖拉机的离地间隙。

最终传动在传动形式上可分为外啮合齿轮式和行星齿轮式两种。

东方红-75 型拖拉机最终传动如图 1-114，它属于外置式最终传动，靠近驱动轮处，采用一对直齿圆柱齿轮。最终传动主动齿轮 12 和花键轴制成一体，花键上装有接盘 16，接盘与转向离合器的从动鼓相连；主动齿轮轴支承在两个圆柱滚子轴承上，由外圆柱滚子轴承定位。为提高支承刚度，两滚子轴承通过套筒 15 安装在后桥壳 18 和最终传动壳内。套筒与后桥壳过盈配合连接。套筒上有集油槽和回油孔 19，可防止经自紧油封漏出的润滑油进入转向离合器室内而回流到最终传动箱。从动齿轮 22 与驱动轮 13 用螺栓一同固定在轮毂 8 上，轮毂用两个圆锥滚子轴承支承在后轴 20 上；轴端由调整垫片 7 来调整圆锥滚子轴承间隙。

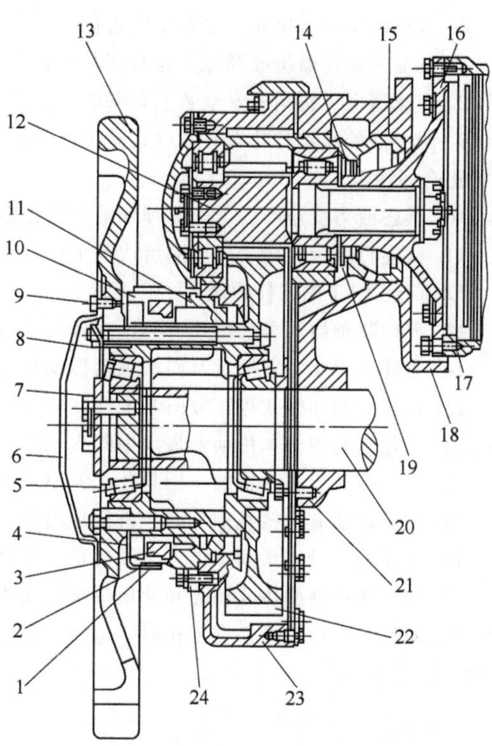

图 1-114 东方红-75 型拖拉机最终传动

1—防尘罩 2—橡胶套 3—导向销 4—毛毡环 5—轴承 6—端盖 7—调整垫片 8—轮毂 9—弹簧 10—油封压环 11—连接螺栓 12—主动齿轮 13—驱动轮 14—自紧油封 15—套筒 16—接盘 17—转向离合器从动毂 18—后桥壳 19—集油槽和回油孔 20—后轴 21—橡胶密封圈 22—从动齿轮 23—最终传动壳 24—端面油封固定盘

履带式拖拉机离地间隙较小，使得最终传动的工作条件恶劣，因此尤其要注意密封。东方红-75 拖拉机驱动轮轮毂 8 的旋转表面与最终传动壳体间的密封采用端面密封。起密封作用的主要是毛毡环 4 和油封压环 10。毛毡环装在驱动轮的防尘罩内，和驱动轮同时转动，金属压环固定不动，被弹簧 9 压向毛毡环，使其端面紧贴在毡圈上以起到密封作用。在端面油封外面的橡胶套 2 和内、外防尘罩配合，减少灰尘侵入。

思 考 题

1. 汽车拖拉机传动系统的基本功用是什么？一般由哪些部分组成？传动系统有几种类型？各有什么特点？
2. 传动系统中为什么要装离合器？为何要求离合器从动部分的转动惯量要尽可能小？
3. 摩擦式离合器分为哪些类型？试述摩擦式离合器的基本组成和工作原理。
4. 膜片弹簧离合器与螺旋弹簧离合器相比有何优缺点？
5. 离合器为什么要有分离间隙？此间隙过大或过小会出现什么问题？

6. 汽车拖拉机变速器的主要功用是什么？变速器有哪些类型？

7. 三轴式变速器组成部件主要有哪些？其工作过程是怎样的？

8. 变速器操纵机构的安全装置有哪些？各有何作用？

9. 同步器的作用是什么？锁环式同步器的结构和工作过程是怎样的？液力自动变速器与普通手动变速器相比有何特点？

10. 试述液力变矩器的工作原理和液力变矩器特性。

11. 试述行星齿轮传动机构的组成及工作原理。

12. 简述 CVT 的工作原理。

13. 万向联轴器可分为哪几种类型？各有何特点？

14. 为什么单个十字轴式万向联轴器传动具有不等速性？

15. 球叉式和球笼式等速万向联轴器在应用上有何差别？为什么？

16. 为什么有的汽车传动轴采用中间支承？

17. 汽车拖拉机驱动桥的功用是什么？驱动桥有几种类型？各有什么特点？

18. 主减速器有哪些类型？试分析行星齿轮式双级主减速器的工作原理。

19. 全浮式半轴支承和半浮式半轴支承各有什么特点？

20. 为什么铸造整体式桥壳和冲压焊接式桥壳都能得到广泛的应用？

21. 对称式锥齿轮差速器工作时，运动和动力是如何传递的？左右两侧半轴齿轮的转速与差速器壳转速的关系是什么？

第二章

行驶系统

第一节　行驶系统概述

一、行驶系统的功用及组成

行驶系统是指支持汽车拖拉机并保证其正常行驶的专门装置，其主要功用如下：将发动机传到驱动轮上的驱动转矩变为推动汽车拖拉机行驶的驱动力，并使驱动轮的转动变成汽车拖拉机在地面上的移动；传递并承受路面作用于车轮上的各向反力及其所形成的力矩；尽可能缓和不平路面对车身造成的冲击和振动，保证汽车拖拉机行驶平顺性，且与汽车拖拉机的转向系统很好地配合工作，实现汽车拖拉机行驶方向的正确控制，保证汽车拖拉机的操纵稳定性；支承汽车拖拉机的全部质量。

1. 汽车行驶系统的组成

汽车行驶系统一般由车架、车桥、车轮和悬架组成。车架是全车的装配基体，它将汽车的各相关总成连接成一个整体。前轮和后轮分别支承着从动桥和驱动桥。为减少汽车在不平路面上行驶时车身所受到的冲击和振动，车桥又通过弹性前悬架和后悬架与车架连接。图 2-1 所示为某款轿车行驶系统结构图，它的车架功能由车身代替，整车质量大大减轻。

图 2-1　轿车行驶系统组成

2. 轮式拖拉机行驶系统的组成

轮式拖拉机行驶系统是支持整机并保证拖拉机正常行驶的系统，一般由车架、前桥和车轮组成。

在四轮拖拉机上，装在后面左、右驱动半轴上的两个车轮，称为驱动轮，用以传递发动机的转矩，驱动拖拉机行驶。装在前轴上的两个车轮称为导向轮，一般不传递动力，但可相对机体偏转一个角度，使拖拉机转向。如果前轮也传递发动机的动力，则这种拖拉机称为四轮驱动拖拉机。

由于拖拉机主要用于田间作业，因此，与汽车相比，行驶系统具有以下几个特点：

1）田间土壤松软、潮湿，土壤产生附着力的条件较差，为了提高驱动轮的驱动力，增加车轮与土壤的接触面积，以减少车轮下陷所产生的滚动阻力，驱动轮一般采用直径较大的低压轮胎，且胎面上有凸起的花纹。

2）拖拉机在田间作业时需要经常掉头、转弯，为了减少在田间土壤条件下转向困难，导向轮均采用小直径轮胎，且胎面上具有一条或数条环状花纹，以增加防止侧滑的能力。

3）拖拉机经常要进行中耕作业，为了不伤害农作物，拖拉机不仅要有较高的道路离地间隙，而且还要有合适的农艺离地间隙（图 2-2）。农艺离地间隙 h_n，是指跨在农作物上的机体的最低点距离地面的间隙；道路离地间隙 h_d 是指前轴或后桥半轴壳体最低点距离地面的间隙。有的拖拉机离地间隙是可以调节的。此外，为了适应各种作物的不同行距，防止压苗和伤苗，拖拉机前、后轮的轮距应该可以调节。

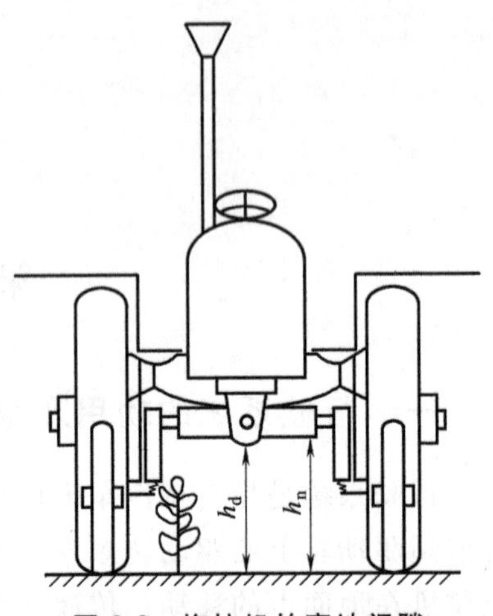

图 2-2　拖拉机的离地间隙

4）由于拖拉机的田间作业速度缓慢，加之低压轮胎本身具有一定的减振和缓冲作用，所以拖拉机后桥上一般未安装弹性悬架和减振器，使后桥与机体刚性连接，而前轴与机体铰链连接。但随着拖拉机运输速度的提高，为了减少振动，改善驾驶员的劳动条件，有些拖拉机的前轴采用了弹性悬架。

5）水田土壤是一种更特殊的土壤，对行驶系统提出了特殊的要求。为了使拖拉机能够顺利地爬越田埂，能够克服由于沉陷而增加的滚动阻力，同时又能发挥出足够的牵引力，为此，拖拉机的车轮具有高花纹轮胎、镶齿水田轮、水田叶轮、间隔式履带板等多种形式。

二、行驶系统的类型

根据汽车拖拉机行走装置的不同，汽车、拖拉机以及工程机械车辆的行驶系统基本上分为轮式、履带式、半履带式等几种类型，如图 2-3 所示。

1. 轮式行驶系统

在良好的路面条件下，采用轮式行驶系统可提高行驶速度，减少摩擦，降低能耗，所以，汽车、拖拉机及绝大多数工程车辆采用轮式行驶系统。由于采用的行驶系统不同，拖拉机通常分为轮式拖拉机和履带式拖拉机。

2. 履带式行驶系统

履带式行驶系统具有接地面积大、对地面压强小、附着性能好等特点，可以提高车辆的驱动性能和通过性能。但履带结构复杂、笨重，行驶阻力大，只有在行驶条件差的田间或施工现场大负荷作业时具有明显优势。

大中型拖拉机、工程车辆通常采用金属履带式行驶系统，而部分小型履带式拖拉机和自走式农业机械的行驶系统通常采用橡胶履带式行驶系统，如水稻联合收获机、小麦联合收获机等。

3. 半履带式行驶系统

有些在雪地或沼泽地带行驶的汽车、拖拉机等，其前桥装有车轮或滑橇式车轮用来实现

a) 轮式

b) 履带式

c) 半履带式

图 2-3 行驶系统类型

转向，而后桥装有履带，即所谓的半履带式行驶系统，以减少车辆对地面的压强，防止下陷，提高通过能力。

第二节 车 架

车架是汽车拖拉机装配的基础件，也俗称为“大梁”。车架不仅承受各总成的静载荷，还要承受汽车拖拉机行驶过程中产生的复合动载荷，如加速、制动、转弯、上下坡、载荷不均、高速以及在不良道路上行驶。

现代许多轿车和大客车上没有车架，其车架的功能由轿车车身或大客车车身骨架承担，因此称其为承载式车身。

车架的结构形式首先应满足汽车拖拉机总布置的要求。汽车拖拉机在复杂多变的行驶过程中，固定在车架上的各总成和部件之间不应发生干涉，车架需要具有足够的强度和适当的刚度。降低车架高度，可以使汽车拖拉机质心位置降低，有利于提高汽车的行驶稳定性。为了使整车轻量化，要求车架质量尽可能小。近年来，车架和承载式车身的结构形式呈现出多样化和复杂化的趋势。

一、汽车车架

汽车车架的结构按其形式不同，可分为边梁式车架、中梁式车架、综合式车架和无梁式车架。

1. 边梁式车架

边梁式车架由两根位于两边的纵梁和若干根横梁组成，一般是用铆接或焊接的方法，将两边的纵梁和若干根横梁连接成坚固的刚性构架。

纵梁通常用低碳合金钢板冲压而成，断面形状一般为槽形、Z 字形、工字形或箱形断面。纵梁上还钻有多个孔，用来安装踏脚板、转向器、燃油箱、储气筒、蓄电池和车身等零部件的支架，有的用于穿过管道或电线等。

边梁式车架的横梁一般也由低碳钢板冲压成槽形，以增强车架的抗扭强度，同时还用于支承汽车上的主要部件。横梁不仅用来保证汽车车架的扭转刚度和承受纵向载荷，而且还可以支承汽车上的主要部件，通常载货汽车有 5~6 根横梁，有时会更多。

边梁式车架的结构特点是便于安装驾驶室车厢及一些特种装备和布置其他总成，有利于改装变型车和发展多品种汽车，因此，被广泛采用在载货汽车和大多数的特种汽车上。

图 2-4 所示为轿车边梁式车架，其中部较低，可降低轿车重心，满足轿车高速行驶的稳定性和乘坐舒适性的要求。前端做的窄一些，可允许转向轮有较大的偏转角度，后端向上弯曲，是为了悬架变形时可以保证车轮有足够的跳动空间。

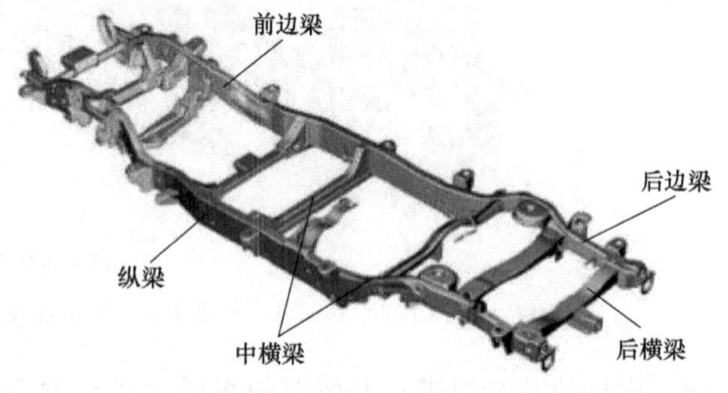

图 2-4 轿车边梁式车架

图 2-5 所示为载货汽车车架，它主要由两根纵梁和八根横梁铆接而成。车辆前端装有起缓冲作用的横梁式保险杠 1，上装有挂钩 2 以便于车辆牵引。前横梁 3 上安装冷却液散热器，横梁 4 是发动机的前悬支座。为尽可能减低发动机位置，横梁 4 和 5 做成下凹形。在横梁 7 的上面安装驾驶室后悬置，下面安装传动轴的中间轴承支架。由于传动轴安装位置的限制，横梁 7 做成拱形，其余横梁做成简单的直槽形。后横梁 12 中部装有拖带挂车用的拖钩 13。由于拖钩上的作用力较大，所以后横梁用角撑进行加强处理。

纵梁为槽形不等高断面梁。由于纵梁中部受到的弯矩最大，为使应力分布比较均匀，同时又减轻质量，故中部断面高度最大，由此向两端断面高度则逐渐减小。纵梁的结构具有以下特点：一是从宽度上看有前窄后宽、前宽后窄和前后等宽三种形式，前窄使前轮具有足够的偏转角度，提高了车辆的机动性能；后窄用于重型车辆，便于布置双胎。二是从平面度上看有水平的和弯曲的两种形式，水平的纵梁便于零部件、总成的安装和布置；弯曲的纵梁可以降低车辆重心。三是从断面形状上看有槽形、Z 字形、工字形和箱形几种，这些形状主要为了在满足质量小的前提下，车架具有足够的强度和刚度，以承受各种载荷。

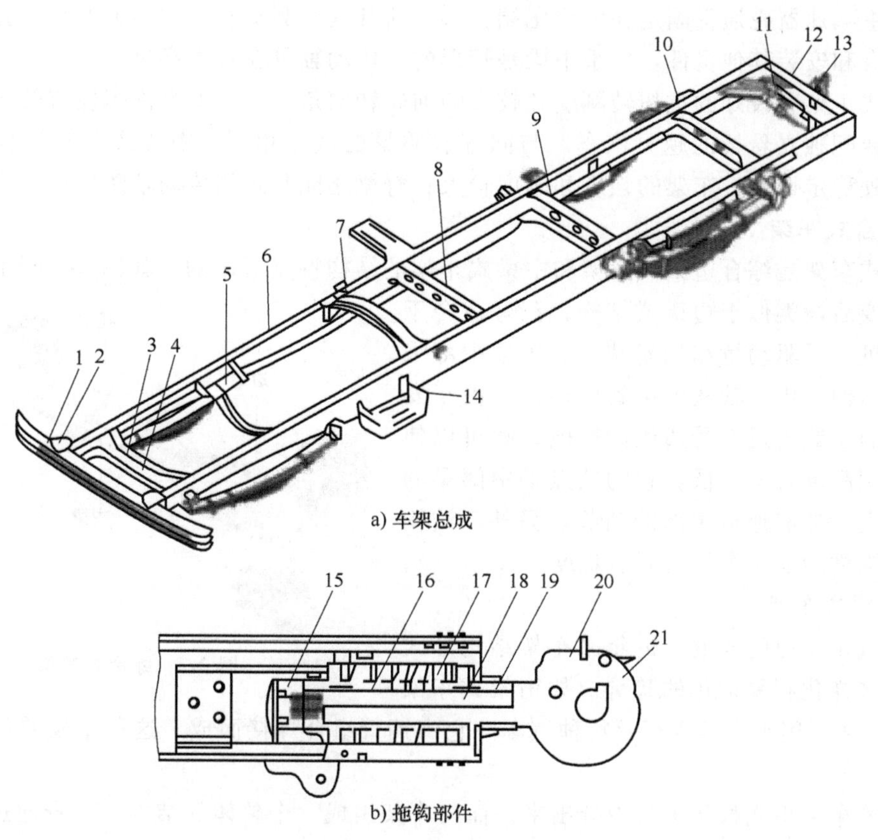

a) 车架总成

b) 拖钩部件

图 2-5 载货汽车车架

1—保险杠 2—挂钩 3—前横梁 4—发动机前悬置横梁 5—发动机后悬置右（左）支架和横梁 6—纵梁 7—驾驶室后悬置横梁 8—第四横梁 9—后钢板弹簧前支架横梁 10—后钢板弹簧后支架横梁 11—角撑横梁组件 12—后横梁 13—拖钩部件 14—蓄电池拖架 15—螺母 16、18—衬套 17—弹簧 19—拖钩 20—锁块 21—锁扣

2. 中梁式车架

中梁式车架只有一根纵梁位于中央而贯穿汽车全长，因此又称为脊骨式车架，如图 2-6 所示。中梁的断面形状可以做成管形、槽形或箱形。中梁的前端做成外伸支架，用来固定发

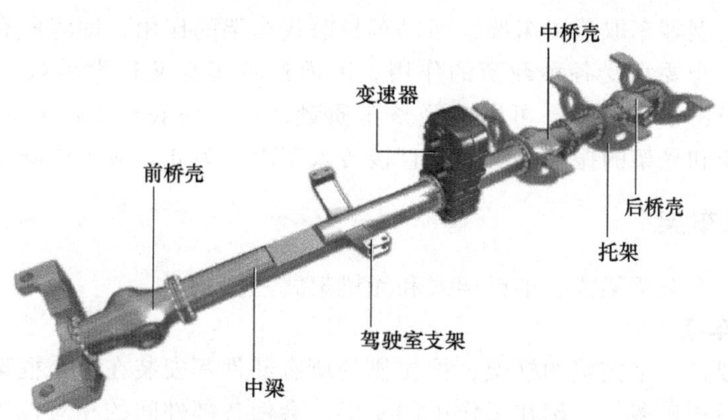

图 2-6 中梁式（脊骨式）车架结构

动机，而主减速器壳通常固定在中梁尾端，形成断开式后驱动桥。中梁上的悬伸托架用来支承汽车车身和安装其他机件。如果中梁是管形的，传动轴可在管内穿过。

中梁式车架有较好的抗扭转刚度和较大的前轮转向角，结构上允许车轮有较大的跳动空间，适于装配独立悬架的越野汽车。与同等载质量的汽车相比，中梁式车架轻且质心比较低，故行驶稳定性好；车架的强度和刚度较大；脊梁还能起封闭传动轴防尘罩作用。

3. 综合式车架

综合式车架是综合边梁式车架和中梁式车架的结构特点形成的，如图 2-7 所示。这种车架的前段或后段类似于边梁式结构，正好适合于安装发动机、后驱动桥和悬架装置。车架中部采用中梁式结构，传动轴从中梁管内通过。由于安装车门槛的位置附近不受边梁的影响，故可以使地板的外侧高度有所降低。它的缺点是中间梁的断面尺寸大，造成地板中部的凸起。另外，结构不规则的构件增加了车架的制造难度。

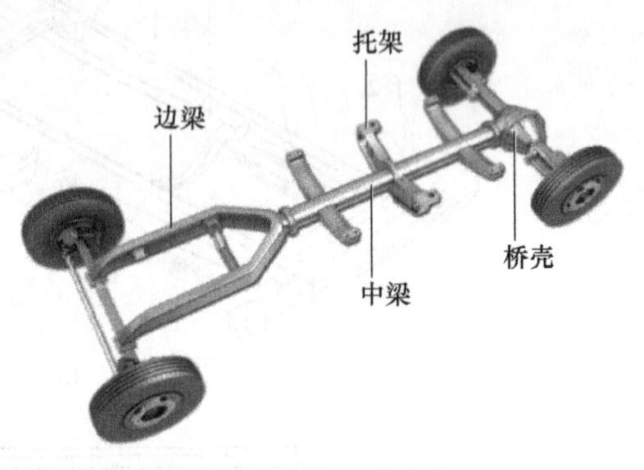

图 2-7　综合式车架

4. 无梁式车架

随着汽车工业的发展，近年来车架结构形式也出现了多样化和复杂化的趋势。如桁架式车架(图 2-8)，主要用于竞赛汽车及特种汽车。它由钢管组合焊接而成，这种车架兼有车架和车身的作用。

平台式车架将底板从车身中分出来，而与车架组成一个整体的结构，车身通过螺栓与车架相连接，如图 2-9 所示。

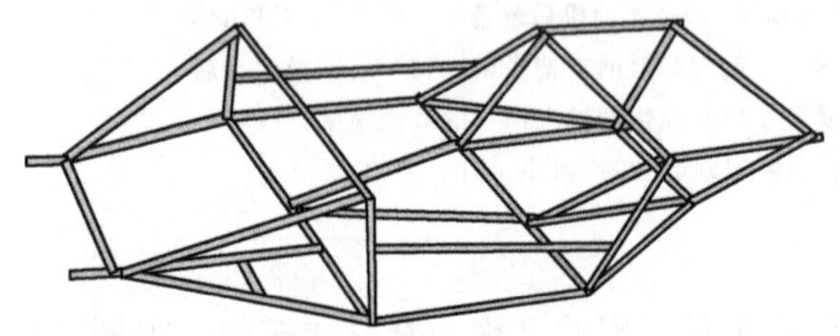
图 2-8　桁架式车架

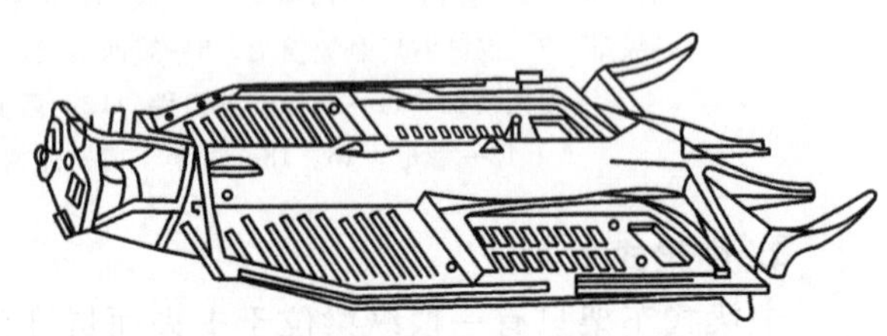
图 2-9　平台式车架

部分轿车和大型客车取消了车架，而以车身兼代车架的作用，即将所有零部件、总成都安装在车身上，车身要承受各种载荷的作用，因而这种车身又称为承载式车身，如图 2-10 所示。承载式车身由于无车架，可以减轻整车质量，可以使底板高度降低，使上、下车方便。但是传动系统和悬架的振动与噪声会直接传入车内，为此，应采取隔音和防振措施。

二、拖拉机车架

拖拉机的车架有全梁架式、半梁架式和无梁架式三种。

1. 全梁架式车架

全梁架式车架是一个完整的框架，拖拉机的所有部件都安装在这个框架上。部件的拆装较为方便，但材料用量多。车架在工作中的变形，会使各部件间的相对位置发生变动，影响零件的正常工作，零件容易损坏。一般履带式拖拉机采用这种车架。

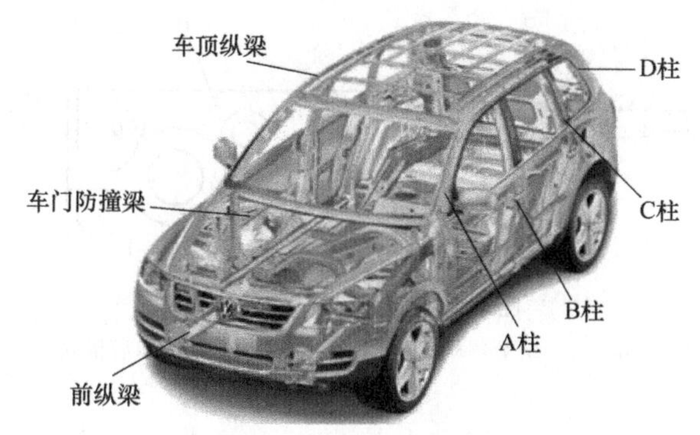

a) 轿车承载式车身

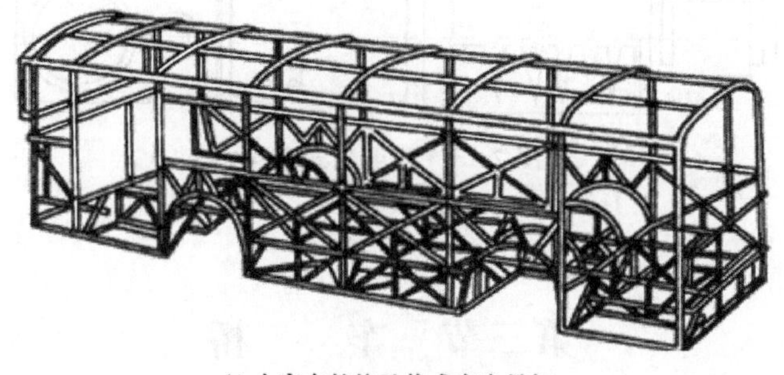

b) 大客车整体承载式车身骨架

图 2-10 承载式车身

全梁架式车架一般由纵梁、前梁及后轴等组成，如图 2-11 所示。在纵梁的下方安装着两根横梁，发动机用三点支承在车架上，其前端用摇摆支座安装在前梁上，后端用两点安装在前横梁上。三点支承不会在车架变形时破坏连接螺栓的紧固。拖拉机的后桥和变速器连成一体，也用三个支承点安装在车架上，变速器前端用球形垫圈支承在后梁上，后桥箱用两个支座安装在后轴上。

后轴的两端安装驱动轮，台车轴安装台车的平衡臂，纵梁的前端安装履带张紧装置。

图 2-11 全梁架式车架

1—前梁 2—前横梁 3—后横梁
4、7—纵梁 5—后轴 6—台车轴

2. 半梁架式车架

半梁架式车架的前半部采用专门梁架，用来安装发动机和前轴等；后半部则由离合器、变速器、后桥三部分的壳体构成，如图 2-12 所示。这种车架的主要优点是刚度较好，维修发动机比较方便。

3. 无梁架式车架

这种车架没有梁架，而是由各部件的壳体连成，如图 2-13 所示。使用这种车架可以减轻拖拉机的质量，节省材料，简便结构，车架刚度很好，不易变形。但制造和装配技术要求高，拆装某一部件时需要将拖拉机拆开。

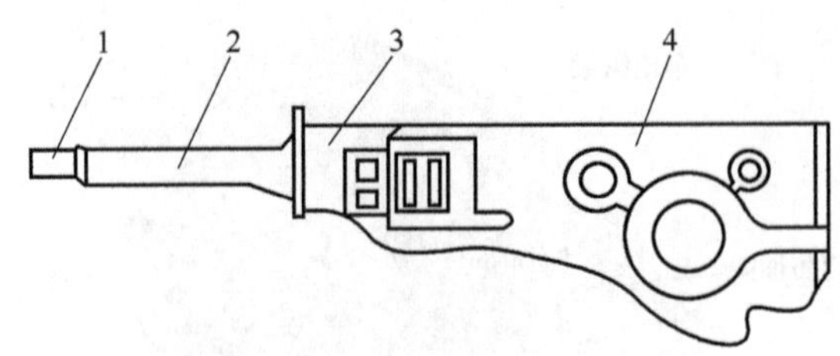

图 2-12　半梁架式车架

1—前梁　2—纵梁　3—离合器壳体　4—变速器和后桥壳

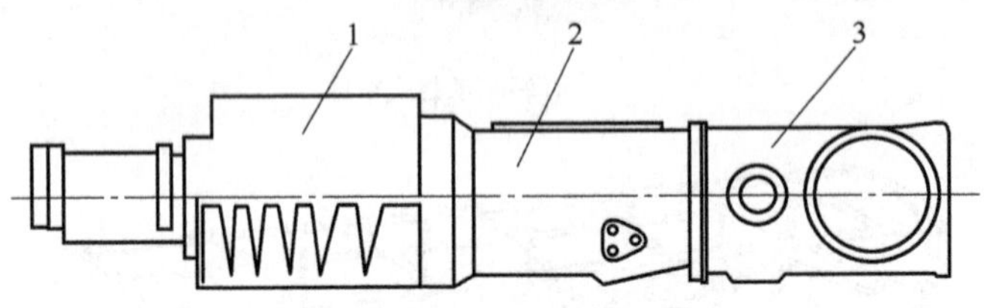

图 2-13　无梁架式车架

1—发动机壳　2—变速器壳　3—后桥壳

第三节　车　　桥

车桥也称车轴，通过悬架与车架（或承载式车身）相连，两端安装车轮，功用是传递车架（或承载式车身）与车轮之间各方向的作用力及其力矩。根据车桥上车轮的作用不同，车桥分为转向桥、转向驱动桥、驱动桥和支持桥四种类型。转向桥和支持桥为从动桥。支持桥除不能转向外，其他功能和结构与转向桥相同。汽车拖拉机多以前桥为转向桥，大多数货车采用发动机前置后轮驱动的布置形式，大部分中、大型客车采用发动机后置后轮驱动的布置形式，在这两种情形下，前桥为转向桥，后桥为驱动桥。大多数轿车采用发动机前置前轮驱动的布置形式，这种情况下，前桥为转向驱动桥，后桥为支持桥。采用四轮驱动的汽车拖拉机，其前桥为转向驱动桥。

一、转向桥

转向桥的功用是承受汽车拖拉机部分质量，将车架传来的推动力传给车轮，并利用转向装置使车轮偏转一定角度，实现汽车拖拉机转向。

1. 汽车转向桥

对于后轮驱动的汽车，其前桥是转向桥，主要由前轴、转向节、主销和轮毂组成，如图 2-14 所示。

（1）前轴　前轴是转向桥的主体，用中碳钢经模锻和热处理制成，其断面多为工字形，为提高抗扭强度，在接近两端的部位各有一个成拳形的加粗部分，其中有通孔，主销即插入此孔内。中部向下弯曲成凹形，其目的是使发动机位置得以降低，从而降低汽车质心，扩展驾驶员视野，减小传动轴与变速器输出轴之间的夹角。

（2）转向节　转向节是车轮转向的铰链，它是一个叉形件，上下两叉有安装主销的两

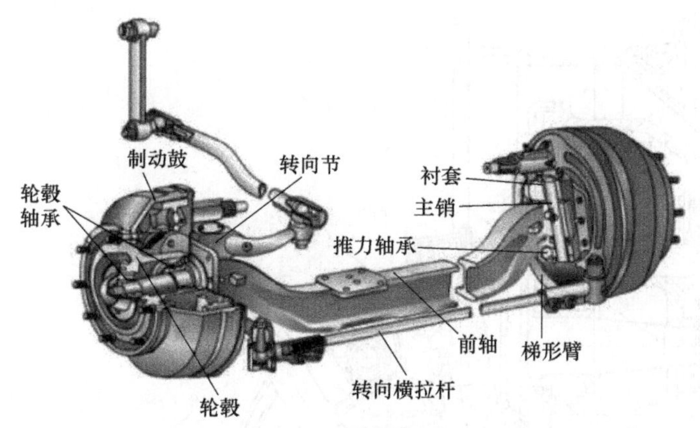

图 2-14　汽车前桥的组成

个同轴孔，转向节轴颈用来安装车轮。转向节上销孔的两耳通过主销与前轴两端的拳形部分相连，使前轮可以绕主销偏转一定角度而使汽车转向。为了减小磨损，转向节销孔内压入青铜衬套，衬套的润滑用装在转向节上的油嘴注入润滑脂润滑。为使转向灵活，在转向节下耳与前轴拳形部分之间装有轴承。在转向节上耳与拳形部分之间还装有调整垫片，以调整其间隙。

（3）主销　主销的作用是铰接前轴及转向节，使转向节绕着主销摆动以实现车轮的转向。主销的中部切有凹槽，安装时用主销固定螺栓与它上面的凹槽配合，将主销固定在前轴的拳形孔中。主销与转向节上的销孔是间隙配合，以便实现转向。主销的常见结构形式如图 2-15 所示。

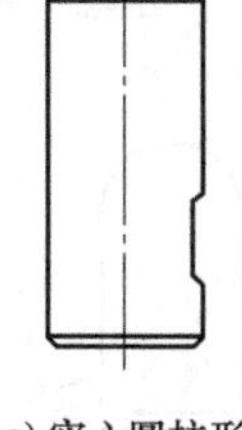
a) 实心圆柱形

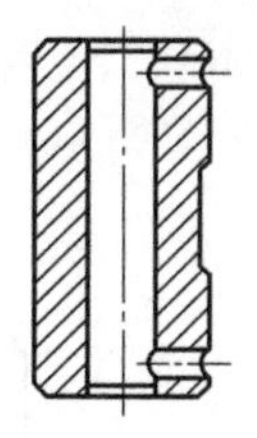
b) 空心圆柱形

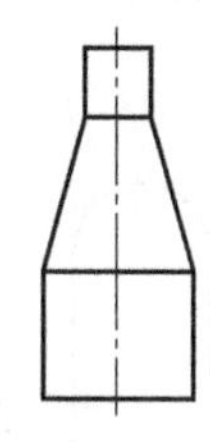
c) 圆锥形

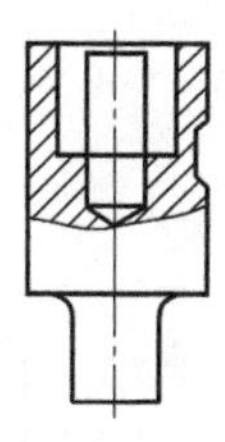
d) 阶梯形

图 2-15　主销的结构形式

（4）轮毂　轮毂通过两个圆锥滚子轴承支承在转向节轴颈上，如图 2-16 所示。轴承的松紧度可以用调整螺母（装于轴承外端）加以调整。轮毂外端用冲压的金属罩盖住，内端装有油封。制动底板与防尘罩一起都固定在转向节上。

图 2-16 所示为北京 BJ1040 型汽车转向桥，前轴 9 是由两个拳形件 4 和一根无缝钢管焊接而成的，这种结构可用于轻型汽车，而且不需要大型锻造设备来制造前轴。主销推力轴承 6 采用球轴承，可以使转向操纵轻便。由转向节上耳油嘴注入的润滑脂，经主销 3 内的轴向和径向油孔进入主销与衬套之间的摩擦表面，使之得到润滑。车轮转角限位螺钉 5 用来限制转向最大偏转角。

2. 轮式拖拉机前桥

轮式拖拉机的前桥，有双前轮分置式、双前轮并置式和单前轮式三种形式，如图 2-17 所示。双前轮分置式前桥具有稳定性好、轮距可调等优点，因此，一般拖拉机均采用这种前桥。双前轮并置式和单前轮式前桥由于前轮位于中间，转弯半径小，离地间隙因仅受后桥高度的限制而较大，故较适宜于高秆作物的行间作业，但稳定性较差，仅采用于少数中耕型拖拉机上。

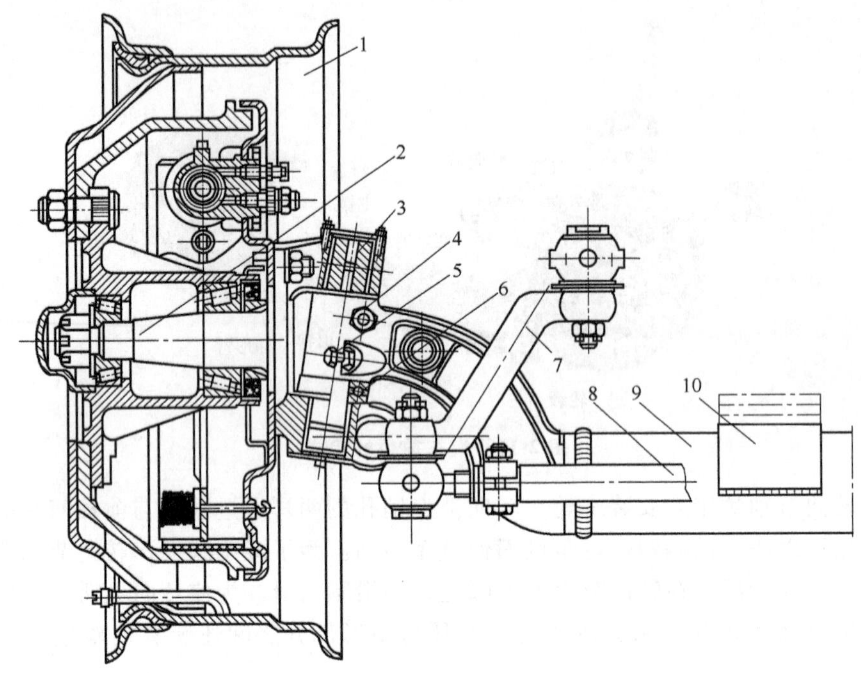

图 2-16　北京 BJ1040 型汽车转向桥（前桥）

1—轮毂　2—转向节　3—主销　4—前轴拳形件　5—车轮转角限位螺钉　6—推力轴承
7—直拉杆臂　8—横拉杆　9—前轴　10—钢板弹簧支座

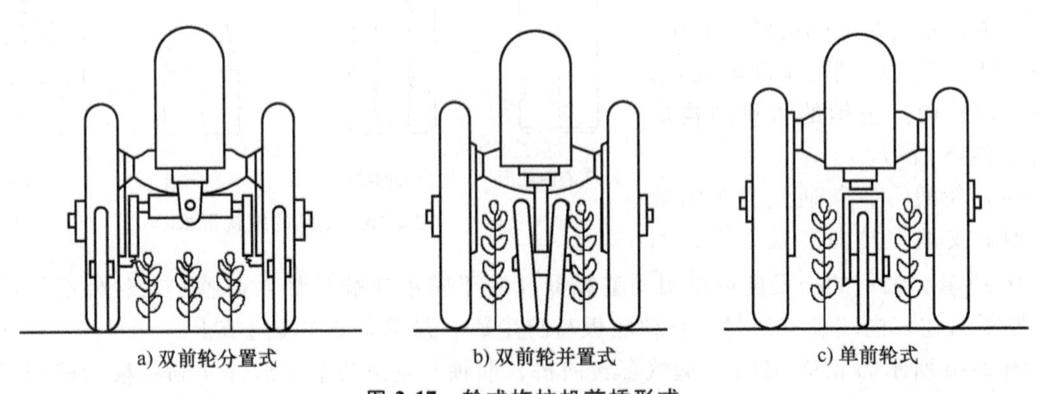

图 2-17　轮式拖拉机前桥形式

轮式拖拉机的前桥一般由前轴、主套管总成、左右副套管总成和转向节总成等组成，如图 2-18 所示。前轴两端用来安装主销、前轮，前轴中间通过摆轴、连接座等与车架前部铰接，形成拖拉机的前支承，承受拖拉机前部的质量。除少数专用的中耕拖拉机外，一般轮式拖拉机两前轮都分置于前轴的两侧。因此，当拖拉机在不平地面上行驶时，前轴可以摆动，保证两前轮都能同时着地，其摆动幅度一般为 10°~14°。

为调节前轮轮距，前轴做成可伸缩的，常用的结构形式有伸缩套管式和伸缩板梁式。图 2-18 所示为拖拉机前桥采用的伸缩套管式前轴。连接座与前轴套管焊接在一起，并用摆轴与下托架铰接。前轴套管两端装有左、右伸缩套管，伸缩套管上有调整前轮距用的多排孔。下托架用螺钉与机体紧固在一起。摆轴与连接座间有滑动衬套，用润滑脂润滑。这样连接座

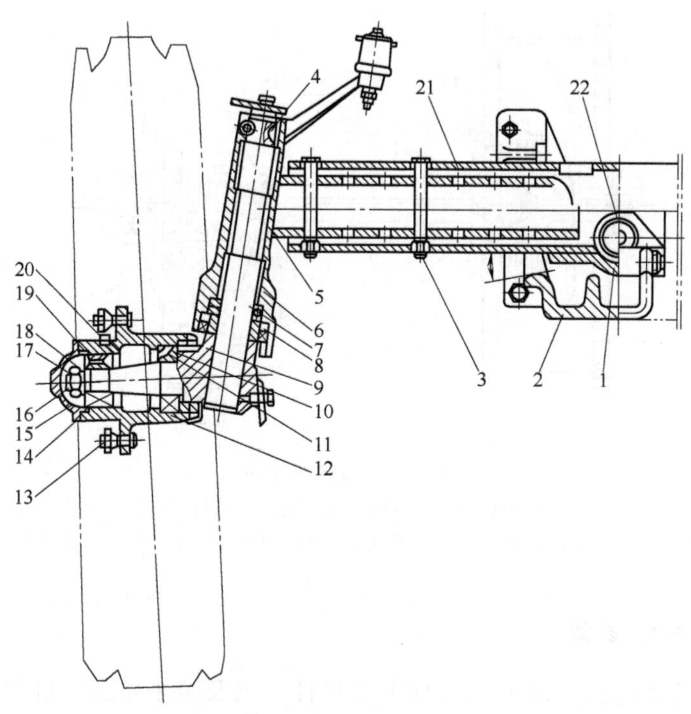

图 2-18 拖拉机前桥的构造

1—摆轴 2—托架 3—链接螺栓 4—转向节臂 5—伸缩套管 6—主套销 7—主销 8—油封 9—转向节轴 10—垫环 11—圆锥滚子轴承 12—前轮毂 13—前轮螺栓 14—纸垫 15—轴承盖 16—开口销 17—螺母 18—垫圈 19—圆锥滚子轴承 20—轴环 21—前轴套筒 22—摆动支承管

同前轴套管一起，可以相对于机体摆动。安装发动机散热器用的上托架固定在下托架上，并用来限制前轴的摆动角度。

转向节主套销与伸缩套管焊接在一起，其内装有转向节主销，主销的下端连接着前轮轴，轴上装有前轮。左右主销的上端分别与转向杠杆和转向摇臂相连，两者用横拉杆连接起来，并与前轴组成转向梯形结构。为防止伸缩套管在前轴套管内转动，影响前轮定位参数的变化，目前套管断面由圆形改变为梯形或矩形截面，这种形式在大部分轮式拖拉机上采用。

二、转向驱动桥

能实现车轮转向和驱动的车桥称为转向驱动桥，如图 2-19 所示。在结构上，转向驱动桥既具有一般驱动桥所具有的主减速器 9、差速器 7 及半轴 3 和 10，也具有一般转向桥所具有的转向节壳体 1、主销 12 和轮毂 2 等。它与单独的驱动桥、转向桥相比，不同之处在于：由于转向的需要半轴被分为两段，分别叫内半轴 10（与差速器相连接）和外半轴 3（与轮毂连接），二者用等角速万向联轴器 5 连接。同时，主销也因此分为上、下两段，分别固定在万向联轴器的球形支座 11 上。转向节轴颈做成空心的，以便外半轴从中穿过。

当前，许多轿车采用了发动机前置前轮驱动的布置形式，其前桥既是转向桥又是驱动桥。此种类型的转向驱动桥多与麦弗逊式独立悬架配合使用，因其前轮内侧空间较大，便于布置，且维修方便。

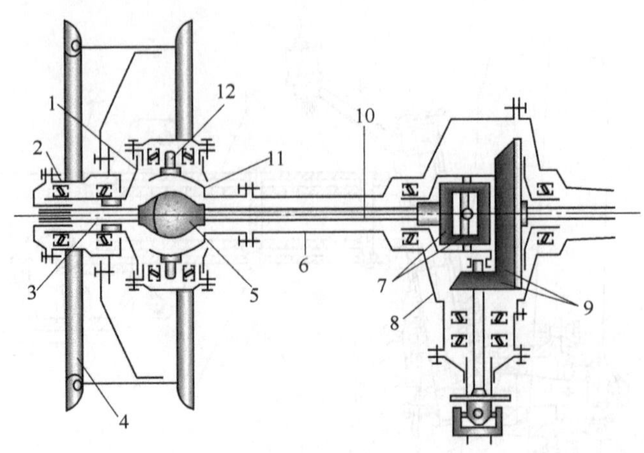

图 2-19 转向驱动桥

1—转向节壳体 2—轮毂 3—外半轴 4—车轮 5—万向联轴器 6—半轴套管
7—差速器 8—主减速器壳 9—主减速器 10—内半轴 11—球形支座 12—主销

三、转向轮定位参数

为保持汽车直线行驶的稳定性和转向的轻便性，以及减小轮胎与机件的磨损，转向轮、转向节和前轴三者之间与车架必须保持一定的相对位置，这种具有一定相对位置的安装称为转向轮定位，也称前轮定位。正确的前轮定位可以使汽车直线行驶稳定而不摆动，转向时转向盘上的作用力不大，转向后转向盘具有自动回正作用，轮胎与地面间不打滑，从而减少油耗，延长轮胎寿命。转向轮定位参数包括主销后倾角、主销内倾角、前轮外倾角及前轮前束。

1. 主销后倾角

主销装在前轴上，在纵向平面内，其上端略向后倾斜，这种现象称为主销后倾。在纵向平面内，主销轴线与垂线之间的夹角 γ 称为主销后倾角，如图 2-20 所示。

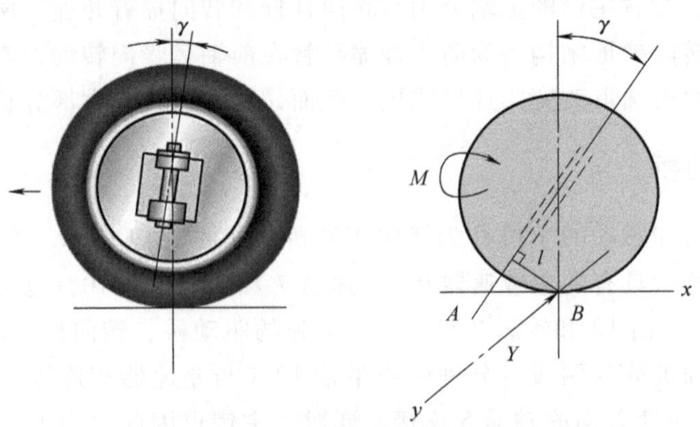

图 2-20 主销后倾角作用示意图

主销后倾后，它的轴线延长线与路面的交点 A 位于车轮与路面接触点 B 之前，这样 B 点到 A 点之间就有一段垂直距离 l。汽车转弯时，汽车产生的离心力将引起路面对车轮的侧向反作用力 Y，Y 通过 B 点作用于轮胎上，形成稳定力矩 M，正比于 Y 和 l 的乘积，其方向

与车轮偏转方向相反，它有使车轮恢复到原来中间位置的趋势，即使在汽车直线行驶时偶尔遇到阻力使车轮偏转时也有此作用。由此可见，主销后倾的作用是保持汽车直线行驶的稳定性，并力图使转弯后的前轮自动回正。后倾角越大，车速越高，前轮的稳定性越强，但后倾角过大会造成转向盘沉重。

一般汽车的主销后倾角为0°~3°，拖拉机的主销后倾角为0°~5°。现代高速汽车由于轮胎气压降低弹性增加，引起稳定力矩增加，因此，γ角可以减小到接近于零，甚至为负值。

2. 主销内倾角

主销安装到前轴上后，在横向平面内，其上端略微向内倾斜，这种现象称之为主销内倾。在横向垂直平面内，主销轴线与垂线之间的夹角β称为主销内倾角。

主销内倾后，主销轴线的延长线与地面交点到车轮中心平面与地面交线的距离c减小（图2-21），从而可以减小转向时驾驶员加在转向盘上的力，使转向操纵轻便，也可以减小从转向轮传到转向盘上的冲击力；与此同时，当车轮转向或偏转时，车轮有向下陷入地平面的倾向，但事实上这是不可能的，而只能使转向轮连同整个汽车前部向上抬起一个相应的高度，这样在汽车本身重力的作用下，迫使车轮自动回到原来的中间位置。由此可见，主销内倾的作用是使前轮自动回正，转向轻便。主销内倾角越大或前轮转角越大，汽车前部抬起就越高，前轮的自动回正作用就越明显，但转向时转动转向盘费力，转向轮的轮胎磨损增加，一般汽车的转向节主销内倾角β不大于8°，拖拉机为3°~9°。

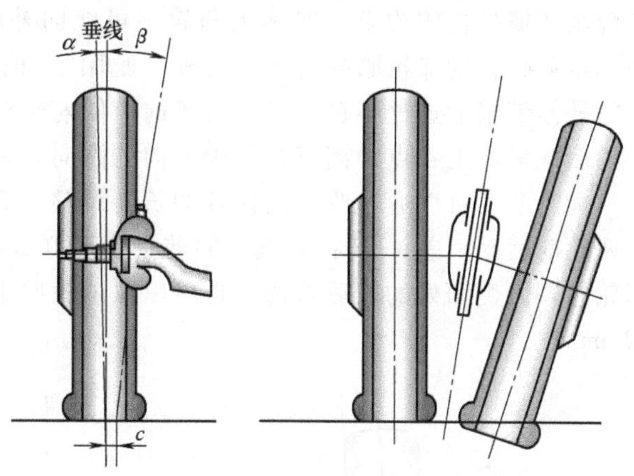

图2-21 主销内倾角及前轮外倾角作用示意图

主销内倾角是由前轴制造时使主销孔轴线的上端向内倾斜获得的。因此，前轴弯曲变形、主销与销孔磨损变形都将引起主销内倾角的改变。

3. 前轮外倾角

前轮安装在车桥上，其旋转平面上方相对于纵向平面略向外倾斜，这种现象称为前轮外倾（图2-21）。在通过车轮轴线的垂直面内，前轮旋转平面与纵向垂直平面之间的夹角α称为前轮外倾角。

前轮外倾的作用在于提高了前轮工作的安全性和操纵轻便性。由于主销与衬套之间、轮毂与轴承等处都存在间隙，若空车时车轮垂直地面，则满载后车桥将因承载变形，可能会出现车轮内倾，这样将会加速汽车轮胎的磨损。另外，路面对车轮的垂直反作用力沿轮毂的轴向分力将使轮毂压向轮毂外端的小轴承，加重了外端小轴承及轮毂紧固螺母的负荷，严重时会使车轮脱出。因此，为了使轮胎磨损均匀和减轻轮毂外轴承的负荷，安装车轮时应预先使车轮有一定的外倾角，以防止车轮出现内倾。同时，车轮有了外倾角也可以与拱形路面相适应。前轮外倾角大虽然对安全和操纵有利，但是过大的外倾角将使轮胎横向偏磨增加，油耗增多，一般汽车前轮外倾角为1°左右，拖拉机为1.5°~4°。

前轮外倾角是由转向节的结构确定的。当转向节安装到前轴上后，转向节轴颈相对于水平面向下倾斜，从而使前轮安装后出现前轮外倾。

4. 前轮前束

前轮安装时，同一轴线上两侧车轮的旋转平面不平等，前端略向内束，这种现象称为前轮前束，如图 2-22 所示。左、右两车轮间后方距离 A 与前方距离 B 之差（$A-B$）称为前轮前束，当 $A-B>0$ 时，前束值为正，反之为负。

前轮前束的作用是消除汽车行驶过程中因前轮外倾而使两前轮前端向外张开的不利影响。

由于前轮外倾，当车轮在地面上做纯滚动时就好像一个滚锥，在行驶中，就有绕轮轴轴线与地面的交点而向外滚开的趋势；另一方面，由于在转向梯形的球铰接等处不可避免地总会存在间隙，因此汽车拖拉机在行驶中，前轮也可能因外撇而产生向外滚开的趋势。但是由于前轴和横拉杆的约束，实际上前轮不可能向外滚开，而是由前轴强制着它向前做直线滚动，这势必会增加轮胎的磨损，俗称“吃胎”，前轮前束的作用就是使锥体中心迁移，消除前轮外倾带来的这种不良后果。由于前束使前轮轴线与地面的交点的位置略向前移，从而减小轮胎支承面上各点滚离直线行驶方向的倾向，有利于减轻轮胎磨损。

前轮前束可以通过改变横拉杆的长度调整。调整时，可以根据各厂家规定的测量位置，使两轮前后距离差 $A-B$ 符合规定的前束值。测量位置除图 2-22 所示的位置外，还可以取两车轮轮辋内侧面处的前后差值，也可以取两轮胎中心平面处的前后差值。一般前束值为 0~12mm。

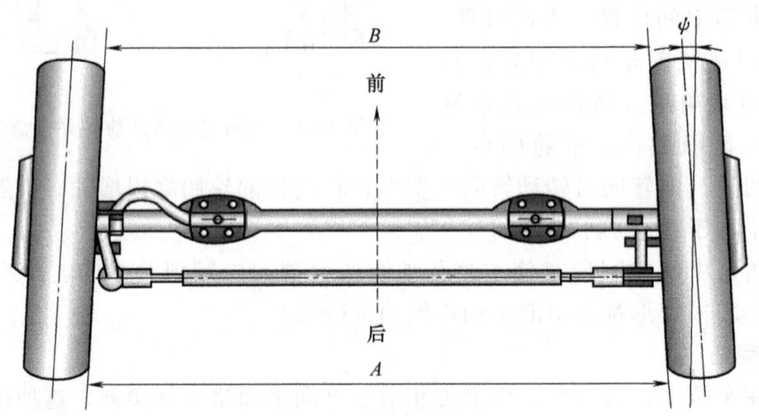

图 2-22　前轮前束

在使用过程，前束值要进行检查和调整。在有转向梯形的汽车拖拉机上，通过调整横拉杆的长度来调整前束值；而在双拉杆转向操纵机构中，则需要调整左右拉杆的长度来实现。

5. 后轮的外倾角和前束

车轮定位参数通常都是针对汽车的前转向轮而言的，但是，现代汽车不仅要求前轮定位，还需要有后轮定位，后轮定位包括后轮外倾角和后轮前束。

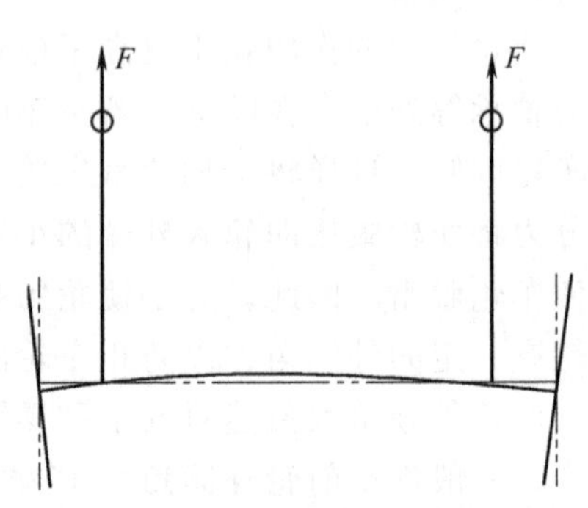

图 2-23　驱动力作用在轴上的示意图

如图 2-23 所示，汽车的驱动力 F 通过纵臂作用于后轴上，如果后轮没有前束角，汽车行驶时，在驱动力的作用下，后轴将产生一定的弯曲，使车轮出现前张现象，而预先设置前束角就可以用来抵消这种前张。

后轮外倾角是负值，可增加车轮接地点的跨度，增加汽车的横向稳定性。负外倾角还可以用来抵消当汽车高速行驶且驱动力较大时车轮出现的前张，以减轻轮胎的磨损。

第四节 车轮与轮胎

一、车轮

汽车通过车轮由轮胎直接与地面接触，其主要功能是支承汽车总质量；吸收和缓和路面传来的冲击和振动；保证轮胎与路面的良好附着性能，以提高汽车的动力性、制动性和通过性；在保证汽车正常转向行驶的同时，通过轮胎产生的自动回正力矩，使汽车保持直线行驶。

1. 车轮的组成

车轮是介于轮胎和车桥之间承受负荷的旋转组件，通常由轮辋和轮辐两个主要部件组成。图 2-24 所示为某轿车的车轮及轮胎。轮胎 1 安装在轮辋上，轮辋上还装有平衡块夹 2 和平衡块 3，轮辋与辐板 4 焊接在一起，并通过辐板上的螺栓孔用车轮螺栓 6 将其安装在轮毂上，再通过轮毂轴承装在车桥上，在辐板的外侧装有车轮装饰罩 5。

2. 车轮的类型

车轮按轮辐的结构分为辐板式和辐条式两种。目前，普通级轿车和轻、中型载货汽车多采用辐板式车轮，而高级轿车、竞赛汽车及重型载货汽车多采用辐条式车轮。

（1）辐板式车轮　辐板式车轮如图 2-25 所示，车轮的轮辋 2 与辐板 3 可以用铆钉连接，也可以制成一体。轮辋上的椭圆孔为气门嘴伸出孔 4。轮辐的中心有一中心孔，用来将轮辋安装在轮毂上。中心孔四周制有几个大孔，通过螺栓与轮毂固定。这些圆孔边缘和螺栓头部均制成锥形，以便正确地对中。轮辐靠近中心孔部分略向外鼓起，使得轮辐有些弹性而有助于螺栓的紧固防松。

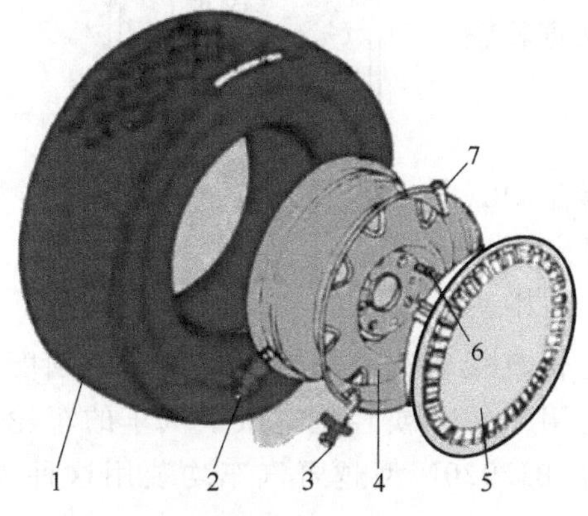

图 2-24　车轮总成

1—轮胎　2—平衡块夹　3—平衡块　4—辐板　5—装饰罩　6—螺栓　7—气门嘴

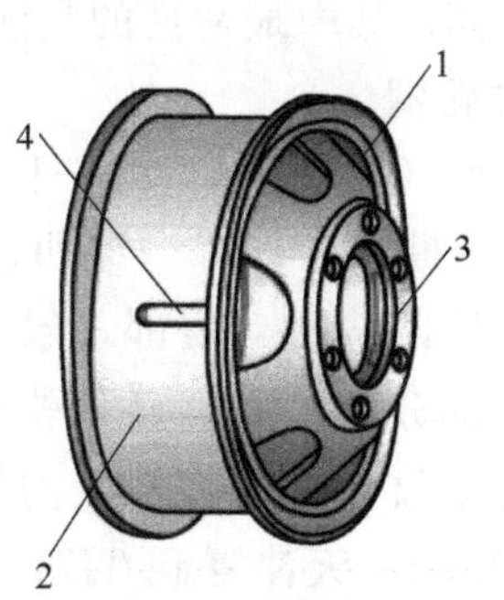

图 2-25　辐板式车轮

1—挡圈　2—轮辋　3—辐板　4—气门嘴伸出孔

载货汽车的轮辋压成深凹形，以便与轮毂轴承位置相适应，保持车轮平面的适当位置。

（2）辐条式车轮　辐条式车轮如图 2-26 所示，轮辐多采用铸造辐条或钢丝辐条。辐条与轮毂 6 铸成一体，与轮辋 1 用衬块 2 及螺栓 3 固定在一起。配合锥面 5 用来保证轮辋与辐条自动对中。

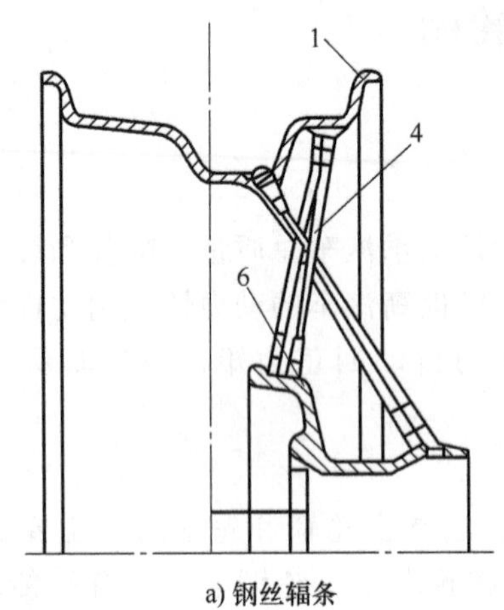

a) 钢丝辐条

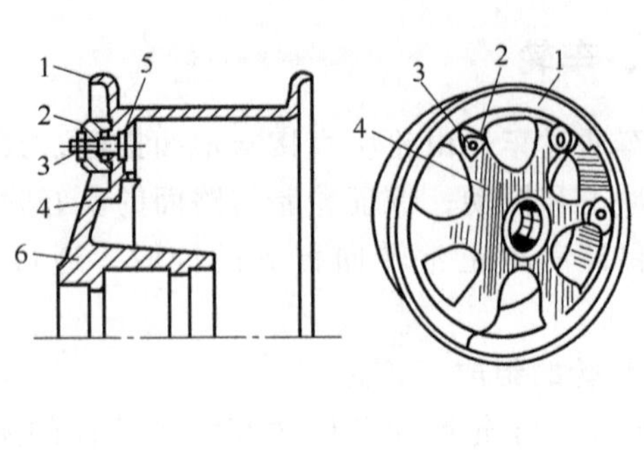

b) 铸造辐条

图 2-26　辐条式车轮

1—轮辋　2—衬块　3—螺栓　4—辐条　5—配合锥面　6—轮毂

钢丝辐条车轮质量小，但价格高，维修安装不便，故常在某些高级轿车及竞赛汽车上使用。铸造辐条车轮用于载质量较大的重型载货汽车上。

车轮按车桥一端安装的轮胎数目分为单式和双式两种。单式车轮如图 2-24 所示，双式车轮采用同一轮毂安装两套相同的辐板与轮辋，即把两个相同的车轮并排安装在同一个轮毂上，如图 2-27 所示。

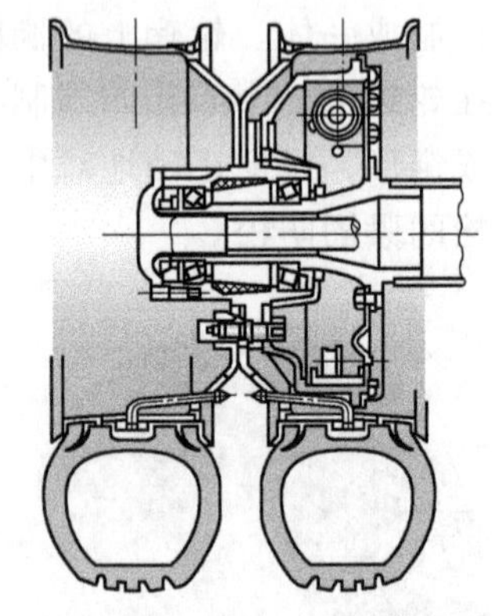

图 2-27　双式车轮

二、轮辋

轮辋按结构可分为深槽式轮辋、平底式轮辋、对开式（可拆式）轮辋、半深槽式轮辋、深槽宽轮辋、平底宽轮辋和全斜底轮辋，其中最常见的是前三种。

1. 深槽轮辋

深槽轮辋（图 2-28a）是一种整体式轮辋，代号是 DC，其结构特点是断面中部有一深凹槽，带肩的凸缘用来固定轮胎，并与胎圈接触。肩部一般以 5°±1°的倾斜度向中央倾斜。倾斜部分的最大直径是轮胎胎圈与轮辋的配合直径。这种轮辋结构简单，刚度大，质量小，对于尺寸小而弹性大的轮胎最适宜，故适用于轿车或轻型、微型汽车的车轮上，如红旗 CA7560、天津夏利 TJ7100 型轿车以及北京 BJ2020N 型越野汽车均装用这种类型的轮辋。

2. 平底轮辋

平底轮辋（图 2-28b）的代号是 FB，其断面中部为平直的，一侧有凸缘，一边装有整

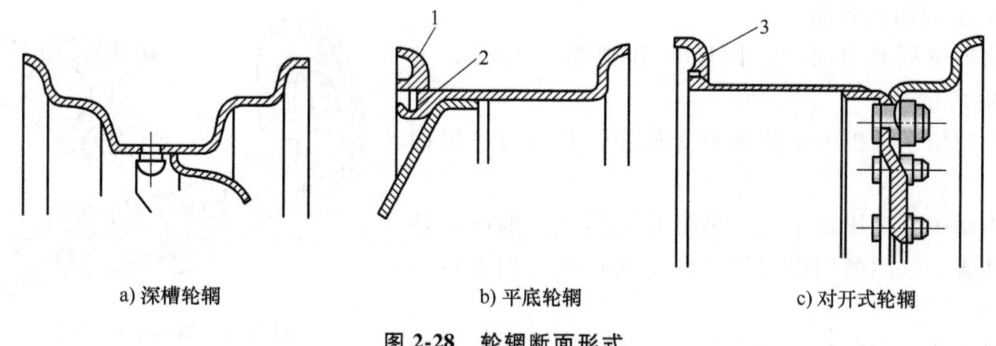

图 2-28　轮辋断面形式
1、3—挡圈　2—轮辋

体的挡圈，并用一个开口的弹性锁圈来防止挡圈脱出。安装轮胎时，先将轮胎套在轮辋上，再套上挡圈，并将它向内推，直至越过轮辋上的环形槽，再将开口的弹性锁圈嵌入环形槽中。由于载货汽车、自卸汽车和大客车多采用较大、较硬的外胎，为使其拆装方便，一般多采用平底轮辋。

3. 对开式轮辋

对开式轮辋（图 2-28c）的代号为 DT，由内、外两部分组成，其内外轮辋的宽度可以相等，也可以不相等，二者用螺栓连成一体。拆装轮胎时拆卸螺栓上的螺母即可。可拆式轮辋安装轮胎可靠、拆卸方便，多用于越野汽车上。

轮辋是轮胎的装配基础，原则上每种轮胎只配一种标准轮辋，必要时也可以配与标准轮辋接近的容许轮辋。轮辋与轮胎配合不当，特别是安装在过窄的轮辋上的轮胎，会造成轮胎早期损坏。

三、轮胎

1. 轮胎的作用

汽车拖拉机几乎都采用充气轮胎。轮胎安装在轮辋上，直接与路面接触，因此，轮胎必须具备适宜的弹性和承受载荷的能力。同时，在其与路面直接接触的胎面部分，应具有用以增强附着作用的花纹。

2. 轮胎的分类

汽车轮胎按其用途可以分为轿车轮胎和载货汽车轮胎两种；按胎体结构可以分为充气轮胎和实心轮胎。现代汽车绝大多数采用充气轮胎，而实心轮胎目前仅应用在沥青混凝土路面上行驶的低速汽车或重型挂车上。

就充气轮胎而言，按组成结构不同，可以分为有内胎轮胎和无内胎轮胎两种；按胎体中帘线数分为普通斜交胎、带束斜交胎和子午线斜交胎；按胎面花纹的不同，还可以分为普通花纹胎、混合花纹胎和越野花纹胎。

按胎内的工作压力大小，可以分为高压胎、低压胎和超低压胎三种。一般气压在 0.5～0.7MPa 者为高压胎，0.15～0.45MPa 者为低压胎，0.15MPa 以下者为超低压胎。目前，轿车、货车几乎全部都采用低压胎。因为低压胎弹性好，断面宽，与道路接触面积大，壁薄而散热性好，提高了汽车的行驶平顺性和转向操纵的稳定性。

3. 有内胎的轮胎

这种轮胎由外胎 1、内胎 2 和垫带 3 组成，如图 2-29 所示。

外胎用来保护内胎使其不受损伤，且具有一定的弹性。

内胎中充满压缩空气，是带有轮胎气门嘴的圆环形弹性管。气门嘴用以充气并使空气在内胎内保持一定压力。

垫带垫在内胎与轮辋之间，保护内胎不被轮辋和胎圈磨坏，并防止尘土及水气浸入胎内。

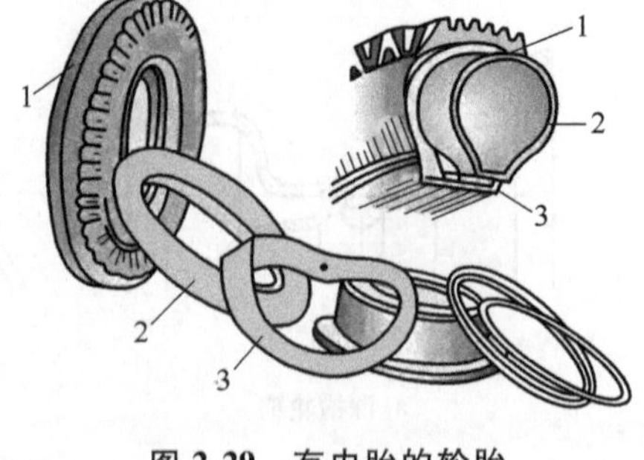

图 2-29 有内胎的轮胎

1—外胎 2—内胎 3—垫带

目前，在汽车上广泛应用普通斜交胎和子午线轮胎。

（1）普通斜交胎 普通斜交胎的结构特点是帘线层和缓冲层各相邻层帘线交叉排列（图 2-30），胎体中帘线的排列方式一般用胎冠角（β、α）表示。胎冠角 β 为胎体帘线与胎冠中心线的垂线之间的夹角；胎冠角 α 为胎体帘线与胎冠中心线之间的夹角。

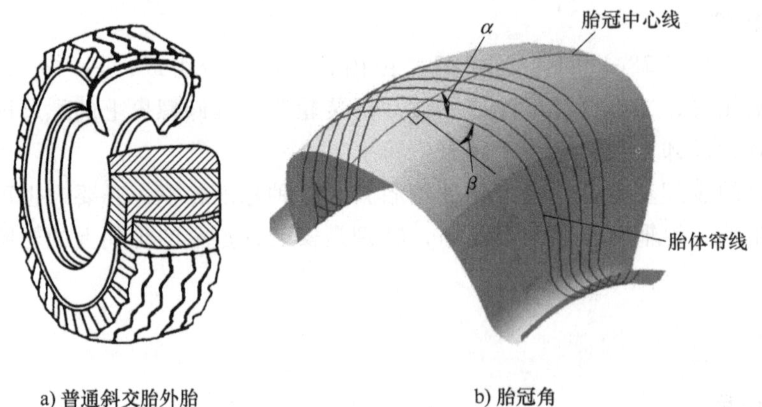

图 2-30 普通斜交胎

普通斜交胎的外胎是用耐磨橡胶制成强度较高而又有弹性的外壳，直接与地面接触。它由胎圈 1、缓冲层 2、胎面 3 和帘布层 4 等组成，如图 2-31 所示。

胎面是轮胎的外表面，包括胎冠 5、胎肩 6 和胎侧 7 三部分。胎冠也称为行驶面，它与路面直接接触，承受冲击和磨损，并保护胎体不受机械损伤。为了增加轮胎与路面之间的附着力，防止纵向、横向滑移，在胎冠上制有各种形式的花纹，如图 2-32 所示。

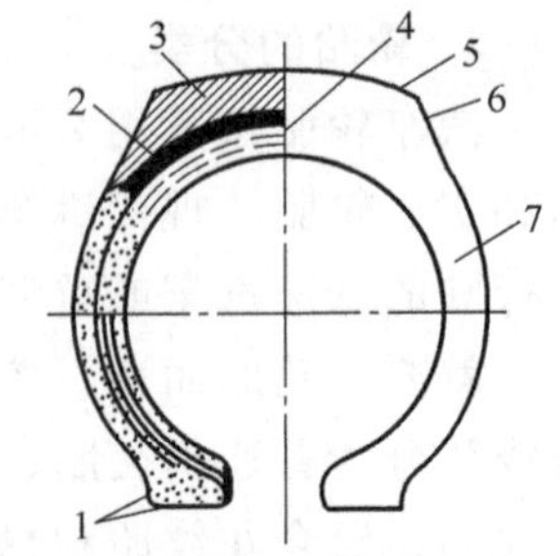

图 2-31 普通斜交胎外胎结构图

1—胎圈 2—缓冲层 3—胎面 4—帘布层 5—胎冠 6—胎肩 7—胎侧

普通花纹的特点是花纹细而浅，花纹块接地面积大，适用于较好路面。其中纵向花纹轮胎的滚动阻力小，防侧滑和散热性好，噪声低，高速行驶性能好，但甩石性和排水性较差。横向花纹轮胎的耐磨性能好，不易夹石子。越野花纹的沟槽深而宽，花纹块的接地面积小，防滑性好。花纹有八字形、人字形和马牙形等。安装八字形和人字形花纹轮胎时，花纹的“八”字和“人”字尖端的指向要与汽车拖拉机前进时车轮的旋转方向一致，以提高排泥性能。混

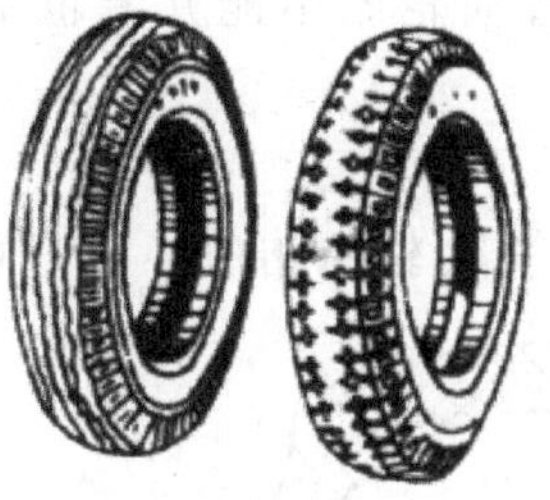

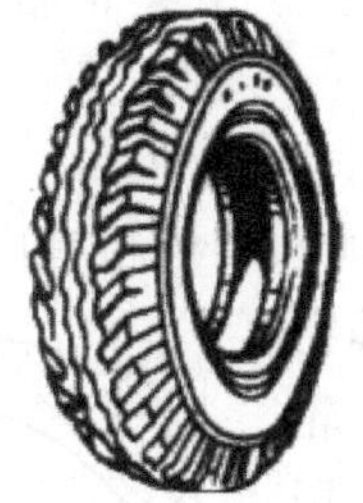
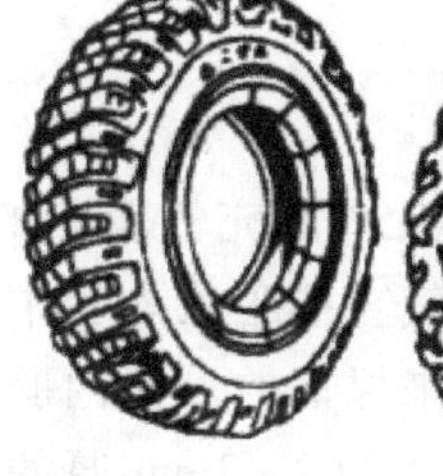
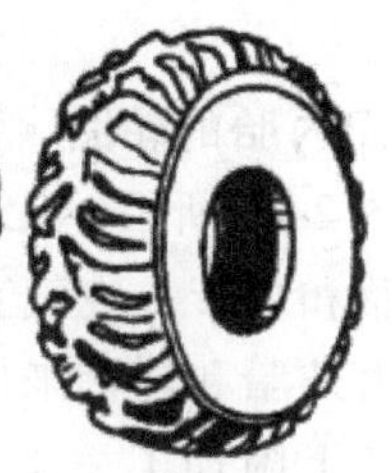

a) 普通花纹　　b) 混合花纹　　c) 越野花纹

图 2-32 轮胎的花纹

合花纹介于普通花纹和越野花纹之间。

胎肩是较厚的胎冠和较薄的胎侧之间的过渡部分，一般也有各种花纹以防滑和散热。胎侧是贴在帘布层侧壁的薄橡胶层，其作用是保护胎侧部分的帘布层免受机械损伤及水分侵蚀。

帘布层是外胎的骨架，其主要作用是承受负荷（汽车重力、路面冲击力和内部气压），保持轮胎外缘尺寸和形状。帘布层通常由多层胶化的棉线或其他纤维编织物叠成，并按一定的角度交叉排列（图 2-33）。为使其负荷均匀分布，帘布层数多采用偶数。帘布层数的多少要根据轮胎承受的负荷、内压以及轮胎的类别和用途来确定，一般在外胎表面上标注有帘布层数。普通斜线轮胎的帘线一般与轮胎横断面（子午断面）的交角为 52°~54°。帘线材料可以是棉线、人造丝、尼龙或钢丝等。

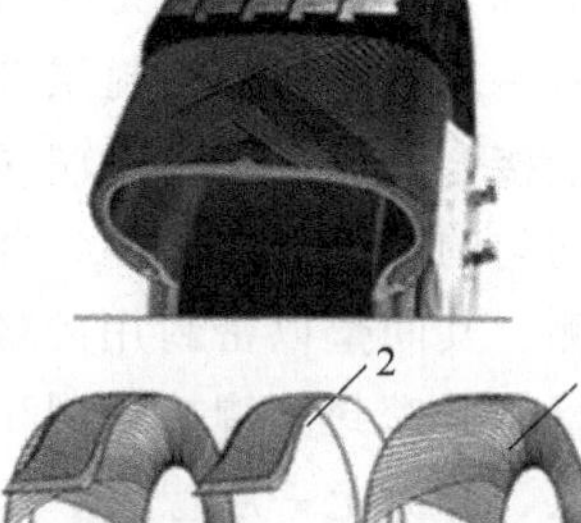
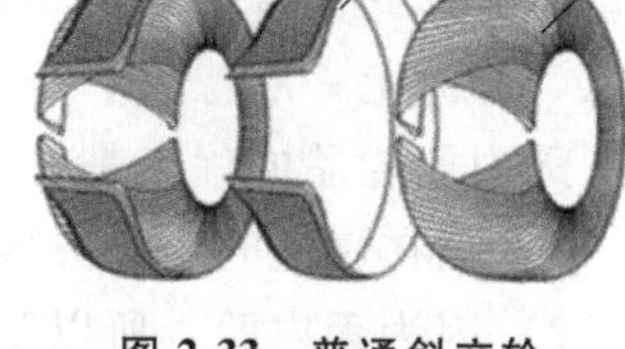

图 2-33 普通斜交轮胎帘布层排列

1—帘布层 2—缓冲层

缓冲层位于胎面和帘布层之间，质软而弹性大。其作用是加强胎面与帘布层的结合，以缓和汽车在行驶时所受到的不平路面的冲击，并防止汽车在紧急制动时胎面与帘布层脱离。

胎圈是帘布层的根基，帘布层靠胎圈固装在轮辋上。胎圈由钢丝圈、帘布层包边和胎圈包布组成。

（2）子午线轮胎　子午线轮胎（图 2-34）帘布层 2 的帘线与轮胎子午断面接近一致（即与胎面中心线成 90°或接近 90°）排列，以带束层 3 箍紧胎体。帘线的这种排列能使其强度被充分利用，故它的帘布层数比普通斜交胎可以减少将近一半，且没有偶数限制，所以胎体柔软。为了承受汽车行驶时产生的较大切向力，子午线轮胎具有若干层帘线与子午断面呈大角度（交角 70°~75°）、高强度、不易拉伸的周向环形的类似缓冲层的带束层。

子午线轮胎与普通斜交胎相比，具有耐磨性好、弹性大、行驶里程长（比普通胎长 50%以上）、滚动阻力小、节约燃料（滚动阻力可减少 25°~30°，油耗降低 8%左右）、承载能力大、减振性能和附着性能好、胎面耐刺穿和自重轻等优点；但其胎侧易裂口，胎圈易损坏，且侧向稳定性差，成本高。子午线轮

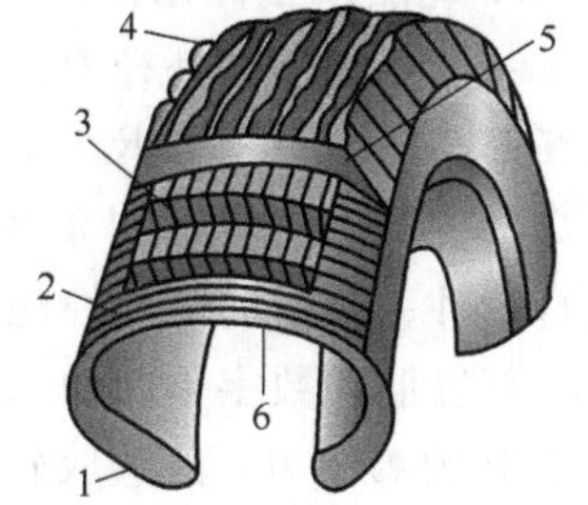

图 2-34 子午线轮胎

1—胎圈 2—帘布层 3—带束层 4—胎冠 5—胎肩 6—子午断面

胎使用的轮辋与普通轮胎相同。在使用中，子午线轮胎与普通轮胎不能并装也不可同轴混装。

4. 无内胎的轮胎

如图 2-35 所示，无内胎充气轮胎的外观和结构与有内胎充气轮胎相似，所不同的是它没有内胎和垫带，空气直接压入外胎中，其密封性是由外胎和轮辋来保证的。无内胎充气轮胎的内壁上附加了一层约 2~3mm 厚的专门用来封气的橡胶密封层 1，有的还在该层下面贴着一层特殊混合物制成的自粘层。当轮胎穿孔时，自粘层能自行将刺穿的孔粘合，故这种轮胎也称为有自粘层的无内胎轮胎。在胎圈外侧也有一层胎圈橡胶密封层 3，用以增加胎圈与轮辋接合的气密性。轮辋底部是倾斜的，并涂有均匀的漆层。气门嘴 2 直接固定在轮辋 6 的一侧，其间垫以密封用的橡胶密封垫 4，并用螺母旋紧密封。铆接轮辋和辐板的铆钉自内侧塞入，并涂上一层橡胶。

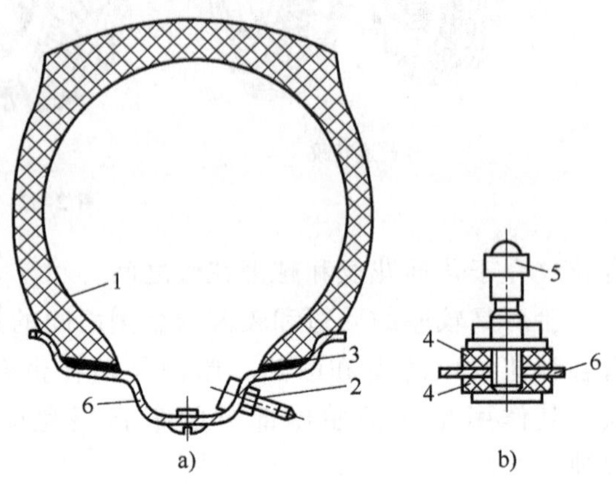

图 2-35 无内胎轮胎

1—硫化橡胶密封层 2—气门嘴 3—胎圈橡胶密封层 4—橡胶密封垫 5—气门嘴帽 6—轮辋

无内胎轮胎的优点是：

1）只在爆破时才会失效，而穿孔时漏气缓慢，胎压不会急剧下降仍能继续行驶。

2）因为无内胎，所以摩擦生热少，散热快，适于高速行驶。

3）结构简单，质量较小。

无内胎轮胎的缺点是：

1）密封层和自粘层易漏气，途中修理较为困难。

2）自粘层只有在穿孔尺寸不大时方能粘合。

3）天气炎热时自粘层可能软化而向下流动从而破坏车轮平衡。

由于上述缺点，目前一般多采用无自粘层的无内胎轮胎。它的外胎内壁只有一层密封层，当轮胎穿孔后，由于其本身处于压缩状态而紧裹着穿刺物，故能长期不漏气，即使将穿刺物拔出，亦能暂时保持胎内气压。无内胎轮胎一般配用深式轮辋，目前在轿车上应用较多。

5. 轮胎规格标记方法

一般用轮胎的外径 D、轮辋的直径 d、断面宽度 B 和断面高度 H 的公称尺寸来表示轮胎的基本尺寸，如图 2-36 所示。基本尺寸的单位有英制、米制和米英制混合三种，轮胎的其他性能用字母表示。

高压胎用数字中间加“×”来表示，可写成 $D\times B$。由于 B 约等于 H，故选取轮辋直径 d 时可按 $d=D-2B$ 来计算。例如，34×7，即表示轮胎外胎直径 D 为 34in（864mm），断面尺寸为 7in（178mm），中间“×”表示高压胎。

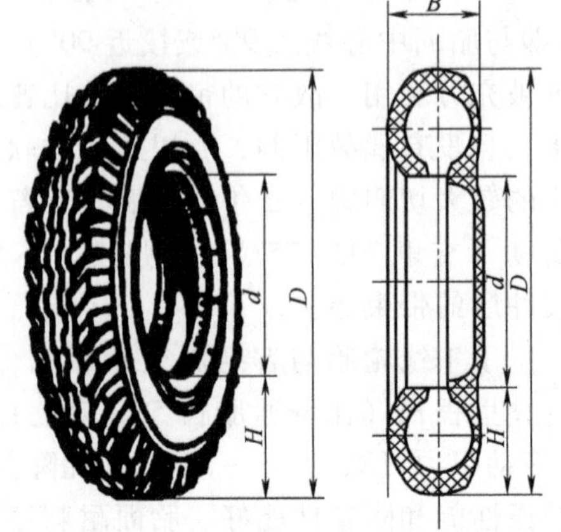

图 2-36 轮胎的主要尺寸

低压胎一般用两个数字中间加“-”号表示，写成 B-d。例如：9.00-20，第一个数字表示轮胎断面宽度为 9in（229mm），第二个数字表示轮辋直径为 20in（508mm），中间的“-”表示低压胎。而米制可写成 229-508，混合制则为 229-20。

我国国家标准规定，外胎两侧除应标出轮胎规格外，还应标出制造厂商标、层级、最大负荷及相应气压、生产编号等。为便于识别胎体帘线，胎侧还标有汉语拼音字母。例如，M（或无字）表示棉帘线胎，R 表示人造丝帘线胎，N 表示尼龙胎，Z 表示子午线胎，G 表示钢丝胎，ZG 表示钢丝子午线胎。

国产轿车轮胎种类见表 2-1。

表 2-1 国产轿车轮胎种类

轮胎结构	断面形状	型号示例
斜交轮胎	96 系列普通断面	6.10-13
	88 系列低压断面	7.00-13
	82 系列超低压断面	6.95-14
子午线轮胎	60 系列	175/60QR13
	65 系列	175/60SR13
	70 系列	165/70QR14
	75 系列	175/75SR14
	80 系列	185/80RR15

由表 2-1 可知，斜交轮胎的轮胎断面系列有超低压（82 系列）、低压（88 系列）和普通（96 系列）3 类，超低压系列表示时，小数点后第 2 位用数字 5；低压系列表示时，小数点后第 1 位用 0 或 5，第 2 位数为 0；普通系列表示时，小数点后第 1 位用非 0 和非 5 的数，第 2 位为 0。

轮胎速度符号与最高行驶速度见表 2-2。

表 2-2 轮胎速度符号与最高行驶速度

速度符号	最高行驶速度/km · h^{-1}	速度符号	最高行驶速度/km · h^{-1}
L	120	R	170
M	130	S	180
N	140	T	190
P	150	U	200
Q	160	H	210

当今轿车轮胎进一步向扁平方向发展，其扁平率用高宽比［$(H/B)\times100$］表示，其值有 55、60、65、70 几种，少数轿车已用 40、45 规格。而在法拉利 F40 车上已采用 35 规格的超扁平轮胎。

四、水田轮

水田土壤系多层结构，上层为稻根、杂草和稀泥；中层为流质层，机械强度低，承压能力差；下层为硬底层，具有较高的机械强度和承压能力。装有水田轮的拖拉机在水田中作业，其轮齿或轮胎花纹只有抓着硬底层，才能发挥一定的驱动力。

一般旱地用的轮式拖拉机下水田时，下陷深度较大，滚动阻力大，附着力不足，轮胎压沟严重，影响作业质量。采用水田轮在一定程度上克服了上述缺点，改善了牵引性能。目前，我国使用的水田轮主要有高花纹轮胎和塑料镶齿轮胎。

图 2-37a 所示为高花纹轮胎，与普通轮胎花纹相比，胎面花纹的高度和间距都较大，其布置角较小。这种轮胎在泥脚较浅地区能抓着硬底层，可获得较大的驱动力；平顺性较好，冲击负荷较小，拖拉机可做远距离转移。但轮胎压沟较严重，影响田面平整。

图 2-37b 所示为一种镶有塑料齿的铁轮，轮缘较窄，具有梯形断面的塑料齿用销钉安装在焊于轮缘的轮齿座上。这种镶齿铁轮的抓土能力强，压沟不显著，附着性能好；但道路行驶平顺性差，铁轮容易磨损，导致其寿命短。

以上两种水田轮在泥脚较浅的水田中适应性较好，但不适应深泥脚水田使用。深泥脚水田应采用图 2-37c 所示的船式拖拉机所使用的楔形水田轮。

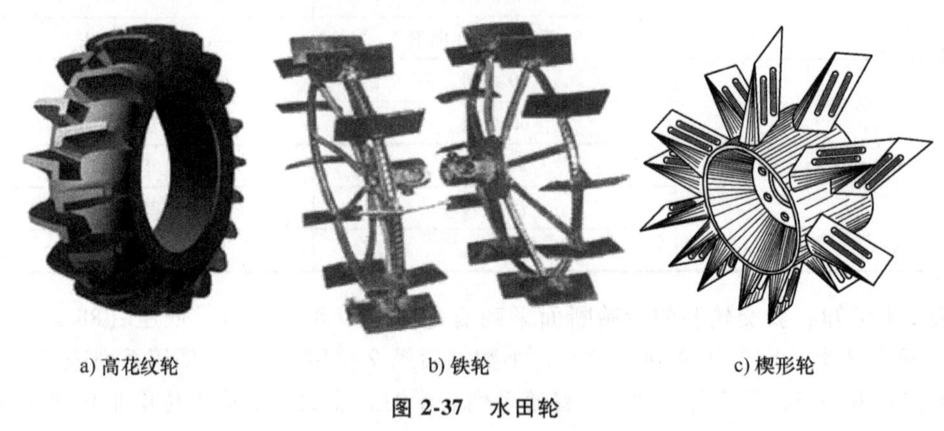

a) 高花纹轮　　b) 铁轮　　c) 楔形轮

图 2-37　水田轮

第五节　悬架

一、悬架的功用与类型

1. 悬架的功用和组成

悬架是车架（或承载式车身）与车桥（或车轮）之间的一切传力连接装置的总称。悬架的作用是把路面作用于车轮上的垂直反力（支承力）、纵向反力（驱动力和制动力）和侧向反力以及这些力所造成的力矩传递到车架（或承载式车身）上，并且缓和由不平路面传给车身的冲击载荷，衰减由此引起的振动，以保证乘员的舒适性，减小货物和车辆本身的动载荷。

悬架主要由弹性元件、导向装置和减振器等三部分组成，如图 2-38 所示。

弹性元件使车架与车桥之间保持弹性连接，承受和传递垂直载荷，缓和不平路面、紧急制动、加速和转弯引起的冲击或车身位置的变化。常见的弹性元件有钢板弹簧、螺旋弹簧、扭杆弹簧、油气弹簧、空气弹簧和橡胶弹簧。

导向装置是用来传递纵向力、侧向力及其力矩，并保证车轮相对于车架或车身有一定的运动规律。通常导向装置由控制摆臂式杆件组成，有单杆式和连杆式。

减振器用以加快振动的衰减，限制车身和车轮的振动。减振器的类型有筒式减振器、阻力可调式减振器和充气式减振器，用于限制弹簧的自由振荡，提高乘坐舒适性。

由此可见，上述三个组成部分分别起缓冲、导向和减振作用，三者共同起到传力作用。

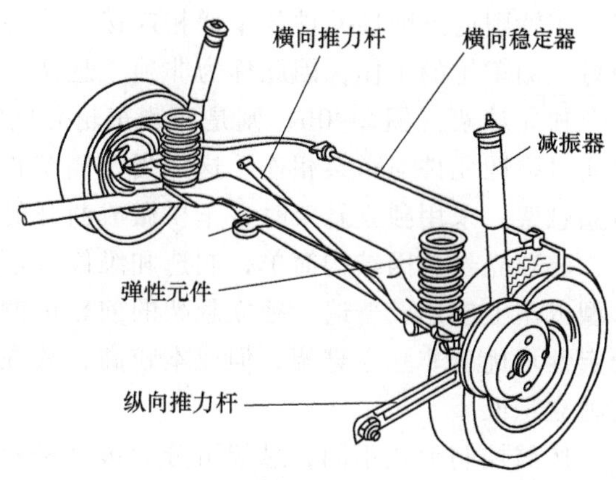

图 2-38 汽车悬架组成示意图

横向稳定器也属于导向装置。在有些轿车和客车上，为防止车身在转向等情况下发生过大的横向倾斜，在悬架系统中加设有横向稳定杆，提高侧倾刚度，使汽车具有不足转向特性，改善汽车的操纵稳定性和行驶平顺性，防止汽车横向摆动。为限制弹簧的最大变形并防止弹簧直接撞击车架，在货车上铺设有缓冲块。在一些轿车上也设有缓冲块，以限制悬架的最大变形。

需要指出的是：任何悬架只要具备上述功用，在结构上并非需要有以上全套装置，如一般汽车上广泛采用的多片钢板弹簧悬架（图 2-39），它既有缓冲、减振的功能，又担负起传力和导向的任务，因此，不需要再安装导向机构，甚至不需要减振器。

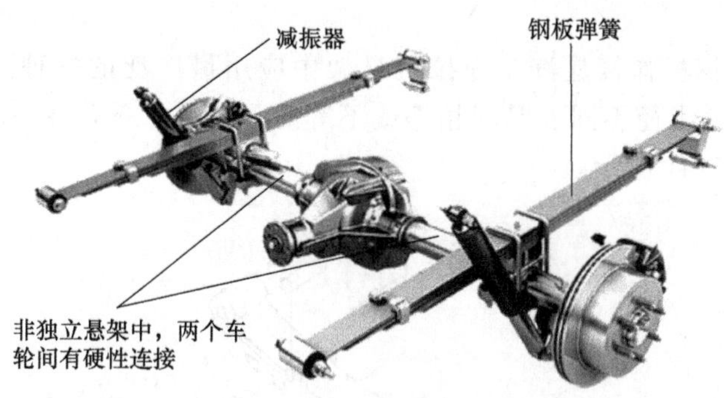

图 2-39 汽车钢板弹簧悬架

2. 悬架的类型

根据车辆两侧车轮运动是否相互关联，悬架可分为非独立悬架和独立悬架两种形式，如图 2-40 所示。

非独立悬架（图 2-40a）的结构特点是车辆两侧车轮分别安装在一根整体式的车轴两

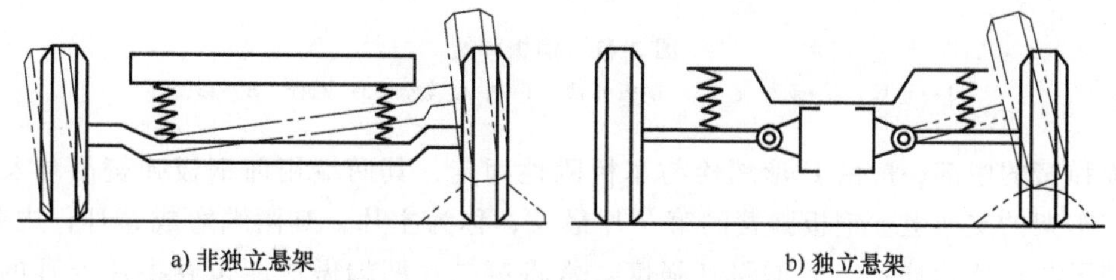

图 2-40 独立与非独立悬架示意图

端，车轴则通过弹性元件与车架相连接。这种悬架当一侧车轮因道路不平而跳动时，将要影响另一侧车轮的工作，因此称为非独立悬架。

独立悬架（图 2-40b）则是两侧车轮分别安装在断开式车轴的两端，每段车轴和车轮单独通过弹性元件与车架相连。这样当一侧车轮跳动时，对另一侧车轮不产生影响，因此称为独立悬架。采用独立悬架时，车桥做成断开的。

非独立悬架因结构简单，制造和维修方便，车轮上下跳动时定位参数变化小，故在中、重型汽车上应用较普遍。独立悬架的前轮可调整其定位，车轮接地性好，行驶平顺性和操作稳定性均优于非独立悬架，但成本较高，故在轿车上广泛应用，一些进口拖拉机的前轮也采用独立悬架。

按照控制形式不同，悬架可分为被动悬架和主动悬架两大类。被动悬架的定义是，汽车姿态（状态）只能被动取决于路面、行驶状况和汽车的弹性元件、导向装置以及减振器这些机械零件。20 世纪 80 年代，主动悬架开始在一部分汽车上应用，目前使用主动悬架的高级汽车、拖拉机越来越多。主动悬架可以根据路面和行驶工况自动调整悬架的刚度和阻尼，从而使车辆能主动地控制垂直振动及其车身或车架的姿态。

二、悬架的主要元件

1. 弹性元件

悬架中的弹性元件主要有钢板弹簧、螺旋弹簧、扭杆弹簧、气体弹簧和橡胶弹簧等五种。

（1）钢板弹簧　钢板弹簧是汽车拖拉机悬架中应用最广泛的一种弹性元件，它由若干片等宽但不等长、曲率半径不同、厚度相等或不等的弹簧钢片叠合在一起，组成一根近似等强度的弹性梁，如图 2-41 所示。

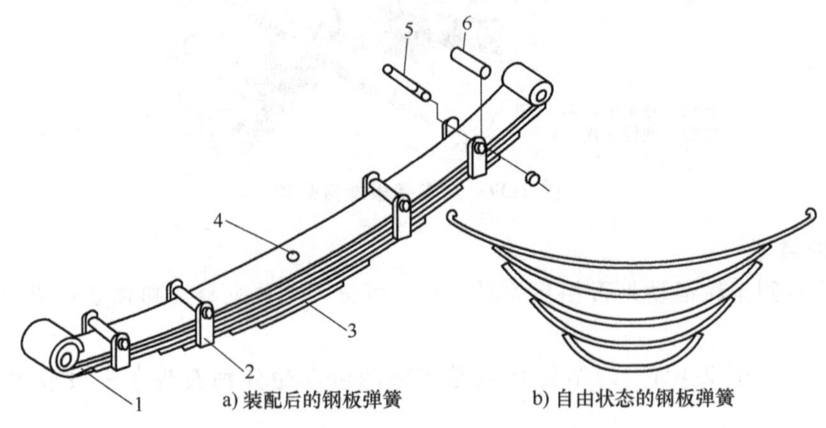

图 2-41　钢板弹簧

1—卷耳　2—钢板夹　3—钢板弹簧　4—中心螺栓　5—螺栓　6—套管

钢板弹簧的中部一般由 U 形螺栓与车桥刚性固定，其两端用前钢板弹簧吊环及衬套总成铰接在车架的支架上。钢板弹簧的第一片最长，称为主片，其两端弯成卷耳，内装衬套，以便用销子与车架相连接。为增强其强度，常将第二片两端做成能包卷主片卷耳的加强卷耳，称为包耳。各片弹簧钢片的组合除以中心螺栓固定外，还用多个钢板夹紧固。以防止当钢板弹簧反向变形时，各片错位而相互分开，致使主片单独承载。

在车架加载，弹簧变形时，钢板弹簧各片之间产生相对滑动而产生摩擦，此时钢板弹簧本身具有一定的减振作用。如果钢板各片之间干摩擦，轮胎所受到的冲击将直接传给车架，并直接使钢板弹簧各片磨损，故安装钢板弹簧时，应在各片之间涂上适量的石墨润滑剂或加入塑料垫片，并定期维护。

一些轻型货车和客车采用由单片或2~3片变厚度断面的弹簧片构成的少片变截面钢板弹簧（图2-42），其弹簧片的断面尺寸沿长度方向是变化的，片宽保持不变，可以实现汽车的轻量化。

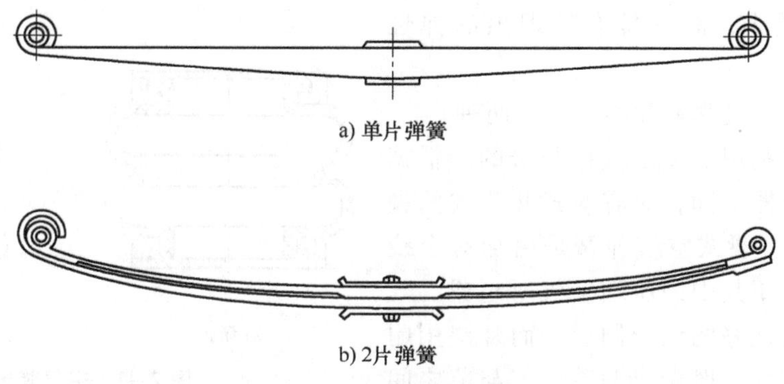

a) 单片弹簧

b) 2片弹簧

图2-42 少片变截面钢板弹簧

（2）螺旋弹簧 螺旋弹簧广泛应用于独立悬架，特别是前轮独立悬架中。有些轿车后轮非独立悬架中，其弹性元件也采用螺旋弹簧。它与钢板弹簧相比，具有无须润滑，不忌污泥，纵向空间小，弹簧质量轻等优点。

螺旋弹簧本身不具备减振作用，所以在螺旋弹簧悬架中必须另装减振器。另外螺旋弹簧只能承受垂直载荷，故必须装设导向机构以传递垂直以外的各种力和力矩。螺旋弹簧常用弹簧钢棒料卷制而成，可做成等螺距或变螺距的，前者刚度不变，后者刚度是可变的。

（3）扭杆弹簧 扭杆弹簧是一根由弹簧钢制成的具有扭转弹性的直线金属杆件1（图2-43）。其断面通常为圆形，少数为矩形或管形。它的两端可以做成花键、方形、六角形或带平面的圆柱形等，以便将一端固定在车架4上，另一端通过摆臂2固定在车轮上。当车轮跳动时，摆臂便绕着扭杆轴线摆动，使扭杆产生扭转弹性变形，借以保证车轮与车架的弹性联系。有的扭杆由一些矩形断面的薄扭片组合而成，这样弹簧更为柔软。

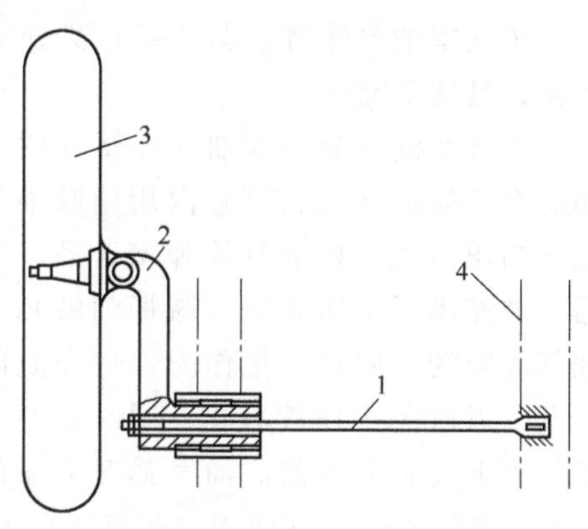

图2-43 扭杆弹簧

1—金属杆 2—摆臂 3—轮胎 4—车架

扭杆是用铬钒合金弹簧钢制成，表面经过加工后很光滑。为了保护其表面，通常涂以沥青和防锈油漆或者包裹一层玻璃纤维布，以防碰撞、刮伤和腐蚀。在制造扭杆弹簧时，经热处理后预先施加一定的扭转力矩载荷，使之产生一个永久的扭转变形，从而使其具有一定的预应力。左、右扭杆预加扭转的方向，都与扭杆安装在车上后承受工作载荷时扭转的方向相同，不能互换，为此，在左右扭杆上刻有不同的标记。

扭杆本身的扭转刚度虽然是常数，但采用扭杆的悬架由于有导向机构的缘故，其悬架刚度却是可变的。若将扭杆的固定端转过一个角度，则摆臂的初始位置将改变，借此可调节车架与车轮间的距离，即调节车身高度。

扭杆弹簧与钢板弹簧相比较，具有质量小，不需要润滑的优点。

(4) 气体弹簧　气体弹簧是在一个密封的容器中充入压缩气体（气压0.5~1MPa），利用气体的可压缩性实现其弹簧作用的。这种弹簧的刚度是可变的，因为作用在弹簧上的载荷增加时，容器内的定量气体气压升高，弹簧的刚度增大。反之，当载荷减小时，弹簧内的气压下降，刚度减小，故它具有较理想的弹性特性。

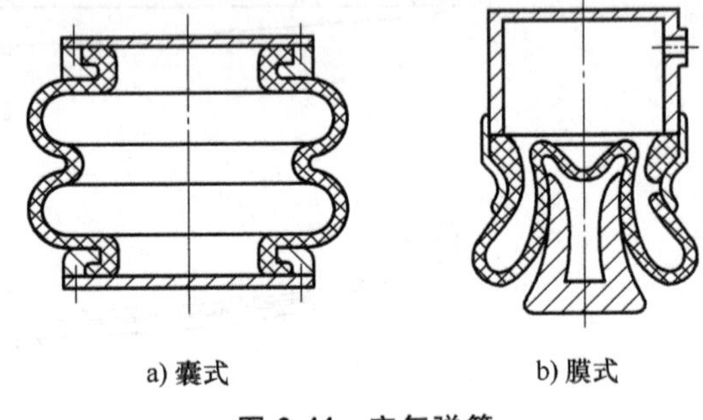

a) 囊式　　b) 膜式

图 2-44　空气弹簧

气体弹簧有空气弹簧和油气弹簧两种。

空气弹簧是利用压缩空气作弹簧的。根据压缩空气所用容器不同，又有囊式和膜式两种形式（图2-44）。囊式空气弹簧是由加有帘线的橡胶气囊和密闭其中的压缩空气所组成。气囊的内层用气密性好的橡胶制成，而外层用耐油橡胶制成。气囊一般做成两节，节与节之间围绕钢质腰环，使中间部分不至于有径向扩张，并防止两节之间相互摩擦。气囊的上下盖板将气囊密封。膜式空气弹簧的密闭气囊由橡胶膜片和金属压制件组成。

在密闭的容器中充入压缩空气和油液，利用气体的可压缩性实现弹簧作用的装置称为油气弹簧。油气弹簧以惰性气体（氮气）作为弹性介质，用油液作为传力介质，一般是由气体弹簧和相当于液力减振器的液压缸所组成。

根据结构的不同，油气弹簧分为单气室、双气室以及两级压力式等三种形式。

单气室油气弹簧（图2-45）又分为油气分隔式和油气不分隔式两种，前者可防止油液乳化，且便于充气。

单气室油气分隔式油气弹簧（图2-45a），其球形气室固定在工作缸4上，其缸内用橡胶油气隔膜2隔开，一侧充入高压氮气，构成气体弹簧；另一侧与工作缸的内腔相通，并充满了工作介质（减振油液），相当于液力减振器。油气隔膜的作用在于把作为弹性介质的高压氮气和工作液分开，以避免工作液乳化，同时也便于充气和保养。在球形气室上装有充气阀。油气弹簧上端的球形气室和下端的活塞分别通过上下球座固定在车架和车桥上。

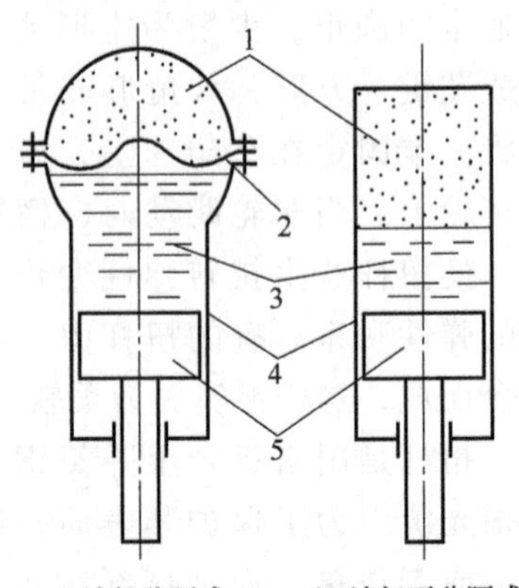

a) 油气分隔式　　b) 油气不分隔式

图 2-45　单气室油气弹簧示意图

1—气体　2—油气隔膜　3—油液
4—工作缸　5—活塞

当载荷增加时，车架与车桥之间的距离缩短，活塞5上移使充满工作液的内腔容积减小，迫使工作液推动油气隔膜2向具有一定压力的氮气室移动，使气室容积减小，氮气压力升高，弹簧刚度增大，车架下降缓慢。当外界载荷等于氮气压力时，活塞便停止上移，这时车架与车桥的相对位置不再发生变化，车身高度也不再下降。

当载荷减小时，油气隔膜在高压氮气的作用下向油室一侧移动，推动活塞下移，从而使弹簧刚度减小，车架与车桥之间距离变长，车架上升缓慢，当外部载荷与氮气压力相平衡时，活塞停止下移，车身高度也不再上升。

由于氮气储存在密闭的球形气室内，其压力随外载荷的大小变化，故油气弹簧具有变刚度的特性，同时又起液力减振器的作用。

单气室油气不分隔式油气弹簧（图 2-45b），缸体 4 的上端和活塞的下端分别固定在车架和车桥上。活塞的上面有一油层，既可以润滑活塞又可以作为气室的密封。油层上方的空间即为高压气室，其中充满高压氮气，气体和工作油液间没有任何隔离装置。

当载荷增加时，活塞在工作缸内向上移动，高压气室容积缩小，氮气被进一步压缩，此时油压升高。当载荷减小时（伸张行程），活塞向下移动，高压气室的容积增大，气体压力和油压都下降。

空气弹簧和油气弹簧都同螺旋弹簧一样，只能承受轴向载荷，因此气体弹簧悬架中必须设置纵向和横向推力杆等导向机构，同时还必须设有减振器。

气体弹簧可以通过专门的高度控制阀自动调节气室中的原始充气压力，以调节车身与地面的高度。

（5）橡胶弹簧　橡胶弹簧是利用橡胶本身的弹性来缓和冲击、减小振动的。它可以承受压缩载荷与扭转载荷。橡胶弹簧的优点是单位质量的储能量较金属弹簧多，隔音性能好，多作为悬架的副簧和缓冲块。橡胶弹簧可根据工作需要设计成各种结构形式（图 2-46），常用的有柱形、平截锥形、菱形、环套形和组合式等。为使弹簧受载后保持一定形状和传递载荷，橡胶弹簧均配有钢板、圆管、圆盘、圆锥体等结构形式的约束件。

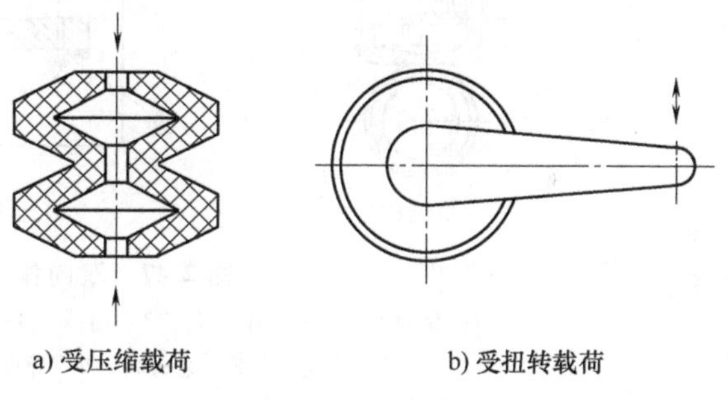
a) 受压缩载荷　　b) 受扭转载荷

图 2-46　橡胶弹簧

2. 减振器

（1）减振器的工作原理　汽车悬架系统中广泛采用液力减振器，其工作原理是利用液力流动的阻力来消耗振动能量。当车架与车桥相对运动时，活塞在缸筒内上下移动，减振器壳体内的油液便反复地从一个内腔通过一些窄小孔隙流入另一内腔。此时，孔壁与油液间的摩擦及液体分子内摩擦便形成对振动的阻尼，使车身和车架的振动能量转化为热能而被油液和减振器壳体所吸收，最后散到大气中去。减振器的阻尼力大小随车架与车桥的相对运动速度的增减而增减，并且与油液的黏度有关。

（2）减振器的作用　减振器的作用是吸收钢板弹簧起落时车辆的振动，使其迅速恢复平稳的状态，以改善汽车行驶的平稳性。减振器阻尼力越大，振动消除的越快。但阻尼力过大将会导致弹簧的缓冲作用不能充分发挥，甚至使某些连接件损坏。为使减振器与弹性元件协调工作，减振器应满足如下要求：

① 在悬架压缩行程内（车架与车桥相互靠近），减振器的阻尼力应较小，以便充分利用弹性元件的弹性来缓和冲击。

② 在悬架伸张行程内（车架与车桥相互远离），减振器的阻尼力应较大（为压缩行程的2~5倍），以求迅速减振。

③ 当车桥与车架的相对运动速度过大时，减振器应能自动加大油液通道截面积，使阻尼力始终保持在一定限度之内，避免承受过大的冲击载荷。

（3）减振器的构造　减振器一般由几个同心缸筒、活塞和若干个阀门组成，如图2-47a所示。

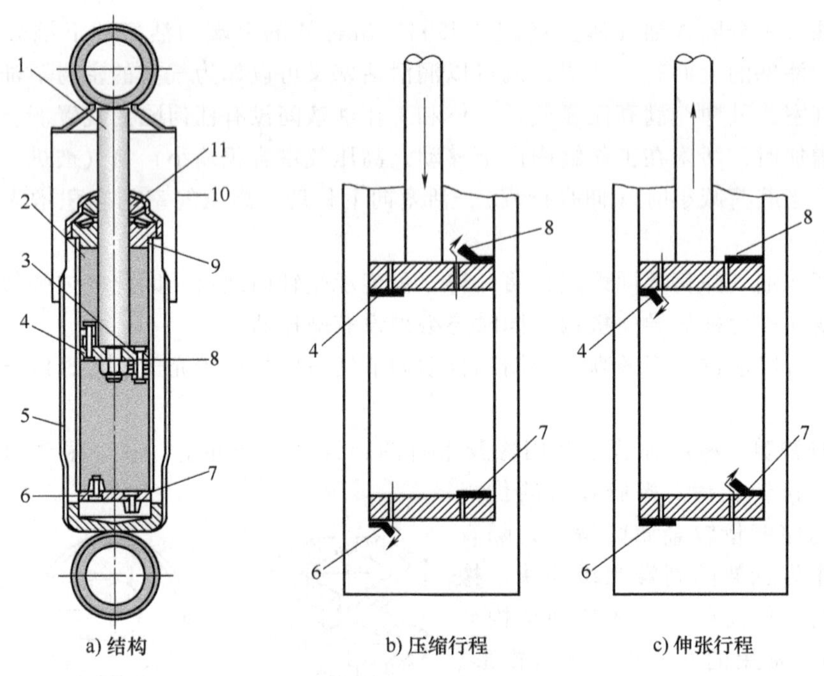

图2-47　双向作用筒式减振器

1—活塞杆　2—工作缸筒　3—活塞　4—伸张阀　5—储油缸筒　6—压缩阀
7—补偿阀　8—流通阀　9—导向座　10—防尘罩　11—油封

最外面的缸筒是防尘罩。中间缸筒为储油缸筒，内装油液，但不装满，其下端通过底座上焊接的吊耳与车桥相连。里面的缸筒为工作缸筒，其内装满油液，上端密封。活塞装在工作缸筒内，活塞杆穿过密封装置，上端与防尘罩和吊耳焊成一体，其下端用压紧螺母固定着活塞。活塞将工作缸筒分成上下两个腔。

活塞上装有伸张阀和流通阀。工作缸筒下端的支座上装有压缩阀和补偿阀。流通阀和补偿阀弹簧较软，较低的油压即可使其开启，只要油压稍降低，即可立刻关闭。

（4）减振器的工作过程

① 压缩行程（图2-47b）：车桥靠近车架，减振器受压缩，活塞下移，工作缸筒下腔容积减小，上腔容积增大，油液压开流通阀进入上腔。由于活塞杆占去上腔部分容积，因此，上腔增加的容积小于下腔减小的容积，致使下腔油液不能全部流入上腔，而多余的油液则从压缩阀流入储油缸筒。这些阀的流通面积不大，因而便造成一定的阻尼力。

② 伸张行程（图2-47c）：车桥远离车架，减振器被拉长，活塞上移，使上腔容积减小，下腔容积增大，上腔油压高于下腔，油液推开伸张阀流入下腔。同样，由于活塞杆的存在致使下腔产生一定的真空度，这时，储油缸筒内的油液在真空吸力的作用下打开补偿阀流入下

腔。油液流经这些阀时便产生了阻尼力。

由于伸张阀弹簧刚度和预紧力比压缩阀大，且伸张行程油液通道截面比压缩行程的小，所以，减振器在伸张行程所产生的最大阻尼力远远超过了压缩行程的最大阻尼力。这是因为，在压缩行程是弹性元件起主要作用，而在伸张行程则是减振器起主要作用。

3. 横向稳定杆

轿车的悬架一般都很软，在高速行驶中转向时，车身会产生很大的横向倾斜和横向角振动。为减少这种横向倾斜，往往在悬架中加设横向稳定器，用得最多的是横向稳定杆。

横向稳定杆在汽车上的安装如图 2-48 所示。弹簧钢制成的横向稳定杆呈扁平的 U 形，横向地安装在汽车的前端或后端（也有的轿车前后都有）。稳定杆中部的两端自由地支承在两个橡胶套筒内，而套筒则固定在车架上。横向稳定杆的两侧纵向部分的末端通过支杆与悬架下摆臂上的弹簧支座相连。

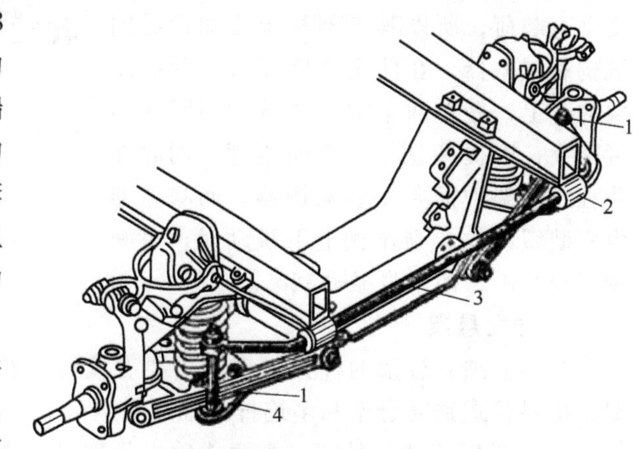

图 2-48 横向稳定杆装置

1—支杆 2—套筒 3—横向稳定杆 4—弹簧支座

当车身只做垂直移动而两侧悬架变形相等时，横向稳定杆在套筒内自由转动，横向稳定杆不起作用。当两侧悬架变形不等而车身相对路面横向倾斜时，车架的一侧移近弹簧支座，稳定杆的该侧末端就相对于车架向上移，而车架的另一侧远离弹簧支座，相应的稳定杆的末端则相对于车架向下移。然而，在车身和车架倾斜时，横向稳定杆的中部对于车架并无相对运动，这样在车身倾斜时，稳定杆两边的纵向部分向不同方向偏转，于是稳定杆便被扭转。弹性的稳定杆所产生的扭转的内力矩妨碍了悬架弹簧的变形，起到了阻止车身倾斜的作用，因而减小了车身的横向倾斜和横向角振动。

三、汽车悬架

1. 非独立悬架

汽车非独立悬架主要有钢板弹簧式和螺旋弹簧式两种。

（1）钢板弹簧式非独立悬架　这是非独立悬架中最为普遍的方式，用 U 形螺栓将钢板弹簧固定在装有左右车轮车轴的桥壳上，如图 2-49 所示。

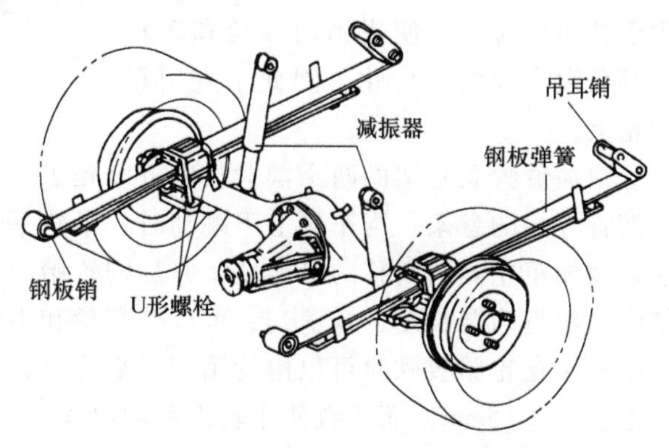

图 2-49 钢板弹簧式非独立悬架

钢板弹簧兼起车轴定位的作用，结构简单，基本上不需要悬臂。另外，它具有耐久性，可降低高度，使驾驶室及车厢底板平坦，适用于货车及厢式车。

借助钢板弹簧连接车轮与车身，若弹簧过软，会因驱动力和制动力大而引起钢板弹簧的卷曲（弹簧卷曲产生振动）现象，以及车轮的弹跳现象。此外，钢板弹簧还存在着板间摩擦的缺点，有时容易传播微振。

（2）螺旋弹簧式非独立悬架　这种用螺旋弹簧代替钢板弹簧的悬架方式是为了改善乘坐舒适性而诞生的，它大多作为前置后驱动车的后悬架装置，如图 2-50 所示。

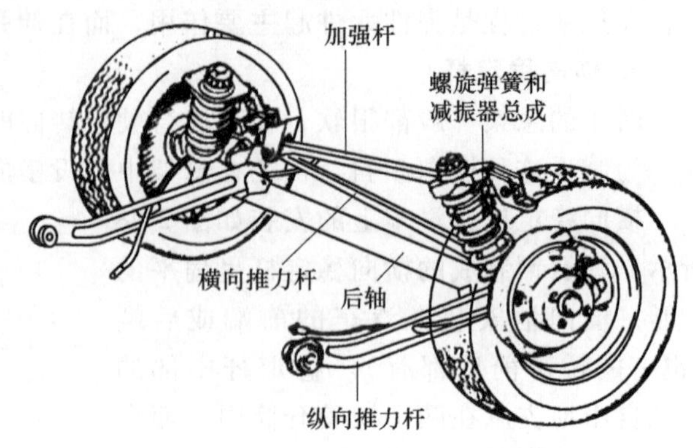

图 2-50　螺旋弹簧式非独立悬架

螺旋弹簧非独立悬架是一种复合式悬架。由于螺旋弹簧作为弹性元件，只能承受垂直载荷，所以其悬架系统要加设导向机构和减振器。在使用螺旋弹簧非独立悬架的车上，左右两个螺旋弹簧的间距应尽可能大，以提高悬架的横向刚度，同时在非独立悬架中需要安装减振器，而减振器内安装缓冲块，当车辆上下跳动时，可减少车身冲击，使车身振动衰减。

2. 独立悬架

汽车上独立悬架的种类很多，主要有横臂式独立悬架、纵臂式独立悬架、麦弗逊式悬架、单斜臂式独立悬架和多连杆式独立悬架。

（1）横臂式独立悬架　横臂式独立悬架是指车轮在车辆横向平面内摆动的悬架，分为单横臂式和双横臂式两种。

单横臂式独立悬架（图 2-51）结构简单紧凑，便于布置。它的后桥半轴套管是断开的，主减速器的右面有一个单铰链，半轴可绕其摆动。在主减速器上面安置有可调节车身水平状态的油气弹性元件，它和螺旋弹簧一起承受并传递垂直力。作用在车轮上的纵向力主要由纵向推力杆承受。中间支承不仅可以承受侧向力，而且还可以部分地承受纵向力。当车轮上、下跳动时，为避免运动干涉，其纵向推力杆的前端用球铰链与车身连接。用于转向轮时，会使主销内倾角和车轮外倾角发生较大的变化，因此不宜用在前轮上。

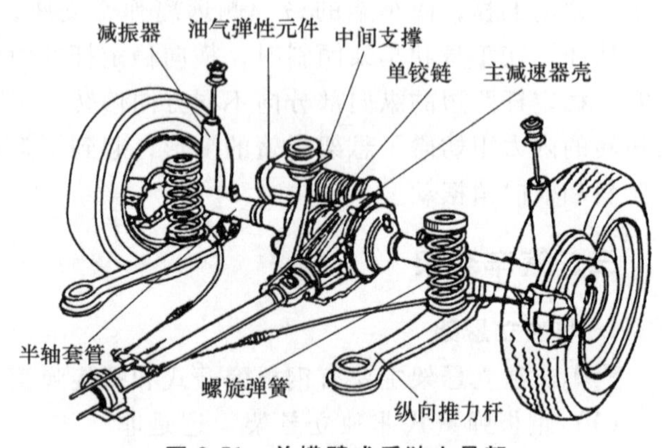

图 2-51　单横臂式后独立悬架

双横臂独立悬架的两个摆臂长度可以相等，也可以不相等（图 2-52）。图 2-52a 所示为两摆臂等长的悬架，当车轮上下跳动时，车轮平面没有倾斜，但轮距却发生了较大的变化，这将增加车轮侧向滑移的可能性，并加剧轮胎的磨损。在图 2-52b 所示摆臂不等长的独立悬架中，如将两臂长度选择适当，可以使车轮和主销的角度以及轮距的变化都不太大。不大的轮距变化在轮胎较软时可以由轮胎变形来适应，目前轿车的轮胎可容许轮距的改变在每个车轮上达到 4~5mm，而不致使车轮沿路面滑移。因此，不等长的双横臂式独立悬架在轿车的前轮上应用比较广泛。目前，客车、轻微型载货汽车以及客货两用车的前悬架也以不等长双

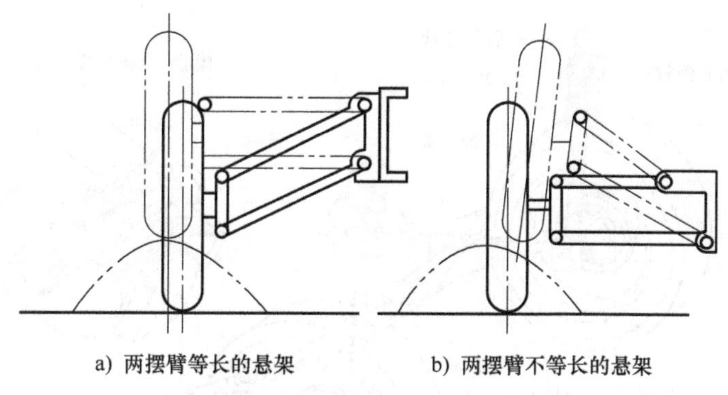

图 2-52　双横臂式独立悬架示意图

横臂结构为主要形式。

双横臂式悬架装置的结构和形式也是多种多样的。一般的结构是上、下两个控制臂连接转向节，上、下控制臂多为 A 形和 V 形，在上、下控制臂之间安装减振器，图 2-53 所示为典型的不等长双横臂式螺旋弹簧独立悬架的构造。上摆臂和下摆臂的一端分别通过摆臂轴与车架连接，另一端分别通过上、下球头销与转向节相连接。螺旋弹簧套在减振器的外面，弹簧上座与车架相连，弹簧下座紧套在减振器缸筒外面。由于此种悬架使用上下球头销来代替主销，故属于无主销式悬架。

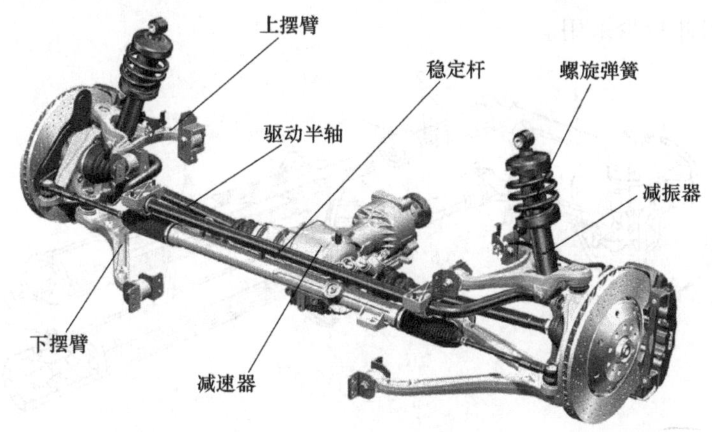

图 2-53　双横臂式独立悬架

双横臂式独立悬架的上、下控制臂可完全承受横向力，所以减振器工作平滑。这种悬架的最大特点是设计上的自由度大，即上述悬架控制臂的长度（臂的支点位置）可自由设定（如具有足够的空间），可使汽车具有突出的转弯性能、直线行驶性能及乘坐舒适性。这种悬架装置的基本性能优于其他形式的悬架装置。

（2）纵臂式独立悬架　纵臂式独立悬架是指车轮在车辆纵向平面内摆动的悬架结构，又分为单纵臂式和双纵臂式两种形式。

单纵臂式悬架当车轮上下跳动时会使主销后倾角产生较大的变化。单纵臂式悬架具有占用的横向和纵向空间小、轮距不随车轮跳动而变化、结构简单、成本低等优点，主要应用于后悬架。图 2-54 所示为某轿车的纵臂扭转梁式后悬架，其纵臂平行于汽车纵向轴线，断面大部分为封闭箱式结构件，一端用花键与车轮心轴连接，另一端与套管相连。套管内有扭杆

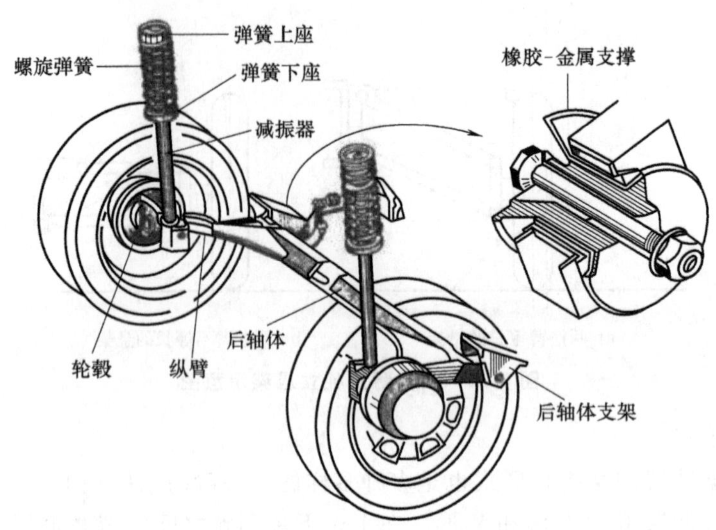

图 2-54 单纵臂式独立悬架

弹簧，分别与套管内的花键套和车架相连。扭转时使之变形，从而缓和冲击时的载荷。

双纵臂式悬架（图 2-55）的两个摆臂一般做成等长的，形成一个平行四连杆结构，这样，当车轮上下跳动时主销的后倾角保持不变。双纵臂式悬架多应用在转向轮上。但由于所占用空间较大，因此较少采用。

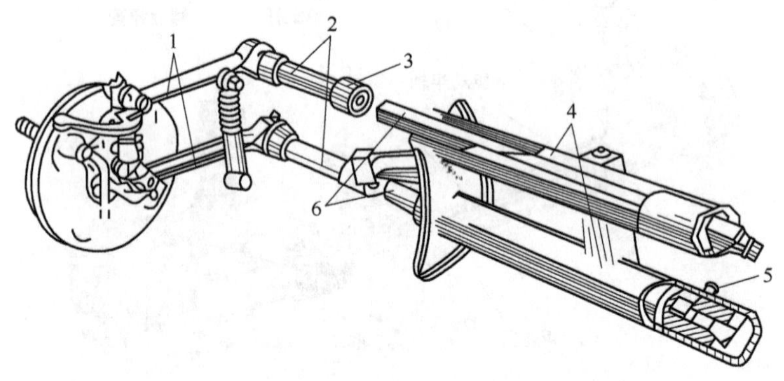

图 2-55 双纵臂式悬架

1—纵臂 2—纵臂轴 3—衬套 4—横梁 5—螺钉 6—扭杆弹簧

（3）麦弗逊式悬架 麦弗逊式独立悬架目前广泛应用于发动机前置前轮驱动轿车的前悬架中，由减振器、螺旋弹簧、下摆臂和横向稳定杆等组成，如图 2-56 所示。螺旋弹簧与减振器装于一体，将减振器作为引导车轮跳动的滑柱，有的还兼起转向主销作用。下摆臂上端以橡胶做支承，允许滑柱上端有少许角位移。采用这种悬架的汽车前端空间大，有利于发动机布置，并可降低整车的重心。

（4）单斜臂式独立悬架 单斜臂式独立悬架的结构介于单横臂和单纵臂之间，兼有单横臂和单纵臂式独立悬架的优点，多用于后轮驱动汽车的后悬架上（图 2-57）。单斜臂绕与汽车纵轴线成一定夹角的轴线摆动，适当的选择夹角，可以调整轮距、车轮倾角、前束等，从而可以获得良好的操纵稳定性。

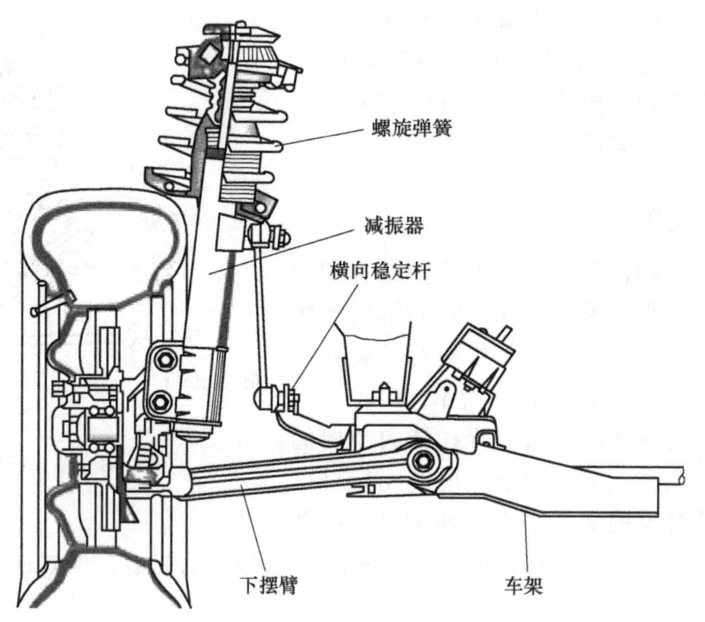

图 2-56　麦弗逊式悬架

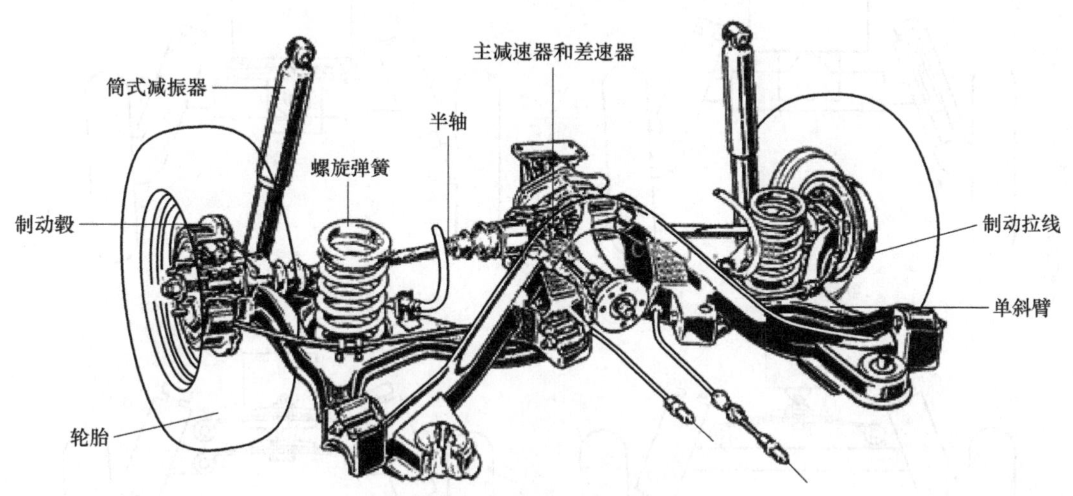

图 2-57　单斜臂式独立悬架

（5）多连杆式独立悬架　多连杆式独立悬架是指由多根杆件（三根或三根以上）组合在一起来控制车轮位置变化的悬架。多连杆式独立悬架可分为多连杆前悬架和多连杆后悬架，其中前悬架一般为 3 连杆或 4 连杆式独立悬架；后悬架则一般为 4 连杆或 5 连杆式悬架系统，其中 5 连杆式后悬架应用较为广泛。图 2-58 所示为某轿车的 5 连杆独立悬架系统，其 5 根连杆分别为主控制臂、前置定位臂、后置定位臂、上臂和下臂。主控制臂的工作是上下摆动配合上、下臂使车轮保持自由跳动，令车身始终处于相对平稳的状态；前、后置定位臂主要对后轮的前束角进行约束；同时，多连杆悬架结构能通过前、后置定位臂和上、下控制臂有效控制车轮的外倾角。

多连杆悬架可对车轮进行多个方面作用力控制，在做车轮定位时可对车轮进行单独调整，并且多连杆悬架有很大的调校空间及改装可能性。但是多连杆悬挂结构相对复杂、成本高、零件多、占用空间大，中小型车出于成本和空间考虑极少使用这种悬架。高档轿车由于空间充裕，且注重舒适性能和操控稳定性，所以越来越多地使用多连杆式独立悬架系统。

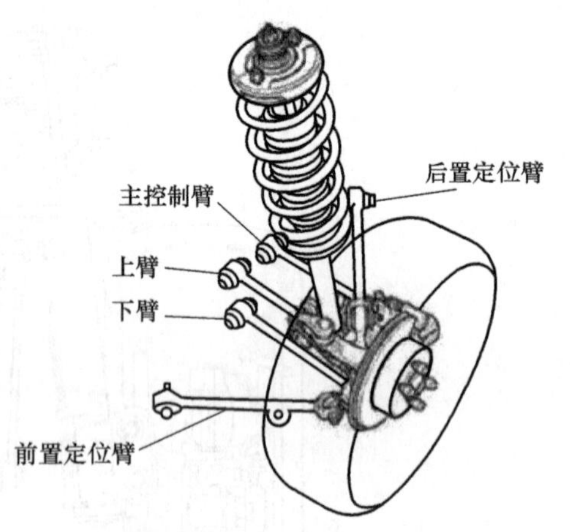

图 2-58　多连杆独立悬架

四、拖拉机悬架

拖拉机一般仅在前桥设置弹性悬架，但有的四轮驱动拖拉机的后桥也设置了纵向安装的钢板弹簧非独立悬架。轮式拖拉机前桥弹性悬架有螺旋弹簧式和钢板弹簧式两大类，如图 2-59 所示。

图 2-59a 所示是将螺旋弹簧放置在转向节内的一种独立悬架。转向节主销相对于转向节支架可以上下运动，由螺旋弹簧的变形来吸收冲击量，缓和传到机体上的冲击。这种弹性悬架便于在一般的前轴基础上变型，但转向节内有相对运动，零件易磨损。

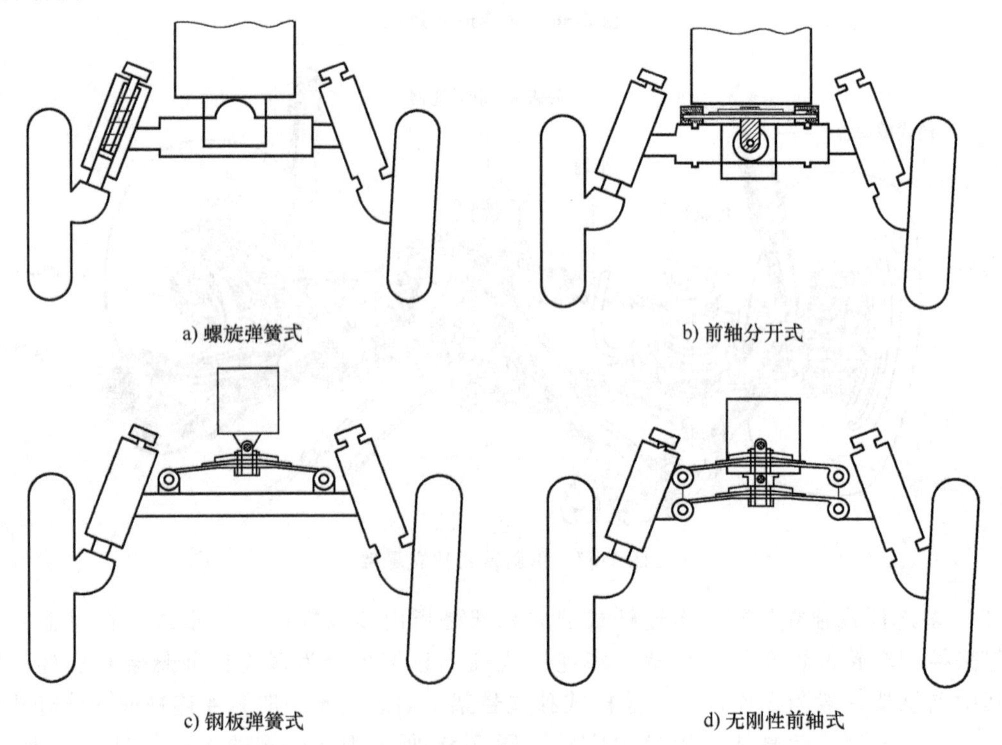

图 2-59　轮式拖拉机的弹性前悬架

图 2-59b 所示的类型中，前轴做成左右两半截。它们一方面各自与拖拉机机体铰接，另一方面又相互用钢板弹簧连接，钢板弹簧的中点也与机体铰接。地面对前轮的冲击，通过钢板弹簧传到机体上，因而得到缓和。前轴还可以同弹簧一起绕铰接点摆动，以适应不平地形。

有的拖拉机的前轴不直接与机体铰接，而是通过钢板弹簧与机体连接，如图 2-59c 所示。为了承受纵向平面内的转矩，钢板弹簧应该有前后平行的两组。或者除一组钢板弹簧外还采用两根撑杆叉，其前端固定在前轴上，而后部与机体铰接连接。

有的拖拉机没有刚性前轴，机体的前部质量直接通过上下两组钢板弹簧传给前轮，如图 2-59d 所示。这种拖拉机的轮距只能靠翻转辐板来调节。

采用弹簧悬架可以改善驾驶员的劳动条件和延长机体的使用寿命，但对悬挂式机组采用弹性悬架后使拖拉机产生前后摆动，有时会影响机组的作业质量。

五、电控悬架

前面讲述的传统悬架系统，在车辆行驶过程中刚度和阻尼无法进行调节，其性能是不变的，只能保证在特定的道路状态和行驶速度下能达到性能最佳，这就使得车辆的行驶平顺性和乘坐舒适性受到一定的影响。电控悬架的目的是通过电子控制技术来调节悬架的刚度和减振器阻尼，突破传统被动悬架的局限区域，使汽车拖拉机的悬架特性与行驶的道路状况相适应，保证平顺性和操纵性两个相互排斥的性能都能得到满足。

电控悬架的基本功能有车高调整、衰减力控制、弹簧刚度控制、侧倾角刚度控制等。

根据有无力发生器，可将电控悬架分为半主动悬架和主动悬架两大类，如图 2-60 所示。图中 m_s 为 1/4 车体质量，m_t 为 1/4 非簧载质量，c_s 为从动悬架阻尼系数，k_s 为从动悬架刚度系数，k_t 为轮胎刚度系数，x_r 为地面的扰动输入，x_s 为车位位移，x_t 为非簧载质量位移。

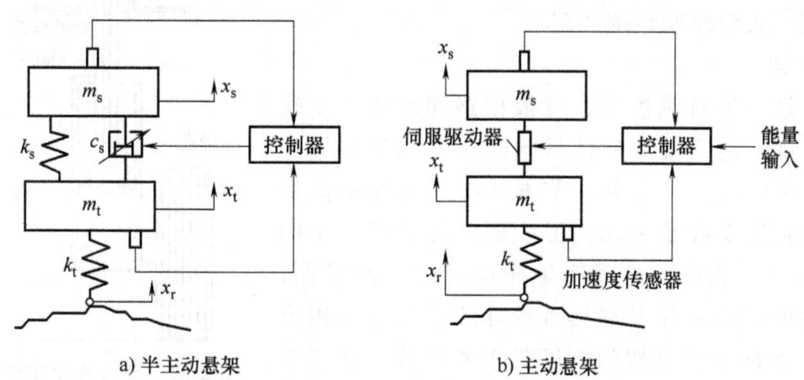

图 2-60 电控悬架的类型

1. 半主动悬架

半主动悬架根据路面冲击、车轮与车体的加速度、速度及位移信息仅实时调节悬架的阻尼系数，消耗来自不平路面的冲击能量，而不需要提供能量，以这种方式来改善悬架缓冲性能。半主动悬架无力发生器，即无源控制，结构简单，造价低，能量消耗小，是目前轿车上较为普遍采用的调节方式。半主动悬架通常是通过改变液压缸上下两腔节流口的过流面积，以调节悬架的阻尼系数，在结构上更接近传统的机械悬架。

半主动悬架包括连续可调式（无级）和可切换式（有级）两类。

（1）可切换阻尼式悬架 常见的可切换阻尼式悬架一般设置 2~3 个级别，阻尼系数可在几级之间快速切换，切换的时间通常为 10~20ms，控制方法通常根据车身的相对速度和绝对速度来改变系统阻尼的设置。对于二级式悬架，阻尼设置为“硬”和“软”两个级别；对于三级式悬架，阻尼设置为“硬”“中”和“软”3 个级别。图 2-61 所示的是装在半主动悬架中的三级阻尼可调减振器的旁路控制阀。它是由调节电动机 1 带动阀芯 2 转动，使控制阀孔 3 具有关闭、小开和大开三个位置，产生三个阻尼值。该减振器应用于 Opel Senator 和 Opel Omega 轿车上。

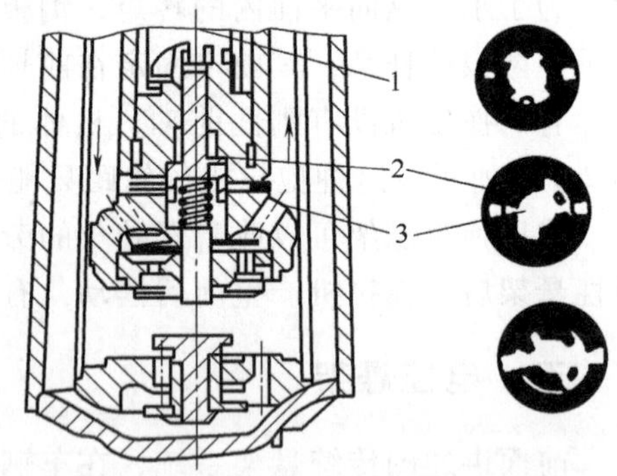

图 2-61　三级阻尼可调减振器旁路控制阀
1—电动机　2—阀芯　3—控制阀孔

（2）连续可调阻尼式悬架　连续可调减振器的阻尼系数在一定范围内可以连续变化，有两种基本实现方式：一种是通过调节减振器节流阀的面积而改变阻尼特性的孔径调节式，其孔径的改变一般可由电磁阀或其他类似的机电式驱动阀来实现；另一种是电流变或磁流变可调阻尼器，其工作原理是通过改变电场或磁场强度来改变流变体的阻尼特性。以上两种结构中，前者技术上比较成熟，发表的文献和专利也较多，后者属于新兴技术，随着对这项技术的研究和突破，可能会成为较有前途的半主动悬架形式。

图 2-62 所示为一种无级式半主动悬架示意图，微处理机从速度、位移、加速度等传感器处接收信号，计算出系统相应的阻尼值，并发出控制指令到步进电动机，经阀杆调节阀门，使其改变节流孔的通道截面积，从而改变系统的阻尼。

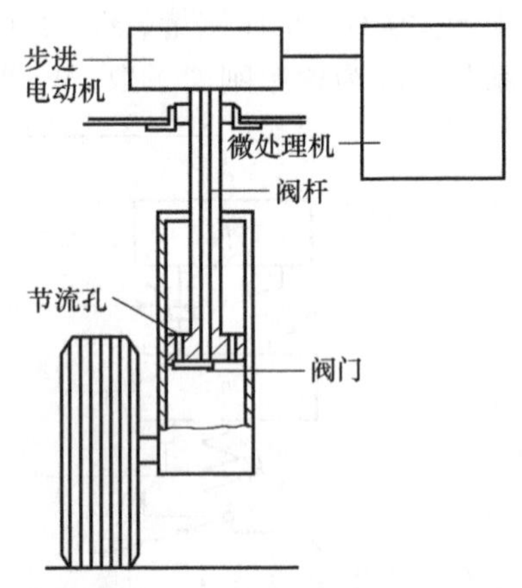

图 2-62　无级式半主动悬架示意图

2. 主动悬架

主动悬架是一种有源控制，可根据路面冲击、车轮与车体的加速度、速度及位移信号同时实时调节悬架的阻尼、刚度及车体高度。这种调节方式必须有外部提供的能量。主动悬架实际是主动力发生器，可根据汽车的质量和地面的冲击载荷，自动产生相应的力与其平衡，保证汽车在各种路面条件下都具有较好的平顺性，相当于在不同工况下都能将悬架的刚度与阻尼系数自动调节到最佳值的调节装置。

主动悬架按控制类型可以分为三大类：液力悬架系统、空气悬架系统和电磁感应悬架系统。

（1）液力悬架　液力悬挂系统主要由液压缸、液压泵、液压阀等组成，内置式电子液压集成模块是该系统的枢纽部分。在汽车重心附近安装有纵向、横向加速度和横摆陀螺仪传感器，用来采集车身振动、车轮跳动、车身高度和倾斜状态等信号，这些信号被输入到控制单元 ECU，ECU 根据输入信号和预先设定的程序发出控制指令，控制伺服电动机并操纵前后四个执行液压缸工作（图 2-63），通过增减液压油的方式实现车身高度的升或降，也就是根据车速和路况自动调整离地间隙，从而提高汽车的平顺性和操纵稳定性。

（2）空气悬架　空气悬架与传统悬架的最大区别在于弹性元件的升级，并新增电子控制系统及气泵等部件，赋予悬架智能主动调节功能。空气悬架的核心部件包括空气弹簧（弹性元件）、减振器（阻尼元件）、空气供给单元（包括空气压缩机、分配阀、悬置等）、控制器 ECU、传感器（高度传感器、车身加速度传感器等）、储气罐等，典型空气悬架系统

构成如图 2-64 所示。空气悬架是由传感器将收集到的车身状态信号传给控制单元 ECU，控制单元依据一定的算法发出指令，驱动空气供给单元工作，吸入空气并通过空气滤清器去除杂质并干燥后送入储气罐，通过分配阀输送到各轮边空气弹簧，以达到调节悬架高度及刚度的目的。

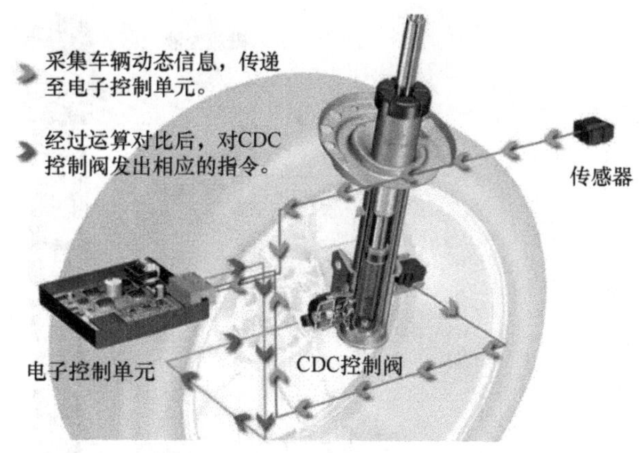

图 2-63 液力悬架工作示意图

与传统汽车悬架系统相比较，空气悬架具有很多优势，最重要的一点就是弹簧的弹性模量，也就是弹簧的软硬能根据需要自动调节。例如，高速行驶时悬架可以变硬，以提高车身稳定性，长时间低速行驶时，控制单元会认为正在经过颠簸路面，使悬架变软来提高减振舒适性。另外，车轮受到地面冲击产生的加速度也是空气弹簧自动调节时考虑的参数之一。例如高速过弯时，外侧车轮的空气弹簧和减振器就会自动变硬，以减小车身的侧倾，在紧急制动时电子模块也会对前轮的弹簧和减振器硬度进行加强以减小车身的惯性前倾。因此，装有空气弹簧的车型比其他汽车拥有更高的操控极限和舒适度。

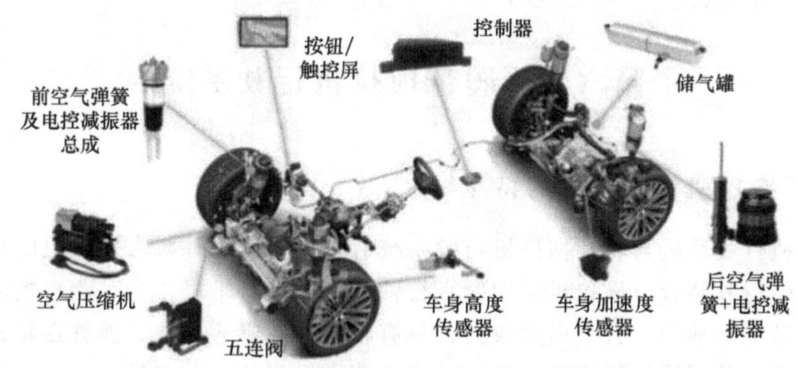

图 2-64 典型空气悬架系统构成

（3）电磁悬架 电磁悬架又叫磁流变液减振器悬架，属于一种特殊材料制成的主动悬架，主要由车载控制系统、车轮位移传感器、电磁液压杆、直筒减振器组成。电磁悬架的减振器内部采用的是电磁液，由合成碳氢化合物以及 3~10μm 大小的磁性颗粒组成，控制单元发出脉冲信号后，线圈内便会产生电压形成磁场，通过磁场的作用改变粒子的排列方向，形成链状、簇状结构（图 2-65），具备一定的抗剪切屈服应力，并随磁场强度的升高不断增强，到达极限时，磁流变液会变成类固体形态，悬架阻尼达到峰值。

电磁悬架可以针对路面情况，在 1ms 时间内做出反应，抑制振动，保持车身稳定，特别是在车速很高又突遇障碍时更能显出它的优势。它的反应速度比传统的悬架快 5 倍，即使是在最颠簸的路面，也能保证车辆平稳行驶。电磁悬架系统在每个车轮和车身连接处都有一个车轮位移传感器，传感器与车载控制系统相连，控制系统与电磁液压杆和直筒减振器相连。直筒减振器有别于传统的液压减振器，没有细小的阀门结构，不是通过液体的流动阻力

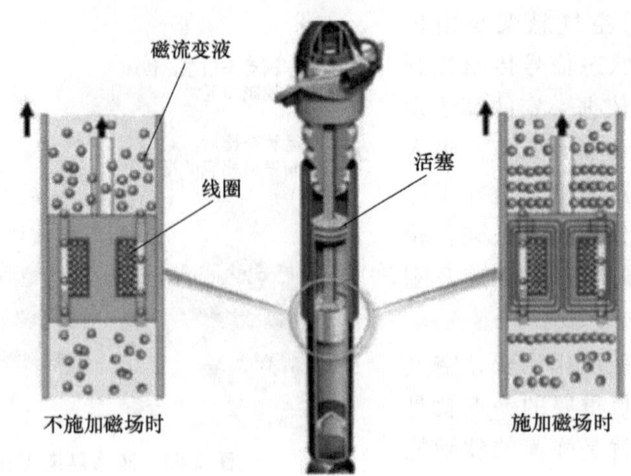

图 2-65　电磁悬架系统电磁液变化情况

达到减振的目的。系统的工作过程是：当路面不平引起车轮跳动时，传感器迅速将信号传至控制系统，控制系统发出指令，将电信号发送到各个减振器的电子线圈，电流的运动产生磁场，在磁场的作用下，减振器中的电磁液的密度改变，控制车身，达到减振的目的。电磁悬架系统可以快速有效地弥补轮胎的跳动，并扩大悬架的活动范围，降低噪声，提高车辆的操控准确性和乘坐舒适性。

第六节　履带拖拉机行驶系统

一、履带拖拉机行驶系统的特点

履带拖拉机行驶系统与轮式拖拉机行驶系统有较大的区别。履带拖拉机的典型特点是行驶部分采用履带行驶装置。拖拉机采用履带行驶装置，其履带可作为车辆自携的道路，便于通过承载能力较低的地面，且牵引力较大，具有较强的越野通过性，能够在轮式车辆所不能使用的无路、深雪及沼泽地带行驶，是一种通行能力极强的行驶工具，因而在军用、农用及建筑工程领域得到了广泛的应用。

履带拖拉机行驶系统具有如下的特点：

1）履带拖拉机的驱动轮只卷绕履带而不在地面上滚动，由履带和地面接触，拖拉机的全部质量都通过履带作用在地面上。履带的接地面积大，接地比压小，因而在松软土壤上的下陷深度小。此外，由于履带支承面上同时与土壤作用的履刺较多，有较好的牵引附着性能，能适应在恶劣条件下工作。

2）履带拖拉机的导向轮是履带张紧装置的组成部分，它用来引导履带正确地卷绕，但不能相对机体偏转，不能引导履带拖拉机转向。

3）履带行驶系统均为刚性元件，没有轮式拖拉机轮胎那样的缓冲作用，因此它与机体的连接部分（悬架）应有适当的弹性，以缓和地面对机体的冲击。

4）履带行驶装置到目前为止仍是很不完善的，履带拖拉机履带轨距不能调整。在道路上行驶时，它的机械效率远远低于轮式行驶装置；履带行驶装置远不如轮式装置工作可靠，并且大大增加了车辆系统的复杂程度和造价。

二、履带拖拉机行驶系统的组成

履带拖拉机行驶系统由车架、履带驱动装置和悬架等组成，如图 2-66 所示。

1. 车架

采用全梁架式车架，是一个完整的框架，由纵梁、前梁及后轴等组成。

2. 履带驱动装置

主要由履带、驱动轮、张紧装置、导向轮、支重轮和托轮等组成，如图 2-67 所示。

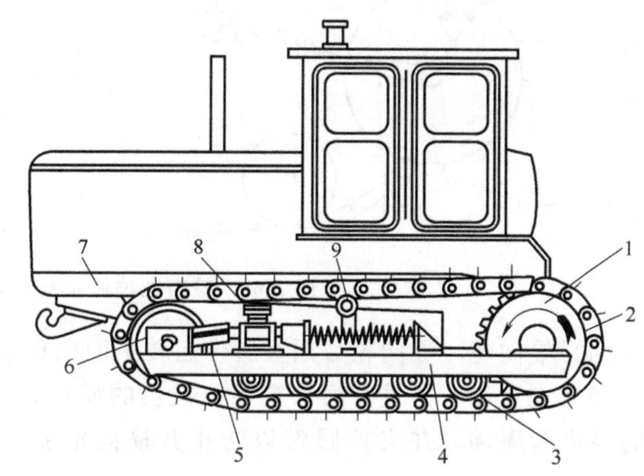

图 2-66 履带拖拉机行驶系统

1—驱动轮 2—履带 3—支重轮 4—台车架 5—张紧装置 6—张紧轮 7—机架 8—悬架 9—托轮

（1）履带 履带用来将拖拉机的质量传给地面，并保证其与土壤的附着，发挥足够的推进力。由于履带工作条件恶劣，所以除要求有良好的附着性能外，还要有足够的强度、刚度和耐磨性。履带由若干块履带板通过履带销相互连接而成。履带板有整体式和组成式两种。

为了减少对田间土壤的压实，很多履带式拖拉机和自走式农业机械的行驶系统通常采用橡胶式履带。

（2）驱动轮 驱动轮安装在最终传动的从动轴后从动毂上，将驱动转矩转换成卷绕履带的作用力，以保证拖拉机行驶。

（3）张紧装置 张紧装置用来保持履带合适的张紧度，以减少拖拉机在行驶时履带的振动和由此引起的额外功率损失；履带张紧后还可以防止它在工作时滑脱；张紧装置的缓冲弹簧可以使它兼有缓冲作用。

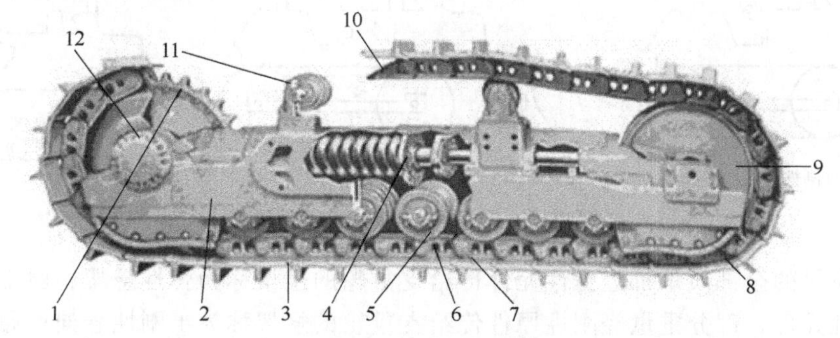

图 2-67 履带驱动装置

1—驱动轮 2—轮架 3—履带板 4—张紧装置 5—支重轮 6—链轨节 7—销轴和套筒 8—导向板 9—导向轮 10—主链轨节 11—托轮 12—传动装置外壳

张紧装置可使履带保持合适的松紧度，减少履带在运动中的弹跳并缓和对导向轮的冲击，从而减轻履带销与销孔间的磨损，减少因履带弹跳而引起的冲击载荷和额外的功率消

耗，防止遇到障碍物时使履带过载或工作过程的脱轨。当拖拉机行驶中遇到障碍物或在履带与驱动轮之间卡入石块等硬物而使履带张紧时，导向轮可通过拐轴迫使张紧弹簧压缩而后移，从而起缓冲作用（图 2-68）。越过障碍物后，导向轮在张紧弹簧的作用下又回到原位。

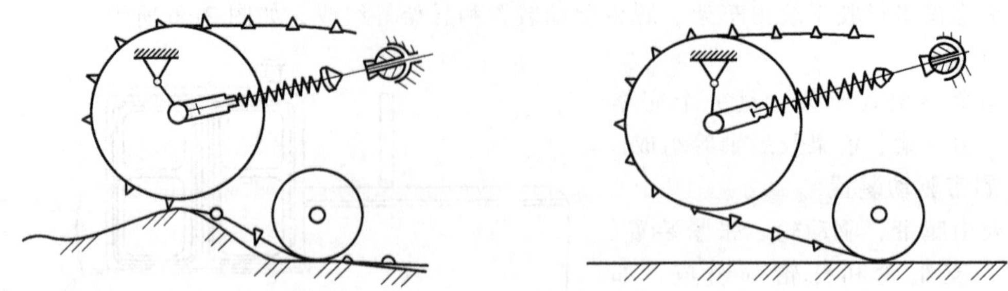
图 2-68 履带拖拉机张紧装置的缓冲原理

(4) 导向轮 导向轮必须在履带运转平面内移动，它的移动方式分为摆动式和滑动式。

(5) 支重轮 支重轮用来支承拖拉机的质量，并通过履带把它传给地面；支重轮在履带的导轨上滚动，并夹持履带以防止其横向滑脱；在拖拉机转向时，迫使履带在地面上滑动。

支重轮经常与水、泥、沙接触，承受外界冲击，要求轮缘有较好的耐磨性，其转动部分密封可靠。农用拖拉机经常采用直径较小、数量较多的支重轮，使履带支承面的接地压力较均匀，减少拖拉机在松软土壤上工作时的下陷深度。

(6) 托轮 托轮用以托住上方履带，防止履带下垂过大，以减少拖拉机行驶时履带的跳动，并防止在上方横向滑脱。

3. 悬架

履带拖拉机的悬架是用以连接支重轮和机体的部件，机体的质量通过悬架作用在支重轮上，履带和支重轮在行驶过程中所受的冲击也经悬架传给机体。

履带拖拉机的悬架分为弹性悬架、半刚性悬架和刚性悬架三种类型，如图 2-69 所示。

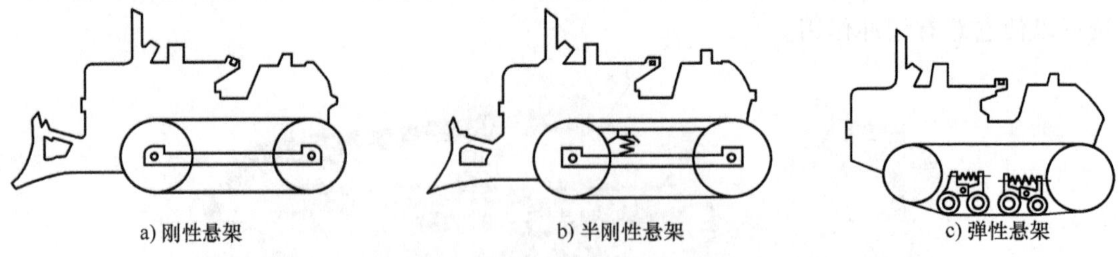
a) 刚性悬架　b) 半刚性悬架　c) 弹性悬架

图 2-69 履带拖拉机悬架示意图

履带拖拉机的全部质量都经弹性元件传给支重轮的悬架称为弹性悬架；履带拖拉机的部分重量经弹性元件，部分重量经刚性原件传给支重轮的悬架称为半刚性悬架；履带拖拉机的全部重量都经刚性元件传给支重轮的悬架称为刚性悬架。

一般农用履带拖拉机均采用弹性悬架，工程机械一般采用半刚性悬架，而刚性悬架在拖拉机中基本上没有采用。

对于采用弹性悬架的履带拖拉机，当拖拉机行驶在不平的地面上或遇到障碍物时，内或外平衡臂同支重轮一起分别绕摆动轴和台车轴向上摆动，进一步压缩平衡弹簧而升高，越过障碍物后平衡弹簧伸长，使平衡臂和支重轮恢复原位，如图 2-70 所示。由于弹簧的缓冲作用，台车轴的离地高度变动很小，缓和了地面对拖拉机的冲击，减小了拖拉机的振动。

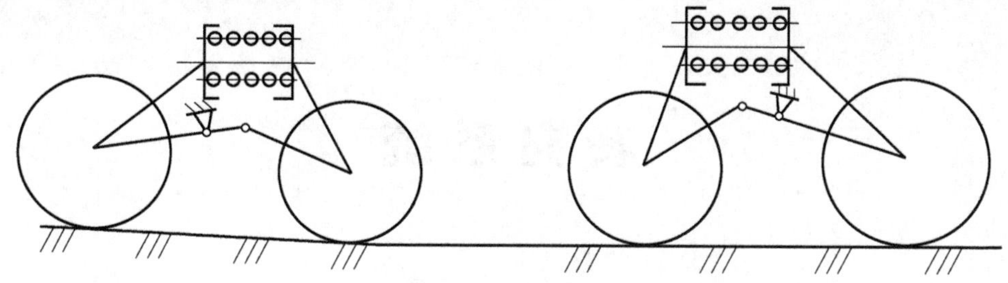

图 2-70　履带拖拉机弹性悬架的缓冲原理

思　考　题

1. 简述汽车拖拉机行驶系统的主要功用。
2. 与汽车相比，轮式拖拉机行驶系统具有什么特点？
3. 简述车架的功用？
4. 边梁式车架与中梁式车架有何区别？
5. 整体式车桥和断开式车桥各有什么特点？为什么整体式车桥通常配用非独立悬架而断开式车桥与独立悬架相配用？
6. 转向轮定位参数有哪些？各起什么作用？主销后倾角为什么在某些轿车上出现负值？参数如何调整和测量？
7. 子午线轮胎与普通斜线轮胎相比，有什么区别和特点？试述子午线轮胎得到越来越广泛应用的理由。
8. 无内胎轮胎在结构上是如何实现密封的？
9. 什么是悬架系统的固有频率？它与哪些因素有关？
10. 何谓独立悬架、非独立悬架？钢板弹簧能否作为独立悬架的弹性元件？
11. 钢板弹簧的作用是什么？为什么钢板弹簧各片长度不等长？
12. 常用的弹性元件有哪几种？试比较它们的优缺点。
13. 悬架中的减振器与弹性元件为什么要并联安装？对减振器有哪些要求？
14. 双向作用减振器的压缩阀、伸张阀、流通阀、补偿阀各起什么作用？压缩阀和伸张阀的弹簧为什么较硬？预紧力为什么较大？
15. 主动悬架与被动悬架的区别是什么？
16. 履带拖拉机行走系统有何特点？

第三章

转向系统

第一节　转向系统概述

汽车拖拉机在行驶过程中，在驾驶员的操纵下，经常需要改变行驶方向，有时还会受到路面侧向干扰力等的作用自动跑偏。为了使汽车拖拉机转向或保持直线行驶，就需要在汽车拖拉机上设置一套专设机构，能够使转向轮上形成一个与转弯方向一致（转弯时）或与偏离方向相反（直线行驶时）的转向力矩，用以克服汽车拖拉机的转向阻力矩，从而使汽车拖拉机转向或恢复原来的行驶方向。这一套用来改变或恢复汽车拖拉机行驶方向的专设机构，称为汽车拖拉机转向系统。

根据产生转向力矩的方式，可以将汽车、拖拉机等的转向方式分为以下三种：

1）通过车轮相对车身偏转一定的角度实现车辆转向，如轮式拖拉机、汽车等。偏转方式可分为前轮偏转、后轮偏转、前后轮同时偏转和折腰偏转四种（图 3-1）。轮式拖拉机上常用的转向系统是前轮偏转式。前轮偏转后，在后轮驱动力的作用下，地面对两前轮的侧向反作用力构成一个转向力矩，使车辆转向。

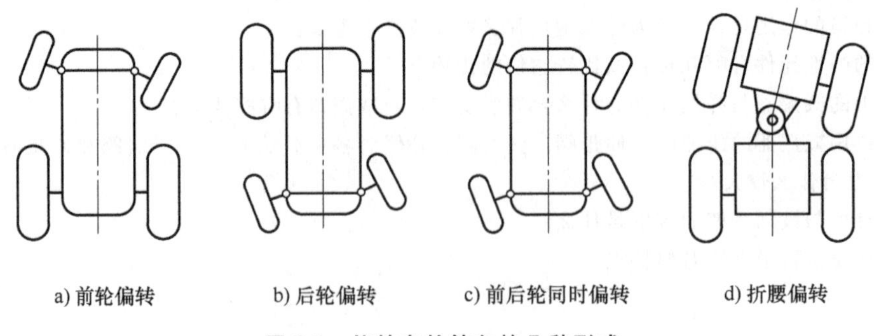

图 3-1　偏转车轮转向的几种形式

2）通过改变车辆两侧行走装置的驱动力来实现转向，如有履带的车辆、履带式拖拉机和无尾轮手扶拖拉机。履带式拖拉机的转向是利用设在传动系统内的转向离合器，改变传到两侧驱动轮上的驱动力矩，使两侧履带上具有不同的驱动力，形成转向力矩以实现转向。小型手扶拖拉机常用的转向方式是切断转向侧驱动轮的驱动力矩，利用地面对两侧驱动轮的驱动力差形成的转向力矩来转向。

3）既改变车辆两侧行走装置的驱动力又使车轮偏转实现转向，如有尾轮手扶拖拉机和在特定的情况下作业（如田间作业等）的轮式拖拉机。

第二节 机械转向系统

一、汽车转向原理

为使汽车顺利并轻便地转向，需要解决两个基本问题：一是在汽车转向时，所有车轮都需要绕着一个转向中心转动；二是必须通过某种方式增大驾驶员操纵转向盘的手力，从而有足够的作用力使转向轮偏转一定的角度，实现汽车转向。

汽车在转向时，只有当 4 个车轮的轴线交于一点，才能够保证各车轮只滚动不滑动。因此，汽车在转向时，要求所有车轮的轴线都相交于一点 O，如图 3-2 所示，此交点 O 被称为转向中心。

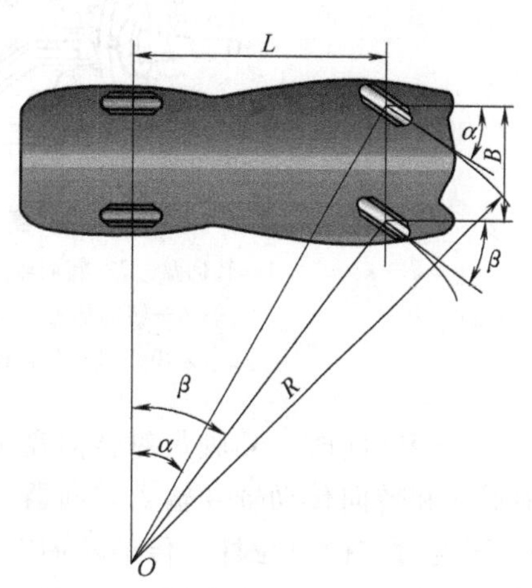

图 3-2 两轴轮式车辆转向示意图

对于两轴汽车，转向时内转向轮偏转角 β 大于外转向轮偏转角 α。假设车轮为刚体，偏转角 α 和 β 的关系由式（3-1）给出：

$$\cot\alpha = \cot\beta + \frac{B}{L} \tag{3-1}$$

式中，B 为两侧主销轴线与地面交点之间的距离，也称为轮距；L 为车辆轴距。

在汽车转向时内轮偏转角 β 与外轮偏转角 α 之间的差值（$\beta-\alpha$）称为前展。为了产生前展，将转向机构设计成梯形。这样，在汽车转向时，就可以使内、外转向轮产生不同的侧偏角，实现车辆的纯滚动。

由转向中心 O 到外转向轮与地面接触点的距离 R，称为车辆的转弯半径。转弯半径 R 越小，则汽车转向所需场地就越小，车辆的机动性也越好。当外转向轮偏转角达到最大值时，转弯半径最小。在图 3-2 所示的理想情况下，最小转弯半径 $R_{\min}$ 与外转向轮最大偏转角 $\alpha_{\max}$ 的关系由式（3-2）给出：

$$R_{\min} = \frac{L}{\sin\alpha_{\max}} \tag{3-2}$$

转向盘转角增量与同侧转向节相应转角增量之比 i_ω 称为转向系统角传动比；转向盘转角增量与相应的转向摇臂转角增量之比 $i_{\omega1}$ 称为转向器角传动比；转向摇臂转角增量与转向盘所在一侧的转向节相应的转角增量之比 $i_{\omega2}$ 称为转向传动机构角传动比。则有 $i_\omega = i_{\omega1} i_{\omega2}$。一般汽车的转向传动机构角传动比 $i_{\omega2}$ 大约为 1，转向过程中，$i_{\omega2}$ 跟随转向节转角的变化有小幅度的变化。因此，转向系统的角传动比 i_ω 主要取决于转向器的角传动比 $i_{\omega1}$。

转向系统角传动比 i_ω 大，可以使驾驶员操纵转向盘省力，但会造成转向操纵机构不够灵敏，所以选取 i_ω 时应适当兼顾转向省力和转向灵敏的双重要求。

转向系统按转向能源的不同分为机械转向系统和动力转向系统两大类。

二、机械转向系统构造

机械转向系统以驾驶员的体力作为转向能源，其中所有的传力件都是机械的。机械转向系统由转向操纵机构、转向器和转向传动机构组成。当前轮为非独立悬架时，机械转向系统的组成及布置如图 3-3 所示。

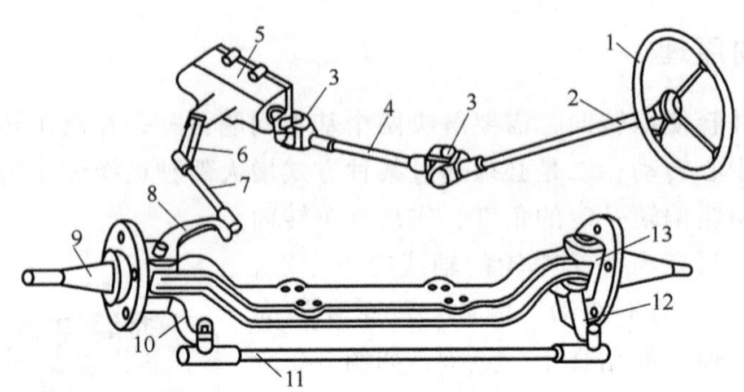

图 3-3　机械转向系统的组成

1—转向盘　2—转向轴　3—转向万向联轴器　4—转向传动轴　5—转向器　6—转向摇臂　7—转向直拉杆　8—转向节臂　9—左转向节　10、12—左、右梯形臂　11—转向横拉杆　13—右转向节

车辆转向时，驾驶员对转向盘 1 施加一个转向力矩，该力矩通过转向轴 2、转向万向联轴器 3 和转向传动轴 4 输入转向器 5，经转向器放大后的力矩和减速后的运动传到转向摇臂 6，再经过转向直拉杆 7 传给转向节臂 8，带动左转向节 9 及装在其上的左转向轮偏转。同时，左转向节经左梯形臂 10、转向横拉杆 11 和右梯形臂 12 带动右转向节 13 及右转向轮偏转相应角度，从而实现转向。

1. 转向操纵机构

转向操纵机构包括转向盘、转向轴和转向万向联轴器等，其作用是将驾驶员转动转向盘的操纵力传递到转向器。

（1）转向盘　转向盘主要由轮圈、轮辐和轮毂组成，如图 3-4 所示。轮辐有 2~4 根辐条；轮毂孔具有细牙内花键，与转向轴相连；转向盘内部有钢或铝合金制成的骨架，外表包覆有一定形状的塑料或合成橡胶，以改善操纵转向盘的手感并提高驾驶员的安全性。转向盘上一般安装有安全气囊的电缆盘、汽车喇叭开关、巡航系统控制开关和音响控制开关等装置。

图 3-4　转向盘结构示意图

1—轮圈　2—轮辐　3—轮毂

转向盘自由行程是指用以消除转向系统中各传动件的运动副间的间隙所对应的转向盘的角行程。它对于缓和路面冲击以及避免驾驶员过度紧张是有利的，但不宜过大，以免影响转向灵敏性。通常转向盘从相对于汽车直线行驶的中间位置向任一方向的自由行程不超过 10°~15°，当零件严重磨损到转向盘自由行程超过 25°~30°时，应进行调整。

（2）转向轴　转向轴从转向柱管中穿过，上端与转向盘固定连接，下端连接转向器。

转向柱管安装在车身上，支承着转向盘。转向轴与转向器的连接方式有两种：一种是与转向器的输入轴直接连接，另一种是通过十字轴万向联轴器或挠性万向联轴器与转向器的输入轴相连接。

为了有利于行车安全，便于整车布置及维修，许多新型汽车采用了分段式转向轴，中间用万向联轴器连接，如图 3-5 所示。

为方便不同体型驾驶员的操纵，现代汽车的转向轴上还装有能改变转向盘工作角度和转向盘高度的机构。

（3）转向安全装置 为保护驾驶员的安全，汽车转向操纵机构中常采用以下几种安全保护装置：

1）吸能式转向盘。在发生碰撞时，吸能式转向盘骨架产生变形（图 3-6），以吸收能量，减小传到驾驶员身体上的碰撞能量。

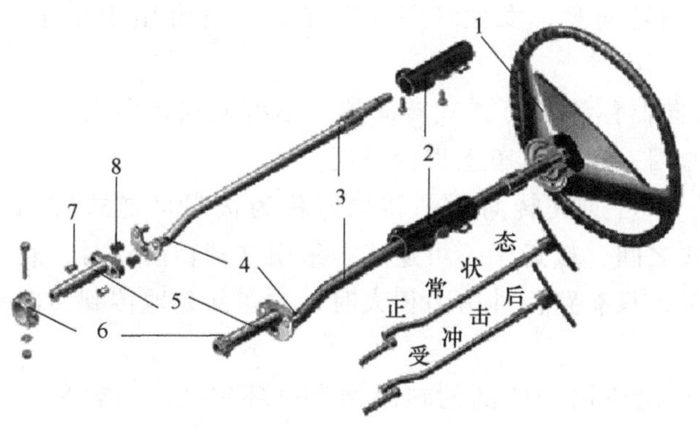

图 3-5 桑塔纳轿车转向盘与转向轴

1—转向盘组件 2—转向柱管 3—上转向轴 4—柱销 5—下转向轴 6—架子 7—塑料衬套 8—减振橡胶套

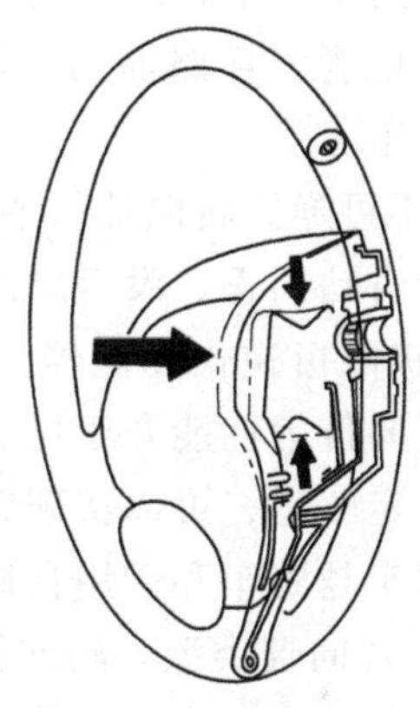

图 3-6 吸能式转向盘骨架变形示意图

2）可分离式安全转向操纵机构。转向操纵机构的转向柱管分为上、下两段（图 3-5），当发生碰撞时，上、下两段相互分离或相互滑动，从而有效地防止转向盘对驾驶员的伤害，但转向操纵机构本身不包含有吸能装置。

3）缓冲吸能式转向操纵机构。缓冲吸能式转向操纵机构从结构上能使转向轴和转向柱管在受到冲击后，轴向收缩并吸收冲击能量，从而有效缓和转向盘对驾驶员的冲击，减轻驾驶员受到伤害的程度。常用的吸能装置有网格状转向管柱吸能装置、波纹管变形吸能装置和钢球滚压变形吸能装置，如图 3-7 所示。

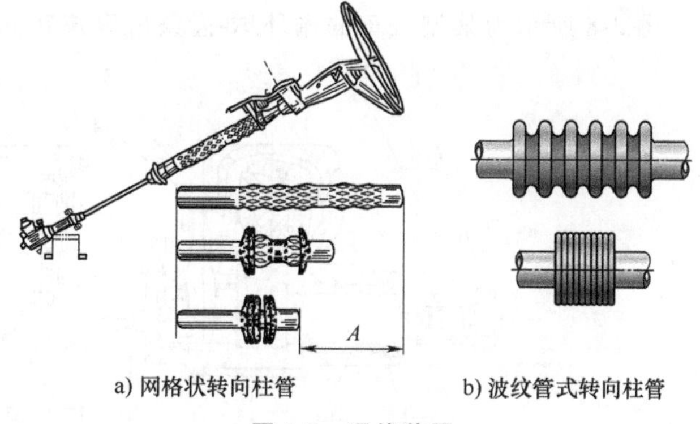

a) 网格状转向柱管 b) 波纹管式转向柱管

图 3-7 吸能装置

2. 转向器

转向器的功用是将转向盘的转动通过传动副变为转向摇臂的摆动，通过改变力的传递方向并增力，使转向传动机构拉动转向轮偏转。转向器实质上是一个减速器，用来放大作用在转向盘上的操纵力矩。转向器应有合适的传动比和较高的传动效率，以便操纵省力，使转向盘的转动量合适，同时它还应具有合适的传动可逆性，这样，当导向轮受到地面冲击作用时，能将地面的作用力部分地反传至转向盘，使驾驶员具有路感，并使导向轮自动回正。

（1）转向器的传动效率　转向器的输出功率与输入功率之比称为转向器传动效率。

1）正效率。功率由转向轴输入，由转向传动机构（如转向横拉杆或摇臂）输出的情况下求得的传动效率称为正效率，显然，正效率越高越好。

2）逆效率。功率由转向传动机构输入，由转向轴输出的情况下求得的传动效率称为逆效率。

3）可逆式转向器。逆效率很高的转向器称为可逆式转向器。它的特点是路面传到转向传动机构的反力很容易传到转向轴和转向盘上，利于汽车转向结束后转向轮和转向盘的自动回正，但也能将坏路面对车轮的冲击力传到转向盘，发生“打手”情况。它常用于轿车、客车和货车。

4）不可逆式转向器。逆效率很低的转向器称为不可逆式转向器。不可逆式转向器使转向轮不能自动回正、没有路感。由于上述原因，它在汽车上很少采用。

5）极限可逆式转向器。逆效率略高于不可逆式转向器的转向器称为极限可逆式转向器。其反向传力性能介于可逆式和不可逆式之间，接近于不可逆式。采用这种转向器时，驾驶员有一定路感，可以实现转向轮自动回正，只有路面冲击力很大时，才能部分地传到转向盘。常用于越野车和矿用自卸汽车。

（2）转向器类型　转向器类型很多，目前应用较广泛的转向器有循环球式、齿轮齿条式和蜗杆曲柄指销式等几种。

1）循环球式转向器。循环球式转向器是目前国内外应用最广泛的一种结构形式，它有两级或三级传动副。含两级传动副的用在转向梯形式转向机构上，第一级是螺杆螺母传动副，第二级是齿条齿扇传动副或滑块曲柄销传动副；含三级传动副的用在双拉杆式转向机构上，其一、二、三级传动副分别是螺杆螺母、齿条齿扇和扇形齿轮。

图 3-8 所示为某型汽车的循环球-齿条齿扇式转向器。转向螺杆 23 由两个推力球轴承支

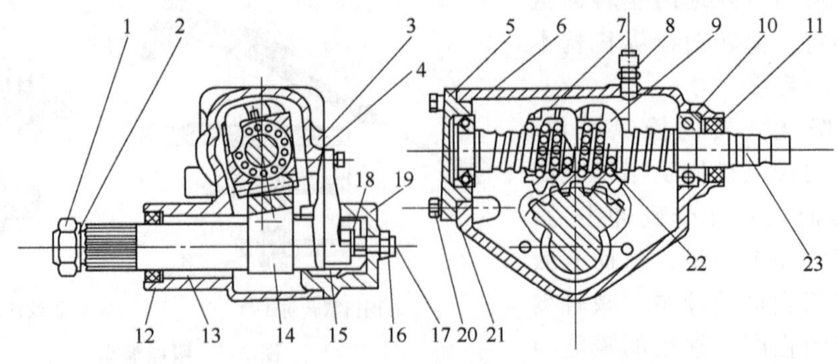

图 3-8　循环球式转向器

1—螺母　2—弹簧垫圈　3—转向螺母　4—转向器壳体垫片　5—转向器壳体底盖　6—转向器壳体　7—导管卡子　8—加油螺塞　9—钢球导管　10—球轴承　11、12—油封　13—滚针轴承　14—齿扇轴（摇臂轴）　15—滚针轴承　16—锁紧螺母　17—调整螺钉　18—调整垫片　19—侧盖　20—螺栓　21—调整垫片　22—钢球　23—转向螺杆

承在转向器壳体 6 上，调整垫片 21 用来调整轴承的预紧度。转向螺母 3 的内径大于转向螺杆的外径，故能松套在螺杆上。转向螺杆和螺母上都加工出近似为半圆形的螺旋槽断面，二者的螺旋槽能配合形成近似圆形断面的螺旋通道。螺母侧面有两对通孔，可将钢球从此孔装入螺旋通道内。转向螺母外有两根钢球导管 9，每根导管的两端分别插入螺母侧面的一对通孔中。这样，两根导管和螺母内的螺旋通道便组合成两条各自独立的封闭的循环通道，通道内装有许多钢球 22，以实现滚动摩擦。当转动螺杆时，通过钢球将力传给螺母，螺母将沿轴线移动。同时由于摩擦力的作用，所有钢球在螺母与螺杆之间的通道内滚动，形成“球流”。钢球在螺母内绕行两周后，流出螺母进入导管，再由导管流回螺母通道内，故在转向器工作时，两列钢球只是在各自的封闭通道内循环，而不会脱出。

转向螺母 3 的下平面切有与齿扇相啮合的齿条，齿扇与摇臂轴（齿扇轴 14）制成一体，支承在壳体内的滚针轴承上。转向时，驾驶员转动转向盘使螺杆转动，螺母便轴向移动，通过齿条和齿扇使转向摇臂轴转动，再通过转向传动机构带动转向轮偏转。齿条是倾斜的，与其啮合的是变齿厚的齿扇，故可通过轴向移动齿扇轴 14 来调整齿条齿扇的啮合间隙。调整螺钉 17 旋装在侧盖 19 上。齿扇轴 14 内侧端部有切槽，调整螺钉 17 的圆柱形端头嵌入此切槽中。将调整螺钉 17 旋入，则啮合间隙减小。反之，则啮合间隙增大。

循环球式转向器正传动效率可达 90%~95%，操纵轻便，使用寿命长，工作平稳可靠。但其逆效率也高，容易将路面冲击力传到转向盘。不过，对前轴载质量不大而又经常在平坦路面行驶的汽车而言，这一缺点影响不大。因此，循环球式转向器广泛应用于各类各级车辆。

2）齿轮齿条式转向器。齿轮齿条式转向器是以齿轮和齿条作为传动机构，分两端输出式和中间（或单端）输出式两种。

图 3-9 所示为两端输出的齿轮齿条式转向器。作为传动副主动件的转向齿轮轴 11 通过轴承 12 和 13 安装在转向器壳体 5 中，其上端通过花键与万向联轴器叉 10 和转向轴连接；与转向齿轮啮合的转向齿条 4 水平布置，两端通过球头座 3 与转向横拉杆 1 相连；压紧弹簧 7 通过压块 9 将齿条压靠在齿轮上，保证无间隙啮合。弹簧的预紧力可用调整螺塞 6 调整。当转动转向盘时，转向齿轮轴 11 转动，使与之啮合的齿条 4 沿轴向移动，从而使左右横拉杆带动转向节左右转动，使转向车轮偏转，实现汽车转向。

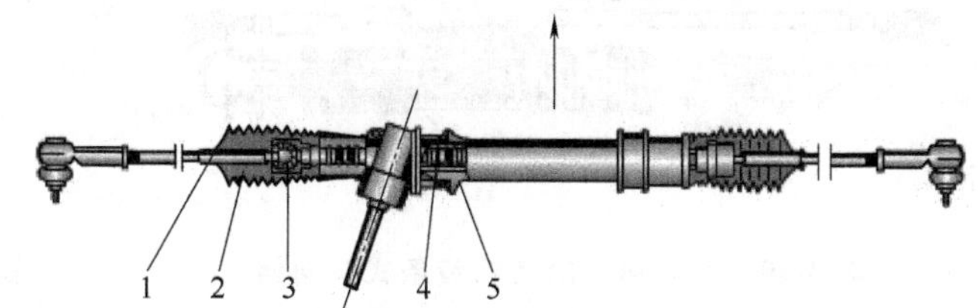

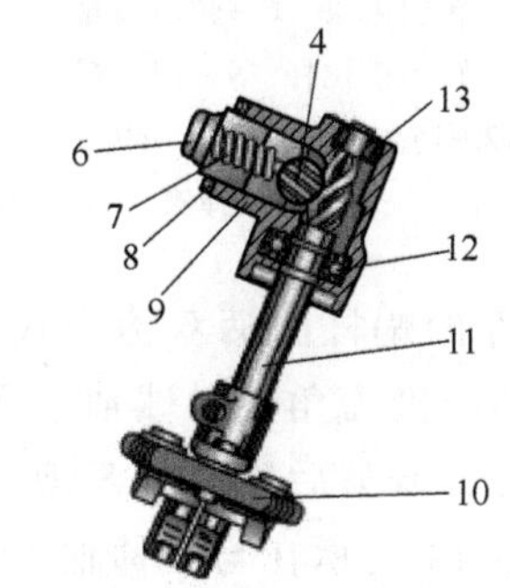

图 3-9 两端输出的齿轮齿条式转向器

1—转向横拉杆 2—防尘套 3—球头座 4—转向齿条
5—转向器壳体 6—调整螺塞 7—压紧弹簧
8—锁紧螺母 9—压块 10—万向联轴器叉
11—转向齿轮轴 12—深沟球轴承 13—滚针轴承

中间输出的齿轮齿条式转向器如图 3-10 所示，其结构及工作原理与两端输出的齿轮齿条式转向器基本相同，不同之处在于它在转向齿条的中部用螺栓与左右转向横拉杆相连。

齿轮齿条式转向器结构简单，有间隙自调装置，可保证传动副无间隙啮合，省略了转向摇臂和转向直拉杆，使转向传动装置简化，故多用于前轮为独立悬架的轿车和微型及轻型货车上。

3）蜗杆曲柄指销式转向器。蜗杆曲柄指销式转向器的传动副是蜗杆和指销，以蜗杆为主动件，曲柄销为从动件。按传动副中指销的数目分，有单销式和双销式两种。指销在曲柄中的支承形式可以是滑动结构，也可以是滚动结构。

蜗杆曲柄指销式转向器的结构如图 3-11 所示，具有梯形截面螺纹的转向蜗杆支承在转向器壳体两端的球轴承上，蜗杆与锥形指销相啮合，指销用双列圆锥滚子轴承支承于摇臂轴内端的曲柄孔中。当转向蜗杆随转向盘转动时，指销沿蜗杆螺旋槽上下移动，并带动曲柄及摇臂轴转动，进而通过转向传动机构使转向轮偏转。这种转向器通常用于转向力较大的载货汽车上。

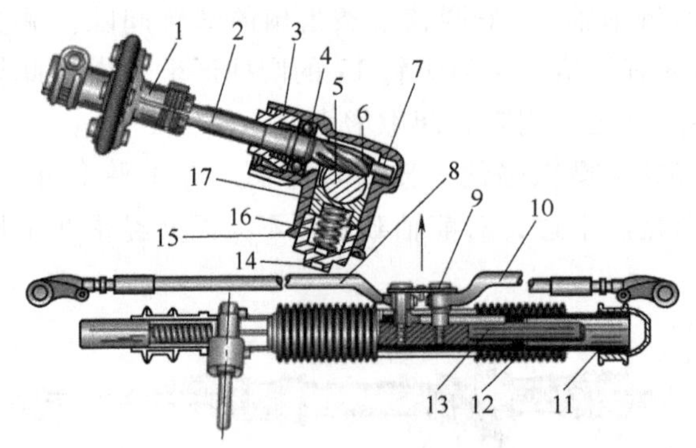

图 3-10　中间输出的齿轮齿条式转向器

1—万向联轴器叉　2—转向齿轮轴　3—调整螺母　4—深沟球轴承　5—转向齿条　6—转向齿轮　7—滚针轴承　8、10—转向横拉杆　9—固定螺栓　11—转向器壳体　12—防尘套　13—转向齿条　14—调整螺塞　15—锁紧螺母　16—压紧弹簧　17—压块

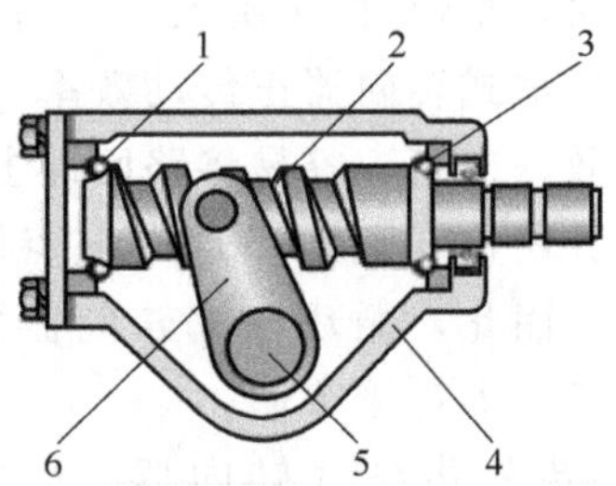

图 3-11　蜗杆曲柄指销式转向器基本结构

1、3—球轴承　2—转向蜗杆　4—转向器壳体　5—摇臂轴　6—指销

图 3-12 为某型汽车的蜗杆曲柄双指销式转向器。具有梯形截面螺纹的转向蜗杆 3 支承在转向器壳体两端的两个推力角接触球轴承 2 和 9 上。转向器下盖装有调整螺塞 7，用以调整上述两轴承的预紧度，调整后用螺母 8 锁紧。蜗杆与两个锥形指销 13 相啮合，两个指销均用双列圆锥滚子轴承 14 支承在与摇臂轴 11 制成一体的曲柄上，其中靠指销头部的一列无内座圈滚子直接与指销轴颈接触，这样做可以加大指销轴颈的尺寸，以保证指销有足够的强度。螺母 15 用以调整双列圆锥滚子轴承 14 的紧度，以使指销能自由转动且无明显的轴向间隙为宜。摇臂轴 11 用衬套 19 和 20 支承在壳体中。指销与蜗杆的啮合间隙用侧盖 16 上的调整螺钉 17 调整。转向时，通过转向盘转动蜗杆，指销一边自转，一边绕摇臂轴轴线做圆弧运动，从而带动曲柄和摇臂轴转动。

双指销式转向器在中间及其附近位置时，其两指销均与蜗杆啮合，故单个指销所受载荷比单指销式转向器小，因而其工作寿命较长。当摇臂轴转角相当大时，一个指销与蜗杆脱离啮合，另一指销仍保持啮合，因此双指销式转向器的摇臂轴转角范围比单指销式的大。但双

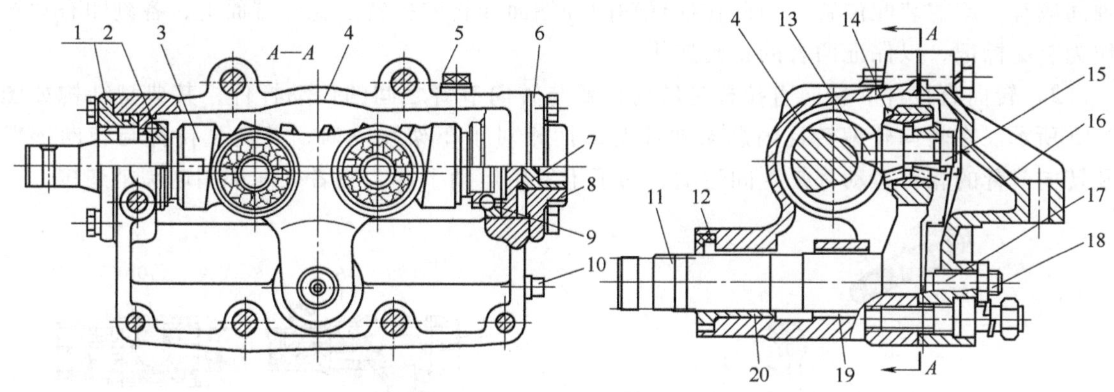

图 3-12 蜗杆曲柄指销式转向器

1—上盖 2、9—推力角接触球轴承 3—转向蜗杆 4—转向器壳体 5—加油螺塞 6—下盖 7—调整螺塞 8—螺母 10—放油螺塞 11—摇臂轴 12—油封 13—指销 14—双列圆锥滚子轴承 15—螺母 16—侧盖 17—调整螺钉 18—螺母 19、20—衬套

指销式转向器结构较复杂，对蜗杆的加工精度要求也较高。

3. 转向传动机构

从转向器到转向轮之间的所有传动杆件总称为转向传动机构。

转向传动机构的功用是将转向器输出的力和运动传给转向轮，使两侧转向轮按一定的转角关系偏转，以保证汽车转向时车轮与地面的相对滑动尽可能小。

（1）与非独立悬架配用的转向传动机构 与非独立悬架配用的转向传动机构如图 3-13 所示，主要包括转向摇臂 2、转向直拉杆 3、转向节臂 4 和转向梯形臂 5。在前桥仅为转向桥的情况下，由转向横拉杆 6 和左、右转向梯形臂 5 组成的转向梯形一般布置在前桥之后（图 3-13a）。当转向轮处于与汽车直线行驶相应的中立位置时，转向梯形臂与转向横拉杆在与道路平行的平面（水平平面）内的交角 $\theta>90°$。在发动机位置较低或转向桥兼作驱动桥的情况下，为避免运动干涉，往往将转向梯形布置在前桥之前。此时上述交角 $\theta<90°$（图 3-13b）。若转向摇臂不是在汽车纵向平面内前后摆动，而是在与道路平行的平面内左右摆动，则可将转向直拉杆 3 横置，并借球头销直接带动转向横拉杆 6，从而使两侧梯形臂转动（图 3-13c）。

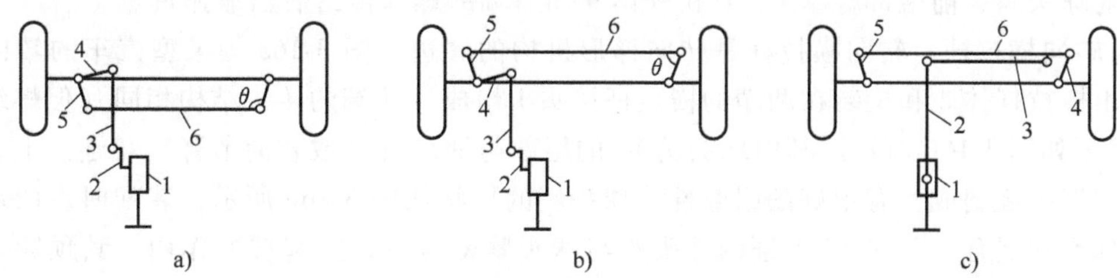

图 3-13 与非独立悬架配用的转向传动机构

1—转向器 2—转向摇臂 3—转向直拉杆 4—转向节臂 5—转向梯形臂 6—转向横拉杆

1）转向摇臂。转向摇臂是转向器传动副与转向直拉杆间的传动件，如图 3-14 所示。它的大端通常用锥形三角细花键与转向摇臂轴的外端连接，其小端带有球头销，并通过球头销与转向直拉杆做铰链连接。为保证转向轮向左和向右都具有规定的最大偏转角，摇臂和摇臂

轴间应有一定的装配位置，为此在摇臂轴的外端面和转向摇臂上孔外端面上，各刻印有短线作为装配标记，以保证两者的正确连接。

2）转向直拉杆。转向直拉杆是转向摇臂与转向节臂之间的传动杆件，其典型结构如图3-15所示。在转向轮偏转且因悬架弹性变形而相对于车架跳动时，转向直拉杆与转向摇臂及转向节臂的相对运动都是空间运动，为了不发生运动干涉，三者之间都用球头销连接。

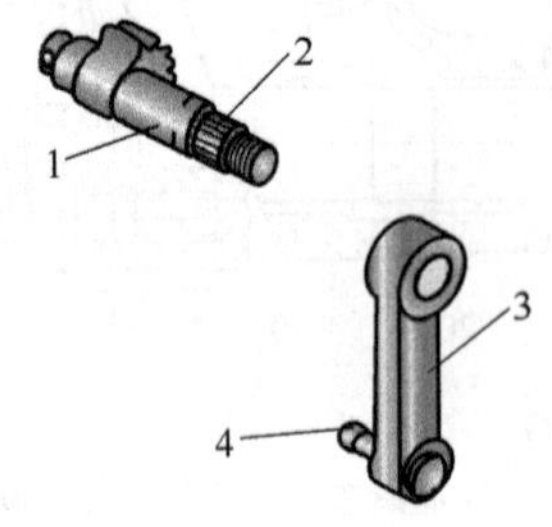

图 3-14 转向摇臂

1—摇臂轴 2—带锥度的三角形齿形花键 3—转向摇臂 4—球头销

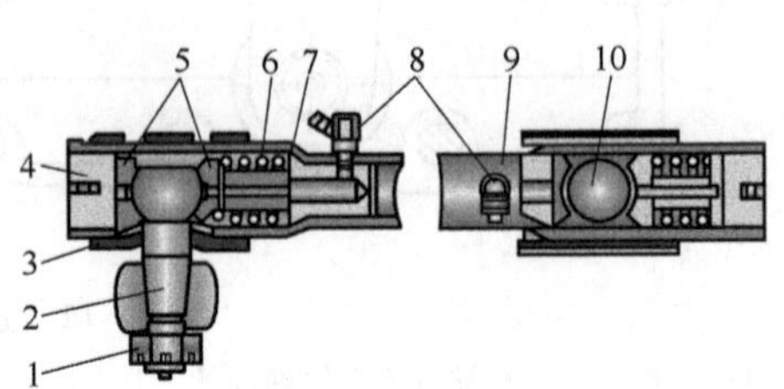

图 3-15 转向直拉杆

1—螺母 2—球头销 3—橡胶防尘垫 4—端部螺塞 5—球头座 6—压缩弹簧 7—弹簧座 8—油嘴 9—直拉杆体 10—转向摇臂球头销

直拉杆体9是一段两端扩大的钢管，其前端（图中为左端）带有球头销2。球头销的尾端可用螺母1固定于转向节臂的端部。两个球头座5在压缩弹簧6的作用下将球头销的球头夹持住。为保证球头与座的润滑，可从油嘴8注入润滑脂，使其充满直拉杆体端部管腔。装配时，供球头出入的孔口用耐油橡胶防尘垫3封盖。压缩弹簧6随时补偿球头及球头座的磨损，保证二者间无间隙，并可缓和经车轮和转向节传来的路面冲击。弹簧预紧力可用端部螺塞4调节，调好后用开口销固定住螺塞的位置。当球头销作用在内球头座上的冲击力超过压缩弹簧预紧力时，弹簧便进一步变形而吸收冲击能量。弹簧变形增量受到弹簧座7自由端的限制，这样可以防止弹簧超载，并保证在弹簧折断的情况下球头销不致从管腔中脱出。直拉杆体后端（图中为右端）可以嵌装转向摇臂的球头销10。这一端的压缩弹簧也装在球头座后方（图中为右方）。这样，两个压缩弹簧可分别在沿轴线的不同方向上起缓冲作用。自球头销2传来的向后的冲击力由前压缩弹簧承受，当球头销2受到向前的冲击力时，冲击力即依次经前球头座、前端部螺塞4、直拉杆体9和后端部螺塞传给后压缩弹簧。

3）转向横拉杆。转向横拉杆是转向梯形机构的底边。图3-16a为某型汽车的转向横拉杆，它由横拉杆体2和旋装在两端的横拉杆接头1组成。两端的接头结构相同（但螺纹的旋向相反），如图3-16b所示。其中球头销14的尾部与梯形臂（或转向节臂）相连。上、下球头座9用聚甲醛制成，有很好的耐磨性，球头座的形状如图3-16c所示，装配时，两球头座的凹凸部互相嵌合。弹簧12保证两球头座与球头紧密接触，并起缓冲作用，其预紧力由螺塞11调整。两接头借螺纹与横拉杆体连接，因其螺纹部分有切口，故具有弹性。接头旋装到横拉杆体上后，用夹紧螺栓3夹紧。横拉杆体两端的螺纹，一为右旋，一为左旋，因此在旋松夹紧螺栓以后，转动横拉杆体，即可改变转向横拉杆的总长度，从而调整转向轮前束。

（2）与独立悬架配用的转向传动机构　当转向轮采用独立悬架时，每个转向轮都需要相对于车架做独立运动，因而转向桥必须是断开式的。与此相应，转向传动机构中的转向梯形也必须分成两段（图3-17a）或三段（图3-17b），并且由在平行于路面的平面中摆动的转

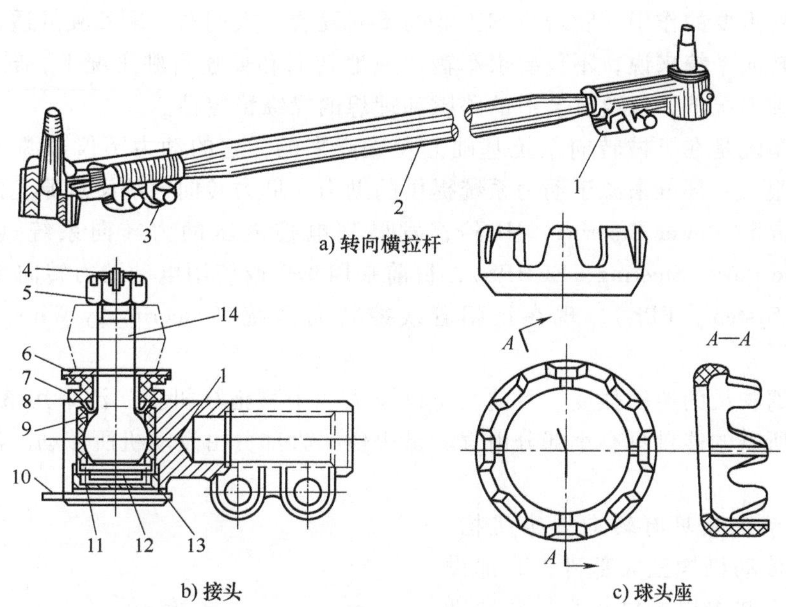

图 3-16　某型汽车的转向横拉杆

1—横拉杆接头　2—横拉杆体　3—夹紧螺栓　4—开口销　5—槽型螺母　6—防尘垫座　7—防尘垫　8—防尘罩　9—球头座　10—限位销　11—螺塞　12—弹簧　13—弹簧座　14—球头销

向摇臂直接带动或通过转向直拉杆带动。其中 3-17a、b 所示的机构与循环球式转向器配用，图 3-17c、d 所示的机构与齿轮齿条式转向器配用。

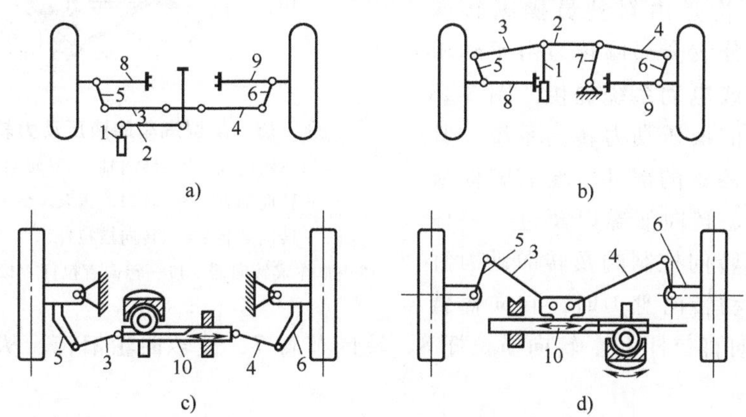

图 3-17　与独立悬架配用的转向传动机构示意图

1—转向摇臂　2—转向直拉杆　3—左转向横拉杆　4—右转向横拉杆　5—左梯形臂　6—右梯形臂　7—摇杆　8—悬架左摆臂　9—悬架右摆臂　10—齿轮齿条式转向器

第三节　动力转向系统

汽车转向系统性能的好坏将直接影响到汽车的转向特性、转向可靠性和驾驶员的操纵手感，同时对于确保汽车的安全行驶、减少交通事故以及保护驾驶员的人身安全、改善驾驶员的工作条件起着重要的作用。随着汽车工业的不断发展，人们对车辆驾驶舒适性的要求也不断提高，对于转向系统来说，不仅要求车辆在原地转向和低速行驶工况下，转向较为轻便，而且在高速行驶工况下，也要有合适的路感和理想的操纵稳定性。

助力转向系统是在机械转向系统基础上发展起来的，它的动力不仅来源于驾驶员的体力，而且还有很大一部分来源于动力系统提供的助力。助力转向系统又从原先的液压动力转向系统（Hydraulic Power Steering，HPS），发展到电控液压助力转向系统（Electric Controlled Hydraulic Power Steering，ECHPS），目前乘用车普遍使用电动助力转向系统（Electric Power Steering System，EPS），现在正朝着线控转向系统（Steering-by-Wire，SBW）阶段发展。

为了减轻驾驶员的劳动强度，目前汽车以及大、中型拖拉机上广泛采用液压动力转向，即转向轮偏转所需的能量只有小部分由驾驶员提供，大部分由发动机所带动的液压泵或电动机提供。

动力转向系统除具有转向操纵机构、转向器和转向传动机构三大部件外，加设了一套转向助力装置以提供动力。转向助力装置把发动机的能量转换成液压能、电能或气压能，再把液压能、电能或气压能，转换成机械能作用在转向轮上帮助驾驶员进行转向，故称之为动力助力转向系统。

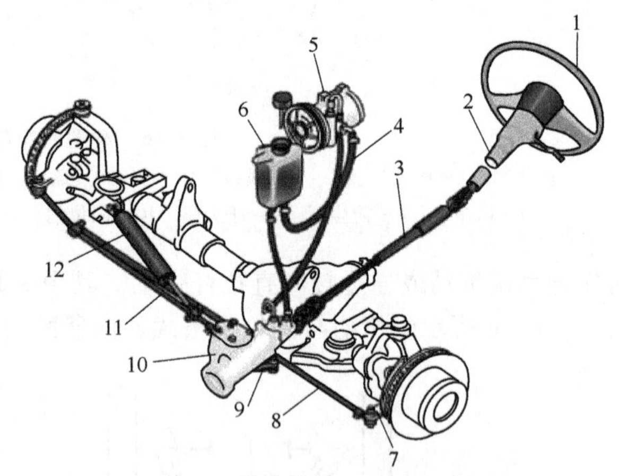

图 3-18　某型汽车的液压动力转向系统

1—转向盘　2—转向轴　3—转向中间轴　4—转向油管　5—转向液压泵　6—转向油罐　7—转向节臂　8—转向横拉杆　9—转向摇臂　10—整体式转向器　11—转向直拉杆　12—转向减振器

动力转向机构是由驾驶员操纵转向盘，使转向轮部分或全部偏转力由发动机驱动的液压系统或电动系统提供。图 3-18 所示为某型汽车的液压动力转向系统。其中属于转向助力装置的部件主要有转向液压泵、转向油管、转向油罐以及位于整体式转向器内部的转向控制阀及转向动力缸等。当驾驶员转动转向盘 1 时，转向摇臂 9 摆动，通过转向直拉杆 11、转向横拉杆 8、转向节臂 7，使转向轮偏转，从而改变车辆的行驶方向。

动力转向系统归纳起来有机械式液压助力转向系统、电控液压助力转向系统和电动助力转向系统三种类型。

一、机械式液压助力转向系统

机械式液压助力转向系统利用发动机带动转向液压泵工作。根据系统内液流方式的不同可以分为常压式液压助力和常流式液压助力。

1. 液压转向助力装置分类

常压式液压转向助力装置示意图如图 3-19 所示。在汽车直线行驶、转向盘保持中立位置时，转向控制阀 5 处于关闭位置，转向液压泵 3 输出的液压油充入蓄能器 2，当蓄能器压

力增长到规定值后，液压泵即自行卸荷空转，从而使蓄能器压力得以限制在该规定值以下。当转动转向盘时，机械转向器6即通过转向摇臂等杆件使转向控制阀转入开启位置。此时，蓄能器中的液压油即通过油道流入转向动力缸4中活塞两侧工作腔中的一个，使动力缸产生液压作用力。该作用力作用在转向传动机构上，协助机械转向器工作。转向盘一停止运动，转向控制阀随之回到关闭位置，转向助力作用终止。由此可见，无论转向盘处于正中位置还是转向位置，转向盘保持静止还是在转动，系统管路中的油液总是保持高压状态。

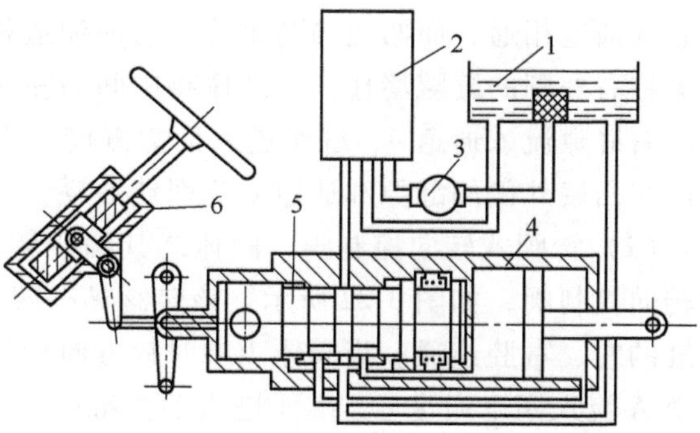

图3-19　常压式液压转向助力装置示意图

1—转向油罐　2—蓄能器　3—转向液压泵　4—转向动力缸　5—转向控制阀　6—机械转向器

常流式液压转向助力装置如图3-20所示。不转向时，转向控制阀6保持开启，转向动力缸8活塞两边的工作腔均与低压回油管路相通，转向液压泵2输出的油液流入转向控制阀，然后流回转向油罐1。因转向控制阀的节流阻力很小，故液压泵输出压力也很低，液压泵实际上处于空转状态。转动转向盘，通过机械转向器7使转向控制阀处于与某一转弯方向相对应的工作位置，转向动力缸的相应工作腔与回油管路隔绝，转而与液压泵输出管路相通，而动力缸的另一腔仍然与回油管路相通。地面转向阻力经转向传动机构传到转向动力缸的推杆和活塞上，形成比转向控制阀节流阻力高得多的液压泵输出管路阻力。于是，转向液压泵输出压力急剧升高，直到足以推动转向动力缸活塞为止。转向盘停止转动后，转向控制阀随即回到中立位置，使动力缸停止工作。

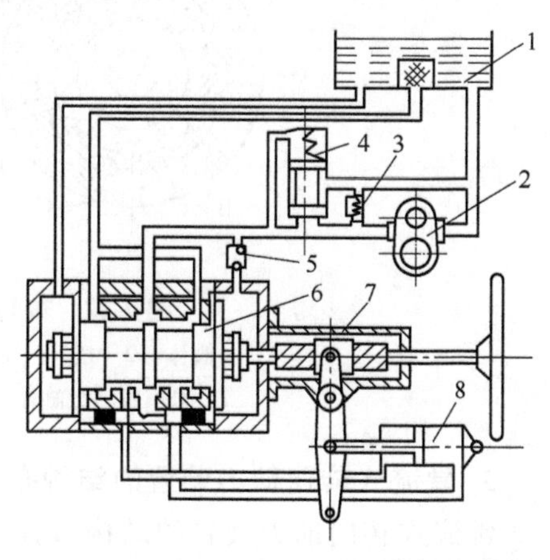

图3-20　常流式液压助力装置示意图

1—转向油罐　2—转向液压泵　3—溢流阀　4—流量控制阀　5—单向阀　6—转向控制阀　7—机械转向器　8—转向动力缸

常流式液压转向助力装置的转向液压泵虽然始终工作，但液压助力系统不工作时，液压泵处于空转状态，管路的负荷要比常压式小，现在大多数液压转向助力系统都采用常流式。可以看到，不管哪种方式，转向液压泵都是必备部件，它可以将输入的发动机机械能转化为油液的压力。

2. 液压转向助力装置的转向控制阀

转向控制阀有滑阀式和转阀式两种。

（1）滑阀式转向控制阀　阀体沿轴向移动来控制油液流量的转向控制阀，称为滑阀式转向控制阀，如图3-21所示。当阀体1处于中间位置时，其两个凸棱边与阀套环槽形成四条缝隙。中间的两个缝隙分别与动力缸

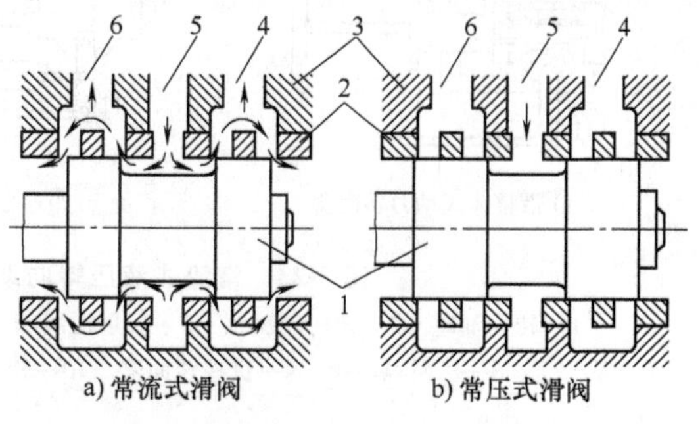

a) 常流式滑阀　　b) 常压式滑阀

图3-21　滑阀式转向控制阀的结构和工作原理

1—阀体　2—阀套　3—壳体　4、6—通动力缸左、右腔的通道　5—通液压泵输出管路的通道

两腔的油道相通，而两边的两个缝隙与回油道相通。当阀体向右移动很小的一个距离时，右凸棱将右外侧的缝隙堵住，左凸棱将中间的左缝隙堵住，来自液压泵的高压油经通道 5 和中间的右缝隙流入通道 4，继而进入动力缸的一个腔；而动力缸另一腔的低压油被活塞推出，经由左凸棱外侧的缝隙和通道 6 流回储油罐。

（2）转阀式转向控制阀　阀体绕其圆心转动来控制油液流量的转向控制阀，称为转阀式转向控制阀，如图 3-22 所示。该转阀具有四个互相连通的进油道 A，通道 B、C 分别与动力缸的左、右腔连通。当阀体 1 顺时针方向转过一个很小的角度时，从液压泵来的液压油经通道 A 流入四个通道 C，继而进入动力缸的一个腔内。另外四个通道 B 的进油被隔断，液压油不能流入，因而动力缸另一腔的低压油在活塞的推动下经回油道流回储油罐。

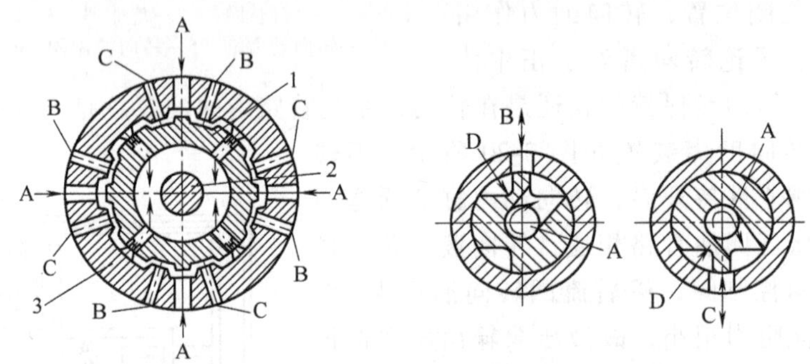

图 3-22　转阀式转向控制阀的结构和工作原理

1—阀体　2—扭杆（轴）　3—壳体　A—通液压泵输出管路的通道

B、C—通动力缸左、右腔的通道　D—通动力缸低压腔的通道

3. 常流式转向助力装置的结构布置方案

常流式转向助力装置的结构布置方案，按机械转向器、转向控制阀和转向动力缸三者的组合及相对位置，可有如图 3-23 所示的三种布置方案。

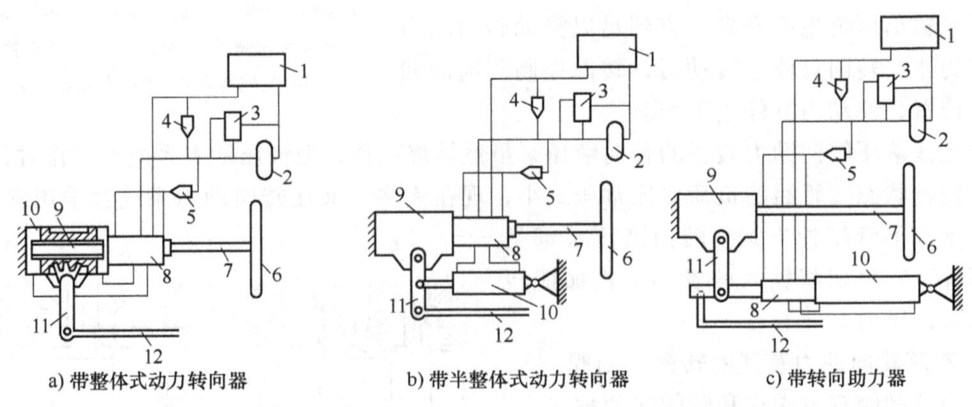

图 3-23　常流式液压转向助力装置结构布置方案示意图

1—转向油罐　2—转向液压泵　3—流量控制阀　4—溢流阀　5—单向阀　6—转向盘　7—转向轴

8—转向控制阀　9—机械转向器　10—转向动力缸　11—转向摇臂　12—转向直拉杆

机械转向器 9 和转向动力缸 10 设计成一体，并与转向控制阀 8 组装在一起的，称为整体式动力转向器（图 3-23a）。只将转向控制阀同机械转向器组合成一个部件，该部件称为

半整体式动力转向器（图 3-23b），转向动力缸则作为独立的部件。将机械转向器作为独立部件，而将转向控制阀和转向动力缸组合成一个部件，称为转向助力器（图 3-23c）。

流量控制阀 3 用以限定转向液压泵的最大流量。液压泵输出压力最高值由溢流阀 4 限制。为使结构紧凑并减少管路和接头，一般将流量控制阀和溢流阀都组装在转向液压泵内。单向阀 5 在转向助力装置正常工作的情况下总是关闭的。在助力装置失效而不得不靠人力进行转向时，单向阀 5 即自行开启，使转向油罐中的油液得以经单向阀流入转向动力缸的吸油腔，否则，将因油罐中的油液不能通过不运转的液压泵流入动力缸吸油腔填补真空而造成很大的附加转向阻力。可见，单向阀的作用是将不工作的液压泵短路，故有时称之为短路阀。

4. 轮式拖拉机液压转向系统

轮式拖拉机液压转向系统原理如图 3-24 所示，当转向盘不转动时，转向器控制阀始终处于中立位置，恒流泵从转向油箱吸油，液压油进入转向器进油口 P，再经回油口 T 直接返回油箱。当转向盘顺时针方向转动时，转向器控制阀阀芯左移，转向器油口 B 与液压缸左腔接通，液压油进入液压缸左腔，并推动活塞向右移动，转向轮右偏转，实现右转向。当转向盘逆时针方向转动时，转向器控制阀阀芯右移，转向器油口 A 与液压缸右腔接通，液压油进入液压缸右腔，并推动活塞向左移动，转向轮左偏转，实现左转向。

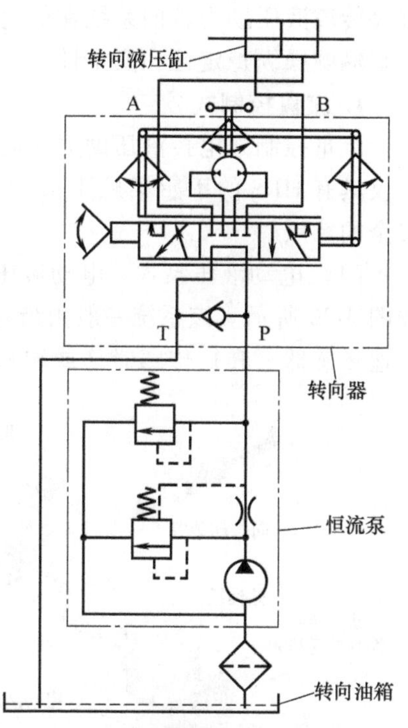

图 3-24 轮式拖拉机液压转向系统原理图

二、电控液压助力转向系统

随着电子控制技术的发展，国内外陆续研制出了多种形式的电控液压助力转向系统，按动力源提供方式不同，电控液压转向系统的分类如图 3-25。

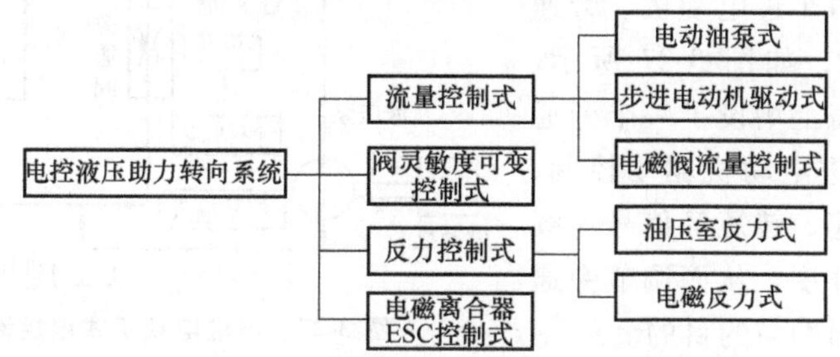

图 3-25 电控液压转向系统的分类

ESC—电子稳定控制系统。

电控液压助力转向系统结合了液压助力转向系统和电控技术的优点，ECU 控制单元根据车速信号和转向盘转矩、转速等信号，按需调节输出压力，实现车辆在不同行驶工况下助力随速可调。这种助力系统可以提供较大的转向助力，适用于大客车和其他中重型车辆，能解决传统液压助力转向系统在低速转向工况和高速转向工况“轻”与“灵”的矛盾，提高了车辆的操纵稳定性和安全性。

1. 流量控制式

流量控制式电控液压助力转向系统（ECHPS），是在传统的HPS基础上发展起来的，它不仅具有HPS的手感柔顺平滑，输出助力大的优点，还具有结构简单，易于控制，节能、安全的特点。

（1）电动液压泵式　电动液压泵式转向系统（Electric Hydraulic Power Steering，EHPS）如图3-26所示。该系统一般由齿轮齿条转向器（包括转阀和助力缸）、电动液压泵及管路、车速传感器、转矩传感器（或转角传感器）和电子控制单元ECU等组成。

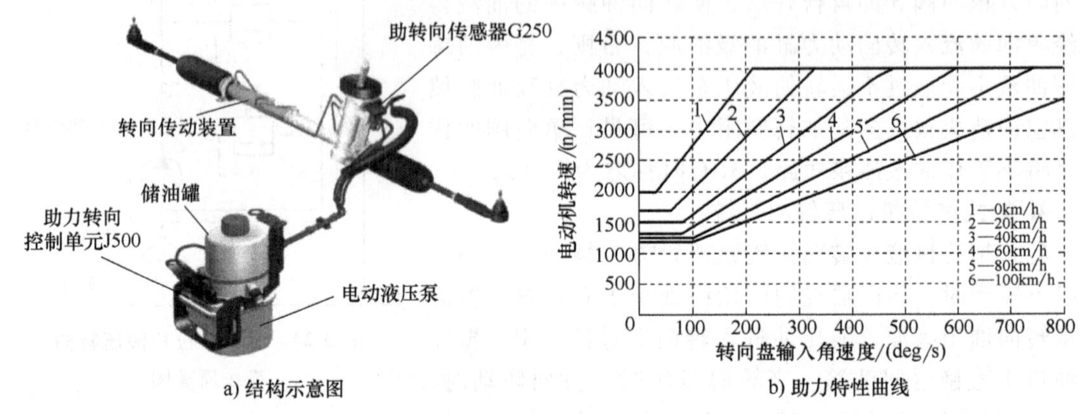

图3-26　电动液压泵式液压动力转向系统

该系统不依靠发动机驱动，转向液压泵由电动机驱动，通过控制电动机来调节转向液压泵转速，从而调节系统的输出流量和压力。EHPS的工作原理是：在非转向工况，转向液压泵以极低的转速运行，消耗很少能量；转向工况，系统根据车速及转向盘转速信号控制电动机从备用工况迅速转入转向工况，电动机的转速由事先设计好的助力特性曲线决定。该型式转向系统适用于乘用车及微型货车。

（2）步进电动机控制式　该型式的电控液压转向系统由步进电动机、旁通阀、控制器等组成，如图3-27所示。在动力转向器前端盖上增设了一个旁通阀，该旁通阀由步进电动机驱动控制，步进电动机根据车速、转矩等信号连续调节旁通阀的阀口开度，从而调节旁通流量，达到按需输出助力的目的。

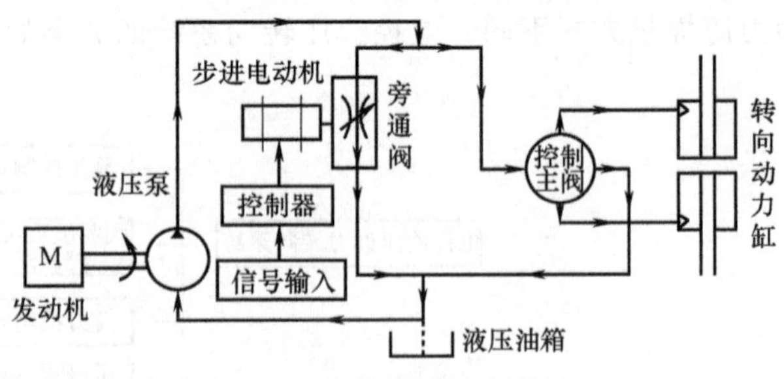

图3-27　步进电动机式电控液压转向系统

（3）电磁阀流量控制式　该系统主要由车速传感器、电磁阀、转向控制阀和电控单元等组成。图3-28所示为流量控制式电控液压助力转向系统，电磁阀装在液压助力缸高低压腔的油道之间，当电磁阀开启时，进入助力缸高压腔的液压油就被旁通流走。该转向系统是根据车速信号控制电磁阀的开启程度，从而控制旁通流量，来改变转向盘上的转向助力。

普通开关电磁阀式电控液压转向系统，运用开关电磁阀进行控制，虽然控制简单，但同时也导致开关时刻液压力大范围波动，手力特性曲线突变，手感不平滑等明显等不足，而运用电液比例阀连续调节系统输出流量可以获得平滑的手感，能实现助力随速可调，提高操控稳定性和安全性。图 3-29 所示为电液比例阀旁通流量式 ECHPS 系统，该系统主要由转向液压泵、电液比例阀、ECU、助力转向器等组成。它是在 HPS 基础上并联了一个旁通回路，在旁通回路上装有一个电液比例流量控制阀。车辆在行驶过程中，ECU 控制单元根据车速和转矩信号，控制比例电磁阀线圈电流，以调节电液比例阀的开度，实现旁通流量可调，从而控制流经转阀的助力油液的流量，以此来改变液压助力缸高、低压腔的压差，这样就可以实时地改变转向器输出助力的大小，使驾驶员在不同车速下都有合适的转向轻便性和转向路感，保证车辆的操纵稳定性；同时，由于增加了旁通油路，增大了输出油液流通面积，液压泵输出压力下降，使得液压泵的输出功率下降，从而降低了发动机的功率输出，降低了能耗。

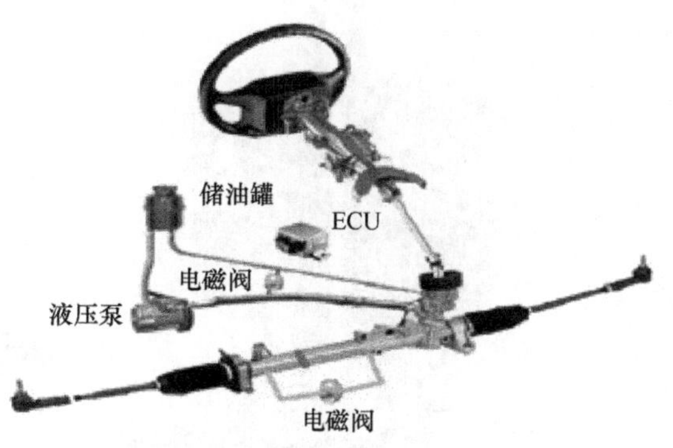

图 3-28 电磁阀式电控液压助力转向系统

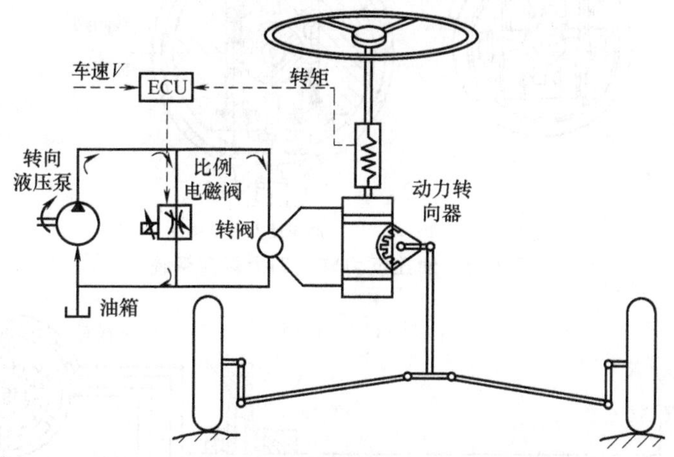

图 3-29 电液比例阀旁通流量式 ECHPS 系统原理图

2. 反力控制式

（1）电磁反力式 电磁反力式液压转向系统如图 3-30 所示，在输入轴上增设了一套电磁线圈机构，利用电磁线圈产生磁力，与磁极相互作用，从而增加或减少作用在输入端的力。在低速时，线圈通电后，电磁磁极异性相吸，产生附加的电磁推力以提供正向助力；高速时，电磁磁极同性相斥，阻碍转向行为，转向盘输入力矩增大，手感明显。

（2）油压反力室式 该系统由转向控制阀、电磁阀、反力室、车速传感器等组成，如图 3-31 所示。按照车速和转角的变化，在转向时，有一对柱塞的反作用力附加作用在阀芯上，相当于增加了扭杆弹簧的刚度，使转向手力增加，从而使汽车在各种行驶条件下转向盘上所需的转向操纵力达到最佳状态。图 3-32 所示为凌志 LS400 轿车电控液压助力转向系统示意图。

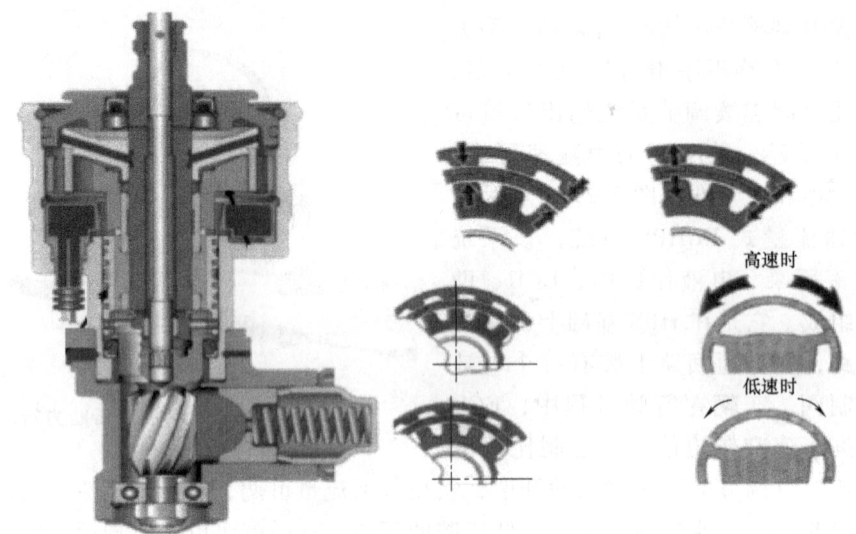

图 3-30　电磁反力式电控液压转向系统

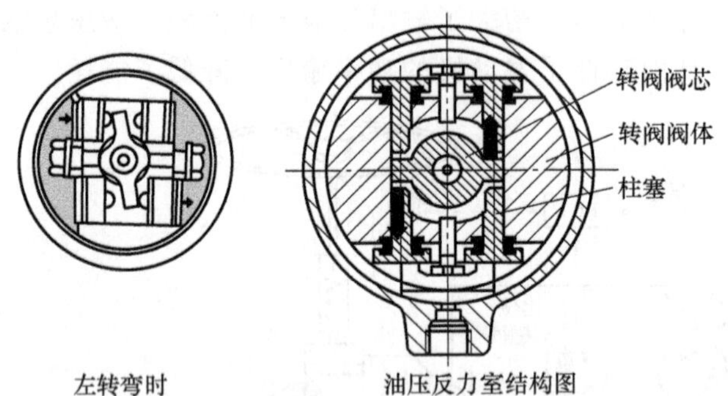

图 3-31　油压反力室式助力转向系统

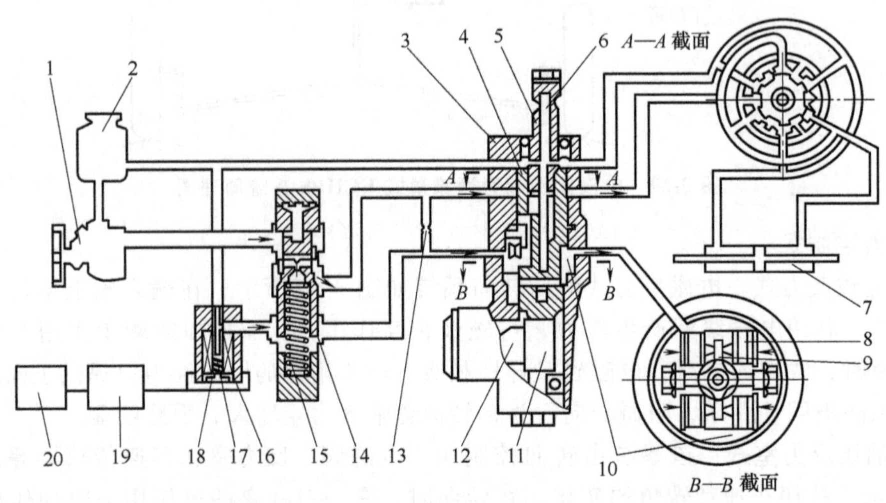

图 3-32　凌志 LS400 轿车电控液压助力转向系统示意图

1—转向液压泵　2—储油罐　3—转向器壳体　4—转阀阀体　5—转阀阀芯　6—扭杆　7—转向动力缸　8—液压反力活塞　9—控制杆　10—液压反力腔　11—转向器齿轮　12—转向器齿条　13—节流孔　14—液流分配阀柱塞　15—液流分配阀弹簧　16—电磁阀线圈　17—电磁阀滑阀　18—电磁阀弹簧　19—动力转向 ECU　20—车速传感器

反力控制式助力转向系统的优点是转向刚度较大，驾驶员能够获得良好的操作手感等；其缺点主要是结构比较复杂，价格较高。

3. 阀灵敏度控制式

图 3-33 所示为某轿车所采用的阀灵敏度可变控制式动力转向系统。该系统对转向控制阀做了局部改进，在转阀上增设了可变孔，可变孔分为低速专用孔和高速专用孔两种，在高速专用可变孔的下边设有旁通电磁阀回路，能根据车速控制电磁阀开闭，通过切换转阀上的低速节流孔和高速节流孔来控制助力油压。

4. 电磁离合器控制式

电磁转差离合器（Electromagnetic Slipping Clutch，ESC）式电动液压助力转向系统，是一种用电磁离合器控制转向液压泵转矩和转速的新型电控液压转向系统，系统组成如图 3-34 所示。

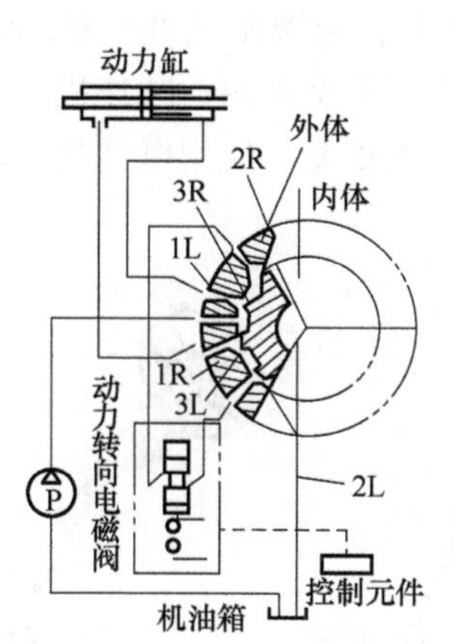

图 3-33 阀灵敏度可变式转向系统

1L、1R、2L、2R—低速专用小孔

3L、3R—高速专用小孔

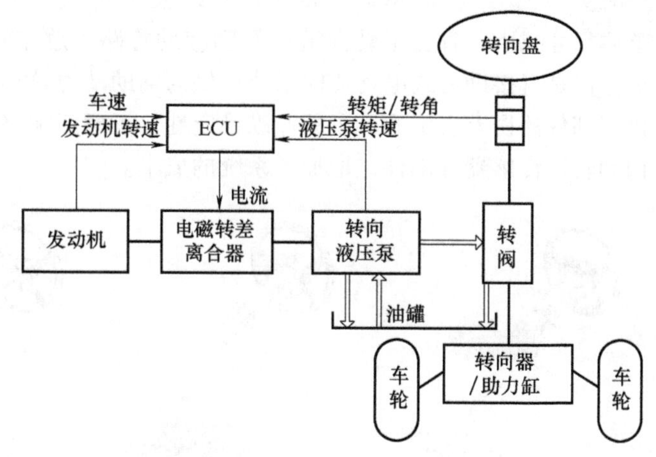

图 3-34 ESC-ECHPS 系统组成原理

该系统在发动机与转向液压泵之间采用一种既可无级变速和平滑传递动力，又易于控制的电磁转差离合器装置，使转向液压泵随车辆运行工况的变化按需输出液压功率，实现商用车液压转向系统的节能与操纵性有机协调，能满足驱动和控制商用车 HPS 转向液压泵的动力学性能要求，具有广阔的技术应用前景。

三、电动助力转向系统

电动助力转向系统（EPS）是一种直接依靠电动机提供辅助转矩的动力转向系统，是为了满足人们对驾驶轻便性的要求而产生的，近年来在轻型车辆上发展迅速。

电动助力转向系统主要包括机械式转向器、转矩传感器、减速机构、离合器、电动机、电子控制单元（ECU）和车速传感器等。图 3-35 所示为电动助力转向系统示意图，转矩传感器 1 通过扭杆连接在转向轴 2 中间，当转向轴转动时，转矩传感器探测到转动力矩，并将之转化成电信号传给电子控制单元 7，车速传感器也同时将信号传给 ECU，ECU 根据车速传感器和转矩传感器的信号决定电动机 6 的旋转方向和助力电流大小，并将指令传递给电动机，通过离合器

5和减速机构3将辅助动力施加到转向系统（转向轴）中，从而完成实时控制的助力转向。它可以方便地实现在不同车速下提供不同的助力效果，保证汽车在低速转向时轻便灵活，高速转向时稳定可靠。因此，EPS系统助力特性的设置具有较高的自由度。

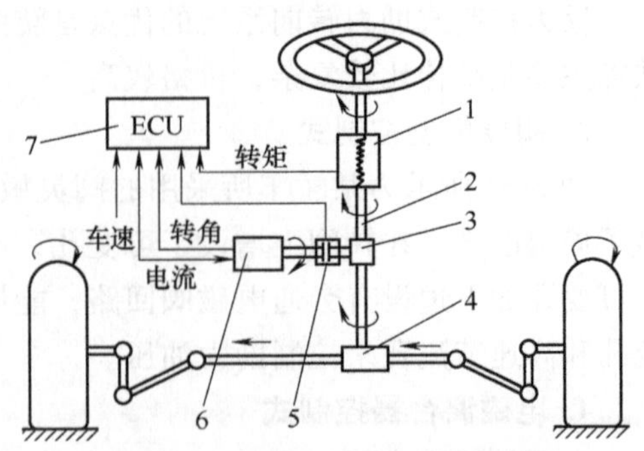

图3-35　电动助力转向系统示意图
1—转矩传感器　2—转向轴　3—减速机构
4—齿轮齿条式转向器　5—离合器
6—电动机　7—电子控制单元

根据电动机布置位置的不同，电动助力转向系统可以分为转向轴助力式、齿轮助力式、齿条助力式和双小齿轮助力式四种类型，如图3-36所示。

电动助力转向系统效率高、能量消耗少；系统内部采用刚性连接，反应灵敏，滞后小，驾驶员的“路感”好；结构简单，质量小；系统便于集成，整体尺寸减小；省去了转向液压泵和辅助管路，总布置更加方便；无液压元件，对环境污染少。但是直接助力式电动转向系统提供的辅助动力较小，难以用于大型车辆；减速机构、电动机等部件的误差会影响汽车的操纵稳定性，正确匹配整车性能至关重要；使用电动机、减速机构和转矩传感器等部件，增加了系统的成本。

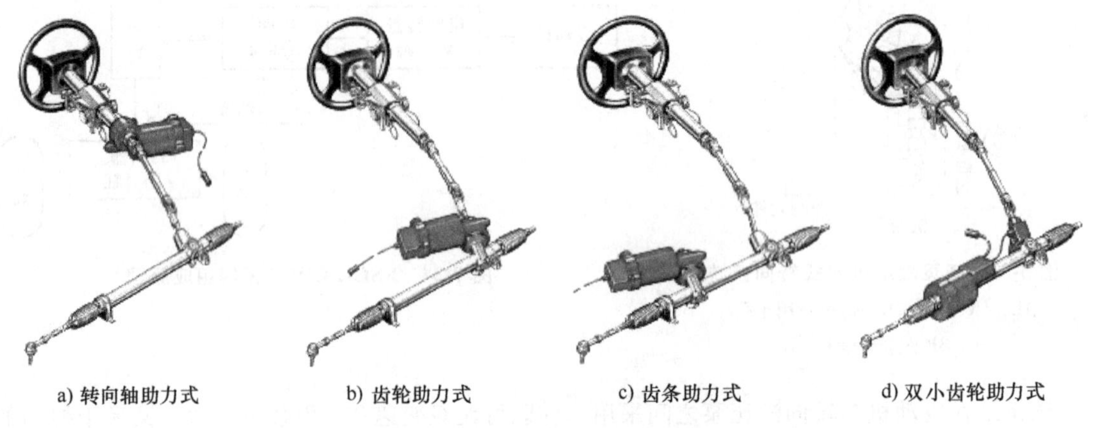
a) 转向轴助力式　b) 齿轮助力式　c) 齿条助力式　d) 双小齿轮助力式

图3-36　电动助力转向系统的类型

四、四轮转向系统

所谓四轮转向（Four Wheel Steering，4WS）是指汽车转向过程中，4个车轮可根据前轮或行车速度等信号同时相对车身偏转。四轮转向汽车的后轮可以与前轮同向偏转，也可以反向偏转。

若后轮的转向与前轮转向方向相同，则称同向控制模式。其转弯半径比两轮转向的转弯半径大。汽车在40km/h以上速度行驶时，后轮同向偏转角为2.5°。它的作用是汽车在转向时车身与行驶方向的偏转角小，减少了汽车调整行驶转向时的旋转和侧滑，提高了操纵稳定性，且能保证汽车在潮湿路面上稳定地转向。

若后轮的转向与前轮转向方向相反，称反向（逆向）控制模式，其转弯半径比两轮转向的转弯半径小。低速时后轮逆向偏转角最大为5°，适用于汽车驶入车库和在狭窄的拐角处转弯。随着车速的升高，后轮偏转角变小，在车速达到 40km/h 时偏转角变成 0°，这就提高了汽车停车或在狭小空间转向的机动性。

四轮转向系统的工作方式有机械式、液压式和电动式等实现方式。

1. 机械式四轮转向系统

机械式四轮转向系统在二轮转向装置的基础上，增设前轮转向器、后轮转向器和中央轴等元件。机械式四轮转向系统主要由转向盘、前轮转向器、前轮转向取力齿轮箱、后轮转向传动轴、后轮转向器等组成，如图 3-37 所示。后轮转向也是绕转向节主销偏转的，其结构与前轮相似。

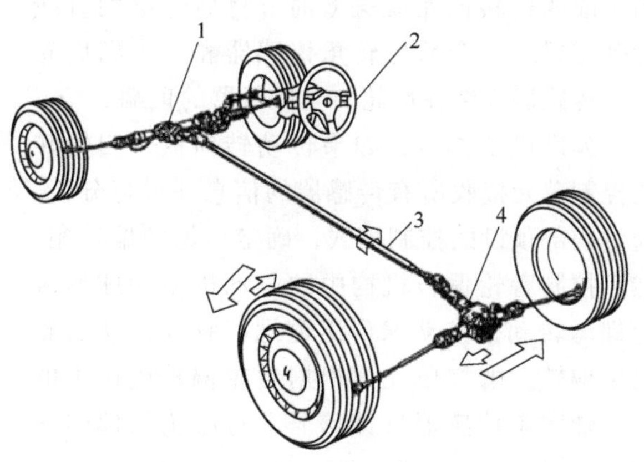

图 3-37 机械式四轮转向系统

1—前轮转向取力齿轮箱 2—转向盘 3—后轮转向传动轴 4—后轮转向器

当转动转向盘时，前轮转向器中的小齿轮由齿轮-齿条式转向器的齿条带动，将齿条的左右运动变换为小齿轮的转动，经中央轴使后轮转向器的转向齿轮产生动作。

当转向盘转动量小时，后轮与前轮同向偏转；当转向盘转动量大时，后轮与前轮反向偏转。这样可以提高汽车高速时的操纵稳定性，并可以减小汽车的转弯半径。

2. 液压式四轮转向系统

液压式四轮转向系统的结构如图 3-38 所示。主要由前轮动力转向器、前轮转向液压泵、控制阀及后轮转向动力缸、后轮转向液压泵等组成。

后轮转向系统由后轮转向控制阀、后轮转向液压泵和后轮转向动力缸组成。后轮转向控制阀的内腔被柱塞分割成几个工作油腔，左、右油腔分别与前轮转向动力缸的左、右油腔相通，柱塞的位置由前轮动力缸内的油压进行控制。后轮转向液压泵通过后轴差速器驱动，其输出油量只受车速影响。

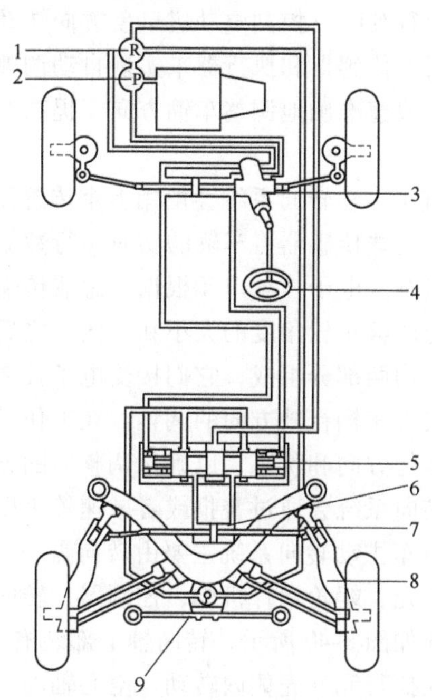

图 3-38 液压式四轮转向系统

1—储油罐 2—前轮转向液压泵 3—前轮动力转向器 4—转向盘 5—后轮转向控制阀 6—后轮转向动力缸 7—铰接头 8—从动臂 9—后轮转向专用液压泵

3. 电动式四轮转向系统

电动式四轮转向系统前、后轮转向器均为电动助力，两转向器之间无任何机械连接装置及液压管道等部件，直接对前后轮的转向进行控制，具有前后轮转向角关系控制精确、控制自由度高、机构简单等优点。

电动式四轮转向系统由微型计算机控制单元、前后轮转向机构、主副前轮转角传感器、主副后轮转向传感器、后轮转速传感器、车速传感器等组成，如图 3-39 所示。后轮转向执行器包括一个通过循环球螺杆机械驱动转向齿条的电动机。执行器内的复位弹簧在点火开关关闭时或四轮转向系统失效时，将后轮推到直线行驶位置。一个后轮转角传感器和一个副后轮转角传感器安装在后轮转向执行器的顶端。

发动机工作时，如果转动转向盘，四轮转向控制单元接收所有传感器的信息并进行分析，通过内部预设的控制模式，确定后轮的偏转角。然后控制后轮偏转机构中的电动机驱动球形滚道螺母转动，推动球形滚道螺杆移动，使后轮发生偏转，电控单元再根据后轮偏转机构中的主、辅转角传感器反馈信号，对后轮的偏转角进行修正。

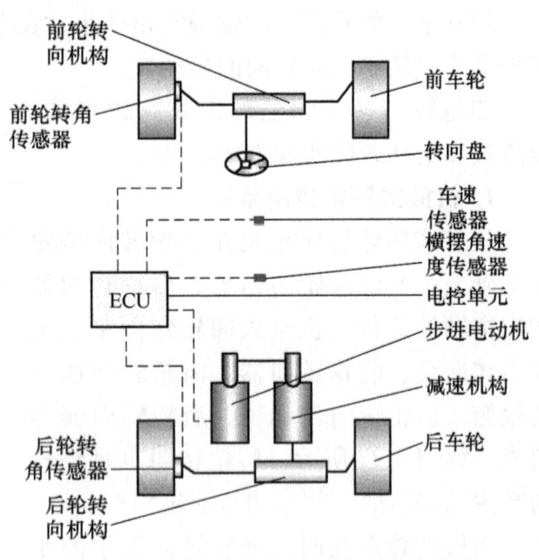

图 3-39 电动四轮转向系统布置示意图

五、主动转向系统

主动转向系统是在转向盘系统中安装了一套根据车速调整转向传动的变速器。这个系统包含了一个行星齿轮和两根输入轴，其中一根输入轴连接到转向盘，另一根则通过弧齿齿轮，由电动机进行控制。当车速较低时，控制电动机与转向管柱呈同方向转动，以增加转向角度；而当高速行驶时，控制电动机呈反方向转动，从而减少转向角度。主动转向系统通过使用电子控制单元、传感器和执行器来实现自动调整车轮角度的功能，可以根据车辆的运行状态和驾驶员的操作快速准确地调整车辆方向，提高车辆的稳定性和操控性，从而提高驾驶舒适度和行车安全性。

汽车主动转向系统会使用多个传感器来检测车辆的运行状态，包括车速、转向角度、加速度等。这些传感器将车辆的实时运行数据传输到电子控制单元进行分析和处理，从而检测车辆运行状态。电子控制单元根据传感器传输的数据，结合车辆的动态特性和驾驶员的操作，计算出所应调整车轮角度的大小和方向，之后再由执行器调整车轮角度。执行器由执行机构和自动调节机构两部分组成，它们接受电子控制单元的指令，通过控制车轮转向机构调整车轮角度，从而实现车辆行驶方向的调整。在工作过程中，汽车主动转向系统会使用反馈机制实时监测车辆的运行方向和状态，以确保调整后的方向正确并且稳定。如果发现任何不正常的情况，汽车主动转向系统会通过警报或者减速等手段通知驾驶员，并且自动停止调整车轮角度。

汽车主动转向系统主要由转向盘、主动转向电动机、双排行星齿轮系、助力电动机、电子控制单元、蜗轮蜗杆机构、控制器、转向角传感器、电磁离合器等部件组成。主动转向系统结构组成如图 3-40 所示，转向轴上部装有一根空心轴，这个空心轴由一个电动机直接驱动，独立地在执行元件壳体内转动。空心轴的一侧与电动机的转子连接在一起，另一侧与滚动轴承的内圈连接在一起。这个内圈并不是一个精确的圆形，它给滚珠提供的是一个偏心的（椭圆）轨道，轴承内圈的偏心形状可以传递到外圈上。滚动轴承内圈结构如图 3-41 所示，杯形件通过较松的过盈配合装在轴承外圈上，杯形件的弹性壁也会跟随轴承的偏心形状进行变形。由于具有偏心，所以杯形件的外齿并不是在整个圆周上都与齿圈的传统（圆的）内齿相啮合。当电动机工作时，空心轴被驱动，轴承内圈转动，于是偏心形状也就随之转动。由于杯形件的齿

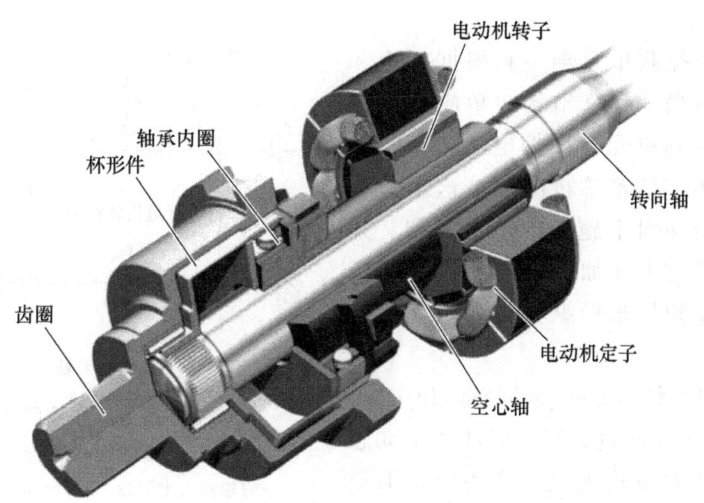

图 3-40 主动转向系统结构

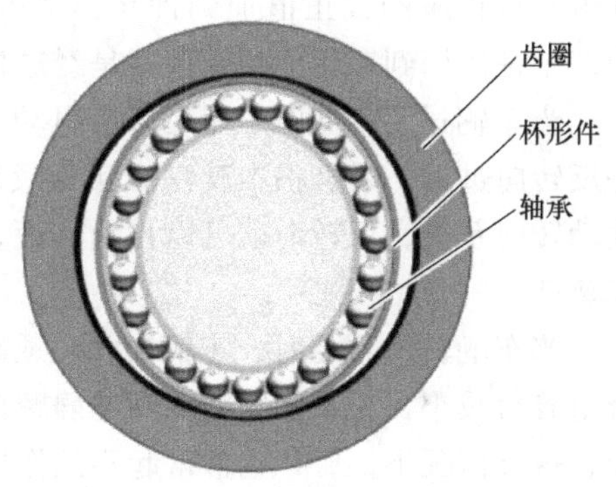

图 3-41 滚动轴承内圈

数与齿圈齿数分别是 100 和 102，那么在啮合时，杯形件的一个齿就无法精确地与齿圈上的齿槽啮合。杯形件的齿在侧面是呈错开状压在齿圈的齿侧上的，齿侧上的这个作用力会导致齿圈产生一个极小的转动。齿圈连续转动过程中，那么与之相连的转向主动齿轮也在转动。这个过程可实现电动机转速与转向转动齿轮之间约为 50∶1 的减速比。

主动转向系统在其稳定作用介入时，要求根据工况的变化做出快速的反应，所以系统采用了一个三相交流永磁同步电动机。转子与空心轴固定在一起，由 8 个磁极可变的永久磁铁组成。定子由 6 个线圈构成，线圈布置在转向柱执行元件壳体内，由控制单元进行触发控制。为了能在系统失灵时保证系统回到原来的状态，可以通过机械方式将主动转向锁锁止。在正常工作状态下，只要发动机已经关闭，控制单元就停止给主动转向锁的线圈供电，在弹簧力的作用下，将主销推入卡槽，主动转向锁锁止。当发动机起动时，控制单元给主动转向锁的线圈供电，就会将主动转向系统开锁，可以听到开锁时的“咔哒”声。

电动机位置传感器用于感知空心轴的位置和轴承的偏心状况。空心轴上有 8 个磁圈，其磁场由带有 3 个霍尔元件的传感器感知。所以空心轴每转动 15°，就产生一个信号经由导线送给控制单元。

转向盘每转 1 圈或者执行元件输出轴每转 1 圈，基准传感器就输出 1 个信号。这个信号用于评定转向器的中间位置以及完成故障维修后的初始化。输出齿圈上的一个缺口由霍尔传感器测出，并将对应方波信号发给控制单元。

汽车主动转向系统的双行星齿轮机构工作原理如图 3-42 所示。在汽车主动转向的控制过程中，首先通过驾驶员转动转向盘输入转角和当前汽车行驶的车速作为控制系统的输入信号，通过闭环控制策略实现对主动转向电动机转角输出转矩的跟踪，把转向盘转角和车速的信号输入给执行电动机。最后，转向盘转角与电动机输出转角叠加后作用到汽车的转向轮上，从而完成汽车的主动转向。

主动转向系统控制单元会一直根据车速和驾驶员所实施的转角，计算出转向角应该增大还是减小，之后控制单元会操控电动机，驱动并行转向机来工作。车轮总转向角是这个并行转角与驾驶员在转向盘上施加的转角之和。并行转角可以通过驾驶员施加的转角而增大或减小，并且可以在驾驶员未操纵转向盘时就能实现转角。

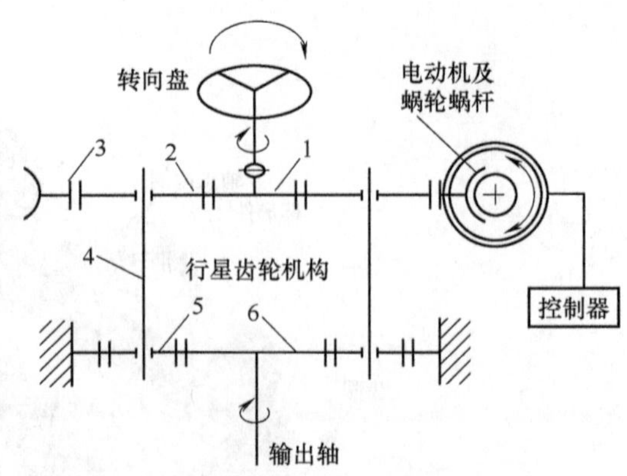

图 3-42　汽车主动转向系统的双行星齿轮机构工作原理

1—前端输入太阳轮　2—前端行星齿轮　3—齿圈　4—行星架　5—后端行星齿轮　6—后端输出太阳轮

车身电子稳定系统（Electronic Stability Program，ESP）控制单元通过稳定功能计算出动态行驶时所期望的转向角校正值。这些校正值通过 CAN 总线被传送给主动转向控制单元，该控制单元将相应的校正值加到计算出的并行转角中，于是作用到车轮上的转角就是经过校正后的转向角。

当车辆过度转向时，车尾容易甩动（尤其是车速很高时），这种情况下，大多数驾驶员都是反转向过迟，或者根本就没有实施反转向，这会导致 ESP 系统强力介入。如果车辆装备了主动转向系统，反转向就可以自动实现，从而降低驾驶员的疲劳，减少 ESP 的介入，提高行车速度。

当车辆转向不足时，车辆会驶向道路的外侧。此时尽管驾驶员增大转向盘转角，但由于侧滑附着力减小，轮胎和路面之间的静摩擦变成滑动摩擦，从而造成转向失控，进而车辆滑出路面，这种情况下，ESP 也常常起不到作用。而装备主动转向系统的车辆在没有达到这种危险程度时，系统会自行实施一个“反转向”，车轮实际的转角小于驾驶员在转向盘上操作所要实现的角度，于是侧向附着力就能保持，车辆会按照最小转弯半径行驶。如果这还不够的话，ESP 会介入，一个反向力矩作用在车辆上，使车辆达到稳定状态。

车辆在制动过程中，如果路面的摩擦系统不均匀，车辆会向制动力大（摩擦系数大）的一侧偏滑。驾驶员一般会调整转向盘转角，来补偿这个侧滑。对于装备有动态转向系统的车辆来说，ESP 和动态转向系统的转角是自动调整的。驾驶员并未感觉到转向盘的自动调整运动。

六、线控转向系统

线控转向系统用传感器检测驾驶员的转向意图和车辆的行驶状况，通过数据线将信号传递给 ECU，ECU 据此做出判断并控制执行器提供相应的转向力，使转向轮偏转相应角度实现转向。

线控转向系统由转向盘总成、转向执行机构总成和主控制器三个主要部分以及自动防故障系统、电源等辅助系统组成，如图 3-43 所示。

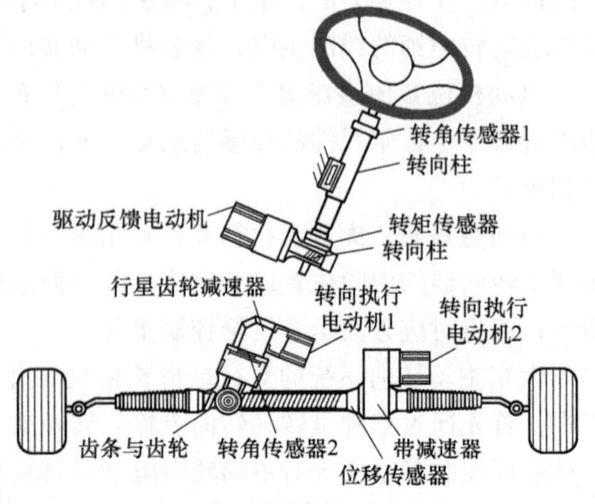

图 3-43　汽车线控转向系统

转向盘总成包括转向盘、转向盘转角传感器、转矩传感器、驱动反馈电动机。转向盘总成的主要功能是将驾驶员的转向意图（通过测量转向盘转角）转换成数字信号，并传递给主控制器；同时接受主控制器送来的力矩信号，产生转向盘回正力矩，以提供给驾驶员相应的路感信息。转向执行机构总成由前轮转角传感器、转向执行电动机、转向电动机控制器和前轮转向组件等组成。转向执行总成的功能是接受主控制器的命令，通过转向电动机控制器控制转向车轮转动，实现驾驶员的转向意图。

主控制器对采集的信号进行分析处理，判别汽车的运动状态，向转向盘回正力电动机和转向电动机发送指令，控制两个电动机的工作，保证各种工况下都具有理想的车辆响应，以减少驾驶员对汽车转向特性随车速变化的补偿任务，减轻驾驶员负担。同时控制器还可以对驾驶员的操作指令进行识别，判定在当前状态下驾驶员的转向操作是否合理。当汽车处于非稳定状态或驾驶员发出错误指令时，线控转向系统会将驾驶员错误的转向操作屏蔽，而自动进行稳定控制，使汽车尽快恢复到稳定状态。

自动防故障系统是线控转向系统的重要模块，它包括一系列的监控和实施算法，针对不同的故障形式和故障等级做出相应的处理，以求最大限度地保持汽车的正常行驶。作为应用最广泛的交通工具之一，汽车的安全性是必须首先考虑的因素，是一切研究的基础，因而故障的自动检测和自动处理是线控转向系统最重要的组成系统之一。它采用严密的故障检测和处理逻辑，以更大地提高汽车安全性能。

电源系统承担着控制器、两个执行电动机以及其他车用电器的供电任务，其中仅前轮转角执行电动机的最大功率就有500~800W，加上汽车上的其他电子设备，电源的负担已经相当沉重。所以要保证电网在大负荷下稳定工作，电源的性能就显得十分重要。

七、全液压转向系统

农业生产机械——拖拉机的转向系统经历了机械转向系统、静液压转向系统、液压助力转向系统、全液压转向系统四个主要阶段。目前，随着我国对农业、矿业等领域的投入力度不断加大，拖拉机、挖掘机等大型机械的保有量持续上升，全液压转向结构在农业工程机械中得到了广泛应用。

拖拉机全液压转向系统总成主要由转向盘、转向立柱、转向器、液压管道、恒流泵、转向油箱以及液压油等组成，如图3-44所示。

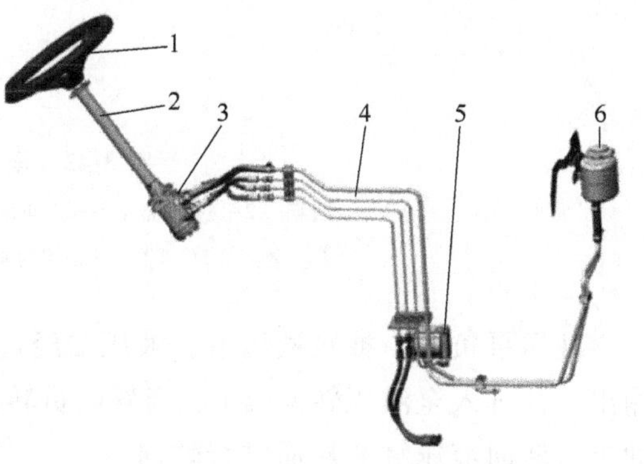

图3-44 全液压转向系统总成

1—转向盘 2—转向立柱 3—转向器
4—液压管道 5—恒流泵 6—转向油箱

转向盘通过渐开线花键与转向立柱连接，用于传递驾驶员的操纵力。转向立柱下端连接转向器，转向立柱将转向盘的力矩传递给转向器。转向器一般选用开芯无反应型液压转向器，即转向器控制阀处于中间位置时，转向液压泵的来油通过转向控制阀流回油箱，同时转向控制阀封闭了转向前桥液压缸两腔，作用在导向轮上的侧向力传不到转向盘上，驾驶员无地面反馈感觉和前轮无自动回正作用。液压泵多选用恒流泵，即发动机转速达到某一定值时，随着转速的增大，液压泵的流量不再发生变化。转向油箱形状通常为圆筒形，布置在易通风散热处，容积一般不小于恒流泵流量的15%~20%，油面高于液压泵的入口。中小马力拖拉机转向油箱容积一般为1.7L。

1. 全液压转向系统工作原理

全液压转向系统的工作原理是通过液压系统将发动机的动力传递到转向系统，将液压能转换为机械能，根据转向要求为转向液压缸提供适量的液压油进行转向，具备结构紧凑、安装方便、操作轻便等优点，同时在发动机熄火时能实现人力转向。转向盘的方向和转速控制进入转向液压缸的油液方向和速度，转向盘的转角或圈数决定了进入转向液压缸的油液体积。该结构目前在农业工程机械中得到了广泛应用。

发动机带动转向液压泵，液压油进入液压转向器。在转向盘有转动时，液压油从液压转向器再进入相应的转向液压缸，推动导向轮转动，实现转向；转向盘不转动时，液压油通过转向器直接回油箱；在发动机熄火或动力失效的情况下，转向器内的液压马达充当液压泵的功能，在人力转动转向盘时，液压泵（即液压马达）从液压油箱中靠负压吸油，从而依然可以实现液压油推动转向液压缸进行转向的功能。这也是全液压转向和液压助力转向的主要区别。全液压转向典型回路如图3-45所示。

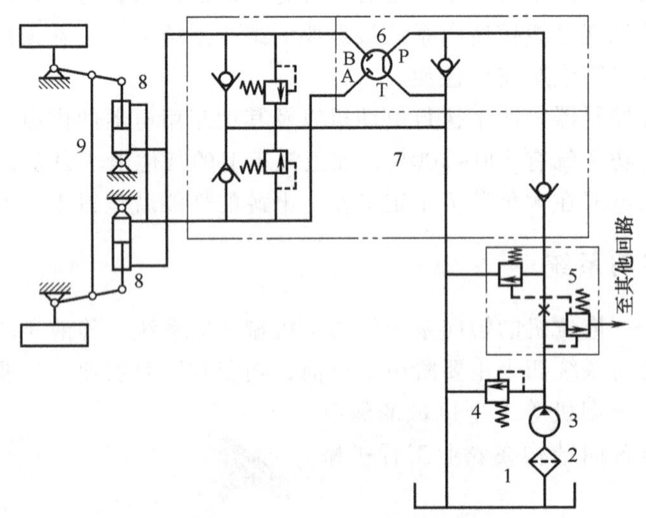

图3-45　全液压转向典型回路

1—油箱　2—过滤器　3—转向液压泵　4—安全阀　5—单路稳定分流阀
6—全液压转向器　7—组合阀块　8—转向液压缸　9—转向机构

液压泵负压，抽吸液压油，液压油经过单路稳定分流阀5稳定流量之后，会从液压泵3输出，并进入全液压转向器6。当驾驶员转动转向盘后，全液压转向器6阀芯旋转，使液压油进入转向液压缸8从而进行转向。

2. 全液压转向器

全液压转向系统的技术核心在于转向控制元件——全液压转向器（SCU）。全液压转向器结构及工作原理如图3-46所示，全液压转向器液压油从P口进入，经过阀芯套配油，摆线副计量，进入液压缸。

全液压转向器按阀芯的功能形式分为开芯无反应、开芯有反应、闭芯无反应、闭芯有反

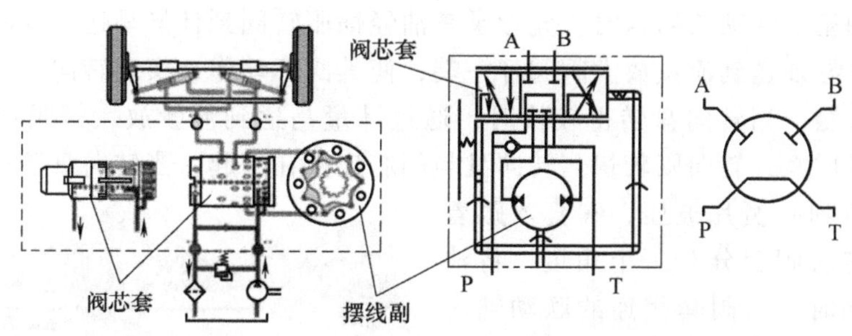

图 3-46 全液压转向器结构及工作原理

应（实际运用中，没有人使用）、负荷传感（和不同的优先阀分别可以构成：静态系统、动态系统）、同轴流量放大等几类。开芯无反应型全液压转向器的结构如图 3-47 所示。

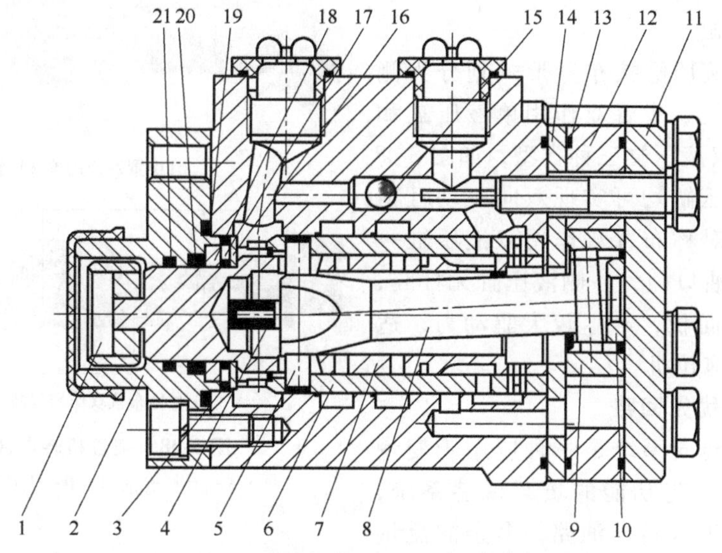

图 3-47 开芯无反应型全液压转向器的结构

1—十字连接块 2—前盖 3—阀体 4—弹簧片 5—拨销 6—阀套 7—阀芯 8—联动轴 9—转子 10—限位柱 11—后盖 12—定子 13—“O” 形密封圈 14—隔盘 15—钢球 16—大挡环 17—推力滚针轴承 18—小挡环 19—“O” 形密封圈 20—“X” 形密封圈 21— “O” 形密封圈

开芯无反应型全液压转向器主要由伺服转阀和计量马达组成。伺服转阀包括阀芯、阀套、阀体，控制油流方向。阀芯直接与转向盘转向柱连接。由转子和定子组成一对内啮合齿轮，即摆线针轮啮合副，动力转向时起计量马达的作用，保证流进转向液压缸的油量与转向盘的转角成正比，在人力转向时相当于手动液压泵。连接转子和阀套的联动轴及拨销在动力转向时保证阀套与转子同步，在人力转向时起传递转矩的作用。弹簧片的作用是确保不转向时伺服阀回中。进、回油口之间的单向阀在人力转向时，把转向液压缸一腔的油经回油口吸入进油口，然后通过摆线针轮啮合副再压入液压缸的另一腔，在动力转向时确保油液不从进油口直接流回油箱。

转动转向盘，当有油通过计量马达时，通过转子，联动轴，拨销，带动阀套与阀芯同向转动，将油送到流量放大阀的先导油进出口，控制流量放大阀的主阀芯动作，油量得到放大，从而控制转向。伺服阀处于中间位置（即转向盘不动）时，先导泵排出的油经控制油路溢流阀流回油箱。转动转向盘时，先导泵来油经伺服转阀到计量马达。推动转子随转向盘同步转动，将先导油送到流量放大阀阀杆一端，使其阀杆动作，实现转向。阀杆另一端的油经伺服转阀回油箱，当转向盘转得较快时，通过计量马达到流量放大阀阀杆一端的先导油多，阀杆位移量增大，转向则较快。转向盘与阀芯连接在一起，当转向盘转动时，阀芯转过一个小角度，直到弹簧片被压，阀套才跟着旋转，这时阀芯与阀套分开一个角度，将油路接通，与此同时，与阀套相连的联动轴一起转动，带动定子内转子的旋转把与转向盘转角成一定比例的先导油送至流量放大阀。转向盘停止转动弹簧片使得阀套、阀芯回到中间位置，将油路关闭。

3. 转向液压缸

拖拉机转向液压缸按布置形式划分为侧置双作用单液压缸、中置双作用单液压缸和对称布置双作用双液压缸三种类型，如图 3-48 所示。这三种液压缸均可实现双向驱动且精准转向。其中，对称布置双作用双液压缸一侧液压缸有杆腔油口，另一侧液压缸无杆腔，增加了活塞受力面积，产生较大驱动力，适用于功率较大的拖拉机。

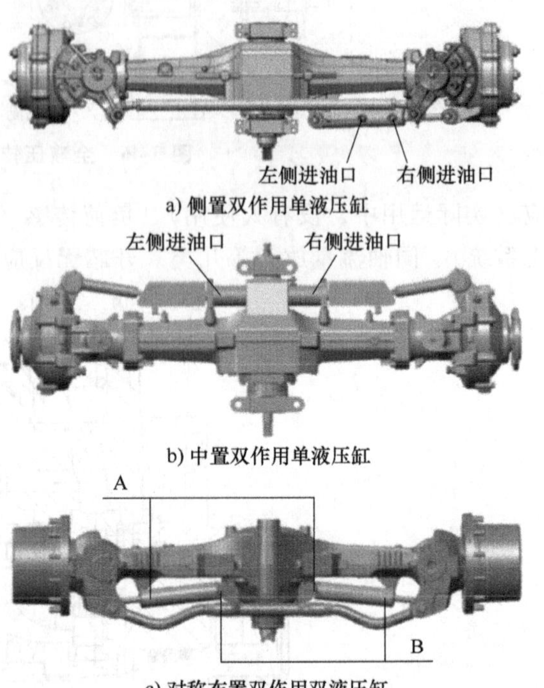

图 3-48　拖拉机转向液压缸

A—有杆腔油口　B—无杆腔油口

4. 液压转向优先回路

拖拉机液压转向系统是一种应用于变量系统的具有转向优先功能的负载敏感系统，液压油经优先阀进入转向油路，多余的流量进入其他远程控制油路。优先阀的结构如 3-49 所示。变量泵输出的液压油从优先阀端口 P 进入。液压油流经滑阀 2，通过阀的油口 A 和油口 B 供给到转向（流量控制口）和远程控制系统，液压油也进入滑阀上的节流孔 3 和节流孔 6 到阀芯两端的孔道，产生的压力差与弹簧

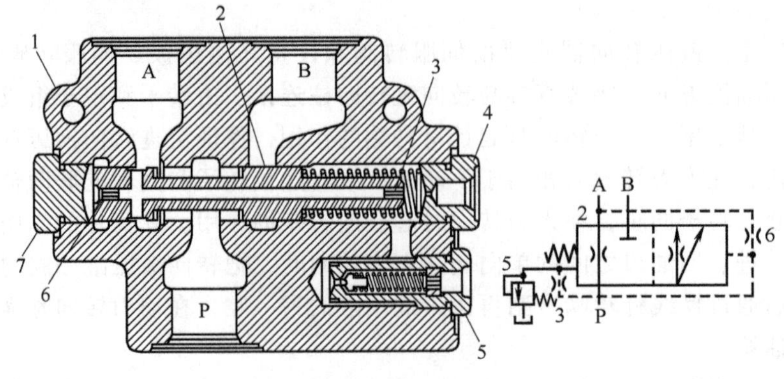

图 3-49　优先阀

1—阀体　2—滑阀　3—节流孔　4—螺塞　5—安全阀阀芯　6—节流孔　7—螺塞

P—液压泵液压油口　A—流量控制（优先）口　B—溢流口（到远程控制系统）

力相平衡，使优先滑阀芯移动调节输出流量，优先供给液压转向系统。当满足液压转向系统的要求后，泵出的多余的油液将进入远程控制系统。

液压转向优先回路如图 3-50 所示。优先阀保证节流口两端的压差维持在设定值，供往转向系统的流量不受影响，具有优先级。变量泵的供油首先供给转向系统，当满足转向要求时，优先阀无弹簧端压力克服弹簧力，使其移动，使液压油流向液压输出控制回路。当液压转向时，优先阀无弹簧端的压力下降。弹簧力克服泵出口压力的作用，使优先阀移动，以满足液压转向要求用油。当完成液压转向后，优先阀无弹簧端压力升高，滑阀移动，油液进入液压输出控制回路。当拖拉机配有拖车制动器时，液压油也可从优先阀供给到拖车制动器上。当液压转向速度较低，需要的液压油流量不大时，在优先满足液压转向供油的同时，向远程控制回路供油。动力转向时，液压油进入转向液压缸的同时，经过信号通道反馈到变量泵的流量补偿阀，由其控制液压泵油液输出给转向系统所需流量。

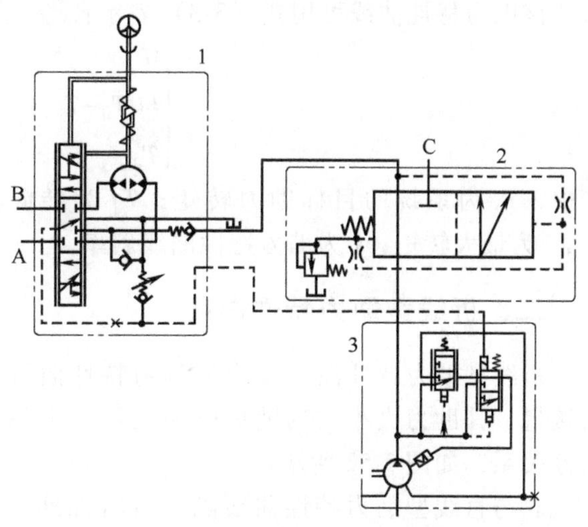

图 3-50 液压转向优先回路

1—转向机 2—优先阀 3—液压泵

A、B—到转向液压缸 C—到远程控制系统

第四节 转向系统助力特性

助力特性是指车辆转向系统提供的转向助力大小随汽车运动状况的变化而变化的特性。HPS（液压助力转向系统）一般用转向盘转矩与助力压差曲线来表示助力特性，EPS（电动助力转向系统）一般用转矩与助力电动机电流来表示助力特性，合理的助力特性应该能充分协调好转向轻便性与路感的关系。对于电控液压转向系统来说，通常采用转向盘输入转矩与液压助力缸压差，以及车辆行驶速度这三者的关系来表示系统的助力特性。根据设计要求的不同，助力特性曲线按照曲线形状不同可分为直线型助力特性、折线型助力特性和曲线型助力特性三种。

一、直线型助力特性曲线

直线型助力特性曲线最简单，转向系统提供的助力与转向盘输入力矩呈线性关系，如图 3-51 所示。

由图 3-51 可看出，该型特性曲线特点：①系统提供的助力与转向盘输入转矩呈线性关系，助力特性曲线斜率随车速增加而减小；②车速越低，助力电流越大，且随着车速增加而降低，在不同的速度

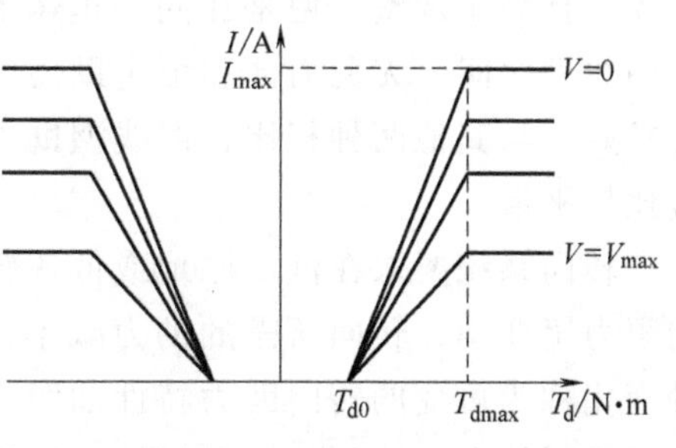

图 3-51 直线型助力特性

区间有最大助力电流限制；③当输入转矩 T_d 小于 T_{d0} 时，转向助力系统不提供助力；当 T_d 大于 T_{dmax} 时，系统提供最大且固定不变的助力。

该助力特性曲线可用式（3-3）表示：

$$T_a=\begin{cases}0 & 0\leqslant T_d<T_{d0}\\ k(T_d-T_{d0}) & T_{d0}\leqslant T_d<T_{dmax}\\ T_{dmax} & T_d>T_{dmax}\end{cases} \tag{3-3}$$

式中，T_a 为系统的目标助力转矩；T_d 为转向盘输入转矩；T_{d0} 为开始提供助力时转矩；T_{dmax} 为最大转矩；k 为助力特性曲线斜率。

二、折线型助力特性曲线

折线型助力特性曲与直线型助力特性曲线比较接近，其助力大小与驾驶员的输入转矩也是呈线性关系，如图 3-52 所示。

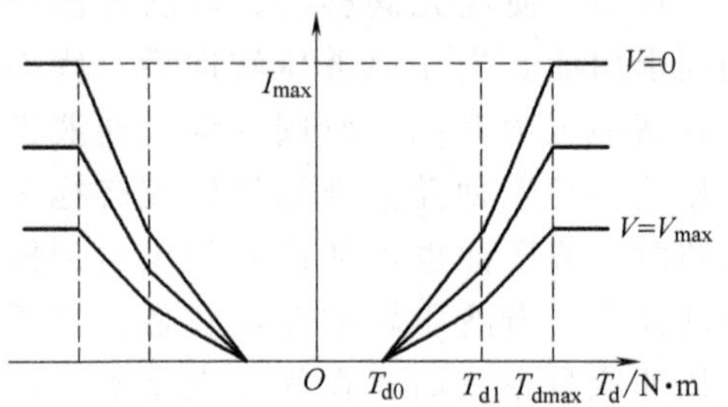

图 3-52 折线型助力特性曲线

它与直线型助力特性曲线除共有特性外，其显著不同点就是转向盘输入转矩与助力大小呈分段线性关系，同一转矩范围内曲线斜率不同，随车速增加而减小；同一速度下，不同转向盘转矩区间斜率随转矩增加而增大。

该助力特性曲线可用式（3-4）表示：

$$T_a=\begin{cases}0 & 0\leqslant T_d<T_{d0}\\ k_1(T_d-T_{d0}) & T_{d0}\leqslant T_d<T_{d1}\\ k_1(T_{d1}-T_{d0})+k_2(T_d-T_{d1}) & T_{d1}\leqslant T_d<T_{dmax}\\ T_{amax} & T_d>T_{dmax}\end{cases} \tag{3-4}$$

式中，k_1、k_2 为助力特性曲线的斜率；T_{amax} 为最大助力时输入转矩；T_{d1} 为助力特性曲线斜率达到 k_2 时的驾驶员输入转矩。

当驾驶员输入转矩 T_d 达到 T_{d1} 时，折线型助力特性曲线的斜率变为 k_2，在大转矩输入时，助力系统提供的助力增益变大，保证了转向轻便性。

三、抛物线型助力特性曲线

比较上述两种助力特性曲线可以发现：直线型助力特性曲线最为简单，控制方法较容易实现，且易于调整，但是在同一车速下助力梯度不变，路感差。折线型助力特性介于直线型和曲线型之间，无助力区和恒定助力区相同的情况下，转向轻便性较直线型略差，但转向手感较好。与其他两种相比，曲线型助力特性最复杂，但曲线型助力特性下转向手感较好，过渡比较平滑。

转向系统要求在汽车原地或低速转向时，驾驶员获得的助力大；而高速行驶时，由于转向阻力矩变小，转向所需的助力减小，其助力大小随着车辆行驶速度和转向状态而改变，这种变化称为可变的转向助力特性曲线。抛物线型助力曲线是一种可变的转向助力特性曲线，特点是系统助力油压与转向盘输入转矩呈非线性关系，在同一车速下，助力大小随着驾驶员输入转矩的增加而迅速增加，保证了驾驶员转向轻便性，助力特性曲线更加平滑，如图 3-53 所示。

该助力特性曲线用式（3-5）表示：

$$T_a=\begin{cases}0 & 0\leqslant T_d<T_{d0}\\ kf(T_d) & T_{d0}\leqslant T_d<T_{dmax}\\ T_{amax} & T_d>T_{dmax}\end{cases} \quad (3-5)$$

式中，$f(T_d)$ 为驾驶员输入力矩函数。

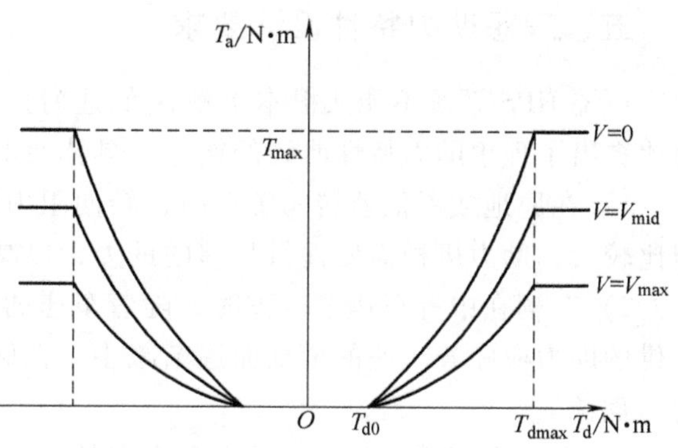

图 3-53 非线性助力特性曲线

由图 3-53 和式（3-5）可知，当驾驶员输入力矩 T_d 达到 T_{d0} 时，转向助力系统根据驾驶员输入力矩的大小提供相应的助力，帮助驾驶员进行转向操纵；当驾驶员输入转矩 T_d 大于 T_{dmax} 时，系统提供最大助力并保持助力恒定。

四、转向阻力矩形成机理

驾驶员操纵汽车转向时，需要克服转向阻力矩，如转向系统提供助力太大，则驾驶员操纵力虽然轻便，但容易在车辆高速时丧失路感，如提供助力不够，虽中高速时路感增强，但低速时却转向沉重。

影响汽车转向阻力矩的因素较多，包括车速、胎压、轮胎的力学特性、车辆系统参数等，这些因素的变化都会导致转向阻力矩的变化，并通过转向系统反馈给驾驶员操纵转矩，而转向转矩不仅来自于驾驶员操纵转矩，还包括助力系统产生的助力转矩，这样转向阻力矩的变化就会影响到助力转矩的变化，因此有必要对转向阻力矩形成机理进行分析。

转向系统中，汽车转向时作用于转向轮的转向力矩包括经转向传动机构传到转向轮的驾驶员手力矩和转向阻力矩两部分。而有助力的转向系统中，作用于转向轮的转向力矩除了上述两部分力矩外，还包含转向助力系统提供的转向助力，它与驾驶员手力矩共同克服转向阻力矩。不管有无转向助力，转向系统需要克服的转向阻力矩是一致的。

驾驶员在操纵转向盘的过程中，需要克服的力矩包括转向系统内部摩擦力矩和转向轮与路面之间的相互作用力矩。前者较后者小很多，故忽略不计。转向轮和路面间的相互作用产生的力矩主要包括：

1）作用在转向轮上的切向力、侧向力产生的回正力矩。

2）作用在转向轮上的法向力产生的重力回正力矩。

3）绕 z 轴的回正力矩。

4）轮胎与地面间的摩擦力矩。

车辆静止状态时操作转向盘转向，轮胎作为弹性体产生扭曲变形，与接地印迹产生滑动，当其到达饱和的值产生停车力矩，此时车辆停车转向时转向阻力矩最大；如果车辆以极低速开始行驶，由于轮胎的滚动，恢复与接地印迹的滑动，转向阻力矩急剧减小；当汽车处于低速大转角转向时，回正力矩中由侧向力形成的部分较小，由前轴负荷形成的部分居多；当中高速转向行驶时，此时的转向阻力矩主要是由侧向力形成的回正力矩，当侧向加速度继续增大，轮胎开始进入非线性区域，轮胎的拖距减小，回正力矩减小。

五、理想助力特性设计要求

传统 HPS 系统不能从根本上解决低速时的转向轻便性与高速时转向路感之间的矛盾，为此提出了理想助力特性曲线的概念，具体要求如下：

1）在原地或者低速转向工况时，转向阻力矩较大，转向操纵的特点是转向盘转角和转矩比较大，助力机构需要提供足够的助力，以减小驾驶员的输入转矩，保证转向的轻便性。

2）车辆在中等车速下行驶时，随着车速的增加，转向阻力矩逐渐减小，此时助力机构提供的助力应随着车速的增加而逐渐减小，在保证转向轻便性的同时也能让驾驶员获得较好的“路感”。

3）车辆在高速行驶时，转向盘大多处于中间位置，转角和转矩都很小。此时助力机构应提供较小助力，保证获得高速的操纵稳定性和良好的“路感”。

4）车速变化时，转向盘输入转矩的变化应平滑。

同时，良好的转向盘力矩特性要求是：转向盘操纵力的大小要适度，随着车速的提高，转向盘操纵力不宜过小而要保持在一定的数值；为了让驾驶者获得良好的路感，应当有合适的“转向盘力矩随汽车侧向加速度的变化率”。因此，在设计助力特性曲线时，要考虑到转向盘输入力矩的大小。

第五节　履带拖拉机转向系统

履带拖拉机如图 3-54 所示，履带拖拉机行走机构相对于拖拉机体不能偏转，通过改变传给两侧履带的驱动力，从而使两侧履带能以不同速度行驶而实现拖拉机转向。这种改变驱动轮驱动力的机构称为履带拖拉机的转向机构。履带拖拉机的转向系统由转向机构和转向操纵机构两部分组成。

图 3-54　履带拖拉机

履带拖拉机常用的转向机构有离合器式、单级行星齿轮式及双差速器式。现阶段主要应用转向离合器式。两个转向离合器分别布置在中央传动与左右最终传动之间，并各设一套操纵机构，通过操纵左右操纵杆进行分别控制。因为传递较大的转矩，所以采用多片式离合器。在离合器的从动毂上还设有带式制动器，也各设一套操纵机构，通过左右制动踏板进行分别控制，可在一侧转向离合器分离后，将该侧离合器从动部分适当制动，以配合转向离合器，达到不同程度的转向要求，甚至实现原地转向。转向离合器式转向机构具有构造简单、制造容易、成本低、转向半径小等优点，但也存在摩擦片易磨损、横向尺寸大等缺点。

在选择和评价转向机构类型时应考虑如下要求：

1）保证拖拉机平顺而迅速地实现转弯行驶。

2）最小转弯半径要足够小，以提高机动性。

3）行驶直线性要好。

4）转向时对发动机产生的附加载荷要小。

5）操纵省力。

一、履带拖拉机转向装置

履带拖拉机可以各种不同的半径转向，当减少一侧驱动轮上的驱动转矩时，拖拉机以一定半径转向；如果完全切断该侧驱动轮上的驱动转矩时，拖拉机可以转较小的弯；切断动力以后再制动可以转更小的弯，甚至原地转向（图 3-55）。

履带拖拉机转向原理如下：

1）当两侧转向机构都接合时，由中央传动传来的转矩，同时传递给两侧的最终传动和驱动轮，使两侧履带的驱动力相同，拖拉机直线行驶。

2）当一侧转向机构处于半分离状态或时而分离，时而接合，即减少了这一侧的驱动力，拖拉机就向该侧转大弯（转向半径大）。

3）当有一侧转向机构完全分离，就切断了该侧履带的驱动力，使拖拉机可以转较小的弯。慢侧履带的驱动力虽然被切断了，并不是这一侧履带就不走，而是在快侧履带和机体的“带动下”仍以较慢的速度被带着走。

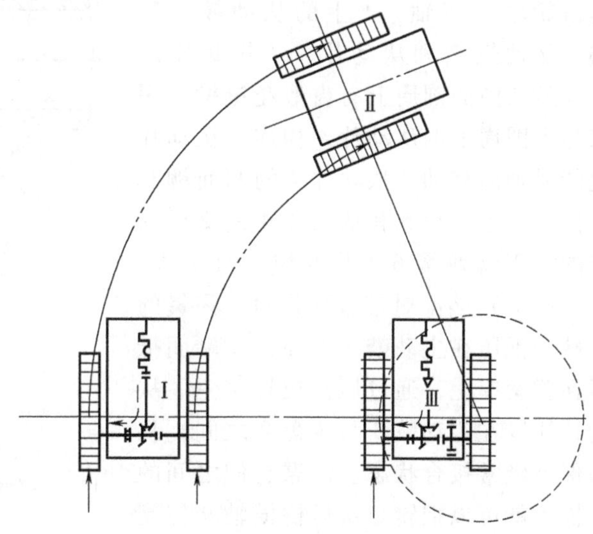

图 3-55 履带拖拉机的转向简图

4）当一侧转向机构完全分离，并将该侧制动器（或履带）加以制动，拖拉机便可以转更小的弯，当一侧转向机构完全分离，并将该侧的履带完全制动住时，拖拉机就绕该侧某点转向。

综上所述，履带拖拉机转向机构必须包括两个功能才能以任意半径转向：第一，逐渐减小以致切断一侧驱动轮的驱动力直至为零；第二，逐渐地对制动器制动以致完全制动住，使该侧履带不仅没有驱动力，而且产生与拖拉机行驶方向相反的制动力。因此，履带拖拉机的制动系统也可看成是转向系统的组成部分。

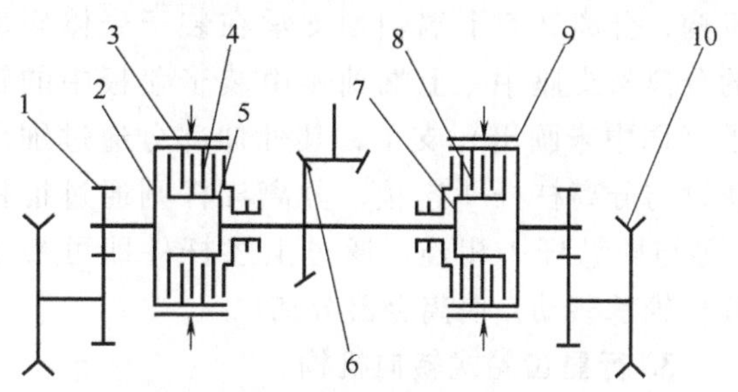

图 3-56 履带拖拉机用转向离合器式转向机构的后桥简图

1—最终传动主动齿轮 2—制动鼓 3、9—制动带 4、8—转向离合器从动盘 5、7—转向离合器主动盘 6—中央传动锥齿轮 10—驱动轮

二、转向离合器及操纵机构

1. 转向离合器

转向离合器布置于中央传动之后，最终传动之前，如图 3-56 所示。转向离合器的作用原理与主离合器一样，但因转向离合器传

递的转矩经过变速器和中央传动两级增矩，比主离合器传递的转矩大很多，所以采用多片式离合器。利用离合器的接合和分离来改变履带式拖拉机的驱动力矩，从而进行转向。

转向离合器的结构原理如图3-57所示，它的主要部分包括固定在后桥横轴9端部花键上的主动鼓3、主动片5、压盘8。主动片共有9片，其内孔的花键套在主动鼓3的外花键上，能做轴向移动。从动部分包括固定在最终传动主动齿轮轴（半轴）1上的从动鼓轮毂13、从动鼓2和从动片4（共9片）。从动鼓2内的圆周上有齿形花键槽，用来与内圆周上的从动片4相连，从动片也能做轴向移动。从动片4的两面铆有摩擦片。主动片5和从动片4是交错安装的。压盘弹簧6（共6组，每组大、小各一个）装配时带有预紧力，弹簧的右端面抵压在主动鼓3上面，左端面抵压在弹簧座上，通过压盘拉杆将主、从动片压紧在主动鼓3与压盘8之间，从而保持经常接合状态。依靠它们之间的摩擦力就可以把转矩从后桥横轴9传到最终传动主动齿轮轴1。分离轴承11安装在压盘8的颈部并用螺母12固定。分离轴承11通过分离轴承座10和分离叉与外部操纵机构相连。当转动分离叉使分离轴承右移时，便带动压盘8进一步压缩压盘弹簧6，使主动片和从动片之间的压紧力降低或彻底分离，从而使离合器传递的转矩减小或中断。

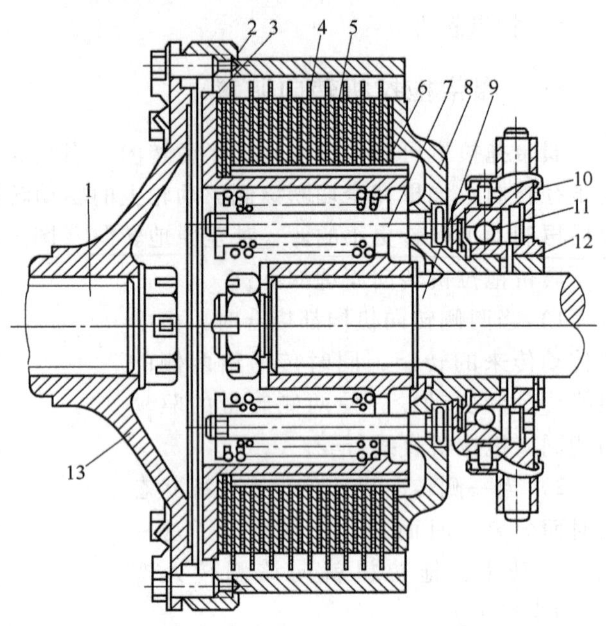

图3-57　履带拖拉机转向离合器

1—半轴　2—从动鼓　3—主动鼓　4—从动片　5—主动片
6—压盘弹簧　7—压盘拉杆　8—压盘　9—后桥横轴
10—分离轴承座　11—分离轴承　12—螺母　13—从动鼓轮毂

2. 操纵机构

图3-58所示为机械式履带拖拉机转向操纵机构，分离叉5下端轴颈支承在装于壳体底部的分离叉支座中，上端轴颈由装于盖板中的轴承（图中未画出）支承，其外伸部分通过细牙花键与分离杠杆4连接，分离杠杆则通过推杆2等与操纵杆1相连。通过上述杆件即可带动分离轴承移动，使离合器分离。

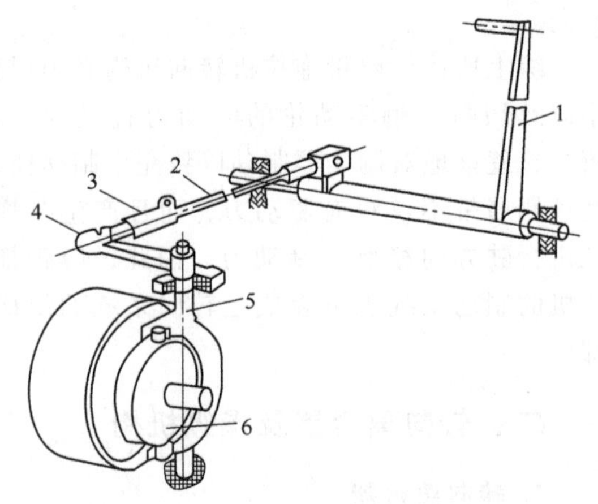

图3-58　履带拖拉机转向操纵机构

1—操纵杆　2—推杆　3—调整接头
4—分离杠杆　5—分离叉　6—分离拨圈

3. 行星齿轮式转向机构

传给中央传动的动力，经两套单级行星机构再传到驱动轮上，也可以改变拖拉机两侧驱动轮的驱动力，使拖拉机转向。

行星齿轮机构的特点是：只有当固定件完全制动时，从动件才可以传递全部转矩，当固

定件完全放松而允许它空转时，从动件根本不传递转矩。如固定件只是部分制动，则从动件只能传递部分转矩。行星齿轮机构的这个特点与转向离合器的工作情况相类似，如图 3-59 所示。在中央传动室内，安装着两套行星齿轮机构，其主动件是齿圈 6，两个齿圈合成一体，外面固定着中央传动大锥齿轮。太阳轮 4 是固定件，伸出端装有行星机构制动器 3，用以制动固定件。从动件是行星架 8，用花键与半轴连接，半轴上也装有一个半轴制动器 2，用以制动驱动轮。将行星机构制动器 3 逐渐放松，相当于逐渐分离转向离合器；将半轴制动器 2 逐渐制动，相当于逐渐制动转向离合器的从动鼓。

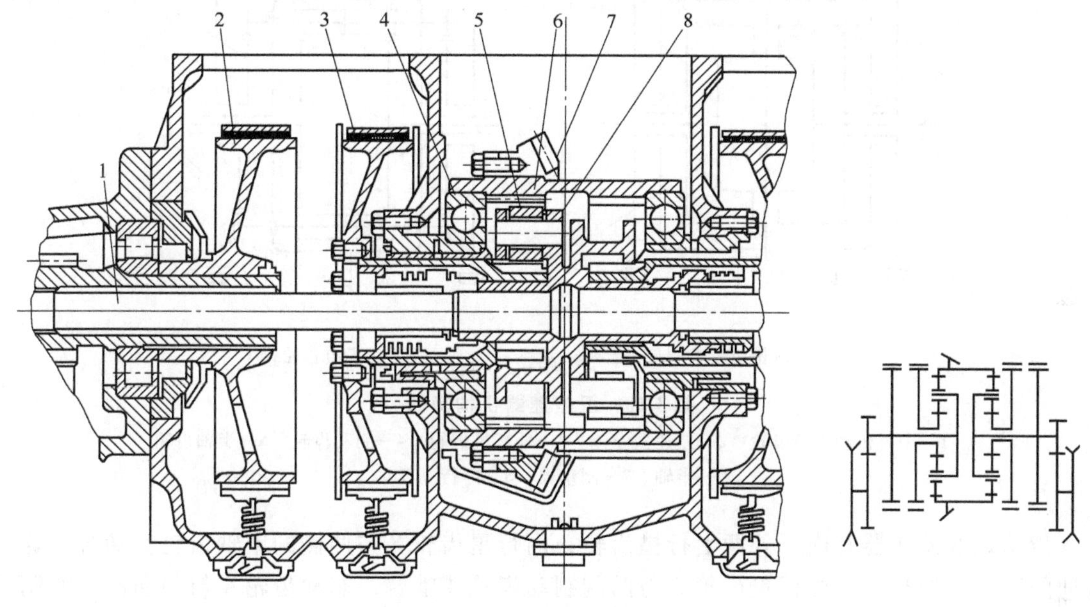

图 3-59　行星齿轮式转向机构

1—半轴　2—半轴制动器　3—行星机构制动器　4—太阳轮　5—行星轮　6—齿圈　7—中央传动大锥齿轮　8—行星架

行星齿轮式转向机构的工作过程如下：

1）拖拉机直线行驶时，两侧半轴制动器 2 都放松着，而两侧行星机构制动器 3 都制动着，此时太阳轮被固定。当齿圈随着中央传动大锥齿轮旋转时，迫使行星齿轮在固定的太阳轮上滚动，则两边行星架将传递相同的转矩，并以相同的转速带动两边半轴旋转。

2）拖拉机沿较大半径转向时，将内侧的行星机构制动器 3 逐渐放松，使内侧太阳轮逐渐转动，于是传到该侧驱动轮上的转矩也相应减小，该侧履带的速度也就相应减慢，拖拉机便向这一侧转向。转弯半径的大小由行星机构制动器 3 放松的程度决定。这时两侧半轴制动器 2 仍然放松着。

3）拖拉机沿小半径转向时，将内侧行星机构制动器 3 完全放松，并将该侧的半轴制动器 2 逐渐加以制动，于是传到该侧驱动轮上的转矩逐渐减小，使拖拉机沿较小半径转向。如半轴制动器 2 完全制动住，则拖拉机原地转弯。

行星齿轮转向机构与转向离合器相比，具有耐磨性好、工作寿命较长、结构比较紧凑、行星齿轮机构本身具有一定的传动比等优点。但制造工艺要求也较高，耗费合金钢材料较多，故成本较高。

4. 双差速器式转向机构

为了减小行星齿轮式转向机构的制动器所需的主动转矩，以及减少制动器所消耗的动力，并有助于减小转向时的发动机负荷，有些履带拖拉机采用双差速器式转向机构。一般常用的结构有锥齿轮式（图 3-60a）和圆柱齿轮式（图 3-60b）两种。与单差速器式转向机构的区别在于它有内、外两套行星齿轮。

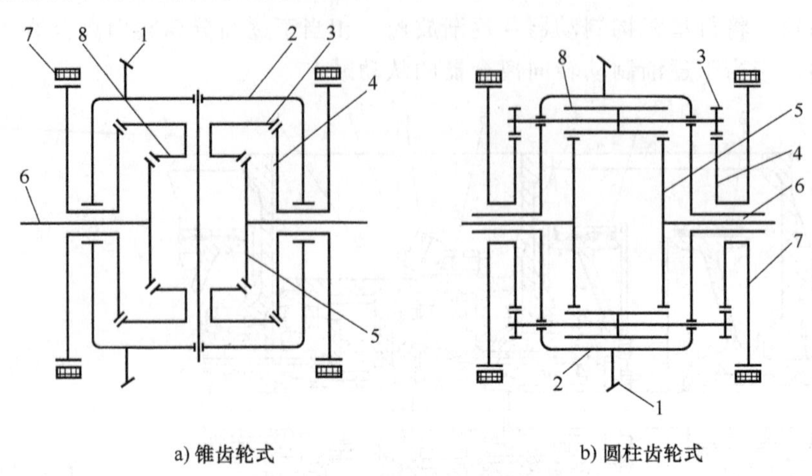

a) 锥齿轮式　　b) 圆柱齿轮式

图 3-60　双差速器机构简图

1—中央传动大锥齿轮　2—差速器壳体　3—外行星齿轮　4—制动齿轮　5—半轴齿轮　6—半轴　7—制动器　8—内行星齿轮

齿轮式双差速器有内、外两套行星齿轮，内行星齿轮 8 与两侧的半轴齿轮 5 啮合，这与普通的双差速器相同；外行星齿轮 3 与两侧制动齿轮 4 啮合，制动齿轮 4 与制动器 7 的制动鼓连在一起，内行星齿轮与外行星齿轮用平键连接在一起。

拖拉机直线行驶时，两边制动器都放松，外行星齿轮带动制动齿轮空转，动力经内行星齿轮 8 和半轴齿轮 5 传给驱动轮，这时双差速器只起单差速器作用。转向时，需要对一侧制动齿轮施加制动。这时，外行星齿轮除随差速器壳体 2 一起转动外，还沿制动齿轮滚动而产生自转，同时也连带内行星齿轮一起自转，从而使该侧驱动轮的转速降低，另一侧驱动轮的转速增高。与此同时，外行星齿轮将一部分转矩传给制动齿轮而消耗在制动器上，这样就使这一侧驱动轮的驱动转矩也小于另一侧，从而使拖拉机在两边履带的驱动力不同的情况下实现转向。

圆柱齿轮式双差速器的工作原理与锥齿轮式相同。双差速器中，制动齿轮 4 到半轴齿轮 5 之间的齿数比称为双差速器的传动比 i_c，其大小通常为 2.5~3，i_c 应按式（3-6）计算：

$$i_c=\frac{z_3}{z_4}\frac{z_5}{z_8} \tag{3-6}$$

式中，z_3 为外行星齿轮 3 的齿数；z_4 为制动齿轮 4 的齿数；z_5 为半轴齿轮 5 的齿数；z_8 为内行星齿轮 8 的齿数。

双差速器式转向机构每边只有一个制动器，故结构简单、操纵方便。但与离合器式行星齿轮转向机构相比，在使用性能上还有两个缺点：

1）拖拉机的“最小转弯半径”较大。这是因为当制动齿轮完全制动时，半轴齿轮并没有停止转动，只是使它的转速减小到最小值，所以拖拉机不可能原地转向，且双差速器的传动比越大，最小转弯半径也越大。最小转弯半径可按式（3-7）计算：

$$R_{\min} = 0.5Bi_c \tag{3-7}$$

式中，B 为拖拉机轨距；i_c 为双差速器传动比。

2）拖拉机直线行驶的保持性较差。这是因为双差速器具有与单差速器相同的运动特性。如果某一侧半轴齿轮的转速比差速器壳的转速小了某一数值，则必然引起另一侧半轴齿轮的转速增加相应的数值，因此拖拉机容易自动走偏。

第六节 手扶拖拉机转向系统

手扶拖拉机以其总质量小、结构简单、灵活机动、配套方便的特点，广泛应用于园林、果园、菜园等小规模农业生产。图 3-61 所示为手扶式拖拉机。

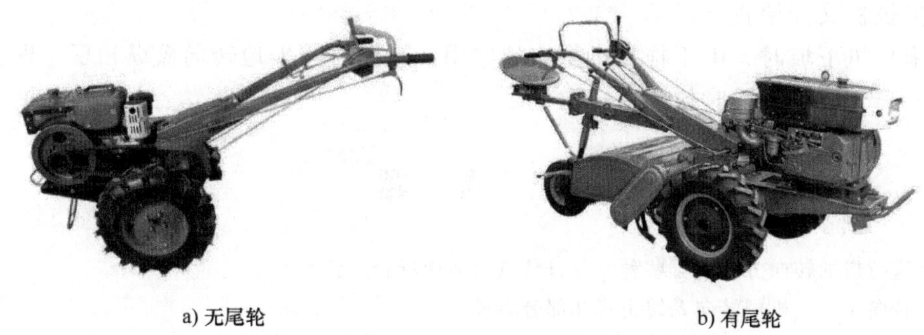

a) 无尾轮　　b) 有尾轮

图 3-61 手扶式拖拉机

手扶拖拉机转向机构与轮式拖拉机的转向机构完全不同，其转向机构为牙嵌离合器，它是通过切断一侧驱动轮的动力来实现转向的。这种转向机构结构简单，但在复杂情况下转向不稳定，有时在正常行驶中转向会突然失灵、失控。

手扶拖拉机从结构上分为有尾轮和无尾轮两种类型。无尾轮拖拉机的转向方式主要是通过改变两侧驱动轮驱动力来实现转向的，在转向时驾驶员可通过对手扶架施加一定的转向力矩以协助转向。有尾轮手扶拖拉机是通过两侧驱动轮的驱动力差，同时偏转尾轮来实现转向。手扶拖拉机转向主要靠左右两个扶手的离合器，不同于转向盘，是用改变两侧驱动力矩的方式转向的，利用地面对两侧驱动轮产生不等的驱动力实现转向。手扶拖拉机转向机构由牙嵌式转向离合器和操纵机构组成。转向离合器分置在中央传动从动齿轮的两边，主动牙嵌随中央传动从动齿轮旋转，

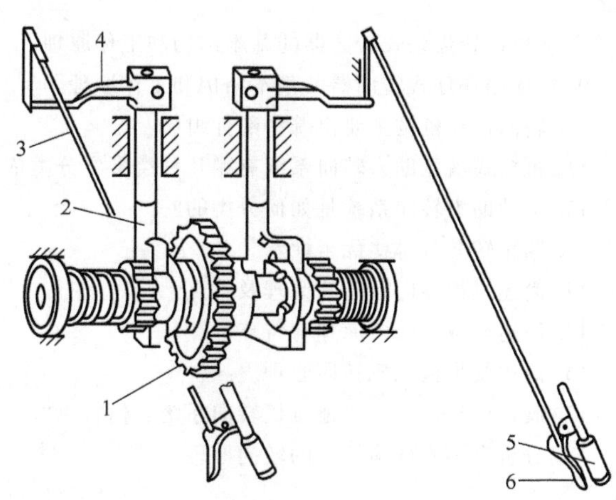

图 3-62 手扶拖拉机牙嵌转向离合器

1—中央传动从动齿轮　2—转向拨叉　3—转向横拉杆　4—转向臂　5—把套　6—转向把手

从动牙嵌与最终传动主动齿轮制成一体，与轴滑动配合。手扶拖拉机直线行驶时，两边转向离合器的主、从动牙嵌在弹簧力作用下接合在一起而传递动力

手扶拖拉机一般采用牙嵌离合器式转向机构，如图 3-62 所示。

转向离合器一般设在变速器内，由转向拨叉、转向齿轮、牙嵌离合器、转向轴中央传动从动齿轮和操纵部分的操纵手拉杆、转向臂等组成。转向轴中间套装着中央传动从动齿轮，由弹性挡圈限位，该齿轮两端和左、右两个转向齿轮的内端都有结合牙嵌，组成左、右两个牙嵌离合器。

拖拉机直行时，左、右两个牙嵌式转向离合器接合，两转向齿轮与中央传动从动齿轮嵌合在一起，将动力传给最终传动，使两驱动轮得到相等的转矩而前进。当需要向左转时，捏住左边转向把手，通过拉杆、转向臂拉动转向拨叉，使左侧的转向齿轮压缩弹簧向左移动，转向齿轮的接合爪与中央传动从动齿轮左侧接合爪脱离，左侧驱动轮的动力被切断而不产生驱动力，而右侧驱动轮仍照常转动，于是拖拉机向左转弯。转弯后，松开转向把手，恢复动力传递，拖拉机又开始直行。

手扶拖拉机下坡时，由于拖拉机重力的作用，转向时与平地转向操纵相反，即左转时操纵右侧转向离合器，右转时拉紧左转向把手。

思　考　题

1. 汽车拖拉机的转向方式有哪些种？各自特点及适用场合是什么？
2. 何谓转向系统？机械转向系统由哪几部分组成？
3. 汽车转向时，若四个车轮都做纯滚动，应满足什么条件？
4. 何谓转向盘的自由行程？它的大小对汽车转向操纵有何影响？一般范围应为多大？
5. 转向器角传动比的变化特性是什么？在不装助力转向的车上采用什么措施来解决轻和灵的矛盾？
6. 转向操纵机构主要由哪些部件组成？
7. 转向直拉杆、横拉杆两端的压缩弹簧有什么作用？横拉杆两端的弹簧可否设计成沿轴线安装？为什么？
8. 简述齿轮齿条式转向器的基本结构和工作原理。
9. 简述循环球式转向器的基本结构和工作原理。
10. 转向传动机构主要由哪些部件组成？
11. 机械式液压助力转向系统有哪几种类型？分类依据是什么？
12. 电动助力转向系统是如何分类的？
13. 四轮转向有哪些优越性？
14. 简述线控转向系统的原理及特点。
15. 简述全液压转向原理与特点。
16. 简述履带拖拉机转向原理。
17. 履带拖拉机与手扶拖拉机转向系统有何特点？
18. 分析有尾手扶拖拉机的转向原理。

第四章

制动系统

第一节　制动系统概述

一、制动系统的功用

汽车、拖拉机行驶的道路条件和交通环境非常复杂，为保证行驶安全，汽车、拖拉机在弯道及不平路面行驶或会车时，必须降低车速，特别是在有可能碰到障碍物、行人及其他车辆时，需要立即降低车速或停车。

汽车、拖拉机下长坡时，在重力作用下，其速度有不断加速的趋向，此时应将车速限制在一定的安全值以内，以保持相对稳定。拖拉机在田间作业时，可用单边制动来协助转向，并配合离合器确保安全而可靠地挂接农机具。在履带拖拉机上，制动系统又是实现转向的必要机构之一。此外，对已停驶（特别是在坡道上停驶）的汽车和拖拉机，能够使之可靠地停留原地不动是十分重要的。

因此，制动系统的功用是：使行驶中的汽车、拖拉机减速甚至停车，使下坡行驶的汽车、拖拉机的速度保持稳定，以及使已经停驶的汽车、拖拉机保持不动。

二、制动系统的类型

根据不同的分类方法，制动系统可分为不同的类型，见表 4-1。

表 4-1　汽车制动系统的类型

分类方法	类型	特点
按功能分	行车制动系统	使行驶中的车辆降低行驶速度甚至停车的一套专门装置
	驻车制动系统	使已停驶的车辆驻留原地不动的一套装置
	第二制动系统	在行车制动系统失效后使用的制动系统
	辅助制动系统	在车辆下长坡时用以稳定车速的一套装置
按制动能源分	人力制动系统	以驾驶员的肌体作为唯一制动能源
	动力制动系统	完全靠发动机的动力转化而成的气压或液压形式的势能进行制动
	伺服制动系统	兼用人力和发动机动力进行制动
按制动能量传输方式分	机械制动系统	以机械传输制动能量
	液压制动系统	以液压传输制动能量
	气压制动系统	以气压传输制动能量

（续）

分类方法	类型	特点
按制动回路分	单回路制动系统	全车制动用一条制动回路
	双回路制动系统	全车制动用两条制动回路
按制动力的变化方式分	渐进制动系统	制动力矩和制动力在驾驶员的操纵控制下，在一定的范围内逐渐变化的制动系统
	非渐进制动系统	无上述特点的制动系统（驻车制动系统是非渐进的制动系统）

三、制动系统的基本组成

不同类型制动系统的结构有所不同，但任何制动系统都具有以下四个基本组成部分：

1）供能装置。包括供给、调节制动所需能量以及改善能源传递介质状态的各部件。产生制动能量的部分称为制动能源，人的肌体可作为制动能源。

2）控制装置。包括产生制动动作和控制制动效果的各部件。图 4-1 中所示的制动踏板 1 就是最简单的一种制动控制装置。

3）传动装置。包括将制动能量传输到制动器的各部件，如图 4-1 中所示的制动主缸 4 和制动轮缸 6 及制动管路等。

4）执行装置。即制动器，是产生阻碍车辆运动或运动趋势的力（制动力）的部件，包括辅助制动系统中的缓速装置。

四、制动系统的工作原理

不同类型的汽车制动系统工作原理基本相同，以液压制动系统为例介绍制动系统的工作原理。液压制动系统主要由车轮制动器和液压传动机构组成，如图 4-1 所示。制动器主要由旋转的制动鼓 8、制动蹄 10 和制动底板 11 等组成。制动鼓固定在车轮轮毂上，随车轮一同旋转，以内圆柱面为工作面。制动蹄固定在制动底板 11 上，制动底板用螺栓与转向节凸缘（前桥）或桥壳凸缘（后桥）固定在一起。两个支承销 12 固定在不动的制动底板上，支承着两个弧形制动蹄的下端。制动蹄的外圆面上装有摩擦衬片 9，上端用制动蹄回位弹簧 13 拧紧压靠在制动轮缸活塞 7 上。制动轮缸 6 也安装在制动底板上，用油管 5 与装在车架上的制动主缸 4 相联通。制动主缸活塞 3 由驾驶员通过制动踏板 1 来操纵。

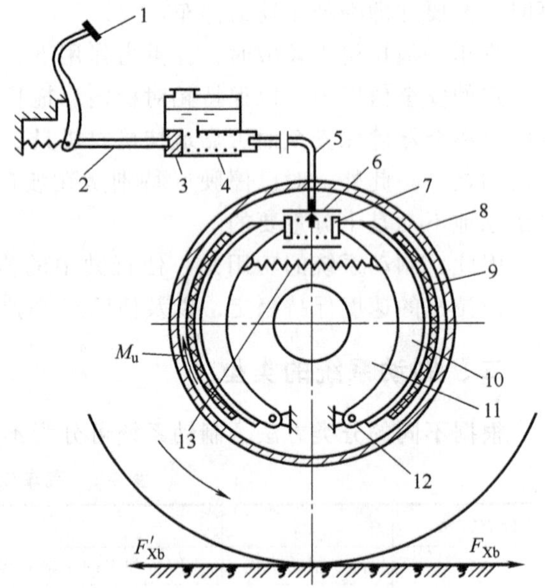

图 4-1　制动系统工作原理示意图

1—制动踏板　2—推杆　3—主缸活塞　4—制动主缸　5—油管　6—制动轮缸　7—轮缸活塞　8—制动鼓　9—摩擦衬片　10—制动蹄　11—制动底板　12—支承销　13—制动蹄回位弹簧

制动系统不工作时，制动蹄在回位弹簧的拉动下，使制动鼓的内圆面与制动蹄摩擦衬片

的外圆面之间保留有一定的间隙，使制动鼓可以随车轮自由旋转。

制动时，驾驶员踩下制动踏板，推杆便推动制动主缸活塞，使制动主缸中的油液以一定压力流入制动轮缸，通过制动轮缸活塞使两制动蹄的上端向外张开，从而使摩擦衬片压紧在制动鼓的内圆面上。这样，不旋转的制动蹄就对旋转着的制动鼓产生一个摩擦力矩，方向与车轮旋转方向相反，迫使车轮停止转动。摩擦力矩大小取决于轮缸的张力、摩擦因数和制动鼓及制动蹄的尺寸等。制动鼓将该力矩传到车轮后，由于车轮与路面间的附着作用，车轮即对路面作用一个向前的周缘力，与此同时，路面给车轮作用一个向后的反作用力，即制动力。制动力由车轮经车桥和悬架传递给车架和车身，迫使整个车辆产生一定的减速度。制动力越大，减速度也越大。当松开制动踏板时，制动蹄回位弹簧即将制动蹄拉回原位，摩擦力矩和制动力消失，制动作用即行解除。

第二节　制　动　器

制动器是制动系统中用来产生阻碍汽车运动或运动趋势的力的部件。制动器一直以来就是车辆最重要的安全部件，所有车辆都由各自的安全装置进行制动，制动器主要作用是使车辆减速和停车。在设计工程车辆制动器时，制动器必须要保证车辆在制动过程中不会发生打滑，且可以提供足够的制动力使车辆能在很短距离内停车。

根据旋转元件形状的不同，摩擦式制动器分为鼓式和盘式两大类。鼓式制动器摩擦副中的旋转元件为制动鼓，其工作表面为圆柱面；盘式制动器的旋转元件为盘状的制动盘，以两端面为工作表面。

一、鼓式制动器

鼓式制动器是利用制动蹄片挤压制动鼓来获得制动力的，有内张型和外束型两种。内张式制动鼓以制动鼓的内圆柱面为工作表面，外束式制动器则以制动鼓的外圆柱面为工作表面，现代汽车、拖拉机上广泛使用内张双蹄鼓式制动器。

车辆制动时，安装在鼓式制动器制动轮鼓内侧的摩擦制动块会克服弹簧压力向外侧扩展开，紧紧地压靠在制动轮鼓内侧边缘，通过摩擦制动块与制动轮鼓相互接触摩擦，以达到制动车辆的目的。鼓式制动器制动蹄片必须有向外扩张或向内收缩的功能，也就是说鼓式制动器的制动蹄必须有促动装置。

鼓式制动器根据制动蹄张开装置（也称促动装置）形式的不同，可分为轮缸式制动器和凸轮式制动器，如图 4-2 所示。轮缸式制动器以液压制动轮缸作为制动蹄促动装置，多为液压制动系统所采用；凸轮式制动器以凸轮作为促动装置，多为气压制动系统所采用。

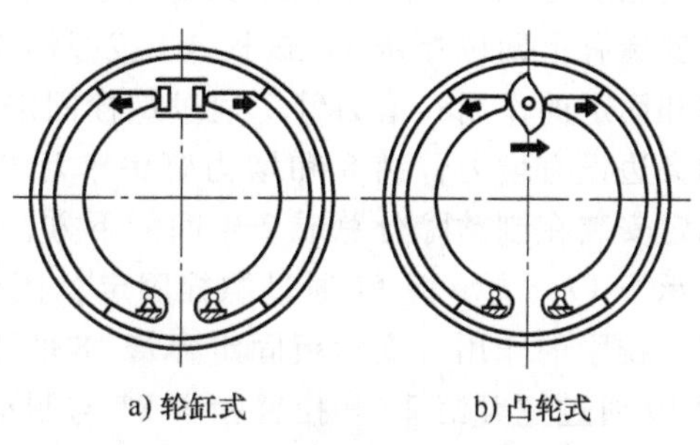

图 4-2　制动器促动装置的形式

1. 轮缸式制动器

以液压轮缸式制动器为例，其基本结构如图 4-3 所示。

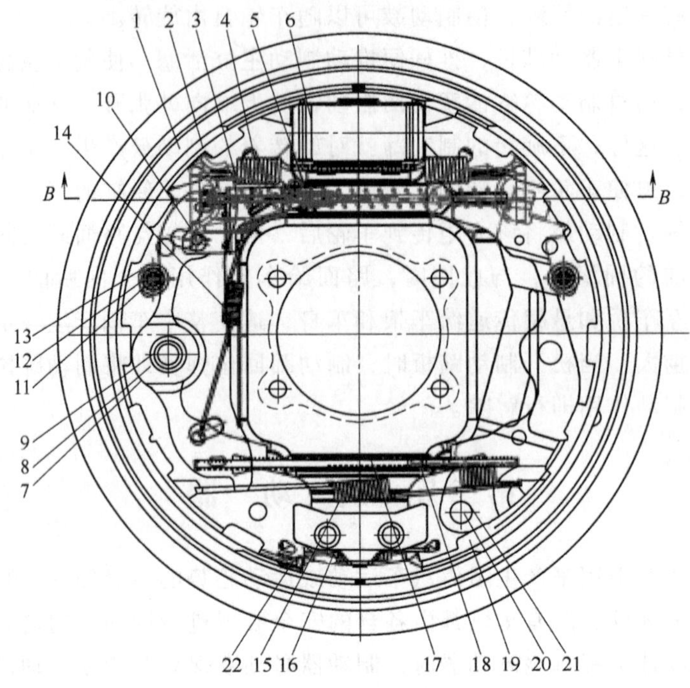

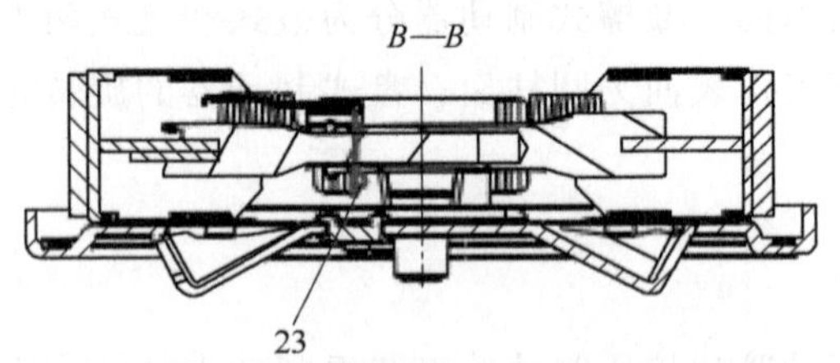

图 4-3 液压轮缸式制动器基本结构

1—底板分总成 2—制动蹄分总成 3—上回位弹簧 4—拨板 5—调整套总成 6—制动轮缸总成 7—增力臂 8—增力臂销 9—增力臂销卡片 10—拨板销 11—穿钉压盖 12—穿钉压簧 13—穿钉 14—拨板回位弹簧 15—支承板复位弹簧 16—下拉紧弹簧 17—支承板 18—支承板固定弹簧 19—拉臂 20—拉臂销 21—拉臂销卡 22—报警片 23—过热保护片

制动蹄分总成 2 通过螺栓安装在底板分总成 1 之上，在制动蹄分总成 2 的正上方安装有制动轮缸总成 6，制动轮缸总成 6 通过螺栓固定在底板分总成 1 上。制动轮缸总成 6 的左下方安装有上回位弹簧 3、拨板 4、拨板销 10、调整套总成 5 和拨板回位弹簧 14，起拉紧、调整和固定的作用；增力臂 7 通过螺栓固定安装在制动蹄分总成 2 中间的左下方，在增力臂 7 的旁边设有增力臂销 8 和增力臂销卡片 9，起增加力臂和固定的作用。支承板复位弹簧 15 固定安装在制动蹄分总成 2 中间的下方，在支承板复位弹簧 15 的上部设有下拉紧弹簧 16 和支承板 17，支承板 17 通过螺栓固定，在支承板 17 的旁边还设有支承板固定弹簧 18，起固定、拉紧的作用。支承板固定弹簧 18 的下方安装有拉臂 19、拉臂销 20 和拉臂销卡 21，拉臂 19 通过拉臂销 20 和拉臂销卡 21 与制动蹄分总成 2 相连接，在拉臂 19 的背面还设有过热保护片 23，起过热保护的作用。在下拉紧弹簧 16 的下方还安装有制动蹄片磨损极限报警片 22，当制动蹄片磨损到极限位置时起报警的作用。

轮缸式制动器按制动蹄的受力情况不同，可分为领从蹄式（简单非平衡式）、单向双领蹄式、双向领蹄式、双从蹄式（平衡式）和自增力式（单向作用、双向作用）等类型。

（1）领从蹄式制动器　设车辆前进时制动鼓旋转方向如图 4-4 中箭头所示，沿箭头方向看去，制动蹄（领蹄）1 的支承销 7 在其前端，制动轮缸 2 所施加的促动力作用于其后端，因而该制动蹄张开时的旋转方向与制动鼓的旋转方向相同，具有这种属性的制动蹄称为领蹄。与此相反，后制动蹄 5（从蹄）的支承销 6 在后端，促动力加于前端，张开时的旋转方向与制动鼓的旋转方向相反，具有这种属性的制动蹄称为从蹄。当汽车倒退行驶时，前制动蹄 1 变为从蹄，而后制动蹄 5 则变为领蹄。这种在制动鼓正向旋转和反向旋转时都有一个领蹄和一个从蹄的制动器，称为领从蹄式制动器。

在图 4-4 所示的结构中，轮缸中的两个活塞都可在缸内轴向浮动，且两者直径相同，因此制动时两个活塞对两个制动蹄所施加的促动力永远是相等的。凡两蹄所受促动力相等的领从蹄制动器，都称为等促动力制动器。

制动时，两制动蹄 1 和 5 在等促动力的作用下，分别绕各自的支承点向外偏转紧压在制动鼓上，同时旋转的制动鼓对两蹄分别作用法向反力 N_1 和 N_2，以及相对应的切向力 T_1 和 T_2。绕支承销 7 对领蹄 1 作用的力矩与促动力 F_S 所造成的绕同一支点的力矩是同向的，因此前制动蹄对制动鼓的压紧力因 T_1 的作用而增大，即 N_1 变得更大，从而使 T_1 也变得更大，这表明，领蹄具有“增势”作用。与此相反，T_2 使后制动蹄有放松制动鼓，即使 N_2 和 T_2 本身减小的趋势，因此从蹄具有“减势”作用。

虽然领蹄和从蹄所受的促动力相等，但制动鼓所受到的法向反力却是不相等的，即不能相互平衡的，因此领从蹄式制动器属于非平衡式制动器。

（2）单向双领蹄式制动器　两制动蹄都是领蹄的制动器称为单向双领蹄式制动器，如图 4-5 所示。双领蹄式制动器在总体结构上与领从蹄式制动器相似。但有两点不同：一是两制动蹄各自用一个单活塞式制动轮缸 1，而领从蹄式制动器的两蹄是共用一个双活塞式轮缸；二是两套制动蹄 3、制动轮缸 1 和支承销 2 在制动底板上的布置是中心对称的，而领从蹄的是轴对称的。

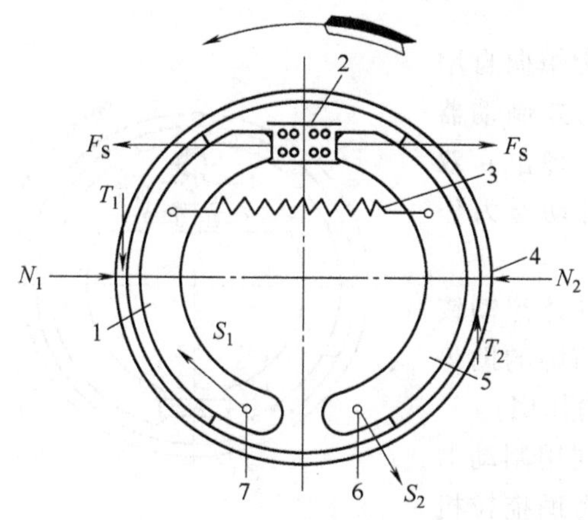

图 4-4　领从蹄式制动器

1—领蹄　2—制动轮缸　3—回位弹簧

4—制动鼓　5—从蹄　6、7—支承销

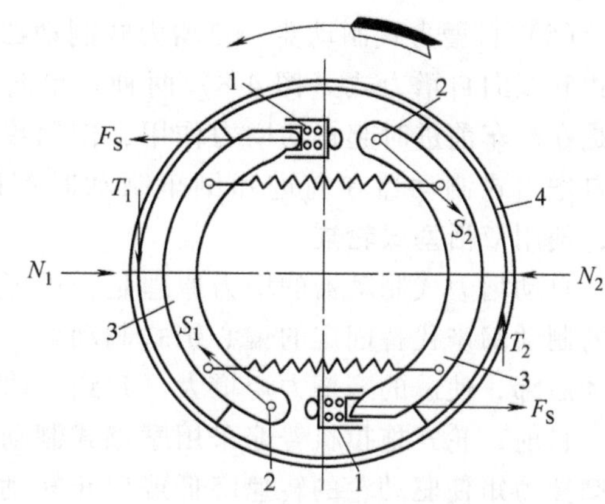

图 4-5　单向双领蹄式制动器

1—单活塞式制动轮缸　2—支承销

3—制动蹄　4—制动鼓

在汽车前进时，制动器的前、后蹄均为领蹄，制动效能好，倒车制动时为双从蹄，制动效能大大下降，且不便安装驻车制动器，因此不用作后轮制动器。

(3) 双向双领蹄式制动器　如果在倒车制动时，使双领蹄制动器的两个制动蹄的支承点和促动力作用点互换位置，就可以得到与前进时相同的制动效能。这种不管前进还是倒车制动，两个制动蹄都是领蹄的制动器称为双向双领蹄式制动器，如图 4-6 所示。该制动器采用两个双活塞式轮缸，两个制动蹄的两端采用浮式支承，且支点在圆周方向也是浮动的。双向作用双领蹄制动器不论汽车前行或倒退，两制动蹄都是领蹄，制动效能不变，一般用作中、轻型货车及部分轿车的前、后制动器。但用作后轮制动器时，必须另设中央驻车制动器。制动底板上的所有固定元件，如制动蹄、制动轮缸、回位弹簧等都是成对的，而且既是按轴对称布置，又是按中心对称布置。双向作用双领蹄制动器属于平衡式制动器。

(4) 双从蹄式制动器　前进制动时两制动蹄均为从蹄的制动器，称为双从蹄制动器，如图 4-7 所示。这种制动器结构与双领蹄式制动器的很相似，差异仅在于固定元件与旋转元件的相对运动方向不同。虽然双从蹄式制动器具有良好的制动效能稳定性，但由于制动效能较低，仅在少数汽车上装用。

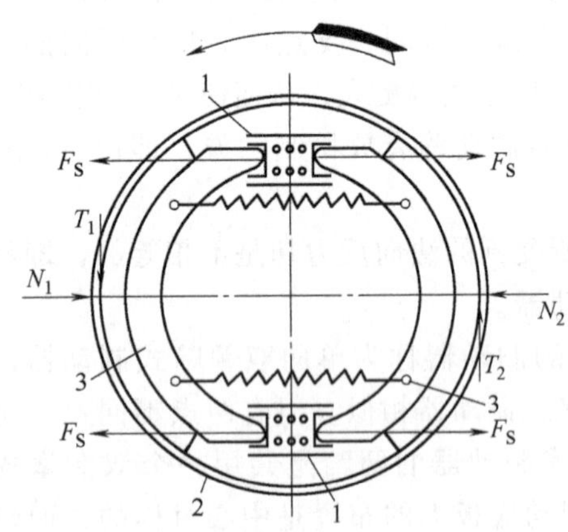

图 4-6　双向双领蹄式制动器

1—双活塞式制动轮缸　2—制动鼓　3—制动蹄

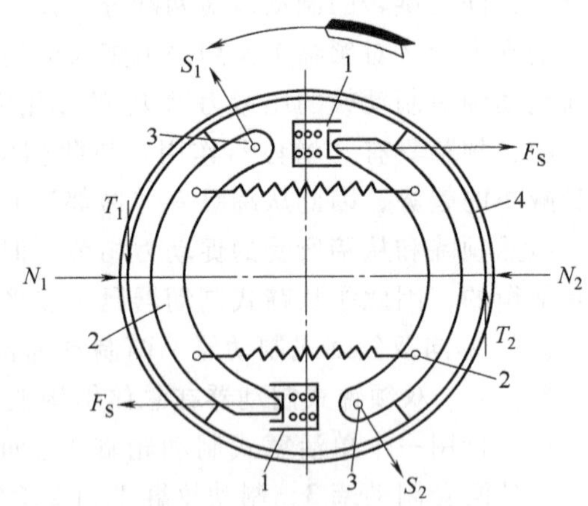

图 4-7　双从蹄式制动器

1—单活塞式制动轮缸　2—制动蹄　3—支承销　4—制动鼓

(5) 自增力式制动器　自增力式制动器可分为单向自增力式和双向自增力式（图 4-8）两种。单向自增力式制动器只是在汽车前进时起自动增力作用，使用单活塞式轮缸；双向自增力式制动器在前进和倒车制动时都能起自动增力作用，使用双活塞式轮缸。

自动增力式制动器的增力原理是，用可调顶杆体浮动铰接的制动蹄来代替固定的偏心销式制动蹄，利用前蹄的助势推动后蹄，使总的摩擦力矩增大，起到自动增力的作用。

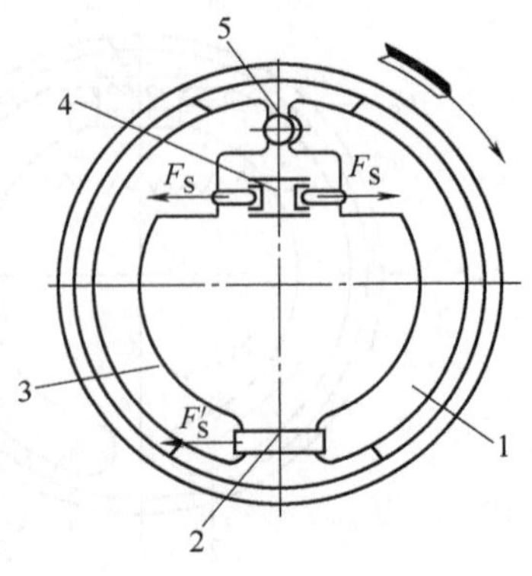

图 4-8　双向自增力式制动器

1—前制动蹄　2—可调顶杆　3—后制动蹄　4—制动轮缸　5—支承销

目前，轮式拖拉机普遍采用摩擦式制动器，利用制动器的摩擦力矩使驱动轮的转速降低或停止转动。为帮助拖拉机的转向，两侧驱动轮应能分别制动。因此拖拉机一般都设置两个制动器，分别安装在差速器两边的半轴上或驱动轮轴上。以轮式 150 系列拖拉机为例，左半轴与制动器如图 4-9 所示。

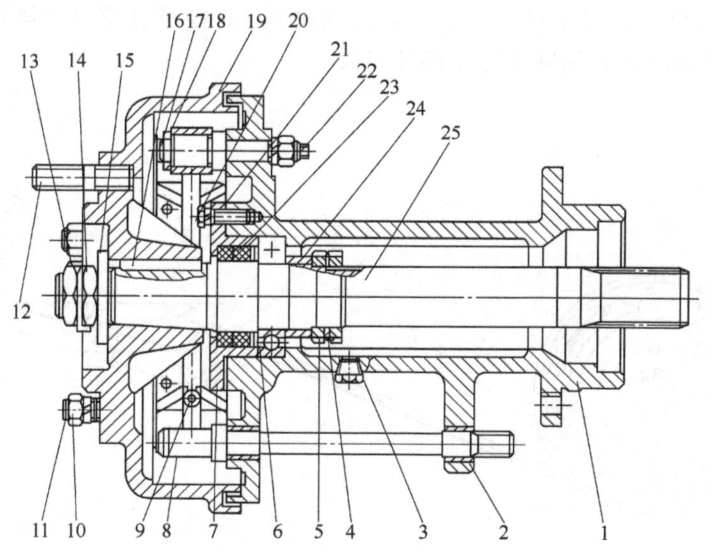

图 4-9 轮式 150 系列拖拉机左半轴与制动器

1—左半轴壳体 2—衬套 3—螺塞 4—圆螺母锁片 5—圆螺母 6—单列深沟球轴承 7—油封座 8—制动凸轮轴 9—制动蹄回位弹簧 10、14—螺母 11—双头螺柱 12—螺柱 13—锁紧垫片 15—平座垫圈 16—平键 17—挡圈 18—支承板 19—制动鼓 20—制动蹄总成 21—油封座垫片 22—偏心轴 23—油封 24—隔套 25—左半轴

轮式 150 系列拖拉机有两个制动器，分别安装在左、右两个半轴壳体上。制动鼓 19 和半轴轴颈以 1∶10 锥度配合，通过平键 16 和半轴联成一体，半轴轴头用螺母 14 拧紧后再用锁紧垫片 13 和螺母锁紧。制动蹄总成 20 的外表面上铆有石棉铜摩擦衬片。两个偏心轴 22 安装在半轴壳体上。制动蹄带孔的一端装在偏心轴 22 上，另一端支承在半轴壳体上的制动凸轮轴 8 上。两制动蹄片之间用制动蹄回位弹簧 9 拉紧，使制动蹄的一端紧靠在制动凸轮轴的凸轮上。制动蹄摩擦片和制动鼓之间的间隙为 0.2~0.4mm。油封 23 可防止润滑油漏入制动鼓内。轮式 150 系列拖拉机左半轴与制动器中的各零件及总成如图 4-10 所示。

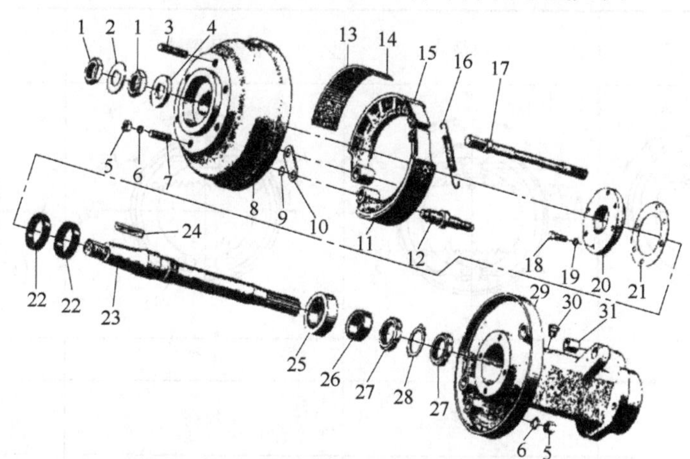

图 4-10 轮式 150 系列拖拉机左半轴及制动器总成

1、5—螺母 2—锁紧垫片 3—螺柱 4—平座垫圈 6、19—垫圈 7—双头螺柱 8—制动鼓 9—挡圈 10—支承板 11—制动蹄总成 12—偏心轴 13—制动带 14—铆钉 15—制动蹄焊接件 16—制动蹄回位弹簧 17—制动凸轮轴 18—螺钉 20—油封座 21—油封座垫片 22—油封 23—半轴 24—键 25—单列深沟球轴承 26—隔套 27—圆螺母 28—圆螺母锁片 29—左半轴壳体 30—螺塞 31—衬套

制动器的操纵机构如图 4-11 所示，它由制动踏板 1、拉紧弹簧 2、制动摇臂 3、拉杆接头 4、拉杆 5 及制动凸轮轴摇臂 7 等零部件组成。

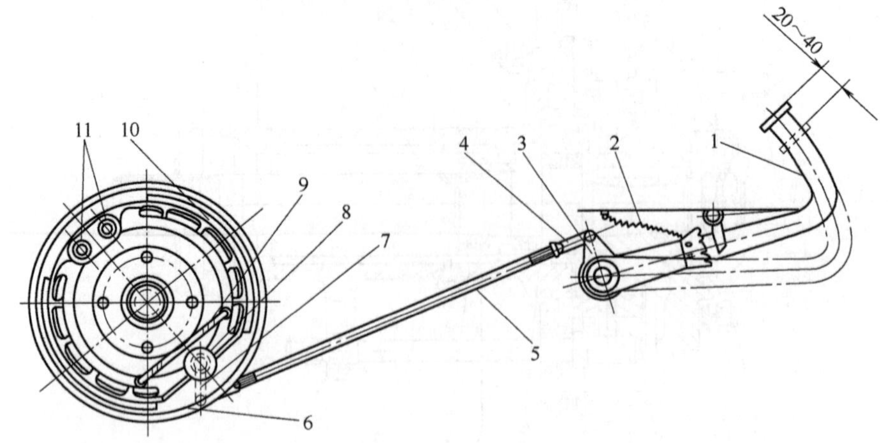

图 4-11　轮式 150 系列拖拉机制动器操纵机构示意图

1—制动踏板　2—拉紧弹簧　3—制动摇臂　4—拉杆接头　5—拉杆　6—制动鼓
7—制动凸轮轴摇臂　8—制动凸轮轴　9—制动蹄回位弹簧　10—制动带　11—偏心轴

踏下制动踏板 1 时，通过制动摇臂 3 带动拉杆 5 移动，拉杆 5 带动制动凸轮轴摇臂 7 摆动，摇臂 7 带动制动凸轮轴转动一个角度，制动凸轮轴上的凸轮克服制动蹄上回位弹簧 9 的拉力，使制动蹄沿着凸轮弧面移动向外张开，使制动蹄上的制动带与制动鼓上的内壁接触，在摩擦力矩的作用下，制动鼓被制动，从而使半轴、驱动轮减速或停止转动。

当松开制动踏板时，制动踏板在拉紧弹簧 2 的作用下回位，通过制动曲臂、拉杆和制动凸轮轴曲臂使制动凸轮轴回到原来的位置，制动蹄脱离凸轮的弧面，在回位弹簧 9 的作用下，制动蹄的制动带脱离制动鼓的内壁，停止制动。几种轮缸式制动器的比较见表 4-2。

表 4-2　几种轮缸式制动器的比较

制动器形式	自增力式	双领蹄式	领从蹄式	双从蹄式
制动器结构				
制动效能	最高	较高	中等	最低
制动效能稳定性	最低	中等	较高	最高
应用范围	轿车后轮，轻型车前轮	各种车辆	各种车辆	豪华车

2. 凸轮式制动器

凸轮式制动器在结构上除促动装置外，其他的与领从蹄式制动器一样，图 4-12 所示为一前轮装用的凸轮式制动器的结构图。制动凸轮与制动凸轮轴 4 制成一体，制动蹄 2 在不制动时由回位弹簧 3 拉靠在制动凸轮上，制动凸轮轴通过支座 10 固定在制动底板 7 上，其尾部的花键轴插入制动调整臂 5 的花键孔中。

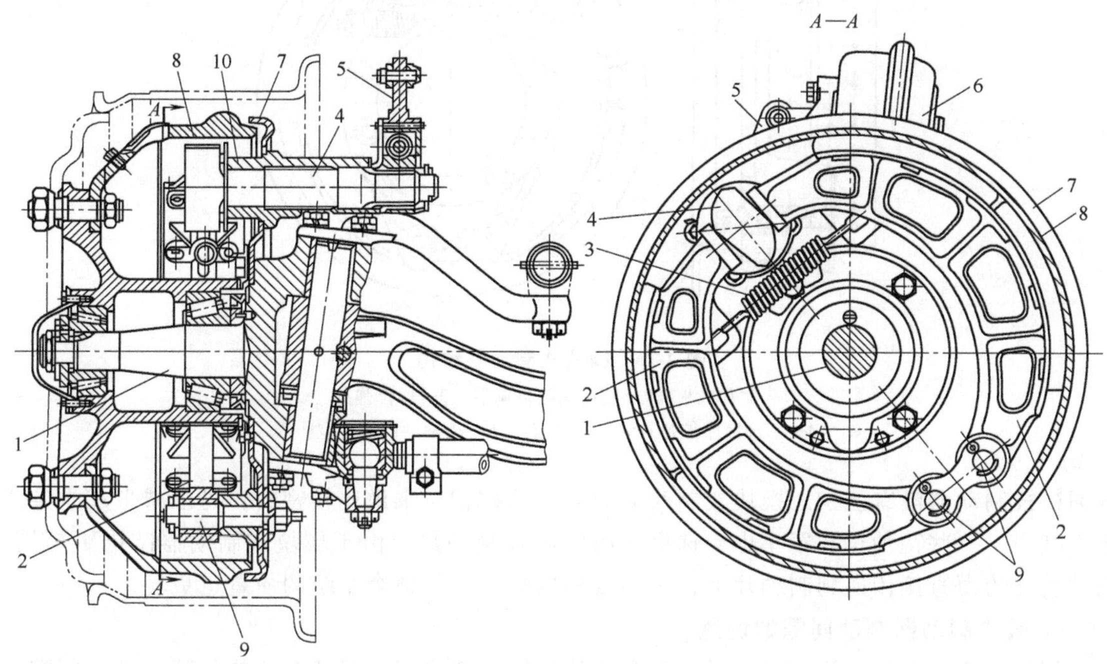

图 4-12　凸轮式制动器

1—转向节轴颈　2—制动蹄　3—回位弹簧　4—制动凸轮轴　5—制动调整臂　6—制动气室　7—制动底板　8—制动鼓　9—支承销　10—制动凸轮轴支座

制动时，制动调整臂在弹簧制动气室 6 的推动下，带动制动凸轮轴 4 转动，推动两制动蹄压靠在制动鼓 8 上。由于凸轮轮廓的中心对称性及两制动蹄的结构和安装的轴对称性，凸轮绕固定的轴线转动所引起的两制动蹄上相应点的位移相等。可见两制动蹄对制动鼓施加压紧力的大小完全取决于凸轮对制动蹄推力的大小，以及凸轮的轮廓形状和凸轮所转过的角度。但是，制动鼓对制动蹄片的摩擦使得领蹄端部力图离开制动凸轮，同时又使从蹄端部更加靠近制动凸轮。这就是说，凸轮对从蹄的促动力大于对领蹄的促动力。因此，虽然领蹄有增势作用，从蹄有减势作用，但正是这种差别造成了制动效能高的领蹄的促动力，小于制动效能低的从蹄的促动力，从而使得两制动蹄的制动力矩相等。

3. 楔块式制动器

楔块式制动器没有凸轮，直接利用锥面楔入使制动片张开，制动轮缸横向布置，工作原理很简单。楔块式制动器的制动蹄依靠在柱塞上，柱塞内端面是斜面，与置于隔离架两边槽内的滚轮接触。制动时，轮缸活塞在液压作用下使制动楔块向内移动，制动楔块又使二滚轮一面沿柱塞斜面向内滚动，一面使二柱塞在制动底板的孔中向外移动一定距离，从而使制动蹄压靠到制动鼓上。轮缸液压一旦撤除，这一系列零件即在制动蹄回位弹簧的作用下各自回位，其结构如图 4-13 所示。

通过工作原理不难发现，楔块式制动器只不过是换一种方式推开制动片，大部分原理和

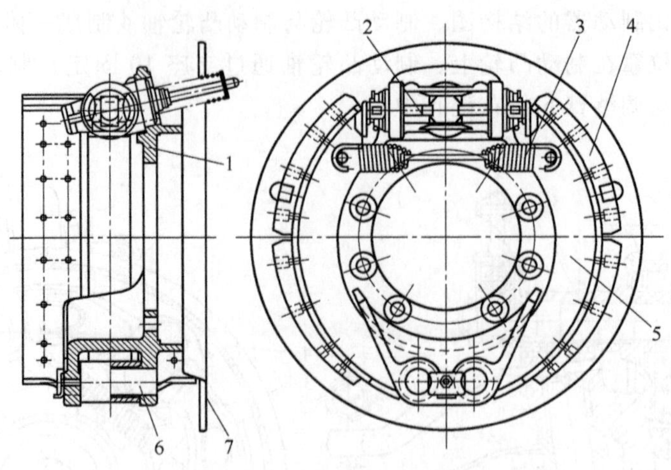

图 4-13　楔块式制动器结构

1—制动底板　2—制动间隙自调器　3—回位弹簧
4—不等厚摩擦片　5—蹄铁组件　6—销轴　7—挡尘盘

普通鼓式制动器没有区别。楔块式制动器的整个结构相对来说比较密封，可以减少灰尘杂质进入其中，一些特种车和军车也会选择使用楔块式制动器。由于楔块式制动器结构更精简，制动轮缸的力直接传递到制动片上，制动效率更高一点，整个系统的质量也更轻。

4. 鼓式制动器制动间隙的调整

制动蹄在不工作的原始位置时，其摩擦片与制动鼓之间应保持合适的间隙，制动间隙一般为 0.25～0.5mm。制动间隙如果过小，就不能保证彻底解除制动，造成摩擦副的拖磨；如果过大，又将使得制动踏板行程太长，以致驾驶员操作不便，同时也会推迟制动器开始起作用的时刻。

制动器工作一段时间以后，制动蹄上的摩擦片不断磨损，导致制动器制动间隙逐渐增大。如果制动间隙超过一定限值，即使将制动踏板踩到极限位置，也产生不了足够的制动力矩。因此，要求任何形式的制动器在结构上必须保证可以检查和调整其制动间隙。

鼓式制动器制动间隙的调整方法有手动调整和自动调整两种。

（1）手动调整　一般在制动鼓腹板外开有一个检查孔，以便用塞尺检查摩擦片与制动鼓之间的间隙（即制动间隙）是否符合规定。若不符合，可通过改变轮缸螺母、支承凸轮、偏心支承销和顶杆等的位置来调整制动间隙。

1）调整制动轮缸螺母。有些制动轮缸两端的端盖制成调整螺母，如图 4-14 所示。拨动调整螺母的齿槽，使螺母转动，带动螺杆向内或向外轴向移动，可使制动蹄上端靠近或远离制动鼓，则制动间隙减小或增大。间隙调整好后，用锁片插入调整螺母的齿槽中，使螺母的角位置固定。

2）调整支承凸轮。凸轮安装在制动底板上，其工作表面加工出小齿，制动蹄腹板上的锁销在回位弹簧的作用力下靠在这些小齿的齿槽中。转动调整凸轮，凸轮中心和锁销与齿槽的接触点之间的距离会减小或增大，可使制动蹄上端靠近或远离制动鼓，则制动间隙便可减小或增大。

3）调整偏心支承销。制动蹄支承销的轴颈是偏心的，支承销的尾端伸出制动底板外，

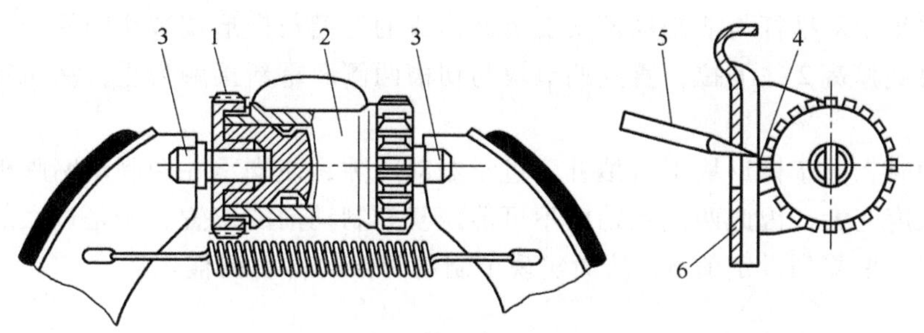

图 4-14 用调整螺母调整制动间隙

1—调整螺母 2—制动轮缸 3—可调支座 4—齿槽 5—一字旋具 6—制动底板

并铣切出矩形截面，以便用扳手夹持使之转动，从而使制动蹄下端靠近或远离制动鼓，则制动间隙便减小或增大。

4）调整顶杆长度。在自增力式制动器中，只能通过改变可调顶杆的长度来调整制动间隙，其调整装置如图 4-15 所示。可调顶杆由顶杆体 3、调整螺钉 1 和顶杆套 2 组成。顶杆套一端具有带齿的凸缘，套内制有螺纹，调整螺钉借螺纹旋入顶杆套内；顶杆套与顶杆体做间隙配合。当拨动顶杆套带齿的凸缘，可使调整螺母沿轴向移动，改变可调顶杆的总长度，从而调整了制动间隙。

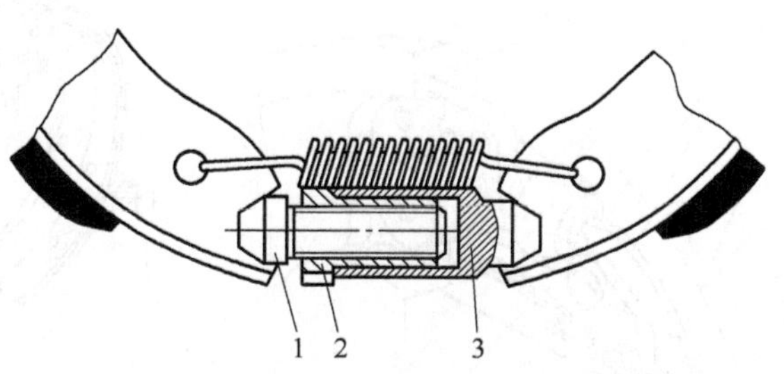

图 4-15 可调顶杆的结构

1—调整螺钉 2—顶杆套 3—顶杆体

（2）自动调整 自动调整装置可在汽车制动过程中自动调整制动间隙，可减少汽车制动系统的维护工作量。鼓式制动器可以利用多种方式对制动间隙实施自动调节，按照工作过程的不同，可分为一次调准式和阶跃式两种。

1）一次调准式调整。这种调整方式不需要人为调整，只需要一次完全制动就可调整到设计间隙，并且在行车过程中随时补偿过量间隙，这样调整制动间隙的方式称为一次调准式。

楔块式间隙自调装置如图 4-16 所示，间隙自调装置的楔形调节块 3 夹在与前制动蹄 1 固定在一起的斜支承和驻车制动推杆 5 之间形成的切槽中。驻车制动推杆两端有缺口，其右端缺口的端面压在楔形调节块 3 的齿形面上；楔形调节块的另一侧齿形面压在斜支承上，在驻车制动推杆内弹簧 4 的作用下，制动推杆紧紧压住楔形调节块和斜支承。制动推杆左端的头部有一凸耳 13，它与驻车制动杠杆 9 的外侧面之间有一设定间隙 S（约为 0.2~0.3mm）。驻车制动推杆外弹簧 6 使制动杠杆 9 与制动推杆左端缺口的端面紧贴在一起。

在行车制动时，轮缸活塞推动制动蹄 1 和 7 绕各自的支点转动。由于内弹簧 4 的刚度很大，在正常制动间隙下制动时它基本不发生拉伸，所以驻车制动推杆 5 始终压住楔形调节块 3，并与前制动蹄 1 一起左移压靠在制动鼓上。此时驻车制动杠杆 9 与制动推杆凸耳不会接触。当制动蹄磨损，制动间隙超过设定值时制动，两蹄在轮缸活塞推力的作用下，外弹簧首先被拉伸到一定程度后，内弹簧也被拉伸，使制动杠杆与制动推杆凸耳不仅接触，并且外移。此时，驻车制动推杆与前制动蹄斜支承间形成的切槽与楔形调节块间便产生了间隙，于是楔形调节块被弹簧2往下拉，直到调节块与切槽两侧面重新接触为止，从而补偿了制动器的过量间隙。

解除制动时，由于楔形块下行填补了过量制动间隙，使支承在两制动蹄腹板之间的制动推杆的有效长度变大，因此两制动蹄已不可能恢复到制动前的位置，于是过大的制动器间隙便得到了补偿，恢复到设定值 S，从而实现了制动间隙的自动调整。

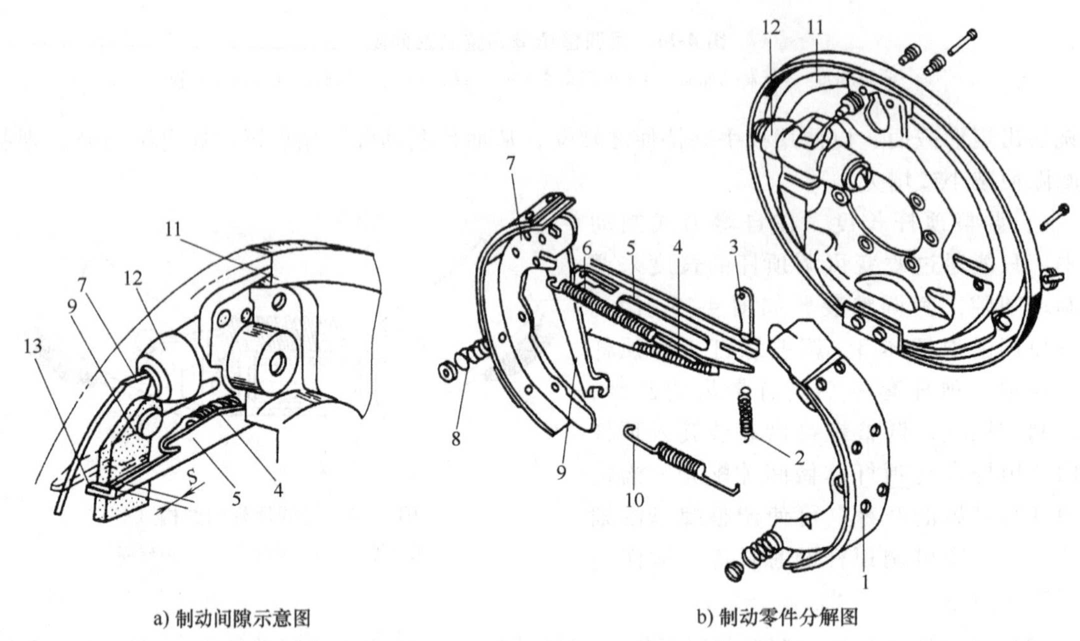

a) 制动间隙示意图　　b) 制动零件分解图

图 4-16　楔块式间隙自调装置

1—前制动蹄　2—制动间隙调节弹簧　3—楔形调节块　4—驻车制动推杆内弹簧　5—驻车制动推杆　6—驻车制动外弹簧　7—后制动蹄　8—限位弹簧　9—驻车制动杠杆　10—制动蹄回位弹簧　11—制动底板　12—制动轮缸　13—推杆凸耳

装在制动蹄上的摩擦限位式间隙自调装置工作示意图如图4-17所示，套筒3穿过制动蹄腹板上的长圆孔，并套在固定于制动底板6的球头限位销2上，压紧弹簧5压紧的两个限位摩擦片1使得套筒与制动蹄腹板4保持一定的相对位置。套筒与限位销球头间的间隙Δ限定了套筒及制动蹄相对于限位销的位移量，从而限定了制动器的设定间隙。当制动间隙过大时，制动蹄克服摩擦片与制动蹄间的摩擦力，相对于套筒及限位销继续压向制动鼓，直至实现完全制动。解除制动后，套筒回到图4-17所示原始位置，但制动蹄不可能再回到制动前的位置，过量间隙被抵消，即制动蹄间隙又恢复到设定值。

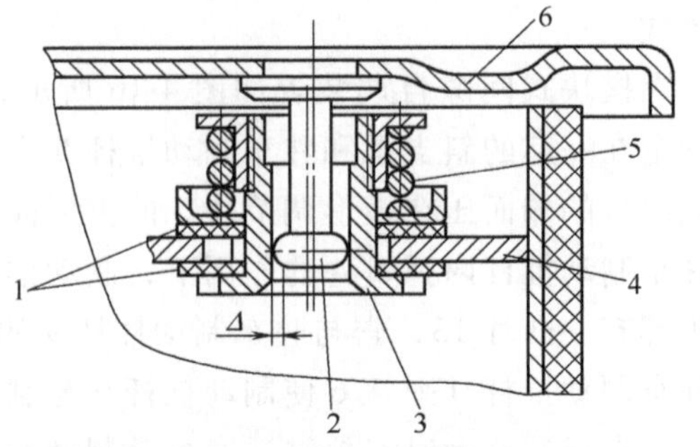

图 4-17　装在制动蹄上的间隙自调装置

1—限位摩擦片　2—球头限位销　3—套筒　4—制动蹄腹板　5—压紧弹簧　6—制动底板

2）阶跃式调整。阶跃式自动调整装置的作用是制动器在装车后要进行多次制动动作，才能消除所积累的过量间隙。例如，双向自增力式制动器的间隙自调装置，它是通过调整制动蹄的顶杆长度来调节制动间隙的，如图 4-18 所示，钢丝绳组件一端经钢丝绳连接环 14 固定于制动蹄支承销上，由钢丝绳操纵的调整杠杆 5 用其中部的弯舌支承于制动蹄的腹板上，另一个弯舌嵌入调整螺钉 7 的星形轮的齿间。倒车制动时，调整杠杆 5 的支点随制动蹄下移，而其下臂的弯舌则沿星形轮齿的齿廓上升。当过量间隙累积到一定值时，弯舌则嵌入星形轮的下一个齿间，并在解除制动过程中转动调整螺钉 7，从而恢复设定间隙。采用这种方式的间隙自动调节可以大大减少“过调节”的可能性，将阶跃式自动调整装置安排在很少出现倒车的制动过程中，可有效地防止由于制动鼓严重受热膨胀变形造成的间隙增大。

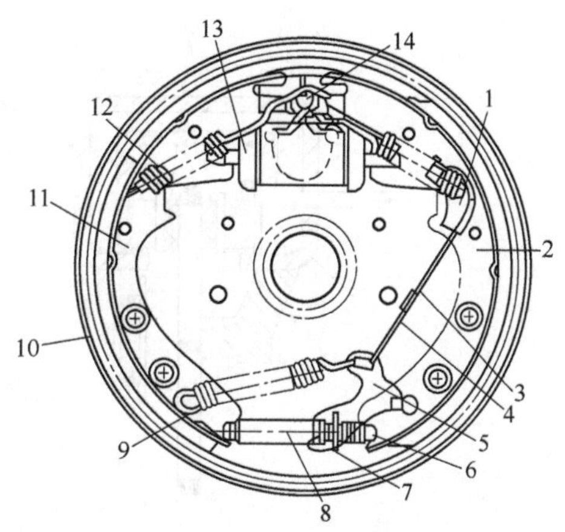

图 4-18　双向自增力式制动器制动间隙调整

1—钢丝绳导向板　2—第二制动蹄　3—钢丝绳　4—钢丝绳钩　5—调整杠杆　6—调整顶杆槽　7—调整螺钉　8—顶杆　9—调整杠杆回位弹簧　10—制动底板　11—第一制动蹄　12—制动蹄回位弹簧　13—制动轮缸　14—钢丝绳连接环

二、盘式制动器

盘式制动器摩擦副中的旋转元件是以端面工作的金属圆盘，被称为制动盘。摩擦元件从两侧夹紧制动盘而产生制动。固定元件有多种结构形式，大体上可分为钳盘式和全盘式两类。

1. 钳盘式制动器

在钳盘式制动器（图 4-19）中，由工作面积不大的摩擦块与其金属背板组成制动块。每个制动器中一般有 2~4 块。这些制动块及其促动装置都装在横跨制动盘两侧的夹钳形支架中，称为制动钳。钳盘式制动器散热能力强，热稳定性好，广泛应用于大多数轿车和轻型货车上。

钳盘式制动器按制动钳的结构形式可分为定钳盘式和浮钳盘式两种。

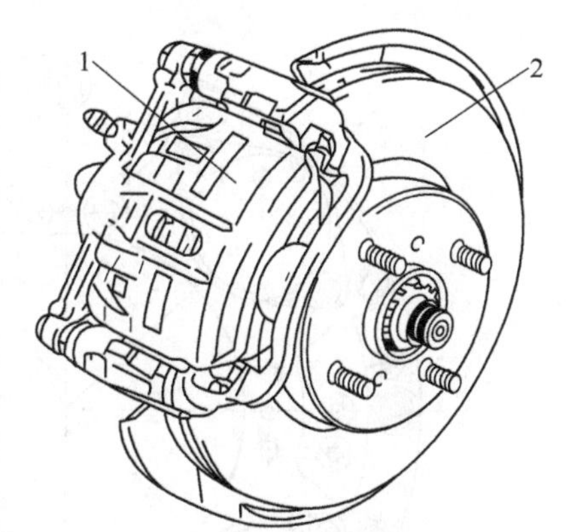

图 4-19　钳盘式制动

1—制动钳　2—制动盘

（1）定钳盘式制动器　图 4-20 所示为定钳盘式制动器的结构示意图。制动盘固定在轮毂上，制动钳体固定在车桥上，既不能旋转也不能沿制动盘轴向移动。制动钳内装有左右两个制动轮缸活塞，分别压住制动盘两侧的制动块。当驾驶员踩下制动踏板使汽车制动时，来自制动主缸的制动液从进油口压入制动轮缸，制动轮缸的液压上升，两轮缸活塞在液压作用下移向制动盘，将制动块压靠到制动盘上，制动块夹紧制动盘，产生阻止车轮转动的摩擦力矩，实现制动。

（2）浮钳盘式制动器　图 4-21 所示为浮钳盘式制动器的结构示意图。其工作特点是：制动钳体在轴向处于浮动状态，可相对于制动盘沿导向销轴向滑动，而且制动液压缸只装在制动盘的内侧。制动时，液压力推动活塞，使内侧制动块压靠制动盘，同时钳体受到反力，连同固装在其上的外侧制动块压靠在盘的另一侧面，直到两侧制动块受力平衡为止。

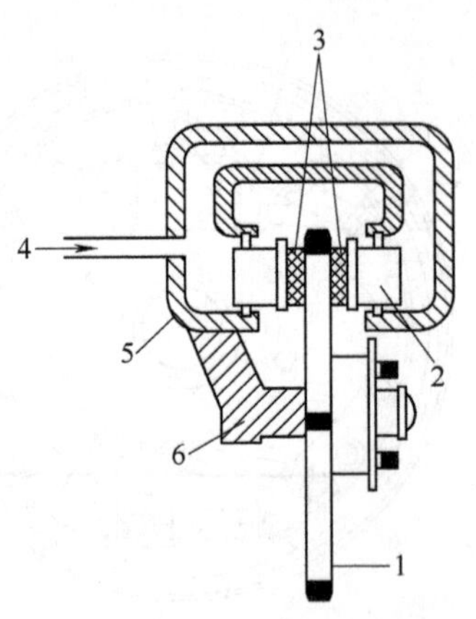

图 4-20　定钳盘式制动器结构图

1—制动盘　2—活塞　3—制动块
4—进油口　5—制动钳　6—车桥

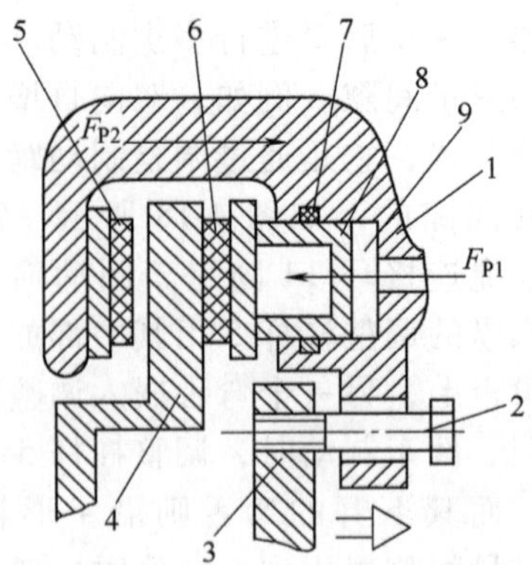

图 4-21　浮钳盘式制动器结构图

1—制动钳体　2—导向销　3—制动钳支架
4—制动盘　5—固定制动块　6—活动制动块
7—活塞密封　8—活塞　9—液压缸

与定钳盘式制动器相比，浮钳盘式制动器轴向和径向尺寸小，制动液受热汽化的机会较少；此外，在兼作驻车制动器的情况下，不用加设驻车制动钳，只需在行车制动钳液压缸附近加装一些推动液压缸活塞的驻车制动机械传动零件即可。

2. 全盘式制动器

图 4-22 所示为全盘式制动器的结构示意图。在重型载货汽车上，全盘式制动器摩擦副

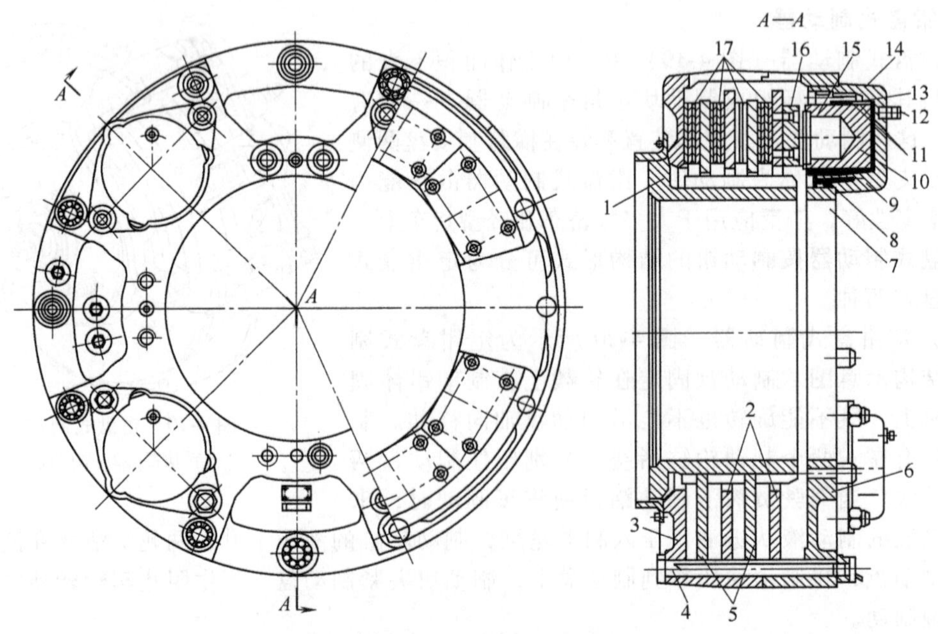

图 4-22　全盘式制动器

1—旋转花键毂　2—固定盘　3—外侧壳体　4—带键螺栓　5—旋转盘　6—内侧壳体　7—调整螺圈
8—活塞套筒回位弹簧　9—活塞套筒　10—活塞　11—活塞密封圈　12—放气阀　13—套筒密封圈
14—液压缸体　15—固定弹簧盘　16—垫块　17—摩擦片

的固定元件和旋转元件都是圆盘形的，分别称为固定盘和旋转盘。制动盘的全部工作面可同时与摩擦片接触，其结构原理与摩擦离合器相似。由于全盘式制动器的各盘和摩擦衬片都封闭在壳体内，散热条件差。因此，只有少数重型载货车使用。

3. 盘式制动器制动间隙的调整

钳盘式制动器的间隙是自动调节的，属于一次调准式，盘式制动器的间隙自调装置原理如图 4-23 所示。在制动钳体 3 内的密封槽中装有橡胶密封圈 2，橡胶密封圈是常见钳盘式制动器的间隙自调装置，密封槽有矩形和梯形两种结构形式。在活塞 1 移动过程中，橡胶密封圈会产生弹性变形，其极限弹性变形量 Δ 等于制动间隙的设定值。盘式制动器的制动间隙较小，橡胶密封圈的弹性变形可以满足要求。若制动器存在过量间隙，则制动时活塞密封圈变形量达到极限值以后，活塞在液压作用下，克服橡胶密封圈的摩擦力而继续移动，活塞与密封圈产生相对移动，直到实现完全制动为止。解除制动后，橡胶密封圈将活塞拉回的距离仍然等于 Δ，因此制动间隙即可恢复到设定值。

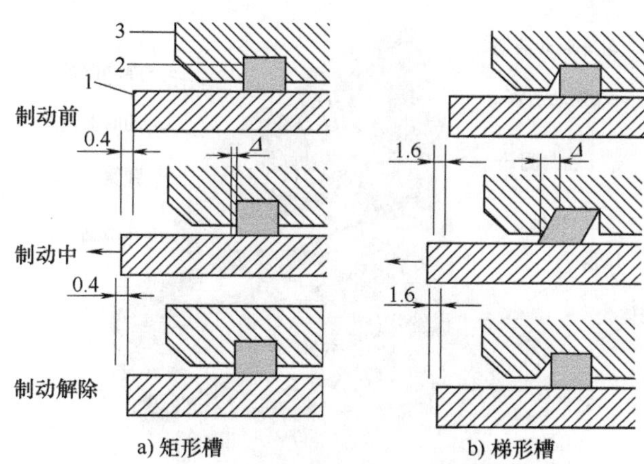

图 4-23 盘式制动器的间隙自调装置原理

1—活塞 2—橡胶密封圈 3—制动钳体

4. 盘式制动器的特点

与鼓式制动器相比，盘式制动器有以下几个优点：

1）制动效能稳定，受摩擦因数影响较小。

2）盘式制动器两面传热，圆盘旋转易冷却，不易变形，制动效果好。

3）长时间使用后，制动盘沿厚度方向的热膨胀量极小。

4）浸水后制动效能降低较少。

5）结构简单，尺寸和质量较小，维修方便，易实现间隙自动调整。

盘式制动器的不足之处是制动效能较低，所以在液压制动系统中需另行装设动力伺服装置；兼作驻车制动时，加装的驻车制动传动装置较鼓式制动器复杂，因而在后轮上使用受到限制。

目前，盘式制动器已广泛用于轿车，一些中高性能的轿车全部车轮采用盘式制动器，以获得最佳的制动效能；中级以下的轿车前轮毫无例外装用盘式制动器，而其后轮仍装用鼓式制动器，以获得高速下制动时的方向稳定性。

三、湿式制动器

湿式制动器是将所有摩擦组件全部封闭安装在制动器壳体内部，这种制动器采用全封闭式结构，如图 4-24 所示。“湿”表示制动器的摩擦片大约一半的面积会浸没于底部的油液里。油液不仅可以降低摩擦片在制动过程中摩擦产生的高温，而且可以使得整个内外摩擦片长期保证表面干净，内外摩擦片摩擦表面始终不会受到外界杂质的影响，确保制动过程黏合更加平顺，制动更加可靠。湿式盘式制动器主要由内外摩擦片（钢片和摩擦片）、制动圆盖、紧固螺栓等组成，其具体结构如图 4-25 所示。

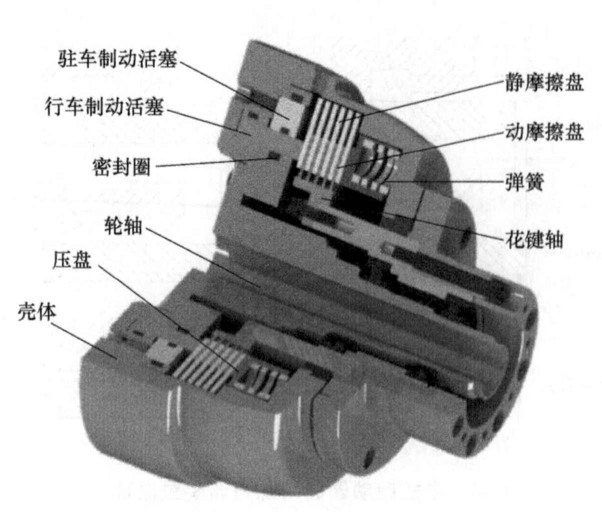

图 4-24　某湿式制动器

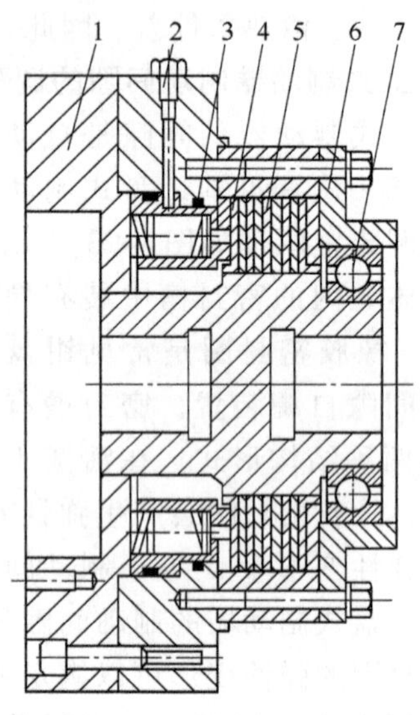

图 4-25　湿式盘式制动器结构图

1—外壳　2—紧固螺栓　3—密封圈　4—外摩擦片　5—内摩擦片　6—制动圆盖　7—轴承

湿式制动器是通过摩擦片相互叠加实现大范围的制动力矩；采用全封闭结构可以确保不会受到污水、油液、粉尘等影响；采用多弹簧均匀分布结构，可使单位面积摩擦片受压力小且摩擦片表面受力均匀；内外摩擦片交替安装浸于有油液的制动器内，摩擦片可以与油液对热循环，散热性能好，工作环境温度较低。

多片式湿式制动器具有良好的封闭性，内循环自冷，稳定性高，制动性能高，可根据需要调整摩擦副数量达到匹配制动力矩，减少成本及资源浪费，而且可以系列化、标准化。根据结构可将其分为普通型多片式、失压型多片式、多功能型多片式湿式制动器三类。

1. 普通型多片式

普通型湿式制动器（图 4-26）采用的是通过压力使油通过高压油入口进入制动器制动腔体推动制动活塞压紧摩擦片产生摩擦力矩实施制动。这种制动器在制动性能上较干式制动器有较大的优势，缺点是一旦液压系统出现故障无法提供高压油时，制动器就会有制动失效的风险。

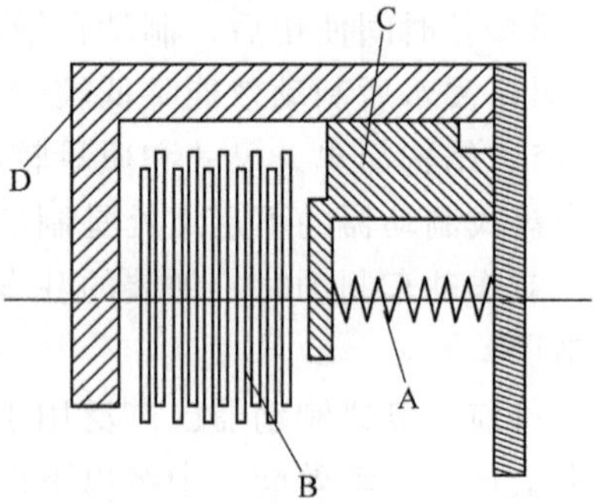

图 4-26　普通型多片式湿式制动器结构图

A—回位弹簧组　B—摩擦副对　C—活塞压盘　D—制动器壳体

2. 失压型多片式

失压型湿式制动器（图 4-27）在普通型湿式制动器的基础上进行了改进，车辆在正常行驶的情况下，高压油通过液压油入口进入制动器高压腔体内推动活塞克服弹簧的弹簧力，此时制动器处于非制动状态。当需要实施制动时，卸载制动器高压腔体内的高压油，在弹簧的作用下实施行车或驻车制动。它的优点是当液压系统或发动机出现故障无法提供高压油时，车辆会进行制动，保障人车安全。缺点是失压型湿式制动器对弹簧的要求比较高，制动频繁的车辆一旦弹簧疲劳损坏，制动器就会失效，给车辆带来安全隐患。

3. 多功能型多片式

多功能型湿式多盘制动器（图 4-28）集合了普通型湿式制动器和失压型湿式制动器的优点。行车制动时高压油进入其高压腔体作用在行车制动活塞上挤压静摩擦片实施制动，驻车制动时则卸载其高压腔体内的液压油，在制动弹簧的作用下推动驻车制动活塞挤压动静摩擦片实施制动。在液压系统出现故障无法提供高压油时，可在弹簧力的作用下实施紧急制动。多功能型湿式多片制动器的结构特点大大降低了制动弹簧的使用频率，提高了制动器的可靠性，也无须安装其他的制动系统就可以实现行车、驻车和应急制动。

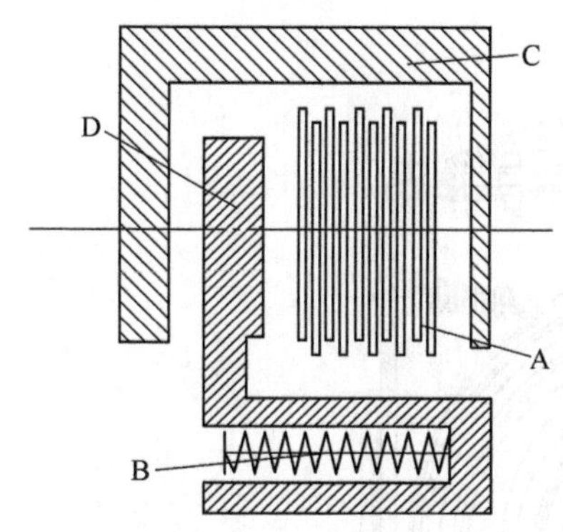

图 4-27 失压型多片式湿式制动器结构图

A—摩擦副对 B—回位弹簧组
C—制动器静壳体 D—活塞压盘

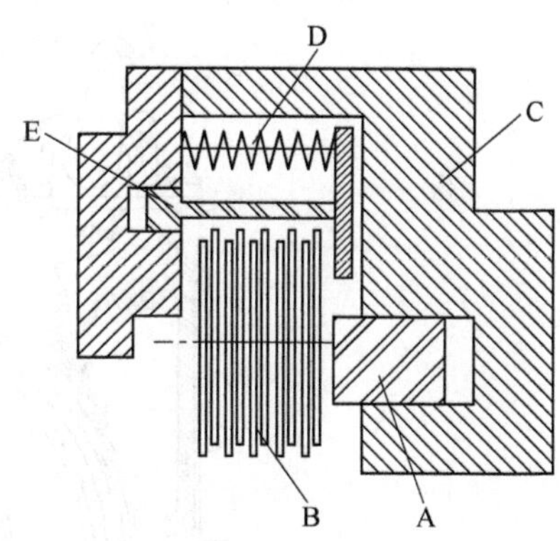

图 4-28 多功能型多片式湿式制动器结构图

A—行车制动活塞压盘 B—摩擦副对 C—制动器壳体
D—回位弹簧组 E—解除停车制动压盘

四、带式制动器

根据制动带收紧方式的不同，可分为单端式、双端式和浮式三种。单端式制动器的制动带套装在转向离合器从动毂上，制动带的一端固定，另一端与拉杆臂相连接。双端式制动器的制动带分别套装在制动凸轮两个销上，制动时两端都被拉紧。浮式制动器的制动带的两端无固定支承，分别固定在浮动的拉杆臂上。单端、浮式制动器安装在后桥壳体中的转向离合器上，由制动带、拉杆臂、制动带后拉簧、制动器拉杆等组成。双端式制动器的制动鼓分别固定在两半轴齿轮上，制动壳体安装在后桥壳体前部两侧，由制动鼓、制动带、制动凸轮轴和回位弹簧等组成。

1. 单边拉紧式带式制动器

东方红-75 型履带拖拉机上设置的就是带式制动器，制动器左、右各一个，图 4-29 所示为左侧制动器。制动带内面铆有摩擦衬面，制动带 1 环包着转向离合器从动鼓 2 的外表面，制动带的固定端通过拉杆 4 用螺母紧固在后桥箱体的上盖上，拉紧端通过连接板 6 与制动器杠杆臂 5 的下部连接、当踏下左制动踏板时，左制动器拉杆将拉动杠杆臂 5 的上部向前（图中向右）摆动，而杠杆臂的下部向后（图中向左）摆动，使制动带 1 将转向离合器从动鼓

（又称制动鼓）2 抱紧，实现制动目的。当不需要制动时，只要将制动踏板松开，在弹簧 3 和 7 的拉力下使制动带松开。制动带和制动鼓之间的正常间隙为 1.5~2mm，当制动带磨损使间隙增大时，可用拉杆 4 上的螺母调整。制动带的下方有一个托带螺钉，用来保证制动带下部与制动鼓之间的间隙。

东方红-75 型拖拉机上采用的是单边拉紧式带式制动器，该制动器的一端总是固定端，而另一端总是拉紧端。这种制动器只有制动轮向一个方向旋转时才有助于制动轮的拉紧；而制动轮向另一个方向旋转时，摩擦力将阻止制动带的拉紧。这就是说东方红-75 型拖拉机前进时制动轮（转向离合器从动鼓）逆时针旋转，从图 4-29 中可以看出，制动轮旋转方向与制动带拉紧方向相同，有利于制动带拉紧，制动迅速。当拖拉机挂倒档时，制动轮顺时针旋转，此时制动轮旋转方向与制动带拉紧方向相反，这不仅使操纵力增大好几倍，还不利于制动带的拉紧，另外还会加速制动带的磨损，这就是单端拉紧式制动带的最大缺点。

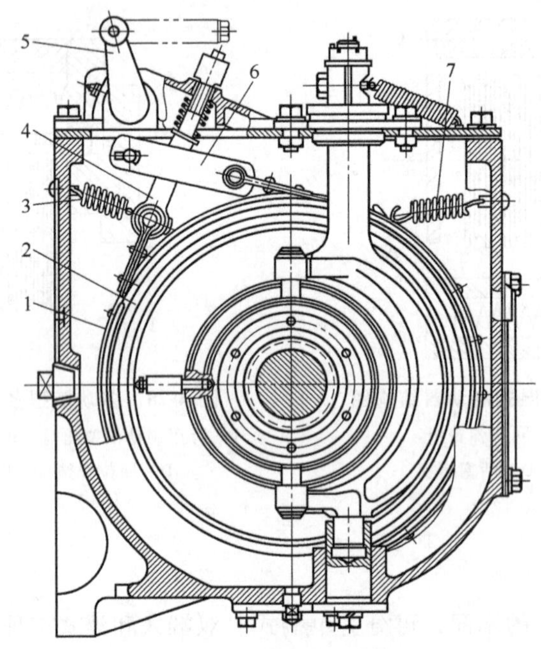

图 4-29　东方红-75 型拖拉机左侧制动器

1—制动带　2—转向离合器从动鼓　3、7—弹簧　4—拉杆　5—制动带杠杆臂　6—连接板

2. 浮式带式制动器

为克服单端拉紧式带式制动器的缺点，有的拖拉机采用了如图 4-30 所示的浮式带式制动器。该制动器两端支承销 7 和 8 都是浮动的，它们都安装在杠杆 5 上，同时又支承在支架 6 的凹槽内。当制动轮逆时针旋转时，制动带以支承销 8 为固定端；当制动轮顺时针旋转时，制动带又以支承销 7 为固定端。这样不管拖拉机是前进或后退，都有利于制动带的拉紧。

3. 双端拉紧式带式制动器

双端拉紧式带式制动器的结构如图 4-31 所示。该制动器制动带的两端都和凸轮 7 铰链连接，制动时随凸轮的转动，同时将制动带两端拉紧，无论拖拉机前进还是倒退，都可用相同的操纵力获得相同的制动效果。

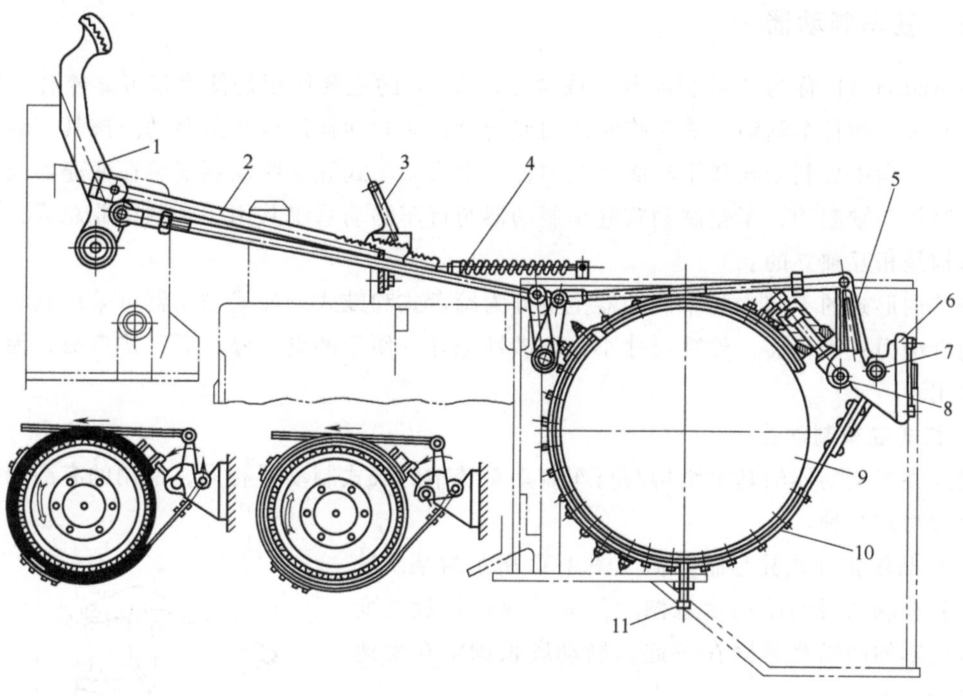

图 4-30　浮式带式制动器

1—踏板　2—齿杆　3—卡板　4—回位弹簧　5—杠杆　6—支架
7、8—支承销　9—制动轮　10—制动带　11—调整螺钉

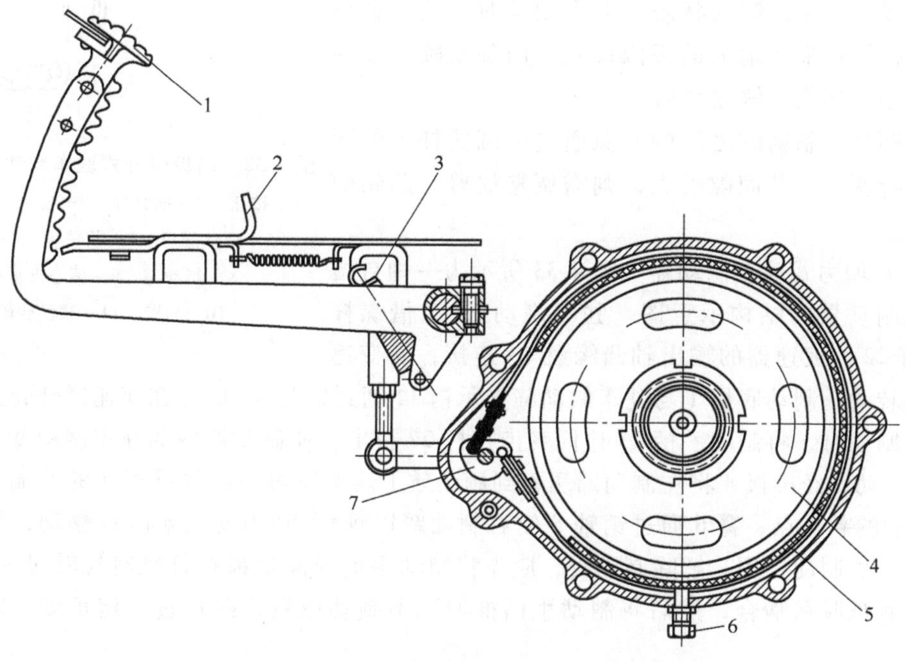

图 4-31　双端拉紧式带式制动器

1—踏板　2—卡板　3—踏板回位弹簧　4—制动轮　5—制动带　6—调整螺钉　7—凸轮

五、驻车制动器

驻车制动器俗称为“手制动器”或“手刹”，它的主要作用是使汽车可靠停驻，便于在坡道上起步，在行车制动失效后临时使用或配合行车制动器进行紧急制动。按其安装位置的不同，可分为中央制动式和车轮制动式两种。中央制动式驻车制动器安装在变速器或分动器之后，对传动轴制动；车轮制动式驻车制动器与行车制动系统共用一套制动器总成，各自的传动机构是相互独立的。

按结构形式的不同，驻车制动器主要分为蹄盘式和鼓式。鼓式制动器可采用具有高制动效能的自增力式制动器，外廓尺寸小、防沙性能好，便于调整，停车后无热负荷，因而得到广泛应用。

1. 鼓式驻车制动器

鼓式驻车制动器的基本结构与行车制动系统中的鼓式制动器相同，常用的有凸轮张开式和自动增力式两种。

（1）凸轮张开式驻车制动器　图 4-32 所示为某凸轮张开式驻车制动器的结构示意图。制动鼓通过螺栓与变速器输出轴的凸缘盘紧固在一起，制动底板固定在变速器后端壳体上。

驻车制动时，向上拉动操纵杆 2，通过拉丝软轴 11 使摇臂 10 绕支承销顺时针转动，拉杆通过摆臂 3 带动凸轮轴 6 转动，使两制动蹄张开而产生制动，用棘爪和齿扇锁住操纵杆，保持制动状态。解除制动时，按下棘爪按钮，将操纵杆推向前面的极限位置，两制动蹄片在回位弹簧作用下回位，解除制动。

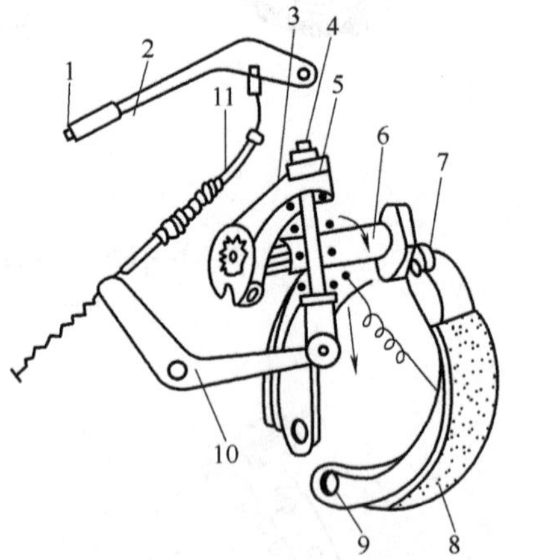

图 4-32　凸轮张开式驻车制动器示意图

1—按钮　2—操纵杆　3—摆臂　4—拉杆　5—调整螺母　6—凸轮轴　7—滚轮　8—制动蹄　9—偏心支承销　10—摇臂　11—拉丝软轴

制动蹄片与制动鼓之间的间隙通过可调拉杆上的调整螺母进行调整。若间隙过大，则需调整摇臂与凸轮的相对位置。

（2）自增力式驻车制动器　图 4-33 所示为一种自增力式驻车制动器的结构示意图。驻车制动鼓 12 借螺杆 14 和螺钉 22 与变速器的输出轴凸缘盘 13 连接，随变速器输出轴转动。制动底板 1 与驻车制动蹄支承销 11 通过螺杆 19 固定在变速器外壳上。

驻车制动时，将制动手柄 23 连同棘齿拉杆 27 拉出，使制动器内的驻车制动臂 6 绕销轴 5 顺时针转动，经推板 4 将左制动蹄压靠到制动鼓上。不能再左移的推板 4 的右端即成为臂 6 继续转动的新支点，臂 6 通过销轴 5 使右制动蹄以棘轮 20 为支点顺时针移动，压靠到制动鼓上，产生制动作用。解除制动时，应先将制动手柄连同棘齿拉杆顺时针转过一定角度，使棘齿与棘爪脱离啮合，然后将制动手柄推回到不制动位置，并转过一定角度，以便下次制动。

该驻车制动器在制动手柄下方装有驻车制动灯开关 34，只要手柄处于制动位置，仪表板上的驻车制动指示灯 35 即亮，提醒驾驶员驻车制动未解除，不能起步。

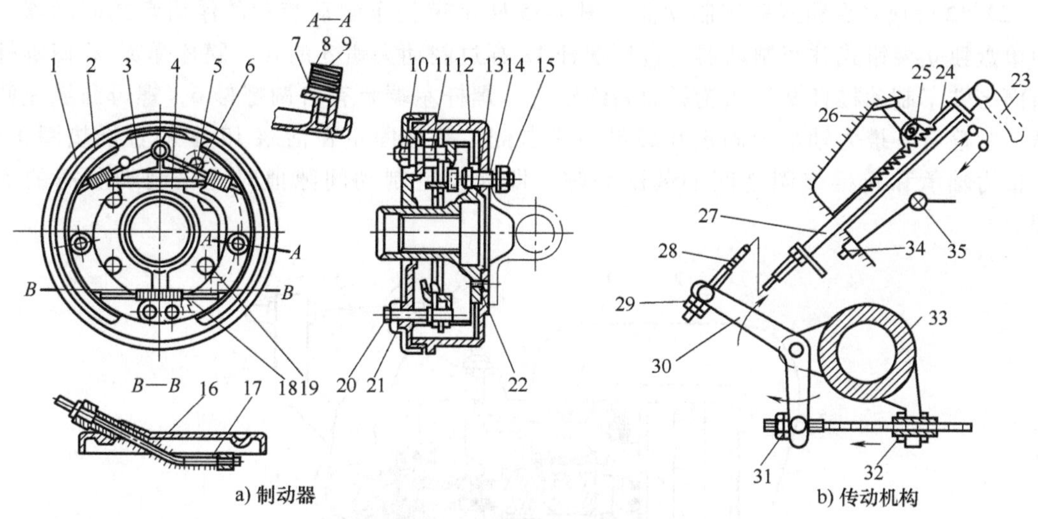

图 4-33 自增力式驻车制动器

1—制动底板 2—驻车制动蹄 3、18—拉簧 4—推板 5—销轴 6—驻车制动臂 7—压簧 8—压簧座 9—压簧拉杆 10、15—螺母 11—驻车制动蹄支承销 12—驻车制动鼓 13—变速器第二轴凸缘盘 14、19—螺杆 16、28—钢丝绳 17—回位弹簧 20—调整棘轮 21—防尘套 22—沉头螺钉 23—制动手柄 24—支座 25—棘爪 26—支座 27—棘齿拉杆 29、31—调整螺母 30—摇臂 32—导管 33—前桥 34—驻车制动灯开关 35—驻车制动指示灯

2. 盘式驻车制动器

对于后轮采用盘式制动器的车辆来说，后轮盘式制动器要安装驻车制动装置。目前带驻车制动装置的盘式制动器有：蹄盘组合式（制动盘中间部位安装有用作驻车制动的鼓式制动装置）、单盘独立夹钳式（制动盘上安装有独立的驻车制动夹钳）、驻车制动和行车制动共用制动夹钳式等三种。

（1）蹄盘组合式驻车制动器 图 4-34 所示为蹄盘组合式驻车制动器示意图。不制动时，驻车制动杆 15 处于最前位置。在定位弹簧 8 和拉簧 6 的作用下，两制动蹄摩擦片与制动盘之间保持一定间隙。

制动时，将驻车制动拉杆 15 上端向后扳动，传动拉杆 12 前移，使拉杆臂 11 逆时针方向摆动，推动前制动蹄臂 10 移向制动盘。同时通过蹄臂拉杆 9 拉动后制动蹄臂 7，压缩定位弹簧 8，使后制动蹄前移，两制动蹄即夹紧制动盘，产生制动作用，并由棘爪 13 将驻车制动杆锁止在制动位置。

解除制动时，压下制动杆上端的拉杆按钮，使下端棘爪脱出，然后将制动杆扳向最前端位置，前、后两蹄在定位弹簧作用下回位到不制动位置。

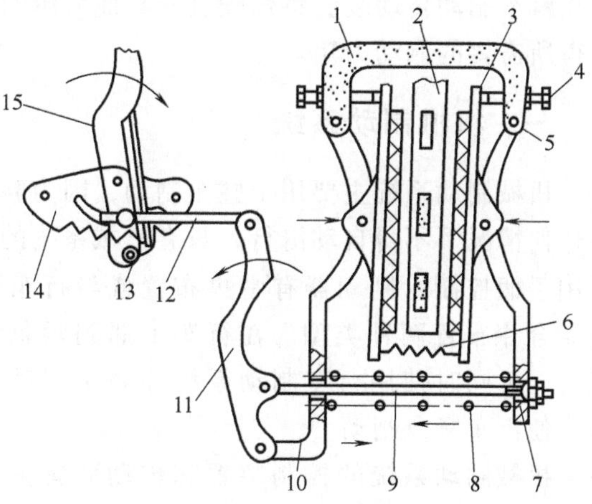

图 4-34 蹄盘式驻车制动器示意图

1—支架 2—制动盘 3—制动蹄 4—调整螺钉 5—销 6—拉簧 7—后制动蹄臂 8—定位弹簧 9—蹄臂拉杆 10—前制动蹄臂 11—拉杆臂 12—传动拉杆 13—棘爪 14—齿扇 15—驻车制动杆

(2) 单盘独立夹钳式驻车制动器 图 4-35 所示带驻车制动装置的浮钳盘式制动器，是一种单盘独立夹钳式驻车制动器。自调螺杆 12 穿过制动夹钳 3 的孔，膜片弹簧 15 使螺杆右端斜面与驻车制动杠杆 9 的凸轮斜面始终贴合。螺杆左端装有自调螺母 6，螺母凸缘左侧被扭簧 7 紧箍着。推力轴承 8 固定在螺母凸缘右侧，并被固定在活塞 17 上的止推垫圈 16 封闭。推力轴承和止推垫圈之间的装配间隙，即为设定制动间隙值时完全制动所需的活塞行程。

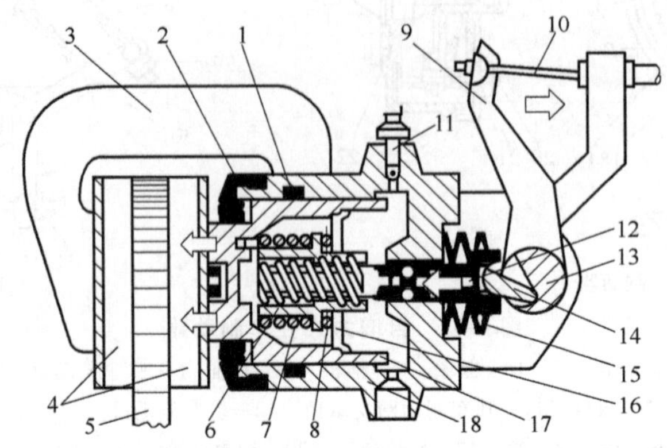

图 4-35 带驻车制动装置的浮钳盘式制动器

1—密封圈 2—防尘罩 3—夹钳 4—制动块 5—制动盘 6—螺母 7—扭簧 8—推力轴承 9—制动杠杆 10—拉线 11—放气螺钉 12—自调螺杆 13—制动凸轮 14—短轴 15—膜片弹簧 16—止推垫圈 17—活塞 18—活塞缸体

第三节 制动传动系统

汽车制动传动装置将驾驶员或其他力源的作用力传到制动器，并控制制动器工作，从而获得所需要的制动力矩。

一、机械制动系统

机械制动系统主要用于驻车制动，因为驻车制动系统必须使汽车可靠地在原地停驻，并在任何情况下不得自动滑行，只有机械系统的自锁作用才能解决这一问题。其操纵部分一般采用手柄控制，制动器有中央布置或与行车制动器合并布置两种类型。在行车中遇到紧急情况时，可同时使用行车制动系统和驻车制动系统，使汽车紧急制动。

机械制动系统的控制装置和传动装置主要由操纵杆 1、调节齿板 2、平衡杠杆 3、拉线 4、制动器 7 等组成，如图 4-36 所示。其中制动器一般为驻车制动系统和行车制动系统共用的后轮制动器。

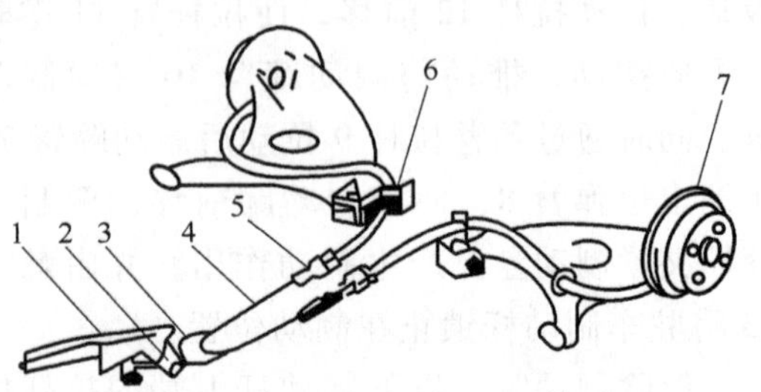

图 4-36 驻车制动系统组成示意图

1—操纵杆 2—调节齿板 3—平衡杠杆 4—拉线 5—拉线调整接头 6—拉线支架 7—制动器

图 4-37 所示为红旗 CA7220 型轿车的制动

系统示意图，其驻车制动系统是机械式的，与行车制动系统共用后轮制动器。在驻车制动时，驾驶员将驻车制动操纵杆 7 向上扳起，通过一系列杆件将驻车制动操纵缆绳 9 拉紧，从而对两后轮制动器进行驻车制动。此时，由于驻车制动操纵杆上棘爪的单向作用，使棘爪与棘爪齿板啮合，操纵杆不能反转，整个机械驻车制动杆系被可靠地锁止在制动位置。欲解除驻车制动，须先将操纵杆 7 扳起少许，再压下操纵杆端头的压杆按钮，通过棘爪压杆使棘爪离开棘爪齿板，然后放松操纵杆端按钮，使棘爪得以将整个机械驻车制动杆系锁止在解除制动的位置。

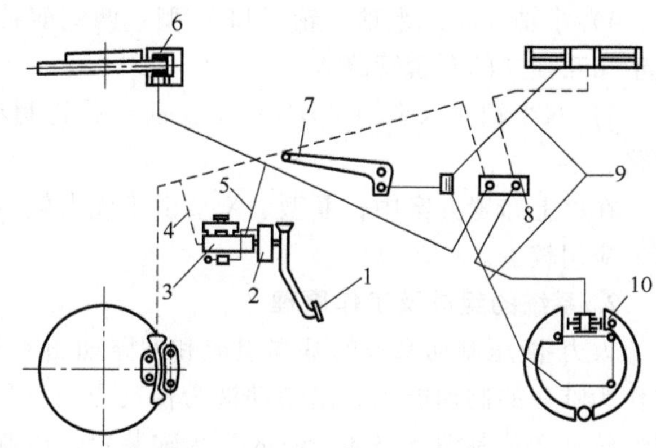

图 4-37 红旗 CA7220 型轿车的制动系统示意图

1—制动踏板 2—真空助力器 3—制动主缸 4、5—制动管路 6—盘式制动器 7—驻车制动操纵杆 8—感载比例阀 9—驻车制动操纵缆绳 10—鼓式制动器

二、人力-液压制动系统

1. 液压制动系统管路布置

现代汽车的行车制动系统都必须采用双回管路制动传动装置，以保证一旦其中一个管路失效，仍可利用另一管路得到一定的制动力，确保行车安全。双回路液压制动传动装置在各型汽车上的布置方案各有不同，如图 4-38 所示。各布置方案的特点如下。

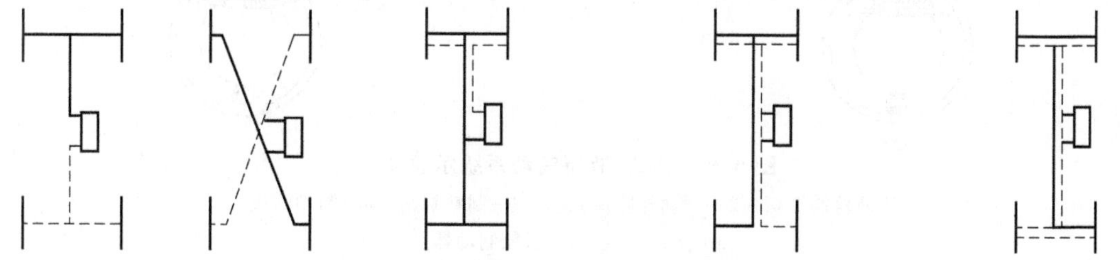

a) 一轴对一轴(Ⅱ)型 b) 交叉(X)型 c) 一轴半对半轴(HI)型 d) 半轴一轮对半轴一轮(LL)型 e) 双半轴对双半轴(HH)型

图 4-38 双回路液压制动系统的布置方案

1）一轴对一轴（Ⅱ）型：前轴（桥）制动器与后轴（桥）制动器各有一套管路。该布置方案最为简单，可与单轮缸鼓式制动器配合使用，在发动机前置后轮驱动的汽车上得到广泛应用，如南京依维柯、广州标致等汽车；其缺点是当一套管路失效时，前后桥制动力分配关系被破坏。

2）交叉（X）型：一轴的一侧车轮制动器与另一轴的对角车轮制动器同属一套管路。该布置方案中任一管路失效时，剩余的总制动力都能保持管路正常时总制动力的一半，而且前后桥制动力分配关系不发生改变，有利于提高制动稳定性。这种布置形式多用于发动机前置前轮驱动的轿车上，如上海桑塔纳、神龙富康、天津夏利等汽车。

3）一轴半对半轴（HI）型：每侧前轮制动器的半数轮缸和全部后轮制动器轮缸同属一套管路，其余的前轮轮缸则属于另一套管路。

4）半轴一轮对半轴一轮（LL）型：两侧前轮制动器的半数轮缸和一个后轮制动器分别属于相互独立的两套管路。

5）双半轴对双半轴（HH）型：前、后轮制动器的半数轮缸分别属于相互独立的两套管路。

在以上布置方案中，Ⅱ型、X型由于优点较多而被广泛应用。其他三种较为复杂，在汽车上应用较少。

2. 系统的组成及工作原理

人力-液压制动系统的基本组成和回路如图4-39所示。人力-液压制动系统以驾驶员的肌体作为唯一的制动能源，以制动液为传动介质（即液压方式传递制动能源），以制动主缸5、制动轮缸2及制动管路3、6、8为传输装置，以制动踏板4为控制装置，采用盘式或鼓式行车制动器。制动踏板机构和制动主缸都安装在车架上，轮缸安装在车轮制动器上。车轮通过弹性悬架与车架相连，主缸和轮缸之间的相对位置经常发生变化，因此主缸与轮缸间的连接油管除金属管（铜管）外，还有特制的橡胶制动软管。各液压元件之间及各段油管之间装有各种管接头。整个液压制动系统中应当保持充足的专用制动液。

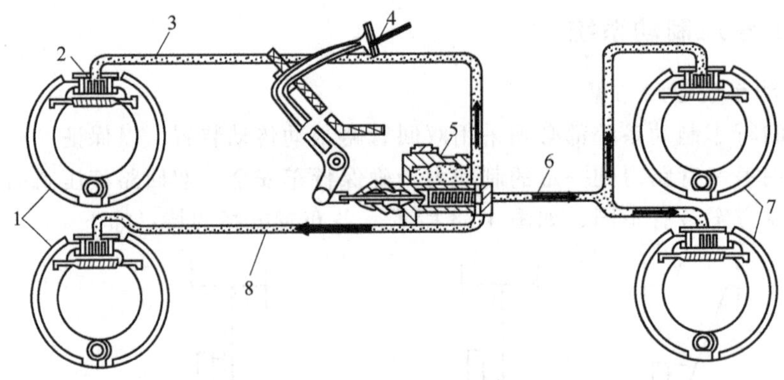

图4-39 人力-液压制动系统示意图

1—前轮制动器 2—制动轮缸 3、6、8—制动管路 4—制动踏板
5—制动主缸 7—后轮制动器

当踩下制动踏板制动时，驾驶员所施加的制动控制力通过踏板机构传到制动主缸，制动主缸即将制动液经油管压入前、后制动轮缸，将制动蹄推向制动鼓。在制动器间隙消除之前，管路中的液压不可能很高，仅足以平衡制动蹄回位弹簧的张力以及油液在管路中的流动阻力。在制动间隙消除并开始产生制动力矩时，液压与踏板力开始增长，直到完全制动。从开始制动到完全制动的过程中，由于在液压作用下，油管（主要是橡胶软管）的弹性膨胀变形和摩擦元件的弹性压缩变形，踏板与轮缸活塞都可以继续移动一段距离。松开制动踏板，制动蹄和轮缸活塞在回位弹簧作用下回位，将制动液压回主缸。

显然，管路压力和制动器产生的制动力矩与踏板力呈线性关系。若轮胎与地面间的附着力足够，则汽车所受到的制动力也与踏板力呈线性关系。制动系统的这项性能称为制动踏板感（或称路感），驾驶员可因此而直接感觉到汽车制动强度，以便及时加以必要的控制和调节。

自制动踏板到轮缸活塞的制动系统传动比，等于踏板机构杠杆比乘以轮缸直径同主缸直

径之比。传动比越大，则为获得同样大的制动力矩所需的踏板力越小，但踏板行程却因此而变大，使得制动操作不便。因此，液压制动系统的传动比要合适，既要保证制动踏板力较小，同时踏板行程又不要太大。对于人力液压制动系统，考虑到制动器允许磨损量的踏板全行程不应超过 150（轿车）~180mm（货车）。制动器间隙调整正常时，踏下踏板到完全制动的踏板工作行程不应超过全行程的 50%~60%。最大踏板力一般不应超过 350（轿车）~550N（货车）。

3. 制动主缸

制动主缸的作用是将由制动踏板输入的机械能转换成液压能。在双回路液压制动系统中，采用串列双腔式制动主缸，相当于两个单腔式制动器串联在一起，如图 4-40 所示。制动主缸的壳体内装有前缸活塞 7、后缸活塞 12、前缸弹簧 21 和后缸弹簧 18；前缸活塞用密封圈 19 密封，后缸活塞用密封圈 16 密封，并用挡圈 13 定位。两个储液筒分别与前腔 B、后腔 A 相通，通过各自的出油阀 3 与前后制动轮缸相通，前缸活塞靠后缸活塞的液力推动，而后缸活塞直接由推杆 15 推动。

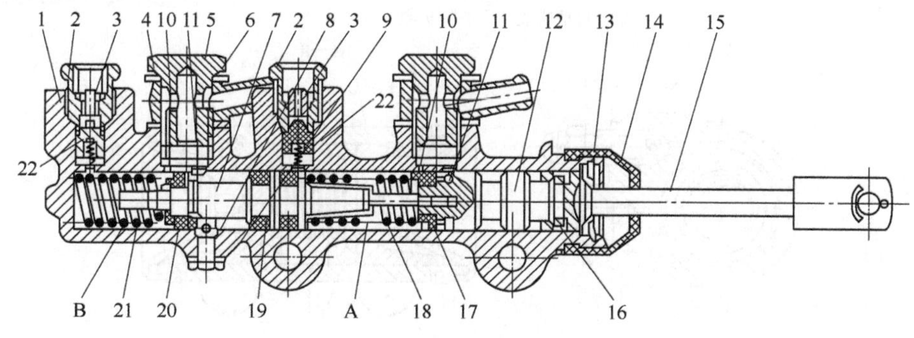

图 4-40 串列双腔制动主缸

1—制动主缸缸体 2—出油阀座 3—出油阀 4—进油管接头 5—空心螺栓 6—密封垫 7—前缸活塞 8—定位螺钉 9—密封垫 10—旁通孔 11—补偿孔 12—后缸活塞 13—挡圈 14—护罩 15—推杆 16—后缸密封圈 17—后活塞皮腕 18—后缸弹簧 19—前缸密封圈 20—前后塞皮碗 21—前缸弹簧 22—回油阀 A—后腔 B—前腔

当踩下制动踏板时，推杆推动后活塞左移至皮碗掩盖住补偿孔之后，后工作腔中油压升高。油压一方面通过后出油阀流进后制动管路；另一方面油压与后弹簧共同推动前活塞左移，使前工作腔油压升高，油液推开前出油阀流进前制动管路，于是两制动管路在等压下对汽车制动。

解除制动时，驾驶员放开制动踏板，制动蹄和轮缸活塞在复位弹簧的作用下回位，将制动液压回制动主缸，制动作用解除，活塞回到不制动的位置。

4. 制动轮缸

制动轮缸的作用是将制动主缸传来的液压力转变为机械推力，以使制动蹄张开。对不同结构形式的轮缸式制动器，轮缸的结构各不相同，有单活塞式（图 4-41）和双活塞式两种。两者的工作原理相似，结构上都由缸体、活塞、调整螺钉（顶块）和放气阀等组成，其中放气阀是制动系统的必备部件，用来排除制动管路中混入的空气。单缸活塞式制动轮缸主要用于双领蹄式和双从蹄式制动器，双缸活塞式制动轮缸则用于领从蹄式制动器、双向双领蹄式制动器及自增力式制动器，应用较为广泛。

图 4-42 所示为双活塞式制动轮缸的示意图，缸体 1 内装有两个活塞 2，两个皮碗 3 装在两个活塞的端面以实现油腔的密封；弹簧 4 保持皮碗、活塞、顶块与制动蹄的紧密接触，并保持两活塞之间的进油间隙。制动时，来自制动主缸的制动液经油管接头和进油口进入进油间隙（油腔），将活塞向外推开，通过顶块推动制动蹄，使车轮制动。防护罩 6 除防尘外，还可防止水分进入，以免活塞和缸体生锈而卡死。

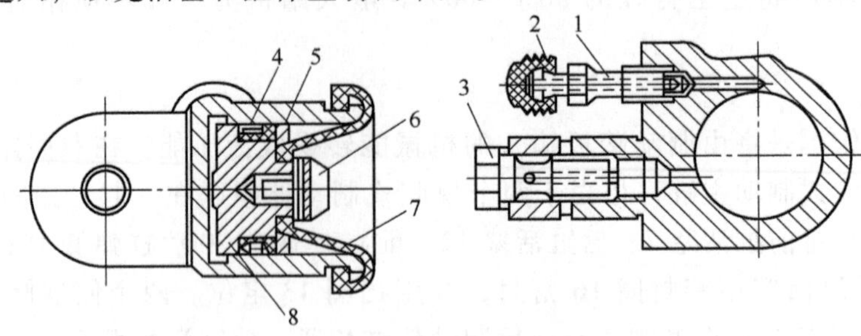

图 4-41　单活塞式制动轮缸结构示意图

1—放气阀　2—橡胶护罩　3—进油管接头　4—皮圈　5—缸体
6—调整螺钉　7—防护罩　8—活塞

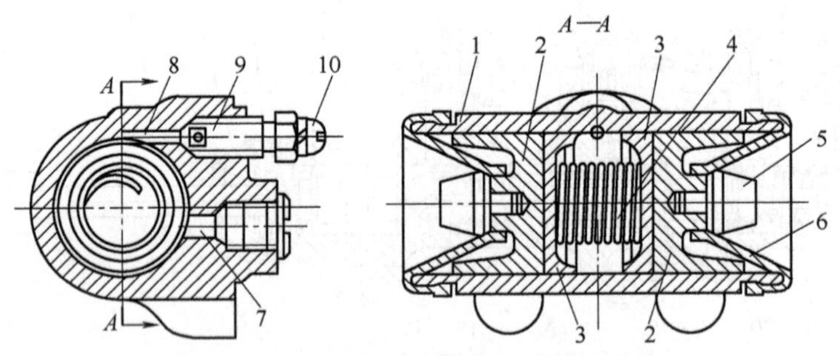

图 4-42　双活塞式制动轮缸结构示意图

1—缸体　2—活塞　3—皮碗　4—弹簧　5—顶块　6—防护罩　7—进油孔　8—放气孔
9—放气阀　10—放气阀防护螺钉

5. 制动液

制动液也是液压制动系统的重要组成部分，其质量的好坏对制动系统的工作可靠性有很大的影响。为此，对制动液提出如下要求。

1）高温下不易汽化，否则将在管路中产生气阻现象，使制动系统失效。

2）低温下有良好的流动性。

3）不会使与之经常接触的金属（铸铁、钢、铝或铜）件发生腐蚀，不会使橡胶件发生膨胀、变形和损坏。

4）能对液压系统的运动件起到良好的润滑作用。

5）吸水性差而溶水性良好，即能使渗入其中的水汽形成微粒而与之均匀混合，否则将在制动液中形成水泡，进而大大降低制动液汽化温度。

6. 制动油管

制动油管由金属管路和橡胶软管组成，其作用是连接制动主缸和制动轮缸，传递液压能，在车轮相对车架的位置变化时，提供补偿量。

三、液压伺服制动系统

在人力-液压制动系统的基础上加设一套动力伺服系统（助力），即兼用人体和发动机

作为制动能源，即构成了伺服制动系统。正常情况下，制动能量大部分由伺服系统供给，而在动力伺服系统失效时，可全靠驾驶员供给制动能源（即由伺服制动转为人力制动）。

与人力-液压制动系统一样，液压伺服制动系统传动机构利用液压油（制动液）将制动踏板力转换为液压力，通过管路传至车轮制动器，再将液压力转变为制动蹄张开的机械推力或制动钳的夹持力。传动机构中的制动主缸、制动轮缸的结构及工作原理与人力-液压制动系统所用的完全相同。

按输出力作用部位和对其控制装置的操纵方式的不同，液压伺服制动系统可分为真空助力式（直接操纵式）和真空增压式（间接操纵式）两种。

1. 真空助力式液压伺服制动系统

（1）制动系统回路组成及工作原理　图 4-43 所示为真空助力伺服（直接操纵真空伺服）制动系统示意图，采用的是 X 形布置（对角线布置）的双回路液压制动系统。串列双腔制动主缸 4 的前腔通往左前轮盘式制动器的轮缸 11，并经感载比例阀 9，通向右后轮鼓式制动器的轮缸 13。制动主缸 4 的后腔通往右前轮盘式制动器的轮缸 12，并经感载比例阀通向左后轮鼓式制动器的轮缸 10。真空伺服气室 3 和控制阀 2 组合成一个整体部件，称为真空助力器。制动主缸 4 直接装在真空伺服气室的前端，真空单向阀 8 直接装在伺服气室上。真空伺服气室工作时产生的推力，也同踏板力一样直接作用在制动主缸 4 的活塞推杆上。

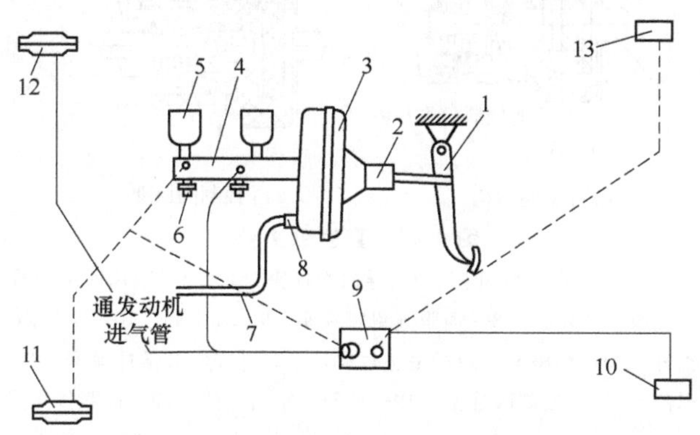

图 4-43　真空助力伺服制动系统示意图

1—制动踏板　2—控制阀　3—真空伺服气室　4—制动主缸　5—储液罐　6—制动信号灯液压开关　7—真空供能管路　8—真空单向阀　9—感载比例阀　10—左后轮缸　11—左前轮缸　12—右前轮缸　13—右后轮缸

（2）真空助力器　真空助力器是利用真空能（负气压能）对制动踏板进行助力的装置，用于真空助力伺服液压制动系统，安装在制动踏板和制动主缸之间。

真空助力器主要由真空伺服气室和控制阀组成，如图 4-44a 所示。真空伺服气室由前、后壳体 1 和 19 组成，两者之间夹装有伺服气室膜片 20，将伺服气室分成前、后两腔。前腔经真空单向阀通向发动机进气歧管，外界空气经过滤环 11 和毛毡过滤环 14 滤清后进入伺服气室后腔。后腔膜片座 8 的毂筒中装有控制阀 6。控制阀由空气阀 10 和真空阀 9 组成，其结构图部分放大后如图 4-44b 和图 4-44c 所示，空气阀与控制阀推杆 12 固装在一起，控制阀推杆借调整叉 13 与制动踏板机构连接。伺服气室膜片座 8 上有通道 A 和 B，通道 A 用于连通伺服气室前腔和控制阀，通道 B 用于连通伺服气室后腔和控制阀。伺服气室膜片座的前端装有制动主缸推杆 2，其中有传递脚感的橡胶反作用盘 7，反作用盘两面受力，前端面受控制阀推杆、空气阀及膜片座的推力；后端面承受制动主缸推杆传来的制动主缸液压的反作用

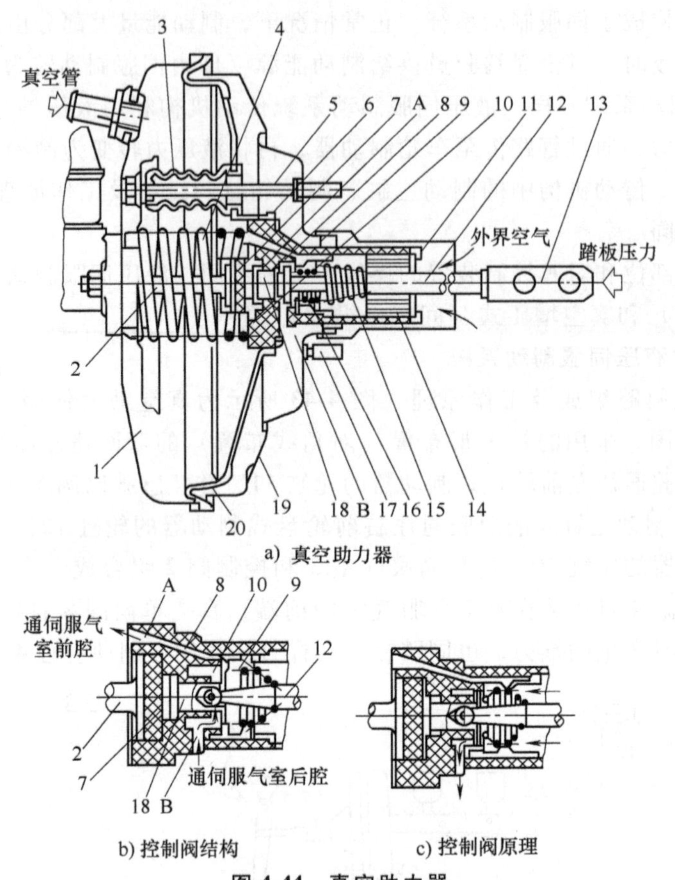

图 4-44 真空助力器

1—伺服气室前壳体 2—制动主缸推杆 3—导向螺栓密封套 4—膜片回位弹簧 5—导向螺栓 6—控制阀 7—橡胶反作用盘 8—伺服气室膜片座 9—真空阀 10—空气阀 11—过滤环 12—控制阀推杆 13—调整叉 14—毛毡过滤环 15—控制阀推杆弹簧 16—阀门弹簧 17—螺拴 18—控制阀柱塞 19—伺服气室后壳体 20—伺服气室膜片

力。真空伺服气室工作时产生的推力连同踏板力一起，直接作用在制动主缸推杆 2 上。

真空助力器不工作时，空气阀和控制阀推杆 12 在控制阀推杆弹簧 15 的作用下，离开橡胶反作用盘 7，处于右端极限位置，并使真空阀离开膜片座 8 上的阀座，即真空阀处于开启状态。而真空阀又被阀门弹簧 16 压紧在空气阀上，即空气阀处于关闭状态。此时伺服气室的前后两腔相互连通，并与大气隔绝。在发动机工作时，前后两腔内都产生一定的真空度。

制动时，踩下制动踏板，来自踏板机构的控制力推动控制阀推杆 12 和控制阀柱塞 18 向前移动，在消除柱塞与橡胶反作用盘 7 之间的间隙后，再继续推动制动主缸推杆 2，主缸内的制动液以一定压力流入制动轮缸，此力为制动踏板机构所给。与此同时，在阀门弹簧的作用下，真空阀也随之向前移动，直到压靠在膜片座的阀座上，从而使通道 A 和 B 隔绝，即伺服气室的前腔和后腔隔绝，进而空气阀离开真空阀，伺服气室前后腔开启，空气经过滤环、毛毡过滤环、空气阀的开口和通道 B 充入伺服气室后腔。随着空气的充入，在伺服气室膜片的两侧出现压力差而产生推力，此推力通过膜片座、橡胶反作用盘推动制动主缸推杆 2 向前移动，此力为压力差所给。此时，制动主缸推杆上的作用力为踏板力和伺服气室反作用盘推力的总和，使制动主缸输出的压力成倍增长。

解除制动时，控制阀推杆弹簧15使控制阀推杆和空气阀向右移动，真空阀离开膜片座上的阀座而开启，伺服气室的前后两腔相通，且均为真空状态。膜片座和膜片在膜片回位弹簧的作用下回位，制动主缸解除制动作用。

若真空助力器失效或真空管路无真空度，则控制阀推杆将通过空气阀直接推动膜片座和制动主缸推杆移动，使制动主缸产生制动压力，但作用在踏板上的力要增大。

2. 真空增压式液压伺服制动系统

（1）制动系统回路及工作原理　图4-45所示为双回路真空增压伺服（间接操纵真空伺服）制动系统示意图，这种伺服制动系统比人力液压制动系统多一套真空伺服系统，其中包括：由发动机进气管12（真空源）、真空单向阀11、真空罐10组成的供能装置；作为控制装置的控制阀6；作为传动装置的真空伺服气室8；与液压制动系统共用的中间传动缸——辅助缸5。辅助缸、真空伺服气室和控制阀通常组合装配成一个部件，称之为真空增压器。

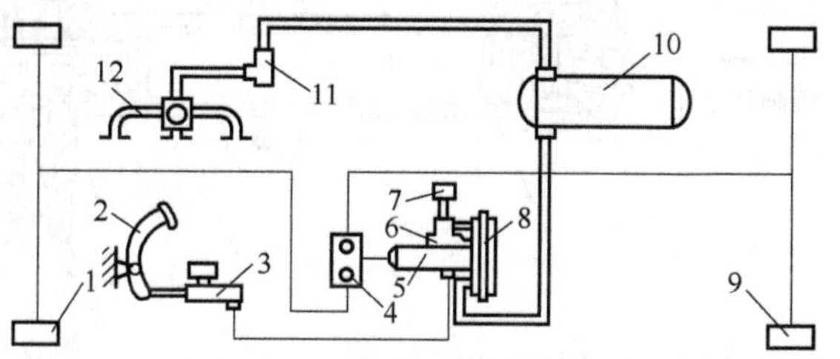

图4-45　双回路真空增压液压伺服制动系统示意图

1—前制动轮缸　2—制动踏板　3—制动主缸　4—安全缸　5—辅助缸　6—控制阀　7—进气滤清器　8—真空伺服气室　9—后制动轮缸　10—真空罐　11—真空单向阀　12—发动机进气管

当发动机工作时，在进气管12中的真空度作用下，真空罐10中的空气经真空单向阀11被吸入发动机，因而罐中也产生并积累了一定的真空度，作为制动伺服的能源。伺服系统中工作真空度最高可达0.007MPa。踩下制动踏板时，制动主缸的输出液压能首先传入辅助缸5，此液压能一部分作为促动压力传入制动轮缸1和9，一部分又作为控制压力输入控制阀6。控制阀在主缸液压控制下，使真空伺服气室的工作腔通真空罐或通大气，并保证伺服气室输出力与主缸液压以及制动踏板力和踏板行程成递增函数关系。真空伺服气室输出力与主缸传来的液压作用力一同作用于辅助缸活塞，因而辅助缸输送至轮缸的压力高于主缸压力，起到增压作用。

（2）真空增压器　真空增压器用于真空增压式伺服制动系统，安装在制动主缸之后，利用真空度对制动主缸输出的油液进行增压。

真空增压器由真空伺服气室、控制阀和辅助缸三部分组成，如图4-46所示。伺服气室膜片22将伺服气室分成左、右两腔。左腔C经真空伺服气室前壳体20端面接头通过真空管与真空罐相连接，且经由辅助缸中的孔道与控制阀下腔B相通。右腔D则经通气管28与控制阀上腔A相通。真空伺服气室膜片中央经膜片托盘24等与推杆26紧固在一起，伺服气室膜片回位弹簧25使膜片在不制动时处于图示最右端位置。

在控制阀中，空气阀16和真空阀15组成阀门组件，空气阀座在控制阀体上，真空阀座在膜片座上。不制动时，在阀门弹簧17和控制阀膜片回位弹簧19的作用下，空气阀16关闭，增压器与大气隔绝，真空阀15则开启，使A、B、C、D腔互相连通并具有相同的真空度。控制阀柱塞11与膜片座连为一体，可在控制阀缸中上下移动。

辅助缸的内腔被辅助缸活塞4分成两部分，左腔通过出油管接头1通向前、后轮制动轮缸，右腔经进油管接头8与制动主缸相通。推杆26通过尼龙密封圈座10支承在辅助缸的座孔中，并以两个橡胶双口密封圈密封，前端装有球阀5。不制动时，辅助缸活塞回位弹簧2

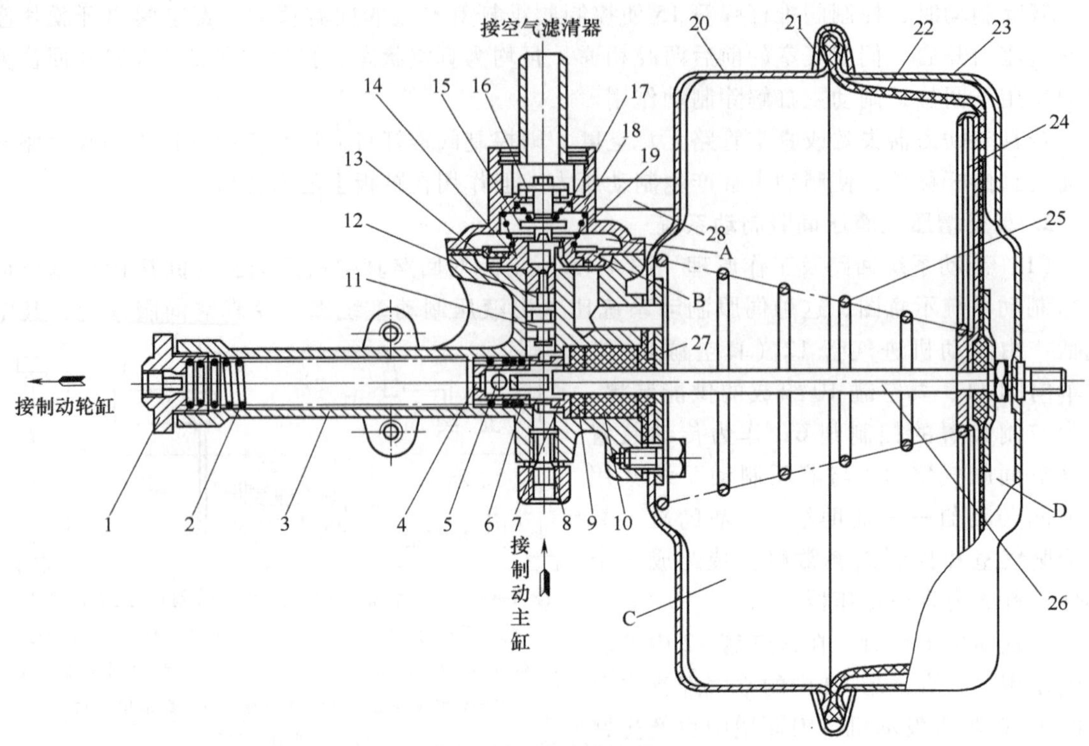

图 4-46　真空增压器

1—辅助缸出油接头　2—辅助缸活塞回位弹簧　3—辅助缸体　4—辅助缸活塞　5—球阀　6—皮圈　7—活塞限位座　8—辅助缸进油管接头　9—密封圈　10—密封圈座　11—控制阀柱塞　12—皮圈　13—控制阀膜片　14—膜片座（带真空阀座）　15—真空阀　16—空气阀　17—阀门弹簧　18—控制阀体（带大气阀座）　19—控制阀膜片回位弹簧　20—伺服气室前壳体　21—卡箍　22—伺服气室膜片　23—伺服气室后壳体　24—膜片托盘　25—伺服气室膜片回位弹簧　26—伺服气室推杆　27—连接块　28—气管

将辅助缸活塞 4 推靠在活塞限位座 7 上。

真空增压器工作原理如图 4-47 所示。踩下制动踏板时，制动液自制动主缸输入辅助缸，开始时球阀 5 处于开启状态，制动液可由辅助缸活塞上的孔进入前后各制动轮缸。此时，轮缸液压等于主缸液压。与此同时，输入到辅助缸的液压油还作用到控制阀柱塞 11 上，推动膜片座上移，首先将真空阀 15 关闭，使控制阀上腔 A 与下腔 B 隔绝，然后将空气阀 16 打开。于是空气便经空气滤清器流入控制阀上腔 A 和伺服气室右腔 D（图 4-47a），使其中的压力升高（即真空度减小）。而此时控制阀下腔 B 和伺服气室左腔 C 中的真空度则保持不变。在 C、D 两腔压力差的作用下，伺服气室膜片 22 带动推杆 26 向左移动，使球阀 5 抵靠在辅助缸活塞 4 的阀座上，并使制动主缸与辅助缸左腔隔绝。这时，作用在辅助缸活塞上有两个力：一是从制动主缸传来的液压力；另一个是推杆传来的推力。所以，增压缸左腔及各轮缸的液压要高于主缸的液压，起到了增压效果。

随着 A、D 两腔中真空度的降低，控制阀的膜片及阀门组件逐渐下移。A、D 两腔中真空度降低到一定值时，空气阀关闭，此时真空度将保持在某一稳定值上，其大小取决于输入控制压力，即主缸压力。而控制压力又取决于作用于制动踏板上的力和踏板行程。所以，驾驶员作用在制动踏板上的力将对制动强度起决定作用。

当制动踏板回升一定距离（图 4-47b），即主缸油压下降一定值时，控制阀平衡状态被破坏，控制阀柱塞 11 及膜片座下移，真空阀开启，于是 A、D 两腔压力降低，使 C、D 两腔压差有所减小。辅助缸输出压力也就保持在较低值，从而使制动强度减弱。当制动踏板完全放松时，所有运动件都在各自的回位弹簧作用下回复原位。

若真空增压器失效或管路漏气而无真空度时，辅助缸中的球阀 5 将保持开启，使制动主缸与制动轮缸之间的油路畅通，整个系统还可以同人力-液压制动系统一样工作，只是所需踏板力要大些。

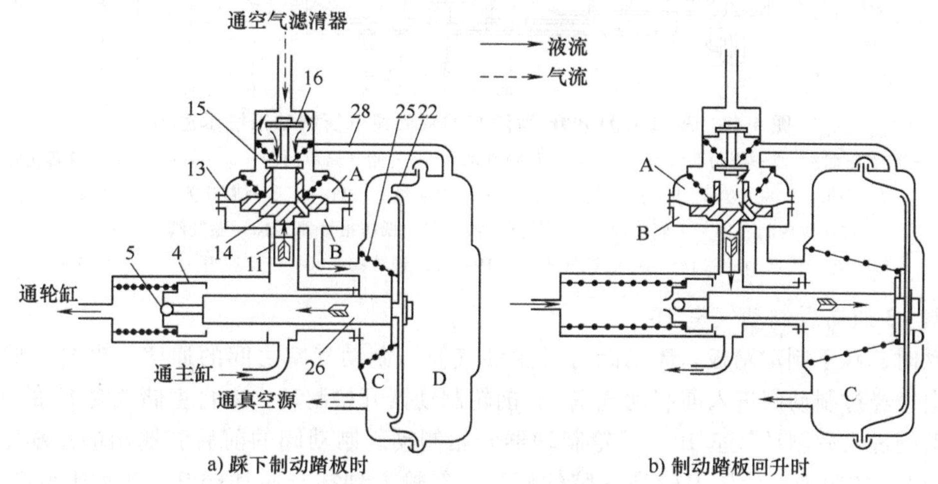

a) 踩下制动踏板时　　b) 制动踏板回升时

图 4-47 真空增压器工作示意图

（图注同图 4-46）

四、气压动力制动系统

动力制动系统是一种以发动机动力作为唯一制动能源的制动系统。在动力制动系统中，驾驶员的肌体仅作为控制能源，其制动能源则是由空气压缩机产生的气压能，或液压泵产生的液压能。空气压缩机或液压泵则由发动机驱动。

动力制动系统有气压式、气顶液式和全液压式三种类型。本节仅对气压式动力制动系统进行介绍。

气压制动系统的供能装置和传动装置都是气压式的，其控制装置主要由制动踏板机构和制动阀等气压控制元件组成，是发展最早的一种动力制动系统，广泛应用于中型以上商用车。

气顶液制动系统的供能装置、控制装置与气压式的相同，但其传动装置有气压式和液压式两部分，即传动装置是气压-液压组合式。

全液压动力制动系统中除制动踏板外，供能、控制和传动装置全是液压式的。

1. 系统回路和工作原理

与液压制动系统一样，气压制动系统都采用双回路或多回路，图 4-48 所示为东风 EQ1090E 型汽车的双回路气压制动系统示意图。空气压缩机 1 由发动机驱动产生压缩空气，压缩空气先通过湿储气筒单向阀 4 流入湿储气筒 6 进行冷却和油水分离，再分别经两个主储气筒单向阀 4 分别进入主储气筒 14 和 17，分成两个回路：一个回路经主储气筒 14、并列双腔制动阀 3 的后腔通向前制动气室 2；另一个回路经主储气筒 17、并列双腔制动阀 3 的前腔

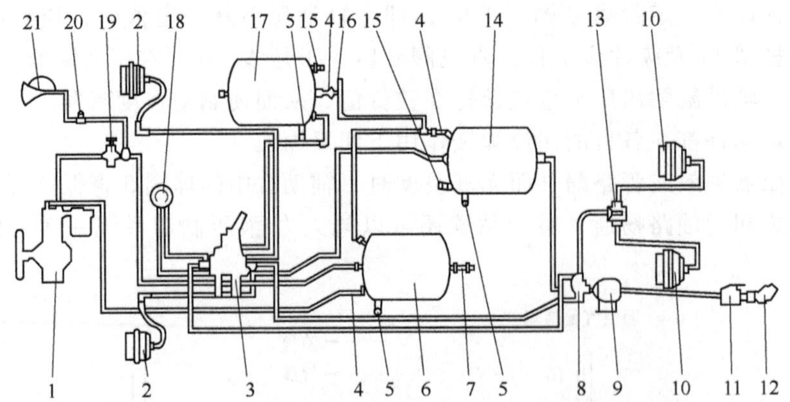

图 4-48 东风 EQ1090E 型汽车的双回路气压制动系统示意图

1—空气压缩机 2—前制动气室 3—并列双腔制动阀 4—储气筒单向阀 5—放水阀 6—湿储气筒 7—溢流阀 8—梭阀 9—挂车制动阀 10—后制动气室 11—挂车分离开关 12—连接头 13—快放阀 14—主储气筒（供前制动器） 15—低压报警器 16—取气阀 17—主储气筒（供后制动器） 18—双针气压表 19—气压调节阀 20—气喇叭开关 21—气喇叭

和快放阀 13 通向后制动气室 10。

制动时，踩下制动踏板，制动阀打开主储气筒与制动气室之间的通道，来自主储气筒 14 的压缩空气经过制动阀进入前制动气室 2，前轮制动器开始制动；来自主储气筒 17 的压缩空气经过制动阀进入后制动气室 10，后轮制动器开始制动。制动阀的前后腔输出的压缩空气也都进入梭阀 8，梭阀则只让压力较高一腔的压缩空气输入到挂车制动阀 9，以使挂车产生制动。解除制动时，放松制动踏板，制动阀关闭主储气筒与制动气室之间的通道，同时开启制动气室与大气的通道，制动气室的压缩空气通过制动阀泄入到大气中，制动作用消失。

2. 供能装置

气压制动系统的供能装置包括：①产生气压能的空气压缩机和储存气压能的储气筒；②将气压限制在安全范围内的调压阀和溢流阀；③改善传能介质（空气）状态的进气滤清器、排气滤清器、管道滤清器、油水分离器、空气干燥器及防冻器；④在一个回路失效时用以保护其余回路，使其中气压能不受损失的多回路压力保护阀等。

（1）空气压缩机 空气压缩机简称为空压机，有单缸式和双缸式两种形式，通常固定在气缸体或气缸盖的一侧，由发动机通过风扇带轮和 V 带驱动，或者由发动机曲轴的正时齿轮通过齿轮机构驱动。

图 4-49 所示为东风 EQ1090E 型汽车所采用的单缸风冷式空气压缩机，由发动机通过风扇带轮和 V 带驱动。支架上有三道滑槽，可通过调整螺栓移动空气压缩机的位置，来调整传动带的松紧度。

空压机具有与发动机类似的曲柄连杆机构。铸铁制成的气缸体下端用螺栓与曲轴箱连接，缸筒外铸有散热片。铝制气缸盖 4 用螺栓紧固在气缸体上端面，其间装有密封缸垫。气缸盖内装有进气阀 9 和排气阀 3，侧面进气口上装有空气滤清器。进气阀 9 由进气阀导向座 12、进气阀弹簧 11、进气阀座 10、密封圈等组成，经进气道与空气滤清器 13 相通。排气阀 3 由排气阀导向座 2、弹簧、阀片、阀片座、密封圈、波形垫圈等组成，经排气管接头与储气筒相通。进气阀 9 上方设有卸荷装置（卸荷室和卸荷阀），卸荷装置壳体 5 内镶嵌着套筒，其中有卸荷柱塞 7 和柱塞弹簧 8。

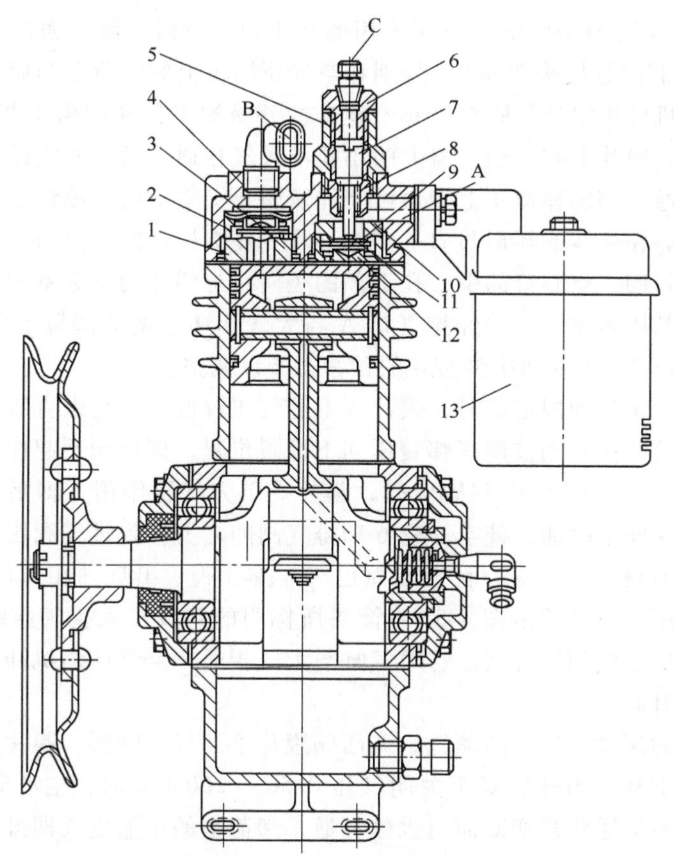

图 4-49 东风 EQ1090E 型汽车单缸风冷式空气压缩机

1—排气阀座 2—排气阀导向座 3—排气阀 4—气缸盖 5—卸荷装置壳体 6—定位销 7—卸荷柱塞 8—柱塞弹簧 9—进气阀 10—进气阀座 11—进气阀弹簧 12—进气阀导向座 13—空气滤清器

A—进气口 B—排气口 C—调压阀控制压力入口

空气压缩机工作时，活塞下行，气缸内形成一定真空度，迫使进气阀克服弹簧的张力离开阀座，排气阀关闭，外界的空气即经空气滤清器 13、进气道、进气阀 9 被吸入气缸，活塞下行至下止点附近时，随着活塞移动速度的降低，其真空度也逐渐减小，当减到不能克服进气阀弹簧 11 的张力时，进气阀 9 被弹簧压靠在进气阀座 10 上，切断进气通路。活塞上行时，缸内空气即被压缩，压力升高，当压力升高到足以克服排气阀弹簧的张力与排气室内压缩空气的压力之和时，压缩空气即压开排气阀 3，经排气室和排气管道送至湿储气筒。此时，进气阀关闭。当储气筒内的气压达到规定值（0.7~0.74MPa）后，调压机构使卸荷阀压开进气阀，使空气压缩机与大气相通，不再泵气。

（2）调压阀 调压阀的作用是调节供气管路中压缩空气的压力，使之保持在规定的压力范围内，且在过载时实现空压机的卸荷空转，以减少发动机的功率损失。

调压阀在回路中的连接方法有如下两种。

1）调压阀与空压机和储气筒并联。当系统的空气压力达到规定值时，调压阀使空压机的进气阀开启，卸荷空转。

2）调压阀串联在空压机和储气筒之间。当系统的空气压力达到规定值时，调压阀将多余的压缩空气直接排入大气，空压机卸荷空转。

图 4-50 所示为东风 EQ1090E 型汽车采用的调压阀，与储气筒并联在制动回路中。阀体 10 上装有两个带滤芯的管接头 7 和 9，分别和空气压缩机上的卸荷室和储气筒相通。膜片组件 5 及弹簧下座等机件用螺母紧固在一起。膜片的外缘被夹持在阀盖 1 与阀体 10 之间，构成膜片上下两腔室。膜片上腔室经上盖上的小孔与大气相通，而下腔室经气体通道及管接头用气管与储气筒相通。调压弹簧 4 上端通过上弹簧座 3 支承于调压螺钉 2 上；下端通过弹簧下座使膜片组件紧靠在壳体的环形凸肩上。空心管 6 外圆柱面的中段与壳体的中心导向孔间隙配合，其间有密封圈。空心管的中心孔上部的径向孔与膜片的下腔室相通，壳体下端腔室内装有排气阀 8 及其压紧弹簧，并经排气口 A 与大气相通。调节阀调节气压值可通过旋转阀盖 1 上的调压螺钉 2，改变调压弹簧 4 的预紧力予以调整。

当储气筒内气压未达到规定值时，膜片 5 下腔气压较低，不足以克服调压弹簧 4 的预紧力，膜片连同空心管及排气阀被调压弹簧压到下极限位置，调压阀不起作用。

当储气筒气压升高到 0.7~0.74MPa 时，膜片 5 下方气压作用力即足以克服调压弹簧 4 的预紧力而推动膜片向上拱曲，使空心管 6 和排气阀随之上移到排气阀压靠阀座而关闭，切断卸荷室与大气的通路，并且空心管下端面也离开排气阀，出现一相应的间隙（图 4-51）。于是，储气筒中的压缩空气便沿图 4-51 中箭头所标明的路线充入空气压缩机的卸荷室，迫使卸荷柱塞下移，使进气阀门开启。这时气缸与大气相通，空气压缩机卸荷空转，湿储气筒内气体压力也不再升高。

随着储气筒内的压缩空气不断消耗，调压阀膜片下面气压降低，膜片和空心管即在调压弹簧的作用下相应下移，当气压降至关闭气压 0.56~0.60MPa 时，空心管下端将排气阀打开。卸荷室与储气筒的通路被切断而与大气相通，卸荷室的压缩空气即排入大气。卸荷阀在其弹簧的作用下升高，进气阀又恢复正常，空气压缩机恢复对储气筒充气。

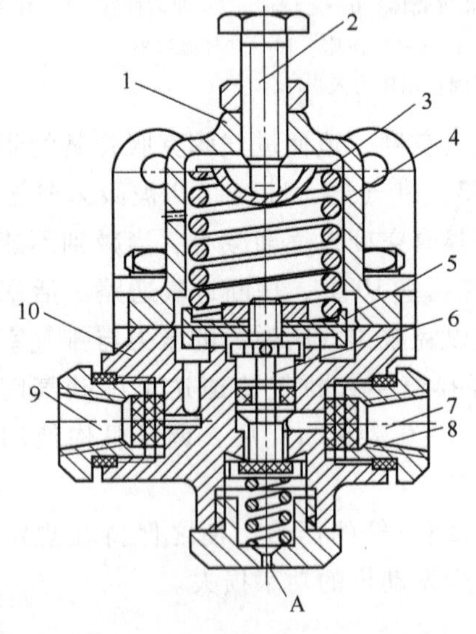

图 4-50　东风 EQ1090E 型汽车调压阀

1—阀盖　2—调压螺钉　3—上弹簧座　4—调压弹簧　5—膜片组件　6—空心管　7—接卸荷室管接头　8—排气阀　9—接储气筒的管接头　10—阀体　A—排气口

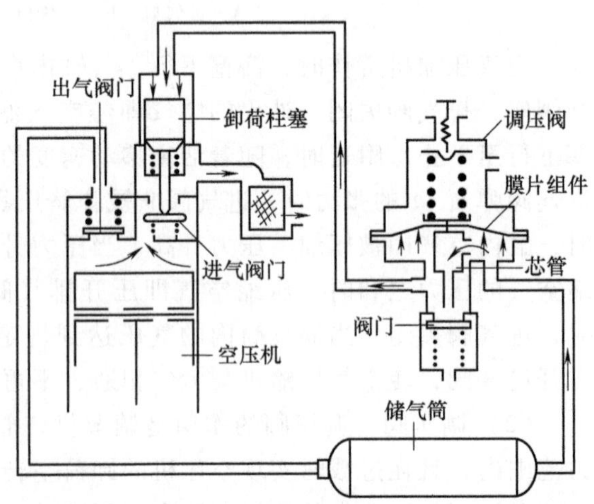

图 4-51　空压机卸荷装置与调压阀工作原理示意图

（3）防冻器 经油水分离器输出的压缩空气仍可能残留少量水分。为了防止在寒冷季节中，积聚在管路和其他气压元件内残留的水分冻结，最好是装设防冻器，以便在必要时向气压管路中加入防冻剂，以降低水的冰点。

图 4-52 所示为奔驰 2026A 型汽车防冻器的结构示意图。液杯 16 内盛有乙醇溶液，液面高度可用固定在加液螺塞（虚线所示）下部的检查尺 1 检查。盖 4 垂直安装着连通管 12。自进气口 A 到出气口 B 的水平气道与液杯内腔经接连通管上端的节流孔相通。控制杆 5 的上段与盖 4 上部的中央孔和座圈 2 内孔为间隙配合。控制杆的下段伸入乙醇溶液内，外面套有弹簧 18；弹簧 18 周围包有吸液绳 17。吸液绳上下两端分别被弹簧压在控制杆凸肩和弹簧座 19 上。控制杆中部凸缘盘的外缘有对称分布的两个径向定位销 11。该圆筒形气腔的下部切有环形槽 C；而在内圆面上则切有两条轴向槽。

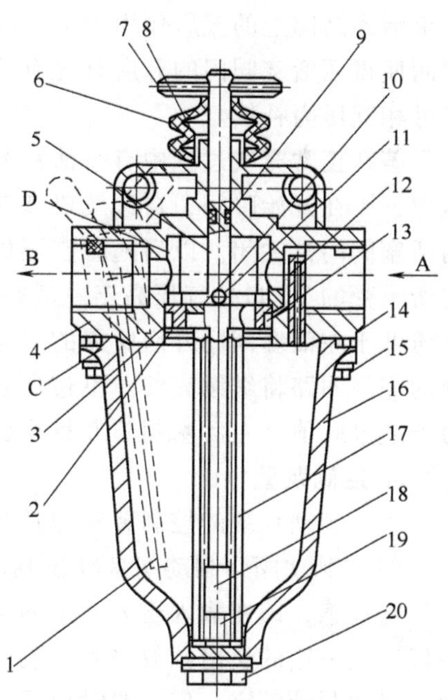

图 4-52 奔驰 2026A 型汽车防冻器

1—液面检查尺 2—座圈 3—弹性挡圈 4—盖 5—控制杆 6—防护罩 7—手柄 8—卡箍 9—滑动密封圈 10—滑动密封圈 11—定位销 12—连通管 13、14—固定密封圈 15—螺栓 16—液杯 17—吸液绳 18—弹簧 19—弹簧座 20—螺塞 A—进气口 B—出气口 C—环形槽 D—环形气腔

当防冻器处于图 4-52 所示的暖季工作位置时，两个定位销 11 插于环形槽 C 内。这样，控制杆便被固定在下极限位置，而将盖中的水平气道与液杯内腔基本隔绝。只有极少量乙醇蒸气经连通管 12 的节流孔被吸出，随压缩空气流入回路。

（4）多回路保护阀 多回路压力保护阀的基本功用是：来自空压机的压缩空气可经多回路压力保护阀分别向各回路的储气筒充气。当某一回路损坏漏气时，压力保护阀能保证其余完好回路继续充气。

图 4-53 所示为国产某重型汽车的双回路压力保护阀。平时两活塞阀门 4 在弹簧 2 作用下分别将两出气口 B1、B2 封闭。通过滤气调压阀和防冻泵输送来的压缩空气由进气口 A 进入，经过两侧气道 C 分别流入左右两气腔 D 和 E。当气腔 D 和 E 中压力超过 0.52MPa 时，两侧气压作用力超过弹簧 2 的预紧力，使两活塞阀门 4 离开出气接头 5 上的阀座，压缩空气经两出气口 B1 和 B2，分别充入两回路储气筒。当出气压力达到 0.6MPa，两活塞阀门都被推靠到挡圈 6 上，阀的开度达到最大（此时弹簧的压缩变形量最大）。因为

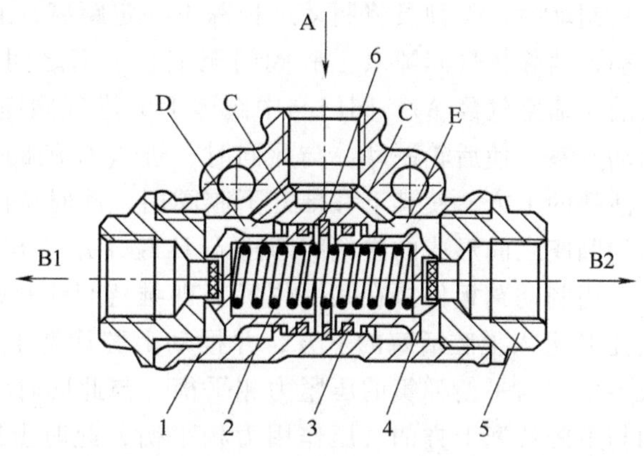

图 4-53 双回路压力保护阀

1—阀体 2—弹簧 3—密封圈 4—活塞阀门 5—出气接头（阀座） 6—挡圈 A—进气口 B1、B2—出气口 C—气道 D、E—气腔

一个活塞阀门上的气压作用力可以经弹簧传到另外一个上，所以有可能因两出气口的压力不同而使得两活塞阀门的开启有先有后。当两活塞阀门均开启时，前、后制动储气筒连通，二者可相互压力补偿。

若在正常充气过程中有一回路突然损坏漏气，例如B1处压力突然降低，甚至降为大气压力，则在开始瞬间，自进气口A输入的和由出气口B2倒流回来的压缩空气压力均下降，两活塞阀门都关闭。以后随着空压机不断供气，D、E两腔气压又渐渐升高。因为右活塞阀门所承受的B2口处气压高于左活塞阀门所受的B1口处气压，右活塞阀门开启所需的E腔气压低于左活塞阀门开启所需的D腔气压，所以右活塞阀门将首先重新开启，即与B2口相通的完好回路将继续充气。不过所达到充气压力较低，一般只可达0.5~0.55MPa，因为压力若超过此值，左活塞阀门亦将重新开启而放气。

3. 控制装置

气压制动系统的控制装置包括制动阀、快放阀、继动阀与梭阀等。

（1）制动阀　制动阀是气压制动系统的主要控制装置，用来起随动作用并保证有足够强的踏板感，即在输入压力一定的情况下，使其输出压力与输入的控制信号——踏板行程与踏板力成一定的递增函数关系。制动阀输出压力可以作为促动管路压力，直接输入到作为传动装置的制动气室，但必要时也可以作为控制信号输入到其他控制装置（如继动阀）。

制动阀的结构形式随制动回路不同而不同，有双腔式和三腔式等，双腔式又分并联式和串联式两种，三腔式都是并联式。制动阀按操纵方式可分为脚控式和手控式，前者多用于行车制动系统，后者多用于应急制动系统、驻车制动系统和辅助制动系统。

图4-54所示为解放CA1092型汽车串联双腔活塞式制动阀结构示意图。它由上盖、上阀体、中阀体和下阀体等组成，并用螺钉连接在一起，其间装有密封垫。中阀体上的进气口A1和出气口B1分别接后桥储气罐和后桥制动气室，下阀体上的进气口A2和出气口B2分别接前桥储气罐和前桥制动气室。上、下活塞与壳体间装有密封圈。下活塞由大小两个活塞套装在一起，小活塞对大活塞能进行单向分离。上腔阀门松套在芯管上，其外圆有密封隔套，下腔阀门松套在有密封圈的下阀体中心孔中，中空的芯管和小活塞制成一体。

制动时，驾驶员将制动踏板踩下一定距离，通过滚轮、推杆使平衡弹簧及上腔活塞向下移动，消除排气间隙（上腔阀门至上腔活塞之间间隙）而推开上腔阀门。此时，从储气罐来的压缩空气经A1、阀门与中阀体上的进气阀座间的进气间隙进入G腔，并经B1进入后制动气室，使后轮制动。与此同时，进入G腔的压缩空气通过通气孔F进入大活塞及下腔小活塞的上方，使其下移推开下腔阀门，此时从前桥储气罐来的压缩空气经下腔阀门与下阀体的阀座之间形成的进气间隙进入H腔，并经B2充入前制动气室，使前轮制动。

当制动踏板保持在某一位置（即维持制动状态）时，压缩空气在进入G腔的同时由通气孔E进入上腔活塞的下方，并推动上腔活塞上移，使G腔中的气压作用力与复位弹簧的张力之和与平衡弹簧的压紧力相平衡。与此同时，H腔中的气压作用力与复位弹簧的张力之和与下腔活塞上方的气压作用力相平衡，此时上腔阀门和下腔阀门均关闭，G和H腔中气压保持稳定状态，即为制动阀的平衡位置。

若驾驶员感到制动强度不足，可将制动踏板再踩下一些，此时上腔阀门和下腔阀门又重新开启，使中阀体的G腔和下阀体的H腔以及制动气室进一步充气，直至G腔中气压又一次达到与平衡弹簧的压力平衡，而H腔中的压缩空气对下腔活塞向上的压力重新与下腔活

塞上方的压缩空气对下腔活塞向下作用的压力相平衡。在此新的平衡状态下，制动气室所保持的稳定压力比以前更高，同时，平衡弹簧的压缩量和踏板力也比以前更大。

当放松制动踏板时，操纵摇臂复位，芯管上移，平衡弹簧恢复到原来长度，上腔活塞上移到使下端与上腔阀门之间形成排气间隙。后制动气室的压缩空气经G腔排气间隙和排气口C排出；与此同时，下腔大活塞及下腔小活塞受复位弹簧张力的作用而上升，使下腔阀门与下阀体的阀座接触，从而关闭储气罐与前制动气室的通路。另一方面，由于下腔大活塞及下腔小活塞的上移，使小活塞的下端与下腔阀门之间也形成排气间隙。前制动气室的压缩空气经H腔排气间隙以及下腔阀门和排气口C排入大气中。

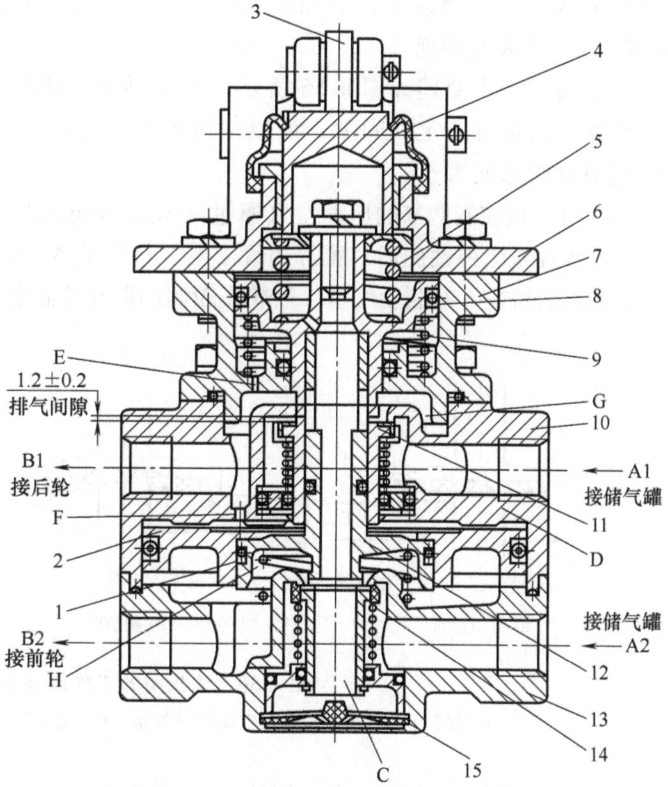

图 4-54 解放 CA1092 型汽车串联双腔活塞式制动阀

1—下腔小活塞复位弹簧 2—下腔大活塞 3—滚轮 4—推杆 5—平衡弹簧 6—上盖 7—上阀体 8—上腔活塞 9—上腔活塞复位弹簧 10—中阀体 11—上腔阀门 12—下腔小活塞 13—下阀体 14—下腔阀门 15—防尘片 A1、A2—进气口 B1、B2—出气口 C—排气口 D—上腔排气孔 E、F—通气孔 G—上腔气腔 H—下腔气腔

若前桥管路失效，控制阀的上腔室仍能按上述方式工作，因此后桥控制管路照常工作。当后桥管路失效时，由于下腔室的小活塞上方建立不起控制气压而无法动作，上腔平衡弹簧将通过上腔活塞推动小活塞及芯管，使小活塞与大活塞单向地分离而下移，推开下阀门使前桥控制管路建立推动气压，并利用小活塞和平衡弹簧的张力互相平衡起随动作用。

（2）快放阀 对于轴距较长的汽车，制动阀离制动气室较远，如果制动气室都要经过制动阀来充气或放气，将导致制动和解除制动的滞后时间过长，不利于汽车及时制动和制动解除后的及时加速，因此在制动阀到制动气室之间接近制动气室处的管路上串联快放阀。

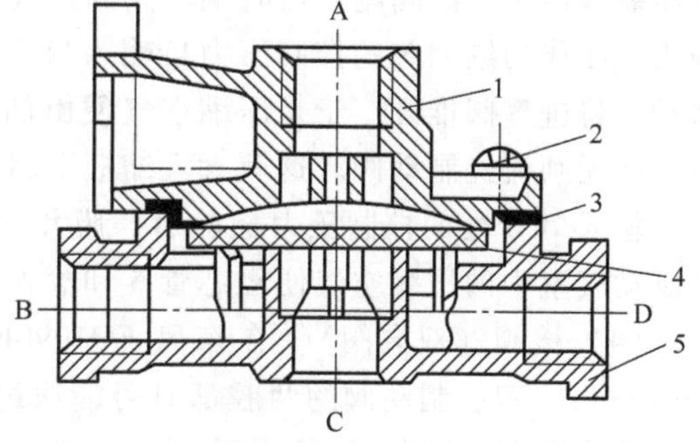

图 4-55 东风 EQ1090E 型汽车的膜片式快放阀

1—上壳体 2—螺钉 3—密封垫 4—膜片 5—下壳体 A—接制动阀 B—接后桥左轮制动气室 C—通大气 D—接后桥右轮制动气室

图 4-55 所示为东风 EQ1090E 型汽车的膜片式快放阀的结构示意图。上、下壳体 1、5 用螺钉 2 连成一体，并用密封垫密封。上壳体

通过接头 A 与制动阀连接，下壳体通过接头 B、D 分别与后桥左、右制动气室连接，下壳体中部的孔 C 与大气相通。

快放阀的工作原理如图 4-56 所示。不制动时，膜片成平直状态。由于膜片在径向和轴向与壳体之间都有一定的间隙，所以快放阀不密封任何一条管路，后桥制动气室与制动阀均可通过快放阀通向大气。

制动时，从控制阀来的压缩空气通过 A 孔进入快放阀，推动膜片，将通大气孔 C 堵住。气体压力使膜片发生弹性变形，膜片边缘下弯，打开了 A—B、A—D 之间的通道，压缩空气经 B、D 分别进入后桥左、右制动气室，后轮车轮制动器开始制动，此时的快放阀相当于一个三通阀。

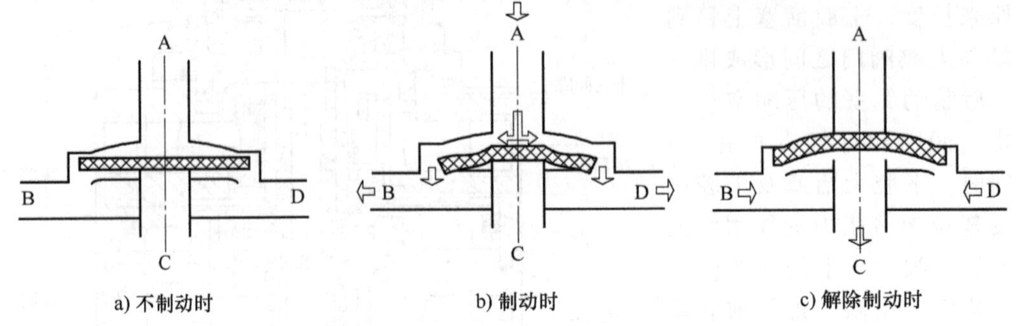

图 4-56　快放阀的工作原理示意图

A—接制动阀　B—接后桥左轮制动气室　C—通大气　D—接后桥右轮制动气室

解除制动时，制动阀至快放阀管路内的压缩空气从制动阀排气孔排到大气中，膜片上腔气体压力消失。制动气室的压缩空气回流，从快放阀 B、D 孔进入，膜片在下腔气体压力作用下迅速上移，关闭进气孔 A，压缩空气从排气孔 C 排入大气。这样后桥制动气室的压缩空气直接通过快放阀短路排出，缩短了排气时间，与前桥制动气室同步解除制动。

（3）继动阀　继动阀的作用也是使压缩空气不流经制动阀而直接充入制动气室，以缩短供气路线，减少制动滞后时间。图 4-57 所示为膜片式继动阀。在一般情况下，进气口 A 直接通储气筒；出气口 B 通向制动气室；气压输入口 C 则与制动阀的出气口相通。当输入口 C 处于大气压力下时，芯管 5 在自身重力作用下压靠阀门 3，同时阀门也在弹簧 4 的作用下压靠阀体 1 上的阀座。这时继动阀的进气阀和排气阀都关闭。踩下制动踏板时，制动阀的输出气压作为继动阀的控制压力自输入口 C 输入。膜片 2 在此控制力作用下连通芯管向下移动，将进气阀推开。于是压缩空气便由储气筒直接通过进气口 A 和出气口 B 充入制动气室，而无须流经制动阀。这就大大缩短了制动气室的充气管路，加速了气室充气过程。

输入口 C 处的控制压力撤除后，膜片在下方气压作用下向上拱曲，使排气阀开启。于是制动气室中的压缩空气便经芯管 5 和输入口 C 流向制动阀，并经制动阀排气口排入大气。

（4）梭阀（双向阀）　在东风 EQ1090E 型汽车的双回路气压制动系统中设置了梭阀（双向阀），双腔制动阀的两腔都有可能通过梭阀向挂车制动阀输入控制气压，保证在汽车两制动回路之一损坏时，挂车制动阀仍然可以收到制动控制信号。

图 4-58 所示为东风 EQ1090E 型汽车梭阀的结构示意图。有分别通向两个气源的两个进气口 A1、A2 和一个出气口 B，片式阀门 3 可以在阀腔内自由轴向移动。当进气口 A1 处气压高于进气口 A2 处气压时，片式阀门 3 在气压压差作用下处于图 4-58 中的下方位置，将低

压进气口 A2 封住。此时仅由进气口 A1 所接气源单独经出气口 B 向用气管路供气。一旦进气口 A2 气压变得高于进气口 A1 气压时，片式阀门则上移而封住进气口 A1，改由进气口 A2 所接气源单独供气；若两进气口压力相等，则由两气源共同供气，当然，这种现象很少出现。两气源压力不等时，封住气压低处的进气口的目的是防止高压气源向低压气源充气。

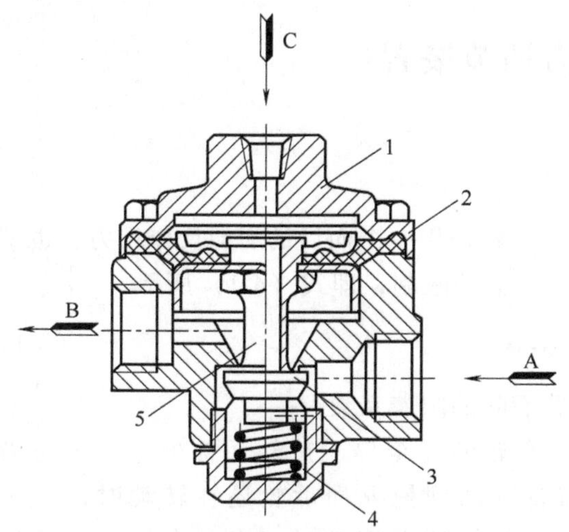

图 4-57 膜片式继动阀（加速阀）

1—阀体 2—膜片 3—阀门 4—弹簧 5—芯管

A—进气口 B—出气口 C—控制气压输入口

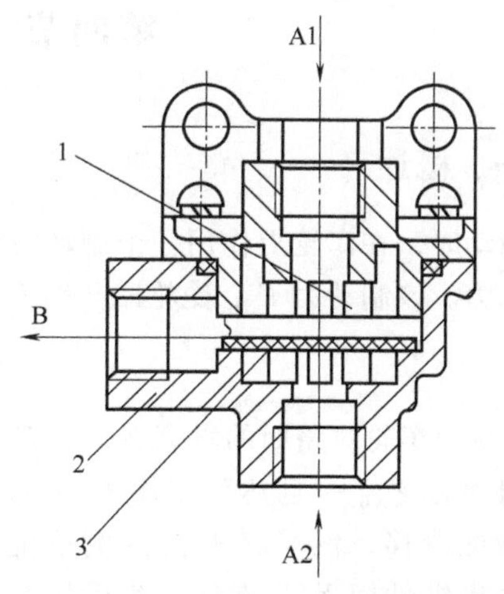

图 4-58 东风 EQ1090E 型汽车的梭阀

1—上体 2—下体 3—片式阀门

A1、A2—制动阀进气口 B—出气口（至驻车制动阀）

4. 制动气室

制动气室的作用是将输入的气压能转化成机械能而输出。其输出的机械能驱动促动装置，使制动器产生制动力矩。

图 4-59 所示为解放 CA1092 型汽车的制动气室。夹布层橡胶膜片 1 的周缘用卡箍 7 夹紧在壳体 3 和盖 2 的凸缘之间。盖与膜片之间为工作腔，借橡胶软管与由制动阀接出的钢管连通，膜片右方则通大气。复位弹簧 4 通过焊接在推杆 5 上的支承盘 10 将膜片推到图示的左

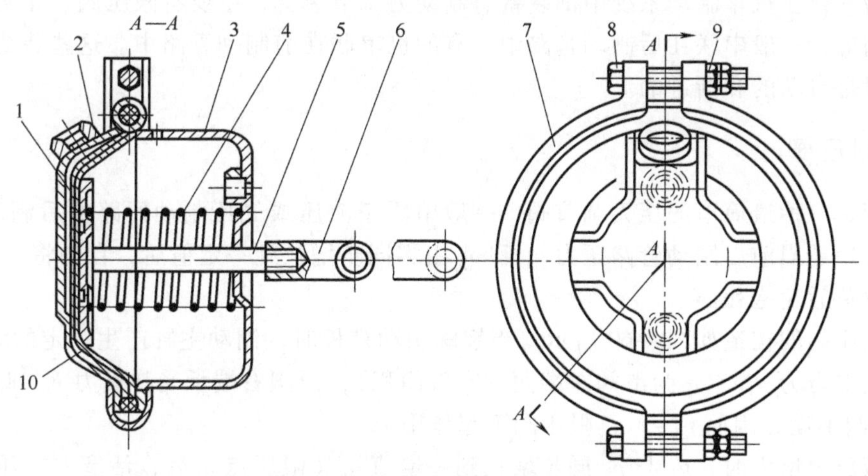

图 4-59 解放 CA1092 型汽车制动气室

1—橡胶膜片 2—盖 3—壳体 4—复位弹簧 5—推杆 6—连杆叉 7—卡箍 8—螺栓 9—螺母 10—支承盘

极限位置。推杆的外端借连杆叉 6 与制动器的制动调整管相连。

踩下制动踏板时，压缩空气自制动阀充入制动气室工作腔，使膜片向右拱，将推杆推出，使制动调整臂和制动凸轮转动而实现制动。放开制动踏板，工作腔则经由制动阀的排气口通大气。膜片与推杆都在复位弹簧 4 作用下回位而解除制动。

第四节　制动力调节装置

一、概述

制动时，在车轮上作用一个制动力矩，路面对车轮作用一个向后的切向反作用力，也就是制动力。该制动力 F_{XB} 受轮胎与路面间的附着力 F_{Φ} 的限制，即式（4-1）所示：

$$F_{XB} \leqslant F_{\Phi} = G\Phi \tag{4-1}$$

式中，G 为车轮对路面的垂直载荷；Φ 为轮胎与路面间的附着系数。

制动力 F_{XB} 一旦达到了附着力 F_{Φ} 的数值，车轮便完全停止旋转而被抱死，只是沿路面做纯滑移，汽车将失去抗侧滑能力。若前轮制动到抱死而后轮还在转动时，汽车会失去操纵性而无法转向；若后轮制动到抱死而前轮还在滚动时，汽车会侧滑而发生甩尾甚至掉头。无论是前轮还是后轮单独滑移，都极易造成车祸，尤其是后轮单独侧滑后果更为严重。所以，制动时最好前、后轮都不要抱死，并且首先避免后轮抱死。欲使汽车既得到尽可能大的制动力，又保持制动时的方向稳定性，就必须将制动系统设计得能够将前、后轮制动到同步滑移。前后轮同步滑移的条件是：前后轮制动力之比等于前后轮对路面垂直载荷之比。

但汽车在制动过程中，作用于汽车质心上的向前惯性力试图使汽车俯倾，因而造成前轮垂直载荷增大而后轮垂直载荷减小，即重心前移，使得前后轮垂直载荷之比变大。因此要满足前后轮同步制动的条件，汽车前后轮制动力之比，也就是前后轮制动管路压力之比也应相应变化。为此，在汽车制动系统中都装备有制动力调节装置，主要有限压阀、比例阀、感载阀和惯性阀等，一般串联在后制动管路中，有的也串联在前制动管路中。这些装置对制动力的调节一般是自动的和渐进的。

二、限压阀

限压阀是一种最简单的压力调节阀，一般串联于液压或气压制动回路的后制动管路中。限压阀的作用是当前后制动管路压力 p_1 和 p_2 由零同步增长到一定值后，自动将 p_2 限定在该值不变，避免后轮抱死。

液压限压阀的构造如图 4-60 所示。当轻踩制动踏板时，制动主缸产生一定的液压力 p_1，滑阀左端面推力为 p_1a（a 为滑阀左端面的有效面积），滑阀右端承受弹簧力 F。此时，由于 $F>p_1a$，滑阀不动，因而 $p_1=p_2$，限压阀不起作用。

当踏板压力增大时，p_1 与 p_2 同步增长到一定值 p_s（限压点）后，活塞左方压力超过右端弹簧的预紧力，即 $p_sa>F$，于是滑阀向右移动，关闭 A 腔与 B 腔的通路。此后，p_1 再增大时，p_2 也不再增大。

限压点 p_s 取决于限压阀的结构，与汽车的轴载质量无关。通常情况下，p_s 值低于理想值，不会出现后轮先“抱死”的情况。

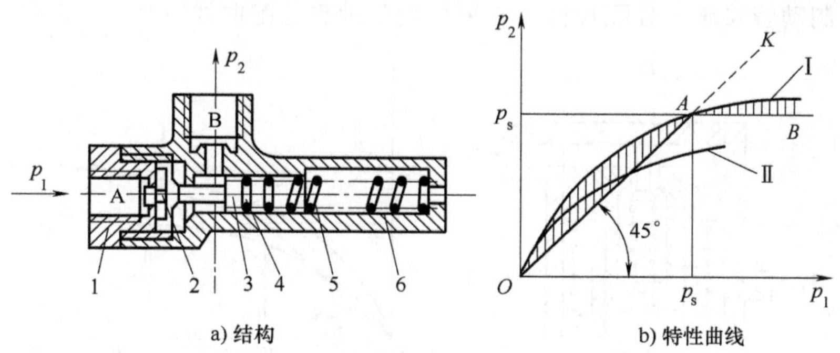

a) 结构　　b) 特性曲线

图 4-60　液压限压阀的结构及其特性曲线

1—阀盖　2—阀门　3—活塞　4—活塞密封圈　5—弹簧　6—阀体

Ⅰ—满载理想特性曲线　Ⅱ—空载理想特性曲线

限压阀用于重心高度与轴距的比值较大的轻型汽车上，因为这种汽车在制动时，后轮垂直载荷向前轮转移得较多，即重心的转移较多，其理想的制动管路压力分配特性中段的斜率较小，与限压阀特性曲线 AB 相近。

三、比例阀

重心高度与轴距的比值较小的中型以上汽车，制动时重心前移较少，其理想制动管路分配特性中段斜率较大。这种汽车如果装用限压阀，虽然可以满足制动时前轮先滑移的要求，但在紧急制动时后轮制动力将远小于后轮附着力，不能满足制动力尽可能大的要求。为此，在液压或气压制动系统的后制动管路中串联比例阀来解决这一问题。

比例阀（又称 P 阀）的作用是当前、后制动管路压力 p_1 与 p_2 同步增长到一定值 p_s 后，自动对 p_2 的增长加以节制，也就是使 p_2 的增量按一定比例小于 p_1 的增量。

比例阀的结构如图 4-61a 所示，一般采用两端承压面积不等的差径活塞结构。不工作时，差径活塞 2 在弹簧 3 的作用下处于上极限位置。此时阀门 1 保持开启，因而在输入控制压力 p_1 与输出压力 p_2 从零同步增长的初始阶段，$p_1=p_2$。但是压力 p_1 的作用面积 A_1 小于压力 p_2 的作用面积 A_2，故活塞上方液压作用力大于活塞下方液压作用力。在 p_1、p_2 同步增长过程中，活塞上、下两端液压作用力之差超过弹簧 3 的预紧力时，活塞便开始下移。当 p_1 与 p_2 增长到一定值时，活塞内腔中的阀座与阀门接触，进油腔与出油腔即被隔绝，此时比例阀处于平衡状态。

若进一步提高 p_1，则活塞将回升，阀门重新开启，油液继续流入出油腔，使 p_2 也升高，但由于 $A_1<A_2$，p_2 尚未增长到新的 p_1 值，活塞又下降到平衡位置。在任意平衡状态下，差径活塞的力平衡方程为

$$p_2A_2=p_1A_1+F \tag{4-2}$$

即变换得式（4-3）

$$p_2=p_1\frac{A_1}{A_2}+\frac{F}{A_2} \tag{4-3}$$

式中，F 为平衡状态下的弹簧力。F 越大，p_2 越大，调节作用起始点的控制压力 p_s 就越大。由于斜率（A_1/A_2）<1，所以 p_2 的增量小于 p_1 的增量。图 4-61b 中所示的折线 OAB 为装用比例阀后的实际制动管路压力分配特性，它更接近于理想分配曲线。

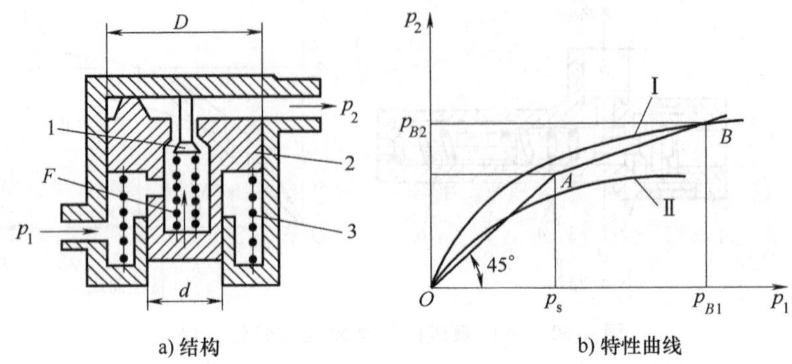

a) 结构　　b) 特性曲线

图 4-61　比例阀的结构及其特性曲线

1—阀门　2—活塞　3—弹簧　Ⅰ—满载理想特性曲线　Ⅱ—空载理想特性曲线

四、感载阀

有些汽车（特别是中、重型货车）在实际装载质量不同时，其总重力和重心位置变化较大，因而满载和空载下的理想促动管路压力分配特性曲线差距也较大。一般在非满载总质量较小时，理想曲线要下移。此时，采用一般的比例阀就不能适应载荷变化对制动力分配作相应变化的要求，故有必要采用其特性随汽车实际装载质量而变化的感载阀。

液压制动系统用的感载阀有感载限压阀和感载比例阀两种，其特性如图 4-62 所示。满载时，感载阀特性曲线为 OA_1B_1。而在空载时，感载阀的调节作用起始点自动改变为 A_2，使特性曲线变成 OA_2B_2，但两特性曲线的斜率还是相等的。这种变化是渐进的，即在实际装载质量为任意值时，都有一条与之相应的特性曲线。在限压阀或比例阀结构及其他参数一定的情况下，调节作用起始点的控制压力值取决于限压阀或比例阀的活塞弹簧预紧力。因此只要使活塞弹簧预紧力随汽车装载质量而变化，便能实现感载调节。由于感载比例阀的工作特性优于感载限压阀，所以应用较广。

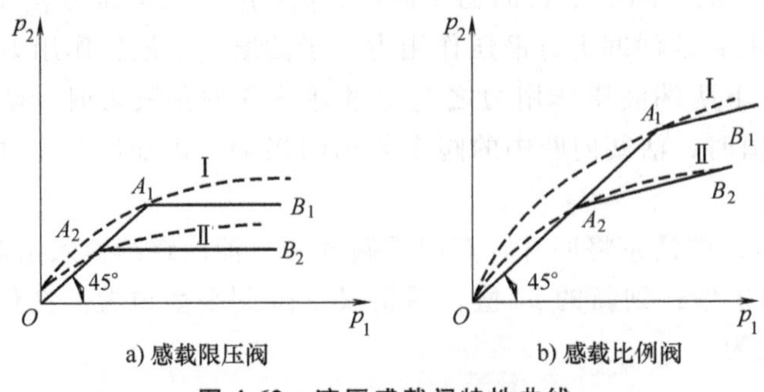

a) 感载限压阀　　b) 感载比例阀

图 4-62　液压感载阀特性曲线

Ⅰ—满载理想特性曲线　Ⅱ—空载理想特性曲线

图 4-63 所示为一种液压感载比例阀的结构。阀体 3 安装在车身上，活塞 4 右端的空腔内有阀门 2。杠杆 5 的一端由感载拉力弹簧 6 与后悬架连接，另一端压在活塞 4 上。

不制动时，活塞在感载拉力弹簧6通过杠杆5施加的推力F的作用下处于右端极限位置。阀门右端杆部顶触螺栓1而处于开启状态。制动时，来自制动主缸油压为p_1的制动液从进油孔A进入，并通过阀门从出油孔B输出到后制动管路，此时的输出压力产$p_2=p_1$，由于活塞右端承压面积大于左端承压面积，活塞不断向左移动，最后将阀门关闭达到某一平衡状态。此后p_2的增量将小于p_1的增量。这种感载比例阀的特点是作用于活塞上的轴向力F是可变的。当汽车装载质量增加时，后悬架载荷也增加，因而后轮向车身移近，后悬架横向稳定杆便带动摇臂转过一定角度，将感载拉力弹簧进一步拉伸。这样作用于活塞上的推力F便增大。反之汽车装载质量减少时，推力F也减小。

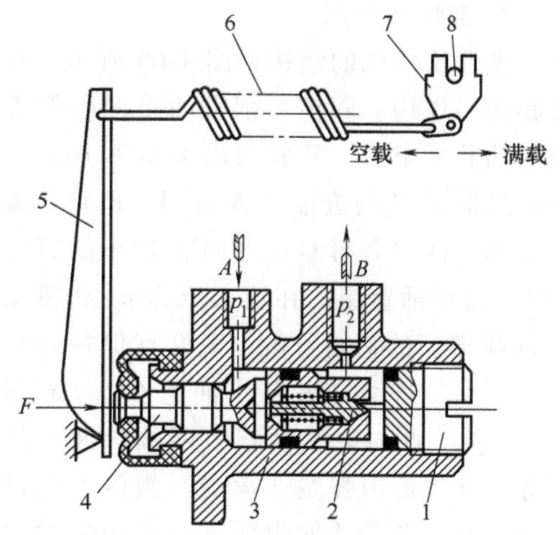

图 4-63　液压感载比例阀

1—螺栓　2—阀门　3—阀体　4—活塞　5—杠杆　6—感载拉力弹簧　7—摇臂　8—后悬架横向稳定杆

五、惯性阀

惯性阀（又称G阀）根据汽车制动时作用在汽车质心上的惯性力，自动调节制动力在前后轮上的分配。惯性阀的特性曲线与感载阀相似，但其调节作用起始点的控制压力值取决于汽车制动时作用在汽车质心上的惯性力，也就是说p_s不仅与汽车的实际装载质量有关，也与汽车制动减速度有关。惯性阀分为惯性限压阀和惯性比例阀两类。

1. 惯性限压阀

图4-64所示为惯性限压阀，其内有一个惯性球，惯性球的支承面相对于水平面的夹角必须大于零，汽车在水平路面上行驶时，夹角应为10°～13°。

汽车不制动时，惯性球在本身重力的作用下处于下极限位置，推动阀门靠向阀盖，使得阀门与阀座保持一定间隙，因此进油口与出油口相通，即制动主缸与制动轮缸相通。汽车在水平路面上制动时，如果制动力较小，汽车的减速度较小，惯性球向前的惯性力小于重力在支承面上的分力，阀门仍然开启，此时$p_1=p_2$。如果制动油压p_1增大到一定值p_s时，汽车获得足够大的减速度，惯性球向前的惯性力大于分力，阀门在阀门弹簧的作用下向前移动靠向阀座，阀门关闭，此后无论p_1如何增大，p_2处的压力p_s保持不变。

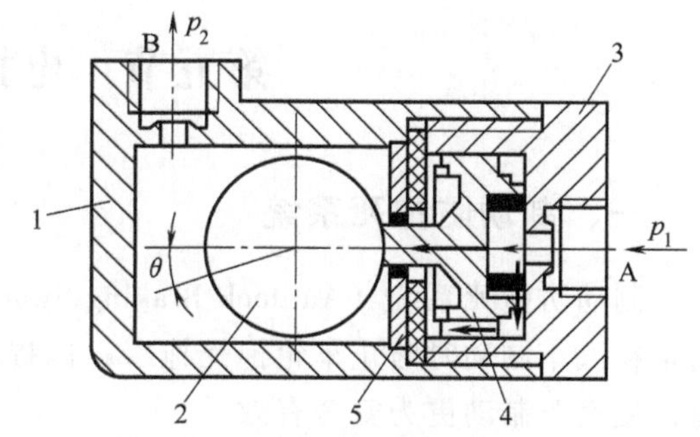

图 4-64　惯性限压阀

1—阀体　2—惯性球　3—阀盖　4—阀门　5—阀座　A—进油口　B—出油口

汽车在上坡制动时，夹角增大，其重力的分力也增大，使得惯性阀起作用的控制压力值p_s也增大，所以输出压力p_2增大，上坡制动时后轮附着力增加。汽车在下坡制动时，情况刚好相反。

2. 惯性比例阀

惯性比例阀的结构如图 4-65 所示。惯性比例阀的阀座 8 位于惯性球 7 的前方，惯性球兼起阀门作用。阀体上部有两个同心但直径不等的油腔 E 和 G，E 腔与出油口 B 连通，而 G 腔通过油道 H 与进油口 A 连通。E 腔中直径较大的第一活塞 2 与 G 腔中直径较小的第二活塞 4 组成差径活塞组。在输入压力 p_1 和输出压力 p_2 同步增长的初始阶段，惯性球保持在后极限位置不动，进油口 A 与出油道 C、D 相通，因而 $p_1=p_2$。此时差径活塞组两端的液压作用力不等，其差值由弹簧 3 承受。当该力超过弹簧预紧力时，差径活塞组便进一步压缩弹簧 3 而右移。当 p_1、p_2 同步增长到某一定值 p_s 时，惯性球沿倾斜角为 θ 的支承面向上滚到压靠阀座 8 时，油腔 E 和 G 便互相隔绝，差径活塞组停止右移。此后，继续增长的输入压力 p_1 对第二活塞 4 的作用力 N_1 与弹簧力 F 之和作用于第一活塞 2 上，使 E 腔压力 p_2 也随之增长。在惯性比例阀起作用之后，输出压力 p_2 的增量小于输入压力 p_1 的增量。当汽车实际装载量不同时，其总质量也不同。在总制动力相同的情况下，满载汽车的减速度比空车的小。但是，使同一惯性阀开始起作用的减速度值只与其仰角有关，而与汽车装载量无关。因此，汽车满载时，相应调节作用起始点的控制压力值 p_s 比空载时的高。

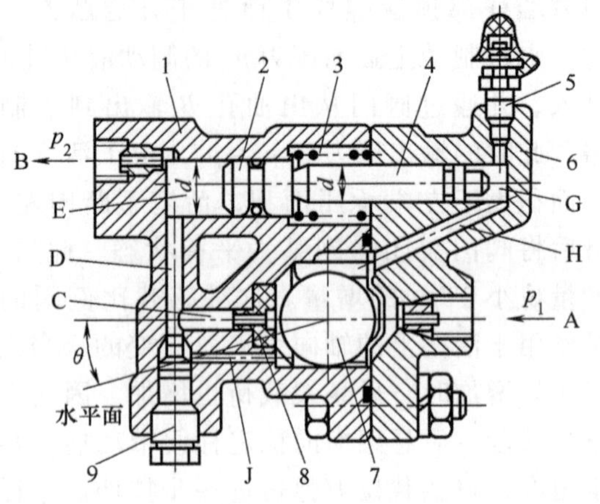

图 4-65 惯性比例阀

1—前阀体 2—第一活塞 3—弹簧 4—第二活塞 5—放气阀 6—阀体 7—惯性球 8—阀座 9—旁通锥阀 A—进油口 B—出油口 C、D、H、J—油道 E、G—油腔

在某些情况下不需要惯性比例阀起作用时，可将旁通锥阀 9 旋出，使旁通油道 H 与出油道 D 连通，于是阀门被短路，差径活塞组失效。

第五节 电控制动系统简介

一、制动防抱死系统

制动防抱死系统（Antilock Braking System，ABS）是汽车上的一种主动安全装置，其作用是在汽车制动时防止车轮抱死拖滑，以提高汽车制动时的方向稳定性并缩短汽车的制动距离，使汽车制动更为安全有效。

制动防抱死系统与传统的制动系统协同工作，是一种安全、有效的制动辅助系统。它的主要作用是防止在制动过程中车轮抱死（即停止滚动），从而保证驾驶员在制动时还能控制方向，在某些情况下，如车辆在湿滑路面上制动时，或在紧急制动时，车轮很容易抱死，这样，驾驶员就失去了对转向的控制能力，同时车辆会发生严重的甩尾甚至失控。ABS 系统可以让汽车在紧急制动时，车轮仍可以有小幅度转动，有效地防止了甩尾或者失控。当车轮即将到达下一个锁死点时，制动液的压力使得轮缸重复动作，如此在 1s 内可作用 60～120 次，相当于不停地制动、放松，即类似于机械的“点刹”。因此，ABS 防抱死系统，能避免在紧急制动时方向失控及车轮侧滑，使车轮在制动时不被锁死，不让轮胎在一个点上与地面摩擦，从而加大摩擦力，使制动效率达到90%以上，同时还能减少制动损耗，延长制动鼓、制动片和轮胎的使用寿命。

拖拉机所装用的ABS制动系统，是一种可以保证制动安全的系统，可以避免拖拉机车轮锁定，以保证在拖拉机进行制动操纵时的可转向性。这种ABS制动系统可以用于各种类型的农用拖拉机。装用这种制动系统后，极大地提高了拖拉机的制动效率，当拖拉机在规定的附着力临界条件下（左右轮不对称附着力），进行高速行驶时或以最大行驶速度行驶时，可以保证拖拉机的制动安全性。

如今，拖拉机最大行驶速度较高（在我国，拖拉机最高速度限制在40km/h，但一些国家高于此速度），尤其是挂车运输或道路转运行驶时，传统制动系统便不能保证高速制动的安全，因此ABS制动系统有必要应用到高速拖拉机或专业拖拉机上，满足高速行驶时的制动安全性。国外先进企业，如New Holland、John Deere、Deutz-Fahr等企业均已具备拖拉机ABS制动技术，且已可以应用到拖拉机上。

1. ABS系统组成

ABS制动防抱死系统由车轮速度传感器、ABS电控单元、制动压力调节装置等部分组成，如图4-66所示。

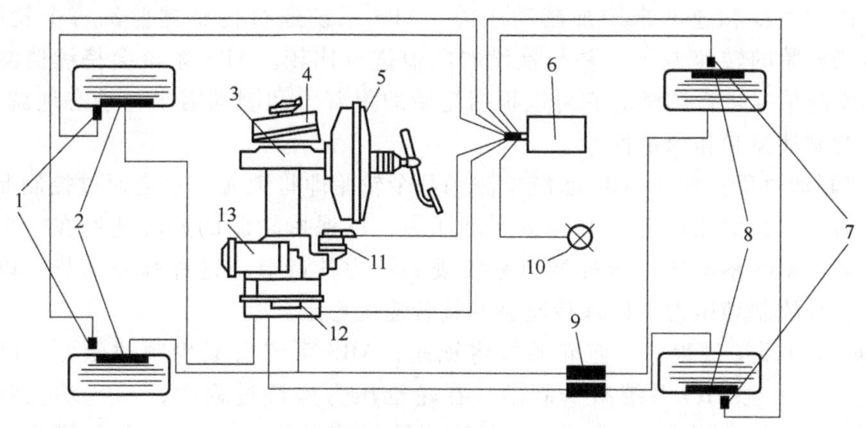

图4-66　汽车制动防抱死系统

1—前轮速度传感器　2—前齿圈　3—制动主缸　4—储液罐　5—真空助力器　6—ABS ECU　7—后轮速度传感器　8—后齿圈　9—比例阀　10—ABS故障警告灯　11—继电器　12—制动压力调节器　13—液压泵电动机

汽车在制动过程中，车轮转速传感器不断把各个车轮的转速信号及时输送给ECU，ECU根据设定的控制逻辑对4个转速传感器输入的信号进行处理和分析，计算出滑移率的大小，并发出控制指令给液压控制单元。在一般的制动情况下，驾驶员踩在制动踏板上的力较小，车轮没有抱死趋势，ABS将不参与制动压力控制，制动过程与常规制动系统相同。在紧急制动或是在湿滑路面行驶时制动，车轮将要被抱死的情况下，ECU就会输出控制信号，如果某个车轮的滑移率还没达到设定值，ECU就控制液压单元，使该车轮的制动压力增大；如果某个车轮的滑移率接近于设定值时，ECU就控制液压控制单元，使该车轮制动轮缸中的制动压力减小；如此反复输出控制信号，使各个车轮的滑移率保持在理想的范围之内，防止车轮抱死。

如果ABS出现故障，ECU将不再对液压单元进行控制，并将仪表板上的ABS故障警告灯点亮，向驾驶员发出警告信号。

1）控制单元（ECU）：ABS系统的控制单元是整个系统的核心。它接收来自传感器的信号，并根据这些信号来控制制动系统的操作。控制单元还负责监测轮胎的转速差异，并根据需要调整制动压力。

2）传感器：ABS系统使用轮速传感器来监测每个轮胎的转速。这些传感器通常安装在每个轮胎的轮毂上，可以实时测量轮胎的转速，并将数据传输给控制单元。

3）液压单元：液压单元是ABS系统中的关键组件之一。它包括制动泵、制动液储存器和液压阀等部件。液压单元负责调节制动液的供应和释放，以控制轮缸的压力。

4）轮缸：轮缸是与轮胎直接接触的部件，它通过制动液的压力来施加制动力。在ABS系统中，轮缸通常配备有特殊的阀门，可以根据控制单元的指令来调节制动压力。

5）电气连接线路：ABS系统的各个组件之间通过电气连接线路进行通信和控制。这些线路将传感器、控制单元、液压单元和轮缸等部件连接在一起，以实现系统的正常运行。

2. ABS系统工作过程

ABS系统的工作过程主要有四个：常规制动过程、轮缸压力保持过程、轮缸压力降低过程以及轮缸压力升高过程。当驾驶员踩下制动踏板时，ABS系统会进行初始制动。它会根据制动踏板的力度和速度来施加制动压力。ABS系统通过传感器监测每个轮胎的转速。它会实时监测轮胎的转速差异，并与预设的阈值进行比较。ABS系统会持续监测轮胎的状态，并根据实时情况进行调整。它可以根据轮胎的附着力和制动需求，动态地调节制动力，以提供最佳的制动控制和稳定性。

1）常规制动过程：如果ABS系统检测到某个轮胎即将锁死，它会通过控制制动系统来调节制动压力。它会快速地施加和释放制动压力，以保持轮胎的旋转速度在一个安全范围内，避免锁死。ABS系统通过脉冲调节来实现制动力的调节。这种脉冲调节可以在短时间内多次施加和释放制动压力，以保持轮胎的旋转速度稳定。

2）轮缸压力保持过程：一旦轮胎即将锁死，ABS系统会减少制动压力，以避免轮胎完全停止旋转。一旦ABS系统减少制动，在轮缸压力保持过程中，ABS系统会根据轮胎的转速和制动需求来调节制动压力，以保持轮胎的旋转速度在一个安全范围内，避免轮胎锁死。ABS系统会持续检测每个车轮的制动压力，并根据实时情况进行调整。如果轮胎的转速开始恢复正常，ABS系统会保持当前的制动压力，以维持轮胎的旋转速度在一个安全范围内。

3）轮缸压力降低过程：当ABS系统减少制动压力时，它会通过控制液压系统来降低轮缸的压力。这可以通过减少制动液的供应或释放轮缸内的压力来实现。一旦ABS系统降低轮缸的压力，它会继续监测轮胎的转速，并根据实时情况进行调整。如果轮胎的转速开始恢复正常，ABS系统会逐渐增加轮缸的压力，以维持轮胎的旋转速度在一个安全范围内。

4）轮缸压力升高过程：当ABS系统减少制动压力后，如果检测到轮胎的转速仍然过低，ABS系统会逐渐增加轮缸的压力。这可以通过增加制动液的供应或增加轮缸内的压力来实现。一旦ABS系统增加轮缸的压力，它会继续监测轮胎的转速，并根据实时情况进行调整。如果轮胎的转速开始恢复正常，ABS系统会逐渐减少轮缸的压力，以维持轮胎的旋转速度在一个安全范围内。

二、驱动防滑转系统

1. 汽车的驱动防滑系统

汽车驱动轮加速滑移调节系统通常称为防滑转调节系统（Acceleration Slip Regulation，ASR），因为防止驱动轮滑转都是通过调节驱动轮的驱动力（牵引力）来实现，故又称为牵引力控制系统（Traction Control System，TRC）。ASR 的功用是：在车轮开始滑转时，自动降低发动机的输出转矩来减小传递给驱动轮的驱动力，防止驱动力超过轮胎与路面之间的附着力而导致驱动轮滑转（或通过增大滑转驱动轮的阻力来增大未滑转驱动轮的驱动力，使所有驱动轮的总驱动力增大），从而提高车辆的通过性及起步、加速时的安全性。

ASR 与 ABS 密切相关，都是汽车主动安全装置，两个系统通常同时采用。ABS 的作用是自动调节制动力，防止车轮抱死滑移；ASR 的作用是维持附着条件，增大总驱动力。图 4-67 所示为 ABS/TRC 主要部件在车上的布置图。该系统主要由车轮转速传感器、ABS/TRC 电控单元、ECU、ABS 执行器（制动压力调节器）、TRC 执行器（包括隔离电磁阀总成和制动功能总成）、ASR 副节气门控制步进电动机和主、副节气门位置（开度）传感器组成。

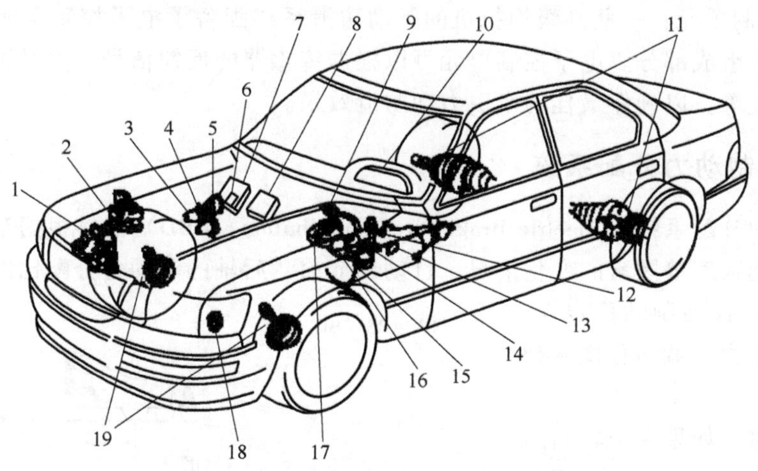

图 4-67 ABS/TRC 的主要部件在汽车上的布置示意图

1—ABS 执行器 2—TRC 执行器 3—副节气门传感器 4—主节气门位置传感器 5—TRC 副节气门电动机 6—TRC 副节气门继电器 7—ABS 与 TRC 的 ECU 8—发动机和变速器 ECU 9—TRC 关断开关 10—TRC 警告灯 11—后轮转速传感器 12—制动灯开关 13—空档起动开关 14—TRC 供液泵 15—TRC 供液泵电动机继电器 16—TRC 储能器 17—制动液位开关 18—TRC 制动器主继电器 19—前轮转速传感器

2. 拖拉机的驱动防滑系统

拖拉机的驱动防滑系统是一种用于提高拖拉机在低附着力路面上的牵引力和防止轮胎打滑的技术装置。它通过控制驱动轮的转速和牵引力分配，以确保拖拉机在各种工作条件下的稳定性和可靠性。这种系统通常包括以下几个主要组成部分。

1）差速器：差速器是拖拉机驱动系统的核心部件之一，它允许左右两个驱动轮以不同的转速旋转，以适应转弯时内外轮的行驶距离不同的情况。差速器的作用是在转弯时允许内外轮以不同速度旋转，从而减少轮胎打滑的可能性。

2）差速锁：差速锁是一种用于锁定差速器的装置。当拖拉机遇到路面湿滑或陡坡等情况时，差速锁可以锁定差速器，使左右两个驱动轮以相同的转速旋转，提供更大的牵引力。差速锁的使用可以增加拖拉机在低附着力路面上的牵引力，防止轮胎打滑。

3）轮胎选择：拖拉机的驱动防滑系统还与所选用的轮胎类型和胎压有关。不同类型的轮胎具有不同的抓地力和抗滑性能。选择具有良好抓地力的轮胎，并根据实际情况调整轮胎的胎压，可以提高拖拉机在低附着力路面上的牵引力和防滑性能。

4）质量分配：拖拉机的质量分配也会影响驱动防滑系统的效果。合理调整拖拉机的前后质量分布，可以提高驱动轮的抓地力，减少轮胎打滑的可能性。

5）牵引力控制系统：一些现代拖拉机配备了牵引力控制系统，可以根据实际需要调整驱动轮的牵引力。这些系统可以通过传感器监测驱动轮的滑动情况，并自动调整差速器、差速锁或制动系统，以提供最佳的牵引力和防滑效果。

6）制动系统：拖拉机的制动系统也可以与驱动防滑系统相互配合。在需要增加牵引力或防止轮胎打滑的情况下，制动系统可以通过控制驱动轮的制动力分配，使驱动轮的牵引力更加均衡，减少轮胎打滑的可能性。

7）电子控制单元：一些高级拖拉机的驱动防滑系统配备了电子控制单元，用于监测和控制系统的各个组成部分。电子控制单元可以根据传感器的反馈信号，实时调整差速器、差速锁、制动系统等，以确保最佳的牵引力和防滑效果。

三、电子制动力分配系统

电子制动力分配系统（Electric Brake force Distribution，EBD）能够根据车辆载荷、道路附着条件和制动强度等因素的变化情况，自动调节前、后轴的制动力分配比例，提高制动效能，并配合 ABS 提高制动稳定性。EBD 对车轮制动力的调节如图 4-68 和图 4-69 所示。

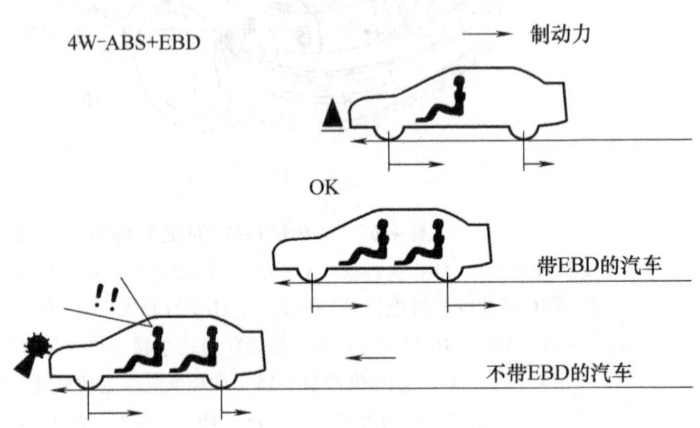

图 4-68　汽车 EBD 对前/后轮的制动力动态调节

汽车制动时，如果 4 个轮胎附着地面的条件不同，例如，左侧车轮附着在湿滑路面，而右侧轮附着于干燥路面，4 个车轮与地面的附着力不同，则容易产生打滑、倾斜和侧翻等现象。EBD 的功能就是在汽车制动的瞬间，高速计算出 4 个轮胎由于附着条件不同而导致的附着力的不同，然后调整制动装置，使其按照设定的程序在运动中高速调整，达到制动压力与附着力的匹配，以保证车辆的平稳和安全。

在紧急制动车轮抱死的情况下，EBD 在 ABS 动作之前就已经平衡了每一个车轮的有效地面附着力，可以防止出现甩尾和侧移现象，并缩短汽车制动距离。

电子制动力分配系统通常包括以下主要组成部分。

1）电子控制单元：ECU 是系统的核心，它接收来自传感器的数据，并根据预设的算法和逻辑来控制制动力的分配。ECU可以根据车速、转向角度、加速度等参数来实时计算和调整每个轮胎的制动力。

2）轮速传感器：每个轮胎都配备了轮速传感器，用于测量轮胎的转速。这些传感器将实时的轮速数据传输给ECU，以便系统可以准确地监测每个轮胎的运动状态。

3）制动执行器：制动执行器是用于施加制动力的装置，它可以根据ECU的指令来调整每个轮胎的制动力。这些执行器可以是电子控制的制动器或液压制动器，根据具体的系统设计而定。

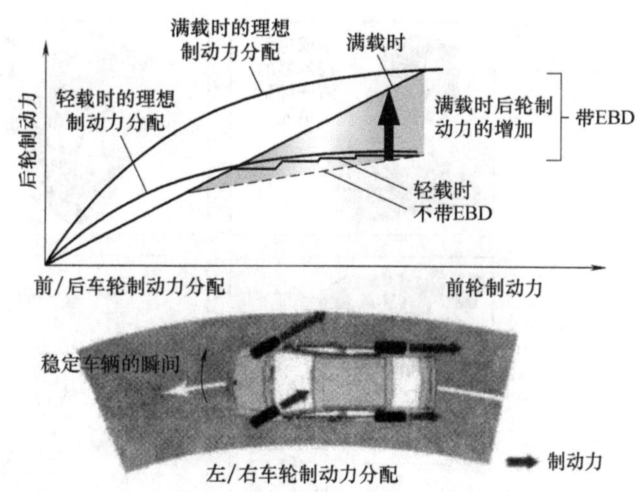

图4-69 汽车EBD对前后左右四个车轮制动力的动态调节

4）控制算法和逻辑：电子制动力分配系统使用特定的算法和逻辑来计算和调整每个轮胎的制动力。这些算法和逻辑可以根据不同的工作条件和驾驶需求进行优化，以提供最佳的制动性能和稳定性。

通过监测和调整每个轮胎的制动力，电子制动力分配系统可以实现以下优势。

1）提高制动性能：系统可以根据实际情况调整每个轮胎的制动力，以确保最佳的制动效果和稳定性。

2）减少制动距离：通过合理分配制动力，系统可以减少拖拉机的制动距离，提高安全性。

3）提高转弯稳定性：系统可以根据转向角度和车速调整制动力的分配，提高拖拉机在转弯时的稳定性和操控性。

4）减少轮胎磨损：通过均衡分配制动力，系统可以减少轮胎的不均匀磨损，延长轮胎的使用寿命。

四、电子稳定程序

汽车电子稳定控制系统（Electronic Stability Program，ESP）或动态偏航稳定控制系统是防抱死制动系统ABS、驱动防滑控制系统ASR、电子制动力分配系统EBD、牵引力控制系统TCS和主动车身横摆控制系统AYC等基本功能的组合，是一种最高形式的汽车主动安全系统。包括车距控制、防驾驶员困倦、限速识别、并线警告、停车入位、夜视仪、周围环境识别、综合稳定控制和制动助力（BAS）9项控制功能。通过综合应用9种智能主动安全技术，ESP可将驾驶员对车辆失去控制的危险性降低80%左右。它通过控制事故发生的可能性来实现安全行车，使汽车在极其恶劣的行车环境中确保行驶的稳定性和安全性。

ESP系统由传感器、ECU和执行机构组成。ESP系统的传感器在ABS和ASR各种传感器的基础上，增加了汽车转向行驶时横摆率传感器、车身翻转角速度传感器、侧加速度传感器、制动主缸中的液压力传感器和转向盘转角传感器等，如图4-70所示。执行器主要有制

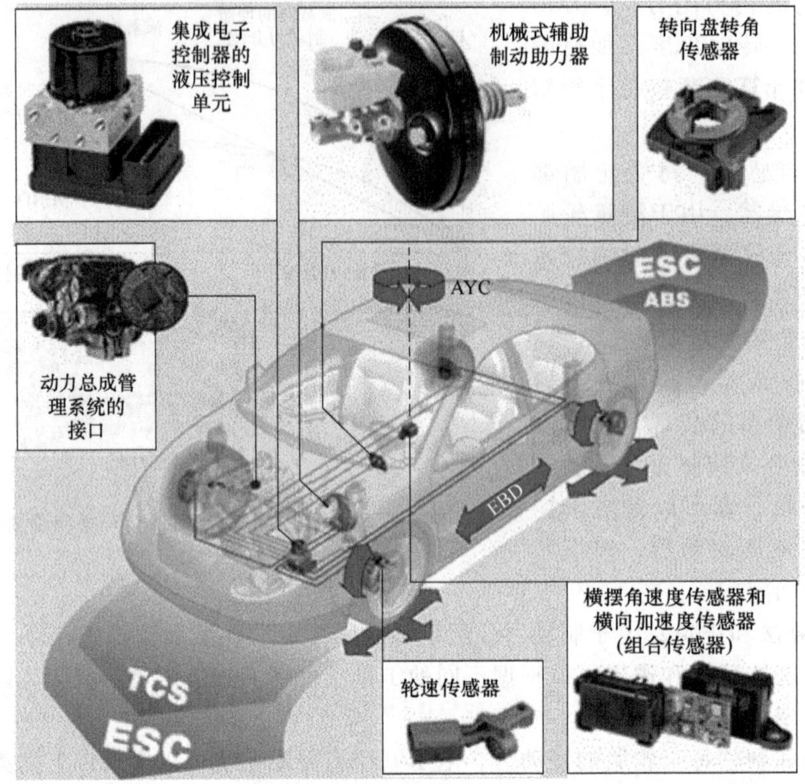

图 4-70 汽车 ESP 系统的组成

动液压调节器和节气门执行器。

ESP 系统根据制动力、驱动力及任何一种侧向力都会引起汽车绕其质心转动的原理，在汽车进入不稳定行驶状态时，通过对制动系统、驱动传动系统的干涉，修正过度转向或转向不足的倾向，使汽车保持稳定行驶状态。

ESP 系统通过使用车辆动态传感器和控制单元来监测车辆的动态参数，如横向加速度、转向角度、车速、轮速等。当系统检测到车辆出现潜在的失控情况时，它可以自动应用制动力和发动机转矩控制来帮助驾驶员保持车辆的稳定性。具体来说，ESP 系统可以实现以下功能。

1）制动力控制：当系统检测到车辆出现侧滑或失控情况时，它可以自动应用适当的制动力来减少车辆的侧滑或失控。通过独立控制每个轮胎的制动力，ESP 系统可以帮助驾驶员稳定车辆并避免潜在的失控情况。

2）发动机转矩控制：ESP 系统可以通过调整发动机的转矩输出，帮助驾驶员控制车辆的稳定性。当系统检测到车辆出现潜在的失控情况时，它可以减少发动机输出的转矩，以减轻车辆的侧滑或失控。

3）车辆稳定性监测：ESP 系统可以实时监测车辆的动态参数，并与预设的稳定性模型进行比较。如果系统检测到车辆偏离预设的稳定性范围，它将采取相应的控制措施来帮助驾驶员保持车辆的稳定性。

4）车辆动态稳定性控制：ESP 系统可以通过调整车辆的制动力和发动机转矩，帮助驾

驶员保持车辆的稳定性。当系统检测到车辆出现潜在的失控情况时，它可以自动应用适当的控制措施，如减少发动机输出的转矩、调整制动力分配等，以帮助驾驶员稳定车辆。

5）车辆动态参数监测：ESP 系统可以实时监测车辆的动态参数，如横向加速度、转向角度、车速、轮速等。通过分析这些数据，系统可以判断车辆是否出现潜在的失控情况，并采取相应的控制措施。

6）车辆稳定性调节：ESP 系统可以根据驾驶员的需求和路况条件，调节车辆的稳定性。例如，在低摩擦路面上行驶时，系统可以调整制动力和发动机转矩，以提供更好的牵引力和稳定性。

7）驾驶员辅助功能：ESP 系统还可以提供一些辅助功能，如紧急制动辅助、坡道起步辅助等。这些功能可以帮助驾驶员更好地应对紧急情况和特殊驾驶场景，提高驾驶的安全性和便利性。

ESP 系统的目标是提高车辆的操控性和稳定性，特别是在紧急情况下，如避免碰撞或急转弯时。它可以帮助驾驶员更好地控制车辆，减少事故风险，并提高驾驶的安全性和舒适性。需要注意的是，ESP 系统的具体设计和功能可能因制造商和型号不同而有所不同。

ESP 系统的优点主要如下。

1）ESP 系统可以帮助驾驶员在潜在的失控情况下保持车辆的稳定性，减少侧滑、失控等事故的发生，提高驾驶安全性。它可以通过制动力控制和发动机转矩控制等措施，帮助驾驶员更好地应对紧急情况和特殊驾驶场景。

2）ESP 系统可以根据驾驶员的需求和路况条件，调节车辆的稳定性，增强操控性。它可以提供更好的牵引力和稳定性，使驾驶员更容易控制车辆，特别是在低摩擦路面上行驶时。

3）ESP 系统还可以提供一些辅助功能，如紧急制动辅助、坡道起步辅助等。这些功能可以帮助驾驶员更好地应对特殊驾驶场景，提高驾驶的安全性和便利性。

ESP 系统的缺点主要如下。

1）ESP 系统的正常工作需要准确的传感器数据。如果传感器出现故障或受到干扰，可能会影响系统的性能和准确性。

2）ESP 系统虽然可以帮助驾驶员保持车辆的稳定性，但仍需要驾驶员正确操作和配合。如果驾驶员不正确地操作车辆或忽视系统的警示和指示，系统的效果可能会受到影响。

3）ESP 系统在某些特殊驾驶场景下可能会有一定的限制。例如，在极端的越野或特殊工况下，系统可能无法提供理想的稳定性控制效果。

五、电子液压制动系统

电子液压制动系统（Electronic Hydraulic Brake，EHB）发展的最终目标是将线控技术与汽车、拖拉机等各种车辆的制动系统相互结合、相互作用，更好地发挥制动系统的性能。

车辆的电子液压制动系统是由一个机械电子控制系统和液压控制系统组合在一起而形成的完整的制动系统（图 4-71）。由机械电子控制系统负责实时地提供控制信号给伺服驱动电动机进行动力输出，液压控制系统则负责相应地产生一个充足有效的制动压强。在该电子液压制动系统发生电子故障的情况下，驾驶员可以通过踩下制动踏板依靠机械传动机构进行力矩传递，这样就可以保证制动系统始终具有一个足够有效的制动力。该电子液压制动系统不仅高度电动化，而且系统集成度高，能够有效促进实现汽车智能驾驶功能的进程。其助力原理是依靠传感器实时监测踏板的位置变化信息并传送给系统控制器，在控制器处理后，给伺服驱动电动机输入相应的控制信号，使用传动装置将电动机的转矩转化为水平推力促使制动主缸活塞平移运动产生高油压，最终达到与传统液压制动相同的制动效果。

电子液压制动系统的结构组成中继承了原来技术成熟性能可靠的液压元件，而传统制动系统中体型笨重的真空制动助力器被电子元件所取代。利用踏板位置信息能够准确感知驾驶员的制动意图及其变化，传感器输出的电信号传递给系统控制器，系统控制器根据驾驶员的制动意图实时调控液压控制单元，使制动轮缸产生制动力。

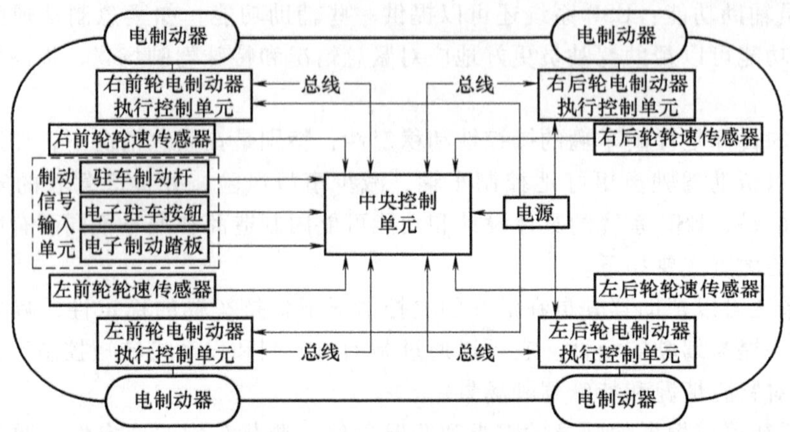

图 4-71　汽车的电子液压制动系统

电子液压制动系统工作原理如图 4-72 所示，当驾驶员踩下制动踏板或操作制动手柄时，传感器会检测到制动输入，并将信号传送给控制单元。控制单元根据传感器的信号和系统的逻辑，计算出所需的制动力，并通过控制液压泵和液压阀来实现制动力的传输和分配。液压力通过液压阀传输到制动盘或制动鼓上，产生制动力，从而减速或停止拖拉机的运动。

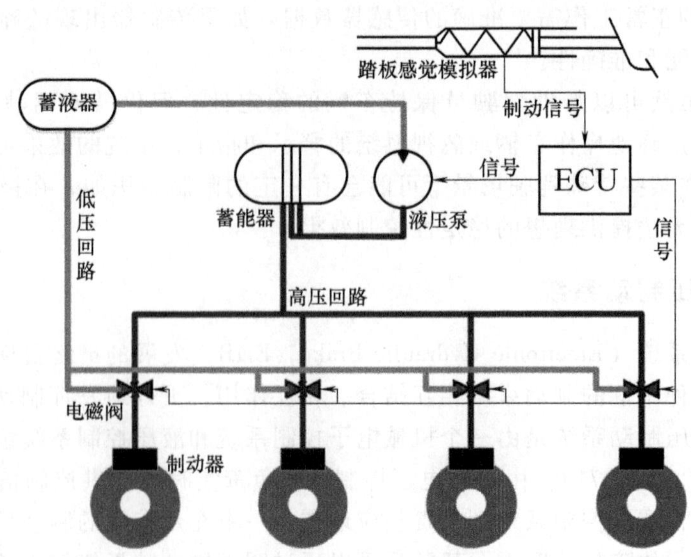

图 4-72　拖拉机 EHB 系统的工作原理

踏板模拟器（图 4-73）主要由踏板操纵机构、刚度不同的弹簧组合、压缩杆、压力传感器等组成。压力传感器接收弹簧压力以及衔铁所受的电磁吸力，再将这两者的信息传递到 ECU 中。电磁铁输出的电磁力由外接可变电阻控制，弹簧组合给驾驶员提供制动时的踏板反馈力。该踏板模拟器的踏板力、电磁吸力和弹簧压力所要满足的关系如图 4-74 所示。

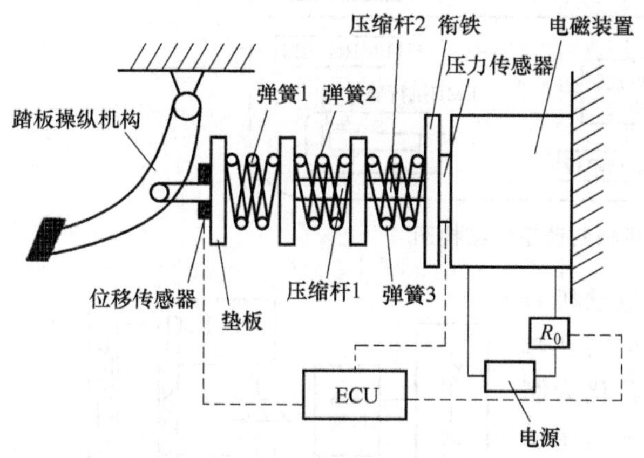

图 4-73 踏板模拟器的基本结构

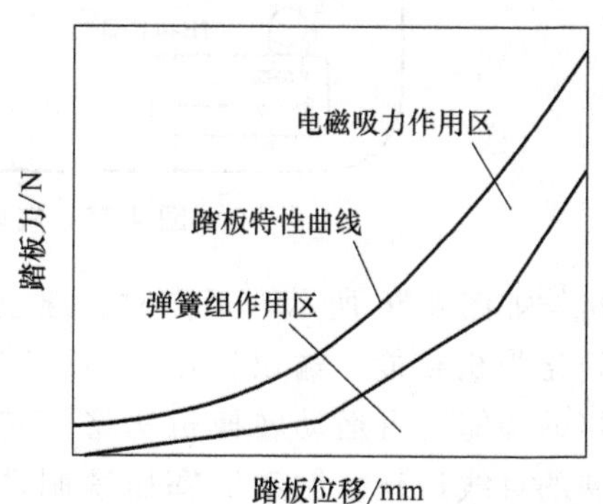

图 4-74 踏板力、弹簧压力和电磁吸力的关系

电子液压制动系统通常配备了多个传感器，用于监测拖拉机的运动状态和驾驶员的制动输入。这些传感器可以包括车速传感器、制动踏板位置传感器、制动压力传感器等。

电子液压制动系统的控制单元是系统的核心部件，它接收传感器的信号，并根据驾驶员的制动输入和系统的逻辑进行计算和控制。控制单元通常由微处理器和相关的电子元件组成。

电子液压制动系统使用液压力来产生制动力。液压泵负责提供液压力，而液压阀则根据控制单元的指令来控制液压力的传输和分配。

拖拉机和汽车的轮胎上通常安装有制动盘或制动鼓，液压力通过液压阀传输到制动盘或制动鼓上，产生制动力。

车辆对制动性能的要求越来越高，由于结构和原理的限制，传统制动系统在提高制动性能方面的潜力有限。电子液压制动系统具有响应速度快、压力控制准确、易于实现再生制动等诸多优点，弥补了传统制动系统的不足，可以大大提高车辆的制动性能。

六、电子机械制动系统

电子机械制动系统（Electronic Mechanical Brake，EMB）是一种具有巨大发展前景的汽车制动技术。首先，EMB 系统在制动性能、安全性和舒适性方面具有明显优势。通过电子控制和精确的制动力分配，EMB 系统能够实现快速响应、精准控制和稳定制动，提高车辆的制动效率和驾驶稳定性，这对于提升驾驶体验和行车安全是非常有益的。

典型的汽车电子机械制动系统如图 4-75 所示，包括电子制动踏板、中央控制单元、4 个 EMB 控制器、制动执行机构、电源模块、电子通信网络。中央控制单元根据电子制动踏板发送的信号，识别驾驶员制动意图，结合其他车辆运动相关的传感器信号，计算并分配每个车轮的制动力，由单独的 EMB 控制器控制执行机构施加制动压力。

电子机械制动执行机构包括力矩电动机、减速机构、运动转换机构、制动卡钳等，典型

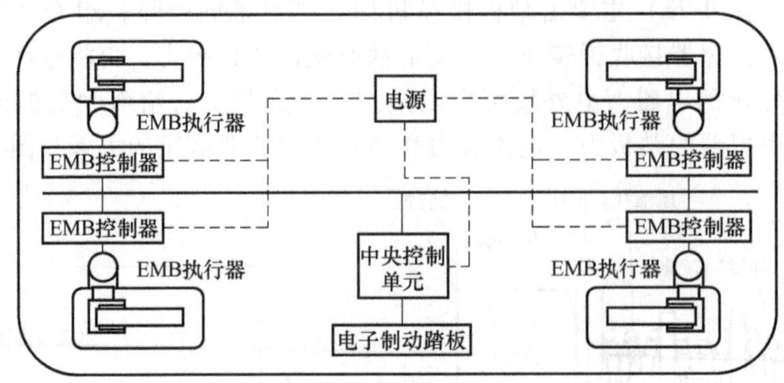

图 4-75　汽车电子机械制动系统结构图

执行机构如图 4-76 所示。工作时，通过力矩电动机将电能转化为机械能，输出转矩，通过减速机构实现减速增矩的功能，由运动转换机构将旋转运动转化为制动活塞的直线运动，制动活塞压紧制动摩擦片与制动盘产生制动力。

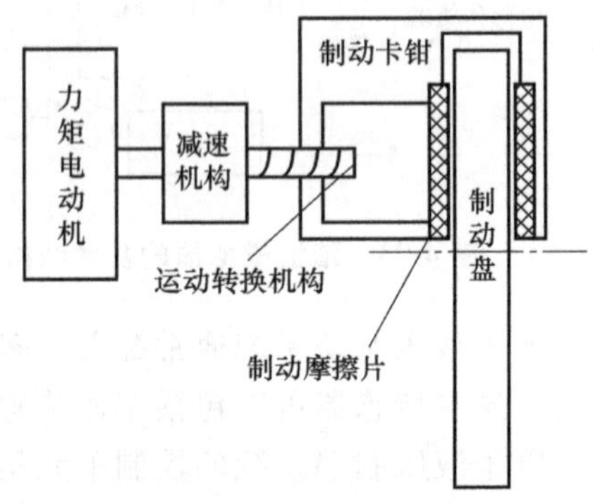

图 4-76　汽车电子机械制动系统执行机构

电子机械制动系统可以实现对各车轮的精确控制，可以与线控驱动、线控转向等其他电控系统在功能上进行合并，形成一体化的线控底盘系统，实现对车辆底盘的主动控制、集成控制，应用前景广阔。

拖拉机的电子机械式制动系统（EMB）利用电动机产生电磁力，经过齿轮减速机构增大力矩，并通过滚珠丝杠机构转化为轴向力以产生制动力矩，其结构和原理如图 4-77 所示。当车辆制动时，ECU 接收制动信号，同时采集车速、轮速等信号后控制电动机转动，首先经过驱动齿轮减速机构将电动机转矩放大，再经过滚珠丝杠机构转换为轴向力，最终为车轮提供足够的制动力。

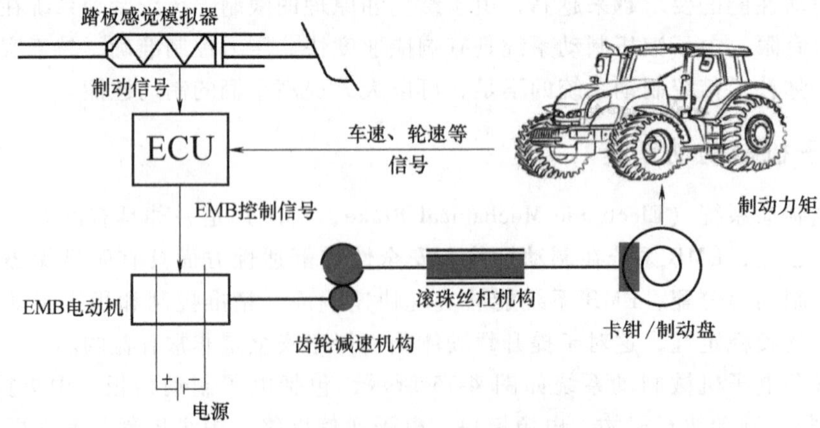

图 4-77　拖拉机 EMB 系统工作原理图

拖拉机上配备有制动踏板或制动手柄，驾驶员通过踩下制动踏板或操作制动手柄来控制制动力的大小和时机。

电子机械制动系统通常配备了多个传感器，用于监测拖拉机的运动状态和驾驶员的制动输入。这些传感器可以包括车速传感器、制动踏板位置传感器、制动液位传感器等。

电子机械制动系统的控制单元是系统的核心部件，它接收传感器的信号，并根据驾驶员的制动输入和系统的逻辑进行计算和控制。控制单元通常由微处理器和相关的电子元件组成。

电子机械制动系统使用电子制动器来产生制动力。电子制动器通常由电动机、减速器和制动器组成。当控制单元接收到制动信号时，它会通过控制电动机的转动来产生制动力，并通过减速器和制动器将制动力传递到车轮上。

拖拉机的轮胎上通常安装有制动盘或制动鼓，制动力通过电子制动器传输到制动盘或制动鼓上，产生制动力。

电子机械制动系统通常还包括制动液压系统，用于传输制动力到制动器。制动液压系统由制动液、制动泵、制动管路和制动缸等组成。

电子机械制动系统需要电源供电，通常使用拖拉机的蓄电池作为电源，通过电路连接到控制单元和电子制动器。

电子机械制动器可以通过电子控制单元（ECU）精确控制制动力的大小和分配，以适应不同的工况和驾驶需求。这种精确控制可以提供更好的制动性能和驾驶体验。电子机械制动器可以与车辆的其他系统集成，例如车辆稳定性控制系统（ESP）或自动驾驶系统。通过与这些系统的协同工作，制动器可以实现自动化的制动功能，提高行车安全性。相比传统的液压制动系统，电子机械制动器通常采用电子控制和电动执行机构，减少了液压元件的使用，从而降低了制动系统的质量和复杂性。虽然 EMB 有很多优点，但也存在一些缺点：电子机械制动器的设计和制造成本较高，主要是由于电子控制单元、传感器和执行机构等高精度的电子元件的使用，这使得电子机械制动器在一些经济条件较差的应用中可能不太实用。电子机械制动器的维护和修理相对复杂，需要专业的技术和设备，这可能增加维修成本和维修时间。电子机械制动器需要电力供应才能正常工作，一旦电力供应中断或故障，制动系统可能无法正常工作，增加了一定的风险。

思 考 题

1. 制动系统的功能有哪些？它由哪些装置组成？
2. 试说明制动系统的一般工作原理。
3. 鼓式制动器有几种形式？根据制动蹄受力的不同说明各种结构的特点及其应用。
4. 常见的盘式制动器有几种形式？各具有什么特点？
5. 盘式制动器与鼓式制动器相比，具有哪些优缺点？
6. 何谓制动踏板自由行程？它超出一定范围将产生什么后果？
7. 人力-液压制动系统具有哪些典型部件？各部件有何作用？
8. 伺服液压制动系统具有哪些典型部件？各部件有何作用？
9. 气压动力制动系统具有哪些典型部件？各部件有何作用？
10. 汽车的制动力为什么要进行调节？制动力调节装置主要有哪些？各有何作用？
11. 如何合理分配前、后轮制动力？提高制动性能的措施有哪些？
12. 电子控制制动系统主要有哪些？
13. 汽车、拖拉机的制动传动机构有哪几种？

第五章

拖拉机工作装置

拖拉机是一个可移动的动力源，为了完成各种作业，还必须依靠一套工作装置与相应的农机具连接。拖拉机的动力由拖拉机的工作装置传递出去，以实现各类农田作业需求。拖拉机工作装置主要包括牵引及拖挂装置、动力输出装置、液压悬挂装置和液压举倾装置。

第一节　牵引及拖挂装置

一、牵引及拖挂装置的功用

早期的拖拉机只有牵引及拖挂装置，能够连接牵引式农具和拖挂拖车，它与农机具的铰接点称为牵引点。牵引及拖挂装置在设计时既要满足牵引农具的需求，也要满足相关的农艺要求，同时保证农机具及拖车拆装、调整的方便性。牵引装置的形式、尺寸和安装要求应符合国家标准 GB/T 2780—2008《农业拖拉机　牵引装置型式尺寸和安装要求》的规定。拖挂装置的形式、尺寸和安装要求应符合国家标准 GB/T 2779—2009《拖拉机拖挂装置型式尺寸和安装要求》的规定。

二、牵引装置

牵引装置按不同的结构和形式可分为固定式和摆杆式两种。

（一）固定式牵引装置

固定式牵引装置中的牵引板 3 用插销 2 与固定在拖拉机后桥壳体两侧的牵引托架 1 连接，如图 5-1 所示。农机具的辕杆经牵引叉 5 连接在牵引板 3 上，该铰接点为固定式牵引装置的摆动中心，通过选择牵引板 3 上不同的孔、牵引托架 1 和牵引板 3 的不同安装位置，可以实现不同的牵引高度和横向牵引位置。

固定式牵引装置结构简单，被广泛采用于各种牵引作业中。但是由于摆动中心常位于驱动轮轴系以后的位置，牵引农具转向时转向阻力矩较大，转向较为困难，一旦方向走偏，很难纠正行驶方向。

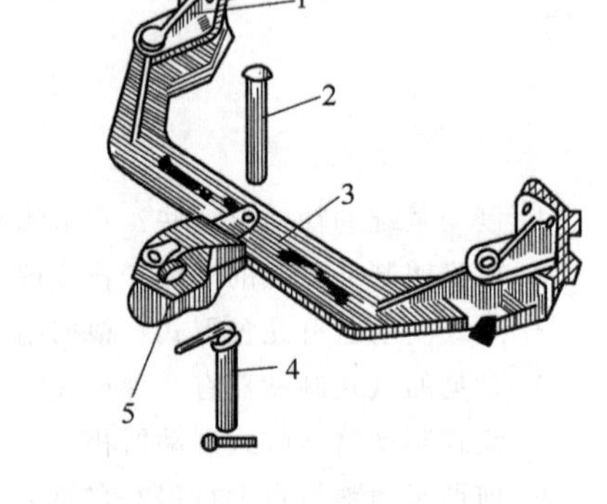

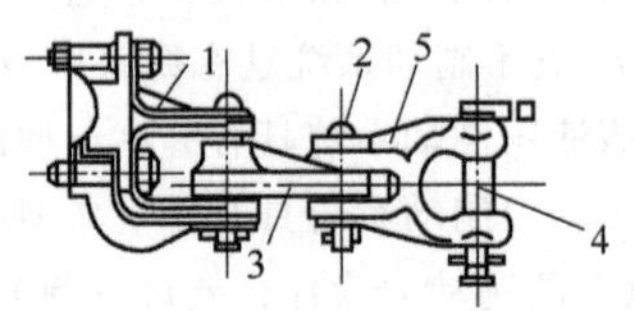

图 5-1　固定式牵引装置
1—牵引托架　2—插销　3—牵引板
4—牵引销　5—牵引叉

（二）摆杆式牵引装置

摆杆式牵引装置结构复杂，主要用在大功率拖拉机上，其摆动中心位于驱动轮轴系之前。当拖拉机的行驶方向同农机具耕作阻力方向不一致时，迫使拖拉机转向的力矩较小，拖拉机的行驶直线性良好。当拖拉机转向时，被牵引农机具的转向阻力矩较小，拖拉机比较容易转向。

如图 5-2 所示，牵引杆的前端由轴销 1 同拖拉机机身铰接，牵引杆 6 的后端与农机具的辕杆通过牵引销 5 连接。牵引杆 6 可以横向摆动，因此较容易挂接农机具。在拖拉机牵引农机具倒车时，需要将定位销 4 插入到牵引杆 6 和牵引板 7 的孔内，以固定牵引杆 6 不再摆动。

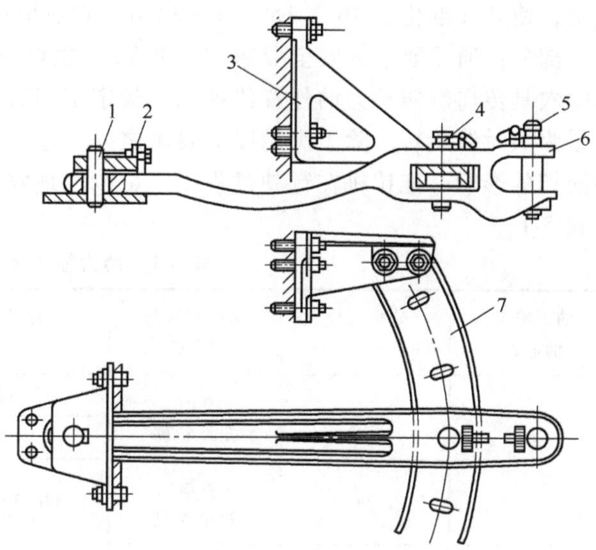

图 5-2　摆杆式牵引装置

1—轴销　2—前支架　3—后支架　4—定位销

5—牵引销　6—牵引杆　7—牵引板

三、拖挂装置

拖挂装置的挂钩有钩形挂钩和 U 形挂钩两种类型。

钩形挂钩可以实现自动挂接。在挂装拖车的过程中，挂钩的高度可以改变。有的拖拉机采用了液压自动挂钩装置，以实现自动挂接。

U 形挂钩在拖拉机上的高度位置是固定不变的。为了减轻挂车与拖拉机之间的顶撞冲击载荷，U 形挂钩应具有缓冲装置。U 形挂钩应能围绕自身纵向轴线回转±20°，挂钩的拖挂销应能可靠地锁定，以防止脱钩。

第二节　动力输出装置

一、动力输出装置的功用

当拖拉机带收割机、播种机、旋耕机等农机具进行作业时，不仅要求拖拉机能牵引着农机具行驶，而且还需要将动力传给农机具的某些工作部件以驱动其工作，这部分动力是通过动力输出轴输出的。当拖拉机用于固定作业时，还可以用动力输出轴或通过装在动力输出轴上的驱动带轮，将发动机的全部功率输出，以带动脱粒机、饲料粉碎机等固定机具进行作业。

二、动力输出装置的分类

动力输出装置包括动力输出轴和动力输出带轮两种。

（一）动力输出轴

为了使动力能方便地从动力输出轴传到农机具，对动力输出轴的尺寸和要求进行了统一规定，使其标准化。GB/T 1592.1—2016《农业拖拉机　后置动力输出轴 1、2、3 和 4 型　第 1 部分：通用要求、安全要求、防护罩尺寸和空隙范围》将动力输出轴定义为拖拉机后部向农具传递旋转动力的外置传动轴，规定了动力输出轴的转速以及旋转方向为从拖拉机后面看为顺时针旋转。除了满足以上要求之外，还要求动力输出轴不能受到拖拉机起步、停车和换档的影响，拖拉机在行驶过程中，可以实现农机具的启动或停止。动力输出轴型式特性见表 5-1。

表 5-1　动力输出轴型式特性

动力输出轴形式	公称直径/mm	花键齿数与型式	标准转速/(r/min)	发动机标定转速下推荐的动力输出轴功率/kW
1	35	6 齿矩形花键	540	<65
			1000	<110
	38	8 齿矩形花键	540、760、1000	<65
2	35	21 齿渐开线花键	1000	<130
	48	8 齿矩形花键	540、760、1000	<130
3	45	20 齿渐开线花键	1000	<300
4	57.5	22 齿渐开线花键	1300	<450

目前，国内生产销售的拖拉机后置动力输出轴普遍使用 GB/T 1592.1—2016 中 1 型公称直径为 38mm 的 8 齿矩形花键。一方面原因在于 1 型公称直径为 38mm 的 8 齿矩形花键强度比 1 型公称直径为 35mm 的 6 齿矩形花键要高，另一方面公称直径为 38mm 的 8 齿矩形花键已在拖拉机上配套了几十年，加工成本较低。与国外产品相比，国内产品在材料和热处理方面还存在不小的差距，为降低动力输出轴断裂故障率，有的农机生产企业会采用比标准规定值 540r/min 高的输出转速（700～800r/min），以降低动力输出轴的输出转矩。

动力输出轴根据不同的结构形式，可分为非独立式动力输出轴、半独立式动力输出轴、独立式动力输出轴和同步式动力输出轴。

1. 非独立式动力输出轴

由离合器 1 控制动力输出轴 3 和变速器轴 2 的运转和停止，图 5-3 所示的非独立式动力输出轴结构简单。当离合器 1 接合时，拖拉机和农机具的工作机构实现同时起步；当离合器 1 分离时，拖拉机和农机具的工作机构都停止运行。两者均随离合器的“接合”或“分离”而同时“起动”或“停

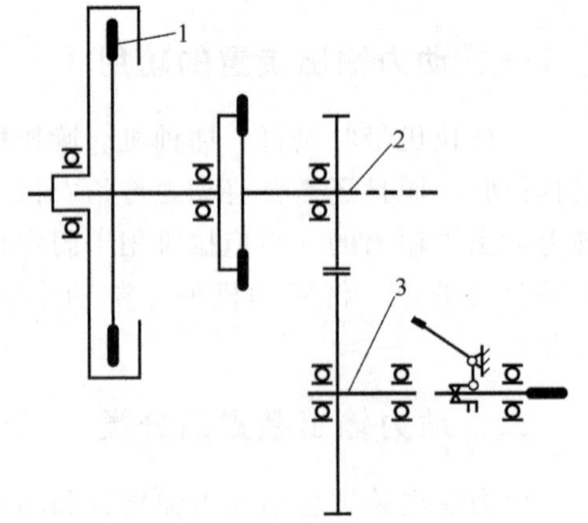

图 5-3　非独立式动力输出轴

1—离合器　2—变速器轴　3—动力输出轴

止”，这样，拖拉机起步时，发动机负荷较大，优点是结构简单。

2. 半独立式动力输出轴

半独立动力输出轴的动力是由双作用离合器 1 来控制的，如图 5-4 所示。双作用式离合器 1 的两片被动片由一个操纵机构控制，根据操纵机构的不同位置来分别实现对动力输出轴 3 和变速器轴 2 的控制。这样，既可使分离主离合器时不停止动力输出，又防止了拖拉机起步时发动机负荷过大的现象，但动力输出轴还不是完全独立操纵的，因此称为半独立式。

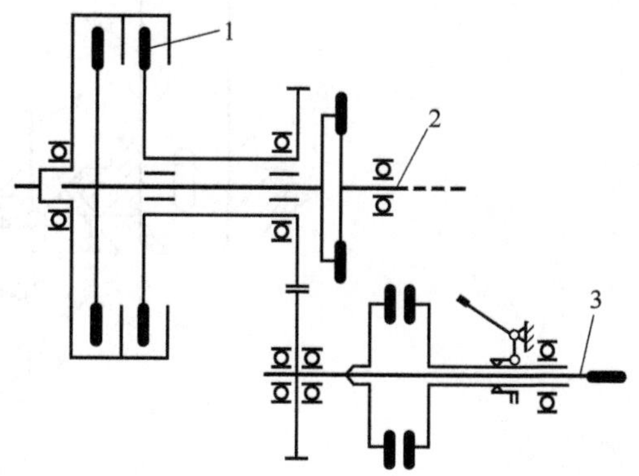

图 5-4　半独立式（独立式）动力输出轴

1—离合器　2—变速器轴　3—动力输出轴

3. 独立式动力输出轴

与半独立式动力输出轴类似，独立式动力输出轴也是由双作用式离合器 1 来控制的。不同的是双作用式离合器 1 的两片被动片分别由独立的操纵机构控制，一片被动片控制动力输出轴 3，另一被动片控制变速器轴 2，各有一套操纵机构互补牵制。动力输出轴完全可以独立操纵，这样既有半独立式的优点，又能比较广泛地满足不同农机具作业对动力输出轴的要求，如图 5-4 所示。

4. 同步式动力输出轴

同步式动力输出轴（图 5-5）常用来带动和拖拉机驱动轮转速成正比的农机具，如播种机、施肥机等，同步式动力输出轴的转速与驱动轮的转速成固定比例。

同步式动力输出轴属于非独立性质，必须从变速器输出轴或该轴以后的其他轴上引出动力。根据轴头位置的不同，可分为后置式和侧置式两种。后置的同步式动力输出轴通常与标准转速式动力输出轴共用轴头，而侧置的同步式动力输出轴是将后桥中的某根横置轴引出壳外来实现。

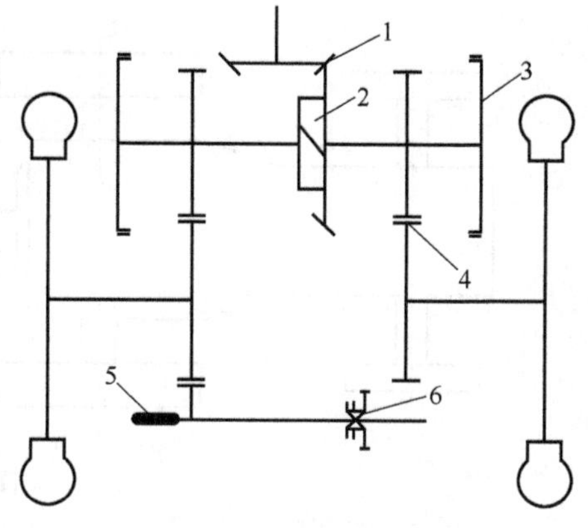

图 5-5　同步式动力输出轴

1—中央传动　2—差速器　3—制动器
4—最终传动　5—同步式动力输出轴
6—差速器锁

（二）动力输出带轮

拖拉机的动力输出带轮是一个独立的部件，可以根据农田作业需求安装。大部分拖拉机用后置动力输出轴带动带轮驱动农机具进行各项固定作业，如发电机、排灌机械、脱粒机、饲料粉碎机、水泵等。少数拖拉机采用侧置的动力输出轴或将主传动系的横轴伸出壳体以外，带动侧置的带轮。图 5-6 所示的带轮装置，其动力输出轴通过一对锥齿轮传递动力。大锥齿轮 1 用键固定在动力输出轴 2 上，而被动的小锥齿轮 7 与带轮轴制成一体，并支承在一对滚动轴承上。需要使用带轮装置进行作业时，将带轮 6 用螺母固定在带轮轴的花键上。在不需要带轮时，可随时拆下，以免发生安全事故。

传动功率的大小取决于动力输出带轮的宽度，动力输出带轮的轴线应与拖拉机驱动轮轴线平行，这样可以借助前后移动拖拉机来调整动力输出传动带的张紧度。如图 5-7 所示，安

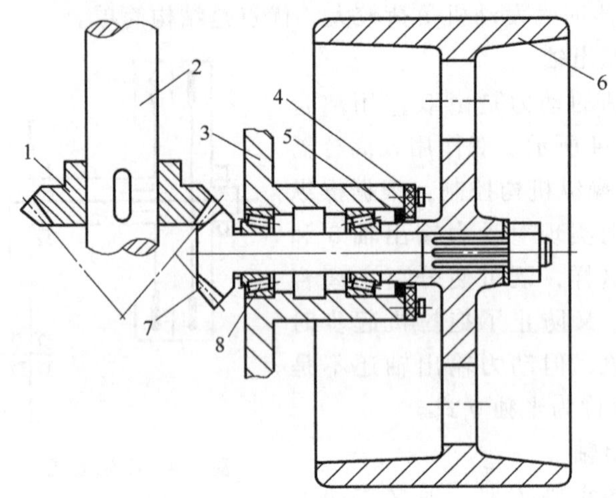

图 5-6　带轮装置

1— 大锥齿轮　2—动力输出轴　3—液力升降器箱体　4—防尘盖板　5—橡胶油封　6—带轮　7—小锥齿轮　8—滚动轴承

装时应使带轮的松边在上面，这样可靠传动带的自重下垂，增加传动带在带轮上的包角，以减少传动带打滑。

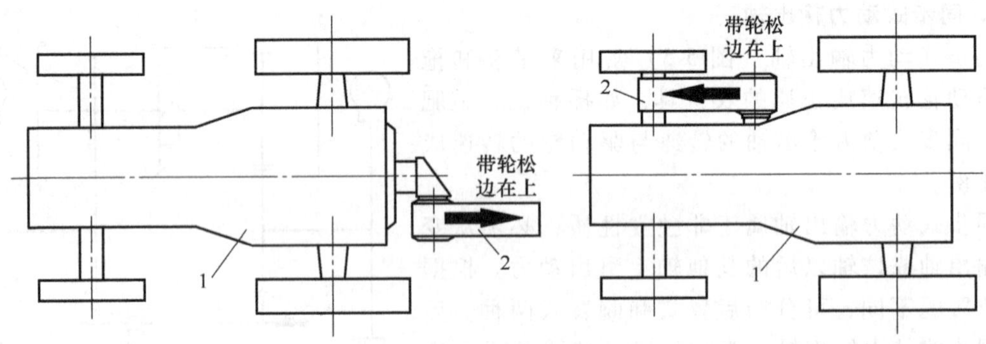

图 5-7　带轮的布置

1—拖拉机　2—带轮装置

第三节　液压悬挂装置

一、液压悬挂装置的功用

早期的拖拉机只有牵引装置，用来牵引各种农机具或拖车，无法实现对农机具的升降和自动控制，如图 5-8a 中所示。牵引式农机具需要独立的行走和起落机构，结构复杂、质量较大，增大了拖拉机的牵引阻力和地轮的滚动阻力，转弯半径较大。另外还需要专门的农机具操作人员，浪费了人力资源。而悬挂装置可以将农机具直接悬挂在拖拉机上，不再像往常那样由拖拉机牵引，而是同拖拉机形成一个紧凑、机动性更好的机组，如图 5-8b 所示。在悬挂装置后安装一个地轮，拖拉机同农机具的连接方式就成了半悬挂式，如图 5-8c 所示。

悬挂装置已广泛应用在当前农机制造行业中，利用液压升降可自动控制农机具的工作高度。

液压悬挂装置作为拖拉机不可或缺的重要组成部分，利用液压作为动力，提升和控制悬挂在拖拉机上的农具。它通常具有以下的功用。

1）以液压为动力提升农具，靠农具自重降落。

2）控制农具耕作深度或保持农具的离地高度。

3）液压输出。将液压泵的液压动力提供给液压悬挂装置以外的其他液压缸或液压马达，扩大液压系统的使用范围。

4）驱动轮的液压加载作用。

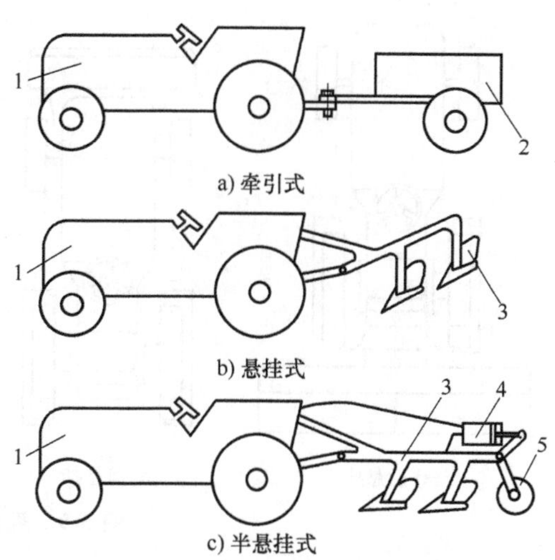

图 5-8　拖拉机和农机具的连接

1—拖拉机　2—拖车　3—悬挂装置　4—液压缸　5—地轮

液压悬挂装置除了满足液压系统的一般设计要求之外，还需要考虑以下一些要求。

1）必须符合国家规定的或推荐的各项要求和标准，尤其是悬挂机构和农具的连接应遵守标准规定。

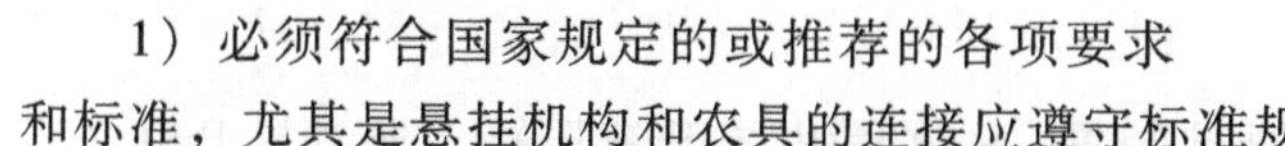

2）具有必要的提升能力，即能提升根据拖拉机牵引力或牵引功率所决定的悬挂轴质量。提升时间和提升形成要符合规定标准，提升速度应平稳。

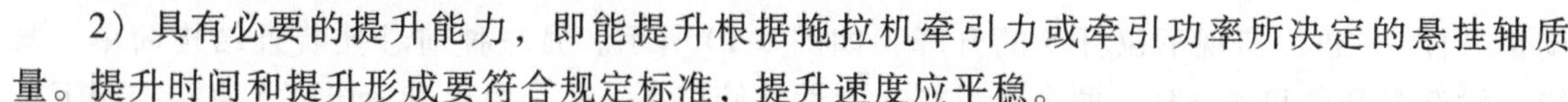

3）农具靠自重降落，但降落速度应能调节。不论农具质量轻重，最好能保持驾驶员调定的速度匀速降落。

4）农具耕作深度由拖拉机驾驶员预选，一经确定，耕作过程中应能实现自动控制。

5）带农具耕作时，拖拉机能获得理想的质量分配。农具在运输位置时，应保证拖拉机及农具在纵向平面内的稳定性和通过性。

二、悬挂装置的悬挂方式

（一）按悬挂位置分类

根据悬挂装置在拖拉机上的布置位置的不同，可以将悬挂方式分为以下四种，如图 5-9 所示。

1. 后悬挂

将农机具悬挂在拖拉机后面，这种布置方式能满足大多数的农业作业（如耕地、耙地、播种和中耕等）要求，是当前普遍采用的一种悬挂方式，如图 5-9a 所示。这种悬挂方式的优点是：拖拉机可以在未耕作的土地上行驶，同时可增大拖拉机后驱动轮的附着质量。

2. 前悬挂

将农机具悬挂在拖拉机的前方，如图 5-9b 所示。推土、收获等作业常采用此种悬挂方式，这时前轮负荷加重。

（1）前悬挂优点　相较于单纯的后悬挂机组具有明显的优势，如：前后悬挂联合作业机组使得驾驶员有良好的视野，便于生产操作，具有更高的生产效率；前悬挂机组可代替前配重，减小了机组的总质量，拖拉机前后桥的质量分配更加合理，减轻了滚动阻力和对土壤

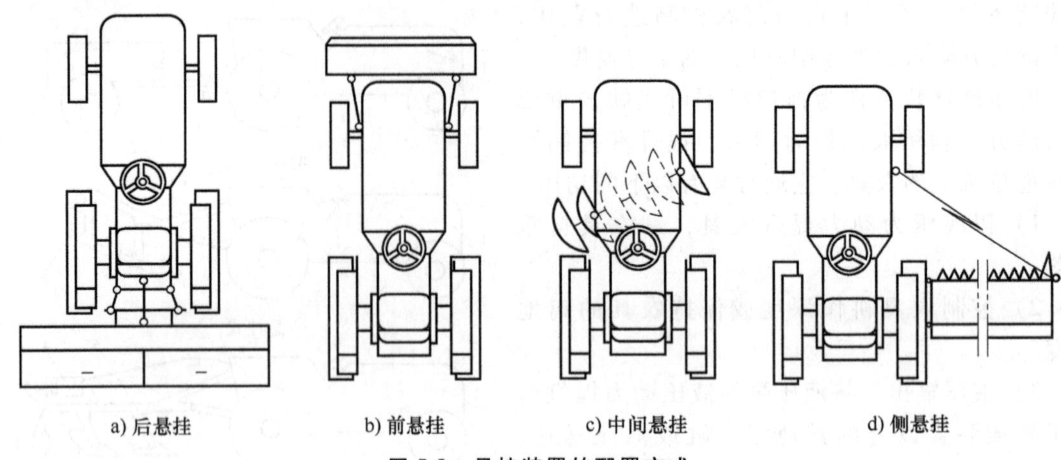

a) 后悬挂　b) 前悬挂　c) 中间悬挂　d) 侧悬挂

图 5-9　悬挂装置的配置方式

的压实，提高了拖拉机的牵引效率；可以独立驱动前、后机具，简化了机具的驱动机构，保证了合理的动力输出轴转速配置；前、后机具可以采用全悬挂，在地头转弯时顺序提升或降落，机组机动性较好，可减少地头长度；前悬挂机具可在现有后悬挂机具上改装而成，不需要专门设计，在使用上比较灵活。

（2）前悬挂分类　当前存在两种前悬挂装置，一种是由提升液压缸 1 通过提升臂 2 带动提升杆 4，进而实现下拉杆 5 的升降，如图 5-10 所示。另一种前悬挂装置结构简单、紧凑，没有提升臂和提升杆，两个下拉杆 3 刚性地铰接在一起，由提升液压缸 1 直接控制下拉杆 3 的升降，如图 5-11 所示。但由于下拉杆不能横向摆动，挂接农机具时比较困难，一般采用快速挂接装置。

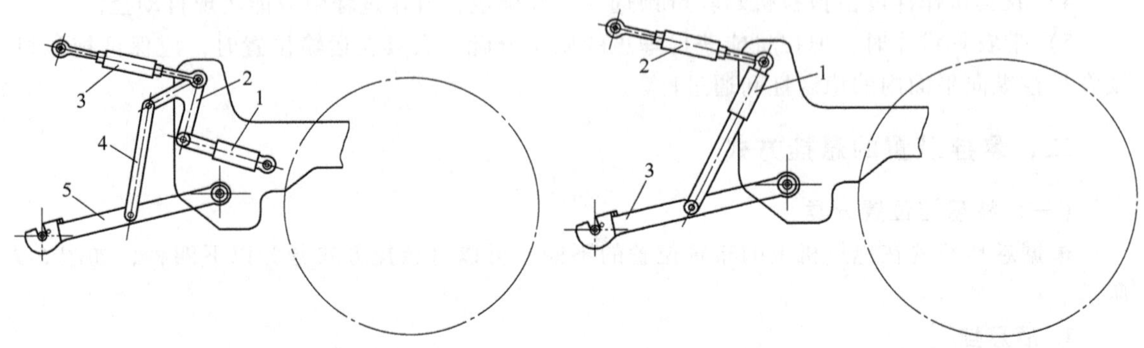

图 5-10　液压前悬挂装置

1—提升液压缸　2—提升臂　3—上拉杆　4—提升杆　5—下拉杆

图 5-11　无提升臂和提升杆的液压前悬挂装置

1— 提升液压缸　2—上拉杆　3—下拉杆

3. 中间悬挂

将农机具悬挂在拖拉机前、后轴之间，如图 5-9c 所示。这种悬挂方式一般仅见于特殊设计的自动底盘式拖拉机上。它的优点在于：驾驶员的视野较开阔，便于观察农机具的作业情况。

4. 侧悬挂

农机具悬挂在拖拉机的侧面，如图 5-9d 所示。割草和收获等作业时常采用这种悬挂方

式。由于这类作业阻力不大，所以不致引起拖拉机的自动转向。

(二) 按连接点数分类

根据悬挂杆件同拖拉机机体的连接点数可分为三点悬挂和两点悬挂。

1. 三点悬挂

悬挂杆件以三个主要铰接点与拖拉机机体连接。采用三点悬挂时，农机具在工作过程中相对于拖拉机不可能有太大的偏摆，因此农机具随拖拉机直线行驶的稳定性较好，但是工作中要矫正拖拉机机组的行驶方向就比较困难。中小功率拖拉机多采用这种悬挂方式。如图5-12a 所示。

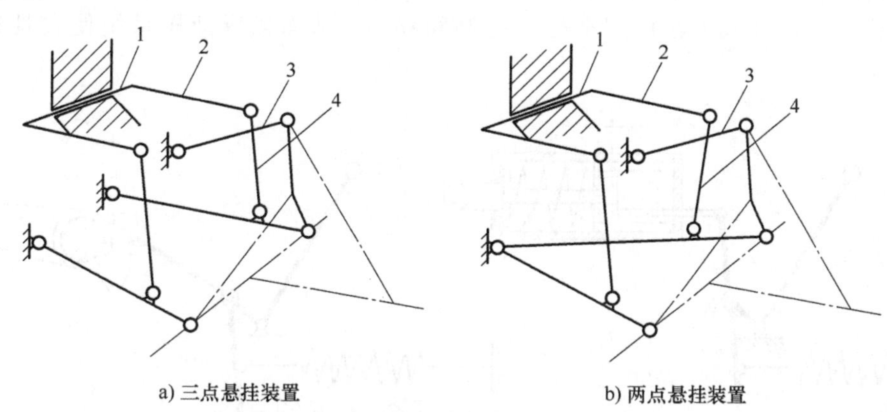

a) 三点悬挂装置　b) 两点悬挂装置

图 5-12 悬挂装置按连接点数分类

1—提升轴　2—提升臂　3—上拉杆　4—提升杆　5—下拉杆

2. 两点悬挂

上、下拉杆仅以两个铰接点与拖拉机机体连接，如图 5-12b 所示。农机具在工作过程中相对于拖拉机可以做较大的偏摆，这样，在大型拖拉机上悬挂重型或宽幅农机具作业时，就能较轻便地矫正行驶方向。因此，在某些大型拖拉机上备有两点悬挂的悬挂装置。

(三) 农机具在拖拉机上的挂接

农机具与拖拉机的挂接，基本上有三种方式：悬挂式、半悬挂式和牵引式。

悬挂式农机具又可分为带地轮和无地轮的两种。运输时，农机具被提升举起，其质量全部由拖拉机支承；耕作时，农机具在纵向平面内绕着上、下拉杆前方延长线的交点相对拖拉机摆动。

半悬挂式农具在运输时，其前部由液压悬挂装置抬起，后部则由液压缸推动尾轮抬离地面。耕作时，农具只在铰接轴铰接点处与拖拉机挂接。

牵引式农具在运输时，前后端都由液压缸推动两端的地轮而被抬起。

三、液压悬挂装置的组成

液压悬挂装置包括三个组成部分：操纵机构、悬挂装置、液压系统。

(一) 操纵机构

操纵机构用来操纵或控制液压悬挂装置中的液压系统和悬挂机构。

操纵机构操纵拖拉机带动悬挂装置工作时，要尽可能保证耕地深度的均匀性、发动机负荷的稳定性和拖拉机牵引附着性等。这就需要操纵机构根据工作需要控制主控制阀，以控制液压油的流向，实现升、降农具或自动控制农具的耕地深度及提升高度。

目前采用的操纵机构按其结构形式的不同，分为伺服杆式、凸轮式和阀芯阀套相对移动式三类。

1. 伺服杆式操纵机构

无固定支承点的伺服杆是最常用的一种操纵机构。弹簧 1 作用在伺服杆 4 上，通过 a 点使得推杆 5 同弹簧杆 7 保持接触。伺服杆下端 c 点则靠弹簧 2 与控制阀 3 接触，使伺服杆 4 在任何情况下，都不会有额外的应力产生。伺服杆 4 的 a 点（或 d 点）受到土壤阻力 F 引起的弹簧变形量 Δ 点（或提升臂转角 θ）的控制，驾驶员操纵手柄来控制中间的 b 点（或 f 点），最下面的 c 点（或 f 点）用来推动控制阀移动，从而操纵液压系统使农具升降，如图 5-13 所示。

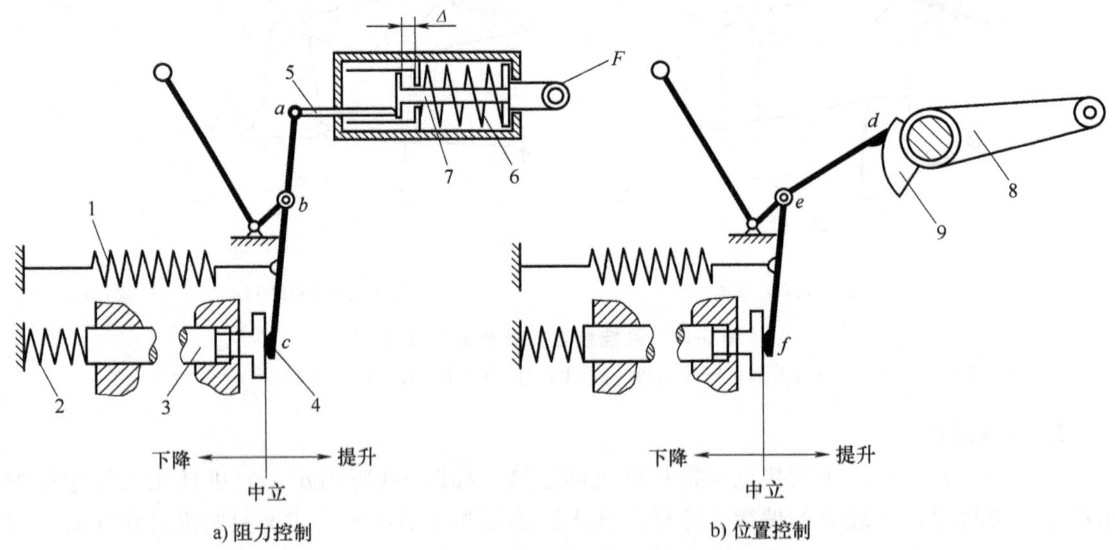

a) 阻力控制　b) 位置控制

图 5-13　伺服杆式操纵机构简图

1、2—弹簧　3—控制阀　4—伺服杆　5—推杆　6—阻力控制弹簧　7—弹簧杆　8—提升臂　9—凸轮

2. 凸轮式操纵机构

凸轮式操纵机构的摆杆 1 或 7 固定铰接于点 b 或点 e。当驾驶员操纵手柄时，会使相应的阻力控制凸轮 4 或位置控制凸轮 5 向上或向下运动。凸轮在上下运动过程中，主控制阀 2 偏离“中立”位置，在农具的提升或下降过程中，摆杆的 a 端或 d 端接收到自动控制信号后，会将主控制阀 2 恢复到“中立”位置。自动控制过程中，凸轮 4 或 5 绕着它与操纵手柄的铰接点摆动，如图 5-14 所示。

3. 阀芯阀套相对移动式操纵机构

这种操纵机构不需要伺服杆，通过调节阀芯和和阀套之间的相对位置，实现对农机具的“提升”“下降”和“中立”控制。

如图 5-15 所示。驾驶员操纵阀套 3，滑阀阀芯 4 受阻力控制弹簧变形量的变化值 f 控制。在“中立”位置时，阀套 3 和滑阀阀芯 4 之间有两个封油长度 δ_1 和 δ_2。当滑阀阀芯 4 相对于阀套 3 向左移动或阀套 3 相对于滑阀阀芯 4 向右移动时，封油长度 δ_2 将随之减小。当 δ_2 下降到零时，液压缸开始排油，农具机具降落。反之，当滑阀阀芯 4 相对于阀套 3 向

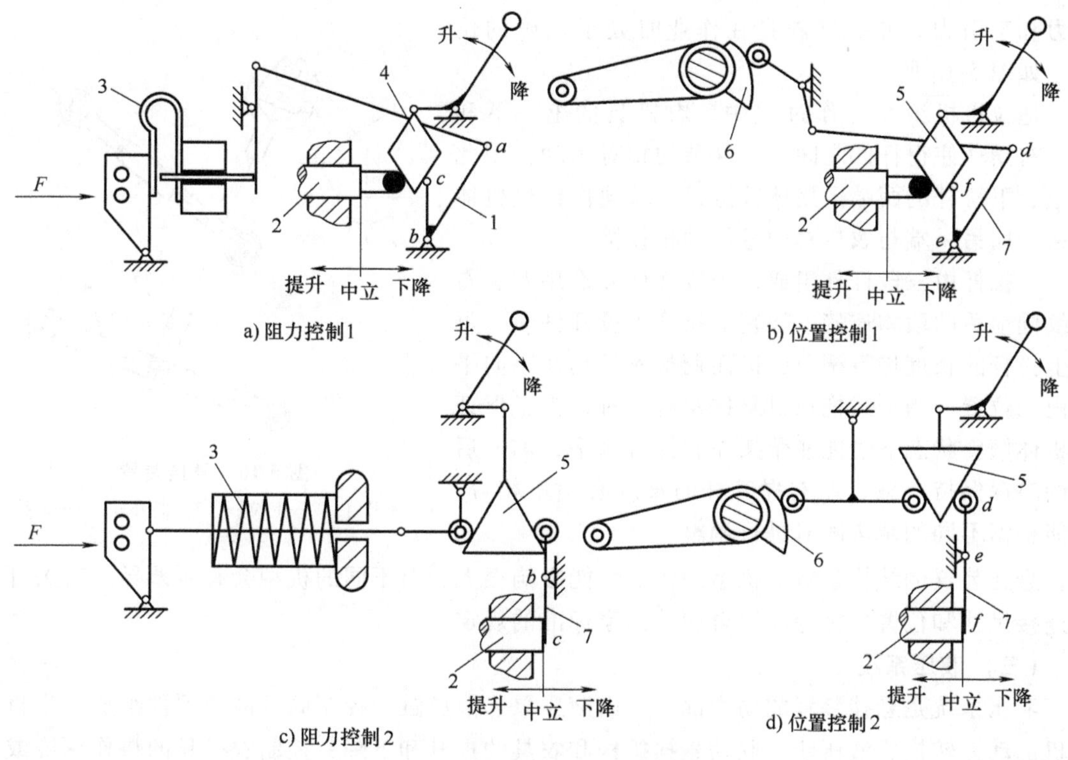

图 5-14　凸轮操纵机构简图

1—阻力控制摆杆　2—主控制阀　3—阻力控制弹簧　4—阻力控制凸轮　5—位置控制凸轮　6—提升轴凸轮　7—位置控制摆杆

右移动或阀套 3 相对于滑阀阀芯 4 向左移动时，封油长度 δ_1 减小。当 δ_1 减小至零时，回油阀 2 关闭，经液压泵输出的液压油推开单向阀 1 进入液压缸，实现对农机具的提升。

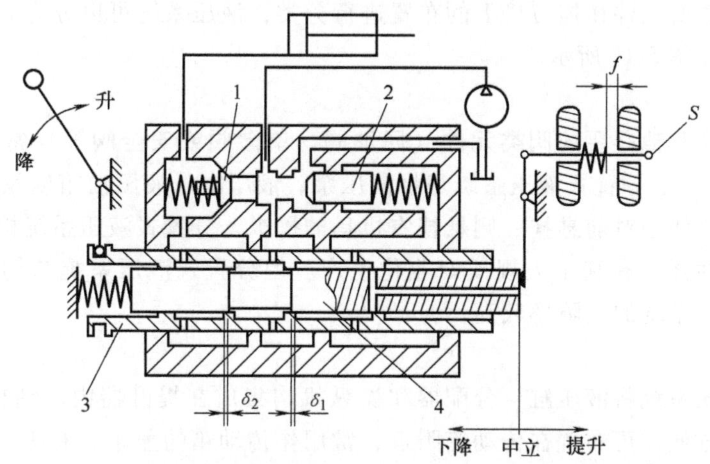

图 5-15　阀芯阀套相对移动式操纵机构简图

1—单向阀　2—回油阀　3—阀套　4—滑阀阀芯　f—弹簧压缩变形量　S—上拉杆推力　δ—节流缝隙

（二）悬挂装置

悬挂装置由提升臂、提升杆等一些连接农具的杆件所组成，用于传递拖拉机对农具的升

降力和牵引力，并保证农具在作业时处于正确的位置。如图 5-16 所示。

拖拉机机组在工作过程中，农机具的上、下和左、右摆动使得杆件之间产生复杂的相对运动，因此在上、下拉杆的两端采用球铰链，一端同拖拉机机体铰接，而另一端与农机具的悬挂轴相铰接。

上拉杆由三段杆件组成，中段杆件分别用左、右螺纹同前后两段相连接。拧转上拉杆中段杆件时，可对上拉杆的长度进行调节，进而调整农机具在纵向平面内的位置。当轮式拖拉机悬挂犁耕地时，为了保证在机体倾斜状态下也能使犁架左右保持水平，前、后犁的耕深保持一致，左右提升杆的长度必须不相等，并能根据不同的犁沟随时进行调整。

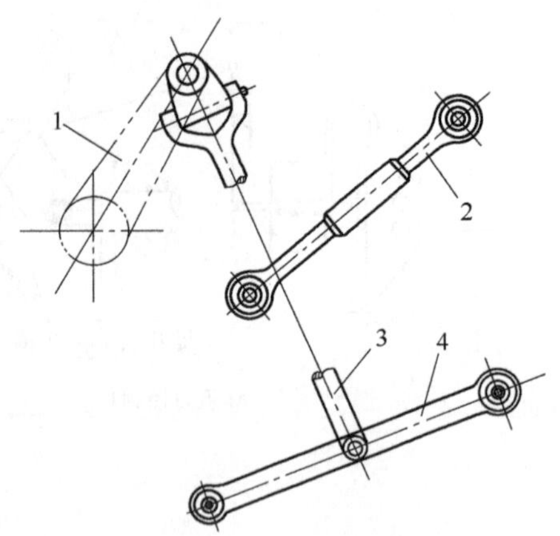

图 5-16　悬挂装置

1—提升臂　2—上拉杆　3—提升杆　4—下拉杆

悬挂装置的结构参数对机组的作业性能影响很大，对不同的机型会有所差异。有关杆件的连接尺寸和位置坐标等应符合相关国家标准的规定。

（三）液压系统

液压系统是悬挂装置的动力部分，由液压泵、液压缸和控制阀等液压元件组成。它将发动机的动力转换成液压能，驱动悬挂机构和农具的提升和下降，控制农机具的耕作深度或工作高度。

在满足基本使用要求的前提下，应尽可能地简化液压系统的结构和油路。不同用途的液压系统应互不影响，各液压元件在拖拉机上的布置要考虑到安装、检修的便利性。工作流体的性质、液压元件的加工精度、液压元件的尺寸和液压系统的功率损耗，决定了液压系统的额定工作压力。

按液压系统主要元件在拖拉机上的布置进行分类，液压系统可以分为分置式、半分置式和整体式三类，如图 5-17 所示。

1. 分置式

主控制阀以及其他必要的阀类元件（回油阀、单向阀或安全阀等）常集中在一个阀体内，称为“分配器”。分置式液压系统是将液压泵、液压缸、液压油箱以及分配器布置在拖拉机的不同部位，便于对前悬挂、侧悬挂农机具的操纵。分置式液压系统检修方便，系列化的液压元件通用性强，有利于大规模专业化生产。但分置式液压系统结构不紧凑、油管过长，管路损失大，系统的故障率较高。

2. 半分置式

半分置式液压系统将液压缸、分配器和操纵机构集成在提升器内，结构紧凑、油路短。提升器安装拆卸方便，可布置在传动箱附近，常用作传动箱的盖子。液压泵单独布置在提升器壳体之外，由发动机正时齿轮或动力输出轴来驱动。

3. 整体式

整体式液压系统将操纵机构和液压元件集中在同一个提升器壳体内。其优点同半分置式液压系统类似，但目前较少采用这种形式。

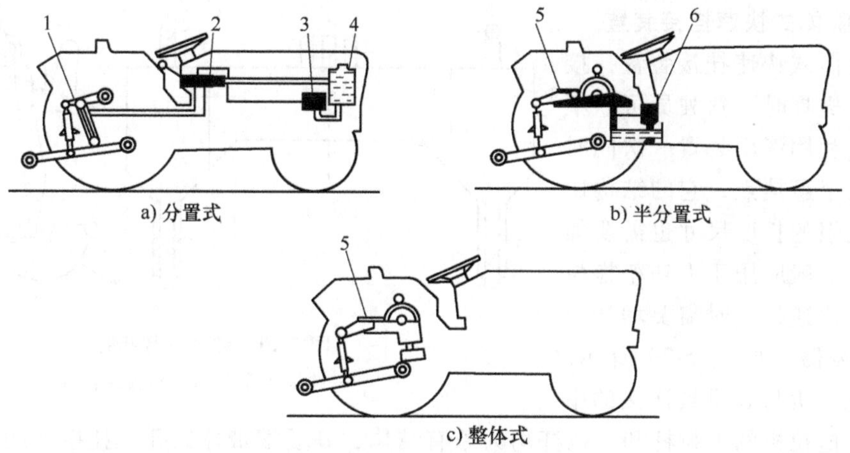

a) 分置式　b) 半分置式　c) 整体式

图 5-17　液压系统的形式

1—液压缸　2—分配器　3—液压泵　4—液压油箱　5—提升器　6—液压泵

四、快速挂接装置

快速挂接装置的用途是使拖拉机的三点悬挂机构同农机具能够快速挂接，驾驶员可以独立完成农机具装拆的全部操作作业。

（一）分开式快速挂接装置

分开式快速挂接装置主要应用在中等功率拖拉机上，在挂接三点悬挂农机具时，先完成两个下悬挂点的挂接，再挂接上悬挂点。在某些形式的拖拉机上还安装有钩形后端的上拉杆 1 和下拉杆 3，如图 5-18 所示。下拉杆 3 的钩端开口向上，上拉杆 1 的钩端开口向下，上、下拉杆的钩内均备有符合悬挂标准的球头。在挂接农机具时，分别将上、下拉杆钩内的球头安装到农机具的三个悬挂销上，将锁紧装置扳到锁紧位置时，即完成了对农机具的悬挂。

有的分开式快速挂接装置的上拉杆采用钩形后端，而下拉杆 1 为常规结构，如图 5-19 所示。在下拉杆 1 的后端销孔内连接一个专用的下拉杆整体架 2，为保证拖拉机同农机具即使有相对位置偏差，也能顺利完成挂接，这种整体架的一端设计为带曲面的钩形结构。

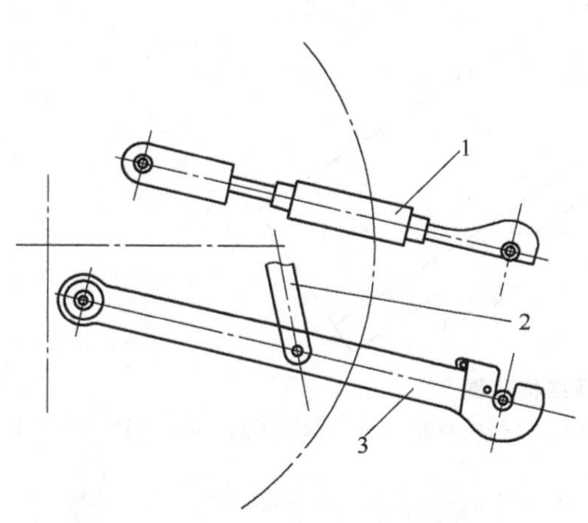

图 5-18　钩形悬挂杆的快速挂接装置

1—上拉杆　2—提升杆　3—下拉杆

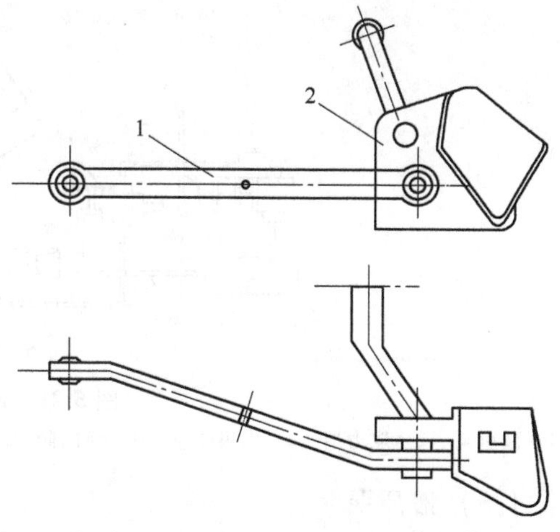

图 5-19　带下拉杆架的快速悬挂装置

1—下拉杆　2—下拉杆整体架

（二）整体式快速挂接装置

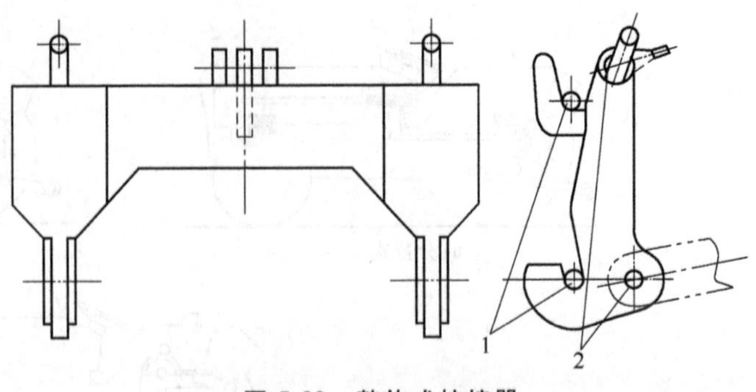

图 5-20 整体式挂接器
1—挂接器后端 2—挂接器前端

应用整体式快速挂接装置挂接三点悬挂农机具时，驾驶员可以不离开座位而利用液压装置一次同时连接上下三个悬挂点，它的结构比较复杂，机组的长度尺寸也需要加长，因此，一般应用于大功率拖拉机。整体式快速挂接时需要增加一个快速挂接器，如图 5-20 所示。此装置是拖拉机与农机具连接的中间媒介体。拖拉机的上拉杆和下拉杆均为原有结构，其后端带球销孔。挂接器的前侧与拖拉机的上、下悬挂销铰接，挂接器后侧为钩形结构，且均为向上开口的形式。挂接时只要将挂接器开口上方对准农机具悬挂销，用液压提升挂接器，农机具的悬挂销便进入挂接器的开口内，然后卡舌将农机具锁住，从而完成了挂接农机具的操作。卸下农机具时，扳动脱开手柄以改变卡舌的位置，再降下挂接器，使农机具与拖拉机脱开。

第四节 液压举倾装置

一、液压举倾装置的功用

液压举倾装置用于将车厢举升一定的倾斜角度，以实现拖拉机和货车对货物自动装卸的需要，而车厢则依靠自重来复位。

二、液压举倾装置的组成

液压泵 1、液压油箱 5、换向阀 4、举倾液压缸 7、传动杆件及车厢锁紧机构等组成液压举倾系统，其结构如图 5-21 所示。

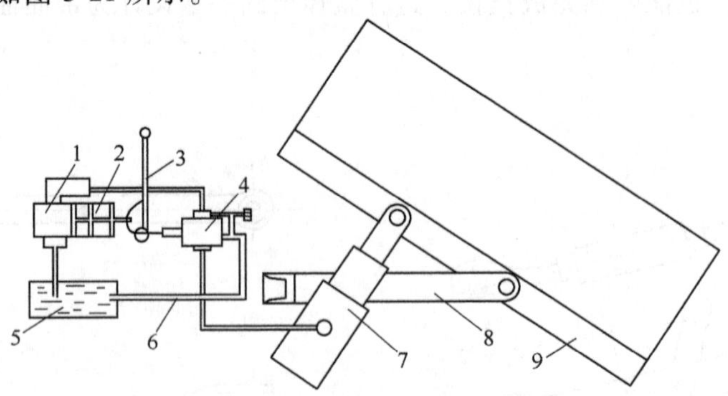

图 5-21 液压举倾结构简图
1—液压泵 2—取力器 3—操纵手柄 4—换向阀 5—液压油箱 6—回油管 7—举倾液压缸 8—车架 9—车厢

（一）液压泵

液压泵是液压举倾装置的动力元件，在自卸车上采用较多的是齿轮泵和柱塞泵。其中，齿轮泵以外啮合齿轮泵应用最广泛，柱塞泵通常采用轴向柱塞式的。

（二）举倾液压缸

举倾液压缸是液压举倾系统的动作执行元件，分为活塞式和柱塞式两种。液压举倾装置工作时，液压油在液压泵的作用下经 A 口进入举倾液压缸，推动活塞 3 和活塞杆 4 运动，实现对车厢的举升作用。当活塞 3 运行至顶端时，活塞上的限位阀被打开，液压油经回油口 B 流回液压油箱内，则车厢举升终止。当车厢下降时，控制阀将举倾液压缸的进油口 A 同液压油箱相通，在车厢自重的作用下，活塞 3 推动液压油流回液压油箱，如图 5-22 所示。

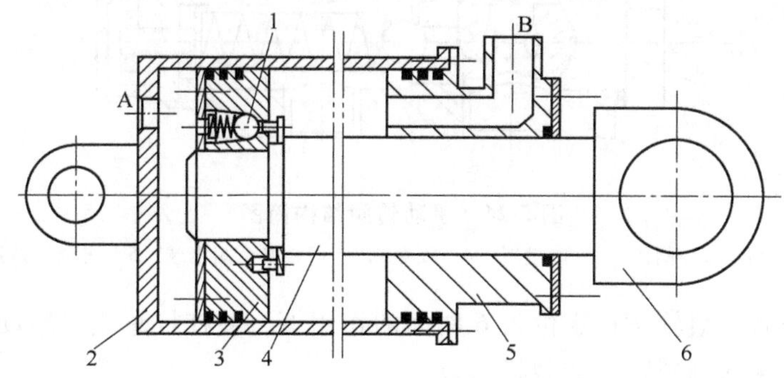

图 5-22　活塞式举倾液压缸结构

1— 限位阀钢球　2—缸筒　3—活塞　4—活塞杆　5—液压缸端盖　6—连接头

柱塞式举倾液压缸因较强的举升能力，多采用在重型自卸汽车中。如图 5-23 所示，举倾液压缸主要由三节液压缸、一节柱塞和密封件所组成。举升车厢时，液压油经进油口进入举倾液压缸的油腔中，油腔中的高压油依次将各节液压缸推出。需要下降车厢时，车厢在自重的作用下将液压油压回到液压油箱中。柱塞式举倾液压缸的极限位置依靠液压系统的限位阀控制。

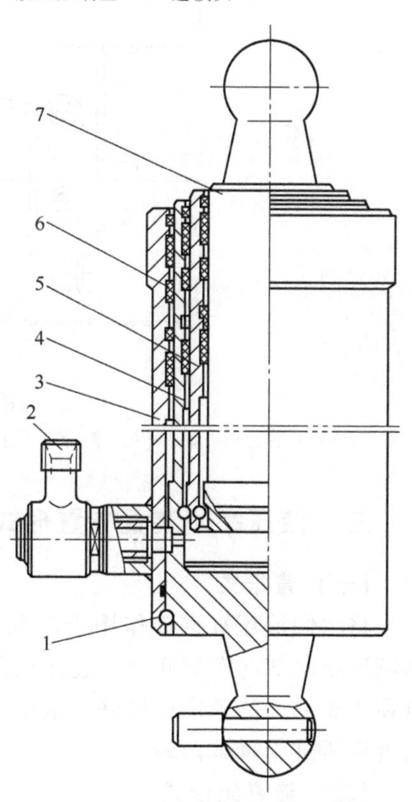

图 5-23　柱塞式举倾液压缸结构

1—钢丝锁止环　2—管接头　3—第一节液压缸　4—第二节液压缸　5—第三节液压缸　6—密封圈　7—柱塞

（三）控制阀

控制阀是液压举倾装置的控制元件，控制阀控制油流方向。图 5-24 所示为某型手动转阀，作为控制阀控制着系统中的液压油，当控制阀的液压油入口同液压油箱接通时，液压泵将液压油注入到举倾液压缸的油腔中，车厢被逐渐举升。当液压油的压力超过限定值时，手动转阀的安全阀开始起作用，安全阀打开后，液压油经安全阀回流到液压油箱中。

（四）车厢锁紧机构

如图 5-25 所示，车厢锁紧机构是由定位板 6、滚轮 7、杠杆总成 8、锁钩 4、回位弹簧 2 等组成，用来使车厢后栏板自动开启和锁紧。

当车厢举升时，滚轮 7 沿定位板 6 斜面开始运动，当滚轮 7 与定位板 6 脱开时，后拉杆总成在回位弹簧 2 的作用下向右运动，锁钩 4 绕销轴 5 转动，后栏板自动

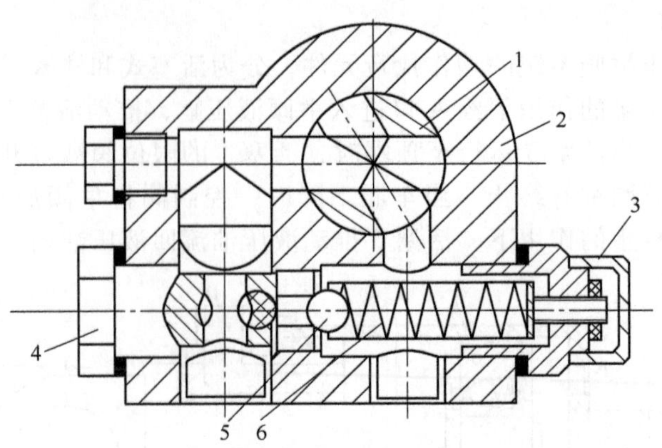

图 5-24　手动转阀结构简图

1—阀芯　2—阀体　3—防尘罩　4—安全阀座　5—安全阀钢球　6—安全阀弹簧

打开。当车厢下降时，滚轮 7 在定位板 6 斜面的作用下，使杠杆总成 8 转动，后拉动拉杆总成向左运动，锁钩 4 强制锁紧车厢后栏板。

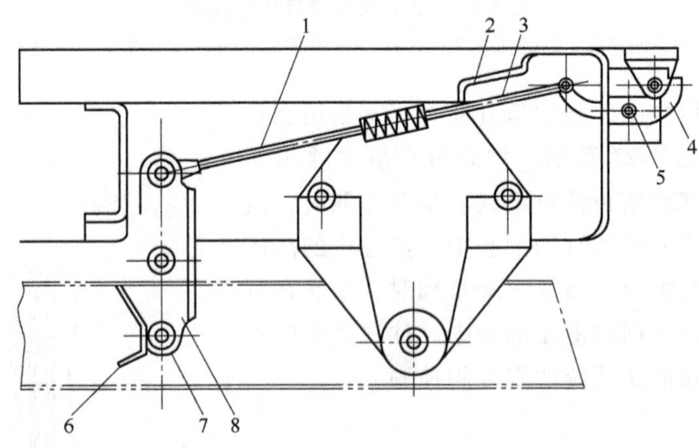

图 5-25　车厢锁紧机构简图

1—后拉杆总成　2—回位弹簧　3—前拉杆总成　4—锁钩　5—销轴　6—定位板　7—滚轮　8—杠杆总成

三、液压举倾装置布置形式

（一）直推式

将举倾液压缸直接作用于车厢底架上，称之为直推式液压举倾装置，如图 5-26 所示。举倾液压缸 3 与车厢底架的连接点位置，一般布置在车厢 2 的几何中心后面，这样布置的优点在于车厢 2 的稳定性较好。根据举倾液压缸 3 布置位置的不同，分为中置液压缸直推式和前置液压缸直推式两种。

（二）连杆组合式

如图 5-27 所示，连杆组合式液压举倾装置的举倾液压缸 3 可以布置得接近水平位置，与车厢底架之间通过连杆总成 2 连接。采用这种结构的优点在于举倾液压缸 3 容易布置，可以将举倾液压缸 3 和液压泵连接成一体，并取消高压油管。但会使车厢底架和车架 1 承受液压缸产生的水平面推力，从而产生较大的应力。

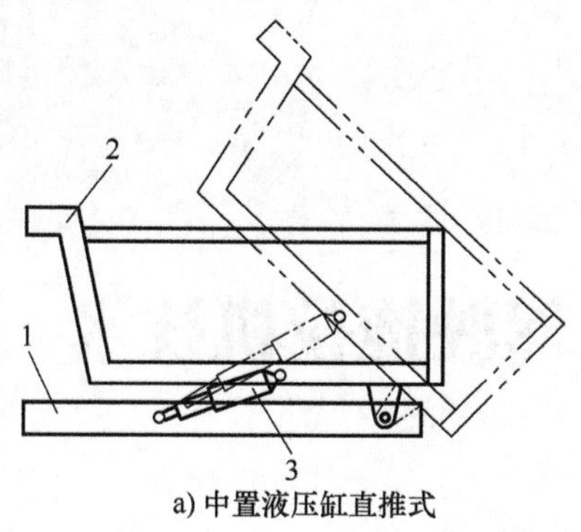

a) 中置液压缸直推式

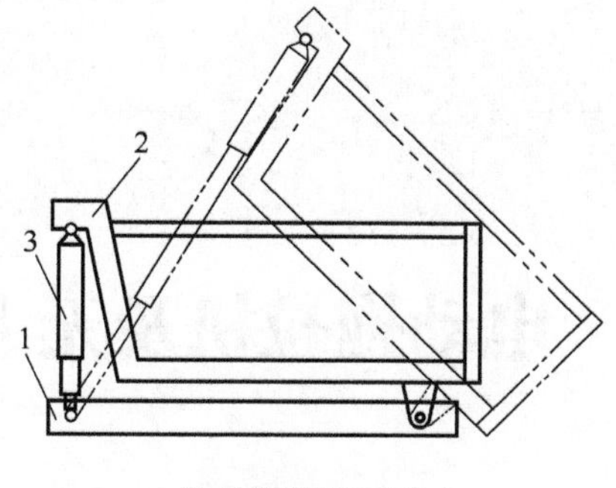

b) 前置液压缸直推式

图 5-26　直推式液压举倾装置简图

1—车架　2—车厢　3—举倾液压缸

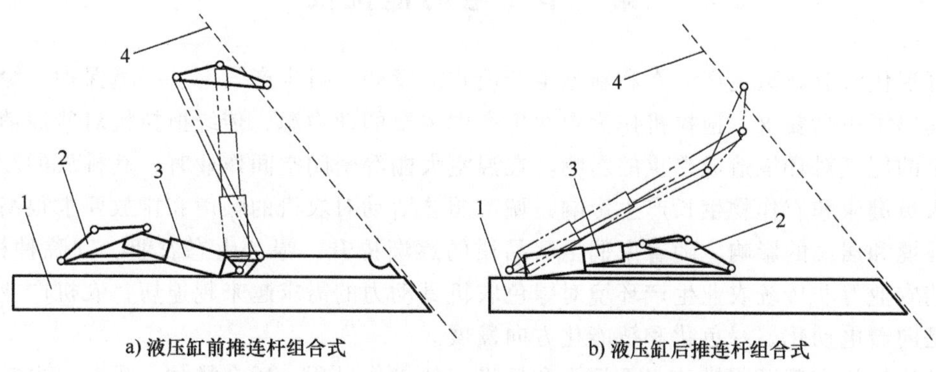

a) 液压缸前推连杆组合式　　b) 液压缸后推连杆组合式

图 5-27　连杆组合式液压举倾装置简图

1—车架　2—连杆总成　3—举倾液压缸　4—车厢

思　考　题

1. 固定式牵引装置和摆杆式牵引装置各有何特点？
2. 什么是标准式动力输出轴与同步式动力输出轴？同步式动力输出轴有何特点？
3. 什么是非独立式动力输出轴、半独立式动力输出轴和独立式动力输出轴？它们各有何特点？
4. 试述悬挂机构的组成及两点悬挂、三点悬挂的特点。
5. 液压悬挂装置的功用有哪些？
6. 液压举倾装置有哪些布置形式？

第六章

电动拖拉机及无人驾驶拖拉机技术

第一节　电动拖拉机

随着现代农业新型生产业态和新型生产模式的发展，对生产效率、环境保护、绿色节能等方面提出了更高要求。拖拉机作为农业生产中主要的动力源，传统拖拉机对柴油消耗量较大，产生的尾气对环境造成严重的影响。在温室大棚等密闭空间作业时，其排放的废气直接对工作人员健康和农作物生长产生影响；城市园艺活动对农机的噪声和排放要求很高，必须减少对环境和居民的影响。随着人们生活品质的逐渐提升，绿色生态农业、庭院种植农业、设施园艺农业等非传统农业生产环境对绿色农机具动力的需求越来越迫切，农机产业新的发展理念是向着电动化、绿色化和智能化方向发展。

电动拖拉机实现了零排放、无污染和低噪声的工作过程，适合排放、噪声要求较高的农业生产过程。电动拖拉机是指由电力驱动的拖拉机，其概念性图示如图 6-1 所示，包含能源系统、驱动系统、整机系统。其中能源系统为电动拖拉机工作提供电功率，主要由蓄电池组组成，可以通过增程器、燃料电池或超级电容器作为辅助能源改善放电性能，电功率流方向由 DC-DC 变换器控制。驱动系统由驱动电动机、传动系统和行走装置组成，为整机行驶和牵引提供机械功率。整机系统是在能源系统和驱动系统的基础上，包含了 PTO（动力输

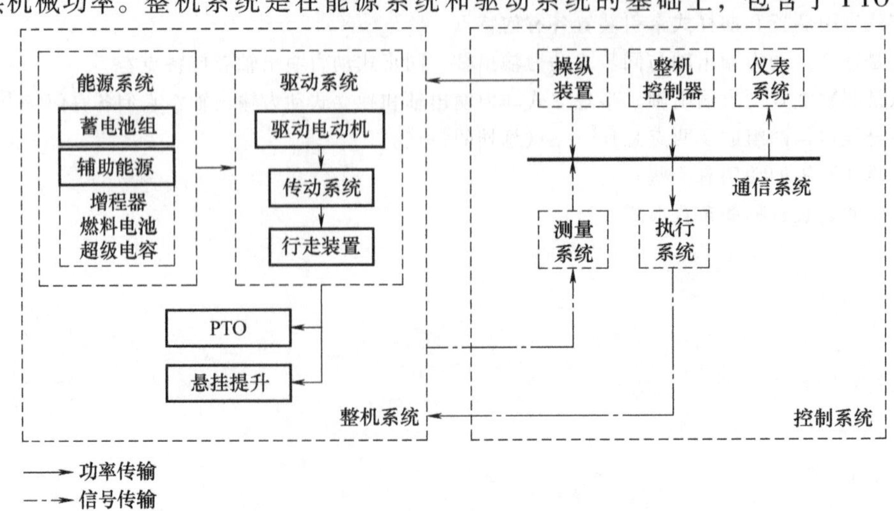

图 6-1　电动拖拉机概念性图示

出）、机身、悬挂装置等其他部分的电动拖拉机整体，用于实现电动拖拉机驱动和提升农机具、转向、制动等。

一、电动拖拉机发展历程

电动拖拉机最早出现在20世纪初，纵观100多年的发展历史，电动拖拉机的发展历程可以划分为三个阶段。

1. 早期阶段

早期发展阶段是20世纪70年代以前，该阶段电动拖拉机的主要特点如下。

1）由于受电池技术的限制，早期电动拖拉机主要依靠电轨的方式提供能源，作业范围受限。

2）受限于当时农机工业的总体水平，早期电动拖拉机结构较为简单，多数采用手扶式结构，部分采用轮式和履带式结构。

1912年，世界范围最早的电动拖拉机由德国Siemens公司生产，额定功率36.8kW，依靠电轨供电，采用轮式结构，用于驱动旋耕机作业；之后又推出了二代电动拖拉机，额定功率为2.9kW，采用手扶式结构，用于割草、播种等轻载作业。1941年，瑞士Grunder生产的电动耕地机通过电网供电，采用Boveri电动机，可更换不同农具，以实现旋耕、犁耕等不同用途作业。1960年，在哈尔滨松江拖拉机厂成功试制了我国首台电动拖拉机电牛28，电动机功率为28kW，额定电压为1100V，不具备PTO输出功能，随后，又研制出了轮式电牛33和履带式电牛55两款电动拖拉机。早期的电动拖拉机作业需要配套一根高6m左右的电线杆支承电缆，后来采用架设电轨的方法提高了应用的便捷性，但是作业范围受到电轨架设范围限制，过长的电缆会增加电力传输的损耗。

2. 中期阶段

从20世纪70年代起至21世纪初，电动拖拉机经历了中期发展阶段，该阶段的主要特点是：

1）随着蓄电池技术的发展，电动拖拉机的供能方式由电轨形式转化为车载电池，增加了电动拖拉机的作业范围和实用性。

2）受限于铅酸电池能量密度和当时电子控制技术水平，中期阶段的电动拖拉机功率较小，连续作业能力较弱，不具备农田重负荷作业能力，主要从事割草、园艺等家庭轻型作业。

20世纪70年代初，美国通用电气公司生产了Elec-Trak系列电动拖拉机，由铅酸电池驱动永磁直流无刷电动机，额定功率范围为5.9~11kW，控制器由继电器和电阻器组成，主要用于草坪修剪，可以满足家庭轻度劳作的需要。随后，美国New Idea公司、Wheel Horse公司、Allis-Chalmers公司也相继投入电动拖拉机的研发工作。20世纪90年代以后，伴随着电力电子及控制技术的发展，具有小型化、易操作和多功能等特点的电动拖拉机应运而生。美国通用电气公司推出了e-ATV系列电动拖拉机、加拿大Electric Tractor公司生产了Electric Ox系列电动拖拉机，其额定功率范围分别为4.8~6.2kW、4~5.8kW，主要用于割草、清扫等作业。

3. 现阶段

21世纪初至今，受能源形势影响，新能源技术快速发展，电动拖拉机发展呈现四条技术路线，具体如下。

1）继续发展小型化的专用机型，使用先进的集成电力电子技术，通过提高电动拖拉机的轻便性和转向灵敏性提高产品的性能。

2）利用增程式电驱技术，通过燃油发电机组或燃料电池等辅助能源增加电动拖拉机的额定功率和续驶里程，提高电动拖拉机对大功率农田作业的适应性；并逐步降低混合度，向较大功率纯电动拖拉机发展。

3）利用新能源方面的前沿技术，由小型化的专用产品向一般用途电动拖拉机发展，逐步增加整机的额定功率与续驶时间。

4）利用智能算法、环境感知、导航定位和路径规划等技术，电动拖拉机逐渐向智能化、无人化方向发展。

2009 年，白俄罗斯明斯克公司推出了搭载柴油发电机组增程器的 Belarus-3023 型电驱动拖拉机，额定功率达到 225kW，与相同功率大小的内燃机动力拖拉机相比，在燃油消耗和作业效率方面均有提升。2014 年，中国一拖集团有限公司开发了东方红 ET1400 电动拖拉机，采用 14.4kW · h 高能量密度的磷酸铁锂电池组，重负荷连续作业时间达 2h。2018 年，德国 Fendt 公司开发了 e100 Vario 型电动拖拉机，输出功率为 68 马力（1 马力 = 735.499W），搭载容量为 100kW · h 的 650V 锂离子电池，该机型具有外接兼容电源插口，可以为配套农机具供电。2018 年，国家农机装备创新中心创制了无人驾驶电动拖拉机概念样机——超级拖拉机Ⅰ号，通过了农田作业试验。2019 年，美国 John Deere 公司发布了 Joker 型无人驾驶电动拖拉机，整机没有驾驶舱，由两侧的橡胶三角履带驱动，总功率为 500kW，可实现无人或遥控作业。2021 年，江苏悦达智能农业装备有限公司成功研制了黄海金马 YL254ET 型电动拖拉机，以电动机驱动，以磷酸铁锂电池为动力源，采用双电动机工作模式，主变速动力电动机无级调速，可满足不同机具作业速度要求。上述相关产品如图 6-2 所示。

a) ET1400电动拖拉机

b) e100 Vario电动拖拉机

c) 超级拖拉机Ⅰ号

d) Joker无人驾驶电动拖拉机

图 6-2　现阶段电动拖拉机相关产品

二、电动拖拉机的分类

电动拖拉机有不同的分类方式（见图 6-3），按能源系统中是否有增程器，划分为纯电动拖拉机和增程式电动拖拉机；按照行走装置结构的差异分为手扶式电动拖拉机、履带式电动拖拉机和轮式电动拖拉机；按照功率分流的物理形式和整机包含的电动机数量分为机械分流的单电动机电动拖拉机和电力分流的双电动机电动拖拉机。其中，单电动机电动拖拉机由驱动电动机提供作业全部机械功率，双电动机电动拖拉机由驱动电动机提供用于行驶和牵引的驱动功率，由 PTO 电动机提供驱动农机具的功率。

1. 增程式电动拖拉机

增程式电动拖拉机能源系统由增程器和蓄电池组构成，增程器通常具有的形式为柴油发电增程器、燃料电池增程器等。相较纯电动拖拉机，增程器的功率经过多次能量转化用于作业，能量使用效率较低；续驶性相同时，增程式电动拖拉机蓄电池组容量下降 60% 以上，成本较低，整机便于布置。增程式电动拖拉机可作为传统拖拉机向纯电动拖拉机转变的过渡方案，用于解决电池成本、功率和能量密度产生的应用问题。图 6-4 是采用柴油发电式增程器的增程式电动拖拉机结构方案，该拖拉机具有两种工作模式，当蓄电池组荷电状态高于控制阈值时，增程器关闭；当蓄电池组荷电状态低于控制阈值时，起动增程器，为蓄电池组充电，增加整机续驶时间。

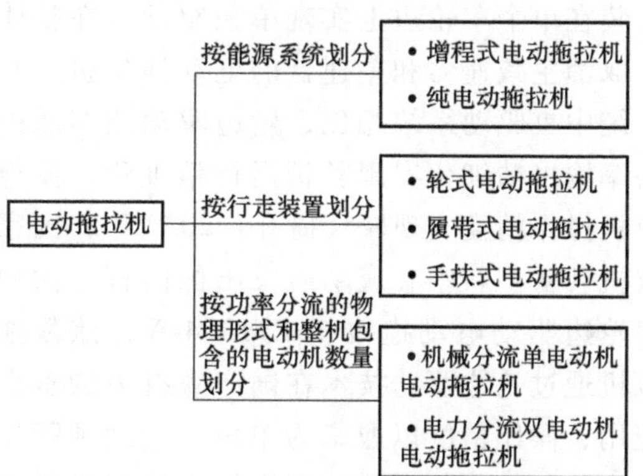

图 6-3　电动拖拉机分类

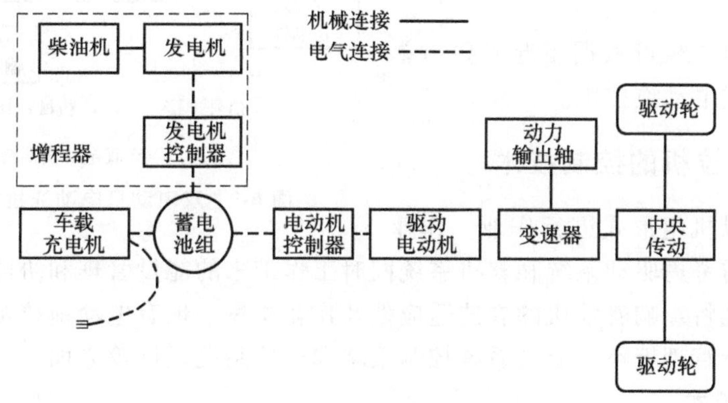

图 6-4　增程式电动拖拉机结构方案

2. 纯电动拖拉机

从整机工作原理角度，纯电动拖拉机的结构主要为机械分流的单电动机电动拖拉机和电力分流的双电动机电动拖拉机。

单电动机式电动拖拉机由机械装置将驱动电动机输出的机械功率分别传递至驱动轮和 PTO。该种电动拖拉机优点为驱动轮输出牵引动力和 PTO 输出旋转动力可以达到拖拉机额定功率，动力性较好。局限性为 PTO 与驱动电动机刚性连接，和驱动轮机械耦合，拖拉机难以独立输出旋转动力；PTO 仅能以同步式转速工作，导致农机具转速跟随车速变化，无法进行调节，适应不同农艺要求的能力较差。

双电动机式电动拖拉机的驱动轮和 PTO 由独立的电动机驱动，可以根据工况需要独立调速。国内相关学者做了大量的相关性研究，从双电动机独立驱动式电动拖拉机结构到具有一定功率耦合功能的双电动机电动拖拉机驱动系统，再到具有双电动机独立驱动、耦合牵引和耦合驱动农机具三种作业模式，相关结构方案如图 6-5 所示。

3. 其他类型电动拖拉机

轮边驱动式电动拖拉机主要是指将电动机装在单个车轮边上实现单独驱动，在整体上取消主减速器和差速器的电动拖拉机。与传统中央驱动系统相比，轮边驱动能够通过功率输出精细化实现整机运行精细化，使拖拉机操作精度实现较大提升。2020 年，国家农机装备创新中心成功研发出国内首台大功率轮边驱动电动拖拉机 ET1004-W，该款拖拉机通过轮边驱动技术在国产农机上的首次应用，操作精度以厘米为单位，达到国际先进水平，并创下同等功率拖拉机转弯半径国内最小记录。

履带式电动拖拉机的整机由驱动电动机提供功率，可采用电池组或柴油发电机组供电，具有可在传统履带拖拉机上快速改装的特点。

手扶式电动拖拉机可根据工况需要与单轴车身组成骑乘式电动拖拉机。

电池
管理系统
蓄电池组
驱动电动机控制器
驱动电动机
中央传动
驱动轮
PTO电动机控制器
PTO电动机
驱动轮
车载充电机
动力输出轴
信号连接 机械连接 电气连接

a) 双电动机独立驱动式

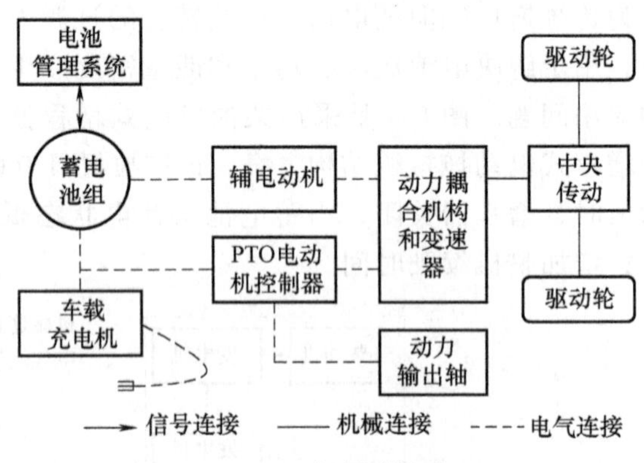

b) 双电动机耦合式

图 6-5 双电动机电动拖拉机结构方案

三、电动拖拉机的控制技术

电动拖拉机以机组形式进行作业，作业工况种类繁多，需考虑驱动系统和整机系统同时工作带来的能量管理和协同控制问题，控制系统设计的合理性将影响着整机的农艺适应性及作业质量。现有电动拖拉机控制技术研究成果主要集中在能量管理策略、驱动系统控制策略和通信系统设计等方面。

1. 能量管理技术

能量管理对电动拖拉机的性能影响较大。对于纯电动拖拉机，通过对蓄电池组充放电过程有效控制，可使放电过程满足不同工况对电功率的需求，尽可能地提高电池的使用寿命。对于增程式电动拖拉机，通过控制增程器运行状态和时间，可有效降低增程产生的燃油消耗，充分利用网电进行充电。

现阶段，对电动汽车蓄电池的能量管理研究较为集中。对具有复杂田间作业特点的拖拉机而言，其能量管理更为复杂，主要表现为：被控对象的能量系统除蓄电池组外，具有其他辅助能源装置，如超级电容、燃料电池、增程器；能量管理的方法为控制蓄电池组与辅助能

源之间的功率分配过程，从而改善蓄电池组的放电性能或辅助能源的燃料消耗情况。

2. 驱动系统控制技术

驱动系统控制策略的主要目的是通过控制驱动电动机、PTO 电动机、变速器的工作状态，改善电动拖拉机在不同复杂工况下的作业性能。

电动拖拉机驱动系统控制技术主要集中在驱动电动机控制，类型有驱动电动机能量使用效率优化、控制轮边电动机的差速和转矩分配控制以及驱动电动机动态响应控制。控制方法主要是在电动机直接转矩控制基础上，结合拖拉机工况和载荷特点控制期望转矩信号，实现控制目标。MAP 控制、模糊 PID、智能算法等现代车辆控制技术在电动拖拉机驱动系统控制上得到了应用。

3. 通信技术

通信系统用于整机控制框架内各通信节点之间收发信息，通信协议是通信系统执行的内在规则，其类型由通信总线决定。目前电动拖拉机以 CAN 总线为主进行通信。根据 CAN 总线的标准协议制定通信协议，常用的标准协议有 ISO 11783、SAE J 1939、ISO 11898 等。CAN 总线通信的负载率等通信效果主要由通信系统的拓扑结构决定，常用的拓扑结构有总线型、星型、环型、树型结构，电动拖拉机 CAN 总线拓扑结构如图 6-6 所示。

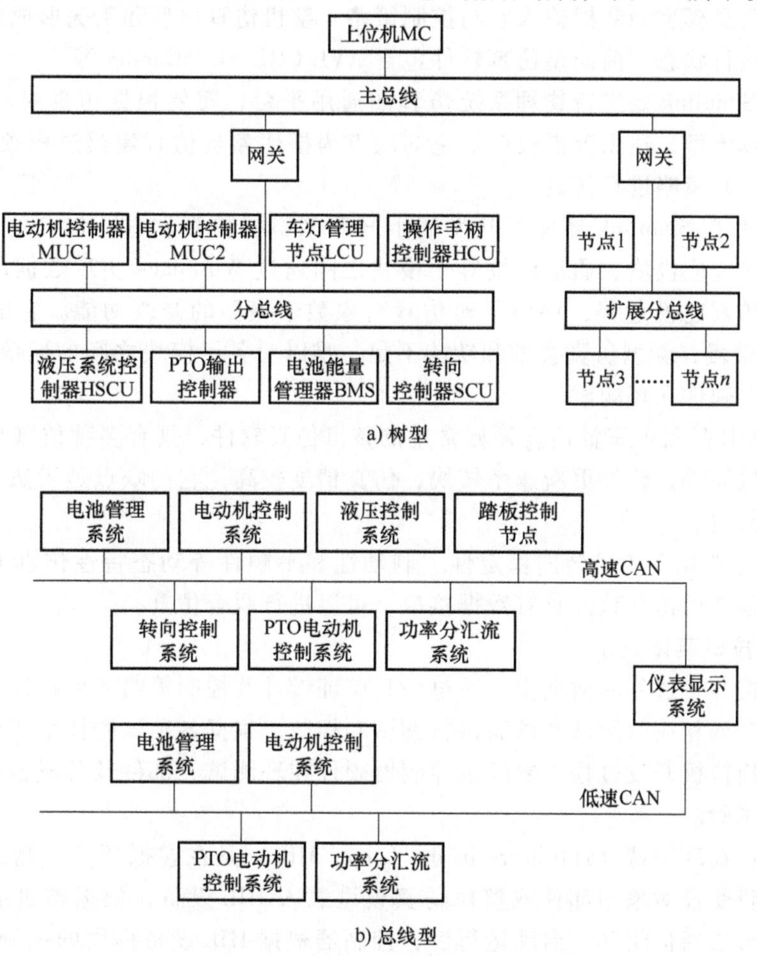

图 6-6 电动拖拉机 CAN 总线拓扑结构

电动拖拉机通信技术的特点主要表现为：研究内容主要包含拓扑结构设计和通信协议制定；已有研究成果采用的标准协议为主要用于拖拉机、收获机等农业机械的 ISO 11783 协议或主要用于重型车辆或电动车辆的 SAE J 1939 协议；总线型拓扑结构可以满足电动拖拉机通信需要，具有结构简单，可靠性高的优点。

四、电动拖拉机的仿真与测试技术

仿真和测试技术是用于车辆技术研究与开发过程中的主要验证方法。其中，车辆仿真技术主要是在产品开发的前期或中期，通过建立数学模型进行时域内闭环数据计算的方法对车辆性能进行预测和分析。测试试验技术主要包括台架试验、底盘试验和道路试验，是产品开发中后期性能测试的主要手段。

1. 电动拖拉机仿真技术

目前，进行电动拖拉机性能仿真时采用的软件工具有 MATLAB/Simulink、ADVISOR、AVL CRUISE、SimulationX、Carsim、RecurDyn。车辆仿真过程根据数据流方向分为后向仿真与前向仿真两种。后向型仿真以工况载荷作为数据输入，经过整机仿真模型计算后与控制策略形成数据闭环，仿真过程较简单。后向型仿真软件有 MATLAB/Simulink、ADVISOR。前向型仿真以驾驶员模型为数据输入，与控制策略、整机仿真模型和工况形成数据闭环，更加接近车辆真实运行状态。前向型仿真软件包含 AVL CRUISE、Carsim 等。

MATLAB/Simulink 是进行物理系统仿真的通用平台，需要根据仿真对象的数学模型搭建模块化的仿真模型，适用范围较广。它的缺点为搭建整机仿真建模过程烦琐，工作量大，适合对部件或控制策略进行仿真。

ADVISOR 是在 Simulink 环境下开发的半开源型整机仿真软件，包含的传动系统模块、发动机模块、热效应模块、通信模块等子模块之间通过 Workpace 实现数据动态交互。优点为简化了整机仿真建模过程，保留了对仿真对象数学模型的修改功能。它的缺点为该软件 2004 年后更新缓慢，新型仿真技术和功能不足，难以对各子模块之间的通信关系直接定义，无法用于控制器硬件在环测试。

AVL CRUISE 是目前车辆研发领域常用的整机仿真软件，具有多种仿真功能和数据流模式，开发过程较简单，软件更新速率较快，仿真精度较高。它的缺点是无法对各部件模块的内置数学模型修改。

Cairsim 是主要用于车辆转向稳定性、制动性和平顺性等动态特性仿真的软件，应用较为广泛，与其他常用仿真软件具有数据接口，可以进行联合仿真。

2. 电动拖拉机测试技术

电动拖拉机开发过程的前期主要通过仿真验证设计及控制策略的可行性。随着开发进程的推进，需要开展相应的测试和试验进行调试和标定。根据各种试验技术所处开发阶段的先后顺序，电动拖拉机开发过程需要经过控制器硬件在环测试、部件及总成台架试验、底盘试验和道路牵引试验。

控制器硬件在环测试（Hardware in the Loop，HIL）是在虚拟环境下测试控制器效果的方法。过程为将受控对象的部件或整机仿真模型载入 HIL 设备，根据整机通信协议进行配置后与控制器形成通信闭环，启动运行后，控制器根据 HIL 设备提供的控制变量发出信号，对仿真模型进行控制。相比控制策略模型在环仿真，HIL 测试可以实现对控制器硬件设计和

软件执行过程测试、调试和标定。目前常用的 HIL 设备为 dSPACE 和 ETAS，二者在数据格式、软件兼容性上存在一些差异。

台架试验技术对电动拖拉机的部件匹配、总成测试、系统标定和整机性能分析等具有重要作用。利用部件或总成台架试验结果与整机之间的机电关系，可于产品开发中前期准确预测整机性能，有效提高了设计开发过程的品质与效率。

底盘试验和牵引试验是整机级的试验方法，用于测试拖拉机的牵引性能，加载位置分别为驱动轮和牵引铰接点，受电动化影响较小，采用传统拖拉机的底盘测功机和负荷车可实现电动拖拉机的底盘试验和牵引试验。

综上，现阶段电动拖拉机相关仿真和试验技术的特点主要表现为：相较传统拖拉机仿真和试验，电动拖拉机领域对于新技术的应用较多；相关技术应用广泛，可以实现对能源系统、驱动系统、整机系统、控制系统等的测试，满足主要研究和开发环节需求。

五、其他新能源拖拉机

1. 氢气燃料电池拖拉机

氢气燃料电池拖拉机是利用氢气等燃料和空气中的氧在催化剂的作用下在燃料电池中经电化学反应产生电能，并作为主要动力源驱动的拖拉机。

燃料电池通过溶液的化学反应来产生电，燃料即溶液，可以是纯氢、加入氯化钾的水或其他气体、液体。通常说的是氢燃料电池（质子交换膜燃料电池），是一种通过氢气和氧气进行氧化还原反应，将化学能转换成电能的发电装置。与一般的电池不同，燃料电池只需要提供稳定的氢气和氧气，即可连续不断地提供稳定电能。燃料电池的反应机理如图 6-7 所示，燃料电池的动力系统如图 6-8 所示。

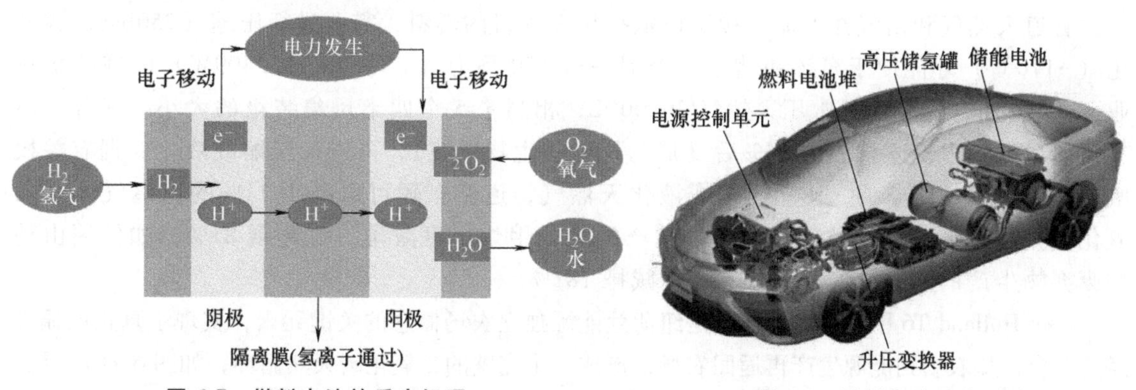

图 6-7 燃料电池的反应机理

图 6-8 燃料电池动力系统

阿利斯·查默斯公司［Allis-Chalmers，现爱科公司（AGCO）的前身之一］在 1959 年发布的燃料电池拖拉机（图 6-9），应用了当时宇宙飞船的燃料技术，成为最早的燃料电池拖拉机。

该拖拉机由 1008 个电池组成（112 组，9 个为一组），丙烷气体（C_3H_8）、氧气（O_2）与电池组中的氯化钾电解液发生化学反应，产生电流来驱动 20 马力（1 马力 = 735.499W）的电动机。电池组总输出电量为 15kW，拖拉机化学反应产生的副产品是水和二氧化碳。

2. 氢-柴油双燃料拖拉机

欧洲蓝色燃料方案公司（Blue Fuel Solutions）对纽荷兰 T5.140 拖拉机（欧 V 柴油发动

机、CVT 变速器）进行了一定的改装，使之成为氢和柴油双燃料（Dual Power）拖拉机（图 6-10），该拖拉机转矩和功率与柴油拖拉机一致，而二氧化碳和氮氧化物的排放大大降低。

该双燃料拖拉机的顶棚安装了 5 个Ⅲ类氢气罐，压力 350bar，可灌装 11.5kg 的氢气，工作时长 8h；作业时氢气混合比例为 30%~60%，当氢气用完后，可用 100%柴油运转。

图 6-9 燃料电池拖拉机

图 6-10 带有氢气罐的氢-柴油双燃料拖拉机（俯瞰图）

3. 甲烷拖拉机

提起甲烷（Methane，分子式 CH_4），首先提到的是管道天然气，目前家用的管道天然气就含有体积分数 87%的甲烷；其次是沼气，由农村废弃物、畜牧业废弃物、厨余垃圾或者能源作物经发酵提取，其甲烷体积分数在 65%左右。

管道天然气和沼气并不能直接用作拖拉机发动机的燃料，需要进行压缩（250bar）或液化（-170℃）才能便于充罐和储存，否则一台 150 马力（1 马力＝735.499W）的拖拉机作业一天（10h）需要消耗常压天然气 360000L，相当于 5 个四十尺集装箱的大小。另外，沼气需要提纯到甲烷体积分数 85%后（成为燃料级生物甲烷），再进行压缩或液化。据有关权威机构研究，相比柴油，使用压缩或液化天然气，道路车辆可以减少 11%的温室气体（二氧化碳）排放，使用由城市厨余垃圾生产的生物甲烷，可减排二氧化碳 81%，如使用由动物废弃物生产的生物甲烷，则可进一步减排 181%。

New Holland T6 甲烷动力拖拉机是纽荷兰能源独立农场概念的关键元素，实现了真正的循环经济闭合，从农场到能源生产再返回农场，形成一个完整的二氧化碳天然循环，如图 6-11 所示。

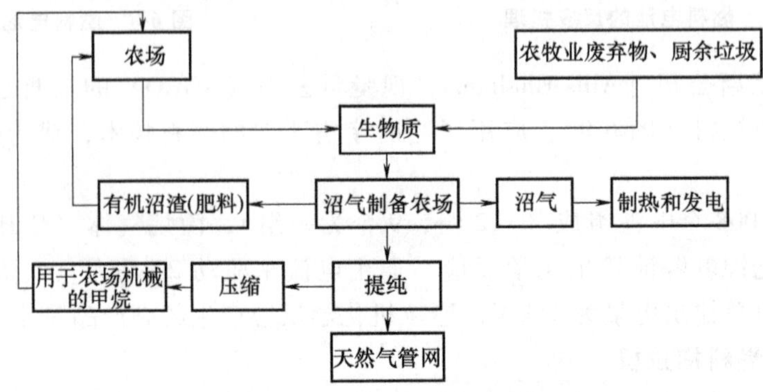

图 6-11 生物质能源利用示意图

4. 混合动力拖拉机

2019 年 11 月，汉诺威 STEYR 展出了新型油电混合动力 Konzept 概念拖拉机。STEYR Konzept 油电混合动力拖拉机（图 6-12）由柴油发动机、发电机、动力电池、轮毂电动机、液压泵、电动 PTO 等组成，在混合动力提升模式下能够达到 250kW 的峰值功率，与某些特定的拖拉机作业中所使用的纯柴油发动机相比，可节省 8%的燃油。

图 6-12　STEYR Konzept 油电混合动力拖拉机

第二节　无人驾驶拖拉机

一、无人驾驶拖拉机定义

随着计算机技术、全球卫星定位技术、地理信息技术的发展，为降低农田耕作的劳动强度，无人驾驶拖拉机的发展日新月异。

无人驾驶拖拉机是一个智能系统高度集成化的智能化平台，搭载全球定位系统、自动转向系统、整车控制系统、环境识别系统、远程视频传输系统、信息采集系统等，能够实现自主进行农业生产。无人驾驶拖拉机可以 24h 不间断工作，实现精细作业，提高土地利用率；同时不需要人工手动驾驶，降低人工运行费用，解放了劳动力，同时提高了生产效率。在大区域作业上，它具有明显的技术优势。

二、无人驾驶的分类

根据驾驶员对驾驶活动主体的参与度的不同，国际自动机工程师学会 SAE International（原译：美国汽车工程师学会）的 SAE J 3016《推荐实践：道路机动车辆驾驶自动化系统相关术语的分类和定义》标准中将自动驾驶分为 L0~L5 共 6 级，见表 6-1。类似的，凯斯纽荷兰（CNH Industrial）也对农业装备的自动驾驶进行了分类，见表 6-2。

表 6-1　SAE 关于汽车自动驾驶的分级

级别	名称	定义	驾驶操纵	周边监控	接管	应用场景
L0	无驾驶自动化	由驾驶员全权驾驶车辆	驾驶员	驾驶员	驾驶员	无
L1	驾驶员辅助	车辆对转向盘和加减速中的一项操作提供驾驶,驾驶员负责其余的驾驶动作	驾驶员和车辆	驾驶员	驾驶员	限定场景
L2	部分驾驶自动化	车辆对转向盘和加减速中的多项操作提供驾驶,驾驶员负责其余的驾驶动作	车辆	驾驶员	驾驶员	
L3	有条件驾驶自动化	由车辆完成绝大部分驾驶操作,驾驶员需保持注意力集中以备不时之需	车辆	车辆	驾驶员	
L4	高度驾驶自动化	由车辆完成所有驾驶操作,驾驶员无须保持注意力,但限定道路和环境条件	车辆	车辆	车辆	

（续）

级别	名称	定义	驾驶操纵	周边监控	接管	应用场景
L5	完全驾驶自动化	由车辆完成所有驾驶操作，驾驶员无须保持注意力	车辆	车辆	车辆	所有场景

表 6-2 农业装备自动驾驶分类

级别	名称	描述
1	导航	仍由操作员操作车辆，导航可以提高运行准确性，提高工作效率
2	协调和优化	使用农机和环境的数据形成信息枢纽，使得操作员控制的装备之间实现通信
3	操作员协助下的自动驾驶	自动驾驶系统可以接管基础的行进任务，操作员可以专注于装备的作业
4	有监督的自动驾驶	操作员需要现场监督监控无人驾驶的设备作业，同时可以进行其他工作
5	完全的自动驾驶	完全的自动驾驶装备，可以在远程监督下作业，或通过人工智能进行操作

三、无人驾驶拖拉机工作原理

无人驾驶就是让拖拉机自己拥有环境感知、路径规划并自主实现车辆控制的技术，也就是用电子技术控制拖拉机进行的仿人驾驶或是自动驾驶。传感器是“眼睛”，能 360°感知障碍物的远近；车辆控制技术是“大脑”，能实时感知环境信息。

1）拖拉机正常工作时：在拖拉机开始行驶时，导航系统测得动态数据，远程控制模块通过无线通信与中央处理器连接。中央处理器将补偿后的位置信息与电子地图上已规划好的路径进行对比，修正偏差值后，通过自动转向变速系统来控制无人驾驶拖拉机的行驶方向和速度。

2）拖拉机工作在紧急情况时：拖拉机行进中，前方出现的障碍物或行人与拖拉机的距离进入危险范围时视为紧急情况。此时 CPU 发出指令，紧急制动熄火，确保行车安全。

3）系统对拖拉机的远程控制：远程控制系统通过无线通信与中央处理器连接，中央处理器接到指令后控制变速转向机构完成相应动作。

四、无人驾驶拖拉机智能系统

无人驾驶拖拉机有三大智能系统：感知系统、决策系统、执行系统。

1. 智能感知系统

参考汽车自动驾驶，无人驾驶拖拉机的智能感知分为机外感知和机内感知。机外感知是指对作业环境和对象信息参数的感知，包括农田土壤信息感知、地形感知和作业障碍感知等。机内感知是指对拖拉机自身的工作参数及作业状态参数的感知等。

2. 智能决策系统

硬件是智能控制的躯体，决策是智能控制的大脑。决策是保证无人驾驶拖拉机高效、高精度及高品质作业的关键，主要技术包括变量作业决策技术、路径规划决策技术等。

变量作业智能决策是指根据作业过程中的传感器数据，结合专家系统、知识库和数据库

里的信息，得出控制策略。

作业路径规划是指必须满足相关农艺规范的要求，实现作业区域内不重、不漏前提下，对作业距离、时间、转弯次数、能耗等参数优化，寻找合理的行走路线，是无人驾驶拖拉机不可或缺的环节。

3. 智能执行系统

智能执行系统就是对拖拉机的运行做出控制。无人驾驶是自动驾驶发展的最高阶段，由拖拉机完成所有驾驶操作。

随着无人驾驶瓶颈技术——无级变速和动力换档的突破，无人驾驶概念拖拉机、无人驾驶拖拉机相继问世。在未来的一段时间内，随着农业智能化的发展，将会有越来越多的国内外企业推出更为成熟的、更加具有实用价值的无人驾驶拖拉机产品及其配套附件，实现拖拉机的无人化智能作业。

五、无人驾驶拖拉机的关键技术

无人驾驶拖拉机的关键技术主要包括 DGPS 导航、地形补偿、路径规划、自动变速转向等。

1. DGPS 导航

DGPS（差分 GPS）是在一个精确的已知位置上安装监测接收机，计算得到它能跟踪的每颗 GPS 卫星的距离误差。该差值通常称为 PRC（伪距离修正值），将此数据传送给用户接收机作误差修正，从而提高了定位精度。采用 DGPS 来获取高精度位置信息，实现方法是：在无人拖拉机上安装 GPS 接收机，根据 GPS 三角定位法求得拖拉机的位置。但是由于天气好坏和云层厚度的影响，无线电信号的传播时间会受到影响进而影响到距离的计算，使得定位不准。为了解决 GPS 信号定位不准的问题，在地面建立了雷达基站（有确定的经纬度位置），运用雷达系统的差分定位对定位精度进行校准，运用基站雷达系统的差分信号提高定位精度，以消除天气等因素对信号传输的影响。同时还可以引入 IMU 惯性测量单元更加高频地获取定位信息，以弥补 GPS 的低频（一般无人驾驶系统中 GPS 频率为 10Hz），将 GPS 的经纬度信息作为输入信号引入 IMU 模块，再通过串口与控制线相结合，当两个传感器同时工作时，能够使得最终产生的经纬度更加准确，再利用三角定位提升传感器的准确位置。

2. 地形补偿

为适应高精度的需要，系统采用了地形补偿技术，通过姿态纠偏模块所采集到的拖拉机的上坡、下坡、偏航、倾斜等状态信息，补偿不同地形对拖拉机行进产生的影响，减小拖拉机实际行驶轨迹和预定规划路径之间的偏差。

3. 路径规划

如何实现高效的路径规划，使得可以有效地降低耕地的次数，节省能耗，避免漏掉耕地的问题。目前较为可行的方案是：将目标耕地的边界参数作为输入参数，根据耕地农具的幅宽（耕作一下能覆盖到土地的宽度），将耕地的宽度平均划分（不足幅宽的按照幅宽算），在从头到尾作业一次发送调头信号时，通过程序控制无人机向相邻附近移动一个幅宽的距离后掉头。此时可以避免重复耕作和漏耕。

4. 自动转向

自动转向是拖拉机实现无人驾驶的关键技术之一，涉及自动转向系统、转向控制方法等。对于田间作业，从田头到田尾作业一次，如何精确控制无人机具，遇到田头（田埂）时，能精确地提升耕地机具并且掉头后落下机具？软件方面，耕作田地长度一定，将其作为基数参数，以田地的一头为零点（参考点），通过修正后的 GPS 精确定位无人机位置，计算与零点之间的距离，从而求得此运行距离与基数参数的差，当差为 0 时表明参数从头到尾部耕作一次，此时输出控制信号；硬件方面，通过控制器抬升机具，改变无人机的方向，接着落下机具，当差为机身的长度或为 0 或为某个值时（以实际操作为准），表明从头到尾部耕作一次，此时输出控制信号，通过控制系统对自动操纵机构抬升机具，并根据对拖拉机的载运负荷和加速器的调控，自动改变拖拉机传动系统的速度、档次、转弯，从而改变无人机的行驶方向，自动进入下一行后根据计算与零点之间的距离，落下机具。

5. 路障避免

关于无人驾驶拖拉机的避障问题，利用基于 GIS 的自动导航越界、陷车预警技术，对于一些固定的、静态的障碍物可以通过路径离线规划在一定程度上进行解决。另外，还有许多不可预见的、移动的障碍物，以及一些特别的静态障碍物，都需要设计障碍物检测和识别系统，进行避障控制。再者，还可以在无人驾驶拖拉机上安装雷达、测距激光和视频摄像头等传感器，确保长时间、连续性作业。如果在遇到路障上下坡时，可以通过对发动机功率参数的控制调节发动机的功率，针对路障上下坡的难易程度，进行增大或减小功率，如需要时可自动操纵无人拖拉机制动器降低速度，换到无人拖拉机的低速挡，以保证耕作的运行。如果遇到障碍物时，自动操纵无人拖拉机制动器降低速度，进行有效安全避让，并在安全避让后自动回位到此行继续作业。

六、无人驾驶拖拉机的发展及应用

随着 GPS 技术的发展，无人驾驶拖拉机成为现实。1999 年，雷诺公司与法国 Cemagref 研究中心和 Pascal 大学电子自动化科研实验室合作，研制成功首台通过 GPS 操作的无人驾驶农用拖拉机。日本北海道大学与农机厂联合研制的无人驾驶拖拉机首次实现了从农机库房到农场的无人驾驶。John Deere 公司展示了其无人驾驶的 5080M 拖拉机并进行了演示，该拖拉机装配有前置装载机，拖拉机根据指令前进倒退并进行装载作业。

2016，美国凯斯纽荷兰公司推出了无人驾驶概念拖拉机 Magnum（图 6-13），该拖拉机结合了目前在定位、遥控、数据共享和农艺管理上的最新突破。拖拉机的作业过程从现场边界输入开始，控制器会根据边界和机具宽度自动规划好行驶路径，并在使用多台互联的机器时规划好最高效的协同路线，操作人员可以使用台式计算机、平板计算机等多种终端来监控拖拉机运行，拖拉机机身上安装的摄像机将拖拉机的运行状态、工作环境实时展示给操作人员参考，操作人员可以浏览发动机转速、燃油油位、机具设置等拖拉机参数并进行手动修改。为了保障无人驾驶的安全性，拖拉机上安装了雷达、激光测距传感器、摄像机等来实现障碍物检测。该拖拉机能够使用实时气象信息等大数据信息进行自主决策，天气条件变得恶劣以至于不能继续作业时拖拉机会自动停止作业，在条件改善时自动恢复作业。

2016 年，我国首台无人驾驶拖拉机在中国一拖问世（图 6-14）。这款名为东方红 LF954-C

的无人驾驶拖拉机，以一拖先进的动力换向拖拉机为载体，采用定位+惯导、毫米波雷达测量、双目相机视觉识别等先进技术，整机通过 CAN 总线进行通信，采用先进的机电液控制系统，结合北斗高精度定位技术，实现了自动换档、地头管理、北斗自动转向控制、雷达视频道路识别控制技术领域在拖拉机上的融合，可适用于农田耕、整、植保等用途的无人作业需求，充分展现了一拖在自动控制领域的先进技术水平和研发能力。

图 6-13　Magnum 无人驾驶概念拖拉机

图 6-14　中国一拖东方红 LF954-C 无人驾驶拖拉机

2018 年，国家农机装备创新中心与中国一拖联合研发了国内首台纯电动无人驾驶“超级拖拉机 1 号”（图 6-15）。这款拖拉机由无人驾驶系统、动力电池系统、智能控制系统、中置动电动机及驱动系统、智能网联系统等五大核心系统构成，具有整车状态监控、故障诊断及处理、机具控制、能量管理等功能，并实现恒耕深、恒牵引力等智能识别与控制功能。还能够通过路径规划技术和无人驾驶技术，实现障碍物检测与避障、路径跟踪以及农具操作等功能。

图 6-15　超级拖拉机 1 号

2021，德国 Claas 公司同荷兰 Agxeed 公司合作，开发了 AgBot 系列无人驾驶拖拉机（图 6-16），有效缓解了欧洲农业劳动力紧缺的问题，适应无人农场的发展。这款拖拉机可提供高达 156hp（1hp = 745.700W）的功率，提升能力可达 78.4kN，能够配置带宽为 300～910mm 的履带行走机构，可配置多种耕作机械。

2022 年，全球最大农业设备制造商美国约翰迪尔公司（John Deere）发布了一款可大规模量产的无人驾驶拖拉机（图 6-17）。该款自动驾驶拖拉机整合了迪尔 8R 拖拉机、支持 TruSet^{TM} 技术的深松犁、GPS 导航系统和迪尔全新领先技术。为了能让自动驾驶拖拉机在田间精准行驶，约翰迪尔与 NASA 合作开发的卫星导航系统能够将导航误差缩小到 10cm 以内，可以防止拖拉机在某些位置重复施肥或播种，至少能将成本降低 20%。升级版自动驾驶拖拉机会配备相应的传感器，协助绘制农田地图、收集实时数据，包括每一块地的产量，并根据不同区域的收割数据，用不同颜色标识下来。

图 6-16 AgBot 无人驾驶履带拖拉机

图 6-17 约翰迪尔无人驾驶拖拉机

思 考 题

1. 电动拖拉机的控制技术有哪些?
2. 列举三种新能源拖拉机，并简述各自的特点。
3. 简述无人驾驶拖拉机的关键技术。
4. 无人驾驶拖拉机是如何实现精准导航定位的?

第七章

汽车拖拉机行驶原理及性能

第一节　汽车行驶原理

一、汽车的动力性指标

汽车是一种高效运输工具，运输效率的高低在很大程度上与汽车的平均行驶速度有关。汽车的动力性指的就是在良好路面上直线行驶时，由汽车所受的纵向外力决定的、能达到的平均行驶速度，主要采用汽车的最高速度、加速性能以及爬坡能力这 3 个指标进行评价。

1. 汽车的最高速度 u_{amax}

汽车的最高车速是指汽车满载时在良好水平路面上能达到的最高行驶速度，单位为 km/h。

2. 汽车的加速性能

汽车的加速能力是指汽车在各种使用条件下迅速增加汽车行驶速度的能力。汽车的加速能力可用它在水平良好路面上行驶时能产生的加速度来评价，但由于加速度值不易测量且波动较大，实际中常用加速时间来表明汽车的加速能力。

加速时间分原地起步加速时间和超车加速时间两种。

原地起步加速时间是指汽车由 I 档起步，并以最大加速强度（包括适当的换档时机）逐步换至高档后，达到一预定距离或车速所需的时间。常用 0→400m 所用时间或 0→100km/h 所用时间来表示。

超车加速时间是指用最高档或次高档由某一中等车速全力加速至某一高速所需时间。常用最高档或次高档由 30km/h 或 40km/h 全力加速至某一最高速度所需时间来表示。超车时，两车并行时间长易出危险，所以时间越短越安全。

3. 汽车爬坡能力

汽车爬坡能力用汽车满载时以最低档位在坚硬路面上等速行驶所能克服的最大坡度角的正切值来表示，称为最大爬坡度。它表示汽车最大牵引力的大小。也可以用在一定坡度上汽车所能达到的车速表示其爬坡能力。

二、汽车行驶受力分析

确定汽车的动力性，就是确定汽车沿行驶方向的运动状况。为此，需要掌握沿汽车行驶方向作用于汽车上的各种外力，即驱动力与行驶阻力。

1. 汽车的驱动力

汽车发动机产生的转矩通过传动系传递到驱动轮，此时地面对驱动轮产生反作用力 F_t 推动汽车前进，F_t 称为汽车的驱动力。

$$F_t = \frac{T_t}{r} \tag{7-1}$$

式中，T_t 为作用于驱动轮上的转矩（N·m）；r 为车轮半径（m）。

作用于驱动轮上的转矩 T_t 是由发动机产生的转矩经传动系统传至车轮上的。若令 T_{tq} 表示发动机转矩，i_g 表示变速器的传动比，i_0 表示主减速器的传动比，η_T 表示传动系统的机械效率，则有

$$T_t = T_{tq} i_g i_0 \eta_T \tag{7-2}$$

对于装有分动器、轮边减速器、液力传动等装置的汽车，上式应计入相应的传动比和机械效率。

因此驱动力为

$$F_t = \frac{T_{tq} i_g i_0 \eta_T}{r} \tag{7-3}$$

式中，r 为车轮半径（m）。

2. 汽车的行驶阻力

汽车在水平道路等速行驶时，需要克服来至地面的滚动阻力 F_f 和来自空气的空气阻力 F_w。当汽车在坡道上上坡行驶时，还需要克服重力沿坡道的分力，称为坡度阻力 F_i。当汽车加速行驶时，还需要克服加速阻力 F_j。因此，汽车所受行驶总阻力为以上四个阻力之和。

$$\sum F = F_f + F_w + F_i + F_j \tag{7-4}$$

上述阻力中，滚动阻力和空气阻力在任何行驶条件下均存在，坡道阻力和加速阻力仅在一定行驶条件下存在。在水平道路等速行驶就没有坡道阻力和加速阻力。接下来分别介绍4种行驶阻力。

（1）滚动阻力 F_f　车轮滚动时，轮胎与路面的接触区域产生法向、切向的相互作用力以及相应的轮胎和支承路面的变形。轮胎和支承路面的相对刚度决定了变形的特点。当弹性轮胎在硬路面（混凝土路、沥青路）上滚动时，轮胎的变形是主要的。此时由于轮胎有内部摩擦而产生弹性迟滞损失，使轮胎变形时对它所做的功不能全部收回。

图7-1所示为9.00-20轮胎在硬支承路面上受径向载荷时的变形曲线。图中 OCA 为加载变形曲线，面积 $OCABO$ 为加载过程中对轮胎做的功，ADE 为卸载变形曲线，面积 $ADEBA$ 为卸载过程中轮胎恢复变形时释放的功。由图7-1可知两曲线并不重合，面积之差 $OCADEO$ 为加载与卸载过程中的能量损失。此能量消耗于轮胎各组成部分相互间的摩擦，以及橡胶、帘线等物质的分子间的摩擦，最后转化为热能消失在大气中，这种损失即称为弹性轮胎的迟滞损失。

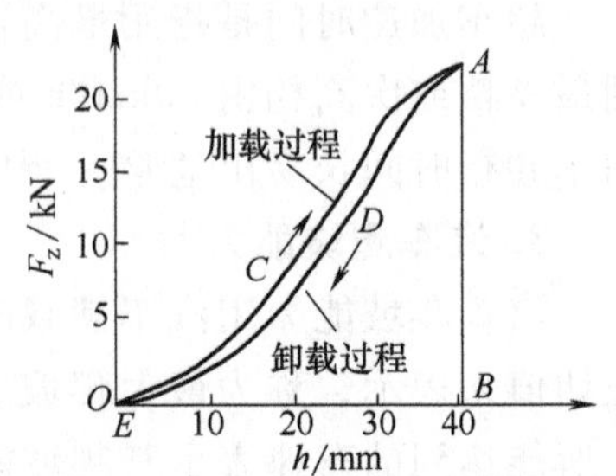

图7-1　轮胎的径向变形曲线

通过进一步分析，便可知这种迟滞损失表现为阻碍车轮滚动的一种阻力偶。当车轮静止时，地面对车轮的法向反作用力的分布是前后对称的。但是当车轮滚动时，在法线 n-n' 前后

相对应点 d 和 d'（图 7-2a）变形虽然相同，但由于弹性迟滞现象，处于压缩过程的前部 d 点的地面法向反作用力就会大于处于恢复过程的后部 d'点的地面法向反作用力，这可以从图 7-2b 中看出。设取同一变形 δ，压缩时的受力为 CF，恢复时的受力为 DF，而 CF 大于 DF。这样就使地面法向反作用力的分布前后并不对称，而使它们的合力 F_z 相对于法线 n-n' 向前移动了一个距离 a（图 7-3a），这个距离随弹性迟滞损失的增大而增大。地面法向反作用力的合力 F_z 与法向载荷 W 大小相等，方向相反。

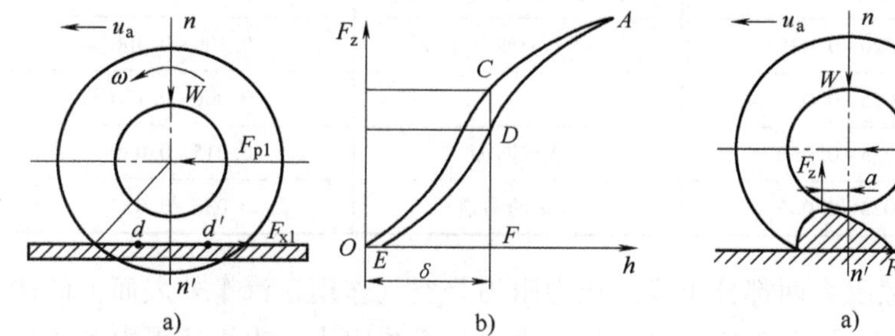

图 7-2　弹性车轮在硬路面上的滚动

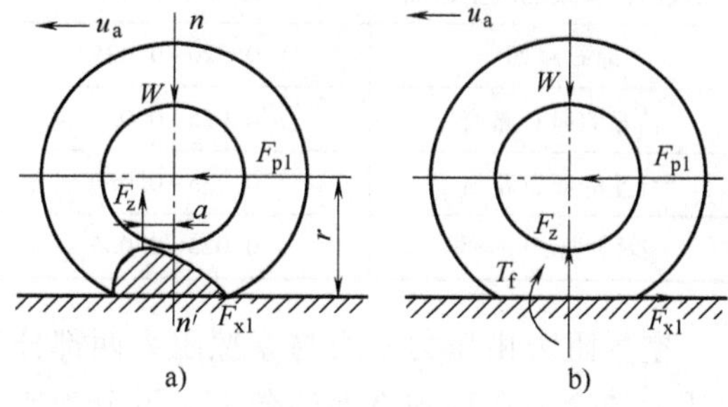

图 7-3　从动轮在硬路面上滚动时的受力情况

如果将地面法向反作用力 F_z 平移至车轮中心，与通过车轮中心的垂线重合，则从动轮在硬路面上滚动时的受力情况如图 7-3b 所示，即滚动时有滚动阻力偶矩 $T_f=F_z a$ 阻碍车轮滚动。

由于有滚动阻力偶矩阻碍车轮滚动，所以要使从动轮在硬路面上滚动，必须在车轮中心施加一个推力 $F_{p1}=\dfrac{T_f}{r}=F_z\dfrac{a}{r}$，它与路面之间的切向反作用力构成一力偶矩，来克服阻力力偶矩。

考虑到 F_z 与车轮的法向载荷 W 在数值上大小相等，并令滚动阻力系数 $f=\dfrac{a}{r}$，常将 F_{p1} 改写为

$$F_{p1}=Wf=F_z f \quad \text{或} \quad f=\frac{F_{p1}}{W} \tag{7-5}$$

由式（7-5）可见，滚动阻力系数是车轮在一定条件下滚动时所需的推力与车轮法向载荷的比值。换言之，车轮的滚动阻力等于车轮法向载荷与滚动阻力系数的乘积，即

$$F_f=Wf \qquad \text{或} \quad F_f=F_z f \tag{7-6}$$

需要指出的是，滚动阻力是对车轮滚动时所有阻碍车轮滚动的力和力偶矩的综合表述，并不表示存在一个具体的力矢量。采用无量纲的滚动阻力系数 f 的目的是建立滚动阻力与车轮法向载荷之间的关系。滚动阻力系数与路面种类、轮胎结构、材料与气压、汽车行驶速度以及车轮与汽车行驶方向的夹角等因素有关。滚动阻力系数根据试验确定。表 7-1 给出了汽车在一些路面上以中、低速行驶时，滚动阻力系数 f 的大概数值。

（2）空气阻力 F_w　汽车行驶时受到的空气作用力在行驶方向上的分力称为空气阻力。这种阻力与气流和汽车相对速度的平方成正比。为了克服空气阻力所消耗的发动机功率和燃料消耗量随车速的三次方急剧增加，当车速超过 100km/h 时，发动机功率有 80%用来克服

空气阻力。汽车在高速行驶时，减少空气阻力意义重大，这会直接带来汽车动力性和燃油经济性的改善。

表 7-1 滚动阻力系数 f 的大概数值

路面类型	滚动阻力系数	路面类型	滚动阻力系数
良好的沥青或混凝土路面	0.010~0.018	压紧土路：雨后的	0.050~0.150
一般的沥青或混凝土路面	0.018~0.020	泥泞土路（雨季或解冻期）	0.100~0.250
碎石路面	0.020~0.025	干沙	0.100~0.300
良好的卵石路面	0.025~0.030	湿沙	0.060~0.150
坑洼的卵石路面	0.035~0.050	结冰路面	0.015~0.030
压紧土路：干燥的	0.025~0.035	压紧的雪道	0.030~0.050

空气阻力由压力阻力与摩擦阻力两部分组成。压力阻力是空气作用在汽车外表面上的法向压力的合力在行驶方向的分力，可分为四部分：形状阻力、干扰阻力、内循环阻力和诱导阻力。形状阻力占压力阻力的大部分，与车身主体形状有很大关系；干扰阻力是车身表面凸起物如后视镜、门把手、引水槽、悬架导向杆、驱动轴等引起的阻力；发动机冷却系统、车身通风等所需空气流经车体内部时构成的阻力即为内循环阻力；诱导阻力是车身空气升力在水平方向的投影。摩擦阻力是由于空气的黏性在车身表面产生的切向力合力在行驶方向的分力。

在一般轿车中，这几部分阻力的大致比例为：形状阻力占 58%，干扰阻力占 14%，内循环阻力占 12%，诱导阻力占 7%，摩擦阻力占 9%。

影响空气阻力的因素主要有汽车形状、迎风面积和车速。无风条件下汽车的空气阻力 F_W 为

$$F_W=\frac{C_D A}{21.15}u_a^2 \tag{7-7}$$

式中，C_D 为空气阻力系数；A 为迎风面积，即汽车行驶方向的投影面积（m^2）；u_a 为汽车的行驶速度（km/h）。

（3）坡度阻力 F_i　当汽车上坡行驶时，汽车重力沿坡道的分力称为汽车坡度阻力。坡度阻力 F_i 可写为

$$F_i=G\sin\alpha \tag{7-8}$$

式中，G 为汽车质量（N）；α 为坡度角。

道路的坡度 i 是以坡高 h 与底长 s 之比来表示，即

$$i=\frac{h}{s}=\mathrm{tg}\alpha \tag{7-9}$$

我国公路标准规定，高速公路平原微丘区最大坡度为 3%，山岭重丘区为 5%；一般四级路面山岭重丘区最大坡度为 9%。当坡度不大时，$\cos\alpha\approx1$，$\mathrm{tg}\alpha\approx\sin\alpha\approx i$，则

$$F_i=Gi \tag{7-10}$$

（4）加速阻力 F_j　汽车加速行驶时，需要克服汽车质量加速运动时的惯性力，这就是加速阻力 F_j。汽车的质量分为平移质量和旋转质量两部分。加速时，不仅平移质量产生惯

性力，旋转质量也要产生惯性力偶矩。为了便于计算，一般把旋转质量的惯性力偶矩转化为平移质量的惯性力，对于固定传动比的汽车，常以系数 δ 作为计入旋转质量惯性力偶矩后的汽车旋转质量换算系数，因而汽车加速时的阻力 F_j 可写作

$$F_j=\delta m\frac{du}{dt} \tag{7-11}$$

式中，δ 为汽车旋转质量换算系数；m 为汽车质量（kg）；$\frac{du}{dt}$为汽车行驶加速度（m/s^2）。

δ 主要与飞轮的转动惯量、车轮的转动惯量以及传动系统的传动比有关。

$$\delta=1+\frac{1}{m}\frac{\sum I_W}{r^2}+\frac{1}{m}\frac{I_f i_g^2 i_0^2\eta_T}{r^2} \tag{7-12}$$

式中，I_W 为车轮的转动惯量（$kg\cdot m^2$）；I_f 为飞轮的转动惯量（$kg\cdot m^2$）；i_0 为主传动比；i_g 为变速器传动比。

3. 汽车行驶方程式

通过上述逐项分析的汽车驱动力及行驶阻力，可以得到汽车行驶方程式为

$$F_t=F_f+F_W+F_i+F_j$$

或

$$\frac{T_{tq}i_g i_0\eta_T}{r}=Gf\cos\alpha+\frac{C_D A}{21.15}u_a^2+G\sin\alpha+\delta m\frac{du}{dt} \tag{7-13}$$

这个等式表示了正常道路上行驶汽车的驱动力与行驶阻力的数量关系，可以用来进行汽车动力性分析。

三、汽车驱动力与行驶阻力平衡图

为了清晰而形象地表明汽车行驶时的受力情况及其平衡关系，一般将汽车行驶方程式用图解法来进行分析。考虑到式（7-13）中的发动机转矩 T_{tq} 随发动机功率 P_e、发动机曲轴转速 n 的变化而变化。如将发动机的功率 P_e、转矩 T_{tq} 以及燃油消耗率 b 与发动机曲轴转速 n 之间的函数关系以曲线表示，则此曲线称为发动机转速特性曲线。如果汽油机节气门全开（或柴油机高压油泵在最大供油量位置），则此特性曲线称为发动机外特性曲线。如果节气门部分开启（或部分供油），则称为发动机部分负荷特性曲线。根据发动机外特性曲线中转矩 T_{tq} 与发动机转速 n 的关系，只要给定变速器的传动比 i_g、主减速器的传动比 i_0、传动系统的机械效率 η_t 及车轮半径 r，由公式（7-3）即可求出各档位下的汽车驱动力；再由发动机转速 n 与车速 u_a 关系$\left(u_a=0.377\frac{rn}{i_g i_0}\right)$，即可求出各档的驱动力与车速关系。将各档驱动力与车速之间的函数关系用曲线来表示，得到的图形称为汽车的驱动力图。如在汽车驱动力图上把汽车行驶时经常遇到的滚动阻力和空气阻力也画上，就得到了汽车驱动力与行驶阻力平衡图。

图 7-4 所示为某具有五档变速器的轻型货车的驱动力-行驶阻力平衡图。从图中可以清楚看出不同车速时驱动力和行驶阻力之间的关系。汽车以最高档行驶时的

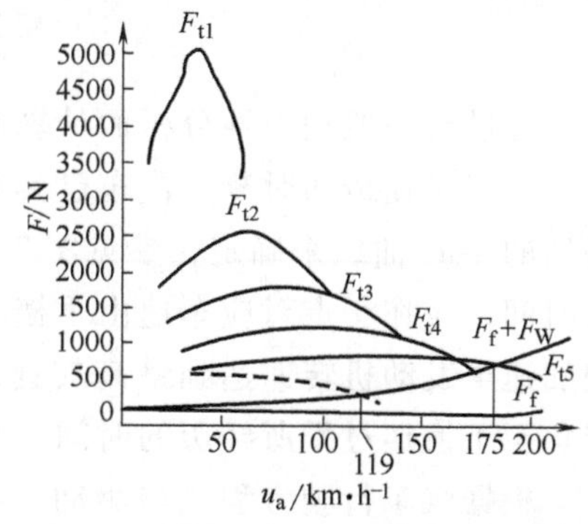

图 7-4　汽车驱动力-行驶阻力平衡图

最高车速，即是5档时驱动力曲线 F_{t5} 与行驶阻力曲线交点处对应的车速。因为此时驱动力和行驶阻力相等，汽车处于稳定的平衡状态。当车速低于最高车速时，驱动力大于行驶阻力。这样，汽车就可以利用剩余的驱动力加速或爬坡。

汽车的加速时间可以根据图7-4求得。由汽车行驶方程式得

$$\frac{\mathrm{d}u}{\mathrm{d}t}=\frac{1}{\delta m}[F_t-(F_f+F_W)] \quad (\text{设 } F_i=0)$$

显然，利用图7-4可计算得出各档节气门全开时的加速度曲线，如图7-5所示。由图7-5可看出，高档位时的加速度要小些，Ⅰ档的加速度最大。根据加速度图可以进一步求得由某一车速 u_1 加速至另一较高车速 u_2 所需的时间。由运动学可知

$$\mathrm{d}t=\frac{1}{a}\mathrm{d}u$$

$$t=\int_0^t \mathrm{d}t=\int_{u_1}^{u_2}\frac{1}{a}\mathrm{d}u$$

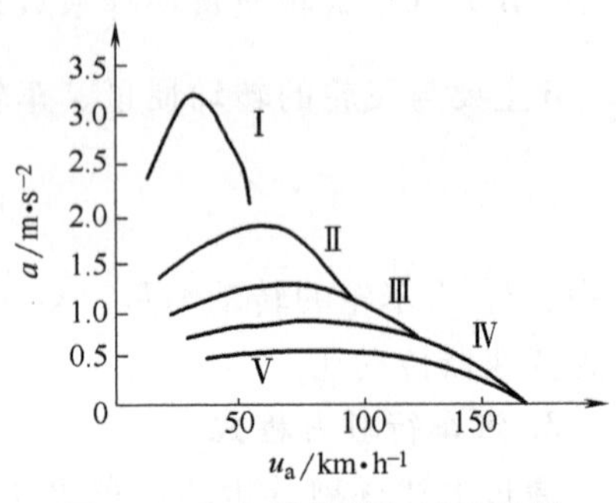

图7-5　汽车的行驶加速度曲线

即加速时间可用计算机进行积分计算求出。用图解积分法，将 a-u_a 曲线（图7-5）转画成 $\frac{1}{a}$-u_a 曲线（图7-6a）。曲线下两个速度区间的面积就是通过此速度区间的加速时间。常将速度区间分成若干间隔，通过确定面积 Δ_1，Δ_2，…来计算总加速时间（图7-6b）。

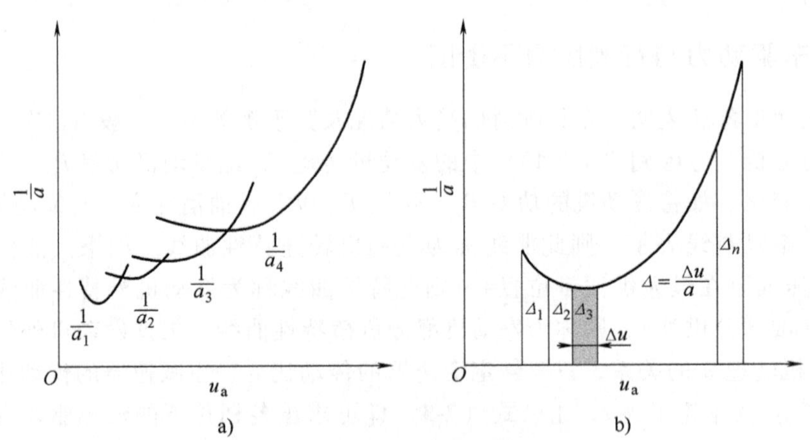

图7-6　汽车的加速度倒数曲线

在进行一般动力性分析而计算原地起步加速时间时，可以忽略原地起步的离合器打滑过程，即假设在最初时刻，汽车已具有起步档位的最低车速。加速过程中的换档时刻，可根据各档的 a-u_a 曲线来确定，参见图7-5。若Ⅰ档和Ⅱ档的加速度曲线有交点，为了获得最短加速时间，应在交点对应车速由Ⅰ档换Ⅱ档。若Ⅰ档和Ⅱ档的加速度曲线不相交，则在Ⅰ档行驶加速至发动机转速达到最高转速时换入Ⅱ档。其他各档间的换档时刻亦按照此原则来确定。至于换档过程所经历的时间，则常忽略不计。

根据汽车行驶方程式与驱动力-行驶阻力平衡图，可确定汽车的爬坡能力。一般所谓汽车爬坡能力，是指汽车在良好路面上克服汽车行驶时经常遇到的滚动阻力和空气阻力后的余

力全部用来（即等速）克服坡度阻力时能爬上的坡度，所以$\frac{du}{dt}=0$。因此

$$F_i=F_t-(F_f+F_W)$$

一般汽车最大爬坡度达30%左右，因此利用汽车行驶方程式确定Ⅰ档及低档爬坡能力时，采用$G\sin\alpha$作为坡度阻力，即上式应为

$$G\sin\alpha=\frac{T_{tq}i_g i_0\eta_T}{r}-\left(Gf\cos\alpha+\frac{C_D A}{21.15}u_a^2\right)$$

即

$$\alpha=\arcsin\frac{F_t-(F_f+F_W)}{G}$$

利用图7-4即可求出汽车能爬上的坡度角，相应地根据$\tan\alpha=i$可求出坡度值。其中，汽车最大爬坡度为Ⅰ档时的最大爬坡度。最高档最大爬坡度也应该引起注意，特别是货车、牵引车，因为货车经常是以最高档行驶的，如果最高档最大爬坡度过小，迫使货车在遇到较小的坡度时经常换档，就会影响行驶的平均车速。利用汽车行驶方程式确定最高档爬坡能力时，考虑到最高档最大坡度角较小，坡度阻力$G\sin\alpha$可以用Gi近似代替。

四、汽车功率平衡

汽车行驶时，不仅驱动力与行驶阻力相互平衡，而且发动机输出功率P_e与行驶阻力消耗的功率也相互平衡。

将汽车行驶方程式两边乘以行驶车速u_a，经单位换算可得汽车的功率平衡方程式（式中功率单位为KW）为

$$P_e=\left(\frac{Gf\cos\alpha u_a}{3600}+\frac{C_D A}{76140}u_a^3+\frac{G\sin\alpha u_a}{3600}+\frac{\delta m u_a du}{3600\,dt}\right)\frac{1}{\eta_T} \tag{7-14}$$

与力的平衡处理方式相同，功率平衡方程式也可用图解法表示。若以纵坐标表示功率，横坐标表示车速u_a，将发动机功率P_e、汽车经常遇到的阻力功率$\frac{1}{\eta_T}(P_f+P_W)$对车速的关系曲线绘在坐标图上，即得汽车功率平衡图。

图7-7所示为某货车的功率平衡图。由图中可以看出，不同档位时，发动机功率大小不变，只是各档发动机功率曲线所对应的车速位置不同。低档时对应的车速低，所覆盖的速度变化区域窄；高档时对应的车速高，所覆盖的速度变化区域宽。

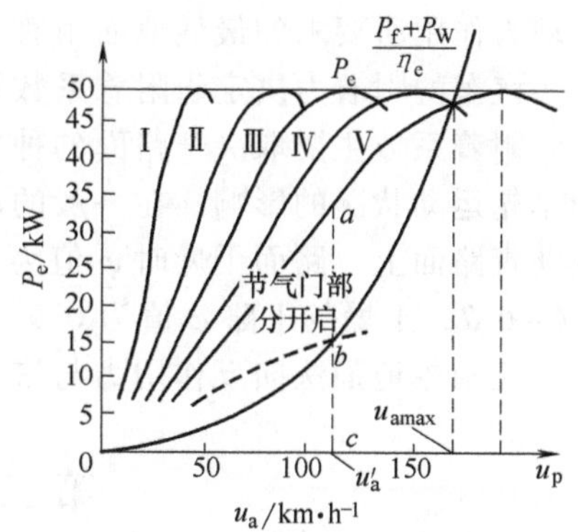

图7-7　汽车功率平衡图

汽车经常遇到的阻力功率$\frac{1}{\eta_T}(P_f+P_W)$曲线与发动机输出功率$P_e$曲线的交点，对应为汽车的最高车速。

滚动阻力消耗的功率P_f在低速区与车速成正比，而高速时由于滚动阻力系数f随车速u_a的增加而增大，所以P_f随u_a以更快的速率增大。空气阻力功率P_W是车速u_a的三次函数，车速越高，P_W增加越快。滚动阻力功率P_f与空气阻力功率P_W叠加后，汽车经常遇到的行驶阻力消耗的功率曲线$\frac{1}{\eta_T}(P_f+$

P_W）是一条斜率越来越大的三次曲线。这表明高速行驶时，汽车主要克服空气阻力功率。

五、汽车驱动-附着条件

从式（7-13）可看出汽车驱动力等于滚动阻力、空气阻力和坡度阻力之和时，汽车匀速行驶；当驱动力大于这三者时，汽车才能起步或加速行驶；当驱动力小于这三者时，则汽车无法起步或加速行驶。但上述条件的驱动力是由汽车动力装置所确定的，这个结论只在轮胎-路面有足够大的附着力（例如良好轮胎在干燥的水泥路面上）时才能成立。在潮湿的沥青路面上附着性能差时，大的驱动力可能引起车轮在路面上急剧加速滑转，地面切向反作用力并不很大，动力性也无法进一步提高。由此可见，汽车的动力性能不只受驱动力的制约，它还受到轮胎与地面附着条件的限制。

地面对轮胎切向反作用力的极限值称为附着力 F_φ，在硬路面上它与驱动轮法向反作用力 F_z 成正比，常写为

$$F_\varphi = F_{x\max} = F_z\varphi \tag{7-15}$$

式中，φ 为附着系数，它是由路面与轮胎决定的。

由作用在驱动轮上的转矩 T_t 引起的地面切向反作用力不能大于附着力，否则将发生驱动轮滑转现象，即对于后轮驱动的汽车

$$\frac{T_t - T_{f2}}{r} = F_{x2} \leqslant F_{z2}\varphi$$

这就是汽车行驶的附着条件。上式可写成

$$\frac{F_{x2}}{F_{z2}} \leqslant \varphi$$

式中，$\dfrac{F_{x2}}{F_{z2}}$称为后轮驱动汽车驱动轮的附着率 $C_{\varphi 2}$，即

$$C_{\varphi 2} \leqslant \varphi$$

对于前轮驱动汽车，其前驱动轮的附着率亦不能大于地面附着系数。

可以由发动机、传动系统的参数及汽车的行驶工况确定汽车驱动轮的附着率。显然，驱动轮的附着率是表明汽车附着性能的一个重要指标，是汽车驱动轮在不滑转工况下充分发挥驱动力作用所要求的最低地面附着系数。

汽车的附着力决定于附着系数以及地面作用于驱动轮的法向反作用力。

附着系数主要取决于路面的种类和状况，行驶车速对附着系数也有影响。附着系数还受到车轮运动状况的影响。在一般的动力性分析中，只取附着系数的平均值。在良好的混凝土或沥青路面上，路面干燥时 φ 值为0.7~0.8，路面潮湿时为0.5~0.6；干燥的碎石路 φ 值为0.6~0.7；干燥的土路 φ 值为0.5~0.6，湿土路面值为0.2~0.4。

驱动轮地面法向反作用力与汽车的总布置、车身形状、行驶状况及道路的坡度有关。

第二节　拖拉机行驶原理

一、拖拉机行驶动力学

（一）拖拉机驱动力

轮式拖拉机发动机的有效转矩经传动系统传至拖拉机驱动轮上，此时引起的地面对驱动

轮水平反作用力既是驱动力，其是推动整个拖拉机前进的动力，方向与拖拉机行驶方向相同，大小可由下式计算，即

$$F_t=\frac{T_t}{r}=\frac{T_{tq}i\eta_m}{r} \tag{7-16}$$

式中，T_t 为发动机传递到驱动轮的驱动转矩；T_{tq} 为发动机转矩；i 为传动系统传动比；η_m 为动力传动系统传动效率；r 为轮式拖拉机驱动轮动力半径。

履带拖拉机的履带驱动力是发动机有效转矩经传动系统传至驱动轮，驱动轮经履带驱动区段传到接地区段，使履带对地面产生水平切向力，而地面对履带产生水平切向反作用力，该力即为履带驱动力。

履带拖拉机靠履带卷绕时地面对履带接地段产生反作用力行驶。履带拖拉机牵引农机具在水平地面上稳定直线行驶时基本受力如图 7-8 所示。为便于叙述其行驶原理，将履带分成几个区段：1 和 3 之间为驱动区段，4 和 5 之间为松弛区段，6 和 8 之间为缓冲区段，1 和 8 之间为接地区段或支承区段。

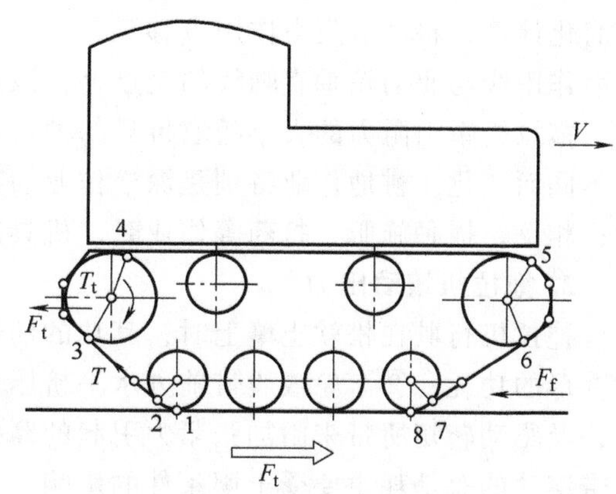

图 7-8　履带拖拉机行驶原理

1~8—履带区段

在驱动转矩 T_t 作用下，驱动轮轮齿与履带板的节销（或节齿）啮合，带动履带板做卷绕驱动轮的传动，并使驱动区段（1 和 3 之间）内产生拉力 T，拉力 T 对拖拉机来说是内力，它力图把接地段（1 和 8 之间）的履带板从支承轮下拉出，使土壤在接地段内的履带板上产生水平反作用力，这些反作用力的合力 F_t 就是履带拖拉机驱动力，其方向与拖拉机行驶方向相同，是推动拖拉机向前行驶的外力。

由于履带拖拉机动力从驱动轮经履带驱动区段传到接地区段会有动力损失，如果此损失用履带驱动区段传动效率 η_T 来表示，令 T_{tq} 表示发动机转矩，i 表示传动系统传动比，η_m 表示动力传动系统传动效率，r 表示履带拖拉机驱动轮动力半径，则履带拖拉机的理论驱动力 F_t' 可表示为

$$F_t'=\frac{T_{tq}i\eta_m}{r}\eta_T \tag{7-17}$$

（二）拖拉机行驶阻力

拖拉机作业时与汽车行驶情况不同，拖拉机牵引农机具作业时负荷很大、速度较低，因此行驶阻力中增加了牵引农机具所必须克服的阻力，即牵引阻力 F_T；拖拉机作业速度低，因而可忽略空气阻力。

1. 拖拉机牵引阻力

当拖拉机与配套机具组成机组作业时，牵引农机具必须克服作业阻力、农机具行走的滚动或摩擦阻力等，这些阻力的合力在前进方向的分力即农具牵引阻力（图 7-9），通常用 F_L 表示。该力通过牵引装置或悬挂机构作用在拖拉机上形成牵引阻力 F_T，即

$$F_L=F_T \tag{7-18}$$

后轮驱动拖拉机牵引农具在水平田地里稳定行驶作业时，拖拉机所受的外力有拖拉机使用重力 G、驱动力 F_t、前轮地面垂向反力 F_{Z_1} 和滚动阻力 F_{f_1}、后轮地面垂向反力 F_{Z_2} 和滚动阻力 F_{f_2}、牵引阻力 F_T。拖拉机质心的位置分别以坐标 a 和 h 表示。

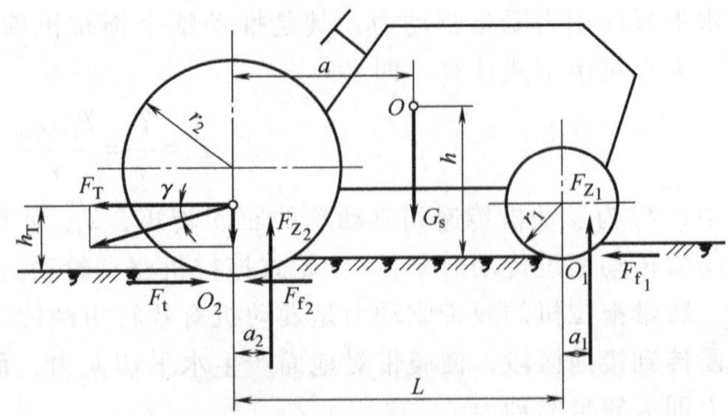

图 7-9　轮式拖拉机带牵引机具时的受力图

牵引农具的总牵引阻力作用在拖拉机牵引装置上，并与地面成 γ 角。为简化计算，将牵引阻力作用点移到该力作用线与驱动轮垂直轴线的交点上，该点的高度位置以 h_T 表示。

拖拉机牵引阻力的大小随农机具的种类、规格、作业幅宽、速度、土壤性质与状况等因素不同而变化。耕地作业特别是深松作业的耕作阻力大、作业能耗高，需要拖拉机的牵引力大；相反，播种施肥、打药等作业时，机具的负荷小，需要的拖拉机牵引力小。

2. 拖拉机滚动阻力

拖拉机行驶在松软土壤上时，其功的消耗主要有三个方面：①车轮或履带对土壤垂直压缩变形的功耗；②车轮或履带前方水平挤压土壤的功耗；③轮胎弹性变形或履带克服预张紧力，及驱动转矩所带来附加张紧力引起的摩擦力矩损失的功耗，还有其他功率损失。车轮或履带滚动的总消耗主要受土壤条件的影响。上述三个方面的消耗功分别对应拖拉机的压实阻力、推土阻力和胎体变形阻力或履带式拖拉机行驶系统各机件间的摩擦阻力。这三个阻力可以通过试验得到相应的经验公式，但实际中使用经验公式时仍感到不便。在实际工作中，为了迅速估算滚动阻力 F_f，常用式（7-19）计算

$$F_f = G_s f \tag{7-19}$$

式中，G_s 为拖拉机使用条件下所受重力；f 为拖拉机滚动阻力系数。

滚动阻力系数可采用试验方法确定。各种不同土壤的滚动阻力系数见表 7-2。

表 7-2　滚动阻力系数 f 的数值

路面类型	轮式拖拉机滚动阻力系数	履带式拖拉机滚动阻力系数
沥青路面	0.02～0.03	0.05～0.06
干土路	0.03～0.05	0.05～0.07
生荒地	0.05～0.07	0.06～0.07
硬实的熟荒地	0.05～0.07	0.06～0.07
休闲 2～3 年的耕地	0.06～0.08	0.06～0.07
畜牧草地	0.06～0.08	0.06～0.07
留茬地	0.08～0.10	0.06～0.08
已耕地	0.12～0.18	0.08～0.10
播种前的耕地	0.16～0.18	0.09～0.12
沼泥地	0.22～0.25	0.11～0.14
已滚压的雪地	0.03～0.04	0.06～0.07

（三）拖拉机行驶方程式

拖拉机在移动作业过程中除克服自身的滚动阻力 F_f 外，还要克服牵引农具作业的牵引阻力 F_T。在机组起步、加速过程中不但需要克服自身加速阻力还要克服农具的加速阻力。

根据拖拉机机组作业条件下的速度、地面坡度等情况，为简化起见忽略机组的加速阻力与坡度阻力。

根据拖拉机驱动力与行驶阻力分析，拖拉机能够配备农机具正常工作的行驶条件是驱动力大于各种行驶阻力之和，即拖拉机行驶方程

$$F_t = \sum F = F_f + F_T \tag{7-20}$$

式中，F_t 为拖拉机驱动力；F_f 为拖拉机滚动阻力；F_T 为拖拉机牵引阻力。

（四）拖拉机的附着条件

拖拉机行驶时，驱动力只是决定动力性的一个主要因素，它还受到轮胎或履带与土壤附着条件的影响。

拖拉机行驶时，在驱动转矩作用下，驱动轮或履带在其与土壤接触之处有向后滑动的趋势，此时土壤对驱动轮或履带产生水平反作用力，这个反作用力主要由土壤抗剪强度（或抗压强度）产生，随着驱动轮或履带与地面间的滑转情况而改变。

驱动轮或履带与土壤接触面上各点的剪切位移 j 沿接触点的不同位置而变，此种现象称为滑转情况。车轮最前端和地面接触点的剪切位移最小，接触面最后端剪切位移最大，以 j_{max} 表示。剪切位移值随接触点与车轮最前端和地面接触点的水平距离 x 增大而线性增大，即 $j=x\delta$，如图 7-10 所示，其中 δ 即为描述滑转情况的参数，称为滑转率。

土壤对驱动轮或履带的水平反作用力随滑转率变化的关系如图 7-11 所示。

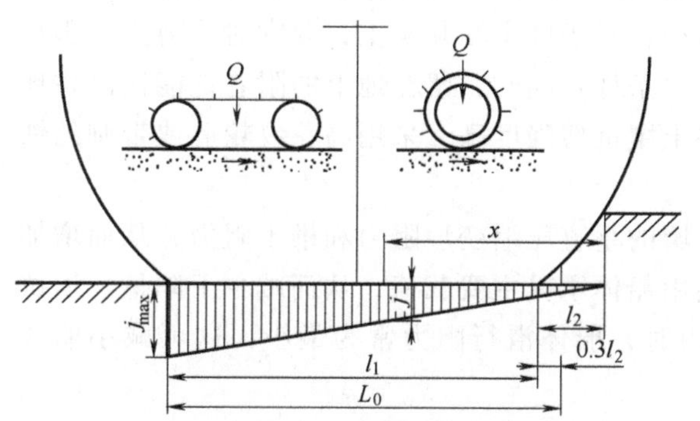

图 7-10　土壤剪切位移 j 沿接触面长度的关系

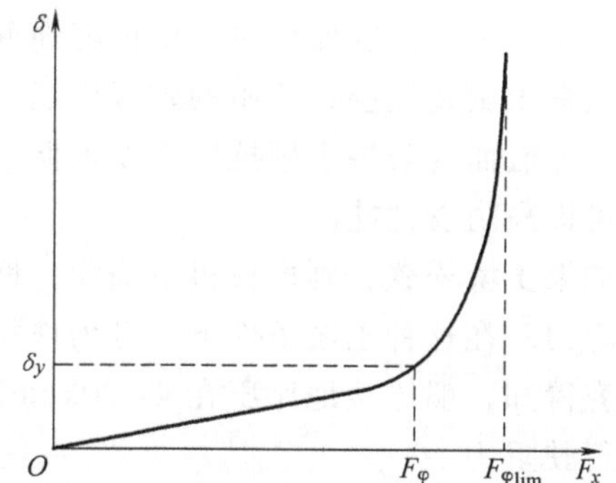

图 7-11　土壤对驱动轮或履带水平反作用力随着滑转率变化的关系曲线

可以看出，土壤对驱动轮或履带的水平反作用力的最大值 $F_{\varphi lim}$（极限附着力）在滑转率达到 100%时得到，但这个时候滑转功耗大增，轮胎磨损加剧，土壤结构也遭到破坏，所以实际工作中不会让滑转率达到 100%。我国规定了不同土壤、不同拖拉机类型的容许最大滑转率值 δ_y。实际使用过程中用到的土壤对轮胎或履带的水平反作用力的最大值即为容许最大滑转率值 δ_y 下对应的水平反作用力，称为附着力 F_φ，常用下式计算

$$F_\varphi = G_q \varphi \tag{7-21}$$

式中，G_q 为驱动轮或履带垂直载荷；φ 为附着系数，各种不同土壤的附着系数见表 7-3。

表 7-3　附着系数 φ 的数值

路面类型	轮式拖拉机附着系数	履带式拖拉机附着系数
沥青路面	0.7~0.8	0.9~1.0
干土路	0.6~0.8	0.9~1.1
生荒地	0.7~0.9	1.0~1.2
硬实的熟荒地	0.7~0.9	1.0~1.2
休闲 2~3 年的耕地	0.6~0.8	0.9~1.1
畜牧草地	0.6~0.8	0.9~1.1
留茬地	0.6~0.8	0.8~1.0
已耕地	0.5~0.7	0.6~0.8
播种前的耕地	0.4~0.6	0.6~0.7
沼泥地	0.1~0.2	0.4~0.6
已滚压的雪地	0.3~0.4	0.5~0.7

根据我国的试验结果，规定：轮式拖拉机正常工作的 δ_y 值，旱田茬地为 20%，水田茬地为 25%；履带式拖拉机，旱田茬地为 7%；手扶拖拉机，旱田、水田茬地为 25%。

（五）影响滚动阻力和附着力的因素

影响滚动阻力和附着力的因素较复杂，以下通过几个基本因素分析它们对拖拉机滚动阻力和附着力的影响，并提出减小滚动阻力和提高附着力的措施。

1. 土壤条件

土壤抗剪强度越大，附着性能越好。不同土壤的抗剪强度受湿度变化的影响是不一样的。对于砂土，湿度变化对土壤抗剪强度影响小；对于壤土和黏壤土，湿度对抗剪强度影响大。通常土壤越潮湿，轮胎的附着性越差，其他条件相同时，留茬地上的附着性能比已耕地的高。一般而言表层土壤抗剪强度很低，底层土壤抗剪强度高，采用高花纹轮胎或带刺的铁轮，可提高附着性能。

如果土壤松软，则拖拉机下陷深，增加土壤的垂直压缩变形阻力和推土阻力，从而增加滚动阻力。在这种土壤条件下，可为拖拉机装用船体承受主要载荷，从而减少下陷量。据试验研究得知，船体接地比压在 4~20kPa 范围内时，船体滑行阻力常为最小，这可减小船式机的行驶阻力。

2. 路面条件

当轮式拖拉机进行运输作业，在硬路面上行驶时，和汽车类似，它的附着性能也取决于轮胎和地面的附着系数。通常水泥路面的附着系数较高，泥石路和石子路的附着系数较低，在冰雪路面上，必要时可装防滑链，防止打滑。

3. 附着载荷（附着重力）

附着载荷是指能够产生附着力的载荷，即作用在驱动轮或履带上的垂直载荷。在摩擦性土壤中，增加附着载荷能显著地增大附着力。由库仑抗剪公式可知，这是由于增大了 $Q_q \mathrm{tg}\phi$（Q_q 为驱动轮载荷，ϕ 为土壤内摩擦角）这一项值的缘故。但当土壤抗剪强度达到最大值后，如再增加附着载荷，可能反而会降低驱动力。在纯黏性土壤中，因 $\phi \approx 0$，即 $\mathrm{tg}\phi \approx 0$，在这种土壤条件下，不能靠增加附着载荷来改善附着性能。例如，在松软土壤中，如过量地

增加附着载荷，则轮胎下陷量急增，滚动阻力也大大地增大，挂钩牵引力反而减小。

采用四轮驱动，使整个拖拉机使用重力都成为附着载荷，因而增大了附着力，这是提高牵引附着性能的一项有效措施。此外，采用后悬挂式农具，也能增加驱动轮的附着载荷。

4. 轮胎气压 p_i

附着力随 p_i 降低而增加，而驱动轮滚动阻力随之降低。当 p_i 降到最佳气压 p_{i0} 时，驱动轮滚动阻力达到最低，p_i 再降低，滚动阻力又增加，这是滚动阻力受轮胎和土壤两者变形综合影响的结果。在田间，土壤变形是决定性因素，在一定范围内降低 p_i，使土壤变形减少，可降低滚动阻力。但当 p_i 降到最佳气压 p_i 以后再降低，轮胎变形起主导作用，反而使滚动阻力又增加。地面或土壤条件变化时，最佳气压 p_{i0} 也会有所变化。例如，在硬的光滑路面上或石子路面上，与最小滚动阻力对应的最佳气压 p_{i0} 的点就要向 p_i 高的方向移动。由上可知，在确定驱动轮的气压时，应从土壤条件，附着力和滚动阻力等几方面考虑。

应该指出，当胎压过低时，轮胎变形过量增加，胎壁内部的摩擦急增，从而引起磨损和破裂。因此，为提高拖拉机牵引附着性能而降低 p_i 时，还要兼顾轮胎的使用寿命。

5. 轮胎尺寸

轮胎直径和宽度的增大，可以增加轮胎支承面的长度和宽度，增大抗剪面积，使附着力增加。同时支承面积适当增大，可减少土壤变形量，使滚动阻力相应降低。但增大轮胎直径受到某些设计参数（例如拖拉机重心高度等）的限制。近年来，为了能在不加大轮胎外径情况下提高承载能力和平稳性，在适当条件下，可装用加宽型驱动轮胎。以往拖拉机轮胎断面的高宽比（H/b）通常为 1，为了提高附着性能，出现了增大胎宽的趋势，胎宽 b 往往大于断面高度 H，致使轮胎断面的高宽比降到 0.85 左右。在增大轮胎宽度的同时，最好同时适当降低轮胎的充气压力，使轮胎的接地面积增加。近年来，在某些大功率拖拉机上，出现了并排安装的双轮胎。当然，增加轮胎宽度也受到轮胎结构和农事要求的限制。

6. 轮胎花纹

农用驱动轮胎的花纹多为人字形。在沙壤土上进行的模型试验表明，当花纹长度相同时，适当减小花纹角，可以提高附着性能。我国普通农用轮胎都采用 45°花纹角；窄胎体高花纹采用约 23°花纹角。但是减小花纹角会使抗侧滑移性能和行驶平顺性变差，而且自洁性能力下降，从而造成在泥泞土壤上工作时积泥，附着性能有时反而变坏。

花纹的形状和布置会影响轮胎的压力分布，进而影响附着力，所以轮胎花纹的设计应使接地压力能够近似于均匀分布。

普通轮胎花纹高度较低，在水田里工作时，轮胎花纹不能插入土壤硬底层，因而不能发挥驱动力。高花纹轮胎的花纹高度约增加一倍。窄胎体高花纹轮胎，由于胎体窄，减小了车辙宽度，减少了土壤变形的功率损失，并又能把花纹插入硬底层，增加驱动力，提高牵引性能。窄胎体轮胎还具有较好的自洁性能。但窄胎体高花纹轮胎目前还存在寿命低的缺点，需要继续改善。

7. 轮胎结构

轮胎的刚度，帘布层数、帘布排列方法等，对附着力和滚动阻力的大小也有不同程度的影响。普通轮胎的帘线相互交叉，而子午线轮胎帘线不相交，侧壁较普通轮胎软，径向变形较大，接地面积在相同条件下比普通轮胎略有增大，接地压力也相应减小，附着力大致可提高 10%。子午线轮胎在胎冠部分增加了缓冲层，这既可减小轮胎内部应力和轮胎滞后损失，又提高了花纹块的耐磨性和寿命。但子午线轮胎侧壁较软，在低气压时使用易出现裂纹，侧向稳定性也比普通型差。

二、拖拉机附着动力学

拖拉机在田间低速、大负荷作业，驱动力与滑转率大小对机组作业效率、功率损失以及对土壤结构破坏程度有重要影响，因此拖拉机必须有良好的附着性能。拖拉机驱动形式、拖拉机与农机具连接方式及拖拉机作业负荷与速度，对拖拉机附着性能均构成影响。这里主要分析拖拉机作业对附着性能的影响。

（一）轮式拖拉机附着性能

1. 轮式拖拉机牵引机组受力分析

当轮式拖拉机悬挂机组采用高度调节作业时，耕作深度由农具上的支承轮来控制，悬挂农具的质量也由支承轮承受。

如图 7-9 所示，为了求出前轮上所受垂直方向的土壤反作用力 F_{Z_1}，列出作用在拖拉机上的诸外力绕 O_2 点（O_2 点是驱动力 F_t 作用线与通过驱动轮轴心且垂直于地面假想平面的交点）的力矩平衡方程式可得

$$G_s a = F_T h_T + F_{Z_2} a_2 + F_{Z_1}(L + a_1)$$

以相应的滚动阻力矩 T_{f_1}、T_{f_2} 代替 $F_{Z_1}a_1$ 与 $F_{Z_2}a_2$，即可求得

$$F_{Z_1} = \frac{G_s a - F_T h_T - T_{f_1} - T_{f_2}}{L} \tag{7-22}$$

为求出驱动轮上所受垂直方向的土壤反作用力 F_{Z_2}，列出作用在拖拉机上的各外力绕点 O_1（点 O_1 是驱动力 F_t 作用线与通过前轮轴心且垂直于地面的假想平面的交点）的力矩平衡方程式为

$$F_{Z_2}(L - a_2) = G_s(L - a) + F_T h_T + F_T L\tan\gamma + F_{Z_1\alpha_1} \tag{7-23}$$

土壤对前轮的水平反作用力（滚动阻力）所形成的力矩值很小，可以忽略不计。以相应的滚动阻力矩 T_{f_1}、T_{f_2} 代替 $F_{Z_1}a_1$ 与 $F_{Z_2}a_2$，即可求得 F_{Z_2} 的值

$$F_{Z_2} = \frac{G_s(L - a) + F_T(h_T + L\tan\gamma) + T_{f_1} + T_{f_2}}{L} \tag{7-24}$$

若 $\gamma = 0$，则得

$$F_{Z_2} = \frac{G_s(L - a) + F_T h_T + T_{f_1} + T_{f_2}}{L} \tag{7-25}$$

当拖拉机不带农具静止于水平地面时，其前、后轮上的垂直载荷为

$$F_{Z_1} = \frac{G_s a}{L}, F_{Z_2} = \frac{G_s(L - a)}{L} \tag{7-26}$$

比较式（7-22）、式（7-25）和式（7-26）可以看出．拖拉机牵引农具在水平土壤稳定作业时，在牵引载荷和滚动阻力矩的作用下，前、后轮上的垂直载荷出现重新分配。有一部分垂直载荷将从前轮转移到后轮（驱动轮），前轮载荷减轻，会使后轮载荷增加，即发生驱动轮增重现象。

前轮载荷的减少量等于后轮载荷的增加量。其值为

$$\Delta F_Z=\frac{F_T h_T+T_{f_1}+T_{f_2}}{L} \tag{7-27}$$

驱动轮增重量取决于 F_T、h_T、T_{f_1}、T_{f_2}、L 等因素。后轮增重使拖拉机附着质量增加，有利于提高拖拉机动力性能，但对轮式拖拉机是有一定限度的，不能超过15%。因为驱动轮增重必然引起前轮减重，而前轮减重有可能影响拖拉机的操纵性和纵向稳定性。一般认为前轮负荷不能少于整机使用质量的15%～20%。

2. 轮式拖拉机悬挂机组受力分析

当轮式拖拉机悬挂机组采用力调节和位调节作业时，悬挂农具的质量及悬挂农具工作机构所受到的土壤阻力通过悬挂机构直接传到拖拉机机架，整个机组处于一个平衡的整体，即农具相对于拖拉机的位置由液压系统来确定并保持相对的“刚性”联系。

图7-12所示为轮式拖拉机带悬挂犁作业时的受力图，以下是机组所受各外力：G_s 为拖拉机的使用重量；F_{f_1}、F_{f_2} 为从动轮、驱动轮的滚动阻力；F_t 为驱动力；F_{Z_1}、F_{Z_2} 为土壤对从动轮、驱动轮的垂直反力；G_L 为犁重量，作用在犁的质心，作用线到驱动轮几何中心的垂直平面 O-O_2 间的垂直距离为 a_L；F_R 为土壤对犁的总耕作阻力在纵垂面内的分力。为简化起见，假定其作用线通过犁的质心，F_R 分解为垂直分力 F_{R_y} 和水平分力 F_{R_x}，F_{R_x} 形成牵引阻力 F_T。根据试验结果，耕地时 F_{R_y} 分力方向向上，数值上可取 $0.7G_L$；在中耕松土时，F_{R_y} 分力方向向下，数值在 0.2～$1.4G_L$ 范围内变化。

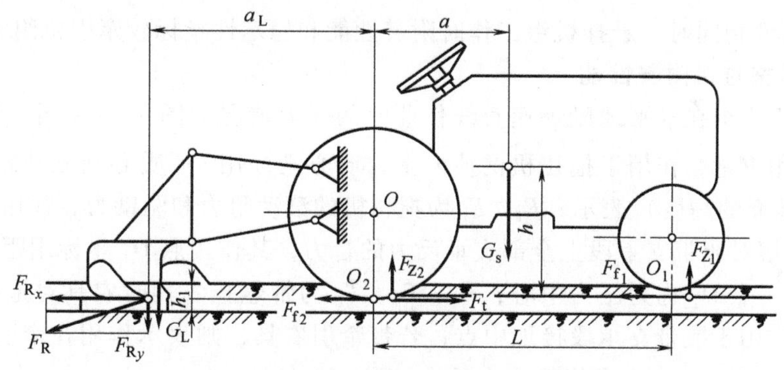

图7-12　轮式拖拉机带悬挂机具作业受力分析

为求出从动轮上所受的垂直方向的土壤反作用力 F_{Z_1}，列出作用在拖拉机上的诸外力绕 O_2 点的力矩平衡方程式。由图7-12可得出式（7-28）

$$G_s a=F_{Z_1}L+(G_L \pm F_{R_y})a_L+T_{f_1}+T_{f_2} \tag{7-28}$$

式中，T_{f_1}、T_{f_2}为从动轮、驱动轮的滚动阻力偶矩，分别为土壤对从动轮、驱动轮的垂直反力乘以垂直反力作用线的前置距离。

因此可求得

$$F_{Z_1}=\frac{G_s a-(G_L \pm F_{R_y})a_L-T_{f_1}-T_{f_2}}{L} \tag{7-29}$$

为求出驱动轮上所受的垂直方向的土壤反作用力 F_{Z_2}，列出作用在拖拉机上的各外力绕

点 O_1 的力矩平衡方程式为

$$G_s(L-a)=F_{Z_2}L-(G_L \pm F_{R_y})(a_L+L)-T_{f_1}-T_{f_2} \tag{7-30}$$

因此可求得

$$F_{Z_2}=\frac{G_s(L-a)+(G_L \pm F_{R_y})(a_L+L)+T_{f_1}+T_{f_2}}{L} \tag{7-31}$$

可以看出，悬挂机组作业时，也存在驱动轮增重、从动轮载荷减轻的情况，但是通过比较可以发现：

1）悬挂机组作业时，拖拉机后轮增重值不等于前轮减重值，这和拖拉机牵引机组有不同之处

$$|\Delta F_{Z_1}|=\frac{(G_L \pm F_{R_y})a_L+T_{f_1}+T_{f_2}}{L} \tag{7-32}$$

$$|\Delta F_{Z_2}|=\frac{(G_L \pm F_{R_y})(a_L+L)+T_{f_1}+T_{f_2}}{L} \tag{7-33}$$

式中，$|\Delta F_{Z_1}|$为前轮载荷变化的绝对值；$|\Delta F_{Z_2}|$为后轮载荷变化的绝对值。

即

$$|\Delta F_{Z_1}| \neq |\Delta F_{Z_2}|$$

2）比较式（7-32）、式（7-33），可以看出$|\Delta F_{Z_1}|<|\Delta F_{Z_2}|$，说明悬挂机组的前轮比后轮增重小。前轮减重小意味着操纵轻便性较好，而后轮增重大意味着后轮驱动拖拉机附着性能较好。

3）其他条件相同时，悬挂机组工作时附着性能和稳定性指标较牵引机组工作时要好。

（二）履带拖拉机附着性能

履带拖拉机机组在水平地段等速直线作业时的受力情况如图 7-13 所示。图中各力：G_s 为拖拉机的使用重量，作用于拖拉机的质心上，质心坐标用 a（质心到驱动轮轴水平距离）和 h（质心距地面的高度）表示；F_f，F_t 为拖拉机的滚动阻力和驱动力，作用于支承段水平方向；F_Z 为土壤对履带支承段上全部支承反力的合力，其作用点 O_1 坐标用距驱动轮轴的水平距离 x_y 表示，点 O_1 称为压力中心；F_x、F_y、T_Z 为带悬挂农具时农具对拖拉机的作用力和力矩，它们作用于履带支承段接地中点；若带牵引农具，则表示作用在牵引点 O_T 的挂钩牵引阻力 F_T（由图 7-13d 中虚线箭头表示）。

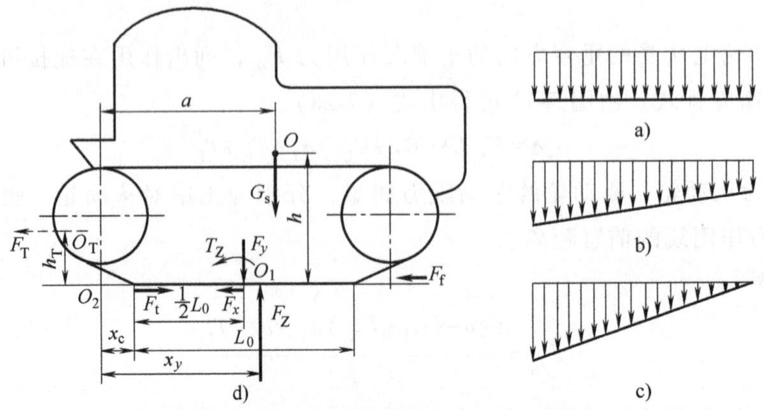

图 7-13　作用在履带拖拉机纵垂面内的外力

土壤对履带支承反力合力 F_Z 的作用点 O_1 称为压力中心，其位置与支承面上的压力分布有关。

支承反力 F_Z 的大小可根据作用在拖拉机上垂直方向的力平衡方程式求得：

$$F_Z = G_s + F_y \tag{7-34}$$

压力中心坐标 x_y 可由作用在履带拖拉机上的外力对 O_2 点的力矩平衡方程式求得：

$$x_y = \frac{G_s a + F_y\left(x_c + \frac{1}{2}L_0\right) - T_Z}{F_Z} = \frac{G_s a + F_y\left(x_c + \frac{1}{2}L_0\right) - T_Z}{G_s + F_y} \tag{7-35}$$

式中，L_0 为履带支承长度；x_c 为履带支承后端至驱动轮轴的距离。

对牵引农具的履带式拖拉机来说有

$$x_y = \frac{G_s a - F_T h_T}{G_s} \tag{7-36}$$

比较式（7-35）和式（7-36），可以看出，压力中心不仅取决于质心位置，而且与农具的作用力有关。拖拉机的牵引负荷越大，则 x_y 越小，压力中心越往后移。

压力中心的位置对履带拖拉机附着性能和其他性能都有很大影响，它在某种程度上反映了单位压力的分布情况。假设支承面下的单位压力呈线性变化，当压力中心正好处于支承面中点（即 $L_0/2$ 处）时，压力分布呈矩形（图 7-13a），压力中心坐标为 $x_y = \frac{1}{2}L_0 + x_c$；当压力中心偏后时，压力分布呈梯形（图 7-13b），支承面后部压力大于前部压力；如果压力中心过于靠后，压力分布呈三角形（图 7-13c），甚至会导致履带前部抬起，起不到支承作用。

单位压力分布越均匀附着性能越好，此时滚动阻力小而附着性能好，因此希望压力中心处于支承面的中点。一般情况下，履带拖拉机的农具是后置的，并在牵引条件下工作。因此，履带拖拉机的质心布置在履带支承面中点之前，即 $a > \frac{1}{2}L_0 + x_c$，这样可保证在工作时压力中心位于支承面中点附近。

实际的履带支承面是由多节带板组成，对土壤的单位压力并不呈直线分布，但上述原则性结论是适用的。

（三）手扶拖拉机附着性能

1. 牵引农具受力分析

手扶拖拉机牵引机具作业时，通过铰销将农具连接在机体的牵引装置上，农具的起落和耕深控制是依靠改变扶手架离地高度实现的。图 7-14 所示为带牵引农具无尾轮的手扶拖拉机组在工作时的受力图，机组作用的外力有：G_s 为机组（包括农具）使用重量，作用于质心点 O，点 O 在驱动轮轴前方，水平距离为 a，离地高度为 h；F_{Z_1}、F_{f_1}、F_t 为土壤对驱动轮的垂直反力、滚动阻力和驱动力，F_{Z_1} 作用在前轴前方 a_1 处；F_T、$F_T\tan\gamma$ 为农具阻力的水平与垂直分力，作用在挂接点 O_T，坐标为 L_T 和 h_T；F 为

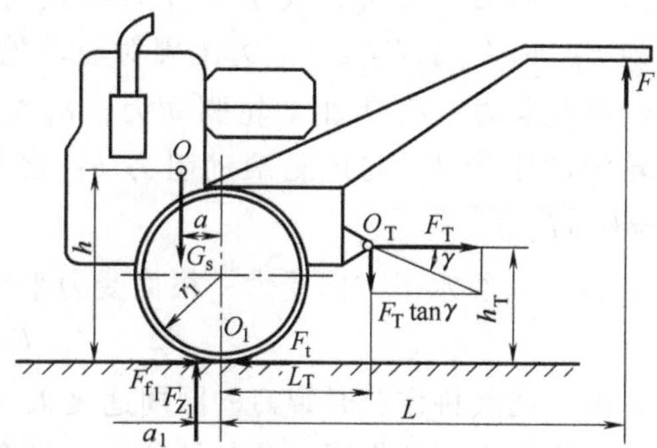

图 7-14　手扶拖拉机牵引机组受力图

人对扶手架的作用力，方向向上，作用点距驱动轮水平距离为 L。

将各力对驱动轮接地点 O_1 取力矩平衡方程，得

$$G_s a+FL=F_{Z_1}a_1+F_T h_T+F_{T'}L_{T'}\tan\gamma$$

取驱动轮滚动阻力矩 $T_{f_1}=F_{Z_1}a_1$，将上式整理得

$$F=(F_T h_T+F_{T'}L_{T'}\tan\gamma+T_{f_1}-G_s a)/L \tag{7-37}$$

为使手扶拖拉机能稳定工作，在扶手架上应施加作用力 F，其大小和方向受农具阻力和拖拉机基本参数的影响。为尽可能减小扶手作用力，手扶拖拉机牵引机组的质心应在驱动轮轴的前方。

2. 悬挂农具受力分析

手扶拖拉机悬挂农具时，将农具铰接在悬挂杆件上，通过提升机构升降农具。拖拉机装有尾轮时通过调节尾轮相对机体高度，来调节农具耕深。图 7-15 所示为有尾轮手扶拖拉机悬挂农具工作时的受力图，与无尾轮牵引机具作业相比，区别在于不对扶手架作用力，而由地面对尾轮的支反力 F_{Z_2} 和滚动阻力 F_{f_2} 代替；农具阻力为 F_{R_x}、F_{R_y}；机组的使用重量 G'包括了尾轮和驾驶员的重量。

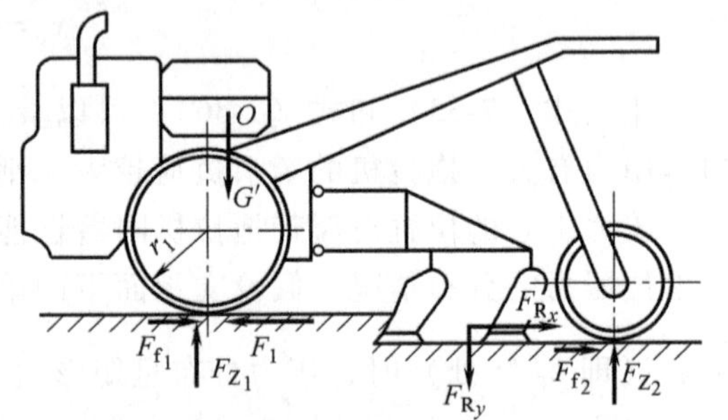

图 7-15　手扶拖拉机悬挂机组受力图

为保证机组工作时耕深稳定和农具提升后行驶稳定，两种情况下都应使 $F_{Z_2}>0$，表明质心必须配置在驱动轮轴线的后方。

综上所述，手扶拖拉机质心位置随农具连接方式和机组组成有不同的要求：牵引机具时机组质心必须前置，悬挂机具时则机组质心应后置。为此，手扶拖拉机一般都有配重，配重位置和重量应根据工作条件进行调节，这也是手扶拖拉机作业时应注意的特点。

3. 带旋耕机作业时的受力分析

手扶拖拉机旋耕作业时，旋耕机由传动箱的动力驱动，旋耕机犁刀旋转方向与驱动轮方向一致，犁刀的圆周速度大于驱动轮的圆周速度，这样才能有效地切削和破碎土壤。图 7-16 所示为旋耕作业时的受力图，以下为机组作用的其他外力有：F_R 为旋耕时土壤对犁刀反作用力的合力，其水平分力和垂直分力为 F_{R_x} 和 F_{R_y}；F_{Z_1}、F_{Z_2} 为土壤对驱动轮和尾轮垂直反力；F_t 为驱动轮驱动力；F_f 为驱动轮滚动阻力 F_{f_1} 与尾轮滚动阻力 F_{f_2} 之和，$F_f=F_{f_1}+F_{f_2}$。

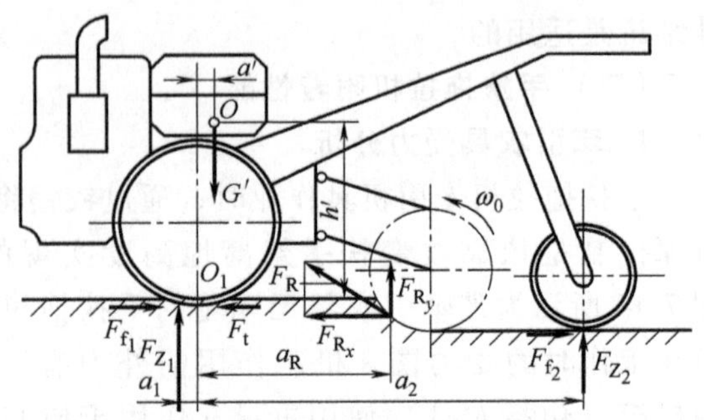

图 7-16　手扶拖拉机旋耕机组受力图

（1）机组水平方向受力　根据受力平衡条件，手扶旋耕机组作业时

$$F_t+F_{R_x}=F_f \tag{7-38}$$

由于选旋耕作业时犁刀的圆周速度大于驱动轮圆周速度，所以旋耕机犁刀所受土壤水平反力对机组起驱动作用，在某种程度上具有四轮驱动拖拉机的特点。

当 $F_{R_x}<F_f$ 时，F_t 为正值，F_t 仅用来克服滚动阻力 F_f 的一部分，F_t 比牵引作业时小得多，因此不会产生驱动轮严重滑转的情况。

当 $F_{R_x}>F_f$ 时，F_t 为负值，说明土壤对犁刀的水平反力较大，它不仅克服了全部滚动阻力，而且还有剩余。F_t 成为阻止机组前进的阻力，这时机组与四轮驱动拖拉机在低牵引负荷时的工况相似，驱动轮出现了滑移，在传动系统中产生寄生功率。

当 $F_{R_x}\gg F_f$ 时，即 F_{R_x} 远大于 F_f，而 F_t 的绝对值超过驱动轮的附着力时，机组将按犁刀的驱动作用向前滑行，这种现象可能发生在旋耕深度较浅、地面附着条件较差、犁刀圆周速度大的情况下，称为手扶拖拉机的“前跃”。这种现象容易出现危险，在使用中应特别注意并加以避免。

（2）垂直方向受力分析　将作用于机组上的外力对驱动轮着地点 O_1 取矩，并忽略 F_{R_x} 等水平力的影响，有

$$G'a'+F_{Z_1}a_1=F_{R_y}a_R+F_{Z_2}a_2$$

以 $T_{f_1}=F_{Z_1}a_1$ 代入上式，整理后得

$$F_{Z_2}=(G'a'+T_{f_1}-F_{R_y}a_R)/a_2 \tag{7-39}$$

由式（7-39）可以看出，随着土壤对犁刀垂直反力 F_{R_y} 的增大，尾轮的垂直反力将减小。当 F_{Z_2} 等于零后，若 F_{R_y} 继续增大，则整个机组将绕驱动轮轴逆时针转动，尾轮离开地面，此种情况在旋耕深度较大、土壤又坚实时易发生。随着机组转动，犁刀上抬，F_{R_y} 又将减小，机组又将转回原位，并又重复上述过程，使得拖拉机在不断地跳动下工作，称为手扶拖拉机“上跃”。机组“上跃”时，耕深不匀、机件易损坏、驾驶员易疲劳，在使用中应避免。

为防止手扶拖拉机旋耕机组作业时产生“上跃”和“前跃”现象，机组的使用质量和质心位置应适当。机组的质心后移，对防止机组上跃是有利的，但会减小附着质量，使发生前跃的可能性增大。因此，在确定机组质心位置时，应综合两种现象的影响，以取得较好的使用效果。

（四）四轮驱动拖拉机附着性能

与两轮驱动拖拉机相比，四轮驱动拖拉机在牵引附着性和机动性等方面具有明显优点，所以大功率轮式拖拉机均采用四轮驱动形式。

1. 四轮驱动拖拉机的性能特点

1）附着性能显著改善。四轮驱动拖拉机前、后轮质量均作为附着质量，即可全部用于发挥驱动力（图 7-17）。同时，前、后轮直径大小相等的四轮驱动拖拉机，后轮沿前轮轮辙滚动，减少了后轮的滚动阻力并改善了后轮的附着性能。

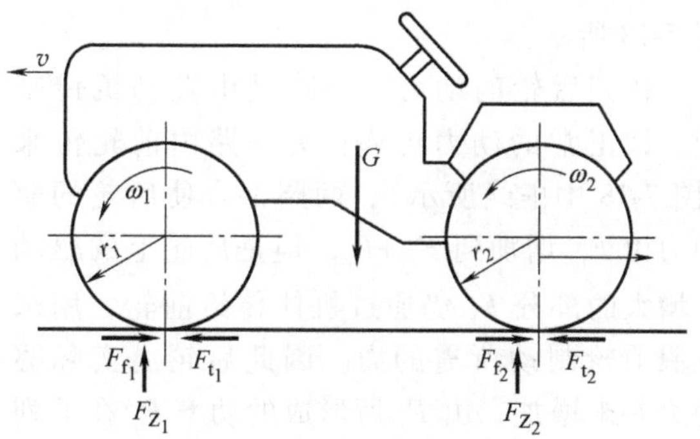

图 7-17　四轮驱动拖拉机受力图

2）减轻对土壤结构的破坏。拖拉机在田间作业时，车轮或履带对地面的压实使土壤团粒结构遭到一定程度的破坏，特别是滑转率较大时破坏更为严重。四轮驱动拖拉机由于质量分配均匀、附着性能好、滑转率

小，减轻了对土壤的压实作用。大功率四轮驱动拖拉机采用宽幅和复式作业，减少了机组田间通过次数，不仅可以提高生产率而且还可减少土壤压实的次数。

3）操纵性和通过性提高。四轮驱动拖拉机转向驱动桥也有较大质量，因此上坡、重负荷时纵向稳定性好。由于附着性能好，机组在松软、泥泞、冰雪等较差地面行驶时仍然具有较好的通行能力。

2. 四轮驱动拖拉机附着原理

为分析四轮驱动拖拉机附着性能，设拖拉机前、后驱动轮的切线速度分别为 v_1、v_2，由于拖拉机前、后桥相连为一个整体，从理论上讲 $v_1=v_2$。根据车轮运动学原理，前、后桥车轮切线速度相等（即 $v_1=v_2$）的条件是前、后驱动轮的滚动半径 r_1、r_2 和角速度 ω_1、ω_2 之间应有下列关系

$$r_1/r_2=\omega_2/\omega_1=c \tag{7-40}$$

式中，c 为常数。

四轮驱动拖拉机实际作业中，由于前、后车轮载荷及轮胎的充气压力、磨损程度和滚动半径有一定差异，因而拖拉机前、后驱动轮的切线速度总存在一定差别。但因前、后驱动轮通过车桥安装在拖拉机上形成整体，前、后驱动轮的轮心实际速度总等于拖拉机实际速度。如果前、后驱动轮滑转率分别为 δ_1、δ_2，则

$$v=v_1(1-\delta_1)=v_2(1-\delta_2) \tag{7-41}$$

四轮驱动拖拉机行驶过程中会出现以下几种情况。

1）当 $v_1=v_2$ 时，$\delta_1=\delta_2$，即前、后驱动轮的滑转率相等。在这种情况下，前、后驱动轮的附着力得到充分利用，所以拖拉机可以发挥最大的驱动力，这是最理想的情况。

2）当 $v_1>v_2>v$ 时，$\delta_2>\delta_1>0$，这时后驱动轮发挥的驱动力大于前驱动轮。当后轮滑转率 δ_2 达到容许值时，前轮尚未达到。因此前轮附着力没有得到充分利用。

3）当 $v_2>v_1=v$ 时，$\delta_2>0$、$\delta_1=0$，这时只有后轮才产生驱动力，而前驱动轮做纯滚动，相当于两轮驱动拖拉机。

4）$v_2>v>v_1$ 时，$\delta_2>0$、$\delta_1<0$，这时后驱动轮产生驱动力而前轮在拖拉机机体的推动下出现滑转，并产生与运动方向相反的驱动力即制动力。这种情况出现在前、后轮理论速度差别较大、土壤较坚实、牵引负荷较小的条件下。

在上述第 4 种情况下，由于前轮上作用着与拖拉机行驶方向相反的制动力 F_r，它所形成的力矩可以经分动器和中央传动等传给后轮。因此，传至后轮的动力有两条线路，如图 7-18 所示。

传到后轮的动力，一路是由发动机传来的，即正常的动力传递；另一路由前轮传来（图 7-18 中虚线所示），两路汇合使后轮的驱动力由 F_{t_2} 增加到 $F_{t_2}+F_r$，但是后轮上的驱动力增大的部分 F_r 仍通过机体传给前轮，用来克服前轮制动所需的力。因此后轮上实际驱动力并未增加，由 F_r 所形成的功率 P_r 在下列闭路中循环：前驱动轮→分动器→后驱动

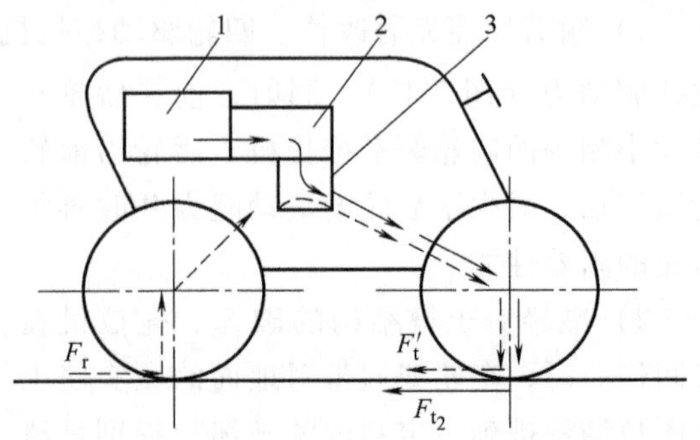

图 7-18　四轮驱动拖拉机的寄生功率

1—内燃机　2—变速器　3—分动器

轮→机体→前驱动轮。这种现象称为功率循环，循环功率 P_r 称为寄生功率。

寄生功率不但不能提高驱动功率或驱动力，还会使传动系统零件过载，使轮胎因滑动而加速磨损，增大了传动系统功率损失，降低了牵引效率。为避免寄生功率的产生，在结构上采取的措施有：在前桥（或后桥）传动系统中设置分离装置；在前、后桥间安装轴间差速器；在一个驱动桥传动系统中设置超越离合器等。

第三节　汽车相关性能

一、汽车燃油经济性

（一）汽车燃油经济性指标

汽车燃油经济性，是指汽车以最少的燃料消耗完成单位运输工作量的能力。

为了评价汽车的燃油经济性，常选取单位行程的燃料消耗量（L/100km），或单位运输工作的燃料消耗量［L/(t·km)］为评价指标。前者用于比较相同容载量的汽车燃油经济性，也可用于分析不同部件（如发动机、传动系统等）装在同一种汽车上对汽车燃油经济性的影响；后者常用于比较和评价不同容载量的汽车燃油经济性。其数值越大，汽车的经济性越差。在我国及欧洲，燃油经济性指标的单位即为 L/100km。

汽车燃油经济性也可用汽车消耗单位量燃料所经过的行程作为评价指标，称为汽车的经济性因数。例如，美国采用每加仑燃料能行驶的英里数，即 MPG 或 mile/USgal。其数值越大，汽车的燃油经济性越好。

等速行驶百公里燃油消耗量是一个常用的评价指标，指汽车在一定载荷（我国标准规定轿车为半载，货车为满载）下，以最高档在良好、水平路面上等速行驶 100km 的燃油消耗量。常用的方法是测出每隔 10km/h 或 20km/h 速度间隔的等速行驶百公里燃油消耗量，然后以车速为横坐标、燃油消耗量为纵坐标，在图上绘制曲线，称为等速百公里燃油消耗量曲线（图 7-19），以此来评价汽车的燃油经济性。

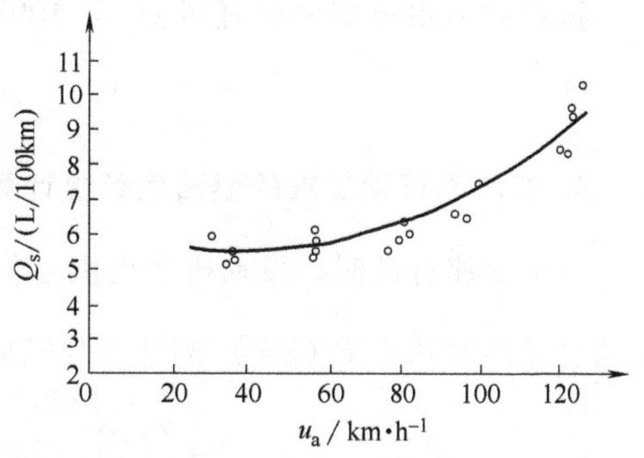

图 7-19　汽车等速百公里燃油消耗量曲线

等速行驶工况不能反映汽车的实际使用情况，特别是在复杂的道路交通状况下，汽车需要频繁地加速、减速和停车。因此，在对实际行驶车辆进行跟踪测试统计的基础上，国际上制定了一些典型的循环行驶试验方法，例如，欧洲经济委员会制定的欧洲城市 2×ECE-R. 15 循环 2. 026km 测试法、美国环境保护局制定的城市 UDDS 循环 17. 85km 和公路 HWFET 循环 16. 4km 等测试方法等。对不同行驶工况测试的结果进行加权计算，以此得到的燃油消耗量（L/100km 或 MPG）来评价汽车的燃油经济性。

（二）汽车燃油经济性计算

汽车燃油消耗量的估算常根据发动机台架试验得到的万有特性图与汽车功率平衡图来进行。这里介绍燃油经济性循环试验工况的等速行驶、减速、怠速、加速以及停车等行驶工况下的燃油消耗量估算方法。

1. 等速行驶工况的燃油消耗量计算

图 7-20 所示为汽油发动机万有特性图。在万有特性图上有等燃油消耗率曲线。根据这些曲线，可以确定发动机在一定转速 n、发出一定功率 P_e 时的燃油消耗率 b。按照转速 n 和车速 u_a 的转换关系，可以换算得到发动机功率 P_e 以及对应燃油消耗率 b 与汽车行驶速度 u_a 的关系。汽车在水平路面上等速行驶时，发动机仅提供克服滚动阻力和空气阻力的功率 $P_e=\dfrac{1}{\eta_T}(P_f+P_W)$，利用插值法，能够在万有特性图上确定相应的燃油消耗率 b，计算出汽车以该车速等速行驶时单位时间内的燃油消耗量 Q_t(mL/s) 为

$$Q_t=\frac{P_e b}{367.1\rho g}$$

式中，b 为燃油消耗率（g/kW · h）；ρ 为燃油的密度（kg/L）；g 为重力加速度（m/s^2）。

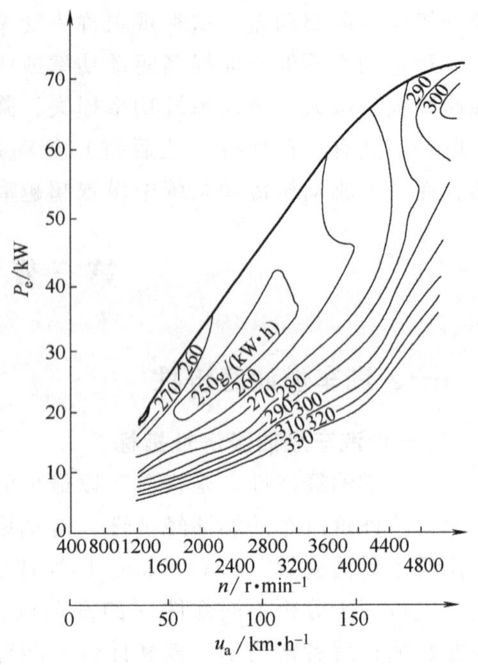

图 7-20　汽油发动机万有特性曲线

若整个等速过程的行驶里程为 s(m)，此段行程的燃油消耗量（mL）为

$$Q=\frac{P_e bs}{102u_a\rho g}$$

折算成 100km 燃油消耗量 Q_s(L/100km) 为

$$Q_s=\frac{P_e b}{1.02u_a\rho g} \tag{7-42}$$

2. 等加速行驶工况的燃油消耗量计算

汽车加速行驶时，发动机要提供克服加速阻力消耗的功率。若加速度为$\dfrac{du}{dt}$（m/s^2），则发动机提供的功率 P_e(kW) 的计算公式应为

$$P_e=\left(\frac{Gfu_a}{3600}+\frac{C_D A}{76140}u_a^3+\frac{\delta m u_a}{3600}\frac{du}{dt}\right)\frac{1}{\eta_T}$$

假设汽车等加速行驶，起始速度为 u_{a1}，终了速度为 u_{a2}。计算等加速行驶过程的燃油消耗量时，可以将加速过程划分为若干区段，每个区段的燃油消耗量等于该区段平均的单位时间燃油消耗量与行驶时间的乘积。各区段起始或终了车速所对应时刻的单位时间燃油消耗量 Q_t(mL/s)，可由相应的发动机输出功率和燃油消耗率求得。

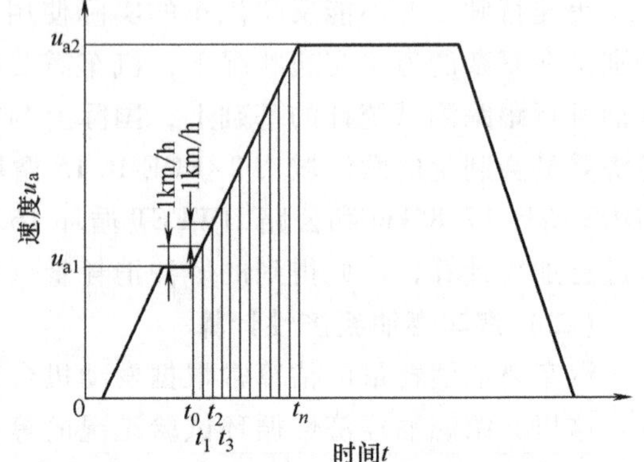

图 7-21　等加速过程的燃油消耗量计算

现将小区段按速度每增加 1km/h 来划分，如图 7-21 所示。车速增加 1km/h 所需的时间

Δt(s) 为

$$\Delta t=\frac{1}{3.6\frac{\mathrm{d}u}{\mathrm{d}t}}$$

从行驶初速度 u_{a1} 加速度到（$u_{a1}+1$）的过程中，汽车所需的燃油量 Q_1(mL) 为

$$Q_1=\frac{1}{2}(Q_{t0}+Q_{t1})\Delta t$$

式中，Q_{t0} 为初速度 u_{a1} 时的单位时间燃油消耗量（mL/s）；Q_{t1} 为车速（$u_{a1}+1$）时的单位时间燃油消耗量（mL/s）。

车速由（$u_{a1}+1$）再增加 1km/h 的过程中，汽车所需的燃油量 Q_2(mL) 为

$$Q_2=\frac{1}{2}(Q_{t1}+Q_{t2})\Delta t$$

式中，Q_{t2} 为车速（$u_{a1}+2$）时的单位时间燃油消耗量（mL/s）。

依此可得每个小区段的燃油消耗量为

$$Q_3=\frac{1}{2}(Q_{t2}+Q_{t3})\Delta t$$

$$\vdots$$

$$Q_n=\frac{1}{2}(Q_{t(n-1)}+Q_{tn})\Delta t$$

式中，Q_{t2}、Q_{t3}，…，Q_{tn} 为 t_2、t_3，…，t_n 时刻的单位时间燃油消耗量（mL/s）。

这样，整个加速过程的燃油消耗量 Q_a(mL) 为

$$Q_a=\sum_{i=1}^{n}Q_i=Q_1+Q_2+\cdots+Q_n$$

整个加速过程汽车行驶的距离 s_a(m) 为

$$s_a=\frac{u_{a2}^2-u_{a1}^2}{25.92\frac{\mathrm{d}u}{\mathrm{d}t}}$$

需要指出的是，汽车在加速过程中，发动机处于瞬态加速工况，其燃料消耗率远远大于匀加速工况。因此，按照上述过程估算得到的加速过程的燃油消耗量，小于汽车实际加速时的燃油消耗量。

3. 等减速行驶工况的燃油消耗量计算

汽车等减速行驶时，加速踏板处于最高位置并伴有轻微制动，发动机处于强制怠速状态，其燃油消耗量即为正常怠速油耗。所以，等减速行驶工况的燃油消耗量就等于减速行驶时间与怠速油耗的乘积。等减速工况的总减速时间 t(s) 为

$$t=\frac{u_{a2}-u_{a3}}{3.6\frac{\mathrm{d}u}{\mathrm{d}t_d}}$$

式中，u_{a2}、u_{a3} 为起始和减速终了时的车速（km/h）；$\frac{\mathrm{d}u}{\mathrm{d}t_d}$为减速度（m/s^2）。

减速过程的燃油消耗量 Q_d(mL) 为

$$Q_d=\frac{u_{a2}-u_{a3}}{3.6\frac{du}{dt_d}}Q_i$$

式中，Q_i 是怠速燃油消耗率（mL/s）。

减速过程汽车行驶的距离 s_d(m) 为

$$s_d=\frac{u_{a2}^2-u_{a3}^2}{25.92\frac{du}{dt_d}}$$

4. 怠速停车时的燃油消耗量计算

如果怠速停车时间为 t_s(s)，则燃油消耗量 Q_{id}(mL) 为

$$Q_{id}=Q_i t_s$$

5. 整个循环工况的百公里燃油消耗量计算

对于由等速、等加速、等减速、怠速停车等行驶工况组成的循环，其整个循环的百公里燃油消耗量 Q_s(L/100km) 为

$$Q_s=\frac{\sum Q}{s}\times 100$$

式中，$\sum Q$ 为所有过程燃油消耗量的总和（mL）；s 为整个循环的行驶距离（m）。

（三）汽车燃油经济性影响因素

影响汽车燃油经济性的主要因素，可以归纳为两个方面，即使用方面和汽车结构方面。

1. 使用方面

1）行驶速度。由图 7-19 可见，汽车等速油耗在中速行驶时最低，低速时稍高，高速时随行驶速度增加而迅速增长。其原因是在高速行驶时，发动机功率利用率虽然较高，但汽车的行驶阻力增大得更多，导致百公里油耗增加；而当低速行驶时，尽管行驶阻力减小，但由于是发动机功率利用率起决定作用，燃油消耗率上升，百公里油耗也将增加。正常行驶的经验表明，中速行驶能节约燃油。国外对轿车进行油耗试验表明，当平均行驶速度从 90km/h 提高到 160km/h 后，油耗增加 1 倍。目前，美国尽管具有大量的高速公路，也拟把汽车最高车速限制在 88.5km/h 以达到节油的目的。但这会导致运输效率的降低，因此有人对此做法持有不同意见。

2）档位选择。在一定道路上，汽车选用不同档位行驶，油耗是不一样的。虽然在同一道路条件和车速时，发动机发出的功率相同，但档位越低，后备功率越大，发动机功率利用率越低，则燃油消耗率也就越大。而使用高档的情况相反。因此，一般应尽可能选用高档行驶。

3）挂车的应用。目前汽车运输普遍拖带挂车，这是提高运输生产率、降低油耗和运输生产成本的一项有效措施。例如在经常遇到的坡度小于 5%，最大坡度小于 6% 的道路上行驶的 CA10B 解放汽车，当拖挂 9~10t 挂车（包括挂车的自重）时，生产率能提高 100%~150%，以 L/100km 计的油耗降低 30%~40%，而在经常遇到的坡度小于 8%，最大坡度小于 11% 的道路上，拖挂 4.5~5t 挂车时，生产率提高 30%~50%，油耗降低 20%~30%。但应指出，使用挂车还应综合考虑行驶安全和汽车寿命等因素。我国使用经验表明，大多数地区以

拖挂牵引车总重的70%的挂车为宜。

4）正确调整与保养。为了保持汽车的技术状况良好，就必须及时进行正确的调整与保养，特别是对燃油供给系统和点火系统，更应时刻注意保养，使其经常保持良好的工作状态。而在底盘方面，首先要润滑正常、保证前轮定位和轮胎气压正常，以减小汽车的行驶阻力。所以正确的调整与保养对百公里油耗具有相当大的影响。

一般驾驶员常用汽车滑行距离来检查底盘的技术状况。例如阻力较小的载货质量2.5t的汽车在良好的水平路面以30km/h的速度开始空档滑行，滑行距离应达200~250 m。当滑行距离由200m增至250m时，油耗可降低7%。NJ130跃进汽车，当其滑行距离由220m减小至175m时，油耗就增加14%。对载货质量4~5t的汽车，滑行距离应为250~300m。

5）运行条件。随着运行条件的不同，汽车克服行驶阻力所需消耗的功率以及发动机的工况均将随之变化，致使油耗也发生很大的变化。例如，在坏路上行驶时，油耗较在好路上行驶高20%~30%，冬季行驶由于起动较困难，发动机在较长时间内达不到正常工作温度，所以油耗较大；在高原地区，空气稀薄，发动机因充气量不足，使功率下降，油耗增加。

2. 汽车结构方面

为了节约燃油，一方面要正确使用汽车，但更重要的是要设计制造节油的汽车。因此目前世界各国都把提高燃油经济性作为汽车发展与科研中的重大课题，有的国家甚至以法律文件强制规定汽车制造厂生产的汽车油耗应下降到的标准。

要大幅度地降低油耗，需要改进汽车的各个主要部件。

（1）轿车总尺寸和质量　20世纪50年代，微型汽车曾引起世人广泛的兴趣。为了节能与环保，现在小型、微型轿车再次受到各国关注。素以产销大排量轿车为特色的美国，也开始研制和生产微型汽车。福特生产了Ka牌轿车，克莱斯勒展示了塑料车身复合式概念车CCV。一向只生产高级轿车的奔驰公司也生产了A-class与奔驰-斯沃琪的Smart轿车。在我国，五菱、捷达、欧拉等小型、微型汽车也正受到普遍的欢迎。

为了减轻质量，轿车选用材料中的铝与复合材料的比例日益增加。20世纪90年代初，北美每辆轿车铝材的用量平均为79kg，日本为61kg，欧洲为53kg；2000年欧洲每辆轿车的用铝量为95.3kg，占8%；2000年美国每辆轿车和轻型载货汽车平均用铝量为124kg。豪华轿车Audi A8采用全铝承载式本身，质量减小15%，百公里油耗降低5%~8%。

复合材料在汽车上的用量也在逐年增加。20世纪90年代初，大量使用复合材料的所谓“复合材料汽车”，在西欧的销量为25万辆左右。预计这种轿车在西欧的产量，今后将以每年25%的比例增长。此类汽车在美国市场上的份额，目前已达到30%以上。

（2）发动机　发动机的热损失与机械损耗占消耗燃油化学能的65%左右。显然，发动机是对汽车燃油经济性最有影响的部件。目前看来提高发动机经济性的主要途径如下。

1）提高现有汽油发动机的热效率与机械效率。

2）扩大柴油发动机的应用范围（1996年西欧柴油轿车的市场份额已达21.5%）。

3）增压化（目前常提供选用的增压汽油机，采用增压的柴油机已很普遍）。

4）广泛采用电子计算机控制技术（如电控汽油喷射系统、柴油机的高压共轨系统、可变进气流量控制和可变配气相位控制等）。

（3）传动系统　传动系统的档位增多后，增加了选用合适档位使发动机处于经济工作状况的机会，有利于提高燃油经济性。因此，近年来轿车手动变速器已基本上采用5档，也有采用 6 档的；轿车自动变速器广泛采用 4 档或 5 档，采用 6 档的也日渐增多，甚至有采用 7 档的；大型货车有采用更多档位的趋势，如装载质量为 4t 的五十铃货车装用了 7 档变速器，由专职驾驶员驾驶的重型汽车和牵引车，为了改善动力性和燃油经济性，变速器的档位可多至 16 个。

档数无限的无级变速器，在任何条件下都提供了使发动机在最经济工况下工作的可能性。若无级变速器始终能维持较高的机械效率，则汽车的燃油经济性将显著提高。

（4）汽车外形与轮胎　降低空气阻力系数 C_D 值是节约燃油的有效途径。当 C_D 值由 0.42 降低到 0.3 时，其综合百公里燃油消耗可降低 9%，而以 150km/h 等速行驶的油耗则可降低 25%左右。

20 世纪 60 年代轿车的 C_D 值在 0.45 左右，现代不少轿车的 C_D 值已降低到 0.3 左右，今后 C_D 值仍可能继续下降到 0.2，通用公司生产的电动车 EV-I 的 C_D 值为 0.19。

美国通用公司试验场资料表明，滚动阻力对油耗也有较大影响，其数值为滚动阻力每减小 1N，燃油消耗量减少 0.01L/100km，或估算为 f 减少 10%，省油 0.6%~1.2%。

汽车对轮胎提出各种要求，如强度、耐磨性、耐久性及要求它保证动力、经济等各种使用性能。现在子午线轮胎是公认的综合性能最好的轮胎。由于它的滚动阻力小，与一般斜交轮胎相比，可节油 6%~8%。

二、汽车制动性

（一）汽车制动性指标

汽车制动性能无疑是影响汽车安全性的重要性能之一。任何汽车如果没有可靠的制动性能，那么再良好的动力性也不能很好地发挥。

汽车的制动性能是指汽车行驶时，能在短距离内停车且维持行驶方向稳定或在下长坡时能维持一定车速的能力。制动性主要用以下三个方面指标来评价。

1. 制动效能

制动效能是指在良好路面上，汽车以一定初速制动到停车的制动距离或制动时汽车的减速度。它是制动性能最基本的评价指标，包括制动减速度、制动距离、制动时间及制动力等。

2. 制动效能的恒定性

汽车高速行驶或下长坡连续制动时制动效能保持的程度，称为抗热衰退性能。因为制动过程实际上是把汽车行驶的动能通过制动器吸收转换为热能，所以制动器温度升高后，能否保持在冷状态时的制动效能已成为设计制动器时要考虑的一个重要问题。此外，涉水行驶后，制动器还存在水衰退问题。

3. 制动时的方向稳定性

方向稳定性指制动时汽车按照驾驶员给定方向行驶的能力，即是否会发生制动跑偏、侧滑和失去转向能力等。制动时汽车的方向稳定性，常用制动时汽车按给定路径行驶的能力来评价。若制动时发生跑偏、侧滑或失去转向能力，则汽车将偏离原来的路径。

（二）汽车制动受力分析

汽车受到与行驶方向相反的外力，才能从一定速度制动到较小的车速或直至停车。这个外力只能由地面和空气提供。但由于空气阻力相对较小，所以实际上外力主要由地面提供，

称为地面制动力。下面通过分析单个轮胎制动受力，说明影响地面制动力的主要因素。

1. 地面制动力

图 7-22 所示为在良好的硬路面上制动时，车轮的受力情况。图中滚动阻力偶矩和减速时的惯性力、惯性力矩均忽略不计。T_μ 是车轮制动器中摩擦片与制动鼓或盘相对滑转时的摩擦力矩，单位为 N · m。F_{Xb} 为地面制动力，W 为车轮垂直载荷，F_P 为车轴对车轮的推力，F_Z 为地面对车轮的法向反作用力，单位均为 N。从力矩平衡得

$$F_{Xb}=\frac{T_\mu}{r}=F_P$$

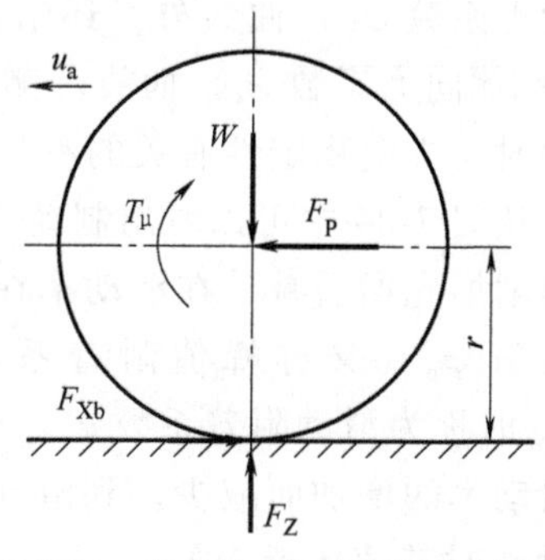

图 7-22 车轮在制动时的受力情况

地面制动力是使汽车制动而减速行驶的外力，但是，地面制动力取决于两个摩擦副的摩擦力：一个是制动器摩擦副间的摩擦力；另一个是轮胎与地面间的附着力。

2. 制动器制动力

在轮胎周缘克服制动器摩擦力矩 T_μ（N · m）时所需的力，称为制动器制动力，用F_μ(N)表示，显然

$$F_\mu=\frac{T_\mu}{r}$$

式中，r 为车轮半径（m）。

由此可知，制动器制动力是由制动系统的设计参数所决定的，即取决于制动器形式、尺寸、摩擦系数、车轮半径，它与制动系统的油压或气压成正比。

3. 制动器制动力、地面制动力及附着力之间的关系

制动器制动力、地面制动力及附着力三者的关系如图 7-23 所示。由图 7-23 可见，制动器制动力可以随制动系统油压的增大而增大，而地面制动力 F_{Xb} 在达到附着力 F_φ 的值后，就不再增加。此时若想提高地面制动力，以使汽车具有更大的制动效能，只有提高附着系数。

由此可见，汽车的地面制动力，首先取决于制动器制动力，但同时又受到地面附着条件的限制。所以，只有汽车具有足够的制动器制动力，同时，地面又能提供高的附着力时，才能获得足够的地面制动力。

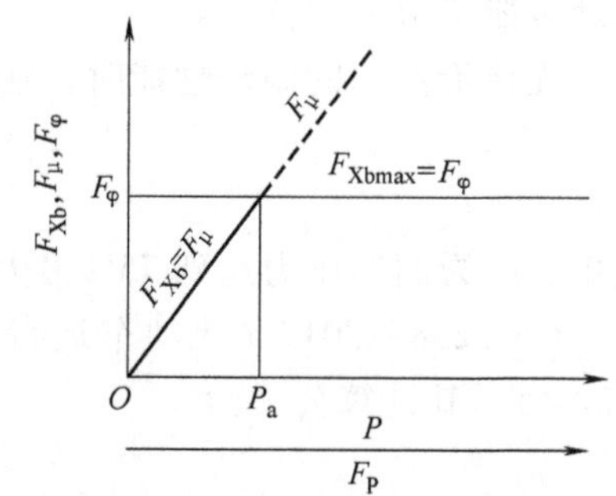

图 7-23 制动过程中地面制动力、制动器动力及附着力的关系

4. 附着系数 φ 与滑动率 s 的关系

前面曾假设附着系数在制动过程中是常数。但实际上，附着系数与车轮的运动状态，即滑动程度有关。滑动所占的比例为滑动率，用符号 s 表示，其表达式为

$$s=\frac{u_W-r_{r0}\omega_W}{u_W}\times100\%$$

式中，r_{r0} 为自由滑动的车轮动态半径（m）；u_W 为车轮中心的速度（m/s）；ω_W 为车轮的角速度（rad/s）。

不同滑动率时，附着系数是不一样的。图 7-24 所示为试验所得的车轮附着系数曲线，

即 φ-s 曲线。图 7-24 上除了纵向附着系数（又称制动力系数 φ_b）曲线外，还给出了侧向附着系数（又称侧向力系数 φ_l）曲线。侧向附着系数是研究制动时与方向稳定性有关的参数。

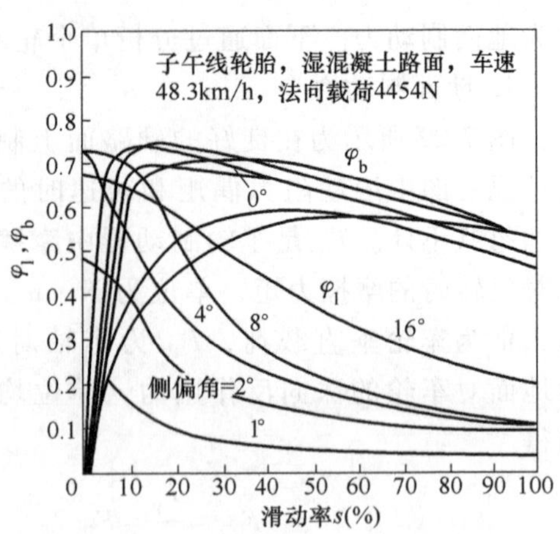

图 7-24　有侧偏时的 φ_b-s、φ_l-s 曲线

从图 7-24 中可以看出制动力系数 φ_b 随着滑动率的增加先增后减，在滑动率在 15%～20%之间有最大值 φ_p（又称峰值附着系数），在滑动率为 100%时称为滑动附着系数 φ_s。而侧向力系数 φ_l 随着滑动率的增加而减少，到滑动率 100%（车轮抱死时）时其值接近于零。

（三）汽车制动效能分析

汽车的制动效能是指汽车迅速降低车速直至停车的能力。评定制动效能的指标有制动距离 S 和制动减速度 a_b。

1. 制动距离与制动减速度

制动距离与汽车的行驶安全有直接的关系，它指的是汽车速度为 u_0 时，从驾驶员开始操纵制动控制装置（制动踏板）到汽车安全停住为止所驶过的距离。制动距离与制动踏板力、路面附着条件、车辆载荷、发动机是否接合等许多因素有关。在测试制动距离时，应对踏板力或制动系统压力、路面附着系数以及车辆的状态做一规定。制动距离与制动器的热状况也有密切关系，若无特殊说明，一般制动距离是在冷试验的条件下测得的。此时，起始制动时制动器的温度在 100℃以下。由于各种汽车的动力性不同，对制动效能也提出了不同的要求：一般轿车、轻型货车行驶车速高，所以要求制动效能也高；重型货车行驶车速低，对制动效能要求就稍低一点。

在评价汽车的制动性能时，还采用了平均减速度 $\overline{a}$ 的概念，即

$$\overline{a}=\frac{1}{t_2-t_1}\int_{t_2}^{t_1}a(t)\,\mathrm{d}t$$

式中，t_1 为制动压力达到 75%最大压力 $p_{\max}$ 的时刻；t_2 为到停车时总时间的 2/3 的时刻。

GB 7258—2017《机动车运行安全技术条件》采用的是充分发出的平均减速度 MFDD（m/s^2），其计算公式为

$$\mathrm{MFDD}=\frac{(u_{ab}^2-u_{ae}^2)}{25.92(S_e-S_b)}$$

式中，u_{ab} 为 $0.8u_{a0}$ 的车速（km/h）；u_{a0} 为起始制动车速（km/h）；u_{ae} 为 $0.1u_{a0}$ 的车速（km/h）；S_b 为 u_0 到 u_b 车辆经过的距离（m）；S_e 为 u_0 到 u_e 车辆经过的距离（m）。

下面假设在 φ 值不变的条件下，对制动距离做一粗略的定量分析，以研究各种因素对制动距离的影响。

2. 制动距离的分析

为了分析制动距离，需要对制动过程有一个全面的了解。

图 7-25 所示为驾驶员在接受了紧急制动信号后，制动踏板力、汽车制动减速度与制动时间的简化关系曲线。图 7-25 中 τ_1' 为驾驶员的反应时间，τ_1'' 为踩下制动踏板的时间，$\tau_1=\tau_1'+\tau_1''$ 称为驾驶员反应时间，这段时间一般为 0.3～1.0s；τ_2' 为消除蹄片与制动鼓间间隙的时

间，τ''_2为制动器制动力增长过程所需的时间，$\tau_2=\tau'_2+\tau''_2$称为制动器的作用时间，τ_2 一般在 0.2~0.9s 之间；τ_3 为持续制动时间；τ_4 为解除制动力的时间，一般在 0.2~1.0s。

制动距离一般是指开始踩着制动踏板到完全停车的距离。它包括制动器起作用和持续制动两个阶段中汽车驶过的距离 S_2 和 S_3。

总制动距离 S(m) 为

$$S=S_2+S_3=\left(\tau'_2+\frac{\tau''_2}{2}\right)u_0+\frac{u_0^2}{2a_{\mathrm{bmax}}}-\frac{a_{\mathrm{bmax}}\tau''^2_2}{24}$$

式中，u_0 为起始制动车速（m/s）；a_{bmax} 为制动减速度 a_{b} 的最大值。

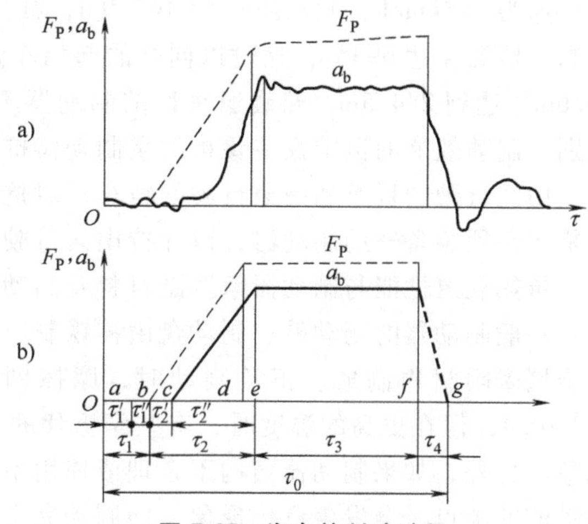

图 7-25　汽车的制动过程

因为 τ''_2很小，故略去$\frac{a_{\mathrm{bmax}}\tau''^2_2}{24}$项。设车速的单位为 km/h，则上式的 S(m) 可写成

$$S=\frac{1}{3.6}\left(\tau'_2+\frac{\tau''_2}{2}\right)u_{\mathrm{a0}}+\frac{u_{\mathrm{a0}}^2}{25.92a_{\mathrm{bmax}}} \tag{7-43}$$

从式（7-43）可以看出，决定汽车制动距离的主要因素是制动器起作用的时间、最大制动减速度即附着力（或最大制动器制动力）以及起始制动车速。附着力（或最大制动器制动力）越大、起始制动车速越低，制动距离越短。

真正使汽车减速停车的是持续制动时间，但制动器起作用时间对制动距离的影响也是不小的。制动器起作用时间与制动系统的结构形式有密切的关系。当驾驶员急速踩下制动踏板时，液压制动系统的制动器起作用时间可短至 0.1s 或更短；真空助力制动系统和气压制动系统为 0.3~0.9s；货车有挂车时，制动器起作用时间有时竟长达 2s，但精心设计的制动系统制动器起作用时间可缩短到 0.4s。

图 7-26 所示为根据 48 辆装有真空助力器的不同类型轿车在干燥、良好的路面上进行制动试验的结果，并按最小二乘法原理拟合得到的制动距离曲线。拟合得到的公式为

$$S=0.0034u_{\mathrm{a0}}+0.00451u_{\mathrm{a0}}^2$$

式中，u_{a0} 为起始制动车速（km/h）；S 为制动距离（m）。

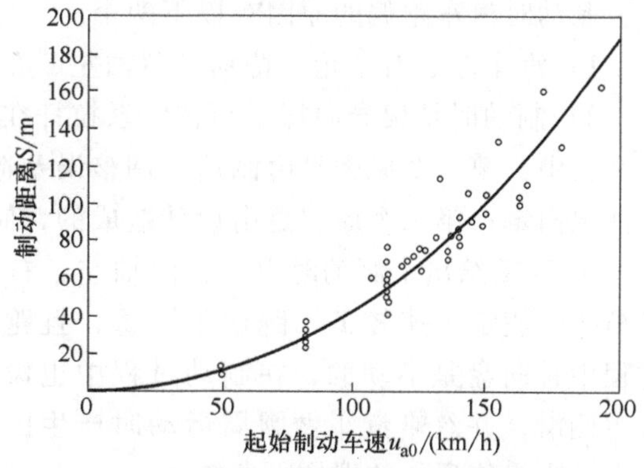

图 7-26　轿车的制动距离曲线

（四）汽车制动效能的恒定性

以上的讨论仅限于在冷制动情况（制动器起始温度在 100℃以下）下的制动效能。汽车在繁重的工作条件下制动时（例如在下长坡时，制动器就要较长时间连续地进行较大强度的制动），制动器温度常在 300℃以上，有时高达 600~700℃。高速制动时，制动器温度也会很快上升。制动器温度上升后，摩擦力矩常会有显著下降，这种现象称为制动器的热衰退。如 Lexus LS400 汽车在冷制动时，起始制

动车速为 195km/h，制动距离为 163.9m，减速度为 $8.5m/s^2$，而经过下山中的 26 次制动，前制动器温度达 693℃，这时以同样的起始车速制动，减速度为 $6.0m/s^2$，制动距离加长了 80.6m，达到 244.5m。热衰退是目前制动器不可避免的现象，只是在程度上各制动器有所差别。制动效能的恒定性主要指的是制动器抗热衰退性能。

山区行驶的货车和高速行驶的轿车，对抗热衰退性能有更高的要求。一些国家规定，大型货车必须装备辅助制动器，以保持山区行驶的制动效能。

抗热衰退性能与制动器摩擦副材料及制动器结构有关。

一般制动器的制动鼓、制动盘由铸铁制成，而摩擦片由半金属摩阻材料或粉末冶金无机质金属摩阻材料制成。正常制动时，摩擦副的温度在 200℃ 左右，摩擦副的摩擦系数为 0.3~0.4；但在更高的温度时，有些摩擦片的摩擦系数会有程度很大的降低而出现热衰退的现象。另外，如果制动器结构不合理或使用不当会引起制动液的温度急剧上升，当温度超过制动液的沸点时会发生汽化现象，使制动完全失效。

（五）汽车制动时的方向稳定性

一般称汽车在制动过程中维持直线行驶或按预定弯道行驶的能力为制动时汽车的方向稳定性。汽车试验中常规定一定宽度的试验通道（如 1.5 倍车宽或 3.7m），制动时方向稳定性合格的车辆，在试验过程中不允许产生不可控制的效应使其离开这条通道。

制动时汽车自动向左或向右偏驶称为制动跑偏。侧滑是指制动时汽车的某一轴或两轴发生横向移动。最危险的情况是在高速制动时发生后轴侧滑，此时汽车常发生不规则的急剧回转运动而失去控制。跑偏与侧滑是有联系的，严重的跑偏有时会引起后轴侧滑，易于发生侧滑的汽车也有加剧跑偏的趋势。

前轮失去转向能力，是指弯道制动时汽车不再按原来的弯道行驶而沿弯道切线方向驶出，或直线行驶制动时虽然转动转向盘但汽车仍按直线方向行驶的现象。失去转向能力与后轴侧滑也是有联系的，一般如果汽车后轴不发生侧滑，则前轮就可能失去转向能力；后轴侧滑，前轮通常仍具有转向能力。

1. 汽车的制动跑偏

制动时汽车跑偏的原因有以下两个。

1）汽车左、右车轮，特别是前轴左、右车轮（转向轮）制动器的制动力不相等。

2）制动时悬架导向杆系与转向系拉杆在运动学上的不协调（互相干涉）。

其中，第一个原因是由制造、调整误差造成的，汽车究竟向左还是向右跑偏，要根据具体情况而定；第二个原因是由设计造成的，制动时汽车总是向左（或向右）一方跑偏。

图 7-27 给出了制动时由于转向轴左、右车轮制动力不相等而引起跑偏的受力分析。为了简化，假定车速较低，跑偏不严重，且跑偏过程中转向盘是不动的，在制动过程中也没有发生侧滑，并忽略汽车做圆周运动时产生的离心力及车身绕质心的惯性力偶矩。

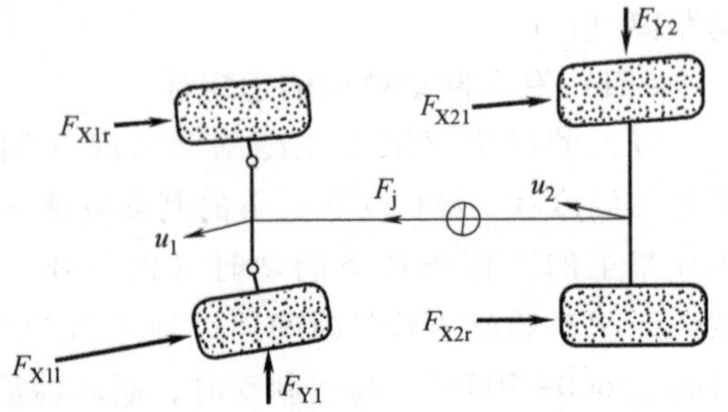

图 7-27 制动跑偏时的受力图

设前左轮的制动器制动力大于前右轮，故地面制动力 $F_{X1l}>F_{X2r}$。此时，前、后轴分别受到的地面侧向反作用力为 F_{Y1} 和 F_{Y2}。显然，F_{X1l} 绕主销的力矩大于 F_{X2r} 绕主销的力矩。虽

然转向盘不动，由于转向系统各处的间隙及零部件的弹性变形，转向轮仍产生一向左转动的角度而使汽车有轻微的转弯行驶，即跑偏。同时，由于主销有后倾，也使 F_{Y1} 对转向轮产生同一方向的偏转力矩，这样也增大了向左转动的角度。

造成跑偏的第二个原因是悬架导向杆系统与转向系统拉杆发生运动干涉，且跑偏的方向不变。例如一试制中的货车，在紧急制动时总是向右跑偏，在车速 30km/h 时，最严重的跑偏距离为 1.7m。分析其原因主要是转向节上节臂处的球头销离前轴中心线太高，且悬架钢板弹簧的刚度又太小。图 7-28 给出了该货车的前部简图。在紧急制动时，前轴向前扭转了一角度，转向节上节臂球头销本应做相应的移动，但由于球头销又连接在转向纵拉杆上，仅能克服转向拉杆的间隙，使拉杆有少许弹性变形而不允许球头销做相应的移动，致使转向节臂相对于主销做向右的偏转，于是引起转向轮向右转动，造成汽车跑偏。后来改进了设计，使转向节上节臂处球头销位置下移，在前钢板弹簧扭转相同的角度时，球头销位移量减少，转向节偏转也减少；同时增加了前钢板弹簧的刚度，从而基本上消除了跑偏现象。

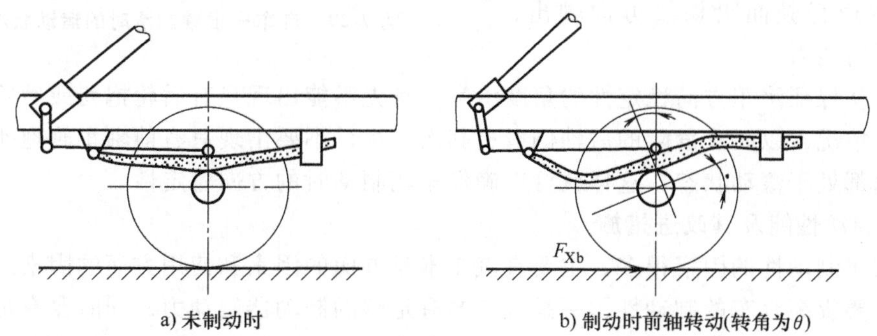

图 7-28　悬架导向杆系统与转向系统拉杆在运动学上的不协调引起的制动跑偏

2. 制动时后轴侧滑与前轴转向能力的丧失

制动时发生侧滑，特别是后轴侧滑，将引起汽车剧烈的回转运动，严重时可使汽车掉头。由试验与理论分析得知，制动时若后轴车轮比前轴车轮先抱死拖滑，就可能发生后轴侧滑。若能使前、后轴车轮同时抱死；或前轴车轮先抱死，后轴车轮再抱死或不抱死，则能防止后轴侧滑。不过前轴车轮抱死将失去转向能力。

根据试验可以得出以下结论。

1）制动过程中，若是只有前轮抱死或前轮先抱死拖滑，则汽车基本上沿直线向前行驶（减速停车）；汽车处于稳定状态，但丧失转向能力。

2）若后轮比前轮提前一定时间先抱死拖滑，且车速超过某一数值时，汽车在轻微的侧向力作用下就会发生侧滑。路面越滑，制动距离和制动时间越长，后轴侧滑越剧烈。

下面用受力分析来说明汽车前轮抱死拖滑或后轮抱死拖滑的两种运动情况。

图 7-29a 所示为前轮制动抱死而后轮滚动。设转向盘固定不动，前轴如受侧向力的作用将发生侧滑，因此前轴中点 A 的前进速度 u_A 与汽车纵轴线的夹角为 α；后轴因未发生侧滑，所以 u_B 的方向仍为汽车纵轴方向。此时，汽车将发生类似转弯的运动，其瞬时回转中心为速度 u_A、u_B 两垂线的交点 O；做圆周运动的汽车产生了作用于质心 C 的惯性力 F_j。显然，F_j 的方向与汽车侧滑的方向相反，也就是说 F_j 能起到减小或阻止前轴侧滑的作用，即使汽车保持稳定状态。图 7-29b 所示为后轮制动抱死而前轮未抱死工况。如受到侧向力作用，后

轴发生侧滑的方向正好与惯性力的方向一致，于是惯性力加剧后轴侧滑，后轴侧滑又加剧惯性力 F_j，汽车将急剧转动。因此，后轴侧滑是一种不稳定的、危险的工况。

上面是直线行驶条件下的制动试验，在弯道行驶时进行的制动试验也会得到类似的结果，即如果后轮抱死或后轮提前抱死，在一定车速条件下，后轴就会发生侧滑。另外，如果只有前轮抱死或前轮先抱死时，由于侧向力系数为零，不能产生任何地面侧向反作用力，汽车无法按原弯道行驶而沿切线方向驶出，即失去了转向能力。

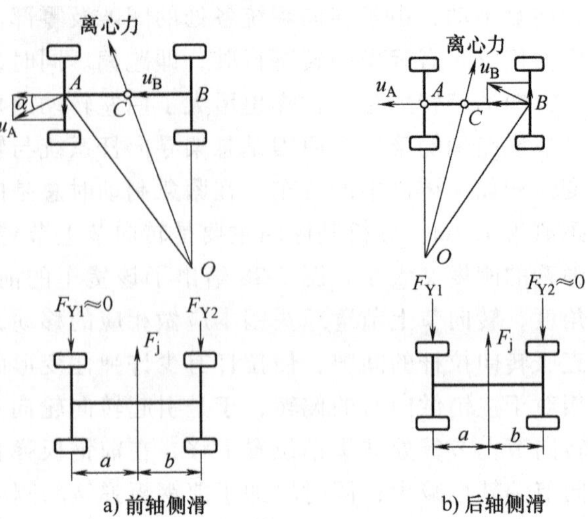

图 7-29　汽车一根轴侧滑时的运动状况

因此，从保证汽车方向稳定性的角度出发，首先不能出现只有后轮抱死或后轮比前轴前轮先抱死的情况，以防止危险的后轴侧滑；其次，尽量不要出现只有前轴车轮抱死工况，使前、后车轮都处于滚动状态，这样就可以确保车辆制动时的方向稳定性。

（六）制动性能及其改进措施

影响汽车制动性的因素很多，主要有汽车本身方面的因素和使用方面的因素。从前面的分析可知，要提高汽车的制动性，一是汽车要有足够的制动器制动力，同时要有足够的地面制动力，这样才能提高制动效能；二是要有稳定的制动效能的恒定性，以保证汽车在高速制动或下长坡制动时制动效能的稳定性；三是制动时要防止汽车发生跑偏、侧滑或失去转向能力，以提高汽车的方向稳定性。下面简单叙述一下具体的改进措施。

1. 改进制动器制动性能

制动器要有足够大的制动力，制动时制动力增加要平顺，制动器受热后间隙变化小，通风散热良好，自洁性好。研究制动器的新结构、摩擦片的新材料，从而改善制动效能及其恒定性。另外制动操纵系统对制动性能也有很大的影响。

2. 改善轮胎与地面的附着力

附着力直接影响制动性能，制动时不仅要有足够的制动器制动力，同时要有足够的地面制动力。轮胎与地面的附着力与地面状况有关，与轮胎的结构、轮胎的宽度有关。选择附着性能好的轮胎对提高地面制动力有重要的作用。

3. 防止制动时车轮的跑偏和侧滑

制动时车轮的抱死，特别是后轮抱死严重影响汽车的稳定性。电子防抱死制动系统（ABS）能很好地解决这一问题。试验表明，汽车安装 ABS 可使汽车保持转向能力，ABS 能防止汽车前转向轮抱死，侧向附着能力较强，使汽车能按预定方向转弯；提高方向稳定性，当汽车后轮抱死时，就会失去稳定性，发生甩尾甚至调头，ABS 能对左右轮进行控制，达到综合平衡，保证行驶方向的稳定性；减小制动距离，在潮湿的沥青路面，车速较高时，装有 ABS 的车辆制动距离可减小 10%～20%；减少轮胎磨损，由于车轮不抱死，轮胎的磨损就会减少，轮胎寿命可提高 6%～10%。

使用时，对各车轮制动器的间隙进行调整，使每个车轮的制动力尽量相等，防止制动时各车轮的制动力不相等而发生制动跑偏。

4. EBD 系统

为了提高制动效果，充分利用各车轮上的附着力，最好在紧急制动时汽车前后车轮均能接近抱死状态，即应使前后轮制动器的制动摩擦力矩之比值等于其地面垂直反作用力之比值。

汽车行驶过程中，将发生轴间载荷再分配现象。当制动时，作用于前后轮上地面垂直反作用力与静止状态不同，其前轴地面垂直反作用力增加，后轴地面垂直反作用力减小。另外随着汽车装载质量不同及装载货物的位置不同，汽车的前后轴地面垂直反作用力也随之变化。因此，汽车前后轴的载荷不是一个固定值，而是随着使用情况在不断地变化。

现代汽车制动系统前后轮制动器制动摩擦力矩之比值大多是常数，为此汽车只能在一种道路或工况上，可能使前后轮同时制动到抱死状态。而在其他道路上，不是前轮先开始制动抱死，就是后轮先开始制动抱死。当前轮制动抱死时，将丧失承受侧向力的能力，亦即汽车失去转向能力。当后轮制动抱死时，汽车可能发生甩尾现象，导致失去行驶稳定性，两种情况均会造成严重事故。

EBD 系统能根据汽车前后轴的载荷大小，自动调整前后轮制动器制动摩擦力矩的大小，在各种情况下，使汽车前后轮均可达到理想制动状态，充分利用各车轮上的附着力，提高了制动效果。

三、汽车其他动力学性能

（一）汽车操纵稳定性

汽车的稳定性是指汽车行驶时不致产生翻倾和滑移的性能。汽车的操纵性是指驾驶员以最少的修正而能维持汽车按给定的路线行驶，以及驾驶员按愿望转动转向盘以改变汽车行驶方向的性能。

汽车的操纵稳定性是指在驾驶员不感到过分紧张、疲劳的条件下，汽车能遵循驾驶员通过转向系统及转向车轮给定的方向行驶，且当遭遇外界干扰时，仍能抵抗干扰而保持稳定行驶的能力。

汽车操纵稳定性涉及的问题较为广泛，它需要采用较多的参数从多方面来进行评价。由于篇幅的限制，加之有些内容在其他章节已介绍，这里仅简单叙述部分内容。

1. 轮胎的侧偏特性

汽车在行驶过程中，由于路面侧向倾斜、侧向风或曲线行驶时的离心力等的作用，车轮中心将作用一个横向力 F_y，因此在轮胎与地面接触面处，地面产生横向反作用力 F_b，大小与横向力 F_y 相等，方向与横向力 F_y 相反。轮胎产生侧偏变形，如图 7-30a 所示。轮胎将从原来运动方向向偏移 α 角的方向运动，如图 7-30b 所示，横向反力 F_b 称为侧偏力，α 角称为侧偏角。

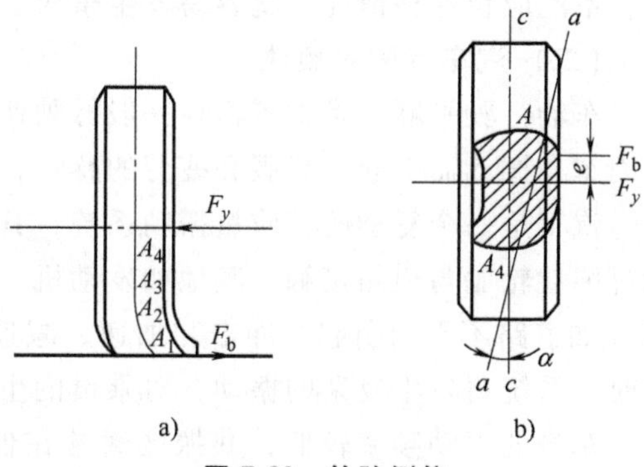

图 7-30 轮胎侧偏

轮胎侧偏特性常采用侧偏刚度 C_α 来衡量，

一般情况，C_α 用侧偏力 F_b 与侧偏角 α 的比值来表示，即

$$C_\alpha = \frac{F_b}{\alpha}$$

侧偏角 α 的大小与轮胎的侧偏刚度 C_α、垂直载荷 Q_y 的大小及充气压力的高低有关，侧偏力 F_b 与侧偏角 α 的关系曲线如图 7-31 所示。

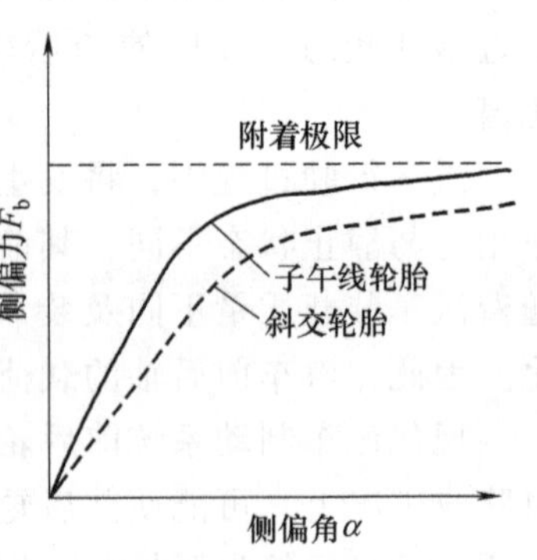

图 7-31　轮胎的侧偏特性

当侧偏角 α 小于某值时，侧偏力 F_b 与侧偏角呈直线关系；超过该值，随着侧偏力的增加，侧偏角迅速增加，当达到道路和车轮的附着极限时，轮胎就会侧滑。

轮胎的侧偏力 F_b 与横向力 F_y 在地面的投影并非共线，F_b 常位于 F_y 的后方（图 7-30b），其间距为 e，力矩 $F_b e$ 可使车轮平面朝向车轮行驶方向，并与其重合，该力矩称为自动回正力矩，它力图使车轮平面与行驶方向趋于一致。e 值与附着性能和横向力 F_y 的大小有关，F_y 过大，e 会变小，甚至可能出现负值，若 F_y 过大，其值超过附着极限，F_b 不能平衡 F_y，车轮就会发生侧滑。

2. 汽车稳态转向

汽车行驶时，驾驶员按需要操作转向盘使汽车转向，设驾驶员转动转向盘一个角度后保持不变，汽车按一定的中速或高速行驶转向，若其转向半径 R 增大，该车就有不足转向特性；若转向半径 R 保持不变，该车就有中性转向特性；若 R 越来越小，该车就有过多转向特性。这就是汽车做等速圆周运动稳态时的三种特性，如图 7-32 所示，曲线 1 为中性转向车辆质心轨迹，曲线 2 为过多转向车辆质心轨迹，曲线 3 为不足转向车辆质心轨迹。

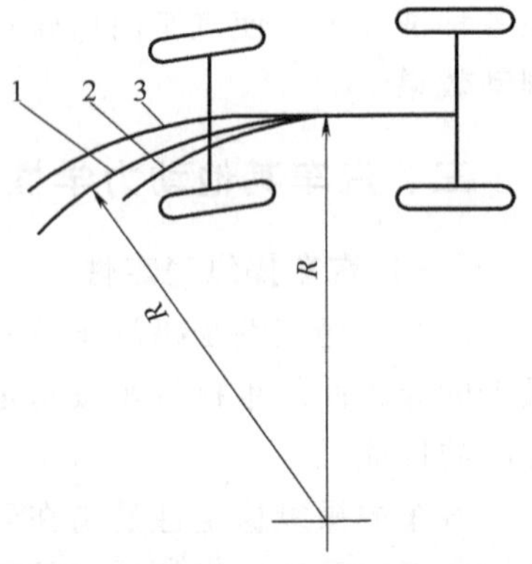

图 7-32　汽车三种稳态转向特性

一般情况下，汽车有适度的不足转向特性，其操纵性较好，人们已习惯于适度的不足转向而易于经过操作修正。汽车不应具有过多转向特性，也不应具有中性转向特性，因为中性转向汽车在使用条件变化时，有可能转变为过多转向特性。假若转向特性突然变为过多转向特性时，驾驶员经验不足，不能应付这种情况，就容易发生事故。

（二）汽车行驶平顺性

车辆行驶平顺性是指车辆在一般行驶速度范围内行驶或作业时，能保证驾驶员、乘员不会因车身振动而引起不舒服和疲劳的感觉，以及保持所运货物完整无损的性能。

汽车是一个复杂的多质量振动系统，其车身通过悬架的弹性元件与车桥连接，而车轿又通过弹性轮胎与道路接触，其他如发动机、驾驶室等也是以橡胶垫固定于车架。在激振力作用（如道路不平而引起的冲击和加速、减速时的惯性力等）以及发动机振动与传动轴等振动时，系统将发生复杂的振动，对乘员的生理反应和所运货物的完整性产生不利的影响。

车身的振动频率较低，共振区通常在低频范围内。为了保证汽车具有良好的行驶平顺性，应使引起车身共振的行驶速度尽可能远离车辆常用的行驶速度。汽车的允许行驶速度主

要取决于行驶平顺性，在坏路上被迫降低车辆行驶速度，将使汽车的平均技术车速降低，运输生产率下降；平顺性不好易使驾驶员疲劳，因而降低了作业质量和生产率，甚至会引起事故；振动产生的动载荷，加速了零件的磨损乃至引起损坏，降低了汽车的使用寿命；振动还引起能量的消耗，使燃油经济性变坏。因此，减少汽车本身的振动，不仅关系到乘坐的舒适和所运货物的完整性，而且关系到汽车的运输生产率、作业质量、燃油经济性、使用寿命、工作可靠性和安全性等。

车辆行驶平顺性的评价方法，通常是根据人体对振动的生理反应及对保持货物的完整性影响制定的，并用振动的物理量，如频率、振幅、加速度及加速度变化率等作为行驶平顺性的评价指标。

目前常用汽车车身振动的固有频率和振动加速度评价车辆的行驶平顺性。试验表明，为了保持汽车具有良好的行驶平顺性，车身振动的固有频率应为人体习惯步行时身体上、下运动的频率，就为60~85次/min（1~1.6Hz），振动加速度的极限值为0.2~0.3g。为了保证运输货物的完整性，车身振动加速度也不宜过大，如果车身加速度达到1g，未经固定的货物就有可能离开车厢底板，所以，车身振动加速度的极限值应低于0.7g。

影响汽车行驶平顺性的结构因素主要有悬架结构、轮胎、簧上质量和簧下质量等。

（三）汽车通过性

通过性是指汽车在各种道路条件的通行能力，以及在无道路情况下的通过性（也称越野性），可从以下三个方面考虑。

1. 在潮湿松软地面上的通过性

在潮湿和松软地面上，车辆易发生下陷、严重滑转等现象，影响车辆的正常工作。在潮湿松软地面上，附着性差、滚动阻力大。当车辆的附着力小于牵引力与滚动阻力之和时，车辆就无法牵引机具工作；当附着力小于滚动阻力时，单车也无法通过。行走机构的形式和接地压力是影响车辆在潮湿松软地面上通过性的主要因素。

轮式车辆轮胎与地面的接地压力约为100kPa，而履带与地面的接地压力仅为40~50kPa，所以，履带式车辆较轮式车辆具有较好的通过潮湿松软地面的能力。

2. 轮廓通过性

汽车行驶时，由于与不规则地面的间隙不足，可能出现汽车被拖住而无法通过的现象，称为间隙失效。间隙失效主要有“顶起失效”“触头失效”“托尾失效”等形式。

汽车通过性的几何参数是与防止间隙失效有关的汽车本身的几何参数。主要包括最小离地间隙、接近角、离去角、纵向通过半径、横向通过半径和最小转弯直径等，如图7-33所示。

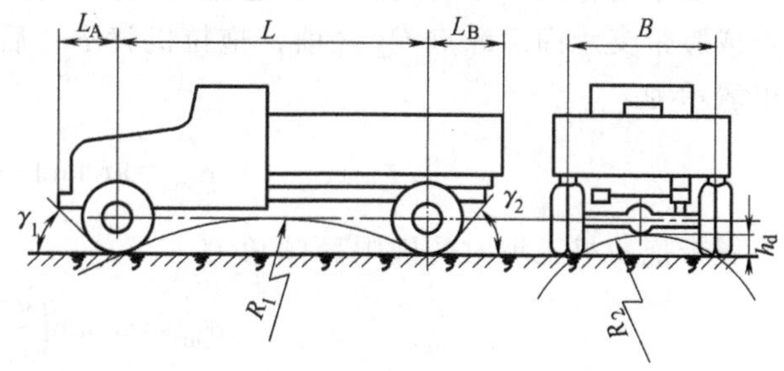

图7-33　车辆通过性的几何参数

（1）最小离地间隙　最小离地间隙h_d是车辆除车轮外的最低点与地面之间的距离。它表征车轮无碰撞地越过石块、树桩等障碍物的能力。车轮的前桥、飞轮壳、变速器壳、消声器、主减速器外壳等有较小的离地间隙。一般地，由于后桥上装有直径较大的主减速器齿轮，故其离地间隙最小。

(2) 接近角与离去角　接近角 γ_1 和离去角 γ_2 是指自车身前、后突出点向前、后车轮引切线时，切线与路面之间的夹角。它表征了汽车接近或离开障碍物（如小丘、沟洼地等）时，不发生碰撞的能力。接近角和离去角越大，汽车的通过性越好。

(3) 纵向通过半径　纵向通过半径 R_1 是指在车辆侧视图上做出的与前后车轮及两轴中间轮廓线相切圆的半径。它表征车辆可无碰撞地通过小丘、拱桥等障碍物的轮廓尺寸。纵向通过半径越小，汽车的通过性越好。

(4) 横向通过半径　横向通过半径 R_2 是指在车辆的正视图上做出的与左右车轮及两轮之间轮廓线相切圆的半径。它表征车辆通过小丘及凸起路面等横向凸起障碍物的能力。横向通过半径越小，汽车的通过性越好。

(5) 最小转弯半径　最小转弯半径是指转向盘转至极限位置时，从转向中心到前外轮接地中心的距离。它是汽车机动性的主要指标，对通过性有重要影响，因为它在很大程度上表征了汽车能够通过狭窄弯曲地带的能力。

第四节　拖拉机相关性能

一、拖拉机稳定性

拖拉机的稳定性是指其保持稳定不翻倾、不滑移的性能。拖拉机在坡道上行驶和作业时容易失去稳定性，在平地作业时也有稳定性问题。经常在山地、丘陵地带工作的拖拉机，稳定性显得尤为重要。

拖拉机稳定性对人身和机具的安全有直接影响。因此，正确掌握拖拉机稳定性的影响因素，对于使用拖拉机和安全作业具有重要意义。

（一）纵向稳定性

1. 拖拉机静态纵向稳定性

拖拉机静态纵向稳定性用上、下坡极限翻倾角和极限滑移角来衡量。

(1) 纵向极限翻倾角　拖拉机不带任何机具静止制动在纵向坡道上，不致产生纵向翻倾的最大坡度角称为纵向极限翻倾角。拖拉机是否翻倾，取决于拖挂结构参数与重心，如图 7-34 和图 7-35 所示。

只要重力作用线不超过支承面基底，拖拉机就稳定。因此上坡时重力作用线落在后轮着地点或履带支承面后缘点 O_2 之前，拖拉机就不会后翻。所以轮式拖拉机上坡时的极限翻倾角可表示为

$$\alpha_{\text{lim}}=\arctan\left(\frac{a}{h}\right) \tag{7-44}$$

履带拖拉机上坡时的极限翻倾角为

$$\alpha_{\text{lim}}=\arctan\left(\frac{a-c}{h}\right) \tag{7-45}$$

同样，在下坡时只要重力作用线落在前轮接地点或履带支承面前缘点 O_1 之后，拖拉机就不会向前翻倾。所以轮式拖拉机下坡时的极限翻倾角可表示为

$$\alpha'_{\text{lim}}=\arctan\left(\frac{L-a}{h}\right) \tag{7-46}$$

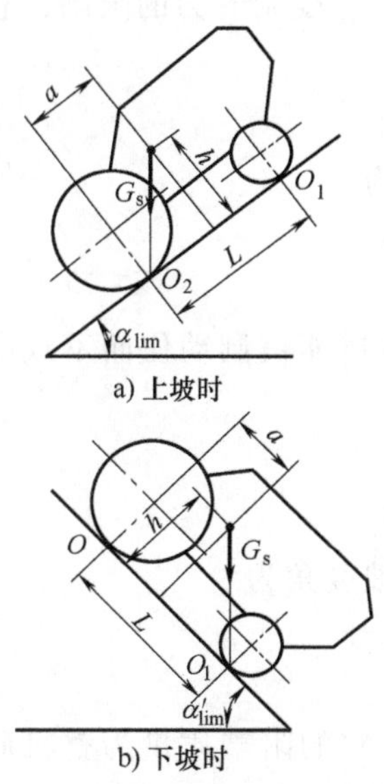

图 7-34　轮式拖拉机的纵向极限翻倾角

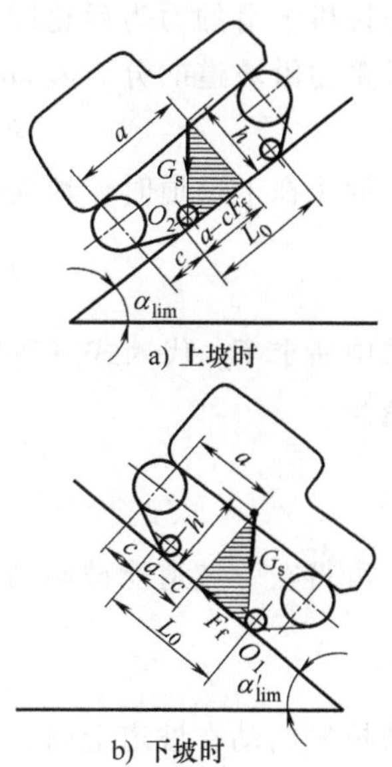

图 7-35　履带拖拉机的纵向极限翻倾角

履带拖拉机下坡时的极限翻倾角为

$$\alpha'_{lim}=\arctan\left[\frac{L_0-(a-c)}{h}\right] \tag{7-47}$$

由式（7-44）至式（7-47）可以看出，极限翻倾角只取决于轴距 L 和质心位置（a，h）。拖拉机质心越低，稳定性越好。质心偏前，α_{lim} 大，上坡稳定性好；质心偏后，α'_{lim} 大，下坡稳定性好。

通常轮式拖拉机质心偏后，所以 $\alpha_{lim}<\alpha'_{lim}$，$\alpha_{lim}$ 多在 40°~50°范围内，α'_{lim} 为 55°~65°。履带拖拉机的质心多在履带支承面中点附近，因此 α_{lim} 和 α'_{lim} 都多在 35°~55°范围内。

（2）纵向滑移角　当拖拉机不带任何农具在纵向坡道上能被制动住而不致产生下滑的最大坡度角称为纵向滑移角。拖拉机产生滑移也被认为已失去稳定性。

图 7-36 所示为轮式拖拉机制动在坡道上时的受力图（拖拉机为后轮制动）。

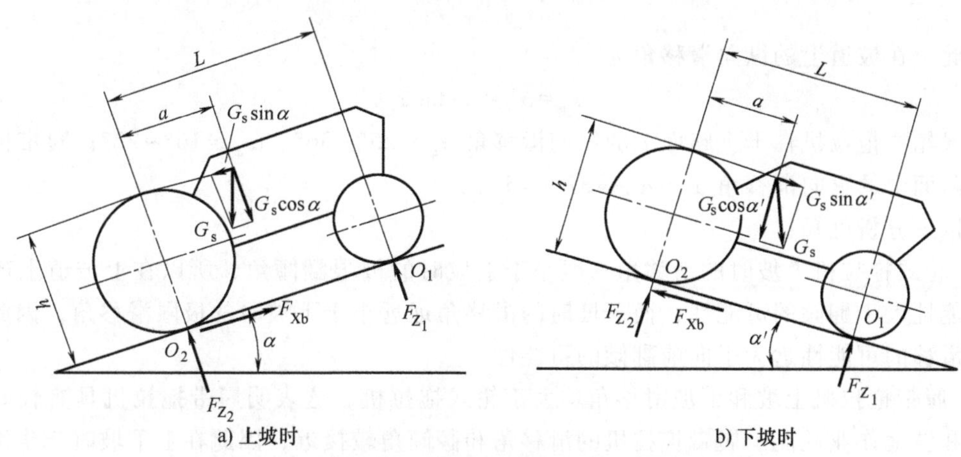

图 7-36　轮式拖拉机制动在纵向坡道上时的受力图

防止拖拉机下滑的力为后轮制动力 F_{Xb}，其最大值 F_{Xbmax} 受附着力的限制，它应大于或等于拖拉机重力沿坡道的分力 $G_s\sin\alpha$，即

$$F_{Xbmax}=F_{\varphi}=\varphi F_{Z_2}\geqslant G_s\sin\alpha \tag{7-48}$$

拖拉机静止在上坡道时，地面作用于后轮的垂直反力为

$$F_{Z_2}=G_s\frac{(L-a)\cos\alpha+h\sin\alpha}{L}$$

将上式中所求 F_{Z_2} 代入式（7-48），整理后可得在上坡道能被制动住而不致向下滑移的最大坡度角为

$$\alpha_{\varphi}=\arctan\left(\varphi\frac{L-a}{L-\varphi h}\right) \tag{7-49}$$

同理，可得在下坡道能被制动住而不向下滑移的最大坡度角为

$$\alpha'_{\varphi}=\arctan\left(\varphi\frac{L-a}{L+\varphi h}\right) \tag{7-50}$$

履带拖拉机制动在坡道上时，其受力如图 7-37 所示。它的附着质量为整机质量，因此在上、下坡时有相同的纵向滑移角，不致产生向下滑移的条件为

$$F_{Xbmax}=F_{\varphi}=\varphi G_s\cos\alpha\geqslant G_s\sin\alpha$$

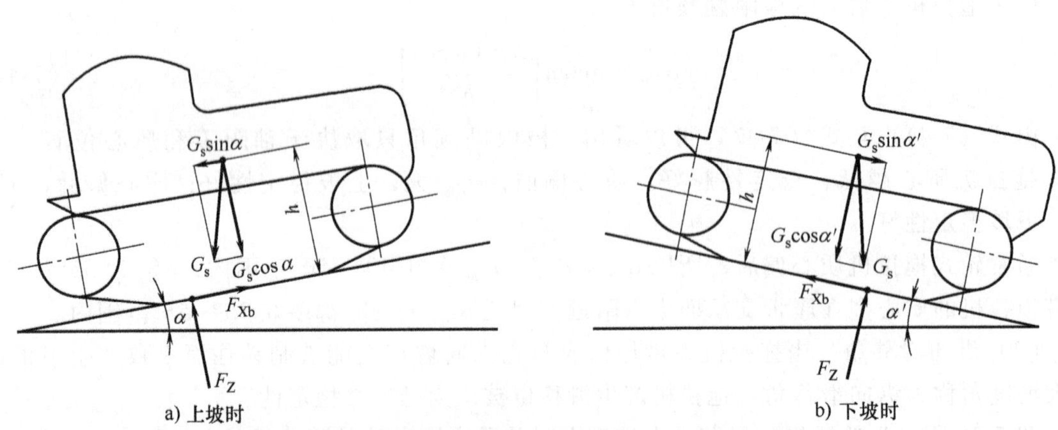

图 7-37　履带拖拉机制动在纵向坡道上时的受力图

因此，在坡道上的纵向滑移角为

$$\alpha_{\varphi}=\alpha'_{\varphi}=\arctan\varphi \tag{7-51}$$

一般轮式拖拉机在干土路面上的纵向滑移角 $\alpha_{\varphi}\approx25°\sim36°$、$\alpha'_{\varphi}\approx16°\sim22°$；履带拖拉机在干土路面上的纵向滑移角 $\alpha_{\varphi}=\alpha'_{\varphi}\approx37°\sim45°$。

由以上分析可知：

1）轮式拖拉机上坡时的滑移角一般小于上坡时的极限翻倾角，所以在上坡道上产生滑移的可能性大于翻倾的可能性；而下坡时的滑移角远远小于下坡时的极限滑移角，因此下坡时产生滑移的可能性远大于向前翻倾的可能性。

2）履带拖拉机上坡和下坡滑移角均大于轮式拖拉机，这表明履带拖拉机具有较好的爬坡性能和坡地作业性能。履带拖拉机的滑移角和翻倾角较接近，因此在上下坡时产生滑移和翻倾的可能性相似。

2. 拖拉机带农具时的纵向稳定性

（1）带牵引农具时的纵向稳定性　轮式拖拉机带牵引农具在纵向坡道上等速行驶时的受力如图 7-38 所示。作用的外力有拖拉机使用重量 G_s、地面对车轮的垂直反力 F_{Z_1} 和 F_{Z_2}、驱动力 F_t、牵引阻力 F_T，滚动阻力 F_f（$F_f=F_{f_1}+F_{f_2}$）、滚动阻力矩 T_f。为简化起见，图 7-38 中假设农具牵引点在过驱动轮轴的垂直面上，由该图可列出等速行驶时平行于路面方向的力平衡方程式为

$$F_t=F_f+F_T+G_s\sin\alpha \tag{7-52}$$

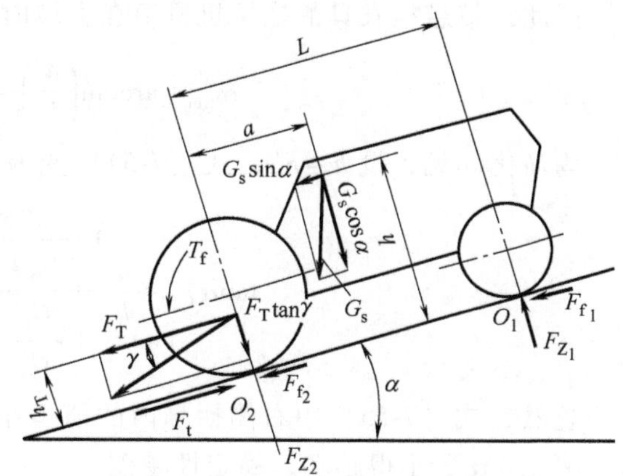

图 7-38　轮式拖拉机带牵引式农具在纵向坡道上行驶时的受力图

拖拉机不向后翻倾的条件是前轮的地面支反力 $F_{Z_1}\geqslant0$。

将外力对后轮着地点 O_2 取力矩平衡方程可得到

$$F_{Z_1}=\frac{G_s a\cos\alpha-(F_T h_T+G_s h\sin\alpha+T_f)}{L} \tag{7-53}$$

为使拖拉机不向后翻倾，由式（7-53）可知必须满足

$$G_s a\cos\alpha-(F_T h_T+G_s h\sin\alpha+T_f)\geqslant0$$

由上式可以看出，由于 F_T 和 T_f 的影响，拖拉机不翻倾的坡度角小于它的极限翻倾角 $\alpha_{\lim}$。当 F_T 和 T_f 足够大时，即使在平地上（$\alpha=0$），拖拉机也可能翻倾。另外质心位置和牵引点位置越高，越易向后翻倾。

（2）带悬挂农具时的纵向稳定性　拖拉机带悬挂农具时有两种情况：运输状态和工作状态（图 7-39）。

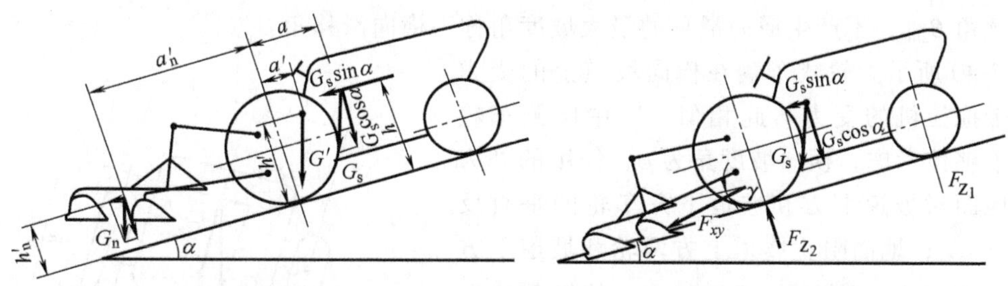

图 7-39　拖拉机带悬挂农具在纵向坡道上时的受力图

设农具的重量为 G_n，拖拉机重量为 G_s，整个机组的重量为 G'，则运输状态时农具质心高度为 h'_n，质心离驱动轴横垂面的距离为 a'_n；拖拉机质心高度为 h，质心离驱动轴横垂面的距离为 a；可得机组运输状态时的质心位置 a'和 h'为

$$a'=\frac{G_s a-G_n a'_n}{G_s+G_n}$$

$$h'=\frac{G_s h+G_n h'_n}{G_s+G_n}$$

因此，带悬挂农具的拖拉机机组在上坡时不致后翻的极限上坡角 $\alpha'_{\lim}$ 为

$$\alpha'_{\lim}=\arctan\left(\frac{a'}{h'}\right)=\arctan\frac{G_s a-G_n a'_n}{G_s h+G_n h'_n} \tag{7-54}$$

为简化起见，设 $h\approx h'_n$，式（7-54）变为

$$\tan\alpha'_{\lim}=\frac{a}{h}\frac{1-\dfrac{G_n a'_n}{G_s a}}{1+\dfrac{G_n}{G_s}}=\tan\alpha_{\lim}\left[\frac{1-\dfrac{G_n a'_n}{G_s a}}{1+\dfrac{G_n}{G_s}}\right] \tag{7-55}$$

显然，式（7-55）中右侧括号内的值恒小于 1，所以 $\alpha_{\lim}>\alpha'_{\lim}$。当 G_n/G_s 和 a'_n/a 越大时，$\alpha'_{\lim}$ 比 $\alpha_{\lim}$ 小得越多，稳定性越差。

当拖拉机带悬挂农具在坡道上作业时，其受力情况如图 7-39b 所示。所有作用在农具上的力，包括农具质量，在图中用 F_{xy} 表示，此力与地面成 γ 角。根据图 7-39b 所示，不难求出前轮所受的地面支反力 F_{Z_1}。显然 α 角越大，F_{xy} 越大且其作用线越陡时，前轮减载越多。当 $F_{Z_1}=0$ 时，拖拉机出现后翻的倾向，但此时因有后悬挂农具作支承，实际不会出现向后翻倾。

显然，在这种情况下拖拉机避免了后翻，但却失去了操纵性。为保持良好的操纵性，前轮载荷应不小于 15%的机重，为此应控制 F_{xy} 值。

分析履带拖拉机带牵引式和悬挂式农具上坡时的纵向稳定性，也可用类似于分析轮式拖拉机的方法进行。所不同的是，轮式拖拉机在产生纵向翻倾之前，先使操纵性变差，而履带拖拉机则因履带支承面载荷不均匀，而使附着性能变差，滚动阻力增大。

（二）横向稳定性

1. 横向静态稳定性

拖拉机静止在横向坡道上或沿等高线等速行驶时，不致产生横向翻倾的最大坡度角称为横向翻倾角 $\beta_{\lim}$；不产生横向滑移的最大坡度角称为横向滑移角 β_{φ}。

图 7-40 所示为轮式车辆在横向坡道上的受力图，履带拖拉机的受力与此相似。图中同侧车轮作为一个整体考虑，横向坡度角为 β，作用的外力包括：地面对坡道上方和坡道下方车轮的垂直反力 F_{Z_1} 与 F_{Z_2}；地面阻止坡道上方两轮和坡道下方两轮下滑的力 F_{Y_1} 与 F_{Y_2}。F_{Y_1} 与 F_{Y_2} 的极限值取决于车轮侧向力系数和车轮的垂直载荷。假定前后轮的侧向力系数相同，且等于 φ_1，则

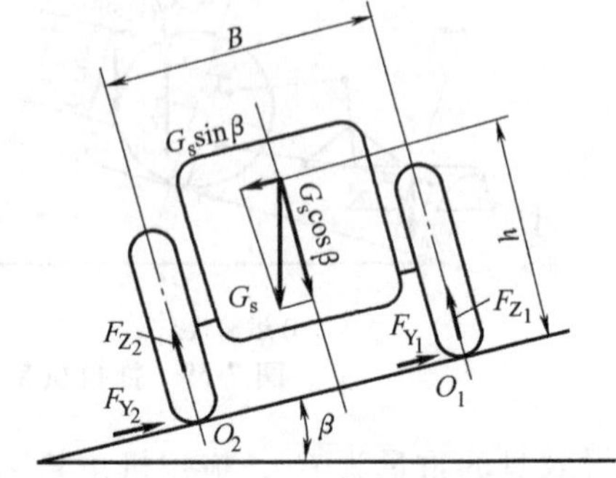

图 7-40　轮式拖拉机在横向坡道上的受力图

$$F_{Y_{1\max}}=\varphi_1 F_{Z_1}$$
$$F_{Y_{2\max}}=\varphi_1 F_{Z_2}$$

轮式拖拉机不发生横向翻倾的条件是其重力作用线不越出下车轮着地点 O_2 左侧，所以横向翻倾角为

$$\beta_{\lim}=\arctan\left(\frac{B}{2h}\right) \tag{7-56}$$

式中，B 为车辆轮距，h 为质心高度。

轮式车辆不发生横向滑移的条件是横向附着力 $F_{Y_{max}}$ 大于或等于车辆重力沿坡道的分力，即

$$F_{Y_{max}}=F_{Y_{1max}}+F_{Y_{2max}}=(F_{Z_1}+F_{Z_2})\varphi_1=G_s\varphi_1\cos\beta\geqslant G_s\sin\beta$$

由此可得横向滑移角为

$$\beta_\varphi=\arctan(\varphi_1) \tag{7-57}$$

轮式拖拉机的横向翻倾角取决于轮距 B 和质心高度 h，拖拉机 $\beta_{lim}\approx35°\sim55°$。而横向滑移角仅取决于侧向力系数 φ_1，轮式拖拉机在干土路面上 $\beta_\varphi\approx22°\sim35°$，在干水泥路面上 $\beta_\varphi\approx35°\sim42°$，履带拖拉机在干土路面上 $\beta_\varphi\approx27°\sim42°$。对于大多数轮式车辆有 $\beta_\varphi<\beta_{lim}$，即在横向坡道上，下滑的可能性大于翻倾的可能性。

2. 轮式拖拉机在横向坡道上转向时的稳定性

轮式拖拉机转向时，其离心力可能引起横向翻倾或侧滑。最危险的工况是车辆在横向坡道上向上转向，图 7-41 为此工况时的受力图。图 7-41a 中 F_1 为转向时的离心力，$F_1=\dfrac{G_s}{g}\omega^2R_0$。

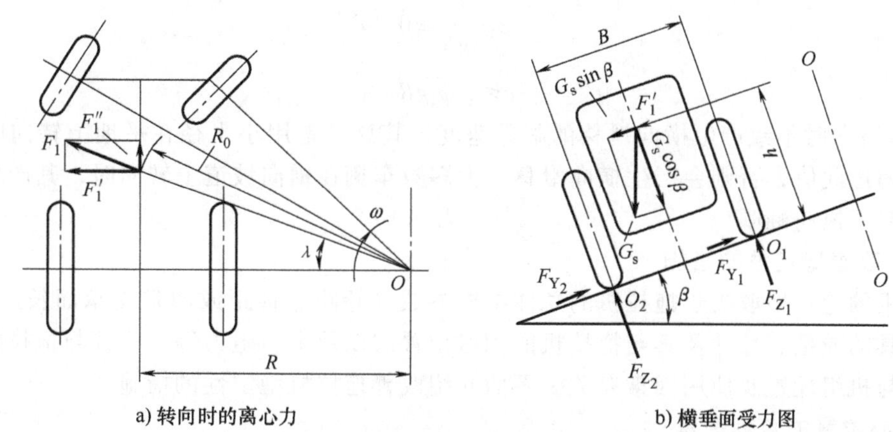

图 7-41 轮式拖拉机在横向坡道上转向时的受力图

F_1 的横向分力 F_1'对横向稳定性有影响

$$F_1'=F_1\cos\lambda=\left(\frac{G_s}{g}\omega^2R_0\right)\frac{R}{R_0}=\frac{G_s}{g}\omega^2R=\frac{G_sv^2}{gR}$$

式中，v 为后轴中点处的运动速度。

由图 7-41b 可列出不致产生横向翻倾的条件

$$F_{Z_1}=\frac{G_s}{B}\left(\frac{B}{2}\cos\beta-h\sin\beta-\frac{v^2h}{gR}\right)\geqslant0$$

或

$$\frac{B}{2}\cos\beta-h\sin\beta-\frac{v^2h}{gR}\geqslant0$$

即

$$\tan\beta\leqslant\frac{B}{2h}-\frac{v^2}{gR\cos\beta}$$

因此，轮式拖拉机在坡道上转向时的横向稳定性受到其结构参数 B、h，以及使用因素

β、v 和 R 的影响。在高速急转弯时（v 很大，R 很小），在平地上也可能产生横向翻倾。

保证平地高速急转弯时不致产生横向翻倾的条件为

$$\frac{B}{2h}-\frac{v^2}{gR}\geqslant 0$$

即

$$v\leqslant\sqrt{\frac{BgR}{2h}} \tag{7-58}$$

也就是说，用小半径 R 在平地上转向时，行驶速度不得超过此值，否则会翻倾。

轮式拖拉机在横向坡道上不下滑的条件是横向附着力 $F_{Y_{max}}$ 应大于或等于离心力和重力的横向分力之和，即

$$F_{Y_{max}}=G_s\varphi_1\cos\beta\geqslant G_s\sin\beta+\frac{G_s v^2}{gR}$$

或

$$\tan\beta\leqslant\varphi_1-\frac{v^2}{gR\cos\beta} \tag{7-59}$$

在高速急转向时，甚至在平地上也可能产生横向滑移。保证平地高速急转向时不致产生横向滑移的条件为

$$\varphi_1-\frac{v^2}{gR}\geqslant 0$$

即

$$v\leqslant\sqrt{\varphi_1 gR} \tag{7-60}$$

v 称作转向时不致产生横向滑移的临界速度，其意义是用小半径在平地上转向时，行驶速度不得超过此值，否则会产生横向滑移。大多数车辆在横向坡道上转向时，其产生横向滑移的情况多于横向翻倾。

（三）改善稳定性的措施

拖拉机的稳定性取决于拖拉机的总体结构参数（轮距、轴距或履带支承面长度），质心位置、机具的质量、尺寸及其与拖拉机的相对位置、以及牵引阻力等。不仅与拖拉机设计有关，而且与机组配置及使用因素有关。下面介绍改善拖拉机稳定性的措施。

1. 质心位置的合理配置

轮式拖拉机在水平地面静置时的前后轮质量分配主要取决于质心坐标。因此质心位置的合理配置，即质心坐标对拖拉机稳定性是至关重要的。合理地设计和配置质心坐标，是保证拖拉机具有良好稳定性的前提。目前大多数两轮驱动拖拉机前后轮的静态质量占总质量的比例分别为 16%～30%和 70%～84%；4×4 拖拉机的静态质量的 60%～65%分配在前轮，35%～40%质量分配在后轮。

2. 机头配重、前轮配重

由于使用条件的变化，拖拉机的前轮减重将使整车稳定性变差和操纵困难，甚至引起功率损耗。

各种质量、尺寸的农具与拖拉机的相对位置及牵引阻力的差异是很大的。农具由运输状态变为工作状态也将引起整个机组纵向操纵稳定性发生变化。

为使拖拉机能稳定地进行各种作业，目前多数拖拉机采用机头配重或前轮配重的方式。机头配重由多块铸铁块组成，可根据用途或需要调整配置质量。前轮配重与机头配重作用相同，但一般由若干块配重组成，为了避免轮子转动的不平衡及产生离心惯性力，前轮配重应

沿圆周均匀分配安装或同时拆除。因此，在调整配重时不如机头配重方便。

二、拖拉机牵引性能

（一）拖拉机的功率平衡和牵引效率

1. 拖拉机的功率平衡

拖拉机的功率平衡是表明拖拉机工作时，其发动机的有效功率是如何消耗和利用的。以下对带牵引或悬挂式农具的轮式、履带拖拉机在水平地段上等速直线作业且无功率输出时的功率平衡加以讨论。

（1）轮式拖拉机的功率平衡　轮式拖拉机在上述条件下工作时，其发动机的有效功率 N_e 为

$$N_e=N_c+N_\delta+N_f+N_T \tag{7-61}$$

式中，N_c 为传动系统损失的功率，$N_c=(1-\eta_c)N_e$；N_δ 为因驱动轮滑转而损失的功率，$N_\delta=P_q v_\delta$；N_f 为因克服拖拉机滚动阻力而损失的功率，$N_f=P_f v$；N_T 为牵引农具的功率，$N_T=P_T v$。

式（7-61）就是轮式拖拉机在上述条件下工作时的功率平衡方程式。此式表明，在这种情况下，拖拉机发动机的有效功率等于传动系统中损失的功率、滑转损失的功率、滚动损失的功率及牵引功率之和。

（2）履带拖拉机的功率平衡　履带拖拉机在上述条件下工作时，发动机有效功率的消耗和利用，与轮式拖拉机大体相同，不同之处在于履带拖拉机的动力由驱动轮传给履带时存在功率损失，因此，与轮式拖拉机相比，多了一个履带驱动段的功率损失 N_l，其发动机的有效功率 N_e 为

$$N_e=N_c+N_l+N_\delta+N_f+N_T \tag{7-62}$$

式（7-62）就是履带拖拉机在上述条件下工作时的功率平衡方程式。此式表明，在这种情况下，拖拉机发动机的有效功率等于传动系统中损失的功率、履带驱动段损失的功率、滑转损失的功率、滚动损失的功率及牵引功率之和。

2. 牵引效率

为了衡量各种损失，相应地引进了各种效率的概念。

用传动系统效率 η_c 来衡量传动系统损失。在使用中它的变化较小，通常认为是个常数，对拖拉机来说，$\eta_c\approx0.9$。

用履带驱动段效率 η_l 来衡量驱动段损失，在使用中它的变化也较小，通常也认为是个常数，$\eta_l\approx0.96\sim0.97$，对于轮式拖拉机，$\eta_l=1$。

用滑转效率 η_δ 来衡量滑转损失，它等于实际推动机架的功率 $P_q v$ 与假定无滑转时推动机架的功率 $P_q v_1$（对轮式拖拉机来，也就是驱动功率 N_q）之比，即

$$\eta_\delta=\frac{P_q v}{P_q\cdot v_1}=\frac{v}{v_1}=1-\delta \tag{7-63}$$

式（7-63）表明，滑转效率 η_δ 也等于拖拉机实际速度 v 与相应的理论速度 v_1 的比值，它与滑转率 δ 之和恒等于 1。因此滑转效率完全取决于滑转率，滑转率越大，滑转效率越低。凡影响滑转率的因素势必对滑转效率产生相反影响。滑转效率 η_δ 与驱动力 P_q 的关系如图 7-42 所示。驱动力越大，滑转越大，因此滑转效率越低。

用滚动效率 η_f 来衡量拖拉机的滚动损失，它等于拖拉机传给农机具的牵引功率 N_T 与推动机架的功率 $P_q v$ 之比，即

$$\eta_f=\frac{P_T v}{P_q v}=\frac{P_T}{P_q}=\frac{P_q-P_f}{P_q}=1-\frac{P_f}{P_q} \tag{7-64}$$

就是说滚动效率 η_f 等于拖拉机的牵引阻力 P_T 与驱动力 P_q 的比值，它与滚动阻力 P_f 对驱动力的比值之和恒等于 1。因此滚动效率完全取决于滚动阻力和驱动力的比值，既与滚动阻力有关，也与驱动力有关。当其他条件相同时，滚动阻力与驱动力的关系很小，可以认为是常数。所以随着驱动力增加，滚动效率增加（图 7-42），开始增加很迅速，后来曲线渐趋平坦。由式（7-64）可见，滚动效率一方面随滚动阻力的减小而提高，因此凡能减小滚动阻力的因素势必都能提高滚动效率；另一方面，要提高滚动效率，还要在不提高滚动阻力的情况下尽量提高驱动力。

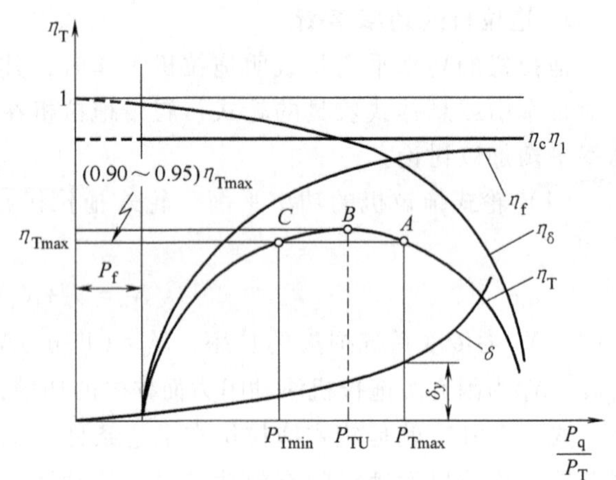

图 7-42　牵引效率曲线

用牵引效率 η_T 来衡量整个拖拉机的功率损失，它等于拖拉机的牵引功率 N_T 和相应的发动机功率 N_e 的比值，即

$$\begin{aligned}\eta_T&=\frac{N_T}{N_e}=\frac{N_q N_T}{N_e N_q}=\eta_c\frac{P_T v}{M_q\omega_q}=\eta_c\eta_1\frac{P_T v}{P_q v_1}=\eta_c\eta_1\frac{v}{v_1}\frac{P_T}{P_q}\\&=\eta_c\eta_1\eta_\delta\eta_f\end{aligned} \tag{7-65}$$

由式（7-65）可知，牵引效率等于传动系效率 η_c、履带驱动段效率 η_1（轮式拖拉机 $\eta_1=1$）、滑转效率 η_δ 和滚动效率 η_f 的乘积。

牵引效率是各个效率综合影响的结果，是评价拖拉机牵引附着性能的一个综合指标。影响牵引效率的因素颇为复杂，凡是影响上述各个效率的因素都会影响牵引效率。在这些因素中，传动系统效率和履带驱动段效率的变化较小，一般可认为是常数。因此牵引效率的变化主要取决于滑转效率和滚动效率。

由图 7-42 可见，开始时随着牵引力的增加，牵引效率迅速增加，并达到最大值，这是由于此时滑转不大，牵引效率的变化主要取决于滚动效率的变化。牵引力继续增加时，滑转损失显著增大，牵引效率开始下降，这时牵引效率主要取决于滑转效率。

对牵引效率曲线可做如下几点讨论：

1）牵引效率有一个最大值，在中等湿度的茬地上工作时，轮式拖拉机的 $\eta_{T_{max}}$ 可达 60% 左右，履带拖拉机的 $\eta_{T_{max}}$ 可达 75%左右。

2）存在着一个最有利的驱动力值。此值与最大牵引效率相对应（图 7-42 中 B 点）。为便于分析，也可将牵引效率曲线的横坐标换成无因次参数 φ_q（驱动力 P_q 与附着质量 G_φ 的比值），即

$$\varphi_q = P_q/G_\varphi$$

以附着质量利用系数 φ_q 为横坐标的牵引效率曲线如图 7-43 所示。统计资料表明，一般结构的轮式拖拉机在中等湿度的茬地上工作时，与 $\eta_{T_{max}}$ 相对应的 φ_q 值（图 7-43 中 B 点）约为 0.5，对应的滑转率为 10%~12%。例如，如果拖拉机工作时驱动轮的实际垂直载荷为 20kN，则 P_q 约为 10kN 时牵引效率最高。

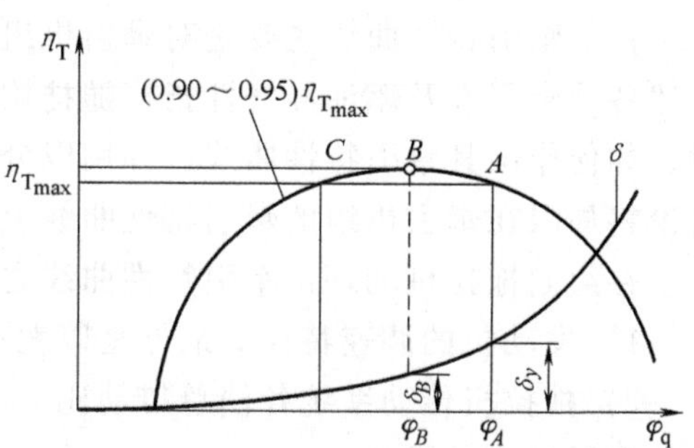

图 7-43　牵引效率与附着质量利用系数的关系

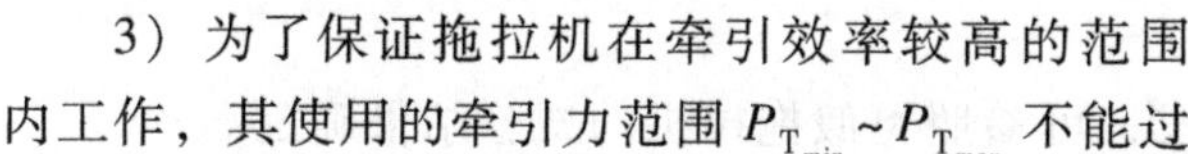

3）为了保证拖拉机在牵引效率较高的范围内工作，其使用的牵引力范围 $P_{T_{min}}$~$P_{T_{max}}$ 不能过大。统计资料表明，在茬地上，轮式拖拉机机组在（0.90~0.95）$\eta_{T_{max}}$ 范围内工作时，其挂钩牵引力的范围 $P_{T_{max}}/P_{T_{min}}$ 应不超过 2。例如，某轮式拖拉机容许最大挂钩牵引力为 20kN，则在 10~20kN 挂钩牵引力范围内工作，其牵引效率可保持在（0.90~0.95）$\eta_{T_{max}}$ 范围内。

在留茬地上，轮式拖拉机对应于不低于（0.90~0.95）$\eta_{T_{max}}$ 的最大附着质量利用系数 φ_q 约为 0.6（图中与点 A 对应的 φ_q 值），此时所对应的滑转率为 16%~20%，这个滑转率值就被定为拖拉机的容许滑转率 δ_y，而 φ_A 值也就是附着系数 φ。

4）为提高拖拉机的生产率和经济性，希望有较高的牵引效率，且在最高牵引效率两端的区间内，曲线变化平缓。这样拖拉机保持有较高牵引效率的牵引力范围较宽，且平均牵引效率高。

不同机组或不同的土壤条件，牵引效率曲线是不一样的，$\eta_{T_{max}}$ 及有利的牵引力范围也不一样。不难看出，如果附着性能不变而降低拖拉机的滚动阻力，由于滚动效率曲线较快上升且位置较高，因此有较大的 $\eta_{T_{max}}$，且曲线上部较为平坦，$\eta_{T_{max}}$ 往左移动，如果滚动阻力不变，提高附着力，由于滑转效率较高．也有以上效果，不过 $\eta_{T_{max}}$ 往右移动。

（二）拖拉机的牵引特性曲线

1. 牵引特性曲线的意义

拖拉机在某种土壤条件下的牵引特性曲线，是反映在该土壤条件下，拖拉机在水平地段上稳定工作时，其牵引性和燃油经济性的指标随水平载荷而变化的曲线，即拖拉机滑转率 δ、实际速度 v、牵引功率 N_T、小时耗油量 G_e、耗油率 g_T 随牵引阻力而变化的关系曲线。为了更清晰地看出拖拉机的性能与发动机性能之间的关系，在拖拉机牵引特性曲线上，还可表示出发动机的有效功率 N_e、转速 n_e 和有效转矩 M_e 随牵引阻力而变化的关系。

牵引特性曲线把拖拉机的各项牵引性和燃油经济性指标综合在一起，比较全面而具体地反映出拖拉机的各种性能指标之间的联系，可用以分析、比较、评价拖拉机的牵引性和燃油经济性。

拖拉机在某种道路或土壤条件下的牵引特性曲线，通常由对这台拖拉机在该种道路或土壤条件下的试验得出，这种由试验得出的牵引特性曲线叫试验牵引特性曲线。在新设计拖拉机时，为预先大致估计拖拉机的牵引性和燃油经济性，往往要通过估算，绘制出理论牵引特性曲线。

2. 理论牵引特性曲线的绘制及分析

目前牵引特性曲线主要是对牵引机组而言的，所以一般把牵引特性曲线理解成拖拉机的上述各项牵引性及燃油经济性指标随挂钩牵引力而变化的关系曲线。拖拉机带悬挂农具工作时，如何作出其牵引特性曲线，并用以分析拖拉机的性能，还是一个尚需探讨的问题。以下讨论将局限在牵引机组的牵引特性曲线上。

在绘制拖拉机的理论牵引特性曲线之前，必须已知下列各项参数：

1）发动机的调速特性．最好是以发动机有效转矩为横坐标的特性曲线。

2）拖拉机传动系统各档总传动比 i，驱动轮动力半径 r_q，拖拉机的使用质量 G_s，传动系统和履带驱动段效 η_c，η_1。

3）拖拉机的滚动阻力系数和滑转率曲线，可参照类似拖拉机的试验结果确定。

理论牵引特性曲线大致形状如图 7-44 和图 7-45 所示。现将具体绘制步骤及曲线的特点说明如下。

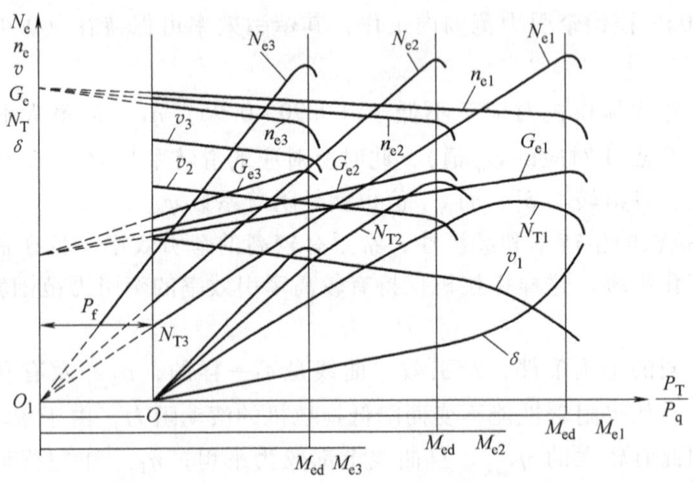

图 7-44　轮式拖拉机的理论牵引特性曲线

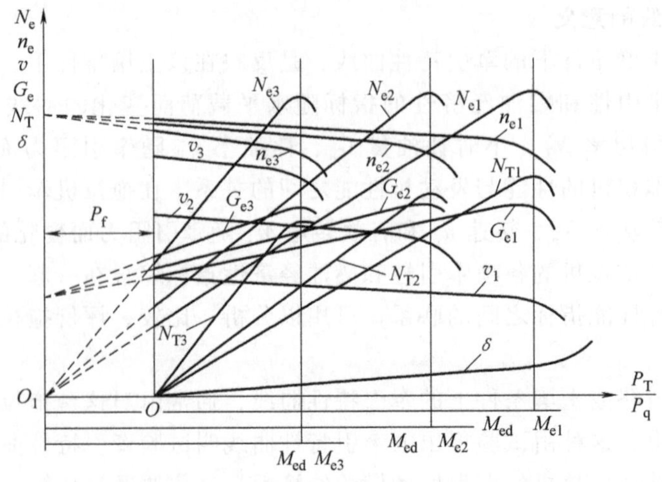

图 7-45　履带拖拉机的理论牵引特性曲线

（1）按所取比例尺绘制曲线坐标 以 O 为原点的横坐标代表挂钩牵引力 P_T 值，从 O 点往左加一线段代表滚动阻力 P_f 值，得另一原点 O_1，以 O_1 为原点的横坐标则代表驱动力 P_q 值。

（2）画发动机调速特性 由式

$$P_q=\eta_c\eta_1\frac{iM_e}{r_q}=CiM_e \tag{7-66}$$

式中，r_q 为驱动轮动力半径（m）；M_e 为发动机的有效转矩（N·m）；$C=\eta_c\eta_1/r_q$，可认为基本上是一个常数。

由式（7-66）可知，当档位一定时，i 是常数，驱动力 P_q 和发动机有效转矩 M_e 之间呈直线关系，也就是说，原来代表驱动力 P_q 的横坐标，换一种比例尺就可以代表发动机的有效转矩 M_e。按照式（7-66）所确定的 P_q 和 M_e 的数值之间的一一对应关系建立了 M_e 的坐标后，即可将以 M_e 为横坐标的发动机调速特性画上。这些曲线表明，拖拉机以某一档位工作时，发动机转速 n_e，有效功率 N_e，小时耗油量 G_e 和拖拉机驱动力 P_q 之间的关系。排档位不同，P_T 坐标和 M_e 坐标之间的比例关系不同，因而同一条发动机特性曲线，画到以 P_T 为横坐标的牵引特性曲线上，不同排档曲线有不同的位置。

（3）画滑转率 δ 曲线 理论分析认为，$P_q=0$ 时 $\delta=0$，在实际使用中，为了方便，在土壤条件不是十分恶劣的情况下，通常假定 $P_T=0$ 时 $\delta=0$。当其他条件相同时，滑转率只与挂钩牵引力有关而与档位无关，因此，滑转率曲线只有一条。

（4）画实际速度曲线

$$v=\eta_\delta v_1=0.377\eta_\delta r_q n_q=0.377(1-\delta)\frac{r_q n_e}{i} \tag{7-67}$$

式中，n_q 为拖拉机驱动轮转速（r/min）；n_e 为发动机转速（r/min）。

当排档一定时，实际速度的变化取决于滑转率和发动机转速的变化，可由该档的 n_e 曲线和 δ 曲线画出 v 曲线。随着牵引力的增加，拖拉机的实际速度降低。当附着力足够时（履带拖拉机或轮式拖拉机高档），滑转较小，速度曲线的变化趋势基本上与发动机转速曲线一致；当附着力不足时（轮式拖拉机低档），滑转较大，牵引力达到一定程度之后，发动机转速虽无明显下降．但速度却由于滑转的急剧增加而迅速下降。

（5）画牵引功率 N_T 曲线 根据式

$$N_T=\frac{P_T v}{3600}\quad(\text{kW}) \tag{7-68}$$

根据式（7-68）即可由 v 曲线画出 N_T 曲线。如果拖拉机以某一档位工作时，附着力足以保证发动机功率充分发挥，N_T 曲线和 N_e 曲线的变化趋势基本一致，曲线的最高点也基本对应于同一挂钩牵引力。若附着力不足，则因滑转严重，N_T 曲线不再与 N_e 曲线的变化趋势一致，最大牵引功率点往左移动。若比较不同排档的牵引功率曲线，则可见各档最大牵引功率并不相等。对于轮式拖拉机来说，最大牵引功率往往在中间档出现，这是由于高档滚动损失功率大，低档滑转损失功率大，都使最大牵引功率下降。附着性能越好，最大牵引功率便移向越低的档位，履带拖拉机由于附着性能好，最大牵引功率往往在低档出现。

显然，在牵引特性曲线上拖拉机挂某一档位以某一牵引力工作时，N_e 曲线和 N_T 曲线对应点的高度差，即表示该工况下拖拉机总的功率损失，N_T 和 N_e 之比就是对应的牵引效率。

(6) 画拖拉机的比油耗 g_T 曲线　g_T 可表示为

$$g_T = 1000\frac{G_e}{N_T} \quad [g/(kW \cdot h)] \tag{7-69}$$

式中，G_e 为发动机单位时间油耗（kg/h）。

由式（7-69）根据发动机小时油耗 G_e 曲线和拖拉机牵引功率 N_T 曲线即可画出拖拉机比油耗 g_T 曲线。

综上所述，影响拖拉机牵引特性的最基本因素是发动机特性、拖拉机的质量和质量分配、传动系统的传动比和档位数、行走系统的结构和土壤条件。只有这些因素恰当配合，才能得到较为理想的牵引特性。

三、拖拉机农艺适应性

拖拉机使用的各种外界条件，包括气候条件、地表状况、作物种类与生长状况、土壤类型、地块形状与大小、作业种类与负荷大小等。这些外界条件随时间和空间而变化，要求拖拉机在这些不同的情况下能够发挥更好的使用性能。

拖拉机农艺适应性是指拖拉机作业时在农艺方面满足质量要求、实现正常作业的能力。主要包括拖拉机的田间通过能力，不同路面、不同类型与湿度的土壤条件下通过或越过田埂等障碍、顺利行驶的地面通过能力，拖拉机田间作业时对土壤结构产生压实破坏的程度等。

1. 田间通过性

拖拉机田间通过性是指拖拉机适应耕作方式、在田间作业时不伤害作物、不破坏垄形的通过能力。如拖拉机配备播种机平播作业时，车轮不能压在苗带上或靠近苗带，以免压实土壤影响种子出苗；垄上播种作业时，拖拉机不能破坏垄形；中耕、植保等作业时，行走装置不能压到作物或伤害作物，同时拖拉机应具有足够的农艺离地间隙，以免通过时将作物刮倒或伤害作物顶部。

拖拉机田间通过性分为行间通过性与离地通过性。

为避免损伤农作物的枝叶顶部和压伤根部，拖拉机应有足够的农艺离地间隙 h_a 和保护带宽度 c（图 7-46）。因此，要求拖拉机能根据不同的耕作方式、垄作要求等调整拖拉机轮距 B 或更换宽度 b 更小一些的窄轮胎。有些拖拉机还可调整离地间隙，以提高田间作业的通过能力。

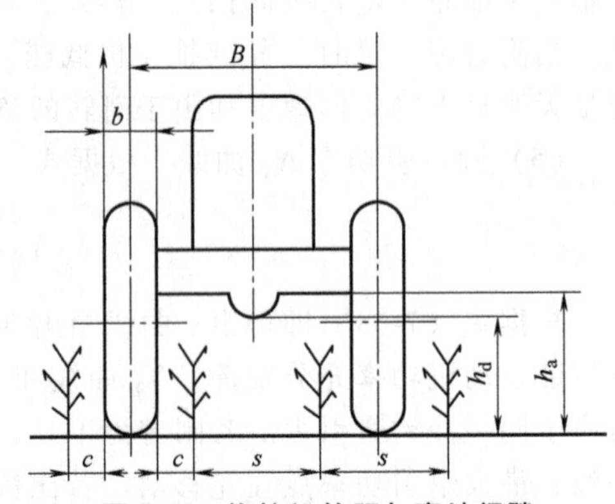

图 7-46　拖拉机轮距与离地间隙

2. 地面通过性

拖拉机地面通过性是指拖拉机在潮湿、松软地面的通过能力。

拖拉机地面通过性由行走装置结构形式及附着性能、拖拉机质量和滚动阻力系数等决定。当拖拉机附着力小于其牵引载荷和滚动阻力之和时，拖拉机将无法行进作业；当附着力小于滚动阻力时，空车也无法通过。拖拉机行走机构的形式和接地压力是影响其在潮湿松软地面上通过性的主要因素。

履带拖拉机由于接地面积较大、接地压力小，故在潮湿松软地面上通过性优于轮式拖拉机。

3. 越障通过性

拖拉机越障通过性也称为田间转移通过性，它主要指拖拉机田间作业或转移地块时跨越田埂、沟渠等障碍的能力。它的主要评价指标有拖拉机最小离地间隙 h_d、纵向通过半径 R_Z、接近角 ψ（图 7-47）及最大越障高度等。

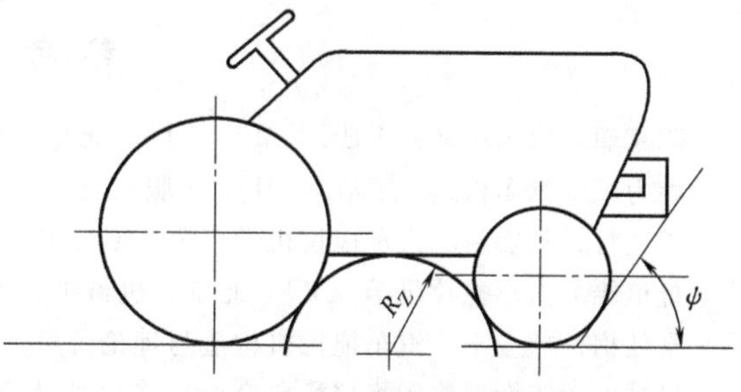

图 7-47　接近角和纵向通过半径

4. 土壤的破坏程度

拖拉机在田间作业时，行走装置与地面之间的相互作用对土壤结构产生压实等破坏作用。这种破坏一方面来自拖拉机对土壤造成的压实作用，另一方面是驱动轮对土壤产生的土壤剪切作用。拖拉机对土壤的压实破坏严重影响作物生长发育及土壤肥力状况，特别是多次重复地在土壤上通过时，土壤结构往往遭到严重破坏，需要长时间才能得到恢复。因此，拖拉机行走机构的形式应能保证对土壤结构破坏程度最小。

思　考　题

1. 汽车行驶阻力是怎么形成的？
2. 试说明轮胎滚动阻力的定义、产生机理及作用形式？
3. 超车时该不该换入低一档的档位？
4. 汽车的最高行驶车速对应于发动机的最高转速，这种说法对吗？为什么？
5. 驱动力是否为真正作用在汽车上驱动汽车前进的（反）作用力？请说明理由。
6. 试画图分析后轮驱动拖拉机带牵引机具作业时驱动轮增重现象。
7. 试说明手扶拖拉机“上跃”现象的产生原因。
8. 试说明四轮驱动拖拉机的性能特点。
9. “车开得慢，加速踏板踩得轻，就一定省油”，这种说法对不对？
10. 如何从改进汽车底盘设计方面来提高燃油经济性？
11. 说明汽车行驶条件对燃油经济性的影响。
12. 请叙述制动器制动力、地面制动力和地面附着力三者之间关系和区别是什么？并用图表示三者之间的关系。
13. 汽车制动过程从时间上大致可以分为几个阶段？各个阶段有何特点？
14. 何谓拖拉机纵向极限翻倾角和纵向滑移角？影响拖拉机纵向静态稳定性的主要因素有哪些？
15. 什么是拖拉机横向翻倾角及横向滑移角？影响拖拉机横向静态稳定性的主要因素有哪些？
16. 改善拖拉机稳定性的措施有哪些？
17. 何谓牵引效率？试述牵引效率随牵引力而变化的规律。
18. 试述牵引特性曲线的作用及理论牵引特性曲线的绘制步骤。
19. 拖拉机的农艺适应性包括哪些内容？

参考文献

[1] 陈家瑞. 汽车构造：下册. [M]. 3版. 北京：机械工业出版社，2009.
[2] 姚为民. 汽车构造：下册. [M]. 7版. 北京：人民交通出版社股份有限公司，2021.
[3] 李文哲，刘宏新. 汽车拖拉机学：第二册 [M]. 北京：中国农业出版社，2013.
[4] 鲁植雄. 汽车拖拉机学 [M]. 北京：机械工业出版社，2020.
[5] 聂佳梅，施爱平. 汽车拖拉机构造与理论 [M]. 镇江：江苏大学出版社，2016.
[6] 机械电子工业部洛阳拖拉机研究所. 拖拉机设计手册：上册 [M]. 北京：机械工业出版社，1994.
[7] 王望予. 汽车设计 [M]. 4版. 北京：机械工业出版社，2004.
[8]《汽车工程手册》编辑委员会. 汽车工程手册：设计篇 [M]. 北京：人民交通出版社. 2001.
[9] 裴高院，宋国风，姚雪侠，等. 轮式拖拉机全液压转向系介绍及分析改进 [J]. 拖拉机与农用运输车，2023 (3)：54-56.
[10] 贾春莉. 手扶拖拉机转向系统的使用与维修 [J]. 农机使用与维修，2019 (3)：39.
[11] 徐清俊，赵波，李帅印. 轮式拖拉机全液压转向系统的设计原则与关键步骤 [J]. 拖拉机与农用运输车，2022，49 (4)：58-61.
[12] 王琳，王炜，王莉芳. 一种拖拉机全液压转向系统设计研究 [J]. 拖拉机与农用运输车，2019 (1)：37-40.
[13] 焦文瑞. 全液压转向器的新技术 [J]. 液压气动与密封，2021 (8)：4-8.
[14] 赵军，李霄伟，刘金雨，等. 现代化拖拉机液压转向系统分析 [J]. 拖拉机与农用运输车，2021 (6)：12-14.
[15] 徐华磊. 汽车主动转向系统设计及控制特性研究 [J]. 汽车测试报告，2023 (11)：13-15.
[16] 张志军. 奥迪主动转向系统技术解读 [J]. 汽车与驾驶维修（维修版），2018 (1)：42-44.
[17] 胡文. 电控液压助力转向系统技术研究 [D]. 北京：北京理工大学，2016.
[18] 屈翔，陈豪，张君，等. 车辆线控转向系统关键技术研究综述 [J]. 重庆理工大学学报（自然科学），2023 (15)：74-84.
[19] 廖腾辉，陆元三，唐小桃，等. 汽车鼓式制动器的材料对制动力的影响研究 [J]. 南方农机，2022 (21)：126-128；132.
[20] 刘娜. 农用拖拉机液压盘式制动器 [J]. 南方农业，2014 (30)：182-183.
[21] 刘全禄. 制动力的调节和车轮防抱死技术分析 [J]. 黑龙江科技信息，2013 (10)：8.
[22] 史云芳，吴海霞，胡亚东. 拖拉机制动系统的优化设计 [J]. 农业装备技术，2018 (6)：49-50.
[23] 凌海东. 拖拉机制动传动装置分类与结构特点 [J]. 农机使用与维修，2019 (10)：108.
[24] 李昂. 浅谈汽车线控制动技术与发展 [J]. 电子技术与软件工程，2014 (5)：118.
[25] 张军和. 汽车线控制动技术及发展趋势探析 [J]. 时代汽车，2021 (7)：24-25.
[26] 邓美俊，孙仁云，潘湘芸，等. 汽车电子机械制动系统技术发展分析 [J]. 汽车零部件，2021 (9)：103-109.
[27] 王赛. 汽车电子机械制动（EMB）系统设计及稳定性分析 [D]. 淮南：安徽理工大学，2017.
[28] 陈安心，冯国兴，曹相军，等. 鼓式制动器拨片式调隙机构的理论计算 [C]. //第九届河南省汽车工程技术学术研讨会. [S. L.：s. n.]，2023.
[29] 高连兴，师帅兵. 拖拉机汽车学：下册 [M]. 北京：中国农业出版社，2009.
[30] 袁建霞，张秋菊，胡小鹿，等. 无人驾驶拖拉机研究国际竞争态势与研究热点 [J]. 农业工程，2021 (7)：9-16.
[31] 李川. 无人驾驶拖拉机避障路径规划与跟踪控制 [D]. 重庆：重庆理工大学，2021.
[32] 欧阳劲志，杨辉. 无人驾驶拖拉机电控系统研究 [C]. //第十一届河南省汽车工程科技学术研讨

会. [S. L.: s. n.], 2014.
[33] 潘为华. 田间作业拖拉机无人驾驶技术的开发与应用 [J]. 农机化研究, 2020 (1): 64.
[34] 徐立友. 拖拉机液压机械无级变速器特性研究 [D]. 西安: 西安理工大学, 2007.
[35] 陆军. 机械-静压双流传动系统研究与液压调速控制系统设计 [D]. 合肥: 合肥工业大学, 2017.
[36] 刘修骥. 车辆传动系统分析 [M]. 北京: 国防工业出版社, 1998.
[37] 余志生. 汽车理论 [M]. 5版. 北京: 机械工业出版社, 2009.
[38] 周志立, 方在华. 拖拉机机组牵引动力学 [M]. 北京: 科学出版社, 2010.
[39] 高翔. 汽车工程学: Ⅱ [M]. 北京: 机械工业出版社, 2014.